ISBN 978-0-666-45120-0
PIBN 11043416

1 MONTH OF
FREE
READING

at

www.ForgottenBooks.com

By purchasing this book you are eligible for one month membership to ForgottenBooks.com, giving you unlimited access to our entire collection of over 1,000,000 titles via our web site and mobile apps.

To claim your free month visit:

www.forgottenbooks.com/free1043416

GESCHICHTE DER ETHIK

IN DER

NEUEREN PHILOSOPHIE

VON

FRIEDRICH JODL,

Privatdocent der Philosophie an der Universität zu München.

I. BAND.

Bis zum Ende des 18. Jahrhunderts; mit einer Einleitung über die antike und christliche Ethik.

STUTTGART.

VERLAG DER J. G. COTTA'SCHEN BUCHHANDLUNG.

1882.

56439

Druck von Gebrüder Kröner in Stuttgart.

Vorrede.

O<small>b</small> das Werk, welches hiemit an die Oeffentlichkeit tritt, das Recht habe, sich eine Geschichte der Ethik zu nennen, darüber ist der Verfasser lange und ernstlich mit sich zu Rathe gegangen. Wenn es schliesslich gewagt wurde, obwohl Vieles, was ein solcher Titel zu erwarten Anlass gibt, in dem Buche fehlt, so schienen eben doch rechtfertigende Gründe nicht ganz zu mangeln. Ich glaube dieselben am besten entwickeln zu können, indem ich der Darstellung einige Worte über Plan und Absicht des Ganzen vorausgehen lasse.

Alle Ethik beschäftigt sich vorzugsweise mit zwei Aufgaben, von denen man die eine als wesentlich synthetisch, die andere als analytisch bezeichnen kann.

Die erste betrifft die Lösung der Frage: Was ist sittlich? oder: Was ist das Sittliche? Sie sucht durch Sammeln und Vergleichen ethischer Erfahrungen eine Definition und durch Idealisiren dieser Erfahrungen eine Norm zu gewinnen. Die andere betrifft die Lösung der Frage: Wie entsteht das Sittliche? Aus welchen Bedingungen der Weltbeschaffenheit überhaupt und der specifisch menschlichen Anlage im Besonderen erwächst die Sittlichkeit?

Diese Probleme erschöpfen das Bereich der ethischen Forschung, und eine Darstellung wie die vorliegende, welche sich das Verfolgen der Lösungsversuche durch die ganze Entwicklung des philosophischen Denkens hindurch zur Aufgabe

gestellt hat, wird insofern mit Recht sich eine Geschichte der
Ethik nennen dürfen.

Mit einer Beschränkung freilich, die es nun nothwendig ist
zu bekennen. Zu allen Zeiten nemlich hat man eine wichtige
Aufgabe der Ethik darin erblickt, den gewonnenen Begriff
des Sittlichen, oder wie man auch zu sagen pflegt, das ethische
Princip, in deductiver Weise auf die einzelnen Gebiete des
innern und äussern Lebens anzuwenden, an denen es seine
regulative Kraft bewähren soll, oder mit andern Worten: die
ethische Principienlehre und die Psychologie des Sittlichen durch
eine Güter- und Pflichtenlehre zu vervollständigen.

Dieses ganze Gebiet der angewandten Ethik, wenn ich
mich so ausdrücken darf, ist nun in der vorliegenden Arbeit
völlig bei Seite gelassen, und, wie immer bei solchen radicalen
Abtrennungen, dadurch auf der einen Seite ebensoviel verloren,
als auf der andern gewonnen worden. Verzichtet wurde damit
gerade auf jenen Theil der Ethik, welcher in der unmittelbarsten Beziehung zu dem Leben steht, die sichtlichsten
Spuren der umgebenden Culturverhältnisse trägt, und noch
am meisten auf die allgemeine Denkart einzuwirken im Stande
ist. Allein diese Wechselwirkung zwischen der Ethik und
dem öffentlichen Geiste, zwischen Sitte, Sittlichkeit und Sittenlehre darzustellen (und nur so würde diesem Theile der Geschichte der Ethik die ihm nach unsern heutigen Anforderungen
gebührende Behandlung) — das ist nichts, was sich so nebenher
abthun liesse, sondern erfordert ein Werk für sich, wozu dem
Verfasser ein gütiges Geschick vielleicht später Zeit und Kräfte
schenken möge.

Durch solche Resignation aber eines weitschichtigen Materials und erheblicher Schwierigkeiten in der Vertheilung des
Stoffes enthoben, konnte ich den eigentlich principiellen Fragen eine ganz andere Aufmerksamkeit zuwenden, als sonst
möglich gewesen wäre. Und diese sind für die philosophische
Behandlung des Gegenstandes doch unleugbar das Wichtigste.
Man bemerkt leicht, dass sich im Grossen und Ganzen die
Mehrzahl der neueren Philosophen, und zwar gerade die be-
deutenderen, mit den principiellen Fragen vorzugsweise beschäftigt, und die Ausarbeitung umfassender und constructiver

Moralsysteme den Theologen überlässt, welche denn auch in der That nach den von der Scholastik gelieferten Vorbildern bis auf den heutigen Tag wacker fortgearbeitet haben. Schon in dem litterarischen Bestande der Ethik als philosophischer Wissenschaft liegt somit eine gewisse Rechtfertigung der gezogenen Grenze.

Noch mehr aber in der Sache selbst. Mindestens ebensosehr als die Erkenntnisstheorie ist auch die Ethik mit den Fragen der allgemeinen Weltanschauung und der Metaphysik verknüpft. Die grossen Gegensätze, um welche sich alle Speculation bewegt, treten in der Ethik mit vielleicht noch grösserer Wucht hervor: was sie besonders verschärft, ist die unermessliche Bedeutsamkeit des Sittlichen, welches als ein Allgemeinstes und in gewissem Sinne Höchstes im menschlichen Dasein von allen Richtungen anerkannt wird. Der enge Zusammenhang aber, den die geschichtliche Entwicklung allenthalben, selbst im Altertum, zwischen Sittlichkeit und Religion, zwischen der Ethik und der Theologie aufweist, kann ebenfalls nur dazu beitragen, den Satz zu bekräftigen, dass eine sorgfältig eingehende Behandlung der principiellen Seite der Ethik durchaus auf die letzten metaphysischen Probleme hinausführt und dieselben von einer eigentümlichen Seite beurtheilen lehrt. Und diesem Zusammenhang selbst war um so grössere Beachtung zu widmen, als die Auffassung desselben zu den schwierigsten Fragen der Ethik gehört und völlige Klarheit gerade über diesen Punkt unerlässlich ist, um an die ernsten praktischen Aufgaben der Gegenwart, welche nur von hier aus entschieden werden können, mit einer vorurtheilslosen und principiellen Anschauung heranzutreten.

Soviel zur Begründung des Gedankens, von dem diese Darstellung ausgegangen ist: die ethischen Grundfragen in ihrer Beziehung zur Theologie, Metaphysik und Psychologie zu behandeln.

Was die Methode anlangt, so habe ich mich durchaus bemüht, das historische und das systematische Interesse zu vereinigen. Es kam also darauf an, einerseits die geschichtliche Vertretung der Ideen, die Abhängigkeit der einzelnen Denker von einander, das allmälige Fortrücken der Probleme

ersichtlich zu machen, anderseits den Leser in den vollstän-
digen Besitz der von den einzelnen Richtungen vorgebrachten
Argumentationen zu setzen und die wissenschaftlichen Motive
klar zu legen, welche die Entscheidung für diese oder jene
Ansicht bestimmt haben. Aus diesen Gründen habe ich mich
auch durchaus enthalten, an den einzelnen Theorien eine andere
Kritik zu üben als die, welche sich aus der geschichtlichen
Entwicklung und dem Vergleich der nebeneinanderstehenden
Richtungen ergibt. Diese ist, wo es irgend nothwendig er-
schien, mit Nachdruck geltend gemacht; die andere, positive,
als Zusammenfassung der systematischen wissenschaftlichen
Ergebnisse, muss dem Schlusse des Werkes vorbehalten bleiben.

Die beiden ersten Capitel, die antike und die christliche
Ethik behandelnd, haben nicht die Aufgabe, ihren Stoff er-
schöpfend zur Darstellung zu bringen, sondern sollen nur als
Einleitung dienen. Die antike Ethik, weil auch sie, so gut
wie die Erkenntnisstheorie, den Gegensatz der späteren Richtungen in typischem Vorbild aufweist; die christliche Ethik,
weil es unmöglich ist, sich ohne ihre Berücksichtigung ein
richtiges Bild von den Anfängen der neueren philosophischen
Ethik, den eigentümlichen Bedingungen und Schwierigkeiten
ihrer Entwicklung zu machen.

Bibliographische Vollständigkeit ist weder erreicht noch
angestrebt worden; doch hoffe ich, dass der Leser Nichts vermissen wird, was auf die Entwicklung des ethischen Problems
einen wesentlichen Einfluss geübt hat.

München, im December 1881.

Der Verfasser.

Inhalt.

Seite

I. Capitel.

Die griechisch-römische Ethik.

1. Abschnitt.

Sophistisch-skeptische Tendenzen.

Die selbständige ethische Reflexion der Griechen beginnt mit der Leugnung oder wenigstens gründlichen Unterwühlung jener substanziellen Sittlichkeit, die den Einzelnen ohne weiteres Nachdenken an die Gesetze seines Staates, an die Sitten und Gewohnheiten seines Volkes band und ihn in der Uebereinstimmung seines Thuns mit diesen Mächten das Gute und Rechte sehen lehrte. Aus dem unvermittelten Nachdenken über die Verhältnisse des Lebens, dem rechtsbildnerischen Instinkte des Volkes waren diese Regeln und Normen hervorgegangen; als objective Mächte, mit der Gewalt unabänderlich gegebener Thatsachen standen sie dem Einzelnen gegenüber, ohne dass die Frage nach dem letzten Grunde der in ihnen enthaltenen Unterschiede aufgeworfen worden wäre. Dies geschah zuerst in der Sophistik, welche dem ganz objectiven Gehalte des älteren Griechentums in Lebensanschauung und Sitte die Freiheit des Subjects und die Beobachtung der aus ihr hervorgehenden Mannigfaltigkeit entgegensetzt. Dem Protagoras, welchen uns Plato's Opposition als den philosophisch-bedeutendsten Kopf der Richtung kennen lehrt, dehnt sich der Relativismus der Sinnesempfindungen auf alle Ansichten der

Menschen aus, der Einzelnen, wie ganzer Staaten; er macht
sich auf ethischem Gebiete so gut geltend, wie auf erkenntnisstheoretischem.   Die Behauptung, dass es nichts gebe, was an
und für sich gut sei, war den Sophisten keineswegs fremd; sie
stützte sich auf Beobachtungen, wie sie seitdem immer wieder
von Skeptikern und Empirikern gegen die Allgemeingültigkeit
der sittlichen Normen und Urtheile angeführt worden sind: den
häufigen Wechsel und die grosse Verschiedenheit in dem, was
als recht oder sittlich gelten soll — Erscheinungen, welche,
sobald man den Blick auf's Einzelne richtet, das gesuchte
Allgemeine nirgends mehr erkennen lassen.

Angesichts dieser Beobachtung können, so folgerte man,
die Unterschiede zwischen Sittlich und Unsittlich, Recht und
Unrecht nicht aus der Natur der Dinge hervorgehen, in welchem
Falle sie unveränderlich sein müssten (da jener Zeit der Gedanke noch fern lag, die eigentliche Natur der Dinge eben
in dem Gesetze ihres Wechsels zu sehen), sondern (wie man
den Gegensatz damals auszudrücken pflegte): sie müssen auf
Satzung, d. h. auf menschlichem Belieben beruhen.   Dies deutet
zugleich die ganz positivistische Wendung an, durch welche
man den schrankenlosen Individualismus wieder zu beschränken
versuchte.   Die Verschiedenheit der sittlichen Grundsätze in
verschiedenen Gemeinwesen scheint auf die Quelle hinzuweisen,
aus der überhaupt das Sittliche fliesst.   Und so fand ein Gedanke, welcher Hobbes und Helvetius antecipirt, vielfache
Vertreter: dass die sittlichen Normen etwas Conventionelles,
von dem Gutdünken des Staates oder der Gesellschaft Ab-
hängiges seien.

Daraus aber ergibt sich weiter die Frage, was denn die
Menschen veranlassen konnte, der unbeschränkten Freiheit
ihres Thuns solche Normen zu setzen.   Dies kann lediglich
der Nutzen sein, d. h. irgend ein Genuss, eine Lustempfindung;
freilich bei dem lediglich als sinnliches Einzelsubject gefassten
Menschen ein sehr zweideutiges Ding.   Denn wenn er vielleicht in dem einen Falle zu einer gesetzlichen Regel, zu einer
gewissen Bindung der Willen führt, so entspringt im anderen
daraus nichts als die nackte Willkür.   Diese Consequenzen
scheinen denn auch von den Sophisten wirklich gezogen wor-

den zu sein. Das Gesetz, wie es im Staatsleben als ein Princip
der Unterscheidung zwischen den Handlungen auftritt, ist lediglich eine Schöpfung des Vortheils der vielen Einzelnen, welche
sich dadurch vor einander und vor den Stärkeren zu schützen
suchen. Für diese aber, eben weil und insofern sie die Stärkeren sind, ist keine Verbindlichkeit vorhanden; ihr Vortheil liegt
in der rücksichtslosen Geltendmachung ihrer Kraft und was
sie durchzusetzen im Stande sind, das wird aus eben diesem
Grunde für diejenigen, welche sich fügen müssen, Recht.

Aehnliche Auffassungen des sittlichen Thatbestandes und
ähnliche Erklärungen dessen, was darnach als Sittlichkeit noch
übrig bleibt, ziehen sich nun durch den ganzen Verlauf der
griechischen Philosophie hin, deren skeptische und empirische
Richtungen ja vielfach den späteren Systemen gegenüber die
Einwürfe fortführen, mit welchen die Sophisten gegen die Ergebnisse der ersten Periode griechischer Speculation gekämpft
hatten. Jene Formel, in welche die Sophistik ihre Theorie
vom Ursprung des Sittlichen gebracht hatte — es stamme
nicht aus der Natur, sondern aus menschlicher Satzung —
wiederholt sich in der kyrenaischen Schule und in der älteren
Skepsis des Pyrrhon; endlich auch bei den jüngeren Aka-
demikern, wie Karneades, der freilich als vollendeter Skeptiker
auch die gegentheilige Ansicht vertreten zu haben scheint.

Diese Zweifel an der Existenz oder Erkennbarkeit einer
sittlichen Norm überhaupt waren indessen selbstverständlich
nur wirksamer Antrieb zur speculativen Neubegründung derselben [1]), gerade so wie die Leugnung der Möglichkeit einer
Erkenntniss erst zur Aufsuchung der Bedingungen einer solchen
geführt hat. Sollte nun bei dieser Ueberschau über die antike
Ethik der geschichtliche Zusammenhang den leitenden Faden
liefern, so wäre hier zunächst auf die Speculation der sokratisch-
platonischen Schule hinzuweisen, als diejenige, welche den
Skepticismus der Sophistik zuerst wieder mit einem freilich
seinerseits zu weit gehenden Vertrauen in die Macht und Bedeutung rein logischer Operationen zu überwinden suchte.
Allein nicht auf diesen hinlänglich bekannten und oft darge-
stellten Zusammenhang kommt es hier an; für den gegenwärtigen Zweck scheint eine systematische Gliederung dienlicher

als eine rein historische. In den ethischen Theorien der
hellenischen Philosophie lassen sich nemlich unstreitig zwei
Gruppen unterscheiden: eine vorwiegend naturalistische und
empiristische und eine vorwiegend speculative. Sieht man ab
von den gewissermassen nur als Gährungsstoff dienenden sophistisch-skeptischen Theorien, so gehören zur ersten Gruppe
die kyrenaische, epikureische und aristotelische, zur zweiten
Gruppe die platonische und stoische Ethik.

2. Abschnitt.

Die Empiriker.

§. 1. Die Epikureer.

Die Wurzeln der ethischen Theorie, welche man an Epikur's Namen knüpft, reichen zum Theil in die vorsokratische
Periode der griechischen Philosophie zurück. Fast mit Sicherheit lässt sich annehmen, dass manche ihrer Hauptsätze bereits
von Demokrit ausgesprochen worden sind [2]). Die Sophistik, indem sie den Bau der traditionellen Sittlichkeit mit ihren skeptischen Bedenken und ihrer dialektischen Gewandtheit unter-
wühlte, musste doch Eines als gemeinsamen Grundzug des
menschlichen Wesens stehen lassen: das Streben nach der Lust
und dem Nutzen; nur dass dies Streben je nach dem einzelnen
Falle eben sehr verschiedene Vorschriften zu ergeben und eine
einheitliche Regel völlig zur Unmöglichkeit machen zu müssen
schien. Gegenüber der skeptischen und von einer gewissen
brutalen Frivolität nicht freien Ausbeutung dieses Princips,
war dann, vermittelt durch den sokratischen Begriff des Wissens,
in der kyrenaischen Schule eine feinere Durchbildung dieses
Hedonismus erfolgt, die von den ganz subjectivistischen und
sensualistischen Annahmen Aristipp's allmälig zu der Betonung
qualitativer Unterschiede in der Lust führte, und dem späteren
Epikureismus die Wege bahnte [3]). Dieser selbst stellt die aus-
gebildetste Form des antiken Hedonismus dar und hat schon
im Altertum, namentlich aber im Mittelalter und in der Periode
der Renaissance als schärfster Gegensatz gegen alle Metaphysik

des Sittlichen gegolten [4]). Er ist insoferne typisch für eine
gewisse Richtung der ethischen Speculation überhaupt; wie er
denn auch, geschichtlich betrachtet, durch Gassendi auf den
Begründer des modernen Naturalismus in der Ethik, auf Hobbes
den grössten Einfluss geübt hat.

Als Grundanschauung hält Epikur wie die ganze hellenische Ethik den Satz fest, dass Sittlichkeit und Glückseligkeit zusammenfallen müssen; dass dasjenige, was eine Norm
für das praktische Verhalten des Menschen geben soll, ihm
nothwendig auch den befriedigendsten Gesammtzustand verleihen müsse.

Dieser Begriff eines befriedigenden Gesammtzustandes
begründet das Unterscheidende der epikureischen Auffassung
gegenüber der sophistisch-skeptischen und auch der aristippi-
schen. Zwar der Mensch ist das Maass der Dinge. Das gilt
beiden als Axiom; aber wenn Sophistik und Skepsis nichts weiter
vermocht hatten, als gegen den Zwang traditioneller Regeln
von unverstandener Herkunft das souveräne Belieben der einzelnen Willen Sturm laufen zu lassen und ihnen als Lust nur
das Gebot des Augenblicks erschien, so hat sich dagegen
bei Epikur bereits der Blick erweitert, die Beobachtung ge-
schärft. Die Frage nach den Normen des menschlichen Handelns beantwortet er nicht mehr damit, dass er Jeglichen an
seine eigene Neigung, seinen eigenen Nutzen und den besonderen Fall verweist, d. h. das Vorhandensein einer Regel
negirt, sondern mit einer Definition, welche einen sehr ausgeprägten Begriff von dem verräth, was unter allen Umständen
und für alle Menschen am meisten zur Glückseligkeit dienlich
ist und daher auch für eine solche Regel am besten geeignet ist.

Die Glückseligkeit im Sinne Epikur's ist ein in sich befriedigter Gesammtzustand des Gemüthes, dessen nähere Bestimmung am besten in negativer Weise erfolgt: als Freiheit
von Uebeln; denn die einzelnen positiven Empfindungen, welche
gemeinhin als Lust gelten, will Epikur zwar nicht von dem
Begriff derselben ausschliessen, aber da sie auf einem Bedürfniss, einem Schmerz beruhen, der durch sie gehoben werden
soll, so kommt das Wesen der Lust in ihnen nicht rein zum
Ausdruck, und sie erscheinen deshalb erst in zweiter Linie

nach der reinen Lustempfindung, wie sie das Gefühl von allem
Schmerze frei zu sein gewährt.

Da das Streben nach Glückseligkeit jedem Menschen
unmittelbar eingepflanzt ist, bedarf es nach dieser Richtung
keines besonderen Antriebs, sondern lediglich einer prüfenden
Wahl, um unter dem vielen, was sich schmerzerregend und
lusterregend, in jedem Falle aber das Wohlbehagen der inneren
Ruhe störend an den Menschen herandrängt, dasjenige ausfindig
zu machen, was zur Erhaltung eines dauernden Gleichgewicht-
zustandes am dienlichsten ist.   Der Mensch, als ein mit vernünftiger Einsicht begabtes Wesen, ist dieser Wahl fähig, und
aus den Erfahrungen, welche er über den Werth und das
Verhältniss der verschiedenen Lust- und Schmerzempfindungen
macht, aus Geboten des Thuns und Lassens, welche die Vernunft aus diesen Erfahrungen formulirt, geht die Sittlichkeit,
d. h. die Regel für das menschliche Handeln hervor.   Alle
diese Regeln erhalten ihre verbindende Kraft lediglich durch
den Zweck, dem sie dienen und durch ihren Werth für das
Wohlbehagen des Menschen.   Ausser dieser Beziehung auf die
Zustände des leidenden und handelnden Subjects gibt es in
den Dingen und Handlungen an und für sich betrachtet
schlechterdings nichts, was einen Unterschied zwischen ihnen
zu begründen, oder eine Nothwendigkeit zu schaffen vermöchte,
dem einen den Vorzug vor jenem zu geben.   Daher denn auch
die ausdrückliche Versicherung, dass die Tugend um ihrer
selbst willen verlangen, leeren Einbildungen nachjagen heisse
und nur wer sich die Lust zum Ziel setze, einen wirklichen
Zweck seiner Thätigkeit habe.   Alle Sittlichkeit ist nichts
Anderes, als ein verfeinerter Egoismus, als das wohlverstandene
Interesse des Einzelnen; was man Uneigennützigkeit, Entsagung, Selbstaufopferung nennt, beruht keineswegs darauf, dass
der Mensch, was seiner Natur gänzlich zuwider liefe, ohne
jede Aussicht auf Lustgefühle, oder gegen seine Lustempfindungen handelt, sondern nur darauf, dass er als ein vernünftiges,
mit der Fähigkeit der Reflexion ausgestattetes Wesen, keineswegs von der zunächstliegenden, unmittelbar gegenwärtigen
Lust in allen Fällen bestimmt werden muss, sondern um einer
grösseren zukünftigen Lust einer augenblicklichen zu entsagen

vermag, und überdies reflectirter Lustempfindungen fähig ist, welche unmittelbare Schmerzgefühle überwiegen können.

Hier wird also zuerst jenes Thema angeschlagen, ob es eine ganz interesselose Sittlichkeit geben könne, oder ob auch das sittliche Verhalten des Menschen, durch wie feine Fäden dies auch immer geschehe, mit der einzigen Triebfeder seiner ganzen Existenz, mit der Selbstliebe verknüpft sei — ein Thema, welches seit der Erneuerung der epikureischen Philosophie durch Gassendi und Hobbes eine Grundfrage für die neuere ethische Forschung bis zur Gegenwart gebildet hat. Allerdings tritt in der neueren Philosophie eine gewisse Verschiebung der Frage ein, welche dadurch bedingt ist, dass die Auffassung des Begriffes der Sittlichkeit sich ändert. Die antike Ethik setzt, wie sehr auch die nähere Ausführung dieses Gedankens innerhalb der einzelnen Schulen verschieden sein mag, das Wesen des Sittlichen vorzugsweise in einen irgendwie harmonisch geordneten, mit sich selbst übereinstimmenden Gesammtzustand des Einzelnen, eine bestimmte Ausbildung desselben seiner ganzen Persönlichkeit nach, so dass derselbe gewissermassen als ein Fertiges, in sich Vollendetes der ganzen Aussenwelt gegenüber steht. Es ist dies jene ästhetische Auffassung auch des sittlichen Lebens als eines Kunstwerkes, welche durch die Aufstellung eines Ideals des sittlichvollendeten Menschen in der Gestalt des Weisen eine so bedeutende Rolle in der antiken Ethik spielt. Der Schwerpunkt ihres sittlichen Ideals liegt in dem schön und richtig geordneten Verhältnisse des Menschen zu sich selbst, oder der einzelnen Theile seines Wesens zu einander; und da das Ideal nicht weiter griff, so konnte die Theorie selbst in ihren geläutertsten Auffassungen des Verhältnisses zwischen der Sittlichkeit und den Lustempfindungen diese in letzter Linie immer nur aus der Förderung des eigenen Wesens bei dem sittlich Handelnden herleiten. Dies ist, was man mit Recht den individualistischen Zug der antiken Ethik genannt hat, welche zwar gerade in den klassischen Systemen der Blüthezeit, bei Plato und Aristoteles, auf die sittliche Gestaltung des Gemeinschaftslebens im Staate hinausdrängt, aber doch wesentlich darum, weil sie nur in dieser ergänzenden Gemeinschaft den Einzelnen zur

sittlichen Vollendung führen zu können meint. Im Gegensatze
zu dieser Auffassung blitzt nun in dem Ideal der christlichen
Liebe die Ahnung von etwas noch Höherem auf: der Wesensförderung Anderer um ihrer selbst willen, unabhängig von
dem für den Handelnden daraus resultirenden Gute. Jedoch
wird damit in den weitaus meisten Fällen zunächst nur die
Richtung des Handelns theilweise verändert, aber nicht die
Motivation auf eine höhere Stufe gehoben. Dies Ideal erfährt
nemlich durch die concreten Verhältnisse, unter denen es auf-
taucht, die seltsamsten Verzerrungen: die Aeusserungen des
Altruismus in der sogenannten Liebesthätigkeit gewinnen eine
als sittliche Propädeutik werthvolle aber vom Standpunkt einer
wirklichen Socialethik aus völlig verwerfliche Gestalt und nur
die Richtung des sittlichen Handelns wird durch das altruistische
Liebesprincip eine andere, keineswegs aber das Motiv und somit der formale ethische Werth. Denn für die weitaus grösste
Zahl der Bekenner des Christentums waren und sind eudämo-
nistische Gründe bei ihrem altruistischen Handeln ebensogut,
ja in viel plumperer Form massgebend, als für den Anhänger
irgend einer antiken Philosophenschule; aber trotzdem hat das
ethische Ideal der reinen Menschenliebe durch alle Trübung
der Jahrhunderte hindurch gewirkt, und sein Einfluss macht
sich gleich beim Beginn der ethischen Untersuchungen in der
neueren Philosophie in der Art der Fragestellung bemerklich.

In Folge dieses Unterschiedes fällt nun aber selbstverständlich die Frage, ob das Sittlich-Gute aus der Lust stamme
oder diese ihm als einem Höheren nur zur Seite gehe, keineswegs ganz zusammen mit dem im 17. und 18. Jahrhundert so
viel verhandelten Problem, ob das Sittliche Product der Selbstliebe oder eines uninteressirten Wohlwollens sei; aber die
zahlreichen Berührungspunkte beider Probleme werden sich
im Verlauf der weiteren Darstellung mit ungesuchter Deutlichkeit ergeben und gerade dieser Parallelismus des antiken
und des neueren Denkens jenen Gegensatz in seiner speculativen Bedeutung erkennen lassen.

§. 2. Aristoteles.

a) Definition des Sittlichen.

Um zu bestimmen, was das Sittliche sei, geht auch Aristoteles von der Gleichsetzung zwischen Sittlichkeit und Glückseligkeit aus, letztere in dem Sinne gefasst, als sie überhaupt durch menschliche Bemühungen erreicht werden kann. Denn von der Einseitigkeit der späteren Schulen, der Epikureer und namentlich der Stoiker, welche ein absolutes Zusammenfallen der Sittlichkeit mit der Glückseligkeit postulirten, ist Aristoteles noch weit entfernt. Es handelt sich also darum, festzustellen, worin für den Menschen die Glückseligkeit, d. h. das höchste Gut liege; denn daraus ergibt sich unmittelbar die Aufstellung des letzten Zweckes für das menschliche Leben, eine Regel für die Gestaltung desselben — mit andern Worten, eben das Sittliche. Den Begriff des höchsten Gutes für den Menschen gewinnt Aristoteles durch eine empirisch-inductive Betrachtung der menschlichen Natur, und diese führt ihn, nicht ohne auch hier fühlbaren Einfluss seiner allgemeinen Weltanschauung, dazu, die Glückseligkeit des Menschen in seine Thätigkeit zu setzen und zwar in diejenige Thätigkeit, welche ihm als Menschen eigentümlich ist. Es ist dies die Thätigkeit der Vernunft. Hier liegt das Sittliche; denn die Vernunftthätigkeit, sofern sie richtig vollzogen wird, nennen wir Tugend. Allein die Vernunftthätigkeit ist selbst eine doppelte; ist, wenn es erlaubt ist, hier mit Kant's Terminologie an verwandte Gedanken seiner Philosophie zu erinnern, entweder rein oder praktisch; sie äussert sich entweder im blossen Denken, oder in der Beherrschung des vernunftlosen Seelentheils, der Affecte. Die Uebung der Vernunft in beider Richtung nennt Aristoteles Tugend; das Sittliche aber, in unserem Sinne tritt natürlich nur bei der zweiten Art der Tugend hervor, wie denn auch Aristoteles die Aufgabe der Ethik wesentlich auf die Betrachtung der letzteren einschränkt.

Diese Gedankenfolge bezeichnet in flüchtigen Strichen den Weg, auf welchem Aristoteles zu seiner berühmten Definition der Tugend oder des vollendeten Sittlichen gelangt. Er be-

zeichnet in derselben die Tugend als diejenige Beschaffenheit
des Willens, welche die unserer Natur angemessene Mitte hält,
gemäss einer vernünftigen Bestimmung, wie sie der Einsichtige
geben wird [5]).

Betrachtet man diese Definition näher, so fällt zunächst
der ganz empirisch-rationale Charakter derselben auf. Was hier
als das Sittliche bezeichnet wird, das hält sich ganz und gar
auf dem psychologischen Boden, liegt ausschliesslich im Subject
und wird nur formal als eine gewisse Beschaffenheit des Willens beschrieben, wobei über den Inhalt dieser Regelung des
Begehrungsvermögens gar nichts weiter ausgesagt, sondern
dieselbe nur im allgemeinen als eine Aufgabe der vernünftigen
Einsicht bezeichnet wird.

Alles Metaphysische ist hier völlig bei Seite gelassen; das
Sittliche ist eine Beschaffenheit des vernünftigen Subjects, das
Zustandekommen desselben ein Vorgang, der sich im Innern
desselben rein aus den natürlichen Anlagen und Fähigkeiten
vollzieht, und die Regel, welche auf diese Weise zu Stande
kommt, ist wiederum nichts, als das im einzelnen Falle dem
besonnenen Abwägen und der vernünftigen Ueberlegung passend Erscheinende.

Ausdrücklich hat Aristoteles die nothwendige Relativität
aller sittlichen Maassbestimmungen erklärt und darauf hingewiesen, dass diese nicht bloss aus der Natur der Dinge, oder
aus dem Gegenstande des Handelns genommen werden können,
sondern vor allem nach unserer eigenen Natur bestimmt werden
müssen [6]). Man sieht, hier bleibt jeder Gedanke an einen transcendenten, übermenschlichen Ursprung des Sittlichen vollständig
fern; nicht aus einem über diese Welt hinausliegenden Gesetze,
nicht aus dem ahnenden Schauen einer in sich selbst ruhenden,
wesenhaften Idee geht das Sittliche hervor, sondern lediglich
aus den Kräften und Fähigkeiten des vernunftbegabten Subjects.

Natürlich muss die Welt, in der solchergestalt das Sittliche
zur Erscheinung kommt, selbst eine vernünftig geordnete sein,
insofern ja eben die Vernunft des menschlichen Wesens einen
Bestandtheil derselben bildet; und insoferne sie aktuell und
thätig ist, ist sie ja geradezu ein Bestandtheil, ein Strahl des
höchsten und reinsten Denkens, der göttlichen Weltvernunft.

Auf diese, aus welcher wenigstens nach den Auffassungen einzelner Erklärer [7]) der leidenden Vernunft der Einzelnen die höchsten Antriebe kommen, wäre somit, will man diese metaphysischen Beziehungen durchaus bis nach ihrem letzten Endpunkte hin verfolgen, auch das Sittliche, die Erscheinung der Tugend im menschlichen Leben, in letzter Linie zurückzuführen. Allein man wird sich dabei gegenwärtig halten müssen, dass eben die Gottheit bei Aristoteles durchaus nur als die oberste Spitze des gesammten Weltsystems gedacht und jeder Versuch, mehr als den Anfang der ersten Bewegung der Welt aus ihr unmittelbar abzuleiten, sorgfältig vermieden ist. Es kann daher auch keine Rede davon sein, die Sittlichkeit des Einzelnen gewissermassen auf ein unmittelbares Verhältniss desselben zur Gottheit zu gründen, oder von dem Grade abhängig zu machen, in welchem das Schauen der Idee des Guten gelungen ist, wie das Plato gethan hat [8]); die Vernunft, welche Aristoteles als Führerin der Seele zum Sittlichen bestimmt wissen will, empfängt ihre Regeln nicht von einer höheren, übermenschlichen Vernunft, schöpft sie nicht aus Ahnungen einer über dieser Wirklichkeit schwebenden festen und unveränderlichen Ordnung; sie bringt auch nichts mit in diese Welt, worin das Sittliche als ein angeborenes Erbgut schon im Keime beschlossen läge: sondern kraft ihres natürlichen Vermögens zu vergleichen und zu schliessen, schafft sie aus inneren und äusseren Erfahrungen allmälig eine feste Regel für den Willen, unterstützt von dem im innersten Wesen des Menschen gegebenen Glückseligkeitstriebe, welche durch ein solches Thun seine vollste Befriedigung erhält: d. h. soweit dies nur immer aus den blossen Kräften des Menschen heraus möglich ist.

b) Verhältniss zwischen Sittlichkeit und Lust.

Es ist hiemit schon angedeutet, dass in dem Maasse, in welchem eine metaphysische Begründung des Sittlichen bei Aristoteles zurücktritt, sein Interesse sich den psychologischen Bedingungen seiner Entstehung im Subject zuwendet. Diese hat er denn auch in der That nicht nur eingehender behandelt, sondern auch klarer erkannt, als irgend ein anderer griechischer Denker [9]).

Wichtig ist hier vor Allem seine Auffassung des Begriffes der Lust und der Bedeutung, welche ihr für das sittliche Handeln zukommt [10]). Es gewährt ein hohes Interesse, gerade an diesem Punkte die aristotelische Theorie mit der epikureischen zu vergleichen, weil der Ausgangspunkt beider ein ganz ähnlicher ist und weil die Erscheinung eines gleichen Gegensatzes und gleicher Schwierigkeiten uns auch in der neueren Philosophie wieder begegnet.

Da die aristotelische Theorie unbestreitbar den Vorzug einer feineren Beobachtung und grösseren begrifflichen Schärfe besitzt, so läge die Frage nahe, wie es komme, dass in der zeitlich späteren Philosophie Epikur's diese Vorzüge nicht erhalten oder fortgebildet worden seien, und eine entschieden mangelhaftere Doctrin an Stelle der aristotelischen habe treten können. Allein auch zu dieser Erscheinung bietet die Geschichte der neueren Ethik entsprechende Analogien. In dem grossen Streite, der im 17. und 18. Jahrhundert um die Selbstliebe als ethisches Princip geführt worden ist, wiederholt sich die Erscheinung eines Zurückgreifens von den complicirteren Theorien auf die einfachere. Auch hier hatten im Kampfe gegen die gefürchteten Sophisten jener Tage, Hobbes und Mandeville, hervorragende Denker, wie Shaftesbury, Butler und Hume, das Vorhandensein uninteressirter Triebe festgestellt und zum Theil mit directer Anlehnung an aristotelische Gedanken zu zeigen versucht, dass keineswegs bei allem menschlichen Handeln die daraus resultirende Lust der Zweck sei, sondern dass dem Menschen unter Umständen sich auch ein bestimmtes Thun als Selbstzweck unmittelbar ankündige und dass die Lust, welche aus der vollbrachten That resultire, nur als nachträglicher Erfolg, nicht als Motiv gelten dürfe. Aber diese Theorie wird von der nachfolgenden des Helvetius bei dem Zugeständnisse festgehalten, dass das Element der Lust, der Selbstbefriedigung vom menschlichen Handeln nun einmal nicht zu trennen sei, und wenn auch nur als Begleitung desselben doch seine Rolle spiele. Ist aber dies einmal zugegeben, so hat jene Unterscheidung nur noch begrifflichen Werth, und die Ableitung des Sittlichen aus der durch Vernunft belehrten und eingeschränkten Selbstliebe empfiehlt sich durch ihre grössere Einfachheit und Consequenz. Und dieser Wendung ist nicht zu entgehen, solange man, wie es jene anti-egoistischen Theorien der neueren Philosophie thaten, das Sittliche in so unmittelbare Nähe zu den Lustgefühlen bringt, von welchen es anderseits doch wieder streng gesondert werden soll, und sich mit der Ableitung des Sittlichen lediglich aus dem Gefühl begnügt; nur Spinoza hat, indem er das Sittliche mit den aus der reinen Activität des Menschen hervorgehenden Lustgefühlen identificirte, zugleich seinen rationalen und eudämonistischen Charakter zu wahren gewusst.

Ein ähnliches Verhältniss besteht zwischen Aristoteles und der epikureischen Theorie, obwohl Aristoteles wie mir scheint die verschiedenen in Betracht kommenden Elemente schärfer begrifflich geschieden hat, als dies von den meisten derjenigen geschehen ist, die nach ihm in der neueren Philosophie den gleichen Weg gingen. Es herrschen über diesen Punkt der aristotelischen Lehre ziemlich abweichende Anschauungen und Urtheile, was sich eben daraus erklärt, dass dieselbe verschiedene, scheinbar gegensätzliche Gedanken vereinigt, und in gewisser Beziehung ebenso sehr als Vernunftlehre, denn als Lustlehre bezeichnet werden kann [11]).

Zunächst geht Aristoteles ganz entschieden von der Lust, d. h. also, um in der Sprache der neueren Philosophie zu reden, von der Selbstliebe aus. Seine Ethik ist ja, wie schon hervorgehoben worden ist, so gut wie die des ganzen Altertums Glückseligkeitslehre; und die Lust schliesst er ausdrücklich in seinen Begriff der Glückseligkeit ein. Darin wird jede unbefangene Beobachtung der Welt und des Menschen Aristoteles beistimmen müssen. Das Streben nach Glück im weitesten Sinne ist so sehr die innerste Triebfeder alles Lebendigen, dass die Natur dieses Hebels schlechterdings nicht entbehren kann, um ihre anderweitigen Zwecke zu fördern. Das Sittliche würde unmöglich je wirklich werden können, wenn es, statt von Lustgefühlen irgend welcher Art begleitet zu sein, vielmehr das sicherste Mittel wäre, sich unglücklich zu machen. Darum sagt Aristoteles ausdrücklich, ein Leben,

das gar nichts Angenehmes habe, könne man auch nicht glück-
selig nennen; und noch bestimmter lautet es, wenn er erklärt,
die Glückseligkeit sei das Einzige, nach dem wir niemals um
eines andern willen streben: wogegen Ehre, Lust, Vernunft und
jede Tugend zwar auch um ihrer selbst willen, aber zugleich
um der Glückseligkeit willen erstrebt werden [12]). Der aristotelische Begriff der Lust wird aber unter den metaphysischen
Voraussetzungen seines Systems zu etwas Anderem als jener,
den Plato in den Sophisten bekämpfte, oder welchen die kyrenaische und epikureische Schule vertraten. Denn wie sehr
auch namentlich die letztere den positiven Begriff der Lust
zu dem der Gemüthsruhe verfeinert hatten: die Vorstellung
eines wirklich uneigennützigen, rein von seinem eigenen Werthe
getragenen Handelns war ihrem Begriffe von Sittlichkeit immer
fern geblieben, weil im Hintergrunde stets die Lust um ihrer
selbst willen gestanden hatte. Anders bei Aristoteles. Menschliches Handeln und Lustgefühle gehören zusammen: das steht
beiden Auffassungen fest; aber wenn jenen die Lust das erste
ist, das Thun erst das zweite, die Folge der Lust, so kehrt
Aristoteles diese Reihenfolge um: das unmittelbarste und erste
ist die Activität des Menschen; aus ihr ergibt sich erst die
Lust, als naturgemässe Vollendung jeder Thätigkeit. Könnten
beide getrennt werden, so würde ein tüchtiger Mensch die
Thätigkeit ohne Lust der Lust ohne Thätigkeit unbedingt
vorziehen. Aber wie die Thätigkeit nichts anderes als eine
Aeusserung des Lebens ist, so gehört auch die Lust zum Leben;
denn sie bringt jede einzelne Thätigkeit und das Leben selbst
erst zu einer zweckerfüllenden Vollendung; aber nicht als das
innewohnende Princip, sondern als ein hinzutretender Höhepunkt: ähnlich wie in der Jugend der Reife des Leibes, die
nicht um der Schönheit willen geschieht, doch die Schönheit
folgt [13]).

Ganz das gleiche Argument haben später Shaftesbury,
Butler und Hume gebraucht, um die Möglichkeit uninteressirten
Handelns darzuthun: ein Trieb, der sich auf ein bestimmtes
Object richtet, muss vor der Lust vorhanden sein, die aus der
Befriedigung desselben entsteht; Lust und Selbstliebe sind
also weder begrifflich noch genetisch das Erste: aber die

Association des aus dem befriedigten Triebe erwachsenen Lust-
gefühls mit dem Triebe und dessen Object, tritt eben doch
mit den frühesten Anfängen der Erfahrung sofort ein und wird
alsbald so fest, dass Priorität und Rangverhältniss im einzelnen concreten Falle gar nicht mehr festzustellen sind. Aristoteles war ein viel zu feiner Beobachter, um sich dies entgehen zu lassen: er meint, man müsse es unentschieden lassen,
ob man wegen der Lust nach dem Leben, oder wegen des
Lebens nach der Lust verlange [14]). Beides scheine zusammen-
gekettet und nicht trennbar zu sein, da ohne Thätigkeit keine
Lust entsteht, alle Thätigkeit aber durch die Lust ihre Vollendung erhält [15]).

Man hat sich auf diese Stelle berufen, um gegen Aristoteles geltend zu machen, dass er hiemit in Gefahr gerathe,
die Reinheit des sittlichen Motivs durch die Beziehung auf
die Lust zu trüben und die Lust, wenngleich vergeistigt, als
Bestandtheil des Zweckes zu setzen. Es lässt sich nicht leugnen,
dass in dem aristotelischen Ausdruck eine Zweideutigkeit liegt,
welche eine derartige Auffassung begünstigt; überblickt man
aber seine Lehre in ihrer Gesammtheit, so wird man wohl
zugeben müssen, dass es sich für ihn nur um ein möglichst
kräftiges Hervorheben des intimen Wechselverhältnisses handelt, welches zwischen Sittlichkeit und Glückseligkeit besteht,
und ohne dessen Beachtung man entweder in die einseitige Starrheit eines sittlichen Rigorismus, oder auf das niedrige Niveau
eines blossen Hedonismus geräth [16]). In beiden Fällen aber
wird man unzweifelhaften Thatsachen der sittlichen Erfahrung
nicht gerecht. Denn diese zeigt einerseits in allem sittlichen
Thun das Streben nach innerer Befriedigung als ein nicht
aufzuhebendes und daher dem Eudämonismus aller Zeiten immer
neue Gründe lieferndes Moment; anderseits aber ergibt sich
auch aus derselben Quelle deutlich, wie wenig man den Sinn
eines wahrhaft ethischen Strebens getroffen hätte, wollte man
jene innere Selbstbefriedigung des Handelnden als den alleinigen
Zweck, und Alles, woran solche Gesinnung sich zeigt und bethätigt, lediglich als Mittel bezeichnen. Und das ist eben
das entscheidende Merkmal, welches die mit Lustgefühlen be-
gleitete Thätigkeit der praktischen Vernunft, als welche Ari-

stoteles das Sittliche bezeichnet, von anderen, niedrigeren Quellen der Lust unterscheidet. Das zeigt sich gerade bei der reinen Energie des theoretischen Vernunftvermögens, welcher Aristoteles die höchste Glückseligkeit zuzuschreiben geneigt ist, am deutlichsten; denn Niemand wird behaupten wollen, dass diese Energie auf den Genuss als solchen gehe, sei es auch der höchste Selbstgenuss des Vernunftwesens: das eigentliche Ziel ist die Wesensentfaltung (die reine Activität des Menschen, wie Spinoza gesagt haben würde) und in ihr empfindet das Vernunftwesen auch sofort seinen Selbstgenuss. Das Sittliche als die auf der vernünftigen Autonomie des denkenden Subjects beruhende Selbstbefriedigung ist sonach ein Begriff, der dem Aristoteles unleugbar vorschwebte, ohne schon zu seiner vollen Ausgestaltung gebracht zu werden. Die Schwierigkeiten des Ausgleichs zwischen den zu vereinigenden Gegensätzen und Anschauungen ziehen sich durch die ganze Geschichte der Ethik hindurch [17]).

c) Entwicklung des Sittlichen.

Den einseitigen Intellectualismus des Sokrates, welcher, wie sich unten zeigen wird, auch bei Plato keineswegs überwunden worden war [18]), hat Aristoteles durch eine naturgemässere Anschauung ersetzt, und einem von jenen kaum beachteten, wichtigen Factor des sittlichen Lebens, nemlich dem Willen zu seinem Rechte verholfen. Dass mit der blossen theoretischen Einsicht in das Gute noch nichts erreicht sei, und das Handeln trotzdem in vielen Fällen seine eigenen Wege gehe, hat Aristoteles mit grossem Nachdruck geltend gemacht; und da sein Sittlichkeitsbegriff ein ganz formaler ist, eben nur auf die Einhaltung des richtigen Maasses sich bezieht, so ergibt sich schon daraus, dass Aristoteles, um einen Inhalt für das sittliche Leben zu gewinnen, die natürlichen Triebe, Affecte und Strebungen als Grundlage für dasselbe annehmen muss. Diese erscheinen also nicht wie bei Plato und in noch schärferer Weise bei den Stoikern dem sittlichen Verhalten schlechthin entgegengesetzt, sondern als eine unumgänglich nothwendige Vorstufe für dasselbe. Das Sittliche selbst ist lediglich

Product des entwickelten Geistes, der Vernunft; die Natur ist ausser Stande, dasselbe zu schaffen; aber sie liefert Ansätze und Anfänge dazu, die man in der Gemüthsart von Kindern und Thieren beobachten kann, und ohne welche es nicht möglich wäre, das Sittliche fest zu begründen.

Das prägt sich sehr deutlich darin aus, dass er das Sittliche lediglich durch Uebung erreichen lassen will, und die Lehrbarkeit der Tugend im Sinne der Mittheilung ethischer Einsicht so entschieden in Abrede stellt, dass er geradezu das Verstehen der ethischen Lehren durch die Uebung im tugendhaften Handeln bedingt sein lässt; was freilich scheinbar den directen Gegensatz bildet zu der oben gegebenen Begriffsbestimmung der Sittlichkeit, welche das Sittliche auf die Einsicht begründet hatte. Diesen scheinbaren Zirkel hat Trendelenburg [19]) in geistreicher Weise gelöst, indem er auf das Verhältniss der Wechselwirkung zwischen beiden hinwies, und hervorhob, dass sich dies Verhältniss in der wirklichen Geschichte der ethischen Entwicklung so gestalte, dass die werdenden Tugenden des jüngeren Geschlechtes die Einsicht des älteren zu ihrer Voraussetzung haben, und es Aufgabe der Erziehung sei, die Kinder von früh an dahin zu bringen, dass sie darüber Lust und Unlust empfinden, worüber sie Lust und Unlust empfinden sollen.

Es hängt hiemit eine weitere Frage eng zusammen, deren ungenügende und wenig speculative Beantwortung man Aristoteles zuweilen zum Vorwurf gemacht hat.

Das Kriterium, welches Aristoteles für das Sittliche angibt, ist rein formal, als eine blosse Verhältnissbestimmung gefasst, und seine Anwendung auf den einzelnen Fall ergibt sich lediglich aus der geschulten Vernunft des Einzelnen. Es ist klar, dass diese Antwort nicht auf die letzte Quelle zurückgeht: denn wenn das Sittliche nur eine von der individuellen Vernunft getroffene Maassbestimmung ist, keinen realen Inhalt an sich selbst hat, so bleibt die Frage übrig, wonach denn die Vernunft jedes Einzelnen ihre Entscheidung treffe? Wir stossen bei Beantwortung dieser Frage im Sinne des Aristoteles wieder auf das bereits angedeutete Wechselverhältniss. Aristoteles hat klar gesehen, dass der Einzelne, um dessen

Vernunftentscheidung es sich in einem gegebenen Falle handelt, weder allein in der Welt ist, noch mit seinem Nachdenken über die Frage der vernünftigen Lebensgestaltung ganz von vorne zu beginnen hat. Er ist also vollkommen im Rechte, wenn er als Norm für die vernünftig-sittliche Entscheidung mittelbar und unmittelbar auf diejenige Vorstellung verweist, wie sie im allgemeinen Urtheil des griechischen Bewusstseins lebt, wie sie in der herrschenden Meinung und im Gesetze sich ausspricht. Dies auch der Grund, wesshalb das Sittliche seine eigentliche Vollendung nur im Staate erlangen kann, und die Ethik ausmünden muss in die Politik.

3. Abschnitt.

Die Metaphysiker.

§. 1.   Plato.

Dass die praktische Philosophie der Griechen zum guten Theil eine in Ethik umgesetzte Metaphysik sei, tritt nirgends deutlicher hervor, als bei demjenigen Denker, welchen man mit Recht als den Gründer 'der Metaphysik der Sitten bezeichnen kann: bei Plato. Wie seine gesammte philosophische Speculation von dem Streben beherrscht ist, die Wahrheit und Wirklichkeit des Allgemeinen vor der Auflösung durch die Sophistik zu retten, so kämpft er auch auf ethischem Gebiete mit aller Kraft seiner Dialektik gegen jene Atomisirung des Sittlichen, welche jene vollzogen hatte, indem sie von gewissen an sich richtigen und unleugbaren Beobachtungen einen übertrieben ausgedehnten Gebrauch machte, und in der gänzlichen Leugnung des allgemeinen Moments den Thatbestand des sittlichen Lebens fälschte oder verkannte.

Den Nachweis zu erbringen, dass es ein Allgemeines und folglich ein Wissen gebe, war das Hauptziel, welches Sokrates und nach ihm, mit den Mitteln der von ihm geschaffenen Dialektik, Plato verfolgte. Schon Sokrates hatte mit seiner Methode der Begriffszergliederung und Begriffsbildung, angewendet auf einzelne Tugenden oder einzelne sittliche Begriffe, in seiner Forderung des Wissens, als unerlässlicher Bedingung des Sittlichen, wieder. eine festere Grundlage zu gewinnen gesucht, als es die blosse zufällige Willkür gewesen war: die grosse fortbildende Leistung Plato's aber ist nun die, dass er die Möglichkeit und den Erkenntnisswerth eines derartigen Wissens speculativ begründet durch den Nachweis, inwiefern dem zu erkennenden Allgemeinen in der Welt ein Wirkliches entspreche. Diesen Zweck verfolgt bekanntlich Plato's Theorie der Ideen, als wesenhafter und unvergänglicher Urbilder der hauptsächlichsten Formen und Gattungen des Seins, und diese Theorie hat nicht nur auf Plato's ethische Lehren entscheidend eingewirkt, sondern wir haben ethische Bedürfnisse geradezu als ein treibendes Motiv bei der Ausbildung dieser Theorie zu betrachten [20]).

a) Metaphysischer Begriff des Sittlichen.

Bei Sokrates war das Sittliche als das gewusste Gute definirt worden; was aber das Gute inhaltlich sei unbestimmt geblieben und über die vielen einzelnen Fälle, in denen etwas dem wissenden Subject als ein Gut erscheint, nicht hinausgegangen worden. Plato gewinnt nun durch seine Ideenlehre einen höchsten und festen Punkt, von dem alles einzelne Sittliche abhängt, und einen neuen Begriff für das, was überhaupt sittlich genannt werden kann. Sittlich sein, heisst nicht irgend welche Güter besitzen, sondern theilnehmen an der Idee des Guten, am höchsten Gute. Dass dies den nothwendigen Endpunkt alles menschlichen Strebens bildet, ist selbsverständlich; nicht minder aber, dass das Gute nicht in der Lust liegen kann. Diesen für seine ganze Auffassung des Ethischen so grundwesentlichen Unterschied hat Plato im verschiedensten Zusammenhange immer wieder hervorgehoben und über alle Anfechtung festzustellen gesucht.

Im schärfsten Gegensatze gegen die Sophistik, welche alles Gute nur in den zufälligen Lustgefühlen der empfindenden Subjecte hatte finden wollen, macht Plato geltend, dass die Lust nur eine Erscheinung, ein im steten Werden Begriffenes und darum niemals sich selbst Genügendes sei, wäh-

rend der nothwendige Charakter des Guten gerade in seiner
völlig in sich abgeschlossenen Selbstgenugsamkeit liege. Dieser
Unterschied der Lust von dem Guten bildet die Grundlage
der ganzen platonischen Ethik. Nicht aus Einzelnem, was die
Erkenntniss des Subjects an den Dingen gut findet, setzt sich
dies höchste Gut zusammen, sondern es hat ein wesenhaftes Für-
sichsein, vor und über den Dingen, die nur gut genannt werden
können, insoweit sie an dem obersten Gute participiren. Die
Idee des Guten steht an der Spitze des ganzen Ideenreiches;
sie ist nicht nur höchstes Erkenntnissobject, sondern zugleich
das höchste metaphysische Wesen; in ihr fassen sich alle übrigen
Ideen zur Einheit zusammen, sie ist ihre Grundlage und Trägerin; ja man wird sie, trotz mancher entgegenstehenden
Schwierigkeiten und Dunkelheiten der platonischen Doctrin
wohl als die Gottheit bezeichnen dürfen und so den Gegensatz Plato's zur Sophistik auf den zugespitztesten Ausdruck
bringen können mittels der Formel: Gott ist das Maass aller
Dinge [21]).

Sieht man sich nun nach inhaltlichen Bestimmungen für
diese Idee des Guten um, welche, als schöpferische Gottheit
gedacht, den Mittelpunkt der platonischen Metaphysik, als
höchstes Gut, den Hauptbegriff seiner Ethik bildet, so wird
man kaum anders sagen können, als dass Plato selbst einiger-
massen unter der Schwierigkeit leidet, für dies von allen concreten Beziehungen losgelöste und über allem Einzelnen schwe-
bende Gute noch vermittelnde und erläuternde Begriffe zu
finden. Die wichtigsten Bestimmungen, welche er zu diesem
Zwecke verwendet, sind Einheit und Maass, Ordnung und Harmonie. Ohne das Gute selbst zu sein, nehmen sie an demselben Theil und vermitteln die Erscheinung desselben bei den
einzelnen Wesen. Demgemäss wird nun die Antwort der
platonischen Philosophie auf die Frage: „Was ist das Sittliche?" eine doppelte sein. Das Sittliche ist nemlich entweder
die Erhebung der Seele zum reinen Anschauen und völligen
Insicherleben der Idee des Guten, fortgehend, in geradezu as-
ketisch zu nennender Weise, bis zur möglichsten Entfesselung
von den Banden des Körpers; oder die Einführung der ewigen
Ordnung, des unveränderlich Guten in die Wirklichkeit, in

dem Maasse und nach der Art, in welchen die einzelnen Dinge an demselben theilzunehmen befähigt sind. Es ist eine Frage specieller platonischer Interpretation, in wie weit diese beiden Anschauungen nach Plato's Meinung selbst ergänzend zusammengehören und zusammengedacht werden müssen, oder ob sie als ungleichwerthige Forderungen verschiedenen Stadien des platonischen Gedankens entsprechen [22]).

Durch diese Theorie Plato's wird nun zum erstenmale in der Geschichte der Philosophie eine Metaphysik des Sittlichen begründet. Weit entfernt, bloss ein Erzeugniss menschlicher Willkür und individuellen Behagens zu sein, oder lediglich aus dem Drang der Umstände hervorzugehen, als eine Regel, die zwischen handelnden Wesen Geltung hat, solange und soweit sie derselben bedürfen, gewinnt das Sittliche bei Plato eine von der Flucht der Erscheinungen vollkommen unabhängige Existenz in der übersinnlichen, jenseitigen Idee des Guten, deren Abglanz es ist. Die Idee des Guten ist es, welche die Welt im Innersten zusammenhält durch Ordnung, Maass und Harmonie; die Welt, welche dem Menschen erscheint, die er denkend in seinem Geiste nachbildet und auf die er handelnd zu wirken bestimmt ist, ist nicht vernunftlos, sondern fasst sich in wohlgeordneten Abstufungen zu einem höchsten Einheitspunkt zusammen, in welchem Alles, was im Kosmos an Schönheit, Wahrheit und Güte sich findet, vereinigt ist und von wo die belebende Kraft ausgeht, vermöge welcher das Einzelne an der absoluten Vollendung der höchsten Idee participirt [23]).

Wie Plato's Metaphysik überhaupt, so ist auch seine Metaphysik der Sitten das Vorbild geworden für eine ganze Klasse von Systemen in älterer und neuerer Zeit, die trotz der verschiedensten Formulirung doch im Grundgedanken übereinkommen, und die wir darum wohl als eine der nothwendigen Erscheinungsweisen betrachten dürfen, unter welchen sich das Weltproblem dem erkennenden Geiste darstellt. Sucht man diese Anschauungsweise auf ihren kürzesten Ausdruck zu bringen, so kann man sagen, es liege ihr die Ueberzeugung zu Grunde, dass in dieser Welt nichts erscheinen könne, was nicht in der Oekonomie des Ganzen angelegt sei, und dass

wenn Vernunft, Maass und Ordnung in diesem Weltzusammen-
hange sich finden, sei es auch nur unvollkommen und als Bruchstücke, diese Thatsache ihre Erklärung, und diese Ansätze ihre
Stütze und ihren Halt nur finden können in einem über diese
Sinnlichkeit und Erfahrung Hinausliegenden oder sie Beherrschenden, welches Grund und Vorbild für diese Erscheinungen ist und ohne dessen Vorhandensein dieselben ebenso
unmöglich als unbegreiflich sein würden. Den äussersten
Gegenpol gegen diese Anschauung bildet die streng naturalistische, welche alle Metaphysik auf eine mechanistische und
materialistische Erklärung der Phänomene reducirt, und das
Sittliche als eine bestimmte Function des Menschen, oder Resultat seiner Organisation auf eine Stufe mit allen übrigen
Naturerscheinungen stellt, während Anschauungen wie die
aristotelische oder stoische eine Mittelstellung zwischen diesen
Extremen einnehmen.

b) Psychologie des Sittlichen.

Indessen ist die Frage nach dem Ursprung des Sittlichen
nothwendig eine doppelte, eine metaphysische und eine psychologische. Es handelt sich darum, zu erkennen, welche Stellung
das Sittliche im Weltzusammenhang einnehme, wie derselbe
gedacht werden müsse, um die Erscheinungen des Sittlichen
zu erklären, oder aus welcher Beschaffenheit des Weltganzen
dieselben als ein nothwendiges Ergebniss hervorgehen. Dies
ist die metaphysische Seite der Frage. Sie wird ergänzt durch
den psychologischen Theil der Untersuchung: auf welche Weise
nemlich das Sittliche im menschlichen Geiste zur Erscheinung
und Darstellung gelange. Dass auch hier die allgemeinen
Voraussetzungen des platonischen Systems eine bedeutende
Rolle spielen, und der Untersuchung von vorneherein einen
bestimmten Weg weisen, versteht sich von selbst.

Man muss sich gegenwärtig halten, dass für Plato diese
ganze Welt der sinnfälligen Erscheinung nur das getrübte
Spiegelbild einer in ganz anderem Grade wirklichen, idealen
Welt ist; dass aus dieser letzteren auch die menschliche Seele
entstammt, und dass jene Verbindung mit dem Körper, in

welcher wir die Seele zunächst allein kennen, nur ein Durch-
gangspunkt in ihrem Leben, nur eine vorübergehende Trübung
ihres eigentlichen Seins ist. Denn ursprünglich weilt die Seele
als reiner Geist in jenem übersinnlichen Reiche der Ideen,
versenkt in die Betrachtung der ewigen Wesenheiten; und wie
dieser Präexistenzlehre zufolge alles Lernen und Erkennen
nur ein Wiedererinnern ist, so kommt natürlich auch das Sittliche, das Streben nach dem Guten, nicht erst in dieser Welt
und nicht von aussen in die Seele hinein, sondern sie bringt
ein innerliches, wenn auch getrübtes und verworrenes Ahnen
und Schauen der Idee des Guten als Erbtheil mit in diese
Welt, welches nur der Weckung und Läuterung bedarf. Der
Mensch ist aber nicht reiner Geist, sondern eine Mischung
verschiedenartiger Bestandtheile : eines vernünftigen und eines
vernunftlosen, in welchem wieder eine edlere und eine unedlere
Hälfte zu erkennen ist [24]). Die Sittlichkeit besteht folglich ihrer
psychologischen Erscheinung nach darin, dass der vernünftige
Seelentheil durch Steigerung seiner Erkenntniss zu immer kla-
rerem Bewusstsein der Idee des Guten gelangt, und in demselben Maasse das Gute im gesammten Wesen des Menschen
verwirklicht. Nicht bloss in der Trefflichkeit des auf das
höchste Object gerichteten und dieses erfassenden Denkens
kommt das Gute zum Vorschein, sondern ebenso in der
harmonischen Ordnung der sämmtlichen Seelenkräfte. Denn
diese richtige Stellung jeder der psychischen Hauptfunctionen
zu den übrigen ist es, worin allein der ethische Werth derselben liegt; keineswegs schon die gute Verrichtung der ihr
zukommenden Thätigkeit, was namentlich von dem vernunftlosen Seelentheil gilt. So bleibt es also auch für Plato bei dem
von Sokrates zuerst mit solchem Nachdruck aufgestellten Satze,
dass das Wissen, und zwar in der speciellen Bedeutung als
Wissen des Guten die eigentlich bewegende Kraft in allem
Sittlichen ist [25]). Das höchste und letzte Ziel der Bildung und
des Unterrichts ist eben ein ethisches: den Menschen dahin zu
führen, das wahrhaft Gute zu erkennen und sich eben darum
von ihm leiten zu lassen. Es bleibt freilich die Frage übrig,
ob der richtige Unterricht sein Ziel erreichen muss; denn wenn
es eine fundamentale Anschauung für Sokrates gewesen war,

dass die richtige Einsicht der einzige Factor für das Zustandekommen des Sittlichen sei, dass die Vernunft den Willen unbedingt beherrsche und Niemand freiwillig, d. h. gegen seine
bessere Einsicht böse sei, so erleidet diese Anschauung bei
Plato bereits gewisse Modificirungen, wonach dem Wissen im
Wesen des Menschen andere, theils feindliche, theils indifferente
Mächte entgegenstehen, welche keineswegs unbedingt von dem
Wissen zu lenken sind.   Daraus ergeben sich auch die Antworten auf Fragen wie die, ob denn das Sittliche ein in diesem Weltverlaufe unbedingt sich Vollendendes sei.   Und an
dieser Stelle wiederholt sich jenes Problem, welches schon da
auftritt, wo es sich darum handelt, das Gebundensein der See-
len in diese Welt des unvollkommenen Scheines zu erklären [26]).
Die Beobachtung des sittlichen Lebens drängt mit unwider-
stehlicher Macht die Thatsache auf, dass die Verwirklichung
des Guten beim Einzelnen von Umständen abhängig ist, welche
ganz ausserhalb seines Machtbereiches liegen und als ein
schlechthin Gegebenes sein sittliches Verhalten bedingen. Diese
Umstände sind die allgemeine Organisation, welche der Einzelne mit in die Welt bringt und die Erziehung, welche ihm
in derselben zu Theil wird.   Da nun der Einzelne über diese
Dinge schlechterdings keine Gewalt besitzt, so muss für sie
von der organisirten menschlichen Gesellschaft Sorge getroffen
werden, und Plato antwortet daher auf die Frage nach der
Entstehung und Ausbildung des Sittlichen im einzelnen Menschen mit einlässlichen Erörterungen über die vernünftigste
und zweckmässigste Art der Erzeugung und über die Ausbildung des von einem kräftigen und wohlgestimmten Leibe
ungehemmten Geistes bis zu jener Höhe idealer Erkenntniss,
auf welcher das Sittliche errungen wird [27]).

Mit diesen Anschauungen hängt nun enge zusammen, was
man die aristokratische Haltung und Tendenz der platonischen
Ethik genannt hat.   Es gewinnt nemlich bei Plato den Anschein, als ob sich seine Ethik mit der vollen sittlichen Forderung von vorneherein nur an eine bestimmte Klasse in seinem
Staate wende und die Erfüllung derselben nicht von einer in
jeder Lebensstellung möglichen inneren That der Persönlichkeit,
sondern von dem socialen Berufe des Menschen abhängig mache.

Man wird kaum leugnen können, dass an manchen Stellen der Republik diese Anschauung mit einer unsere Ideen verletzenden Härte hervortritt. Diese Härte verschwindet indessen, sobald man im Auge behält, dass Plato offenbar lediglich eine Erfahrungsthatsache in social-politischem Sinne systematisirt. Aus der Beobachtung der verschiedenen ethischen Dispositionen folgt ihm die Forderung, die Menschen demgemäss in verschiedene Berufsklassen einzutheilen, welche ja bei ihm keine festgeschlossenen Kasten sind, sondern ein Auf- und Niedersteigen zulassen. Und dies einmal angenommen, konnte die Sittlichkeit des Staates, als des höchsten organischen Individuums gerade so gut wie die des Einzelnen nur in das richtige Wechselverhältniss der Bestandtheile gesetzt werden, die im Gemeinschaftsleben ebensowenig sämmtlich in Vernunft aufgelöst werden können als im Individuum.

Und hierin, nicht in seinen einzelnen Vorschlägen liegt gerade das absolut Utopische des platonischen Staates: die Errichtung einer socialen Gemeinschaft, welche streng nach den Abstufungen ethischer Begabung und Würdigkeit sich aufbaut — eine Idee, welche aber gleichwohl soviel Verführerisches hat, dass sie in den verschiedensten Formen immer wieder aufgetreten ist.

§. 2. Die Stoiker.

a) Ethik und Pantheismus.

Trotz aller Verschiedenheiten der philosophischen Denkweise, welche zwischen Plato und den Stoikern bestehen, wird man auch sie in der Frage nach dem Ursprung des Sittlichen zu den Metaphysikern zu rechnen haben[28]). Ihre Anschauungen sind aber um so wichtiger, als sie, durch Cicero und die Stoiker der römischen Kaiserzeit aufgenommen und fortgebildet, am längsten in lebendiger Verarbeitung geblieben sind, und durch den Einfluss, welchen sie auf die allgemeinsten Grundsätze des späteren römischen Rechtes geübt haben, an der universellen Geltung und Bedeutung desselben Antheil nahmen. — Den Inhalt des Sittlichen pflegten die Stoiker als „Leben in Ueber-

einstimmung mit der Natur" zu bezeichnen, in dem weiten
Umfange, welchen sie diesem Begriffe zu geben pflegten, und
wonach derselbe in dieser Grundformel der stoischen Ethik
ebensowohl Gott als die Natur im gewöhnlichen Sinne und
die Organisation des handelnden Subjects bedeuten kann. Ist
dies das oberste sittliche Gebot, und ist die Erscheinung einer
vollständigen Einstimmigkeit des Menschen nach seinem ganzen
Wesen mit der Natur die Thatsache, welche den Begriff des
Sittlichen ausmacht und dasselbe in der Wirklichkeit darstellt,
so folgt, wie man nach dem Ursprung dieser Erscheinung frägt,
nothwendig, dass die Natur selbst eine Regel und Norm darstelle oder in sich enthalte, mit welcher sich eben der Einzelne
in Uebereinstimmung zu setzen habe. Diese Folgerung haben
denn die Stoiker auch in der That gezogen; oder richtiger
vielleicht, jene Auffassung des Sittlichen stellte selbst eine
Consequenz ihrer Metaphysik dar, welche als ein strenger
Monismus Natur und Vernunft möglichst in Eins zu setzen
bemüht war. Nach ihrer Anschauung durchdringt die Gottheit oder die Vernunft in einer Weise, zu deren Bezeichnung
von ihnen bald materielle, bald immaterielle Bilder, bald die
Vorstellung eines belebenden Feuers, bald eines beseelenden
Geistes verwendet werden, die Welt. Diese der Welt durchaus immanente Vernunft trägt nun ein ordnendes Gesetz in
sich, und indem die Gottheit die Welt durchströmt, durchdringt
in und mit ihr auch dieses Gesetz die Welt: es ist die allgemeine Weltvernunft. Zahlreich sind die Stellen, an welchen
dieses Naturgesetz, diese vernünftige Weltordnung in specieller
Beziehung auf den Menschen mit der Norm des menschlichen
Handelns, mit dem Sittengesetz identificirt wird, so dass zwei
Begriffe, welche die neuere Ethik vielfach im schärfsten Gegensatze zu denken gewohnt ist, nemlich die des Naturgesetzes
und des Sittengesetzes, nach der Anschauung der Stoiker zusammenfallen. Dass dieses ewige Gesetz vor aller menschlichen Satzung existire, und über allem menschlichen Belieben
stehe, wird nachdrücklich von ihnen betont; und eben dieser
Abweisung eines bloss anthropologischen Ursprungs des Sittlichen halber mussten sie oben als ethische Metaphysiker bezeichnet werden. Anderseits lässt sich nach den bekannten

Voraussetzungen des Systems schwer einsehen und nach den
uns erhaltenen Quellen der stoischen Philosophie kaum erkennen, wie mit dem Monismus und der strengen Immanenz
dieser Schule sich die Existenz einer a priori gegebenen und
als substanzielle Macht über den Einzelnen schwebenden Vernunftordnung vereinbaren lassen sollte. Denn entweder ist die
absolute Immanenz der göttlichen Vernunft im stoischen Sinne
nicht durchzudenken, sondern eine gewisse Transcendenz,
wenigstens im Sinne eines Sichzurücknehmens der göttlichen
Vernunft aus der Welt anzunehmen; oder das Sittliche kommt
erst in und mit dem vernunftbegabten Menschen zur Erscheinung: dann aber ist es, obschon im Weltplan angelegt, doch
keineswegs explicite vor und über dem Menschen als Gesetz
und ewige Norm vorhanden.

Nicht geringeren Schwierigkeiten begegnet man, wenn
man sich von der metaphysischen Begründung des Sittlichen
der psychologischen Ableitung desselben zuwendet und nach
der Entstehung der Sittlichkeit im einzelnen Geiste frägt. Da
das Sittengesetz mit dem allgemeinen Naturgesetz identisch
ist, so kann dasselbe auch der menschlichen Natur nichts
Fremdes, Feindseliges sein, sondern muss in ihr selbst seine
Begründung haben, und jene von den Stoikern als Inhalt des
Sittlichen geforderte Uebereinstimmung mit der Natur drückt
eben nur die folgerechte Wirksamkeit des Naturgesetzes selbst
aus. Die Stoiker erkennen sehr wohl die Stufenreihe in der
Art der Motivation, welche von der mechanischen, trieb- und
empfindungslosen Bewegung der Pflanze aufsteigt zu dem von
Trieben geleiteten Leben der Thiere, bei denen Alles, was
dem Triebe entspricht, auch das Naturgemässe ist, und endlich zum Menschen, bei welchem zur Beherrschung des Triebs
die Vernunft hinzukommt, so dass für ihn ein Naturgemässes
nur das Vernunftgemässe ist. Diese Vernunft im Menschen
wirkt ganz wie eine Naturkraft, zwar in besonderer, aber
keineswegs specifisch von anderen Kräften verschiedener Weise.
Das Sittliche ist nichts weiter als ein besonderer Fall in der
Wirksamkeit des allgemeinen Naturgesetzes, das ordnend, be-
herrschend und leitend die Welt durchdringt. Daraus schiene
nun aber mit Nothwendigkeit zu folgen, dass das Sittliche bei

jedem Menschen wirklich werden müsse, da ja gerade die
Stoiker die allgemeine Gleichheit der Menschen als vernünftiger
Wesen so sehr zu betonen pflegten. Anderseits wissen wir
aber, dass die Stoiker weit entfernt waren, hinsichtlich des
sittlichen Zustandes und Werthes der Welt irgend welche
Schönfärberei zu treiben, sondern im Gegentheil die Allgemeinheit und weite Verbreitung des moralischen Uebels auf's
Schärfste betonten. Beides scheint sich auszuschliessen, und
hat in der That eine ernstliche Schwierigkeit für die Stoiker
gebildet, wie man aus dem Schwankenden und Widersprechenden der für diese Frage versuchten Lösungen deutlich sieht.

Das einzig Consequente ist es für sie, das Böse gerade
so gut wie das Sittliche aus dem inneren Wesen der Welt
selbst hervorgehen zu lassen. In der That, wenn diese bestehende Weltordnung eine solche ist, die auch Vernunftwesen
in sich umfasst, so muss es den Gegensatz des Vernunftgemässen in der Wirklichkeit geben; da ja die Vernunft sonst
gar nicht des Guten bewusst werden könnte, was eben nur
auf der Unterscheidung beruhen kann. Auch hier springt wieder die stoische Parallelisirung des Physischen und Ethischen
in die Augen. Wie sie das physische Uebel aus natürlichen
Ursachen mit Nothwendigkeit hervorgehen liessen, als unver-
meidliche Folge zweckmässiger Einrichtungen, so entspringt
auch das Sittlich-Böse als nothwendiger Gegensatz aus der
göttlichen Weltordnung, die ja nicht bloss Natur- sondern auch
Vernunftordnung ist [29]).

So gefasst, wird nun allerdings die Existenz des Sittlich-
Bösen begreiflich; aber der an der Spitze des Systems stehende
Begriff des Sittlichen als Uebereinstimmung mit der Naturordnung droht sich völlig zu verflüchtigen', nachdem sich erweist, dass diese nemliche Naturordnung das Unsittliche zu
einem nothwendigen Bestandtheil hat, und die Natur als Ganzes
aufgefasst, eben im Wechselspiel beider Mächte besteht.

b) Das stoische Ideal.

Diese Schwierigkeiten, in welche der pantheistische Naturalismus der Stoiker geräth, sind äusserst lehrreich für die

Geschichte der ethischen Speculation und lassen das Dilemma, welches alle metaphysische Ethik bis auf unsere Zeit bedroht, deutlich erkennen. Jede Gleichsetzung des Sittlichen und Natürlichen führt consequent zur Aufhebung des Unterschiedes zwischen dem Sittlichen und dem Unsittlichen, da die Natur Beides in regelmässiger Abwechslung und nothwendiger Vermittlung aufweist. Jede Entgegensetzung des Sittlichen und Natürlichen dagegen führt, gerade je reinlicher sie beide Gebiete zu sondern sich bemüht, desto unvermeidlicher zu einem Dualismus, der allerdings vielleicht ethischen Interessen dienlich ist, aber sich regelmässig in eine Fülle metaphysischer Schwierigkeiten verwickelt. Am reinsten hat Spinoza die Consequenzen der ersteren Annahme gezogen: das Sittliche ist ihm nur ein Specialfall in der Kette der allgemeinen Naturvorgänge; für eine wahrhaft objective Betrachtungsweise löst sich Alles, das Sittliche wie das Unsittliche in die gleiche Nothwendigkeit auf. Die Stoa hat diesen Gedanken mehrfach gestreift, aber nirgends folgerecht durchgeführt; ihre Speculation nahm vielmehr, namentlich in der späteren Zeit, mehr und mehr eine Wendung, die von dieser streng monistischen Auffassung zum Dualismus hinführte, wie er nachher in der christlichen Ethik zur unbedingten Herrschaft gelangte. Der Keim desselben ist aber schon in den ursprünglichsten Formen des Systems enthalten, wie sich deutlich zeigt, wenn man die stoische Definition in ihrer concreten Anwendung beobachtet und frägt, was denn unter dem „naturgemässen" Leben zu verstehen sei. Dies naturgemässe Leben der Stoiker hat einen durchaus asketischen, quietistischen Zug, welcher sich auch in dem geschichtlichen Auftreten der Schule vielfach geltend macht. Nicht in der Ueberwachung und Regulirung der Triebe durch die Vernunft erblicken sie das Sittliche, sondern in deren völliger Unterdrückung. Der stoische Tugendbegriff ist nicht mehr bloss ein formaler, wie der des Aristoteles; er ist ein überwiegend negativer: Ausgleichung und Ueberwindung der die selbstbewusste Vernunft bedrohenden Störungen. Die Schwierigkeiten, mit welchen andere Systeme reiner Vernunftmoral zu kämpfen haben, um für die ganz auf sich selbst gestellte Vernunft noch einen Inhalt zu gewinnen, oder ihre Einwirkung

auf's Handeln begreiflich zu machen, treten hier freilich nicht
hervor; aber dafür ist ihr Sittlichkeitsbegriff, indem er des
Elementes der Thätigkeit fast ganz entbehrte, auch der gehalt-
los leerste des ganzen Altertums geblieben. Rein und schön
haben sie den Gedanken der Unterwerfung unter das ewige
und göttliche Weltgesetz als das Wesen der Sittlichkeit ausgesprochen, und in den daraus fliessenden Eigenschaften der
Entsagung und der Selbstverleugnung dem Christentum mächtig
vorgearbeitet. Eifrig haben sie im Princip wenigstens den
Gedanken festgehalten, dass das Sittliche auch das Natürliche
sein müsse. Aber wie wenig hatten sie doch dies Weltgesetz
begriffen; wie wenig haben sie es verstanden, das Sittliche im
Natürlichen, das Natürliche im Sittlichen aufzuweisen! Durchaus bedurfte ihre ganz negative Auffassung der Ergänzung. Die
metaphysischen Schwierigkeiten ihrer Gleichsetzung des Natürlichen und Sittlichen kehren auf psychologischem Gebiet
mit verdoppelter Stärke wieder: was das wahrhaft Natürliche
sein soll, ist der erfahrungsmässig gegebenen Natur schlechthin entgegengesetzt. Nicht als Entwicklung, als Steigerung
eines in der Natur Angelegten, durch die selbstbewusste Vernunftthätigkeit des Menschen zu Idealisirenden wird das Sittliche gefasst, sondern als ein schroffes Machtgebot stellt es
sich allem Natürlichen gegenüber. Es bleibt ein reines Postulat, dass diese Vernunft selbst Natur sei: im Gegentheil,
die Schule thut Alles, um sich diesen Nachweis selbst zu er-
schweren, indem sie das Ideal ihres Weisen für gänzlich un-
realisirt erklärt, und hinsichtlich des Verhältnisses der Einzelnen zu diesem Ideale nur jenes paradoxe „Entweder —
Oder" gelten lassen wollte.

Und ist denn jenes Weltgesetz, ist die höchste Forderung
der Vernunft, wirklich nur jenes selbstgenugsame Sich-Ab-
schliessen des Individuums in seiner eigenen bewegungslosen,
starren Vernünftigkeit? Ist nicht die Welt im innersten Kerne
Leben und Bewegung; ist nicht auf Andere wirken und von
Anderen leiden das oberste Gesetz, dem sich das letzte Atom
sowenig als das höchste Vernunftwesen entziehen kann?

Aber es ist nicht an uns, mit den Anhängern der Stoa
über diese Frage zu rechten. Jede Zeit kann das Sittliche

nur erklären, soweit sie desselben als einer Thatsache der Erfahrung bewusst geworden ist. Der Thatbestand verschiebt sich in dem Maasse, als sich die sittlichen Ideen selbst entwickeln.

Erst eine vom höchsten Standpunkte rückschauende Philosophie wird im Stande sein, alle verschiedenen Formen dieses ideellen Thatbestandes zur Erfassung des Sittlichen nach seinem innersten Wesen zu verwenden. Für den gegenwärtigen Punkt unserer Untersuchung aber genügt es, daran zu erinnern, dass die Grundanschauung vom Wesen des Sittlichen, welche den Ausgangspunkt für die ethische Speculation in der neueren Philosophie bildet, nicht verstanden werden kann, wenn man die zwischen ihr und den antiken Gedankenkreisen in der Mitte liegende Wirksamkeit der christlichen Ideen ausser Acht lässt. Durch sie ist die stoische Sittlichkeit, während ihr selbstverleugnender und entsagender Geist bewahrt blieb, mit positivem Inhalt erfüllt worden, indem die weltflüchtige Abgeschlossenheit des Individuums durch das Gebot der Liebe überwunden, der Altruismus zum dominirenden Princip der Ethik wird. Wie viel mehr diese Wendung dem wahrhaft Natürlichen entsprach, als das stoische Tugendideal, zeigt nichts deutlicher als die Thatsache, dass das Christentum mit dem begann, was der Stoa nie hat gelingen wollen: eine unmittelbare Stütze in einer Persönlichkeit zu finden, welche ihre Ideen ganz und voll in ihrem persönlichen Leben zu verkörpern und darzustellen vermochte, in dieser Weise mit überzeugender Macht auf die Zeitgenossen wirkte, und so für alle spätere Entwicklung einen persönlichen und geschichtlichen Haltpunkt gab, dessen Werth für die Geltung und Wirksamkeit der christlichen Ideen unberechenbar ist.

Ein Verdienst aber bleibt der Stoa ungeschmälert: die volle Autonomie der Vernunft im Sittlichen mit allem Nachdruck behauptet, und das Sittliche soweit als möglich von den Lustgefühlen entfernt zu haben. Bestimmter noch als Aristoteles und zum Theil mit einer an's Paradoxe streifenden Schroffheit haben sie erklärt, dass beim sittlichen Handeln die Lust nur Folge, keineswegs Zweck unserer Thätigkeit sein dürfe; denn dass sich eine gewisse innere Befriedigung mit

der Tugend verbinde, stellen auch sie nicht in Abrede. Dass
sie dabei gleichwohl die Glückseligkeit noch als Ziel des sittlichen Handelns festhalten, ist auf diesem Standpunkte eine
psychologische Wunderlichkeit, und doch durch ein untilgbares
Bedürfniss der Menschennatur gefordert. Denn eine Glückseligkeit ohne das Element der Lust ist schwer zu denken,
und man muss letzteren Begriff erst künstlich aller seiner besseren Bestandtheile entkleiden, ehe man diese Trennung ge-
rechtfertigt finden kann.

Den letzten und kühnsten Schritt zu thun und zu erklären,
die Sittlichkeit habe mit der Glückseligkeit überhaupt nichts
zu schaffen, haben die Stoiker aus einer auf dem Standpunkte
des Griechentums wohl begreiflichen Inconsequenz nicht gewagt. Und wo dieser Schritt gethan worden ist, wie es später
im Christentum und einigen auf seinem Boden erwachsenen
Systemen reiner Vernunftmoral geschah, da findet man bei
näherem Zusehen jene Beziehung des Sittlichen auf die Glückseligkeit zwar hinausgeschoben, aber nicht aufgehoben. Das
Lustmotiv wird in's Jenseits verlegt, um der Sittlichkeit hienieden völlige Interesselosigkeit zu gestatten.

4. Abschnitt.

Cicero.

Mit dem bisher Erörterten sind die Hauptformen der antiken Ethik, soweit dieselben speculative Bedeutung in Anspruch nehmen können, erschöpft. Was die römische Philosophie der Kaiserzeit geleistet hat, liegt überwiegend nach der
rhetorischen und paränetischen Seite der Ethik zu und stellt
zwar keineswegs bloss eine einfache Reproduction hellenischer
Anschauungen, sondern auch eine gewisse Umbildung und Erweiterung derselben in römischem Sinne dar; aber es versteht
sich, dass schon das vorherrschende Interesse für das unmittelbar Praktische das Nachdenken von den rein theoretischen
Problemen abziehen musste. Das gilt schon für Cicero, den
ersten bahnbrechenden Vertreter der hellenischen Philosophie

für das römische Publikum. Seine Erörterung der ethischen
Grundprincipien bietet[30]), historisch auf die Herkunft der Gedanken geprüft, nicht viel Neues und Selbständiges; verdient
aber sicherlich schon deswegen Beachtung, weil alle diese
Ideen in der ciceronianischen Form und Verarbeitung weithin
gewirkt haben, sich Jahrhunderte lang einer verbreiteten
Geltung und eines hohen Ansehens erfreuten und durch die
doppelte Autorität Cicero's als Schriftsteller und des römischen
Rechtes als Rechtsquelle bis in den Beginn der neueren Philosophie herein für alle Speculation über die Herkunft des
Rechts und der Sittlichkeit entweder Ausgangs- und Stütz-
punkt gebildet haben, oder eine ernstliche Schwierigkeit, mit
welcher man sich auseinanderzusetzen hatte[31]).

Es sind zunächst rein stoische Anschauungen, auf welche
Cicero sich stützt: die Gleichsetzung des höchsten Gutes mit
der Sittlichkeit und die Bezeichnung des vollendeten ethischen
Gehalts als naturgemässes Leben. Auch hier die doppelte
Bedeutung des Wortes Natur, als Inbegriff der Eigenschaften
des menschlichen Wesens und als geordnete Gesammtheit alles
Existirenden[32]). Wenn nun dies als Wesen des Sittlichen hingestellt wird, dass der Mensch mit den Kräften und Anlagen
seiner Natur in Einstimmigkeit und Harmonie leben solle, so
ergibt sich für Cicero wie für die Stoiker die Frage nach dem
Maassstabe und der Norm für dieses Zusammenwirken aller
Fähigkeiten des Menschen. Diese Norm erblickt Cicero wie
die Stoiker in dem Dasein einer ewigen objectiven Weltordnung, einem unveränderlichen, der Natur immanenten und im
göttlichen Geiste ruhenden Gesetze, von welchem alle Vorschriften und alle Werthbestimmungen für das menschliche Thun
abgeleitet sind[33]). In der Menge von Bezeichnungen, welche
Cicero für diese Idee hat, zeigt sich begreiflicher Weise das
gleiche Hin- und Herschillern zwischen verschiedenen, nicht
immer wohl zu vereinigenden Begriffen, wie es schon die Lehre
der Stoiker aufzuweisen gehabt hatte. Charakteristisch ist
namentlich, dass die Ausdrücke „Naturgesetz" (lex naturae oder
naturalis) und „Göttliches Gesetz" (lex coelestis oder divina)
von Cicero ganz identisch gebraucht werden. Fast jeder der
Sätze Cicero's bildet einen Ausgangspunkt für spätere lang-

wierige Controversen, welche aus den vielfachen logischen
Schwierigkeiten seiner Begriffsbestimmung hervorgegangen sind
und nicht bloss die Scholastiker beschäftigt haben, sondern
deren Spuren sich deutlich genug bis in die Anfänge der neueren
ethischen Speculation verfolgen lassen. So vor allem jene bereits erwähnte Gleichsetzung des Naturgesetzes mit dem göttlichen Gesetze; dann hauptsächlich die schwierige Frage nach
dem Verhältnisse dieses ewigen Gesetzes zur Gottheit. Denn
während Cicero an der einen Stelle [34] erklärt, dass wenn es
Götter gebe, sie jedenfalls denselben sittlichen Gesetzen unterworfen sein müssen, wie die Menschen — folglich dem Sittengesetze eine unbedingte, objective, selbst in das göttliche Wesen
bestimmend übergreifende Wirksamkeit zuschreibt — fehlt es
daneben nicht an andern Aussprüchen, welche dieses Gesetz
aus dem göttlichen Geiste selbst hervorgehen und mit demselben entstehen lassen. Hier liegt der Keim zu jenen endlosen Streitigkeiten über das Verhältniss des Sittengesetzes
zur Gottheit, welche sich bis in die neuere Philosophie herein-
ziehen und uns im Laufe dieser Darstellung noch vielfach
entgegentreten werden.

Ein anderer vielfach behandelter Streitpunkt betrifft die
Frage, welche Cicero ebenfalls nur angedeutet, aber keineswegs gelöst hat, in welcher Weise dies allgemeine Weltgesetz
zugleich als ein Gesetz der menschlichen Natur gedacht werden
müsse und wie die Vorschriften desselben dem Menschen zum
Bewusstsein kommen [35]).

So erweist sich Cicero durchaus als der wichtigste Ver-
mittler zwischen den Anschauungen der alt-hellenischen Philosophie und den philosophischen Bestrebungen des späteren
christlichen Abendlandes. Die Anknüpfung an Cicero war um
so leichter, als die stoische Theologie bei ihm eine gewisse
Um- und Weiterbildung erfahren zu haben scheint durch Ideen,
welche dem platonischen Gedankenkreise angehören [36]). Seine
eigentliche Meinung über diese Fragen zu ermitteln, ist allerdings sehr schwierig, da sich wohl so ziemlich für jede Ansicht
Stellen bei ihm aufweisen lassen, und seine eigentliche Meinung
unter dem Schwall seines skeptischen Eklecticismus ganz und
gar verschwindet. Vielleicht wird man soviel behaupten dürfen,

dass bei ihm aus dem naturalistischen Pantheismus der älteren
Stoiker mehr ein naturalistischer Theismus geworden sei, welcher zwar die Immanenz Gottes in der Welt keineswegs auf-
hob, aber das Göttliche sich doch in anderer Weise aus der
Welt in sich zurücknehmen liess, als jene. Schon der von
Cicero mit besonderem Nachdruck und grosser Wärme vertretene Glaube an eine göttliche Weltregierung und Vorsehung
scheint darauf hinzuweisen.

Wie dem auch sein mag (denn über gewisse Widersprüche
wird man bei Cicero nie hinwegkommen), soviel steht fest, dass
wir schon bei Cicero im Wesentlichen vollständig die Elemente
jener Anschauung über die allgemeine Natur und die Fundamente des Sittlichen vor uns haben, welche später durch die
christliche Theologie und Schulphilosophie auf lange Zeit hinaus
herrschend geworden ist. Es bedurfte nur noch eines streng-
dogmatischen, monotheistischen Gottesbegriffes, an Stelle der
in Zweifeln aller Art zerfliessenden Ideen Cicero's über das
Göttliche, als des festen Kerns, um welchen sich das Uebrige
krystallisirte. Man kann wohl sagen, dass dieser neue Gottesbegriff, weit entfernt Cicero's Metaphysik der Sitten zu alteriren,
ihr vielmehr erst den richtigen Zusammenhang gab und dass
sich die von ihm vorgetragenen Anschauungen ohne allzugrosse
Mühe, wenn auch nicht völlig widerspruchslos in die neue
Theologie einfügen liessen. In der Idee Gottes, als der absoluten Persönlichkeit flossen nun jene verschiedenen Begriffe
zusammen, mit welchen die einzelnen Schulen der hellenischen
Philosophie, jede in ihrer Weise, das in der Welt waltende
Element der Vernünftigkeit zu erfassen gesucht hatten: die
platonische Idee des Guten, der aristotelische $Nο\tilde{υ}ς$, der $ὀϱϑὸς$
$λόγος$ der Stoiker; und indem die sittliche Norm nun als die
wesenhafte Natur und als Gebot einer vollkommenen, idealen
Persönlichkeit erscheint, gewinnt sie für das Bewusstsein der
folgenden Zeiten überzeugendere Kraft und bestimmtere Geltung, als ehedem, da sie nur in der abstracten Form der
philosophischen Theorien gedacht wurde.

Das Element der Unveränderlichkeit, welches das Bewusstsein dieser Zeit vom Sittlichen fordern zu müssen glaubte, schien
durch diese metaphysische Begründung des Sittlichen auf den

Willen und die Vernunft einer göttlichen Persönlichkeit am
besten gesichert, und das sittliche Gebot selbst erhielt eine
Autorität, wie sie der immer stärker hervortretenden religiösen
Stimmung der Zeit gemäss war. Und so bereitet sich schon
in der Philosophie der beginnenden Kaiserzeit jene neue Gestaltung des sittlichen Geistes vor, welche dann in den Ideen
des Christentums zum vollen Ausdrucke gelangt ist. Nicht
allein auf metaphysischem, sondern auch auf psychologischem
Gebiete. Denn während durch die eben besprochenen Fest-
stellungen das Sittliche gewissermassen seine universelle Be-
glaubigung und Begründung als ein nothwendiger Bestandtheil
der ganzen Weltordnung erhielt, trat auch das Gefühl seiner
subjectiven Begründung in den Gemüthern der Einzelnen immer
bestimmter hervor. Die gebietende Macht der im Menschen
vorhandenen sittlichen Anforderung haben namentlich die römischen Schriftsteller der Kaiserzeit an zahlreichen Stellen ernst
und in lebhaften, stark empfundenen Worten ausgesprochen [37]).
Aber je lebendiger diese Empfindung wird, umsomehr drängt
sich angesichts des ungeheueren Zusammenbruches aller der
sittlichen Mächte, auf denen die antike Welt geruht hatte, der
Widerspruch auf zwischen dem, was das Sittliche der Theorie
nach sein sollte und dem, was es in der Wirklichkeit des Lebens war. Als das Naturgemässe, in der gesammten Anlage
des Menschen als eines Vernunftwesens Gegründete, war das
Sittliche definirt worden; aber diese menschliche Natur schien
vielmehr geeignet, das Gegentheil des Sittlichen hervorzubringen
als dieses selbst. Langsam ändert sich die Anschauung vom
Menschen und die Bedeutung des Begriffes Natur. Nicht die
vollkommene, harmonisch ausgebildete Natur ist es mehr, an
welche man dabei denkt, sondern jene unreine, verderbte und
innerlich hohle Natur, welche Wirklichkeit und Erfahrung nur
zu deutlich aufwiesen. Jene versinkt in die dämmernden Fernen
eines entschwundenen Ideals, diese ist nicht mehr Regel des
sittlichen Lebens, sondern hemmender Gegensatz desselben; und
das Sittliche, dem natürlichen Menschen als ein drohender Gebieter gegenüberstehend, bildet das letzte Band, welches den
Dualismus des idealen und wirklichen Menschen noch zusammenhält.

II. Capitel.

Die christliche Ethik.

1. Abschnitt.

Uebergangsgestaltungen.

§. 1. Entscheidende Veränderung in der ethischen Grundanschauung.

Die Frage nach dem Ursprung des Sittlichen hat keinen unveränderlich gegebenen Thatbestand, um dessen Erklärung es sich handelte, sondern die Lebenserscheinungen und Ideen, deren Herkunft sie nachzuweisen unternimmt, stellen selbst ein Wechselndes, den grossen Zeitströmungen Unterworfenes, mit ihnen sich Veränderndes dar. Es ergeben sich also die verschiedenen Lösungen jener Frage keineswegs bloss aus den verschiedenen Denkmöglichkeiten, welche im Begriff des Sittlichen liegen, sondern ebensosehr aus der durch die geschichtliche Entwicklung selbst mit stetiger Nothwendigkeit sich vollziehenden Fortbildung dieses Begriffes.

Auf die erste Grundfrage aller Ethik: „Was das Sittliche sei" bricht zuweilen an grossen Wendepunkten der Geschichte eine neue Antwort durch. Das Thun oder Lehren einer schöpferischen Persönlichkeit, die unentrinnbare Wucht der geschichtlichen Erfahrung lassen die Menschen zu der Ahnung oder Einsicht kommen, dass von dem, was ihnen bisher als sittlich gegolten, dies oder jenes nicht unter diesen Begriff gehöre, oder dass der bisherige Begriff des Sittlichen nicht mehr ausreiche, das, was innerlich als nothwendige Norm des Handelns, als Forderung des sittlichen Bewusstseins gefühlt wird, mit zu umfassen und dass dieser Begriff darum erweitert und vertieft werden müsse. Das Sittliche selbst ist also etwas Wechselndes, Fortschreitendes, und wie alles sich Entwickelnde, unter Umständen auch der Rückbildung unterworfen. Dabei ist natürlich für eine tiefer dringende Untersuchung mit dieser Veränderlichkeit dessen, was als sittlich gelten soll, noch keineswegs der Zweifel an der Erkennbarkeit der Grundlage und Herkunft dieser mit den Zeiten sich ändernden Begriffe gegeben. Vielmehr wird man sich hier wie auf anderen Gebieten daran gewöhnen müssen, einer unausweichlichen Forderung der modernen Weltansicht zu entsprechen und mit Verzicht auf etwas ein für allemal fest Gegebenes das Moment der Veränderlichkeit in den Begriff der Sache selbst aufzunehmen, das Beharrende, Bleibende aber nicht in irgend einer bestimmten Gestaltung, sondern nur in dem die Entwicklung selbst regelnden Gesetze zu finden. Angewendet auf den hier zu behandelnden Fall heisst das soviel, als dass man die sich ändernde Fassung dessen, was sittlich sei, nicht als einen Grund betrachten dürfe, um eine befriedigende Lösung der Frage nach dem Ursprung des Sittlichen überhaupt aufzugeben, sondern vielmehr als ein Mittel, um von so erweitertem Gesichtspunkte aus dieselbe zu beantworten. Betrachtungen solcher Art indessen, welche nothwendig zu dem Versuch einer selbstständigen Lösung führen müssen, gehören an den Schluss dieser Untersuchung, wo sie sich aus der Ueberschau der erreichten Forschungsresultate von selbst ergeben; an dieser Stelle genügt es, auf diese eigentümliche Schwierigkeit und ihre Bedeutung für die gegenwärtige Frage hingewiesen zu haben.

Was nun das allmälige Fortrücken der Auffassung dessen, was als sittlicher Thatbestand oder Inhalt der sittlichen Gebote gilt, anbetrifft, so lässt sich ein solches natürlich schon innerhalb des Kreises der antiken Philosophie bemerken. Wie die Gestaltung des antiken Lebens selbst eine wesentlich andere geworden war, so hatten auch die von den grossen Lebensmächten mitbeeinflussten Anschauungen über das Sittliche eine merkliche Umbildung erfahren. Die Verschiedenheiten aber, welche zwischen der älteren und der späteren hellenischen Ethik bestehen, betreffen im Grossen und Ganzen doch nur die Loslösung der Ethik von der Politik, des handelnden Subjects aus der organischen Gemeinschaft des Staates und die Verwandlung des Staatsbürgers in den Weltbürger, der wegen der Grösse der Gemeinschaft, welcher er angehört, vielmehr die schrankenlose Selbständigkeit des Subjects darstellt. Im Uebrigen aber haben alle die Systeme der Ethik, welche im vorigen Abschnitte Gegenstand der Untersuchung gewesen sind, einen gemeinschaftlichen, scharf ausgeprägten Grundzug. Man braucht nur die Definitionen des Sittlichen, wie sie von den hauptsächlichsten Systemen gegeben werden, neben einander zu halten und sich zu fragen, was jede derselben im praktischen Leben bedeuten konnte, um alsbald zu fühlen, dass sie offenbar sämmtlich ein im letzten Grunde Identisches meinen, welches eben als die Fundamentalforderung des ethischen Bewusstseins der Hellenen angesehen werden muss, gleichviel ob nun von den einzelnen Richtungen diese oder jene Seite ausschliesslicher betont wird und die Ableitung der sittlichen Norm mehr auf naturalistische oder mehr auf metaphysische Weise erfolgt [1]).

Als gemeinschaftliches Fundament der ethischen Anschauungen des Griechentums bleibt doch die Ueberzeugung bestehen, dass das Sittliche etwas der Natur des Menschen Gemässes, aus seinen ursprünglichen Anlagen sich Ergebendes und durch die eigene Kraft des Subjects unter gewissen Bedingungen, worunter Weckung und Steigerung der vernünftigen Einsicht oben anstehen, zu Verwirklichendes sei [2]).

Dieser ethische Optimismus beginnt aber etwa um den Anfang unserer Zeitrechnung einer anderen Richtung zu weichen, welche wir in vollem Gegensatze zu der ächt antiken als ethischen Pessimismus bezeichnen können. Wohl tritt sie im Christentum mit besonderem Nachdruck und gestützt von den mächtigsten religiösen Motiven, die ihr die Zustimmung der Massen sichern, auf; aber lange vor der Zeit, da an irgend welche directe Beeinflussung des heidnischen Denkens durch christliche Ideen gedacht werden kann, zu einer Zeit, wo diese noch in tiefer Verborgenheit sich langsam ihren Weg nach

der Oberfläche des geschichtlichen Lebens bahnten, bricht ein
verwandtes Gefühl als Grundstimmung der antiken Philosophie
hervor.

Dieser ethische Pessimismus ist nun durchgängig, auch
da, wo er in philosophischem Gewande auftritt, religiös gefärbt;
an Stelle des zuversichtlichen Selbstvertrauens, mit welchem
die früheren Jahrhunderte des antiken Lebens die Verwirklichung des sittlichen Ideals dem angeborenen Vermögen und
den natürlichen Anlagen des Menschen anheimgestellt hatten,
tritt nun eine müde Resignation, ein verzweiflungsvolles Aufgeben und das Gefühl gänzlicher Unzulänglichkeit, weil gänzlicher Verderbtheit, des natürlichen Menschen.   In demselben
Maasse aber auch die Sehnsucht nach einer höheren, übernatürlichen Macht, deren Hülfe und Vermittlung es dem Menschen möglich machen soll, die gähnende Kluft zwischen den
Forderungen der idealen Norm und der entstellten Wirklichkeit
seines Wesens zu überspringen: und diese Macht ist es, welche
daher bald ausschliesslich als Quelle und Trägerin der sittlichen
Gebote erscheint.   Die sittliche Weltansicht, welche sich nun
auszubilden anfängt, ist bezeichnet durch die Betonung eines
Moments, das in der sittlichen Erfahrung der früheren Zeit
natürlich nicht gänzlich hatte fehlen können, aber doch nur
eine untergeordnete Bedeutung gehabt hatte, nemlich des
Bösen.

Wir haben hier den Punkt, wo sich aus den verborgensten
Tiefen des Lebens heraus neue Ideen an's Tageslicht drängen.
Nicht in der speculativen Thätigkeit der Vernunft haben sie
ihre Wurzel — die Vernunft bringt nur zum geordneten und
begriffsmässigen Ausdruck, was zuerst in gehäuften, unabweis-
lichen Erfahrungen des Gemüthes empfunden wird.   Nur eine
tief 'eindringende und sorgfältig auf alle Aeusserungen des
Zeitbewusstseins achtende Untersuchung vermöchte im Einzelnen verständlich zu machen, worauf jene allmälige Wandlung
der Stimmung, jene Bereicherung des sittlichen Bewusstseins
um eine so bedeutungsvolle Erfahrung beruhe.   Man darf dabei natürlich vor allem an die' äussere und innere Noth dieser
Zeiten denken, an die rettungslos vor sich gehende Zersetzung
der alten Gesellschaft, die Zertrümmerung der früheren Lebens-

normen und die der Philosophie zum Trotz immer riesiger um
sich greifende Unfähigkeit zu neuer ethischer Lebensgestaltung.
Für unsere Betrachtung genügt die Thatsache, dass zu jener
Zeit eine so bedeutsame Vertiefung des sittlichen Bewusstseins
stattfand, wie sie sich in der energischen Erfassung des Bösen
als einer die Welt beherrschenden, dem Sittlichen durchaus
feindlich gegenüberstehenden und mit Aufgebot aller Kräfte
des Subjects zu bekämpfenden Macht darstellt.

Natürlich hatte man auch schon in der antiken Ethik
sich der Beobachtung nicht entziehen können, dass das Sittlich-
Vernünftige keineswegs in allen Menschen und keineswegs
überall mit der wünschenswerthen Kraft und Vollkommenheit
zur Erscheinung gelange. Man hatte dies aber im Allgemeinen
mehr auf die Unzulänglichkeit der menschlichen Begabung,
auf ein ungenügendes Maass praktischer Vernunft und auf
Mängel in den äusseren Lebensverhältnissen gesetzt, die den
Einzelnen durch ungeeignete Erziehung, fehlende Unterweisung oder banausische Thätigkeit nicht zur Sittlichkeit gelangen
liessen, als auf ein im innersten Wesen des Menschen dem
Guten Widerstrebendes; man nahm die Thatsache, dass der
Vernünftigen und Weisen nur wenige, der Thoren und Unsittlichen viele seien, in allen Systemen hin als eine durch die
Einrichtung der Welt und ihre unabänderliche Nothwendigkeit
von selbst gegebene, über welche man sich kaum ernstlicher
beunruhigte. Das Kennzeichen der nun sich vollziehenden Wendung aber ist eben das Misstrauen in die menschliche Natur
und die Macht der praktischen Vernunft und zwar ganz allgemein, abgesehen von dem, was der Mensch sonst durch sein
Wissen und seine Bildung bedeutet. Das Gefühl der allgemeinen Sündhaftigkeit bildet den stärksten Gegensatz gegen
die selbstbewusste Kraft des Weisen; das Gefühl, dass der
Mensch das Beste, was ihm im sittlichen Leben gelingen könne,
als ein Geschenk von oben zu empfangen habe, den schneidendsten Contrast gegen die auf ihre autonome Selbstherrlichkeit
pochende, ihres Sieges gewisse Vernunft. Dass Unschönes
und Unsittliches seinen Platz in der Welt behaupte und behaupten werde — dieser Einsicht hatten auch die antiken
Denker sich nicht verschliessen können; dass es auch dem

Weisen nicht bloss als eine Schranke, sondern als eine feindliche Macht unüberwindlich gegenüberstehe, hätten sie niemals
zugegeben. Von dem Augenblicke an, wo dies Bewusstsein, dass
keine Kraft der Vernunft, keine Klarheit der Einsicht den Menschen vor der inneren Verderbniss retten könne, nicht als eine
vereinzelte Erfahrung, sondern als das Schlusswort von Generationen ehrlich strebender Menschen auf den Denkern zu lasten
anfängt, beginnt eine neue Periode für die Geschichte der Ethik.

§. 2.   Vorbereitende und begleitende Richtungen der griechisch-römischen Ethik.

Schon bei Plato waren gewisse Anhaltspunkte für diese
Weltansicht gegeben. Und wie seltsam man auch, namentlich
vom theologischen Standpunkte aus, den Gedanken gewendet
haben mag, soviel ist auch für die nüchternste historische
Betrachtung unstreitig, dass im Platonismus zum ersten Male
in der antiken Geisteswelt Saiten anklingen, die nachher durch
das Christentum zu vollem Tönen gebracht worden sind [3]).
Wie sehr indessen Platos religiöses Empfinden an manchen
Stellen den Zeitgenossen vorangeeilt war, sieht man am deutlichsten daraus, dass gerade diese Seite seiner Philosophie erst
einige Jahrhunderte nach dem Tode ihres Urhebers ihre wahre
geschichtliche Wirksamkeit zu entfalten begann, und dass unmittelbar nach ihm die übrigen Hauptsysteme der antiken
Ethik, das aristotelische, stoische und epikureische entstanden,
welche alle den selbstständigen Beruf des vernünftigen Menschen zur Verwirklichung des ethischen Ideals rückhaltslos, ja
sogar mit einem gewissen Trotze proclamirten.
Aber die Stimmung, in welcher alle diese Systeme das
Musterbild des weisen und glücklichen Mannes entworfen hatten,
vertrauend auf die Macht der menschlichen Vernunft und die
von ihr geschaffene praktische Tüchtigkeit, war beim Beginn
der römischen Kaiserzeit in einem reissend schnellen Verschwinden begriffen, und gerade aus den Reihen der stoischen
Philosophie beginnen Stimmen zu ertönen, die sich manchmal
fremdartig genug unter die starren und selbstgenugsamen Axiome
und Declamationen der älteren Richtung mischen.

Seneca besonders zeigt uns den Widerspruch des wachsenden religiösen Bedürfnisses mit der alten Autonomie der Vernunft in seiner ganzen Schärfe. Noch mehr als Cicero belebt er den abstracten Gottesbegriff der älteren stoischen Schule, welche Gott mit der Naturordnung identificirt hatte, durch Prädicate, die nur einem intelligenten, persönlichen Wesen zukommen können; zugleich verbindet sich ihm mit dem Begriff Gottes das ächt religiöse Gefühl einer Abhängigkeit, die dem Menschen sein Verhältniss zu Gott zur Aufgabe eines bestimmten praktischen Verhaltens macht [4]). Das naturgemässe Leben der älteren Stoa wird zum Gehorsam gegen die Gottheit, zur Unterwerfung unter ihren Willen, zum Leben in Gott. Manchmal erscheint dann diese enge Beziehung der Sittlichkeit zur Gottheit wieder als gelöst oder wenigstens gelockert, und viel stärker als das, was von oben kommt, tritt das Gefühl dessen hervor, was der Mensch seinem vernünftigen Ich, seinem eigenen Selbstbewusstsein und seiner sittlichen Würde verdankt. Aber diese selbstgenugsame Haltung der älteren Stoa wird dann wieder verdrängt durch ein an vielen Punkten mit völliger Zerknirschung hervorbrechendes Gefühl der Unzulänglichkeit menschlicher Kraft, des Schuldbewusstseins. Seneca spricht mit lebhaften Worten und tieferer Fassung als irgend einer der früheren Philosophen über den dem Menschen innewohnenden Hang zum Schlechten und Verkehrten und die gemeinsame menschliche Verdorbenheit als eine Jeden beherrschende Macht. Und dass der Mensch sich selber helfen könne, leugnet er, insofern nemlich, als er die Forderung einer unmittelbaren Halt gewährenden sittlichen Norm, in Gestalt einer concreten, vorbildlichen Persönlichkeit, als nothwendige Bedingung für das Sittlichwerden festhält. In Zusammenhang mit diesen Ideen steht es, dass neben dem gelegentlich immer wieder betonten Gedanken der Immanenz Gottes in der Welt, an andern Stellen auch ein Dualismus hervortritt, so stark wie ihn kaum Plato gelehrt, und die Ueberzeugung, dass man nur im Zusammenhang mit dieser jenseitigen Macht des Guten gewiss werden könne. Dieser ausgesprochen religiöse Zug, der sich in der Ethik Seneca's verräth, erscheint dann bei den römischen Stoikern des folgenden Jahrhunderts, bei Epiktet

und Marcus Aurelius noch bestimmter und deutlicher. Die
Steigerung des Gefühls der sittlichen Unzulänglichkeit des
Menschen, des Misstrauens in die selbständige und praktisch
wirksame Kraft der Vernunft lässt sich genau verfolgen: schon
wird das sittlich Gute selbst als Gabe der Gottheit, die Unsittlichkeit als Gottlosigkeit dargestellt.

Gleichzeitig begann sich aber noch von verschiedenen
anderen Seiten her die Unterwühlung der älteren Idee sittlicher
Autonomie und die immer weitergehende Anlehnung des Sittlichen an directe göttliche Hülfe zu vollziehen. So nährt
namentlich der seit dem Schlusse des ersten vorchristlichen
Jahrhunderts in den verschiedensten Gestalten auftretende, weit
verbreitete, schwer in bestimmte Formeln zu bringende Neupythagoreismus das Gefühl jenes dualistischen Zwiespalts
zwischen Diesseits und Jenseits, wobei ersteres als die Welt
des Verderbnisses, letzteres als die der Reinheit und Heiligkeit
erscheint. Die ganze Richtung steht auf der Grenze zwischen
Speculation und einer theurgischen Praxis, welche durch allerlei
Künste, theils asketischer, theils geradezu magischer Art die
Eingeweihten in unmittelbare Berührung mit der Gottheit zu
setzen verheisst. Für die wissenschaftliche Seite der Frage
nach dem Ursprung des Sittlichen kommen diese Erscheinungen
natürlich nicht weiter in Betracht; aber zur Verdeutlichung
des geistigen Processes, aus welchem dann eine so wesentlich
geänderte Anschauung über Charakter, Herkunft und Entstehung des Sittlichen hervorging, sind sie unentbehrlich.

Der philosophisch bedeutendste unter allen Anhängern
dieser Richtung, nicht gerade streng zum Neupythagoreismus
gehörend und namentlich der abergläubischen Religiosität desselben abhold, aber doch von gewissen Ideen desselben beeinflusst,
ist Plutarch [5]), vielleicht der gelesenste unter allen Denkern
des späteren Altertums. Was Veranlassung gibt, ihn hier besonders zu erwähnen, ist der Umstand, dass zwei für die Gedankenbildung der Folgezeit wichtige Ideen bei ihm zum ersten Male
hervortreten. Zunächst der offen ausgesprochene ethische
Dualismus und dann eine Theorie der Offenbarung, die neben
vielem Abgeschmackten doch auch ungleich Tieferes enthält,
als irgend ein Versuch dieser Art, den das frühere Altertum

aufzuweisen hat und deren einzelne Wendungen und Bilder
daher auch in der späteren Zeit selbst von der christlichen
Seite nicht selten wiederholt werden [6]). Mag er sich dabei auch
mit Anschauungen des älteren Stoicismus berühren; was diesen
Ideen ihre besondere Bedeutung für die vorliegende Frage
verleiht, ist die enge Beziehung, in welche Plutarch seinen
Offenbarungsglauben zur Ethik setzt. Diese hat ihm ihre
eigentliche Spitze in der Religion und je bestimmter er in der
Ethik die nicht aufzuhebende Macht des Bösen empfindet,
umso grösser wird auch sein Bedürfniss nach ausserordentlichen
Hülfsmitteln. Nicht weiter reichen menschliche Bestrebungen,
als nur durch Reinigung von den leidenschaftlichen Bewegungen
der Seele Raum für die göttliche Wirksamkeit zu schaffen,
welche alsdann den höheren Gehalt des Lebens hervorbringen muss [7]).

Das allerwichtigste Bindeglied aber in der Kette, die von
der antiken Philosophie in die christliche Gedankenwelt hinüberführt, ist ein alexandrinischer Denker, der Jude Philo. In ihm
vermischen sich orientalische und occidentalische Weltanschauung, die Resultate der griechischen Philosophie mit den Glaubens-
lehren der jüdischen Offenbarungsreligion, und indem er das
alte Testament vermittels der allegorischen Schriftauslegung
den Bedürfnissen eines durch die hellenische Weisheit geläu-
terten Geistes gemäss umdeutet, schafft er durch seine Logos-
lehre sozusagen das Gewand, in welches sich später die christlichen Ideen kleideten. Dieser Punkt ist es namentlich, der
uns nöthigt, Philo eine ungleich höhere Bedeutung zuzuschreiben,
als irgend einer der bisher betrachteten Erscheinungen. Denn
diese alle konnten lediglich als Symptome einer Umwandlung
betrachtet werden, die sich in dem Bewusstsein der antiken
Welt und innerhalb der antiken Philosophie allmälig vollzog,
und ihren Gipfelpunkt in der neuplatonischen Schule erreichte [8]).
Philo dagegen hat nicht nur in paralleler Entwicklung ähnliche Gedanken ausgebildet wie die, welche im Christentum
ihre religiöse Gestaltung gewannen, sondern hat, wie die neutestamentliche Forschung wohl kaum mehr bezweifeln lässt,
auf die ursprünglichsten Bildungen der Kirchenlehre einen tiefgreifenden Einfluss geübt.

2. Abschnitt.

Das Christentum bis zum Untergang der römischen Cultur.

§. 1. Bedeutung der christlichen Ideen für das ethische Problem.

Alles bisher Betrachtete ist theils nur Vorstufe, theils Parallele zu der Entwicklung der christlichen Lehre, in welcher diese veränderte Grundanschauung vom Menschen und seiner Natur im Verhältniss zum Sittlichen am Schärfsten zum Ausdruck kommt. Man empfindet dieser mächtigen Geistesströmung gegenüber bei einer Frage wie die uns hier beschäftigende eine gewisse Schwierigkeit: die nemlich, zwischen dem religiös-theologischen und dem philosophischen Elemente zu scheiden, und klar auseinanderzuhalten, was in diesen so vielfach verschlungenen Gedanken lediglich vom Standpunkte der Glaubenslehre und des specifisch religiösen Interesses aus Geltung beanspruchen kann, und was als eine, wenn auch nicht immer in klarer wissenschaftlicher Form ausgedrückte, durch religiöse Vorstellungen verschleierte und getrübte philosophische Theorie gewürdigt werden muss. Man muss sich bei Beantwortung dieser Frage vor Allem gegenwärtig halten, dass das philosophische Element im Christentum nicht erst als ein fremdes dem feststehenden Lehrgehalt äusserlich hinzugefügt wurde, wie das allerdings später in der Periode der scholastischen Philosophie zum Theil der Fall war, sondern dass mit dem ersten Wachsen und der ersten Formulirung der christlichen Ideen die Einwirkungen der antiken Philosophie auf's engste verbunden sind. Das lag um so näher, als die Gedankenwelt, auf welche man sich bei diesem Unternehmen angewiesen sah, durchaus nicht eine völlig fremde und abstossende war, sondern die antike Philosophie selbst durch verschiedene Stadien und auf verschiedenen Wegen sich mehr und mehr dem Punkte genähert hatte, wo sie mit den aus dem Orient stammenden und namentlich in der jüdischen

Religion reich und tief entwickelten Vorstellungen sich berühren konnte und musste.

In jahrhundertelanger, schwieriger Auseinandersetzung, unter heissen geistigen Kämpfen gelangt das christliche Dogma aus dem unentwickelten Keimzustande der ersten Zeit zur klaren Abgrenzung gegen abweichende Lehren und systematisch durchgearbeiteten Bestimmtheit: der antiken Philosophie gegenüber durchaus eine selbstthätige Lebenskraft bewährend, hier heranziehend und zum eigenen Aufbau verwerthend, was seiner Beschaffenheit nach ohne Widerspruch in die durch die Grundthatsachen des christlichen Bewusstseins gezogenen Linien sich einfügen lässt; dort ausscheidend und abweisend, was zu diesem Zwecke lehr- und begriffsmässiger Ausgestaltung des christlichen Ideenkreises nicht verwendbar erscheint. Zugleich tritt das religiöse Element hier in einer Form auf, die ihm für die Entwicklung des Ethischen im Menschenleben eine Bedeutung verleiht, grösser und tiefgreifender als sie irgend eine andere Religion gehabt hat. Man darf nicht vergessen, erstens, dass es die unbestritten höchste Form religiösen Empfindens ist (nach aller vorliegenden geschichtlichen Erfahrung wenigstens), welche in der Lehre der christlichen Kirche systematisirt wird; zweitens, dass diese Religion ihrem innersten Wesen nach auf die Versittlichung des Menschen gerichtet ist, die ethische Aufgabe desselben auf's nachdrücklichste betont und ihr ganzes Lehrsystem eigentlich in dem Aufweisen der Mittel convergirt, durch welche der Mensch zur sittlichen Vollkommenheit gelange; drittens endlich, dass wir auf diese Religion und ihre Stellung zur Ethik keineswegs wie auf etwas vollkommen Abgeschlossenes, rein der Vergangenheit Angehöriges zurückblicken können. Denn durch alle geschichtlichen Wandlungen hindurch stehen die Grundgedanken dieser Religion, stehen die sie vertretenden Kirchen immer noch als eine Macht in unserem öffentlichen, in unserem geistigen Leben da, und behaupten ihren engen Zusammenhang mit allem, was sittlich heisst. Der Gedanke, dass das religiöse Element ein unentbehrlicher Factor im Sittlichen sei, obwohl längst nicht mehr mit jener Bestimmtheit auftretend, wie ehedem, als die Kirche das geistige Leben ausschliesslich

beherrschte, und beides, das Sittliche und Religiöse, unbedingt
zusammenfallen liess, hat gerade in unserem Jahrhundert sogar
wieder merklich an Boden gewonnen. Alle Versuche, eine
unabhängige, vom Religiösen sich völlig loslösende Ethik zu
schaffen, pflegen zwar in der Theorie für unverfänglich zu
gelten, wo auch die reinlichste und schärfste Trennung immer
noch den Schein und die Möglichkeit eines Nebeneinanderbestehens und eines Ineinanderspielens beider Gebiete zu gewähren scheint, verfehlen aber niemals da, wo sie sich in
Praxis umzusetzen beginnen, scheue Bedenken, ja offenes Entsetzen hervorzurufen.

Wie dem auch sein mag: die theoretische Begründung
des im praktischen Christentum Gegebenen durch die auf
dem Boden des Christentums erwachsene Philosophie und
Theologie hat unsere Untersuchung ohne alle Frage als ein
wichtiges Glied der gesammten Gedankenkette ad acta zu
nehmen. Zunächst hat ja der Thatbestand eine merkliche Erweiterung erfahren, indem auf die Frage: „Was ist sittlich?"
eine Antwort gegeben wurde, die sich von den früheren wesentlich unterschied, und abgesehen von den ihr anklebenden Einseitigkeiten und Schroffheiten ohne allen Zweifel das ethische
Bewusstsein der Menschheit um Vieles vertieft hat — jedenfalls aber Jahrhunderte hindurch den Begriff der abendländischen Menschheit vom Sittlichen bestimmte. Dieser neue
und geschichtlich so wichtige Begriff des Sittlichen forderte
selbstverständlich auch eine neue Antwort auf die Frage,
wie das Sittliche entstehe und woher es stamme. Diese
Antwort, wie sie von Seiten des religiösen Bewusstseins gegeben und in der Kirchenlehre dogmatisch fixirt wird, hat
zwar für uns keine unmittelbare wissenschaftliche Bedeutung mehr; denn ein Erwägen der Bedingungen und Veranstaltungen, durch welche eine übernatürliche Macht auf ·
eine von keiner psychologischen Beobachtung zu erreichende
Weise die Versittlichung des Menschen bewirke, liegt
gänzlich ausserhalb des Bereiches, in den unsere Vernunfterkenntniss nun einmal gebannt ist. Sieht man dagegen diese
Dinge nur an als eine begriffsmässige Formulirung dessen,
was das fromme Gemüth in seinem eigenen Bewusstsein sub-

jectiv erlebt, so wird der Werthmesser ein völlig anderer.
Denn da, freilich nicht durch übernatürliche Gnadenwirkung
selbst, wohl aber durch den Glauben an sie, ihre Möglichkeit
und Nothwendigkeit, praktisch sehr viele Sittlichkeit in der
Welt zu Stande gekommen ist, so hat die theoretische Formulirung dieser Ueberzeugung, wenn man sie aus dem Metaphysischen in's Psychologische übersetzt, jedenfalls als ein Beitrag zur Erklärung des Sittlichen zu gelten; ganz abgesehen
davon, dass sie auch als Metaphysik der Sitten ohne Zweifel
insoferne in eine geschichtliche Darstellung gehört, als sie
eben doch thatsächlich für viele Jahrhunderte eines freilich
halb theosophischen, halb philosophischen Denkens die maassgebende Theorie über den Ursprung des Sittlichen geblieben ist.

Natürlich nicht ohne selbst mancherlei Veränderung und
Umgestaltung im Zusammenhange mit der dogmatischen Entwicklung des Christentums zu erfahren. Zwar eine gewisse
allgemeine Grundanschauung über das Verhältniss des Menschen zu Gott und die Bedingungen seines sittlichen Heils
lässt sich im Grossen und Ganzen wohl als feststehend betrachten; aber innerhalb dieses Gemeinsamen gehen die Richtungen weit und unversöhnlich auseinander. In unendlichen
Variationen bewegt sich ein ansehnlicher Theil aller Dogmen-
und Kirchengeschichte um diese Cardinalfrage: das Verhältniss
des Menschen zu Gott im Process seiner Versittlichung. Für und
Wider, Rationalismus und Mysticismus sind im 16. und 17. Jahrhundert mit so heissem Eifer verfochten worden, als einst im
4. Jahrhundert in den Kämpfen, die das erste Werden des
christlichen Dogmas begleiteten; und die Theologie der Gegenwart steht trotz der inneren Entwicklung, die alle Richtungen durchgemacht haben, vor denselben Räthseln und denselben Schwierigkeiten wie jene, welche die alten Helden des
Glaubens beunruhigten [9]).

Unsere Aufgabe erstreckt sich diesem unerschöpflichen
Reichtum gegenüber nicht weiter, als mit Beiseitelassung alles
specifisch Theologischen nur die Angelpunkte der christlichen
Lehrbildung und zwar vornehmlich in ihrer philosophischen
Bedeutung hervorzuheben.

§. 2. Die Persönlichkeit Jesu als Quellpunkt der christlichen Ideen.

An der Spitze der christlichen Gedankenentwicklung steht keine Theorie, sondern eine auf sittlichem Gebiet schöpferische Persönlichkeit, welche der Frage nach dem Wesen und Inhalt des Sittlichen aus eigener, innerster Erfahrung eine neue Antwort zu geben weiss. Diese Antwort ruhte in ihren allgemeinen Voraussetzungen auf der Religion des Judentums, welche seit alter Zeit das ethische Element in ganz anderer Weise betont hatte, als die übrigen Volksreligionen des Altertums. Dass die Summe alles Sittlichen dem Menschen als göttliches Gebot gegenüberstand, war der grosse Vorzug, dessen sich das Judentum der griechisch-römischen Welt gegenüber rühmen durfte. Das gilt sowohl von der volksmässigen Begründung des Sittlichen, als auch von jenem mächtigen Ringen nach sittlicher Vertiefung angesichts des als göttlicher Wille gedachten ethischen Ideals, wie es namentlich in den prophetischen Schriften hervortritt und das sittliche Bewusstsein der Menschheit um manche seiner gewaltigsten Regungen bereichert hat. Freilich fehlen daneben auch jene Schatten nicht, welche alle heteronome und mit theokratischen Einrichtungen verbundene Sittlichkeit entstellen, und welche ein Vergleich mit dem rationalistisch-klaren Selbstgefühl der hellenischen Ethik nur noch dunkler erscheinen lässt.

Im sittlich-religiösen Bewusstsein Jesu war diese Einseitigkeit des Judentums überwunden und zugleich stellt sich in ihm eine solche Fähigkeit sittlicher Idealbildung dar, wie sie im Laufe der Geschichte nur wenigen hervorragenden Geistern eigen gewesen. Nimmt man hiezu die unwiderstehliche Macht einer Persönlichkeit, bei welcher Denken und Sein Eins waren, welche die Forderungen ihres Ideals an sich selbst unmittelbar darzustellen vermochte, weil eben dasjenige, was sie als ideale Forderung aussprach, nichts anderes war, als der innerste Gehalt ihres tiefsten Eigenlebens, so lässt sich die ausserordentliche Stellung wohl verstehen, welche der sittliche und religiöse Genius Jesu unter den Heroen der Menschheit einnimmt.

Niemand, wenn er ehrlich sein will, wird zwar zu behaupten vermögen, dass dieses von Jesu in Lehre und Leben vertretene sittliche Ideal, soweit wir uns von demselben überhaupt einen authentischen Begriff zu bilden vermögen, von aller Einseitigkeit frei sei. Haben doch alle Versuche, dasselbe in concrete Gestaltungen einzuführen, entweder zu sittlich-socialen Zerrbildern geführt, oder zu mehr oder minder bewussten Erschleichungen ihre Zuflucht nehmen müssen, um den Widerspruch des theoretisch Geforderten mit dem praktisch Unvermeidlichen zu decken. Aber das Ideal möge erst einmal aufgezeigt werden, an welches der Kampf mit der Wirklichkeit nicht die gleichen Schwierigkeiten und Widersprüche herantreten liesse! Und so wird auch hier zwar mit allen Versuchen, einen absoluten Punkt in der Weltgeschichte zu construiren, definitiv zu brechen, wohl aber anzuerkennen sein, dass mit der christlichen Idee ein relativ Höchstes von grösster Entwicklungsfähigkeit ins Leben eingetreten sei. Den Idealen menschlicher Vollkommenheit, welche das klassische Altertum ausgebildet hatte, und die in der Entwicklung unseres Geschlechts um keinen Preis zu missen wären, tritt in Jesu Lehre und Leben eine ganz anders geartete Weltanschauung, durchaus in sich geschlossen und von hoher Eigentümlichkeit, zur Seite. An die Stelle der harmonisch in sich vollendeten Persönlichkeit, des sittlichen Kunstwerkes, was man als Ideal der antiken Ethik bezeichnen kann, tritt nun die Forderung der selbstverleugnenden Liebe, bis zum Preisgeben der eigenen Persönlichkeit; an Stelle des antiken Ineinander von Geist und Natur eine an's Asketische grenzende Missachtung des Natürlichen, freilich in der erhabenen Forderung unbedingter Herzensreinheit den höchsten Triumph des Geistes verkündigend; an Stelle der antiken Betonung des Vernünftig-Intellectuellen jene Seligsprechung des guten Willens, welche allem Aristokratismus in der Ethik ein für allemal die wirksamste Schranke gezogen hat.

Der Eigentümlichkeit dieser Ideen aber gesellte sich dann weiter (und dies darf um der folgenden Entwicklung willen nicht vergessen werden) noch ein religiöses Bewusstsein von einziger Kraft und Tiefe zu, welches in diesen Postulaten seiner sittlichen Natur sich unmittelbar Eins wusste mit dem göttlichen Willen, und das mit diesem Gedanken des Kindschaftsverhältnisses die Heteronomie des Judentums soweit überwand, als dies auf dem Standpunkt religiös bestimmter Sittlichkeit nur irgend möglich war.

§. 3.　Die Anfänge der Dogmenbildung.

Was in der lebendigen Fülle dieser schöpferischen Persönlichkeit hervorgetreten war, das hatte die folgende Zeit der dogmatischen Bildungen in Theorie umzusetzen. Kraft welcher geschichtlichen Verknüpfungen es gekommen, dass sich alsbald die Lehre Jesu in eine Lehre über Jesu zu verwandeln begann — dies zu erörtern ist Aufgabe der speciellen Dogmengeschichte; für unsern gegenwärtigen Zweck ist nur nothwendig die Impulse verständlich zu machen, welche die spätere Ausbildung der christlichen Ethik bedingten.

Jesus hatte ein scharf ausgeprägtes sittliches Ideal, welches die höchsten Anforderungen an die Menschheit stellte; er war sich dieses Ideals bewusst in der Form göttlichen Willens und hatte diese ideale Forderung des göttlichen Willens in seinem Leben auf eine die Zeitgenossen überwältigende Weise zur Darstellung gebracht.

Jenes ethisch-religiöse Ideal griff die nach sittlicher Erneuerung lechzende Zeit eifrig auf, und begrüsste es in ihrem Sinne als Offenbarung; jener persönlichen Einheit von Ideal und Leben gegenüber, wie sie theils in Jesus als sittlichem Heros persönliches Sein gewonnen hatte, theils von der alsbald beginnenden Mythenbildung als selbstverständlich an seine Person geknüpft wurde, musste sich das Gefühl der sittlichen Hülflosigkeit, des Unvermögens, welches schon oben als charakteristische Grundstimmung der Zeit bezeichnet worden ist, mit aller Stärke geltend machen.

Das lässt sich deutlich schon bei Paulus erkennen, dem ersten, welcher mit der dogmatischen Verarbeitung der christlichen Ideen begonnen hat. Das Sittliche war von Jesus als die aus dem Kindschaftsbewusstsein erfolgende Verwirklichung des göttlichen Willens bezeichnet worden. Demgemäss gestaltet sich die Anschauung des Paulus über die metaphysische Grundlage des Sittlichen zunächst so, dass er dasselbe als eine im göttlichen Geiste ruhende Norm bezeichnet, welche in dem ursprünglichen geistigen Wesen des Menschen als eine zu verwirklichende Anlage vorhanden ist und sich dem Bewusstsein des natürlichen Menschen als ein Gesetz ankündigt, welches seiner eigentümlichen Natur nach sich sowohl von dem positiven Gesetz des alten Bundes als auch der über das Gesetz hinausgehenden Gnadenwirkung des Christentums unterscheidet. Mag diese Theorie [10]) — von Paulus nur gelegentlich mit einigen flüchtigen Bemerkungen mehr angedeutet als ausgeführt — direct durch verwandte Ideen der antiken Philosophie beeinflusst sein oder nicht: jedenfalls berührt sie sich auf's Engste mit ganz ähnlichen Begriffsbestimmungen des natürlichen Gesetzes oder allgemeinen Sittengesetzes, wie sie bei späteren Stoikern und namentlich bei Cicero sich finden [11]). Und in Verbindung mit diesen hat sie den Kern abgegeben für eine ausgeführtere Metaphysik des Sittlichen, welche im Laufe der Zeit bei Kirchenvätern und Scholastikern an diese Sätze sich angeknüpft hat, und deren Nachwirkungen deutlich genug bis in die Anfänge selbständiger ethischer Forschung in der neueren Philosophie zu verspüren sind.

Paulus betrachtet also eine gewisse sittliche Anlage, ein angeborenes Unterscheidungsvermögen für Recht und Unrecht als ein allgemeines Erbtheil der menschlichen Natur. Er führt dasselbe mit deutlicher Anlehnung an die Schultradition der antiken Philosophie auf den „Νοῦς“ d. h. die Vernunft zurück; und die Thatsache eines sittlichen Bewusstseins und sittlichen Handelns bei den Heiden [12]) scheint ihm zu beweisen, dass der Inhalt des Gesetzes, als eine lebendig wirksame Macht, den Menschen in die Herzen geschrieben ist.

Es gibt für Paulus eine Sittlichkeit ausserhalb des Christentums, welche freilich nicht die wahre ist, und bei der vielfachen Verdunkelung des natürlichen Gesetzes durch die Sinnlichkeit zu sehr schlimmen Ausartungen führen kann, aber der Möglichkeit nach doch vorhanden ist, und von der Existenz eines Besseren im Menschen Zeugniss gibt. Ihn denkt Paulus

noch nicht als in jenem Zustande völliger Verderbtheit be-
findlich, den später Augustinus zum Ausgangspunkt seiner
Theorie genommen hat. Das Böse ist ihm noch nicht die
Quintessenz des ganzen menschlichen Wesens, sondern nur
eines Theiles desselben, welchen wir etwa als das Animalische
im Gegensatz zum Geistigen bezeichnen können [13]). Auch hier
steht Paulus in enger Beziehung zu verwandten Anschauungen
der hellenischen Philosophie und es ist hochinteressant zu
beobachten, wie sich gerade bei Paulus, der so ausserordentlich
viel dazu gethan hat, die neue christliche Anschauung über
den Menschen zu entwickeln und zu begründen, inmitten des
immer weiter sich ausbreitenden ethischen Pessimismus noch
Züge finden, welche an die optimistische Auffassung des Hel-
lenentums erinnern.

Sie treten freilich völlig zurück hinter eine andere Anschauung, die, wie schroff sie auch sein mag, doch das Verdienst der paulinischen Theologie hauptsächlich begründet, und
aus seinem Kampfe um den specifischen Werth des Christentums erwachsen ist.

In diesem Kampfe aber kam es darauf an, den Kreuzes-
tod Jesu als des Messias begreiflich zu machen, ja nothwendig
erscheinen zu lassen und hier liegt eben die Genesis der paulinischen Rechtfertigungs- und Erlösungslehre, welche dies
mystische Element zum Angelpunkt des sittlichen Lebens gemacht hat. Dieser Gesichtspunkt forderte die Impotenzerklä-
rung des natürlichen Menschen, die Unfähigkeit des Gesetzes,
im engeren wie im weiteren Sinne, ihm zur Sittlichkeit zu
verhelfen, und dies wird auch an allen Stellen, wo es dem
Paulus darauf ankömmt, das Specifische des christlichen Heils
gegenüber der jüdischen und heidnischen Sittlichkeit hervorzuheben, rückhaltslos von ihm proclamirt [14]).

Und wie heftig auch Paulus seiner ganzen Tendenz nach
das Judentum bekämpft und darnach strebt, das Christliche
als ein von allem Jüdischen toto genere Verschiedenes hinzustellen, so tritt doch für uns, die wir der Atmosphäre dieses
Kampfes völlig entrückt sind und die dogmatische Ausbildung
der christlichen Ideen mit voller historischer Objectivität verfolgen können, gerade an diesem Sichvordrängen des Opfer-

und Erlösungsgedankens der Einfluss jüdischer Religionsvorstellungen auf die Gestaltung der christlichen Lehre unverkennbar hervor. Was der paulinische Begriff des Glaubens
verlangt und meint, das ist, freilich in durchaus supranatura-
listischer Fassung, allerdings das höchste Ziel sittlicher Entwicklung: das vollständige Aufnehmen des göttlichen Willens,
d. h. des sittlichen Ideals, in den eigenen Willen, die aus
vollendeter Heiligung der Gesinnung, aus vollständiger Hingabe entspringende Sittlichkeit; aber die Art der Begründung
ist durchaus mystisch, ja geradezu magisch, und wird durch
Hereinnahme des Erlösungsbegriffs noch fremdartiger. Der
ganze Doppelcharakter der christlichen Ethik liegt bei Paulus,
dem ersten grossen Dogmatiker, im Keime beschlossen: jene
Vertiefung des sittlichen Bewusstseins, welche nur die blindeste
Kurzsichtigkeit dem Christentum würde absprechen können,
und zugleich jene Veräusserlichung, wie sie das Anknüpfen
des Sittlichen an den Erlösungsapparat der Kirche bedingte.

§. 4. Der Pelagianismus.

Die paulinische Rechtfertigungslehre war indessen weit
entfernt, sofort allgemeine Doctrin der Kirche zu werden.
Ihrer scharf ausgeprägten Formulirung tritt schon im Johannes-
Evangelium eine andere Auffassung gegenüber, welche jenen
complicirten Begriff der Heilsvermittlung, wie ihn Paulus ausgebildet hatte, merklich vereinfacht und auf die Mittheilung
und Annahme des göttlichen Wortes beschränkt. Der Verfasser des Johannes-Evangeliums selbst ist zwar weit davon
entfernt, die natürliche, dem Göttlichen wesensverwandte Anlage des Menschen für ausreichend zur Erlangung des sittlichen Heils zu halten; aber in der Folgezeit wird man in der
griechischen Kirche, insbesondere in der alexandrinischen Schule,
wohl geglaubt haben auf ihn sich berufen zu dürfen, wenn
man eine Lehre ausbildete, die zu der paulinischen Anschauung
von der unbedingten Erlösungsbedürftigkeit in einem gewissen
Widerspruch steht. Indem man nämlich die oben berührte
paulinische Lehre von dem auch in den Heiden vorhandenen

Vernunftgebote festhielt und mit gewissen Traditionen der älteren Philosophie combinirte, konnte man sehr wohl das unbedingt Neue der dem Menschen im Christentum gewordenen Heilsbotschaft, die ausserordentlichen Hülfsmittel, welche sie dem Menschen zum Zwecke seiner sittlichen Vervollkommnung gewährte, anerkennen, und gleichwohl daran festhalten, dass auch schon vor der Verkündung des Evangeliums durch Christus vermöge des natürlichen Sittengesetzes oder der durch die Welt verbreiteten Vernunft sittlich Gutes zum Vorschein gekommen sei. Auf einer ähnlichen Stufe befand sich die vorherrschende Meinung auch hinsichtlich des Verhältnisses, in welchem menschliches Thun und die Einwirkung der göttlichen Gnade beim Zustandekommen des Sittlichen stehen. Auch hier begnügte man sich, die Nothwendigkeit eines solchen Zusammenwirkens im Allgemeinen zu constatiren, ohne doch den Begriff der Gnade von dem der allgemeinen Wirksamkeit Gottes schärfer zu trennen und die Mitwirkung des Menschen ganz in dem Begriffe der Gnade untergehen zu lassen. Während man einerseits die Kirche als eine supranaturale Heilsanstalt immer reicher mit liturgischem Ceremoniell ausstattete und dies als magische Akte der Entsündigung verherrlichte, hielt sich neben der Kirche, als der vorausgesetzten Sphäre alles Christlich-Sittlichen, eine rationelle, von derselben absehende Ethik, in welcher das Ideal der heidnischen Sittlichkeit von dem christlichen nicht klar unterschieden ward. „Hier räumte man die sittliche Leistungsfähigkeit des natürlichen Menschen ein; in der Lehre von der Kirche, durch deren praktisch-liturgische Institute wurde dieselbe wie es schien verneint.“

Diese in der Kirche des zweiten und dritten Jahrhunderts schon vorhandene und in mancherlei Aeusserungen zu Tage tretende Richtung gelangte durch Pelagius und seine Anhänger im 4. Jahrhundert zuerst zu klarem Selbstbewusstsein. Nicht als etwas Neues oder Reformatorisches, sondern im Gegentheil, mit durchaus kirchlich conservativer Tendenz trat sie auf — eben dadurch den Beweis liefernd, dass sie keineswegs etwas dem Christentum in seiner damaligen Gestalt völlig Fremdes war, sondern dass der Pelagianismus durch die Anthropologie des 2. und 3. Jahrhunderts sogar vorbereitet war [15]).

Soll man diese Anschauungsweise nun charakterisiren, so wird man nach dem übereinstimmenden Urtheil der Kirchenhistoriker wohl sagen dürfen, dass sie auf der Idee einer von der Religion unabhängigen Sittlichkeit beruhte. Es fiel ihnen nicht ein, die Thatsachen des christlichen Glaubens in Abrede zu stellen, aber Christentum und Kirche waren ihnen nicht die einzig möglichen Voraussetzungen des Heils, sondern nur eine Anstalt zur Erleichterung und Förderung der auch unabhängig von ihr möglichen Sittlichkeit. Und es scheint, als ob die Pelagianer mehr und mehr in dieser Unabhängigkeit das Vorzügliche und Vollkommenere erblickt hätten, während die Inanspruchnahme der religiös-kirchlichen Veranstaltungen als das Secundäre galt. Es ist im letzten Grunde nichts anderes, als eine Reaction jenes ethischen Optimismus der antiken Welt gegen den Pessimismus des Christentums; des Selbstvertrauens der vernünftigen Menschennatur gegen die hülfsbedürftige Selbstentäusserung an das Göttliche, worin gerade das specifisch religiöse Moment der christlichen Ethik liegt.

§. 5. Augustinus.

Die Unvereinbarkeit dieser Ideen mit den Fundamentalgedanken des Christentums wurde erst durch Augustinus und die logische Schärfe seiner Deductionen offenbar. Der Anstoss, welchen seine dogmatische Ausgestaltung der Begriffe der Kirche, der Rechtfertigung und Versöhnung, der Freiheit und Gnade gab, hat auf alle späteren Phasen der christlichen Idee, auf die Scholastik, die reformirten Lehren und den restaurirten Katholicismus gleich mächtig gewirkt.

a) Der ethische Pessimismus und die Gnadentheorie.

Die allgemeine metaphysische Theorie des Sittlichen, die sich freilich nur in einzelnen zerstreuten Sätzen angedeutet findet, und von ihm nirgends in systematischer Bearbeitung dargelegt worden ist, kommt bei Augustinus in allen wesentlichen Stücken mit der des Paulus überein: ein ewiges, un-

veränderliches, im göttlichen Geiste ruhendes Gesetz, welches
von ihm bald als Wille, bald als Vernunft Gottes bezeichnet
wird, Vorbild und Quelle der irdischen, in stetem Wechsel
begriffenen Gesetze ist und ein Abbild in der inneren Anlage
des menschlichen Bewusstseins besitzt [16]). Aber trotz dieser
im Wesentlichen identischen Grundanschauung ist der Werth,
welchen Augustinus auf die ursprüngliche Naturanlage des
Menschen zum Sittlichen legt, und seine Schätzung dessen,
was aus dieser allein hervorzugehen im Stande ist, weit geringer als dies bei Paulus und insbesondere bei den Lehrern
der griechischen Kirche der Fall war. Es hängt dies mit
seiner geänderten Anschauung vom Wesen des Menschen und
seiner Lehre vom radicalen Bösen zusammen. Den paulinischen
Dualismus der sinnlichen und geistigen Natur des Menschen
hat Augustinus im Kampfe gegen den Dualismus der Manichäer
aufgegeben [17]). Leib und Geist des Menschen sind gemäss Augustin's Anschauung nach der durch den bösen Willen herbei-
geführten Katastrophe in gleicher Weise zum Guten unfähig:
soweit der Mensch nur auf die Kräfte seiner Natur angewiesen
ist, vermag er überhaupt nichts Sittliches zu produciren, sondern im günstigsten Falle nur den äusseren Schein desselben.
Die unbedingte Nothwendigkeit des Dazwischentretens einer
übernatürlichen Kraft, der Gnade, für das Zustandekommen
wahrer Sittlichkeit hat von allen Kirchenlehrern keiner mit
der Schroffheit und Ausschliesslichkeit betont, wie Augustinus.
In ihm tritt uns jener ethische Pessimismus, der alle sittliche
Selbstthätigkeit des Menschen in dem mystischen Abgrunde
göttlicher Gnadenwirkungen verschwinden lässt, in seiner
schärfsten Ausprägung entgegen. Auf die Frage, ob es neben
der religiösen Sittlichkeit noch eine natürliche geben könne,
hat Augustinus mit dem entschiedensten „Nein" geantwortet.
Allerdings finden sich auch Spuren einer milderen, der früheren
Periode des augustinischen Denkens zugehörigen Ansicht [18]).
Augustinus gibt zu, dass der Seele der Charakter des Vernünftigen nie ganz habe geraubt werden können und dass
darum manchen Handlungen der Nicht-Gerechtfertigten das
Lob einer äusseren Gesetzmässigkeit nicht versagt werden
könne; aber alles Thun erhalte seinen Werth doch nur aus

der Einheit des gesammten inneren Zustandes, und diese
Quelle sei ohne die Mitwirkung der göttlichen Gnade stets
getrübt.

Und von diesen Anschauungen aus erlässt nun Augustinus
jenes berühmte, vielumstrittene Verdammungsurtheil gegen alles,
was im heidnischen Altertum, überhaupt ausserhalb des Christentums, mit dem Scheine des Sittlichen auftritt: die Tugenden
der Heiden sind nur glänzende Laster. Jene Paradoxie der
Stoiker, dass es in Bezug auf das Verhältniss des Einzelnen
zum Sittlichen nur ein einfaches Entweder-Oder gebe, kein
Weniger oder Mehr, richtet Augustinus vom christlichen Standpunkte aus mit der grössten Entschiedenheit gegen alles Nicht-
christliche. Er deutet daher nicht ohne künstliche Sophistik
jene Stelle des Römerbriefes in seinem Sinne um [19]), lässt in
Ansehung der Heiden nur einen grösseren oder geringeren
Grad von Verdammungswürdigkeit gelten und hält im Uebrigen
streng daran fest, dass ohne Glauben und Gnade schlechterdings keine vor Gottes Augen irgend werthvolle Sittlichkeit
zu Stande komme.

Ueberhaupt tritt nun Augustinus mit seinen mystischen
und supranaturalistischen Ideen in den entschiedensten Gegensatz zu jener antiken Anschauung, welche die vernünftige Erkenntniss des Guten schon mit der sittlichen Vollkommenheit
identificirt hatte. Das Wissen um die sittliche Norm ist ihm
nur der Anfang, keineswegs die Vollendung der Sittlichkeit.
In dem Maasse als der Mensch des Sittengesetzes bewusst
wird, beginnt er auch seine Unfähigkeit zur Erfüllung desselben zu empfinden; ja dies Bewusstsein verstärkt nur die
Macht des Bösen und hilft dem Menschen nicht das Mindeste
zur Ueberwältigung desselben [20]).

Hier lässt sich am deutlichsten erkennen, welche Umkehrung die Ideen der antiken, namentlich der stoischen Philosophie in der Denkweise Augustin's und der von ihm syste-
matisirten christlichen Glaubenslehre erfahren haben. Dass das
Sittliche nichts anderes sei, als das im wahren Sinne Natürliche; dass die sittliche Norm nichts anderes ausdrücke als
was der menschlichen Natur gemäss sei — das war die Grundanschauung der Stoiker gewesen, und sie drückte, wenn auch

in den Formeln einer bestimmten Schule, eigentlich die Meinung
der ganzen antiken Welt aus. Nun ist der Satz, das Sittliche
sei das Naturgemässe, in dem einen Sinne ebenso unbestreitbar
wahr, als er in einem anderen völlig falsch ist. Es kommt
eben ganz und gar auf die Fassung des Begriffes der Natur
an; und wenn das Altertum vorzugsweise dazu neigte, den
Einklang und die Beziehung zwischen den Begriffen sittlich
und natürlich zu sehen, so hat dagegen das Christentum schroff
den Gegensatz zwischen beiden hervorgekehrt. Die Formel
bleibt die gleiche; aber die Bedeutung derselben und die aus
ihr folgenden Consequenzen verändern sich völlig. Auch die
christliche Theorie betrachtet die sittliche Norm noch als natürliches Gesetz; aber jene ursprüngliche Natur, in welcher das
Bewusstsein dieses Gesetzes als eine lebendige geistige Kraft
wirkte, ist durch eine gähnende Kluft von jener menschlichen
Natur geschieden, welche uns die tägliche Erfahrung aufweist.
Was schon der antiken Philosophie gelegentlich zum Bewusstsein gekommen war, dass Sittliches und Natürliches nicht
schlechthin zusammenfallen: dies Gefühl einer Naturentfrem-
dung des Sittlichen bricht in der christlichen Anschauung mit
Macht durch. Nun entsteht, was man die Heteronomie der
christlichen Ethik genannt hat — eine Anschauung, welche
allerdings in der kirchlichen Praxis noch viel mehr als in der
kirchlichen Theorie zur Geltung gekommen ist. Formell bleibt
zwar die Beziehung des Sittlichen auf die Natur des Menschen
bestehen; denn der menschliche Geist muss schon als Abbild
des göttlichen, des Trägers der sittlichen Norm, die Spuren
des Sittengesetzes in sich tragen; aber diese Anerkennung
bedeutet im Ganzen doch nicht viel. Denn die Einigung des
Natürlichen und Sittlichen wird in eine graue Vorzeit zurück-
verlegt; das Ideal der vollendeten Sittlichkeit und sittlichen
Natürlichkeit an den Anfang der menschheitlichen Entwicklung
gesetzt, und für die gegebene Welt lediglich der schroffste
Gegensatz des Natürlichen und Sittlichen statuirt. Je stärker
man sich nun die Verderbniss der menschlichen Natur dachte,
je mehr man aus ihr alle Befähigung zur Sittlichkeit hinweg-
nahm, um so fremder musste jenes Naturgesetz des Sittlichen
dem Menschen gegenüberstehen, um so mehr musste das, was

ursprünglicher Ausdruck seines eigenen Wesens gewesen war, ihm nun lediglich als Gesetz, als Gebot einer fremden Autorität erscheinen.

b) Die Bedeutung des Willens.

Hier sei zunächst noch ein weiteres Verdienst Augustin's um die Entwicklung der ethischen Begriffe hervorgehoben. Dies ist seine nachdrückliche Betonung der Rolle, welche der menschliche Wille beim Zustandekommen des Sittlichen spielt. Es kann hier natürlich nicht auf die Menge exegetischer und dogmatischer Fragen eingegangen werden, die sich an den augustinischen Begriff des Willens und seine Stellung im theologisch-philosophischen System anknüpfen — eine der dornenvollsten Stellen in dem an heiklen Controversen wahrlich nicht armen Verlaufe der Dogmengeschichte. Nur das für die allgemeine Vertiefung der sittlichen Erkenntniss Wichtigste ist hier zu betonen.

Dies betrifft nicht die metaphysische, sondern die psychologische Seite der Frage nach dem Ursprung des Sittlichen. Und in dieser Beziehung ist Augustinus sich gleich geblieben, während der beiden Phasen, welche die Hauptunterschiede seiner Anschauungsweise hervortreten liessen: im manichäischen und im pelagianischen Streite. Stets hat er energisch den Gedanken hervorgehoben, dass das Sittliche hauptsächlich in der Absicht und Gesinnung des Handelns liege, und daher der wesentlichste Factor im ethischen Leben der Wille sei.

Freilich liegt ihm im Kampfe gegen Pelagius die Entscheidung zwischen Gut und Böse nicht mehr im Willensakte des einzelnen, handelnden Menschen, sondern ist in einer für das ganze Geschlecht verhängnissvoll massgebenden Weise erfolgt im Falle des ersten Menschenpaares — eine Fassung, bei welcher trotz aller Restrictionen und Deutungsversuche Augustin's von einer Wahlfreiheit des Willens nicht mehr gesprochen werden kann [21]. Allein es ist charakteristisch für Augustin's Anschauung, dass er sich gleichwohl bemüht, die Beziehung des Sittlich-Guten und Sittlich-Bösen auf den Willen in Kraft zu erhalten. Der freie Wille ist bei dem Sünder

nicht in dem Grade verloren, dass nicht vielmehr alle durch
denselben sündigen. Der freie Wille wird auch durch die
Gnade nicht aufgehoben, sondern aufgerichtet, weil die Gnade
den Willen heilt, damit durch denselben die Gerechtigkeit frei
geliebt werde[22]). Und so ergibt sich aus diesen schwierigen
Controversen wenigstens eine Errungenschaft, nemlich die
Hervorhebung der Absicht und Gesinnung des Handelns als
des entscheidenden Moments bei der sittlichen Beurtheilung,
und hierin sind alle späteren Kirchenschriftsteller dem Augustinus gefolgt[23]).

§. 6. Principielle und nachwirkende Bedeutung des Gegensatzes.

Pelagius und sein Gegner Augustinus, beide in ihrer Art
typische Gestalten, bezeichnen, wie schon bemerkt worden ist,
die beiden Extreme, zwischen welchen sich die Auffassung des
Verhältnisses zwischen dem rein Ethischen und dem Religiösen,
zwischen der selbständigen sittlichen Kraft und Anlage des
Menschen und der von oben kommenden Gnadenwirkung in
der christlichen Philosophie bewegt hat. Es wäre irrig, in ·
diesen beiden Persönlichkeiten bloss die Akteurs eines kirch-
lich-dogmatischen Schulstreites zu sehen und zu verkennen,
dass der zwischen ihnen zum Vorschein gekommene Gegensatz, abgesehen von seiner zufälligen Einkleidung in die Lehr-
formeln der damaligen Kirche, eine allgemeine und principielle
Bedeutung für die Geschichte der Ethik besitzt. Denn wie
man auch über die Abgrenzung der Gebiete des Ethischen
und des Religiösen denken mag: soviel zeigt die ganze bisherige Erfahrung mit unwidersprechlicher Gewissheit, dass
zwischen beiden Lebensäusserungen der Menschheit ein eigentümlich antinomisches Wechselverhältniss besteht; dass beide
Gebiete in den verschiedensten geschichtlichen Gestaltungen
fortwährend in einander übergreifen und auch wieder sich von
einander zu lösen suchen. Eine principielle und allgemein
gültige Entscheidung ist der Natur der Sache nach unmöglich: es sind daher jene einzelnen hervorragenden Persönlich-

keiten, in deren Widerspruch das Problem sich so zu sagen individualisirt, eben als typische Vertreter des in der Sache selbst liegenden Gegensatzes aufzufassen. Dieser Gegensatz aber ist älter als das Christentum und wird alle concreten Formen desselben überdauern. Denn was Augustinus und Pelagius von einander trennte, das war, auf seinen allgemeinsten Ausdruck gebracht, nichts Anderes, als was die specifische Differenz zwischen Plato und Aristoteles in der Ethik begründet hatte; das wiederholt sich durch den ganzen Verlauf der späteren Entwicklung in den Gegensätzen zwischen Bernhard und Abälard, zwischen Thomisten und Scotisten, zwischen Luther und Erasmus, zwischen Pascal und Bayle, zwischen Schleiermacher und Fichte. Mag der allgemeine Gedankenzusammenhang, in welchem die Differenz zum Ausdruck kommt, auch wechseln, mögen die Formeln, um die sich der Streit bewegt, auch noch so verschieden lauten: die Frage zeigt im Grunde doch immer das gleiche Doppelantlitz der Welt und des Menschen, der bald im Gefühl der Schwäche nach den geheimnissvollen Weltmächten ausschaut, nach ihnen drängt, an ihnen hängt, um die Vollendung, welche ihm vorschwebt, zu erreichen, und dann in trotzigem Selbstgefühl das Höchste der eigenen Kraft vertraut, als könne nimmer von aussen oder oben kommen, was nicht sie selber ihm gewährt.

Es versteht sich nach allem Gesagten von selbst, dass eine wirklich abschliessende Entscheidung in dem Streite zwischen Augustinismus und Pelagianismus nicht möglich war. Die Einseitigkeit aber, mit welcher in jenem Streite die beiden entgegengesetzten Standpunkte geltend gemacht worden waren, musste zunächst auf eine den praktischen Interessen der Kirche mehr entsprechende vermittelnde Formel führen. Eine nähere Erörterung dieser zum Theil sehr schwächlichen und inconsequenten Ausgleichsversuche hat für unsern Zweck keinen Werth; es genügt darauf hinzuweisen, dass aus sehr begreiflichen Gründen der Zeitlage und der Entwicklung des Kirchentums im Allgemeinen nicht der Gesichtspunkt des Pelagius acceptirt, sondern nur die Theorie des Augustinus etwas gemildert wurde. Die Theorie von der Erbsünde war zur Begründung der Kirchenlehre bereits unentbehrlich geworden;

denn auf ihr beruhte ja die Fundamentalthatsache der Erlösung, welche Pelagius zwar anerkannt, aber aus den Voraussetzungen seines Systems nicht zu rechtfertigen gewusst hatte,
so dass dieser Cardinalpunkt völlig in der Luft zu schweben
schien. Es folgt nun die Zeit jenes allgemeinen Zusammenbruches der antiken Cultur, in welcher von einer selbständigen
geistigen Arbeit ohnehin nicht die Rede sein kann, und das
Beste, was an geistigen Bestrebungen vorhanden ist, sich
lediglich darauf richtet, aus der untergehenden Welt ·soviel als
möglich zu retten. Man versteht sehr wohl, wie Johannes
Scotus Erigena [24]), der auf einsamer Höhe stehend weit über
das Dunkel jener Zeiten hinausragt, durch sein Studium der
Kirchenväter des zweiten Jahrhunderts, ja vielleicht durch unmittelbare Nachwirkung des Pelagius in den christlichen Schulen
Schottlands, dazu geführt wird, von dem gottgegebenen natürlichen Sittengesetze zu reden, so dass der Gedanke begründet
wird, er betrachte dasselbe als das Ursprüngliche, das Wesen der
Religion Erschöpfende, zur Lösung der sittlichen Aufgabe Aus-
reichende. Aber diese Gedanken haben zu wenig selbständigen
Werth und sind in ihrer Geltung sowohl bei Erigena selbst als
in den Kreisen der damaligen Kirche zu vereinzelt, als dass hier
Gewicht auf sie zu legen wäre. Auch was sonst in jener Zeit
unsere Frage streift, wie z. B. die Gottschalk'schen Streitigkeiten, hat überwiegend dogmen- und kirchengeschichtliches
Interesse.

3. Abschnitt.

Die Scholastik.

§. 1. Abälard.

a) Das Christentum als sittliche Vernunftlehre.

In einer neuen und furchtbaren Gestalt tritt die ganze
Frage erst zu der Zeit wieder hervor, als im 12. Jahrhundert
das bisherige dumpfe Dahinleben der Völker einer mächtigen
neuen Regsamkeit Platz machte, und mit den ersten Anfängen
einer genaueren, freilich noch immer äusserst mangelhaften

Kenntniss des klassischen Altertums sich die erste Möglichkeit eines Vergleiches zwischen den geschichtlichen Erfolgen
des Christentums und dem Werthe der antiken Cultur auf-
that. Den Denkern der alten Kirche war Eines unmittelbar
festgestanden: die Thatsache der Erlösung, des neuen Gottes-
reiches. Die Aufgabe ihrer Speculation war es gewesen, nachzuweisen, wie unter dieser Voraussetzung Gott und Mensch
und das Verhältniss beider gedacht werden müsse, um diese
Thatsache begreiflich erscheinen zu lassen, und daraus war
das Dogma der alten Kirche, ja man kann sagen, ihre gesammte Weltanschauung hervorgewachsen. Dies kirchliche
Lehrsystem war damals in seinen wesentlichsten Zügen vollendet. Bereits begann sich die Scholastik an's Werk zu
machen, um eine Theorie dieser Theorie zu schaffen, d. h.
jenes System, welches zur Begründung der Fundamentalbe-
griffe des christlichen Bewusstseins ersonnen worden war,
selbst wieder zu begründen, und als nothwendig zu erweisen.
Da fasste Abälard die Fragen, welche schon bisher nicht selten
den Gegenstand der Erörterung gebildet hatten, von einer neuen
Seite an. In dem bisherigen Bewusstsein der Kirche war es
gegeben gewesen, dass das Christentum, als auf einer unmittelbaren That Gottes beruhend, etwas schlechthin Einziges,
von allen vorausgehenden Bildungen Unterschiedenes sei. Diese
unmittelbare Gewissheit ist für Abälard entschwunden: indem
er nach Gründen für diesen Vorzug des Christentums sucht,
verfällt er darauf, sich nach den Wirkungen desselben umzu-
sehen, und das concrete historische Christentum, welches ihn
die Erfahrung seiner eigenen Zeit kennen lehrte, mit dem
Besten der vorausgegangenen Zeit, d. h. der antiken Weisheit zu vergleichen. Dieser Vergleich fällt, wenn man vom
kirchlichen Standpunkt aus sprechen will, für das Christentum so ungünstig als möglich aus. Die alte Idee des hel-
lenisirenden Christentums von einer in aller geschichtlichen
Entwicklung lebendigen Vernunft erscheint bei ihm geradezu
in polemischer Zuspitzung, wenn er die Bedeutung des Evangeliums auf die Verbreitung einer schon vorher dagewesenen
Aufklärung in religiösen Dingen reducirt. Jene Minorität
aber, welche im Altertum die Quintessenz der christlichen

Religion in der Form philosophischer Erkenntniss besass, war
den Christen nicht nur an Wissen gleich, sondern übertraf sie
sogar in der sittlichen Praxis [25]).

b) Geschichtliche Stellung seiner Theorie.

In diesen Anschauungen Abälard's tritt ein Gegensatz
gegen die herrschende kirchliche Theorie hervor, welcher einen
Grundgedanken des Pelagius nicht nur aufnimmt, sondern noch
bedeutend verschärft. Die Bedeutung des specifisch-religiösen
Moments, der übernatürlichen Gnadenwirkungen, durch welche
das Christentum eine von der des natürlichen Menschen
schlechthin verschiedene Sittlichkeit zu schaffen behauptet
hatte, fällt mit diesem Urtheil über die vorchristliche Sittlichkeit im Vergleich zur christlichen; das Religiöse ist nicht eine
Zugabe und Steigerung des Sittlichen, sondern überall, wo
die angeborene sittliche und vernünftige Natur des Menschen
sich geltend macht, da ist auch die Religion und das Heil.
Woran das spätere Altertum, auch die Philosophie, zu ver-
zweifeln begonnen hatte, und was das aus dem Grunde einer
solchen Zeitstimmung hervorgewachsene Christentum von vornherein negirt hatte, nemlich die Möglichkeit, den sich selbst
überlassenen Menschen zu ethisiren — das wird nun von
Abälard gerade im Hinblick auf die Macht des vernünftigen
Denkens, welche in der antiken Philosophie zum Vorschein
gekommen war, entschieden behauptet.

Damit stimmt die Haltung der Christologie Abälard's,
welche statt des mystisch-supranaturalen Begriffes der Erlösung vielmehr eine durch Betrachtung der Passion sich voll-
ziehende Umstimmung des religiösen Bewusstseins in den
Vordergrund stellte.

Freilich klingen seine Sätze im Zusammenhang des Ganzen
gedämpfter und gemilderter als es die prägnante Hervorhebung
des Entscheidenden in einer heutigen Darstellung zunächst
vermuthen lässt [26]). Aber die Schicksale Abälard's und der von
ihm vertretenen Richtung zeigen doch deutlich, dass man auf
Seite der kirchlichen Orthodoxie keineswegs unempfindlich war
gegen die Gefahr, welche solche Theorien über das ganze

kirchliche System zu bringen im Stande waren [27]). Das Thema,
welches Abälard in diesen Sätzen anschlägt, hat so lange nach-
geklungen, bis es endlich im 18. Jahrhundert zum herrschenden einer ganzen Zeit wurde. Denn wenn auch zunächst der
grosse Zug der Entwicklung darüber hinweggeht, so treten
seine Spuren doch in den späteren Zeiten der Scholastik alsbald wieder hervor, um nur vorübergehend in dem mächtigen
dogmatischen Eifer der Reformationsepoche zu verschwinden,
bald aber gerade aus der eingetretenen Spaltung der Bekenntnisse und der Kirchen neue Nahrung zu ziehen, und seit
Bayle immer gewaltiger anschwellend, schliesslich die Vertreter der orthodoxen Ansicht völlig zu übertönen.

Gleichwohl stehen die kühnen Ideen Abälard's schon damals nicht so vereinzelt, als es nach der gewöhnlichen Art
und Weise, diese Dinge zu betrachten, wohl scheinen möchte.
Man weiss, dass Anschauungen dieser und verwandter Art,
nicht als durchgearbeitete Theorien, sondern als gelegentliche
Ergebnisse freien Nachdenkens und persönlicher Erfahrung, an
den verschiedensten Punkten der mittelalterlichen Welt trotz
aller Wachsamkeit und Strenge des hierarchischen Kirchen-
regiments immer wieder auftauchten; auch die philosophisch-
theologische Wissenschaft vermochte selbst in ihren bedeutendsten Vertretern sich kaum gänzlich von dem Eindruck zu
befreien, welchen Abälard's Argumente gemacht hatten [28]).

Aber die Kühnheit, mit welcher Abälard vorgegangen
war, um das supranaturale und religiöse Moment ganz im
ethischen und natürlichen verschwinden zu lassen, findet sich
in der späteren Entwicklung kaum wieder; die allgemeine
Tendenz geht vielmehr dahin, beides neben einander zu stellen,
und eine vermittelnde Formel zu finden, welche diese Doppelstellung rechtfertigt [29]). Das ist selbst der Fall bei demjenigen
unter den Späteren, welcher am meisten Verwandtschaft mit
Abälard zeigt, ja denselben wohl geradezu wiederholt hat: bei
Roger Bacon nemlich [30]); es tritt am bestimmtesten hervor bei
Wilhelm von Auvergne [31]) und Thomas von Aquino [32]) und
bildet das treibende Motiv, welches später bei den Scotisten
und in der Schule Occams zur Ausbildung der Lehre von der
zweifachen Wahrheit geführt hat [33]).

§. 2. Thomas von Aquino.

Der geschichtlich wichtigste und grossartigste Versuch einer systematischen Begründung der gesammten Ethik ist im Mittelalter durch Thomas von Aquino unternommen worden. Wie der gesammte Aufschwung der scholastischen Philosophie im 13. Jahrhundert, steht auch er unter dem Einflusse des wiedergefundenen Aristoteles. Den Eindruck, welchen seine ethischen Schriften hervorriefen und das Bedürfniss, deren Anschauungen mit den in der Kirchenlehre enthaltenen ethischen Ideen in Harmonie zu bringen, werden wir wohl als das Motiv dieser in ihrer Art einzigen Systembildung anzusehen haben [34]).

a) Metaphysik des Sittlichen.

Die metaphysische Grundlage des Sittlichen hat seit Augustinus keine wesentliche Veränderung erfahren; zum Theil mit directer Berufung auf diesen entwickelt die Summa [35]) die Begriffe des ewigen, des natürlichen und des menschlichen Gesetzes, der mosaischen und der christlichen Offenbarung als Quelle des Sittlichen — Begriffe, welche sämmtlich schon bei Augustinus vorgebildet sind und hier nur in systematischer Verbindung und genauer Abgrenzung auftreten. Diese Bestimmungen haben bis in die neuere Philosophie herein ihre Geltung behauptet, und in der einen oder andern Form haben manche der an sie sich knüpfenden Fragen noch die Denker des 17., ja des 18. Jahrhunderts beschäftigt. Zum grossen Theil sind diese Anschauungen Erbstücke der antiken Philosophie, modificirt durch die mit dem Christentum eingetretene Neugestaltung des Begriffes der Gottheit und ihres Verhältnisses zur Welt. Denn es sind im Grunde nur Wiederholungen alter stoischer Definitionen, wenn als das ewige, höchste und absolute Gesetz der göttliche Verstand bezeichnet wird, welcher das Universum regiert, und wenn das natürliche Gesetz als das in den einzelnen Geschöpfen zur Erscheinung kommende ewige Gesetz erklärt wird. Je nach der Beschaffenheit der verschiedenen Gattungen von Wesen ist die Form des natür-

lichen Gesetzes verschieden; aber alles Existirende steht durch
das in ihm vorhandene natürliche Gesetz in gleicher Weise
unter dem ewigen. Wir haben also die vollständige Anerkennung der bereits von den Stoikern ausgesprochenen Stufen-
leiter der Motivation; nur dass jenes dort bemerkte, aus ihrer
pantheistischen Grundvoraussetzung fliessende, Schwanken
zwischen Immanenz und Transcendenz hier durch eine rein-
liche Scheidung beider Gebiete aufgehoben erscheint [36]).

Dem im menschlichen Bewusstsein unmittelbar vorhandenen natürlichen Gesetze steht das positive Gesetz gegenüber,
welches ebensowohl ein göttliches als ein menschliches ist. Die
Nothwendigkeit des ersteren ist gegeben durch die Trübung,
welche das natürliche Sittengesetz im Menschen erfahren hat,
und die Thomas nach paulinischer Ausdrucksweise bisweilen
ebenfalls ein Gesetz nennt, das Gesetz der Sünde, oder der
Begehrlichkeit; nicht minder auch durch die Unzulänglichkeit
der menschlichen Gesetze, welche bloss äussere Handlungen
gebieten und unter sich nicht im Einklange stehen. Das positive
göttliche Gesetz ist ein doppeltes, das des alten und das des
neuen Bundes; jenes ein Gesetz der Werke und nur Vorbereitung auf dieses, das Gesetz der Gesinnung. Die geschichts-
philosophische Abgrenzung beider gegeneinander und gegen die
beiden andern Klassen von Gesetzen, macht mancherlei Schwierigkeiten [37]); was aber das neutestamentliche Gesetz sowohl
von dem alttestamentlichen als von dem natürlichen Sittengesetze bestimmt unterscheidet, ist ein Moment, welches eigentlich nicht unter den Begriff des Gesetzes gehört, nemlich die
directe Gnadenwirkung, welche der Glaube an Christus gewährt.
Es tritt also schon hier in diesen Grundbegriffen hervor, dass
Thomas weit entfernt ist, wie Abälard den ganzen Werth des
Christentums in der Wiedererneuerung und weiteren Verbreitung des natürlichen Sittengesetzes aufgehen zu lassen,
sondern dass er in der religiösen Sittlichkeit des Christentums
ein Specifisches erblickt, welches an die praktische Vernunft
zwar anknüpft, aber keineswegs durch sie allein schon zur
Vollendung kommt.

Eine eigentümliche Schwierigkeit erwächst für Thomas
dadurch, dass sich in den Urkunden der christlichen Religion

eine Anzahl positiver göttlicher Gebote finden, welche an-
scheinend dem natürlichen Sittengesetz zuwider laufen und
doch gegen den Vorwurf der Unsittlichkeit zu vertheidigen
sind. Hält man die Beispiele, welche Thomas erörtert, neben
dasjenige, was später Bayle, zum Theil mit Beziehung auf die
gleichen Fälle im entgegengesetzten Sinne geltend gemacht
hat, so wird die Aenderung der Denkart recht deutlich[38]).
Thomas, für den die Realität der in den hl. Schriften niedergelegten Offenbarungen keinem Zweifel unterliegt, ist von seinem
Standpunkt aus consequent, wenn er Gott als den Herren der
Natur auch beliebig über das Naturgesetz verfügen lässt; bei
Bayle hingegen, in dem das Bewusstsein um das Recht und
die Hoheit der Naturordnung viel stärker ist, werden gerade
solche Widersprüche zwischen dem natürlichen Sittengesetze
und einem directen göttlichen Gebote die Handhabe des Zweifels,
um die Realität solcher angeblicher Offenbarungen überhaupt
in Frage zu stellen. Was Thomas von jedem menschlichen
Gesetze behauptet hat, dass es nur in soweit vernünftig sei,
als es aus dem natürlichen Gesetze stamme, das fordert Bayle
auch für Alles, was sich als göttliches Gebot geben will: es
hat sich auf diese Weise gewissermassen zu legitimiren.

Diese Wendung lag Thomas natürlich ganz ferne, wie
dem mittelalterlichen Denken überhaupt; denn wenn Manches,
was sich über diese Fragen bei den Scotisten findet, im Ausdruck auch an die spätere Aufklärung erinnert, so ist doch
das Princip ein durchaus verschiedenes. Gleichwohl ist hier
für Thomas eine ernstliche Schwierigkeit, welche er, wenn er
sich ihrer überhaupt klar bewusst geworden ist, keineswegs
auf eine widerspruchslose Weise zu lösen vermocht hat. Dieselbe betrifft jene in der späteren Entwicklung der Metaphysik
des Sittlichen eine so bedeutende Rolle spielende Frage nach
dem Verhältniss zwischen der göttlichen Intelligenz und dem
göttlichen Willen.

Wenn man, wie oben gesagt, zugab, dass durch ein positives, directes göttliches Gebot dem Menschen Handlungen
befohlen werden können, welche im Widerspruch mit dem
natürlichen Sittengesetze stehen, so ergibt sich, da dieses selbst
nur das creatürliche Bild des ewigen Gesetzes sein soll, die

Frage, wie sich dieser Widerspruch erklären lasse, d. h. ob das ewige Gesetz als ein unbedingt nothwendiger Ausfluss des göttlichen Wesens oder nur ein zufälliger Ausdruck des freien, uneingeschränkten Willen Gottes zu denken sei. Schon Abälard hatte sich mit dieser Frage beschäftigt, und durch die seiner sonstigen Anschauung wohl entsprechende, wenn schon nicht ganz consequente Formulirung, welche er der Antwort gab, auch hier lebhaften Widerspruch von Seite der strenger kirchlich Gesinnten hervorgerufen. Für ihn war alles Wollen und Handeln Gottes der Ausfluss einer strengen Nothwendigkeit gewesen, bei welcher sich der göttliche Verstand und der göttliche Wille in völligem Einklang befanden [39]). Aber diese Anschauung entsprach dem allgemeinen Sinne der Zeit keineswegs. Der ganze Gottesbegriff, wie ihn die Scholastik ausbildet, lässt mit seiner grundsätzlichen Transcendenz das Verhältniss Gottes zur Welt und zu allem, was in derselben von Gott aus angeordnet wird, das Gepräge der Zufälligkeit tragen, und je mehr die Idee der Allmacht in den Vordergrund trat, um so schwieriger wurde es, die Consequenzen abzuwehren, welche sich aus diesem Begriffe ergaben und die Rechte zu bestimmen, welche auch durch sie nicht verletzt werden sollten [40]).

Thomas sucht in der Frage eine Mittelstellung zu gewinnen, indem er unterscheidet zwischen nothwendigen und nichtnothwendigen Willensacten Gottes. Denn der Wille Gottes hat einerseits eine nothwendige Beziehung auf seine Güte, als sein eigentliches Object; anderseits eine nothwendige Schranke an dem logisch und formal Unmöglichen, welches den Begriff seines Wesens aufheben würde. So kann er weder sein eigenes Sein aufheben, noch auch seine Seligkeit und Güte. Allein damit ist nun keineswegs gesagt, dass alles Handeln Gottes durch seine Natur nothwendig bestimmt sei und dass die göttliche Wirksamkeit nicht eine ganz andere Weltordnung als die gegenwärtige einzurichten vermöge. Denn ist auch das Ziel des göttlichen Handelns, nemlich Gottes Güte und Seligkeit, nothwendig bestimmt, so verhält es sich doch keineswegs in gleicher Weise mit den zu diesem Ziele führenden Mitteln. Nur solche Mittel werden nothwendig gewollt, ohne welche der Zweck nich sein kann. Allein dieses Verhältniss der Nothwendigkeit zwi-

schen dem Selbstzweck Gottes und den Mitteln, welche in der
uns erkennbaren Welt zur Erreichung desselben verwendet
werden, entzieht sich unserer Einsicht und Beurtheilung. Denn
die göttliche Güte ist ein Zweck, welcher die geschaffenen
Dinge unverhältnissmässig überschreitet, und deshalb ist die
göttliche Weisheit nicht auf irgend eine bestimmte Ordnung
der Dinge beschränkt, so dass nicht ein anderer Lauf der Dinge
möglich wäre [41]).

b) Psychologie des Sittlichen.

Die psychologischen Bedingungen des Sittlichen im einzelnen Menschen hat Thomas, entsprechend seiner systematischen Tendenz, eingehender behandelt, als irgend einer seiner
scholastischen Vorgänger. Er entwickelt nicht bloss eine umfassende und in's kleinste Detail ausgearbeitete Tugend- und
Pflichtenlehre [42]), sondern sucht für diese Untersuchungen mit
Hülfe umfassender Benützung der aristotelischen und augustinischen Ideen eine psychologische Grundlage zu gewinnen.
Insbesondere die Lehre von den Seelenvermögen wird bei ihm
mit grosser Sorgfalt ausgebildet [43]). Noch viel mehr aber als in
der metaphysischen Grundlegung zur Ethik tritt hier der dua-
listische Charakter des ganzen Systems zu Tage, welches
beständig zwischen Natürlichem und Uebernatürlichem schwankt,
beides begrifflich zu trennen sucht und doch in der Anwendung
immer wieder zusammenwirft.

Das zeigt sich schon in der Definition des Sittlichen selbst.
Dieses bestimmt Thomas, im Anschluss an Augustinus, nach
der psychologischen Seite seiner Erscheinung hin als eine gute
Beschaffenheit des Geistes, vermöge welcher wir recht leben, die
Niemand missbraucht und die Gott in uns ohne uns wirkt [44]).
Dieser Definition fügt er allerdings die Bemerkung bei, dass
sie sich ihrem vollen Wortlaute nach nur auf die höchste Form
des Sittlichen, die eingegossene Tugend beziehe; mit Hinweg-
lassung des Beisatzes „ohne uns“ aber werde sie auch auf die
erworbene Tugend anwendbar, welche Gott, der in der Natur
und in jedem creatürlichen Willen wirkt, gleichfalls in uns
setzt, aber nicht ohne unsere mitwirkende Thätigkeit. Wir

finden in diesen Bestimmungen zwei Arten von Tugenden,
welche beide, freilich in verschiedener Weise, auf Gott als
ihren eigentlichen Urheber zurückgeführt werden. Wenn im
thomistischen System überhaupt für eine natürliche Sittlichkeit
Raum sein soll, so kann sie nur im Bereiche der erworbenen
Tugend liegen. Für diese sind gewisse Voraussetzungen im Menschen selbst gegeben: die ursprüngliche Allgemeinheit des natürlichen Sittengesetzes hat sich in der allgemeinen menschlichen
Anlage erhalten[45]). Was metaphysisch betrachtet als ewiges
Sittengesetz erscheint, das findet sich psychologisch genommen
im Menschen in der Form des Gewissens, der praktischen
Vernunft, der Synderesis. Diese bezeichnet eben nichts anderes,
als die natürliche Beschaffenheit des Menschen als eines Vernunftwesens, welcher die Principien des Handelns in ähnlicher
Weise angehören und einwohnen, wie die intelligiblen dem
Intellect. „Sie ist der Inbegriff der jedem sittlichen Urtheil
zu Grunde liegenden und dem Bewusstsein natürlich einge-
pflanzten Grundwahrheit, die ein affirmatives Verhalten zum
Guten, ein negatives zum Bösen unmittelbar anzeigt[46])."

Allein diese Anerkennung eines natürlichen Unterscheidungs-
vermögens für Recht und Unrecht gewinnt auf die weitere
Darlegung hinsichtlich des Zustandekommens der Sittlichkeit
nicht viel Einfluss. Der theologische Gesichtspunkt bleibt auch
da der vorherrschende, wo die Materialien nicht aus der Kirchenlehre, sondern aus der antiken Philosophie stammen. Denn
nicht das ist für die hier behandelte Frage entscheidend, ob
das Schema für die Eintheilung der Tugenden und Pflichten
in grösserem oder geringerem Umfange aus den Philosophen
des heidnischen Altertums entnommen ist (eine solche Aneignung antiken ethischen Stoffes findet sich ja schon in der
patristischen Litteratur)[47]), sondern bis zu welchem Grade die
Möglichkeit des Sittlichen unabhängig von übernatürlicher
Gnadenwirkung anerkannt wird. In diesem Punkte aber kommt
Thomas trotz mancher Restrictionen doch im Wesentlichen
mit Augustinus überein. Zwar findet sich bei ihm kein Satz,
welcher jenes oben angeführte Verdammungsurtheil Augustins
über die Tugenden der Heiden dem Wortlaute nach wiederholte, ja er scheint sogar gegen eine der augustinischen ver-

wandte Auffassung als gegen ein Extrem zu kämpfen[48]); aber
es fehlt nicht an entscheidenden Stellen, welche das rein aus
der menschlichen Selbstthätigkeit hervorgehende Gute auf ein
Minimum reduciren und jedenfalls so viel constatiren, dass es
in keinem Verhältnisse zu den ursprünglichen Anlagen des
Menschen stehe. Nicht einmal das durch diese geforderte Gute
ist der Mensch in seinem gegenwärtigen Zustande zu voll-
bringen vermögend, geschweige denn irgend ein Werk, welches
vor Gott auf ein Verdienst Anspruch zu machen hätte[49]).

Dieser Mittelbegriff des Verdienstes vernichtet vollends
Alles, was von selbständiger Sittlichkeit noch übrig bleibt;
denn er macht klar, dass auch die sogenannten erworbenen
Tugenden doch im Grunde genommen ebenfalls das Resultat
göttlicher Gnadenwirkungen sind. Dies versteht sich von selbst
von den eingegossenen oder theologischen Tugenden, welche
über die natürliche Beschaffenheit des Menschen hinausliegen
und von deren Besitz die Erreichung seines übernatürlichen
Zieles bedingt ist.

Es stellen sich also, sieht man genauer zu, alle die zahllosen Distinctionen, deren sich Thomas bedient, um die verschiedenen Gebiete des Sittlichen und die verschiedenen Arten
der Gnade zu scheiden — Distinctionen, die er theils vorge-
funden, theils selbständig ausgebildet hat — von Seite des hier
verhandelten Problems als im letzten Grunde werthlos dar.
Es wäre ein Irrtum zu glauben, dass ein wirklicher Unterschied zwischen natürlicher und übernatürlicher Sittlichkeit
bestehe: wo Sittliches zu Tage kommt, ist es immer eine
Wirkung der Gottheit, der Quelle alles Guten, vor deren all-
umfassender Macht das Geschöpf und sein Thun verschwindet.
Wie bei Augustinus, so sind es auch bei Thomas nur Aus-
flüchte, deren sachlicher und logischer Werth ein sehr geringer
ist, wenn er der übergreifenden Allmacht Gottes gegenüber
die Selbständigkeit des Menschen noch soweit retten will, als
nöthig ist, um wenigstens die Verantwortlichkeit desselben zu
begründen. Er fühlt, wie man wohl bemerkt, recht deutlich,
dass dies Moment nicht aus dem sittlichen Thatbestand verschwinden dürfe, und er ringt mit aller Kraft darnach, es
nicht untergehen zu lassen.

Seltsames Zusammentreffen scheinbar entgegengesetzter Gedankenreihen! Dieselbe Schwierigkeit, dieselbe Antinomie, unter welcher das System der kirchlichen Ethik in seiner ausgebildetsten Form zu leiden hat, drängt sich auch den naturalistischen Auffassungen des Sittlichen auf. Die Namen und Begriffe sind freilich andere, aber der Inhalt thatsächlicher Erfahrung, der sich in beiden Theorien ausprägt, erweist sich in wesentlichen Stücken als identisch. Was der religiös bewegte Mensch mit dem Begriffe der Gnade bezeichnet, und was er als die letzte und ausschlaggebende Entscheidung für die Gestaltung seines sittlichen Lebens empfindet, das ist nichts anderes, als Ausdruck für eine Thatsache, welche in seiner Weise ganz ebenso auch der Rationalist empfindet und anerkennen muss: dass das Zustandekommen des Sittlichen im Leben der Einzelnen von Bedingungen abhängig sei, welche sich zwar in fühlbarster Weise geltend machen, aber der directen Beeinflussung durch den Willen des Subjects sich gänzlich entziehen. Was der Fromme als Gnadenwirkungen bezeichnet, dafür wird der Naturalist ganz andere Namen haben: er wird auf angeborene Dispositionen, auf Temperamentsunterschiede, auf die charakterbildenden Einflüsse der Erziehung, der Umgebung, der Schicksale hinweisen; aber die Hauptsache bleibt für Beide gleich. Es ist das Gefühl, dass zwischen dem sittlichen Ideal und der nothwendig aus diesem sich ergebenden Selbstbeurtheilung ein unbekanntes Etwas stehe, was nicht aus dem Menschen, wenigstens nicht aus seinem Bewusstsein kommt, und zwar die sittliche Beurtheilung nicht aufzuheben vermag, aber die letzte Entscheidung über den sittlichen Werth oder Unwerth des Menschen einer Macht anheimgibt, die gleich geheimnissvoll bleibt, wie man sie auch nennen mag und deren Wirkungen von aller menschlichen Beeinflussung unabhängig sind.

§. 3. Die Nominalisten.

Die weitere Entwicklung dieser Lehren in der scholastischen Philosophie bietet nun insoferne ein eigentümliches Interesse, als sie zwar die in der Kirche feststehende Grundanschauung in

keinem wesentlichen Stücke modificirte, wohl aber durch logische
Operationen auf einen Punkt gelangte, wo ihr nicht mehr wie
dem Thomismus der Inhalt der Kirchenlehre als das zugleich
Vernünftige und darum allein Mögliche erschien, sondern wo
auch das Entgegengesetzte gleiche Wahrscheinlichkeit für sich
in Anspruch nehmen konnte.

Es ist dies eine Lehrentwicklung, welche allerdings als
der erste Schritt zur Auflösung der Scholastik betrachtet
werden kann, wenn man das Ziel derselben in der philosophischen Begründung der Kirchenlehre und dem Erweise des Zu-
sammengehens von Vernunft und Glauben erblickt, anderseits
aber auch in mehr als einer Beziehung nur die Keime zu
voller Entfaltung bringt, welche in den vorausgehenden Systemen, insbesondere bei Thomas, schon vorhanden waren[50]).
Der speculative Antrieb zu dieser Richtung geht von rein
dialektischen Erwägungen aus in Betreff dessen, was durch
syllogistische Methoden beweisbar sei und was nicht. Bereits
Thomas hatte in dieser Richtung einen Fingerzeig gegeben,
indem er zwischen übervernünftigen und widervernünftigen
Wahrheiten unterschied, wenn er auch von der Annahme einer
doppelten Wahrheit noch nichts wissen wollte. Ein weiterer
speculativer Antrieb lag in der Lehre über Gott, welche immer
schärfer in dem oben bereits angedeuteten Sinne entwickelt
wird. Alle die Beschränkungen der göttlichen Allmacht, welche
Thomas noch festgehalten hatte, lässt Duns fallen: die absolute
Freiheit Gottes ist sein charakteristisches Wesen, weder durch
sein Erkennen, noch durch seine Natur, sondern nur durch
die formale logische Möglichkeit determinirt. Gott kann daher
die Welt so wollen, oder so; wie er sie aber will, so ist sie
gut. Dies gilt auch von der Welt unter dem Gesichtspunkt
des Sittlichen; denn die Gesetze, um die es sich hier handelt,
sind als solche nur von dem göttlichen Willen und nicht von
dem göttlichen Verstande vorgeschrieben. Das Sittengesetz,
das Gott der Welt gegeben, hätte auch ein anderes sein können; es hat mit Gottes Wesen keinen inneren Zusammenhang,
weil sein Wille die ganz gleiche Beziehung auch auf das Entgegengesetzte und nur logisch Widerspruchslose hat, was er
jedoch zufällig nicht will. Darum handelt Gott auch dann

noch geordnet, wenn er mit seiner absoluten Vollmacht von jenem Gesetze abweicht (unter dem Vorbehalt, dass sein abweichendes Verfahren keinen logischen Widerspruch in sich schliesst); denn die Richtigkeit des Gesetzes ist in der Machtvollkommenheit Gottes [51]). Es gibt darum auch dem Menschen gegenüber kein sittliches Gebot, dessen Verletzung den Menschen unbedingt, d. h. abgesehen von der durch Gott darauf gesetzten Strafe, in's Verderben stürzte. Denn wenn auch allerdings die beiden ersten Gebote des Dekalogs insoferne einen anderen Charakter tragen wie die übrigen, als sie durch sich selbst unmittelbar evident sind, weshalb sie auch von Gott nicht abrogirt werden können und auch niemals abrogirt worden sind: so wird auch dieser Unterschied wieder in seiner Bedeutung abgeschwächt durch die Erwägung, dass es für Gott möglich ist, selbst denjenigen zu retten, der in einer endgültigen Todsünde stirbt und verdammt wird. Allerdings nur, wenn man dabei an die potentia absoluta Gottes denkt, welche ja nur eine abstracte Annahme bleibt, und keineswegs das wahrscheinliche Verhalten Gottes in einem gegebenen Falle ausdrückt.

So spielt selbstverständlich der Begriff des Verdienstes auch bei Duns eine entscheidende Rolle. Die göttliche Acceptation ist der Grund aller Verdienstlichkeit überhaupt; denn Alles, was ausser Gott ist, ist nur gut, weil es von Gott gewollt und geliebt ist, nicht umgekehrt.

Alle diese Sätze treten nun bei Occam und den an ihn sich anschliessenden Nominalisten im Wesentlichen identisch, nur mit noch schärferer Formulirung auf. Für denjenigen, der sich die Gottheit nicht anders denn als ein Ideal des nach unseren Begriffen sittlich Vollkommenen zu denken vermag, oder dem das Vorhandensein sittlicher Gefühle in der menschlichen Brust der sicherste Beweis für die Existenz der Gottheit ist, muss diese Theologie geradezu atheistisch, ja blasphemisch klingen; und doch ist sie, wie es scheint, ursprünglich von dem Streben nach einem möglichst erhabenen Gottesbegriffe ausgegangen. Immerhin enthielt sie auch ein rationalistisches Element, welches freilich der damaligen Kirche nicht zum Bewusstsein gekommen zu sein scheint; denn nachdem diese

nominalistische Theologie einigen Widerstand gefunden hatte,
und insbesondere die Lehre von der zweifachen Wahrheit mit
kirchlichen Censuren getroffen worden war [52]), scheint man
sich in steigendem Maasse mit dieser Auffassung befreundet
zu haben: so zwar, dass schon in der ersten Hälfte des
14. Jahrhunderts ein Gegner derselben, Bradwardine, darüber klagen kann, der Pelagianismus habe die ganze Welt
ergriffen [53]).

In der That führten die Folgerungen, welche sich aus
den obigen Sätzen für die kirchliche Praxis ergaben, zu einer
Auffassung, welche sich mit dem Pelagianismus wenigstens
berührt. Denn indem man den absoluten Supranaturalismus,
gestützt auf die Autorität der Kirche, zwar unangefochten
fortbestehen liess und neben ihn das Reich der natürlichen
Menschlichkeit stellte, ohne eine nothwendige Beziehung zwischen
beiden festzuhalten, kam man zu der für Thomas noch an-
stössigen Behauptung, dass nach der absoluten Vollmacht Gottes
kein Gnadengeschenk zum Verdienst vor Gott nothwendig sei,
und anderseits der freie Wille die Kraft habe, aus seiner
eigenen Natur moralisch gute Werke hervorzubringen — zwar
nicht nach der Absicht des Gesetzgebers, welche auf die Erreichung unseres Heils gerichtet sei, aber in Hinsicht des
Wesens der Handlung.

Dies sind nun zwei Möglichkeiten, welche allerdings verschiedenen Gebieten angehören, indem sich die eine auf die
absolute, die andere auf die geordnete Machtsphäre Gottes
bezieht; aber es ist wohl begreiflich, dass ein gewisses In-
einanderschillern der beiden Sphären nicht wohl zu vermeiden
ist, und dass sich aus diesen Theorien jener Anspruch auf
Werkgerechtigkeit erhob, gegen dessen Herrschaft im Leben
schon im 14. Jahrhundert Wycliff und dann insbesondere die
Reformatoren des 16. Jahrhunderts den Kampf eröffneten [54]).

4. Abschnitt.

Humanismus und Reformation.

Was in den späteren Zeiten der Scholastik als eine Schulmeinung zur Geltung gekommen war, die sich vermöge der Lehre von der zwiefachen Wahrheit ausbildete und behauptete, das wurde nachher im Zeitalter des Humanismus zur Weltanschauung aller derjenigen, welche vom Quell der neuen Bildung getrunken hatten. Ursprünglich war diese Doctrin nicht gefährlich für die Kirche. Aus speculativen Erwägungen über das, was durch logische Operationen beweisbar sei und was nicht, war sie hervorgegangen: indem sie die Gebiete des Glaubens und der Erkenntniss scharf von einander sonderte, mochte für das praktische Leben der Glaube seine uneingeschränkte Gültigkeit behalten.

Ein weit gefährlicherer Gegner erwuchs dagegen dem kirchlichen Glauben von Seite des Humanismus, der zwar die Scholastik unausgesetzt aufs eifrigste bekämpfte, aber, obwohl von einem ganz anderen Ausgangspunkte ausgehend, in gewissen Anschauungen ganz mit dem Nominalismus zusammentraf. Keineswegs in öffentlicher Discussion und ausdrücklicher Bekämpfung des kirchlichen Lehrbegriffes machte er sich geltend; allein er drohte, abgesehen von zahlreichen Angriffen gegen das herrschende System der Kirchenpraxis, in stiller aber sicherer Arbeit das Fundament der kirchlichen Weltanschauung zu unterwühlen. Es war von Hause aus die ästhetische Bewunderung des klassischen Altertums, welche die Humanisten leitete; und gerade dies vorwiegend ästhetische Empfinden ist es, was die neue humanistische Auffassung des Altertums so wesentlich von der früheren Aneignung antiken Gedankenstoffes, wie sie ja schon während der vorausgegangenen Jahrhunderte in immer steigendem Maasse stattgefunden hatte, unterscheidet.

Es braucht kaum ausdrücklich gesagt zu werden, dass diese ästhetische Bewunderung des Altertums keineswegs das blieb, was sie anfangs gewesen war, sondern mehr und mehr

die ganze Weltanschauung zu beeinflussen begann. Was sich
so herrlich, so schönheitsvoll darstellte, wie das klassische
Altertum in den Augen seiner humanistischen Bewunderer,
das konnte unmöglich zugleich als etwas Verlassenes, etwas
Ueberwundenes gelten; was wie eine entschwundene, nur der
Sehnsucht erreichbare Glanzzeit des menschlichen Geschlechts
erschien, erfüllt von soviel Beispielen der Grösse, des Seelen-
adels, der Weisheit und der Selbstüberwindung, das durfte
man nicht, wie es die Kirche des Mittelalters gethan, als das
Werk des Bösen einfach mit dem Fluche belegen.

Ein gewaltiger Umschwung der geistigen Stimmung bereitet sich vor: in umgekehrter Weise analog demjenigen, der
ein Jahrtausend früher die christlichen Ideen auf die Höhe
der Zeit emporgehoben hatte. Dieselbe heidnische Litteratur,
die damals den Völkern der alten Culturwelt schaal und öde
zu erscheinen begonnen hatte, übte nun eine wunderbare, un-
vergleichliche Anziehungskraft aus, und schien eine neue Welt
zu erschliessen; während die christlichen Ideen, die damals
wie ein Strahl höheren Lebens in die Hohlheit und Armut
des absterbenden antiken Geisteslebens hineingeleuchtet hatten,
nun vor dem Glanze des wiedererstehenden Heidentums ver-
blichen und alle Macht über die Gemüther zu verlieren anfingen.

So gestaltete sich die Stellung des entwickelten Humanismus zu der christlich-kirchlichen Weltanschauung nicht gerade
zur offenen Feindseligkeit, aber zu einer vollkommenen Gleichgültigkeit. Das ganze Verhalten der gebildeten Kreise des
damaligen Italiens, wo die humanistische Denkweise zuerst
zu vollendeter Ausprägung gelangte, zahlreiche Gelegenheits-
äusserungen von Persönlichkeiten, die als Repräsentanten der
herrschenden Richtung gelten dürfen, legen den Schluss nahe,
dass der Humanismus der Kirchenlehre mit völliger innerer
Freiheit gegenüberstand.

Allerdings zeigt der Humanismus in den beiden Ländern,
die wir als die Hauptpflanzstätten des neuen Geistes betrachten
müssen, in Italien und Deutschland, keineswegs ganz dieselbe
Physiognomie. Jenseits der Alpen überwog durchaus das
künstlerisch-ästhetische Element, Hand in Hand gehend mit

einer gewissen Frivolität der gesammten Weltanschauung, die sich insbesondere auch in dem Verhältnisse des italienischen Humanismus zu Kirche und Christentum zeigt. Keiner von allen italienischen Humanisten hat auch nur den Versuch gemacht, an die verrotteten Zustände des damaligen Kirchentums die bessernde Hand anzulegen, oder sich um den bleibenden Wahrheitsgehalt des Christentums zu bekümmern. Es fehlt ja nicht an Spott auf die Auswüchse der herkömmlichen Kirchenpraxis oder auf die Unwissenheit und Unbildung des Klerus und der Mönche; aber das alles betraf doch schliesslich nur Aussendinge. An den Kern der Sache wagte keiner der Humanisten zu rühren; um die feste Burg des Dogma's schlichen sie entweder in scheuer Vorsicht, oder kühler Geringschätzung herum [55]).

In dieser Richtung weist nun der deutsche Humanismus von Anfang an eine merkliche Verschiedenheit auf. Schon die ersten Vertreter desselben haben die Anwendung der neuen Kenntnisse auf den Gesammtkreis der wissenschaftlichen und religiösen Studien mit Ernst erstrebt, was sich vollkommen begreift, wenn man den Ausgangspunkt des deutschen Humanismus in's Auge fasst. Allein trotz dieses innigen Zusammenhanges des deutschen Humanismus mit den reformatorischen Tendenzen der Zeit und trotz der vielfachen Förderung, welche dieselben durch ihn erhielten, hat diese Denkart doch ihr innerstes Wesen auch diesseits der Alpen nicht ganz ablegen und verbergen können. Es stecken im Humanismus die Keime einer allgemeinen Aufklärung, welche aus dem Banne der kirchlichen und scholastischen Tradition heraus nach freier, rein vernünftiger Auffassung und Gestaltung des Lebens strebt, ohne ein specifisch religiöses Interesse, freilich auch der Religion keineswegs überall mit solcher ablehnender Gleichgültigkeit gegenüberstehend wie der italienische Humanismus.

Eben darum aber ist der Humanismus im weiteren Verlaufe seiner Entwicklung zunächst in Deutschland, dann auch in den übrigen Ländern, und schliesslich, durch einen sehr merkwürdigen, aber wohl begreiflichen Rückschlag, auch in seiner eigentlichen Heimatstätte, in Italien, von einer tiefergehenden, geistigen Bewegung überholt und bis zu einem gewissen Grade gelähmt und entwurzelt worden. Diese Bewegung sog ihre Kraft hauptsächlich aus dem religiösen Bedürfnisse der damaligen Menschheit, für welche die Zeit einer freien, rein weltlichen und verstandesmässigen Weltanschauung, auf welche der Humanismus allerdings hinauszudrängen schien, noch nicht gekommen war.

Nur aus dieser zeitgeschichtlichen Grundlage, aus dieser vorherrschend religiösen Stimmung der Zeit, erklärt sich die ungeheure Wirkung von Luther's Auftreten, und wiederum aus dem innersten Charakter seiner Persönlichkeit und seines Wirkens der tiefe Gegensatz, der trotz aller Beziehungen und Berührungen die humanistische und die reformatorische Richtung von einander trennt. Was für Luther den Mittelpunkt seines Denkens und Wirkens bildet, das geht auf den Kern der ganzen kirchlichen Doctrin, das fasst dieselbe in einem entscheidenden Punkte tiefer als die Kirche des Mittelalters, das ist nicht Aufklärung, sondern Mystik und eine gewaltige Steigerung des religiösen Empfindungslebens. Auf dies Gebiet aber vermag ihm der Humanismus nicht zu folgen: nicht durch eine Neuschöpfung von innen heraus, aus dem heiligsten Ernste religiösen Gefühles, die dem bestehenden Kirchentum gegenüber nothwendig zur Revolution führen musste, will er die entarteten Zustände bessern, sondern durch Kritik, die von aussen die Hebel ansetzt, um Auswüchse zu beseitigen, System und Praxis mit den Forderungen verständiger Einsicht in Einklang zu bringen.

Der Gegensatz beider Richtungen kommt in den beiden Persönlichkeiten, die man als die vorzüglichsten Repräsentanten derselben betrachten kann, bei Erasmus und Luther zur vollendetsten Ausprägung. Es ist im Grunde die alte Differenz, welche Jahrhunderte früher bereits die Kirche gespalten hatte, und in den Zeiten des sich bildenden kirchlichen Lehrbegriffes von Pelagius und Augustinus ausgekämpft worden war. Wieder stehen sich das rationalistische und das mystische Element, hier das Vertrauen auf die selbständige, lediglich der Aufklärung und Ermahnung bedürftige, Tüchtigkeit der menschlichen Natur, das Selbstgefühl sittlichen Strebens, dort die Empfindung der menschlichen Schwäche und Unfähigkeit im Vergleich zu den Forderungen des sittlichen Ideals, das Gefühl der unbedingten Abhängigkeit des Menschen von einer höheren Macht, auf's Schroffste gegenüber.

Es ist darum auch keineswegs zufällig, dass der Gegensatz zwischen der humanistischen und der reformatorischen Richtung, anfänglich verhüllt durch die Gemeinsamkeit der Ziele und Interessen, gerade in der Frage nach dem Verhältnisse des menschlichen Willens zur göttlichen Gnade zum ersten Male in aller Schärfe zum Vorschein kam. Gegen die lutherische Auffassung dieser Frage veröffentlichte Erasmus i. J. 1524 seine Schrift: „De libero arbitrio", womit er, wie Luther selbst von ihm am Schlusse seiner Erwiederung sagte, „die Hauptsache anfasste und den Angelpunkt des Streites ersah." Diese Polemik bringt die Verschiedenheit beider Männer und beider Richtungen zur deutlichsten Anschauung. Luther steht auf dem Boden einer begeisterten religiösen Ueberzeugung und zieht die äussersten Consequenzen derselben mit rücksichtsloser Entschlossenheit; Erasmus vertritt ihm gegenüber die Rechte des gesunden Menschenverstandes, und einer weltlich-natürlichen Anschauung mit einer von ihm selbst eingestandenen Neigung zum Skepticismus, allerdings unter dem Zusatze: soweit die Autorität der hl. Schrift sammt den Beschlüssen der Kirche ihn zulasse.

Unstreitig werden sich unsere modernen Anschauungen zu der Lehre des Erasmus mehr hingezogen fühlen als zu der Luther's; der geschichtliche Erfolg aber brachte damals ein Anderes mit sich. Jener Geist der Aufklärung und des theologischen Skepticismus, als dessen Träger der Humanismus durch ganz Europa hindurch auftrat, wurde durch die gewaltigen Bewegungen im kirchlich-religiösen Leben, welche Reformation und Gegenreformation hervorriefen, theils erstickt, theils überwältigt und zurückgedrängt, und die nächste Wirkung des Streites der verschiedenen Formen christlichen Glaubens, welche sich nun an die Stelle der universalen mittelalterlichen Kirche setzten, war eine neue gewaltige Steigerung des theologischen Geistes und der religiösen Ergriffenheit der Gemüther. Die theologischen Controversen zwischen den einzelnen Confessionen und den verschiedenen Parteien innerhalb der gleichen Confession nehmen einen guten Theil der besten geistigen Kräfte in Anspruch; die dogmatischen Bestimmungen der Unterscheidungslehren erhalten die zugespitzteste Form und zugleich eine übergreifende Wichtigkeit, welche sich nicht bloss auf dem Katheder der theologischen Facultäten, sondern auch auf der Kanzel breit macht, und der Moral nicht bloss jede selbständige Stellung nimmt, sondern sie beinahe aus dem Studien- und Gesichtskreise der Theologen verdrängt.

Es sind im Wesentlichen die alten Probleme, das Verhältniss des natürlichen Sittengesetzes zur Offenbarung und das Verhältniss des menschlichen Willens zur Gnade, welche das Material für diese endlosen theologischen Streitigkeiten liefern müssen. Und wie mannigfaltige Combinationen sich auch bezüglich der Lösung je nach Individualität und Parteistellung ergeben mögen — principiell neue Gedanken werden von theologischer Seite nicht mehr zu Tage gefördert. In der patristischen und scholastischen Lehrentwicklung von Paulus bis auf Luther, deren wichtigste Wendepunkte im Vorstehenden herauszuheben versucht wurde, sind völlig genügende Anhaltspunkte zum Verständniss und zur Würdigung jener Theorien über den Ursprung des Sittlichen gegeben, welche auf dem Boden des historischen Christentums möglich waren. Die katholische wie die protestantische Lehre nach dem 16. Jahrhundert beschränken sich auf ein Umbilden der gegebenen Elemente und können deshalb vom Standpunkt des hier verhandelten Problems aus kein selbständiges Interesse beanspruchen. Dieses wendet sich vielmehr vom Beginn der neuern Zeit an überwiegend jenen Versuchen zu, welche es unternehmen, in freier philosophischer Erkenntniss, unabhängig von kirchlichen Lehrsystemen, eine Begriffsbestimmung des Sittlichen und eine Erklärung der betreffenden Erscheinungen durch rationales Studium der Welt und der menschlichen Seele zu gewinnen.

III. Capitel.

Die Anfänge einer selbständigen Ethik in der neueren Philosophie.

1. Abschnitt.

Allgemeine Voraussetzungen.

Alle christlichen Confessionen, wie mannigfach sie sich auch sonst von einander unterscheiden mochten, hielten doch an dem einen Satze mit Zähigkeit fest, dass ohne den Glauben, d. h. ohne die Zugehörigkeit zu dieser bestimmten, allein die religiöse Wahrheit repräsentirenden kirchlichen Gemeinschaft, kein sittliches Verdienst für den Menschen und kein Heil zu hoffen sei. War auch natürlich die Formulirung sehr verschieden, nach welcher die einzelnen Confessionen das Verhältniss der göttlichen Wirksamkeit der menschlichen Seele gegenüber bestimmten, mochten Protestanten und Reformirte mehr die Unbedingtheit des göttlichen Rathschlusses, Katholiken mehr den Mitantheil menschlicher Freiheit betonen: das Alles betrifft im Verhältniss zu der allgemeinen Grundanschauung, um welche es sich hier handelt, nur theologische Schulfragen und lässt die Hauptsache selbst vollkommen unberührt. Denn die Mitwirkung, welche die katholische Theorie dem Menschen beim Gnadenwerke liess, gönnte ebenso wenig als das decretum absolutum der Reformirten irgend welchen Spielraum für eine sittliche Entwicklung, die sich unabhängig von den übernatür-

lichen, magischen Hülfsmitteln vollzogen hätte. Der Grundgedanke, von dem man auf jeder Seite, bei allen Confessionen
ausging, war immer der: Was soll die Thatsache der Erlösung
bedeuten, welchen Nutzen und welche Nothwendigkeit hat
eine so ungeheure Leistung Gottes gehabt, wenn der Mensch
seine Bestimmung zu erreichen vermag, auch ohne an den
übernatürlichen Ergebnissen dieses Sühnopfers zu participiren?
Nun leuchtete aber durch alle Wirrsale theologischen Wahnes
mit unvertilgbarer Wahrheit doch immer die Einsicht hindurch,
dass das Einzige, was den Werth des Menschen bestimmt,
dasjenige, dem zu Liebe auch die ganze Erlösung schliesslich
allein stattgehabt haben konnte, die sittliche Beschaffenheit
des Menschen, die Vollendung seiner geistigen Persönlichkeit
sei. Gab man also die Möglichkeit sittlicher Vollendung ausserhalb der Kirche und der durch sie vermittelten übernatürlichen
Gnadenwirksamkeit zu, so wurde nicht nur die Nothwendigkeit
kirchlicher Vermittlung, sondern die der Erlösung selbst problematisch: das Fundament, auf welchem die Theologie aller
Richtungen ihre unbedingte Herrschaft über die Gemüther
errichtet hatte, kam in's Wanken und drohte zusammenzu-
brechen.

Man sieht, dass unter diesen Umständen die Ethik jedes
Stückchen ihrer Selbständigkeit einem erbitterten und hart-
näckigen Gegner abzuringen hatte; dass die gesammte Theologie aller christlichen Confessionen gewissermassen durch ein
Gebot der Selbsterhaltung darauf hingewiesen war, ihrer Emancipation den möglichsten Widerstand entgegenzusetzen. Es
war dies nicht bloss ein Kampf der Geister. Denn mit furchtbar erdrückender Macht standen die kirchlichen Gewalten in
den einzelnen Ländern ausgerüstet da, eifersüchtig über jede
oppositionelle Regung wachend und jederzeit bereit, mit allen
Mitteln gegen diejenigen einzuschreiten, welche sich dem kirchlichen Bannkreise zu entziehen strebten. Diese Macht musste
den Kirchen erst aus den Händen gerungen, in einem Jahrhundert voll der blutigsten Wirren und Zerrüttungen, durch
unsägliche Leiden und zahllose Opfer, erst den Ideen der Gleich-
berechtigung verschiedener Confessionen und der Denk- und
Glaubensfreiheit ein fester Boden geschaffen werden, ehe eine

selbständige ethische Forschung es wagen durfte, ohne alle Rücksicht auf das religiös-kirchliche Element das sittliche Leben als ein gesondertes, von seinen eigenen natürlichen Gesetzen beherrschtes, Gebiet der allgemein menschlichen Thätigkeit zu behandeln.

So bildet, wie dies aus der Natur der Sache selbst hervorgeht, die Befreiung der Ethik von ihren theologischen Fesseln, die Ausbildung derselben als ein selbständiger Zweig der philosophischen Forschung, nur ein einzelnes Moment in dem auf allen Gebieten des Wissens und Denkens vor sich gehenden Kampfe des freien, weltlichen Denkens gegen den Zwang kirchlicher Autorität, des Rationalismus und Skepticismus gegen Orthodoxie und Supranaturalismus. Diesen Kampf zu schildern, ist nicht die Aufgabe dieser Darstellung, welche den Hergang und die treibenden Kräfte im Allgemeinen als bekannt vorauszusetzen hat und sich damit begnügen muss, nur bei dem zu verweilen, was entweder für die Loslösung der Ethik von der Theologie von Wichtigkeit ist oder bereits die Keime neuer ethischer Ideen in sich enthält.

Solcher Ansätze treten nun ziemlich genau an der Grenzscheide des 16. und 17. Jahrhunderts mehrere hervor: in Frankreich, in den Niederlanden, in England beginnt der neue Geist sich zu regen, zunächst freilich nur mit Zurückhaltung, aber doch die unverkennbaren Symptome einer geistigen Wendung verrathend. Es sind keine systematischen Arbeiten und von einer theoretischen Erörterung der Frage nach dem Ursprung des Sittlichen bleiben sie weit entfernt; aber eine negative Bestimmung, welche sie geben, ist für jene Zeit von eingreifender Wichtigkeit: das Sittliche hat, wenigstens bis auf einen gewissen Grad, selbständiges Leben und fällt mit dem Fürwahrhalten eines gewissen Glaubenssystems nicht schlechthin zusammen.

2. Abschnitt.

Charron.

Gegen das Ende der französischen Religionskriege wagen sich in diesem Lande die ersten Regungen des religiösen Skepticismus hervor. 1588 erschienen Montaigne's Essais [1]), in loser und anmuthiger Form eine Fülle von scharfsinnigen und selbständigen Gedanken bergend. Er wagte es, den Satz zu vertheidigen, dass religiöser Irrtum kein Verbrechen sei, alle religiösen Meinungen nur Product der Gewohnheit, und dass die Menge derselben es verhindere, die richtige mit Sicherheit zu bestimmen. Das waren Gedanken, welche zwar schon vor ihm mancher verständige Mann im Stillen gehegt haben mochte, die aber bis dahin Niemand so offen vor der ganzen Nation ausgesprochen hatte. Schon das „Colloquium Heptaplomeres" des Joannes Bodinus enthält die wesentlichen Gedanken dieses späteren Skepticismus im Keime [2]); aber der grösste Theil dieses Werkes gelangte erst viel später an die Oeffentlichkeit, und die über alles Maass schwerfällige und weitschweifige Form würde das Buch auch in einem günstigeren Falle zu keiner grossen Wirkung haben gelangen lassen.

Der eigentliche Erbe der von Montaigne ausgegangenen Anregungen ist Charron. 1601 gab er ein Werk heraus „De la Sagesse"; der erste Versuch, in einer neueren Sprache ein System der Moral ohne Hülfe der Theologie aufzustellen — nicht auf theoretische Erörterung, sondern durchaus praktische Endzwecke gerichtet und erfüllt von jenem „bon sens", um dessen willen Montaigne und später Larochefoucauld Lieblingsschriftsteller der Franzosen geworden sind.

Im 2. Buche dieser merkwürdigen Schrift findet sich nun eine Abhandlung über die Religion, welche in mehrfacher Beziehung vom höchsten Interesse ist, und ein in jener Zeit unerreichtes Beispiel von Kühnheit und schneidiger Schärfe bietet. Zunächst gibt Charron in gedrängten, aber kräftigen und wohlüberdachten Zügen eine Art Naturgeschichte der Religion. Wird auch dieser Ausdruck erst beträchtlich viel später

Mode, so lässt er sich doch mit vollem Rechte bereits auf Charron's Erörterung anwenden. Denn Zusammenstellung und Beobachtung der gleichartigen Erscheinungen in allen Religionen ist der eigentliche Zweck derselben: aus den vielen übereinstimmenden Zügen, welche sie sämmtlich, gleichviel ob wahr oder falsch (denn diesen Unterschied, der aber für ihn bloss ein verbaler ist, hält Charron vorsichtshalber fest), aufzuweisen haben, geht soviel mit völliger Deutlichkeit hervor, dass sie sämmtlich zu einer Klasse gehören und in vielen wichtigen Stücken keine vor der andern etwas vorauszuhaben sich rühmen kann. Es heisst aber, wenn irgendwo, so auf religiösem Gebiete, einer Sache allen Werth rauben, wenn man ihr die Einzigkeit nimmt und sie nur als eines unter Vielen erweist.

Nur auf diese Art konnte das tödtliche Gewicht erleichtert werden, mit welchem der im Gefolge der confessionellen Streitigkeiten zunächst auftretende engherzige Dogmatismus alles Verständniss für die wahrhaft praktischen Lebensaufgaben zu erdrücken drohte. Fast um dieselbe Zeit, da Bacon in seinen Essays die Wirkungen des Aberglaubens und des Unglaubens mit einander verglich und die Wage eher zu Gunsten des letzteren sich senken liess, erörtert Charron ein ähnliches Thema mit nicht geringerer Schärfe. In den Gründen, womit er die übeln Folgen religiösen Eifers für das sittliche Verhalten zu erweisen sucht, erkennt man den Zeitgenossen und Augenzeugen der blutigen Religionskriege mit ihrer Verwirrung der Gewissen, Trübung des sittlichen Bewusstseins und Fälschung der natürlichen Gefühle. Der Religion als solcher will er keinen Vorwurf machen; es sei ein thörichter oder boshafter Vorwurf zu behaupten, dass sie Böses lehre oder begünstige; das thue nicht einmal eine ganz falsche und abgeschmackte. Allein da man unter religiösem Einflusse stehend sich Sittlichkeit nur noch im Dienste der Religion zu denken vermöge und glaube, dass der rechtschaffenste und tüchtigste Mann der sei, der sich am eifrigsten um die Beförderung und Geltung seines Glaubens bemühe, so gelange man dahin, jegliche That, wie schlecht sie auch sei, Verrath, Meineid, Empörung und sonstige Frevel, nicht nur als erlaubt, sondern als lobenswerth und verdienstlich hinzustellen, wenn sie nur zum

Vortheile des eigenen Glaubens und zur Beeinträchtigung der Gegner diene.

Das Verhältniss zwischen Sittlichkeit und Religiosität, wie es Charron fordert und wofür er selbst den Ausdruck „mariage" gebraucht, ist ein ganz eigenartiges und erinnert wiederum lebhaft an die Formel, womit Bacon die Trennung von Religion und Moral ausgesprochen hatte, ohne doch ihre gegenseitige Beziehung aufzuheben. Für das Ideal eines Weisen, welches zu entwerfen der Zweck seines Buches ist, fordert er beides: wahre Frömmigkeit und wahre Sittlichkeit; aber jede von beiden soll für sich stehen, ohne die Hülfe der anderen und ihren eigenen Wirkungskreis haben. Zur Sittlichkeit soll es der religiösen Motive nicht bedürfen. Dass man ohne Paradies und Hölle ein ehrlicher Mann sein solle, diese Worte klingen entsetzlich in den Ohren der Gläubigen; aber dennoch ist es nur eine elende und sklavische Sittlichkeit, die auf diesem Wege zu Stande kommt, aus Hoffnung auf Lohn und Furcht vor Strafe. In kurzen, aber kraftvollen Worten geisselt Charron diese heteronome Moral und fährt dann fort: „Ich will, dass man sittlich sei, weil Natur und Vernunft (d. h. Gott) es fordern, die allgemeine Ordnung und Einrichtung der Welt, von der das Individuum nur ein Bruchtheil ist, es verlangen und man sich nicht anders verhalten kann, ohne gegen das eigene Sein, die eigene Wohlfahrt und Bestimmung zu verstossen; ich will, dass man sittlich sei, werde daraus was wolle. Ich will auch Frömmigkeit und Religion, aber nicht um die Sittlichkeit im Menschen hervorzubringen, die mit und in ihm geboren und von der Natur in ihn gepflanzt wird, sondern um ihr Vollendung und Krönung zu verleihen. Sittlichkeit ist das Erste, Religion erst das Zweite; denn sie ist etwas Angelerntes, von Hörensagen an uns Kommendes, durch Offenbarung und Unterricht Angeeignetes und kann daher jene nicht hervorbringen. Vielmehr sollte die Religion eine Frucht der Sittlichkeit sein; denn diese ist das Erste, dabei älter und natürlicher; und es heisst alle Ordnung umkehren, wenn man die Sittlichkeit der Religion folgen lässt und dienstbar macht."

Gewiss eine denkwürdige Stelle! Viel rückhaltsloser noch als Bacon thut, spricht Charron hier über das Verhältniss

zwischen Religion und Sittlichkeit; im Wesen sind ihre Anschauungen allerdings nahe verwandt.

Wie sehr diese Stelle traf und wie sehr sie die herrschenden Vorstellungen vom Werthe der kirchlichen Heilmittel zu
gefährden drohte, ersieht man aus dem Schicksal, welches dieselbe nach dem ersten Erscheinen des Buches betraf. Nur
die erste Ausgabe vom Jahre 1601 nemlich enthielt dieselbe;
in den folgenden, die 1604 und später zu Paris und Rouen
unter den Augen der Sorbonne und des Parlaments veran-
staltet wurden, fehlt sie und ist ersetzt durch eine kurze
Schlussbemerkung, welche nur die „mariage" der Sittlichkeit
und Frömmigkeit für den Weisen fordert und (mit entschieden
theologischer Wendung) hinzusetzt: „toutes deux complettes
et couronnées de la grâce de Dieu, laquelle il ne refuse à
aucun qui la demande." Im Grunde hätte freilich das ganze
Buch unterdrückt werden müssen; denn auch ohne jene ausdrückliche Bemerkung Charron's muss sein ganzes Werk als
eine stillschweigende Zurückweisung der religiösen Ethik bezeichnet werden. Wer wie Charron von der Weisheit zu handeln unternahm, d. h. ein System des praktischen Verhaltens
aufstellte, und dabei das religiöse Element so flüchtig, so sehr
als „hors d'oeuvre" behandelte, der hatte sich jedenfalls von
dem Geiste der kirchlichen Ethik weit entfernt und verdient
mit Recht in die Reihen der Vorkämpfer des modernen sittlichen Bewusstseins gestellt zu werden.

3. Abschnitt.

Bacon.

§. 1. Geschichtliche Stellung.

Das geistige Leben Englands, wie es sich dem eigenartigen Charakter seiner Reformation entsprechend entwickelt
hatte, war beherrscht von zwei Parteien, die sich untereinander
freilich schroff entgegenstanden, aber jede in ihre Machtsphäre
eine strenge Herrschaft über die Geister ausübten: dem Anglo-
Katholicismus und dem Puritanismus. Schon vor dem Zeit-

punkte, da beide in blutigem Kampfe zusammenstiessen, hatte
sich zwischen beiden eine mittlere Richtung ausgebildet, welche
in Anbetracht der unseligen kirchlichen Verhältnisse die Kluft
zwischen beiden zu überbrücken suchte [3]). Hales, Chillingworth
und Taylor sind die Hauptvertreter jener freisinnigen oder
eigentlich, besser gesagt, weitherzigen englischen Theologie.
Allerdings hielt sich die Thätigkeit und das Denken dieser
Männer noch ausschliesslich auf kirchlichem Gebiete, und stand,
wenn auch engherziger Abschliessung der verschiedenen Richtungen in der Landeskirche gegenüber auf Verallgemeinerung
dringend, doch noch durchaus auf positiv christlichem Boden.
Was aber der spätere Deismus in Bezug auf sämmtliche Religionen versucht hat, nemlich alles Beiwerk auszuscheiden
und ihnen eine für alle gleichgeltende und ihren wahren Sinn
zum Ausdruck bringende rationale Basis zu geben, das unternehmen sie den verschiedenen Bekenntnissen und Formulirungen
der christlichen Religion gegenüber durch Reduction ihrer
Unterschiede auf gewisse christliche Fundamentalwahrheiten.

Das genaue Gegenstück zu diesen liberalen Theologen
bildet nun um dieselbe Zeit die Philosophie Bacon's, welche
sich ihrerseits von dem Gebiet der theologischen Controverse
ebenso fern hält, als jene von dem philosophischer Erkenntniss.

Beide halfen den Boden für eine selbständige Ethik bereiten, und convergiren, obwohl völlig unabhängig von einander,
nach diesem gemeinsamen Ziel hin. Die theologische Richtung insofern, als sie zwar die Nothwendigkeit der specifisch
religiösen Veranstaltungen für den Menschen, der seine sittliche Bestimmung zu erreichen wünscht, festhielt, aber durch
ihr vermittelndes Bestreben dahin geführt wurde, die einzelnen
kirchlichen Lehren und Handlungen darauf anzusehen, was
sie für diese ethischen Zwecke zu leisten im Stande seien;
Bacon's Philosophie insofern, als sie, wie überall, so auch hier
hodegetisch, die Anleitung zu einem System des praktischen
Verhaltens für den Menschen geben will, in welchem von der
Religion gänzlich abstrahirt wird, und welches den Menschen
zur Glückseligkeit zu führen verheisst[4]), ohne im Mindesten
auf die Mittel Bedacht zu nehmen, durch welche nach kirchlicher Anschauung dies Ziel einzig und allein zu erreichen war.

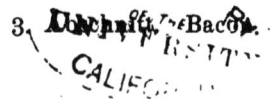

§. 2. Sittlichkeit und Religion.

Dazu muss ihm eben seine Scheidung des religiösen und des philosophischen Gebietes behülflich sein. Das Gute, wonach die Ethik zu fragen hat, ist von vornherein nur relativ, auf das diesseitige Menschenleben beschränkt. Das höchste Gut liegt im Jenseits, und die Mittel, es zu erreichen, werden nicht durch Philosophie, sondern durch die Religion angegeben[5]). Und dies ist eben das Charakteristische der baconischen Anschauung im Gegensatz zur späteren Aufklärung, dass er diese beiden Betrachtungsweisen lediglich auseinanderhält, ohne auch nur den Versuch zu machen, eine auf die andere zurückzuführen, oder eine an der andern zu messen. Consequent nach diesem Sinn entscheidet Bacon[6]) auch eine nach ihm noch vielfach verhandelte Frage, ob nemlich Atheismus oder Aberglaube dem sittlichen Verhalten des Menschen verderblicher seien.

Da nun Bacon das Gebiet des Sittlichen ganz von dem des Religiösen getrennt hatte, so lag für ihn kein Grund vor, der völligen Abwesenheit religiöser Ueberzeugungen zerstörende Wirkungen in Bezug auf die Sittlichkeit und das irdische Wohlergehen der Menschen zuzuschreiben. So gesteht er denn dem Atheismus zu, er lasse die gesunde Vernunft, die sittlichen Gesetze, das Streben nach gutem Ruf bestehen; er untergrabe den bürgerlichen Frieden nicht, sondern mache die Menschen vorsichtig, auf ihr Interesse und ihre Sicherheit bedacht. So kann er auch ohne Religion eine gewisse äussere Sittlichkeit hervorbringen und es gab freigeistige Zeitalter, welche glücklich und ruhig waren, wie das römische unter Augustus. Zur höchsten Vollendung der menschlichen Natur wird es freilich derjenige niemals bringen, welcher der religiösen Triebfedern entbehrt. Wie sich das Thier, der Hund z. B., durch den Verkehr mit dem höherstehenden Menschen gewissermassen über sich selbst erhebt, und eine zweite bessere Natur gewinnt, so wirkt auch auf den Menschen das Vorbild des göttlichen Wesens ein, und gibt ihm durch das Vertrauen auf die göttliche Gnade und Vorsehung eine innere Kraft,

welche die sich selbst überlassene menschliche Natur niemals
zu entwickeln vermöchte. Den Menschen den Glauben an
die Gottheit nehmen, heisst daher ihnen die wahre sittliche
Grösse nehmen. Allein je höher die wahre Religion im Preise
steht, um so verderblicher müssen ihre Ausartungen wirken.
Wenn jene eine Quelle der edelsten Sittlichkeit zu werden
vermag, so werfen dagegen Aberglaube und Fanatismus (denn
diesen Begriff muss man unter der Bezeichnung „superstitio"
nothwendig mit gesetzt denken) alle Fundamente der Sittlichkeit über den Haufen und führen zum Ruin der Staaten,
welche atheistische Meinungen kaum zu erschüttern vermögen.
Und sehr fein hebt Bacon die Umkehrung des natürlichen
Verhältnisses hervor, die sich überall ergibt, wo Aberglaube
zur Herrschaft gelangt ist: die Thoren und Gedankenlosen
führen das grosse Wort und reissen die Wissenden mit sich;
Erkenntniss und Lehre müssen sich nach den bestehenden
Gebräuchen richten, statt dass vielmehr jene die letzteren ge-
stalteten.

Diese Erörterung bildet das Seitenstück zu der um dieselbe Zeit namentlich in Folge der Arminianischen Streitigkeiten viel verhandelten Frage, ob die tugendhaften Heiden
der Seligkeit theilhaftig zu werden vermöchten.

Das von Bacon zuerst angeschlagene Thema hat kräftig
fortgeklungen in der englischen wie in der französischen Philosophie. Die Abneigung gegen fanatische und abergläubische
Volksreligion, welche in den analysirten Essays so deutlich
hervortritt, theilen Hobbes, Locke, Shaftesbury, Hume durchaus mit ihm; was er in wenigen Sätzen andeutet, ist von seinen
Nachfolgern immer umfassender, schärfer und polemischer ausgeführt worden. Von den Franzosen hat Bayle dies Thema
mit besonderer Gründlichkeit behandelt; bei ihm und Hume
haben dann die späteren französischen Aufklärer, Helvetius
und Holbach ihre Waffen geholt. Das Gegengewicht aber,
welches Bacon gegen die religiösen Ausartungen in dem Begriffe und der Möglichkeit einer reinen, positiven Offenbarungsreligion festgehalten hatte, verflüchtigte sich im Laufe der
nachfolgenden Entwicklung, wenigstens bei einer Richtung
derselben, mehr und mehr.

§. 3. Natürliche Grundlage der Sittlichkeit.

Als Grundlage und Quelle der natürlichen Sittlichkeit bezeichnet Bacon im Anschlusse an die herrschende Anschauung der Zeit jene angeborenen Normen, welche man das Licht und das Gesetz der Natur zu nennen pflegte — eine Einsicht, welche freilich nicht vollständig klar ist, sondern überwiegend repressiver Natur und uns mehr über das, was wir zu lassen haben, als über unsere positiven Pflichten unterrichtet [7]).

Diese ganze Theorie vom natürlichen Sittengesetze steht in Bacon's Philosophie wie ein etwas veralteter Ueberrest aus einer entschwundenen Epoche [8]). Er weiss mit dieser eigentümlichen Mischung von Metaphysik und Psychologie offenbar nichts Rechtes anzufangen. Man möchte fast sagen, es sei nur das Gedächtniss, welches ihm diese Theorie eingebe, nicht der Verstand; will man seine eigentliche Herzensmeinung über die Grundlage des Sittlichen vernehmen, so muss man seine freilich nur mit wenig Worten andeutende Erörterung der beiden Haupttriebfedern des menschlichen Handelns, der auf das Einzelwohl und der auf das Gesammtwohl zielenden, mitberücksichtigen. Es ist ohne Zweifel Bacon's Absicht [9]), letztere als die Quelle des Sittlichen zu bezeichnen, wenn er den socialen Trieb den würdigeren und besseren nennt, weil er auf die Erhaltung der höheren Form gehe, und das Vorhandensein desselben dem nicht entarteten Menschen als eine „Prärogative" beilegt [10]). Hier klingt zum ersten Male das Thema an, welches später in der englisch-schottischen Ethik so umfassend behandelt wurde: die socialen, auf das Wohl des Ganzen gerichteten Neigungen des Menschen erscheinen als Quelle des Sittlichen; die alte Idee der Lex naturalis erhält eine neue Bestimmtheit und tritt in zeitgemässem psychologischem Gewande auf als angeborener socialer Affect, während der metaphysische Hintergrund mehr und mehr verblasst. Und eben hierher gehört auch als eine Andeutung der Richtung, welche in der Folgezeit von Bacon's Volksgenossen immer entschiedener eingeschlagen wurde, die nachdrückliche Betonung der Affecte und der Nothwendigkeit eines genauen Studiums derselben, um

dadurch die Seele zu leiten und das Sittliche hervorzubringen.
Dass Affect nur durch Affect zu beherrschen sei — dieser berühmte Satz der Passionenlehre Spinoza's — wird schon von
Bacon als die unentbehrliche Vorbedingung aller erfolgreichen
sittlichen Cultur bezeichnet und findet sich später genau in
der gleichen Fassung wieder bei Hume[11]). Auch die Umstände,
welche die Erscheinung des Sittlichen im Allgemeinen und
beim Einzelnen, wenn nicht hervorrufen, so doch bedingen,
wie die Macht der Gewohnheit und Uebung, der Nachahmung
und Erziehung, des Umgangs und des Ehrgeizes, der Gesetze
und der Lectüre, will Bacon bereits in die ethische Forschung
hereingezogen wissen — wiederum ein Symptom des Nach-
druckes, welchen man auf das psychologische Zustandekommen
des Sittlichen zu legen beginnt.

§. 4. Wirkungen Bacon's in England.

Bacon's ethische Ideen sind der erste Versuch, in England eine Ethik ohne Zuhülfenahme religiöser Vorstellungen
zu schaffen; freilich nur in flüchtigen Andeutungen ausgeführt.
Aber die Winke Bacon's sind hier, wie auch sonst vielfach,
nur Vorspiele dessen, was bei späteren Denkern zu voller Entwicklung kömmt. Man wird zwar nicht soweit gehen dürfen,
wie es die Engländer zu thun lieben, welche zuweilen ihre
ganze Philosophie, bis auf den heutigen Tag, als eine Anwendung der echten baconischen Principien bezeichnen, immerhin
aber zugestehen können, dass Bacon für einen guten Theil
der späteren Entwicklung wenigstens das Losungswort aus-
gegeben hat[12]).

Es dauerte indessen eine ziemliche Zeit, ehe die Ideen
Bacon's einen fühlbaren Einfluss auf die englische Wissenschaft erlangten. 1620 waren seine acht Jahre früher ver-
öffentlichten „Cogitata et visa" in neuer Bearbeitung als „No-
vum Organon" erschienen; aber im Betrieb der philosophischen
Wissenschaft an beiden Universitäten, Oxford und Cambridge[13]),
blieb die alte scholastische Methode noch mindestens zwanzig
Jahre lang in Geltung und auch nachher waren es nicht eigent-

lich die akademischen Kreise, von denen die erste erfolgreiche
Anwendung und Weiterbildung der Ideen Bacon's ausging [13]).
Während dieser Zeit gerieth das staatliche und kirchliche
Leben Englands in immer grössere Verwirrung. Die Kluft
zwischen den beiden vorherrschenden Kirchenparteien, der
anglicanischen und der presbyterianischen, welche jene liberale
Vermittlungstheologie vergebens zu überbrücken gesucht hatte,
wurde immer tiefer, und der dogmatische Gegensatz, verstärkt
durch den politischen, gewann an Heftigkeit und Erbitterung.
Der Ausbruch des offenen Kampfes führte, wie bekannt, die
streng puritanische Partei zur Herrschaft; allein dieselbe
mächtige religiöse Erregung, durch welche der Sieg allein
möglich geworden war, führte Folgen mit sich, welche ganz
und gar nicht dem Sinne der Sieger entsprachen. Rings um
den starr dogmatischen Presbyterianismus, der in der West-
minster-Versammlung seine Vertretung fand, schoss eine Reihe
von neuen Secten aus dem Boden; alle mit dem gleichen
Anspruche, die ächte Lehre zu bieten; und mit der Berufung
auf die gleiche göttliche Autorität. Wie streng sich auch die
herrschende Partei gegen diese Neubildungen, in welchen sie
nur Teufelswerk erblickte, abschloss und wie nachdrücklich
sie dieselben sogar auf gesetzgeberischem Wege bekämpfte:
zur Unterdrückung dieser Secten reichte doch ihre Macht bei
weitem nicht aus. Beide Umstände, jene reissend schnelle
Vermehrung der Secten und der streng dogmatische Geist des
Puritanismus wirkten zusammen, um das religiöse Denken in
England auf eine neue Stufe zu heben und auch der Philosophie frische Impulse zu geben. Beides kam, sehen wir ganz
ab von den sonstigen speculativen Erfolgen, in hohem Grade
auch der Begründung einer neuen Anschauung vom selbständigen Werthe des Ethischen zu Gute. In erneutem Maasse
machte sich die Nothwendigkeit fühlbar, den sittlichen Anforderungen des Lebens eine andere Grundlage zu geben, als
die religiösen Bekenntnisse sie zu liefern vermochten, denen
über ihrem polemischen Dogmatismus die Beziehung auf das
praktische Leben entweder verloren gegangen war oder deren
Streitigkeiten und Kämpfe die Gemüther verwirrten. Dies
ist nun um die Mitte des 17. Jahrhunderts in doppelter Weise

erfolgt: einmal auf Grundlage und mit Anwendung der baconischen Philosophie, dann von einer rationalistischen Theologie oder theologischen Philosophie, welche ihren Sitz an der
Universität Cambridge hatte, und deren Vertreter die Platoniker
oder Latitudinarier von Cambridge genannt werden. Thomas
Hobbes ist der Vertreter der ersteren Richtung; Ralph Cudworth und Henry More die bedeutendsten Vorkämpfer der
anderen, deren philosophisches Denken recht eigentlich in der
Opposition gegen Hobbes herangewachsen ist. Als Theologen
aber gehören sie einer seit dem Beginn des 17. Jahrhunderts
in den Kreisen der reformirten Kirche weit verbreiteten Richtung an, welche in Bekämpfung der theologischen Engherzig-
keit des 16. Jahrhunderts Ausserordentliches geleistet hat und
deshalb zunächst kurz zu charakterisiren ist.

4. Abschnitt.

Der Arminianismus und verwandte Richtungen [14]).

Es lässt sich als ein nothwendiger Rückschlag begreifen,
dass gerade aus den Reihen der reformirten Kirche, deren
Gründer mit der rücksichtslosesten Härte die absolute Unselbständigkeit des Menschen Gott gegenüber betont hatte, zuerst
eine Erschütterung der Ueberzeugung von der unbedingten
Nothwendigkeit der Gnadenmittel hervorging. Was Charron
und Bacon als isolirte Denker angedeutet hatten, mehr durch
das, was sie verschwiegen, als was sie offen aussprachen, das
kömmt im Lager der reformirten Theologie selbst zu heftig-
ster Erörterung. Im Jahre 1618 verdammte die Synode zu
Dortrecht als Vertretung des orthodoxen Calvinismus feierlich
die Anschauungen, wie sie seit dem Ende des 16. Jahrhunderts
in immer freierer Ausbildung von Coornhert, Arminius und
Episcopius gelehrt wurden. Was in diesen Denkern zum Durch-
bruch kömmt, ist mit den durch Zeitumstände und Zeitbildung
gegebenen Veränderungen ganz derselbe Geist, welcher einstens
im 2. und 3. Jahrhundert die Lehren der griechischen Kirche

und im Abendlande Pelagius sammt seinen Anhängern beseelt
hatte. Im Gegensatz gegen jenen starren, auf die äusserste
Spitze getriebenen Augustinismus, welchen die Reformatoren und
vor allem Calvin gelehrt hatten, erhebt sich nun eine Reaction
derselben Gedanken, welche Jahrhunderte früher durch Augustin niedergekämpft worden waren, und die beim Beginn
des Reformationszeitalters Erasmus gegen Luther geltend
gemacht hatte. Indem man der mystischen Prädestination
gegenüber Nachdruck auf die Willensthätigkeit des Menschen
legt, und den sittlichen Gesammtzustand des Subjects nicht
nach der geheimnissvollen Zurechnung des Gnadenstandes,
sondern nach dem Satze: „An ihren Früchten sollt ihr sie
erkennen" zu beurtheilen anfängt, gelangt man naturgemäss
dazu, die Wichtigkeit der Glaubensvorstellungen und der Gnaden-
anstalten für die Versittlichung des Menschen abzuschwächen.
Es hängt damit enge zusammen, dass nun auch der absolute
ethische Pessimismus, von welchem Luther und Calvin ausgegangen waren, um möglichst viel Raum für die Wirksamkeit
der Gnade zu gewinnen, stillschweigend zu Gunsten einer mehr
optimistischen Auffassung des menschlichen Wesens verlassen
und die natürliche Anlage des Menschen zum Sittlichen wieder
in den Vordergrund gestellt wird. Die Offenbarung verliert
ihren bisherigen über allen Vergleich erhabenen Werth; ihr
zur Seite tritt ein natürlicher Weg, der vielleicht ein Umweg,
aber durchaus nicht nothwendig Irrweg ist. Dieser Nützlich-
keits-Standpunkt der Offenbarung gegenüber ist der erste
Schritt, sie als unnütz zu erweisen: die Arminianer bereiten
den späteren Freidenkern den Weg, wenn sie sich auch noch
der theologischen Sprache bedienen, wie denn namentlich der
Begriff der gratia universalis eine solche Brücke bildet. Die
unübersteigliche Schranke zwischen heidnisch und christlich
fällt; wieder beginnt man, wie einst Pelagius und Abälard gethan, die Jünger Christi und die heidnischen Philosophen in
eine Reihe zu stellen: ja die Generation, der die Leiden der
Religionskriege noch in frischer Erinnerung waren, war geneigt,
den Heiden, ceteris paribus, schon deswegen einen Vorrang
vor den Christen einzuräumen, weil ihnen die Leidenschaft des
Fanatismus fremd sei. Zwar glaubt noch Episcopius seine

protestantische Orthodoxie dadurch bekräftigen zu müssen, dass
er die Katholiken als wahre Götzendiener vom Heile aus-
schliesst; aber schliesslich trug doch die dem Arminianismus zu Grunde liegende principielle Anschauung den Sieg
davon [15]).

Die Unterschiede zwischen den verschiedenen Religionen
gleichen sich aus; alle werden zu gleichberechtigten Aeusserungen derselben Grundgedanken. Daraus erwächst der Forschung ein doppeltes Geschäft: es gilt in der Vielgestaltigkeit
der geschichtlich vorhandenen Religionen jene einfachsten,
allgemeinsten Grundsätze aufzuzeigen, und an der Hand
derselben Alles, was sich nicht mit logischer Consequenz aus
denselben ergibt, als überflüssiges, oder schädliches Beiwerk
abzuweisen. Das Gleiche gilt auch von der Sittlichkeit. Auch
sie hat in ihren wechselnden Erscheinungsformen ein Blei-
bendes: gewisse allgemeine Grundsätze, die zu allen Zeiten
gültig und Eigentum des Menschen gewesen sind. Diese sittlich-religiösen Gemeinbegriffe der Menschheit bilden den allgemeinen Maassstab für alle Einzelerscheinungen.

Der erste, der diese Ideen in freierer Form zu bearbeiten
unternahm, war ein Engländer, Lord Herbert von Cherbury.
Seine beiden Schriften „De veritate" (1624) und „De religione
gentilium" (1645) zeigen die Grundgedanken des späteren englischen Deismus bereits im Keime. Zwischen Bacon und Hobbes
nimmt er in der ethisch-religiösen Frage der Zeit eine merkwürdige Mittelstellung ein; über beide hinaus weist er auf
Locke und Tindal hin. Als Metaphysiker und Psychologe
eröffnet er die Reihe der Intellectualisten und Transcenden-
talisten, so dass wir also bereits an der Schwelle der englischen
Philosophie auf jenen Gegensatz stossen, welcher sich durch die
ganze folgende Entwicklung hindurchzieht und geradezu als die
treibende Kraft derselben angesehen werden kann. Ruhm und
Ansehen sind ihm freilich von den Nachfolgenden arg geschmälert
worden. Gegen seine in unwissenschaftlicher Form vorgetragene
Lehre vom Angeborensein jener Gemeinbegriffe richtete Locke
später seinen Hauptangriff, und unter den gesinnungsverwandten Denkern überragt ihn Cudworth gleichsehr an Gelehrsamkeit wie speculativer Kraft.

Der Arminianismus hatte sich nach der Synode von Dortrecht als Secte constituirt. Der holländische Staat verfolgte die Ausgestossenen nicht. Die Zahl ihrer Kirchen und Gemeinden war nicht gross, aber ihre Schriften circulirten in ganz Europa und die Zahl derer, welche sich offener oder versteckter zu ihren Grundsätzen bekannten, war in raschem Wachsen. Dies bemerkt man sowohl in der reformirten Kirche Frankreichs, in welcher durch Cameron und namentlich Amyraut die Idee der universellen Gnade Verbreitung gewinnt [16]), wonach auch die Heiden durch den blossen Glauben an die Vorsehung und Güte Gottes zum Heile gelangen können, als auch insbesondere in England, wo die Richtung durch die in der dortigen Kirche herrschende Vorliebe für die Väter der ersten Jahrhunderte entschieden begünstigt wurde. Sie tritt uns dort um die Zeit der Restauration insbesondere in den philosophirenden Theologen von Cambridge bedeutsam entgegen. Vor allen aber ragt unter den späteren Vertretern der Partei Le Clerc hervor, der durch seine kritischen Journale einen ausserordentlichen Einfluss in ganz Europa ausübte und fortwährend zu Gunsten der arminianischen Anschauung thätig war. So kann schon 1641 eine Calvinisten-Synode [17]) in Nord-Holland klagen, dass man überall, in England, Frankreich und Deutschland, jene abscheuliche Lästerung und jenen ungeheuerlichen Irrtum predige, der Mensch könne in jedem Glauben selig werden; und ein eifriger Polemiker des Calvinismus, Jurieu, constatirte, dass die Anschauungen der Arminianer nicht auf den Kreis dieser Secte beschränkt blieben, sondern dass sie in Gestalt der „Latitudinarier" sich im Schooss der Kirche selbst verbargen [18]). Auf die ethische Forschung aber hat kein Angehöriger dieser Richtung so weitgehende Impulse geübt, als Hugo Grotius.

5. Abschnitt.

Hugo Grotius.

§. 1. Allgemeine Stellung.

Es könnte vielleicht der Rechtfertigung bedürfen, wenn unter den Vorläufern selbständiger ethischer Forschung in der neueren Philosophie auch Hugo Grotius hervorgehoben wird. Gilt es doch als sein Verdienst, durch das epochemachende Werk „De jure belli et pacis" eine wichtige Gebietsscheidung begründet, und das Natur- und Völkerrecht von der eigentlichen Moral abgelöst zu haben. Allein eine strenge Scheidung zwischen Naturrecht und Ethik ist ja der Natur der Sache nach unmöglich[19]), und man könnte demnach von vornherein darauf verweisen, dass die Abhandlung des Grotius, indem sie den allgemeinen Begriff des Rechts zu gewinnen sucht, zugleich auch für die Frage nach dem Ursprung des Sittlichen überhaupt von Bedeutung sei. Was diese Bedeutung noch verstärkt, ist die eigentümliche geschichtliche Stellung, die Grotius einnimmt. Er fasst nemlich am Schlusse des Reformationszeitalters die Anschauungen der katholischen und protestantischen Rechtslehrer noch einmal zusammen, welche anknüpfend an die Scholastiker, in unabsehlichen Traktaten und Quästionen die alten Fundamental-Begriffe der lex aeterna und naturalis, der lex divina et humana mit immer neuen Definitionen, Distinctionen und Objectionen zu einem unübersehlichen Felde von Controversen ausgebaut hatten, auf dessen ermüdender Einförmigkeit kein Fortschritt, sondern nur eine fortgehende Häufung unlösbarer Schwierigkeiten möglich war. Eine Berücksichtigung dieser Spätscholastik verlohnt in keiner Weise[20]); Hugo Grotius aber ist es, der diese Schulcontroversen des 16. Jahrhunderts mit den späteren philosophischen Forschungen zumeist verknüpft. Der grosse Einfluss, welchen sein Werk geübt hat, liesse sich, selbst wenn er nicht durch so viele positive Zeugnisse bestätigt würde, aus der nachfolgenden Litteratur des Naturrechts und der Ethik leicht erkennen. Wir haben in Grotius den Hauptrepräsentanten jener Anschauung vom

Menschen und von der Gesellschaft, deren Bekämpfung sich
Hobbes zur Hauptaufgabe gemacht hat; wir finden die Grundgedanken seiner Theorie wieder in der wichtigsten und ge-
haltreichsten der Controversschriften gegen Hobbes: bei Cumberland. Und noch wirksamer, als durch seine principiellen
Ideen ist, wie es scheint, Grotius durch seine Methode auch
auf speciell ethischem Gebiete geworden. Wenn die Scholastik Recht und Sitte nur in der engsten Verbindung, ja be-
griffswidrigen Vermischung, mit dem Religiösen und Theologischen zu sehen vermocht hatte, so gibt Grotius, indem er
die principielle Rechtsdoctrin schärfer als bisher aussondert,
dadurch einen auch auf ethischem Gebiete folgenreich gewordenen Anstoss. Die von ihrem bisherigen Dienstverhältniss
zur Theologie sich loslösende Ethik tritt zunächst selbst vorzugsweise in naturrechtlichem Gewande auf — eine Einseitigkeit, welche überdies schon durch die kirchliche Auffassung
des Ethischen unter dem Begriffe des Gesetzes nahe gelegt
war und erst im Laufe der Entwicklung ergänzt und vervoll-
ständigt worden ist.

§. 2. Begriff und Ursprung des Naturrechts.

„Das natürliche Recht ist ein Gebot der Vernunft, welches
anzeigt, dass einer Handlung, wegen ihrer Uebereinstimmung
oder Nichtübereinstimmung mit der vernünftigen Natur selbst,
eine moralische Nothwendigkeit, oder eine moralische Hässlichkeit innewohne, weshalb Gott als der Schöpfer der Natur,
eine solche Handlung entweder geboten oder verboten habe[21]).“
Man sieht an dieser Definition zunächst deutlich das Ineinanderspielen des Naturrechtlichen und des Ethischen, und welchen
Einfluss man auch Grotius auf die spätere Entwicklung zuschreiben mag, so wird man doch nicht vergessen dürfen, dass
er selbst das Ethische in seine Definition des Naturrechtlichen
aufgenommen hat. Im Uebrigen sind es drei verschiedene
Factoren, aus deren Zusammenwirken das Recht entsteht und
von denen jeder eine ganz eigentümliche Function ausübt.
Die eigentliche metaphysische Grundlage des Rechts, das Prin-

cipium essendi, sind Gott und die zwar von ihm geschaffene, aber in ihrem Wesen nicht zu verändernde vernünftige Natur; ihnen tritt als principium cognoscendi die menschliche Vernunft zur Seite.

Was jene metaphysische Grundlage des Rechts betrifft, so stösst natürlicher Weise auch Grotius auf jene Schwierigkeit, welche die Scholastiker lebhaft beschäftigt hatte: nemlich die Forderung einer schlechthin gültigen Nothwendigkeit des Sittlichen und des Rechts mit der Annahme der göttlichen Allmacht zu vereinigen. Nicht lange vor dem Erscheinen von Grotius' Werk hatte der Jesuit Suarez in seinem „Tractatus de legibus" den Versuch gemacht, die Wiedererneuerung des Ruhmes der Scholastik mit der Begründung des eigenen in einer für den Orden glänzenden Gesammtleistung zu verbinden. Unterstützt von ausgebreiteter Belesenheit und bedeutendem Scharfsinn war er daran gegangen, diese principiellen und metaphysischen Fragen mit aller Ausführlichkeit zu erörtern, und das Facit der bisherigen scholastischen Behandlung zu ziehen. Aber während Suarez das ganze zweite Buch seines Traktates, d. h. 70 Folioseiten, der Erörterung dieser metaphysischen und principiellen Fragen widmet und sich mit allen Autoritäten auf's Sorgfältigste auseinandersetzt, sucht Grotius über diese Dinge möglichst rasch hinwegzukommen und ein ihn befriedigendes Schlussergebniss zu erreichen. Und dies kömmt seiner Tendenz und seinen Hauptgedanken nach mit dem des jesuitischen Gelehrten überein: es suchte zwischen der Lehre Abälard's von der strengen Nothwendigkeit des göttlichen Handelns und der absoluten Freiheit göttlicher Willkür, welche die Nominalisten gelehrt hatten, eine Mittelstellung zu gewinnen.

Demnach besteht für den göttlichen Willen eine doppelte Schranke: nicht bloss in dem logisch und formal Unmöglichen, sondern auch in der inneren Natur der Dinge, so wie sie von Gott einmal geschaffen worden sind. Da diese ganz auf sich selber ruht und in ihr Recht und Unrecht begründet sind, so könnte man bei Grundlegung des natürlichen Rechts von der Existenz Gottes auch abstrahiren; und nur da die stärksten anderweitigen Gründe für die Existenz und Thätigkeit Gottes sprechen, so müssen wir ihn auch als die letzte Quelle des Rechts betrachten, indem dies zwar unmittelbar aus der Natur der Dinge stammt, Gott aber dieselbe geschaffen hat [22]).

Von diesen allgemein-gültigen, nach der einmal getroffenen Einrichtung der Natur nicht mehr zu verrückenden Bestimmungen scheidet Grotius nicht nur das menschliche, d. h. positive Recht, sondern auch das „willkürliche" göttliche Recht, welches nicht das gebietet oder verbietet, was von selbst und durch seine eigene Natur nöthig oder unerlaubt ist, sondern was erst durch Gottes Verbot unerlaubt und durch sein Gebot Schuldigkeit wird [23]). Ein beachtenswerther Gedanke, in welchem die Scheidung der eigentlich theologischen Moral und aller religiösen Ceremonialgebote von dem Gebiete der natürlichen Sittlichkeit ausgesprochen liegt. Auch er ist freilich bei Grotius nicht neu, sondern gehört bereits der Scholastik an, nur mit dem Unterschiede, dass jetzt die Tendenz seiner Verwerthung eine ganz andere wird. Es bleibt nun noch übrig, zu fragen, was denn Grotius des Näheren unter Natur oder vernünftiger Natur verstehe und wie er sich die Mitwirkung der Vernunft bei Entstehung des natürlichen Rechtes denke. Nach den allerdings sehr flüchtigen Andeutungen, die sich darüber finden (wie denn überhaupt die ganze allgemeine Grundlegung seines Systems auf sehr schwachen Füssen steht und der sorgfältigen Durcharbeitung gänzlich entbehrt) wird man nicht zweifeln dürfen, dass er unter Natur die menschliche Natur verstehe, in deren gottgeordneter Beschaffenheit er eine Grundlage des Rechtes erblickt. In diesem Sinne polemisirt er gegen den Satz, die Natur könne das Unrecht nicht vom Rechte unterscheiden. Es ist der gesellige Trieb des Menschen, das Streben nach einer ruhigen und nach dem Maass seiner Einsicht geordneten Gemeinschaft mit Seinesgleichen — der stoische Begriff der οἰκείωσις — an den Grotius anknüpft. Diese Anlage ist dem Menschen nicht einmal allein eigentümlich. Denn manche Thiere mässigen die Sorge um ihren Nutzen durch die Rücksicht theils auf ihre Jungen, theils auf Ihresgleichen. Wie rein natürlich aber dies ist, zeigt sich bei den Kindern, bei denen vor aller Zucht eine Neigung andern wohlzuthun hervortritt, wie auch das Mitleid sich

frühzeitig und von selbst geltend macht. Aber der Mensch
besitzt freilich noch eine andere Eigenschaft: er verbindet mit
einem starken geselligen Triebe, für den er allein von allen
Geschöpfen das besondere Mittel der Sprache besitzt, auch die
Fähigkeit, allgemeine Regeln zu fassen und danach zu handeln. Diese von Vernunft geleitete Sorge um die Gemeinschaft ist die Quelle des eigentlich sogenannten Rechts; es
fliesst aus der Natur eines mit Vernunft begabten, geselligen
Wesens. Die Mutter des natürlichen Rechts ist die menschliche Natur selbst, welche uns, auch wenn wir keine Bedürfnisse hätten, doch zur Aufsuchung der Gemeinschaft treiben
würde. Aber als secundärer Gesichtspunkt tritt zu dem natürlichen Recht auch der Nutzen hinzu; denn der Schöpfer
der Natur wollte, dass wir als Einzelne schwach seien und
zum rechten Leben Vieles bedürfen, damit wir desto mehr
zur Pflege der Geselligkeit angetrieben würden. So hat der
Mensch vor den übrigen Geschöpfen nicht bloss jenen geselligen
Trieb empfangen, sondern auch die Urtheilskraft, um das Angenehme und das Schädliche zu bemessen und zwar nicht bloss
das Gegenwärtige, sondern auch das Zukünftige und die Mittel
dazu. Es entspricht deshalb der menschlichen Natur, auch
hierin, nach dem Maasse menschlicher Einsicht, dem zu folgen,
was für richtig erkannt worden, und sich dabei weder durch
Furcht, noch durch die Lockungen einer gegenwärtigen Lust
irreleiten, noch von leidenschaftlichen Erregungen hinreissen
zu lassen. Was einer solchen Einsicht widerspricht [24]), sei
ebenfalls gegen das Recht der menschlichen Natur; nur betont Grotius nachdrücklich, dass dies ein abgeleiteter Begriff
sei, und Rücksichten des Nutzens das Recht nicht zu begründen vermögen. Es sei nicht wahr, dass das Recht aus
Furcht vor dem Unrecht erfunden worden sei und dass die
Menschen durch eine Art Gewalt zur Pflege des Rechts genöthigt worden seien. Dies treffe nur bei den Einrichtungen
und Gesetzen zu, welche zur leichteren Vollstreckung des
Rechts angeordnet worden sind. Allein das Recht ist nicht
bloss des Nutzens wegen vorhanden; denn selbst wenn aus
seiner Befolgung gar kein Nutzen abgesehen werden könnte,
würde es doch von Weisheit zeugen, sich dahin zu wenden,

wohin wir fühlen, dass die Natur uns zieht. Nimmt man hiezu noch die von Hartenstein angeführten Stellen [25]), an welchen Grotius als den entscheidenden Charakterzug des Unrechten seinen Widerspruch gegen die vernünftige und sociale Natur hervorhebt, so wird man, wie skizzenhaft auch das Alles angedeutet ist, die eigentliche Meinung des Grotius sich doch ziemlich zurechtlegen können. Ungeschieden und wenig entwickelt liegen hier die Keime der späteren Richtungen der Rechtsphilosophie und Moralphilosophie vor uns: die gegensätzlichen Anschauungen, wie sie später scharf auf einander treffen, kündigen sich hier wohl schon an, aber sie stehen noch friedlich neben einander — und von tiefer dringender psychologischer Untersuchung ist noch keineswegs die Rede.

Hobbes und seine Gegner im 17. Jahrhundert.

1. Abschnitt.

Hobbes.

Hobbes ist einer der merkwürdigsten Charakterköpfe in der Geschichte der neueren Philosophie. „Einen Radicalen im Dienste der Reaction" nennt ihn Tulloch mit glücklicher Paradoxie des Ausdrucks und die Verschiedenheit der Beurtheilung, welche er erfahren hat, erklärt sich leicht, wenn man die Gegensätze erwägt, welche sich in seiner Lehre vereinigen. Dass diese nicht zu begreifen ist, wenn man den Einfluss der Zeitverhältnisse nicht mit in Rechnung zieht, darüber sind alle Darsteller einig [1]); weniger leicht ist es zu entscheiden, welches nun der Gang seines Denkens gewesen sei: ob ihm die Zerrüttung des bürgerlichen Lebens durch die kirchlichen und politischen Kämpfe, deren Zeitgenosse er war, den Gedanken eingab, einen Ausweg aus diesen Verwirrungen dadurch zu suchen, dass er das Princip der Autorität, auf welches seit der Reformation immerfort Sturm gelaufen worden war, wieder zu Ehren brachte und ihm eine philosophische Grundlage schuf; oder ob sich ihm durch die gemachten Erfahrungen jene bestimmte Ansicht vom Wesen des Menschen ausbildete, von welcher aus weiter schliessend er dann eben zu jenen Ergebnissen gelangte. Der streng systematische Gang der Dar-

stellung in seinen Schriften, in denen jede Spur ihrer Entstehung verwischt ist, lässt eine Entscheidung dieser Frage nicht
zu; aber man wird wohl der Wahrheit am nächsten kommen,
wenn man sagt, dass beides, der deductive Schluss aus dem,
was er postulirte und der inductive aus dem, was er beob-
achtete, seine Lehre bestimmte. In der That erscheinen bei
ihm das constructive und analytische Element durchaus gemischt. Es ist nur theilweise richtig, wenn man ihn den ersten
Schüler Bacon's nennt und darauf hinweist, dass er dessen
Methode der Aufsuchung und Klassificirung äusserer Thatsachen, welche nach ihm allein wirkliches Wissen zu begründen vermag, aufgenommen und auf das Studium der Gesellschaft und der gesammten sittlichen und geistigen Ordnung,
in welcher sich der Mensch befindet, angewendet habe. Man
darf daneben die tiefgreifenden Unterschiede in der intellectuellen Anlage beider Denker nicht übersehen und nur sie
machen es erklärlich, dass, trotz der engsten litterarischen und
persönlichen Beziehungen zwischen Bacon und Hobbes, der
Name des ersteren sich nur zweimal an gleichgültigen Stellen
in dessen Schriften findet.

Hobbes hat nicht bloss psychologisch analysirt was ist, sondern zugleich juristisch construirt, was sein soll. Diese Construction wurde zwar auf Thatsachen der menschlichen Natur,
so wie er sie verstand und begriffen hatte, aufgebaut; aber jene
Ordnung selbst, die er zu erklären sich bemühte, stellte keineswegs bloss eine Summe von Thatsachen, sondern zugleich ein
Ideal vor. Für den Gegenstand, welcher uns hier beschäftigt,
ist die von Hobbes ausgeführte Construction, sein Staats- und
Gesellschafts-Ideal ohne Interesse; wir haben uns hier nur mit
dem analytischen Theile seiner Arbeit zu beschäftigen, welcher
sich nachzuweisen bemüht, wie nach seiner Grundanschauung
über das Wesen des Menschen die Entstehung der sittlichen
Mächte des Lebens, Recht, Staat und Gesellschaft, gedacht
werden muss.

§. 1. Seine Anschauung vom Menschen.

Diese Grundanschauung nun, von welcher er ausgeht, ist
die, dass der natürliche Zustand des Menschen der einer voll-

ständigen Isolirtheit aller Individuen gegen einander, in Folge
dessen der Kampf Aller gegen Alle sei.   Dieser Zustand wird
charakterisirt durch die vollständige Abwesenheit Alles dessen,
was man unter Recht zu verstehen gewohnt ist.   Denn wo
keine gemeinschaftliche Gewalt, da ist kein Gesetz und wo
kein Gesetz, da kann auch von Unrecht nicht die Rede sein [2]).
Gewalt und List sind die beiden Hauptugenden im Kriege.
Gerechtigkeit und Ungerechtigkeit aber kann man weder eine
körperliche noch eine geistige Eigenschaft nennen.   Sie müssten
sich sonst auch an einem Menschen finden, der allein in der
Welt wäre, gerade so wie dies mit den Sinnen und Affecten
der Fall ist.   Davon kann keine Rede sein: Recht und Unrecht haben nur Sinn für den in Gesellschaft lebenden Menschen,
nicht für den Einzelnen.

Nun läge hier freilich der Einwand nahe, dass der Mensch
eben als Einzelwesen gar nicht gedacht werden könne, sondern
seiner ganzen Natur nach auf das gesellige Leben angewiesen
sei, und darum die Begriffe von Recht und Unrecht mit dem
Vorhandensein des Menschen selbst schon gesetzt seien.   Dieser
Einwand ist in der Folge wirklich mit Nachdruck und in erweiterter Fassung von Cumberland geltend gemacht worden;
auch Hobbes hat sich selbst denselben gemacht, aber als nicht
überzeugungskräftig zurückgewiesen.   War es doch seit Aristoteles eine oft wiederholte und zur Grundlage des Naturrechts
gewordene Annahme, der Mensch sei ein von Natur geselliges
Wesen.   Hobbes will diese Anschauung nur sehr bedingt zugestehen.   Er meint, man könne dies eher von einer Anzahl
Thiergattungen sagen, die Aristoteles ebenso wie den Menschen
als ζῶα πολιτικά bezeichnet habe: den Bienen, Ameisen u. s. w.,
die durch gleiche Triebe geleitet, ihr Thun zu einem gemeinschaftlichen Zwecke vereinigen, so dass in ihren Schwärmen
vollkommene Ordnung herrscht.   Man dürfe diese zwar nicht
eigentlich „Staaten" nennen, noch sie selber „staatsbildend";
denn ihr Zusammenhang liege eben nur in der übereinstimmenden Richtung vieler Willen auf Ein Ziel, nicht in einem einzigen Willen, wie im Staate; aber allerdings genüge hier der
natürliche Instinkt vollkommen, um dauernde Gleichheit der
Bestrebungen und friedliches Zusammenleben herbeizuführen.

In Bezug auf den Menschen aber verhalte sich das wesentlich
anders. Zwar sei auch ihm naturgemäss als Mensch, d. h.
vom Augenblicke seiner Geburt an, die beständige Einsamkeit
zuwider. Das Kind bedürfe fremder Hülfe um überhaupt,
der Erwachsene um besser leben zu können. Darum sei nicht
zu leugnen, dass auch beim Menschen ein Naturtrieb vorhanden
sei, der ihn zu wechselseitiger Vereinigung nöthige. Bei
näherem Zusehen aber werde man doch finden, dass die natürliche Vergesellschaftung des Menschen nicht seinem inneren,
eigentlichen Wesen entspringe, sondern so zu sagen per acci-
dens erfolge. Nicht die Geselligkeit als solche werde gesucht,
sondern die aus derselben entspringenden Vortheile.

Ueberdies aber sei von solchen rein natürlichen Vereinigungen zu einer eigentlichen bürgerlichen Gesellschaft der
Weg noch weit. Die natürlichen Anlagen des Menschen sind
in wesentlichen Stücken anders, als die jener gesellig lebenden
Thiere: gerade die reichere Ausstattung des Menschen erschwert
bei ihm die Vereinigung, welche dort durch die Gleichheitlich-
keit des Triebes und das völlige Zusammenfallen der Interessen jedes Einzelnen mit denen der Gesammtheit von selbst
herbeigeführt wird. So kann man immerhin sagen, dass der
Mensch in solchem Zustande geschaffen worden sei, um der
Vergesellschaftung zu bedürfen, aber daraus folgt noch nicht,
dass seine natürliche Organisation auch derart sei, um ihn
dazu tauglich zu machen. Denn nach etwas verlangen und
dessen fähig sein, sind sehr verschiedene Dinge; wie es denn
alle Erfahrung zeigt, dass auch solche, welche die Vortheile
der Geselligkeit keineswegs zu entbehren vermöchten, dennoch
die Bedingungen, unter welchen dieselbe allein möglich ist,
durch rücksichtslosen Eigenwillen vielfältig verletzen. Es
bleibt also dabei, dass die Tauglichkeit des Menschen zu ge-
selligem Zusammenleben nicht eine natürliche Anlage, sondern
ein Werk der Zucht und Schulung ist [3]).

Auch um empirische Bestätigung seiner Grundansicht hat
Hobbes sich umgesehen; er erinnert [4]) an die Vorsichtsmass-
regeln, die Jedermann zu treffen pflege, wenn er auf Reisen
gehe, wenn er schlafe, wenn er sein Haus verlasse, und frägt,
ob nicht darin eine der seinigen vollkommen entsprechende

Anschauung indirect ausgedrückt sei; er erinnert dann an das
Leben amerikanischer Wilden und an die internationalen Be-
ziehungen, die ihm so ziemlich dem von ihm geschilderten
Zustande zu entsprechen scheinen.

Gleichwohl gibt er zu, dass jener reine Naturzustand und
allgemeine Krieg niemals auf der ganzen Erde in dieser Weise
geherrscht habe und nie eine Zeit dagewesen sei, wo alle
Einzelnen mit einander im Kampfe gelegen hätten.

Das kann nun zweierlei heissen: entweder, dass die Grundannahme überhaupt nicht genau der Wirklichkeit entspreche,
sondern in dieser gewisse Momente enthalten seien, welche
jene zum Zwecke grösserer Klarheit der Construction bei Seite
gelassen habe; oder dass an manchen Punkten der ursprüngliche Zustand sehr früh durch die Schöpfung socialer und
bürgerlicher Ordnungen überwunden worden sei. Dies letztere
scheint die eigentliche Ansicht des Hobbes zu sein [5]). Denn
innerhalb gewisser kleinster Kreise kann von dem Vorhandensein des Naturzustandes nicht gesprochen werden und wenn
man sich die Menschheit plötzlich fertig aus dem Boden erwachsen denkt, so werden sofort drei Verhältnisse sich zu
bilden anfangen, welche die Individuen auf einander beziehen.

Zunächst steht ein Kind den Eltern nicht mit dem Rechte
des Naturzustandes gegenüber. Ausser dieser durch das elter-
liche Verhältniss sich ergebenden Aufhebung der ursprünglichen
Isolirtheit der Individuen gegen einander, wird alsbald eine
freiwillige Unterordnung Einzelner unter Einzelne, zum Zwecke
des Friedens und wechselseitiger Vertheidigung eintreten und
zwischen solchen kleinen Verbänden selbst Vereinigungen stattfinden. Hierzu tritt noch weiter das Verhältniss der Dienst-
barkeit, welches sich aus der Ueberwindung im Kampfe ergibt und ebenfalls eine Verschiebung des Naturzustandes
darstellt.

Diese seine allgemeine Anschauung vom Menschen hat
Hobbes nun allerdings auch deductiv zu erweisen gesucht [6]):
nemlich aus der allgemeinen Gleichheit der Menschen, die
jedem gestatte, dem Andern ein Uebel zuzufügen und alles
Vorhandene sich anzueignen; aber wie sehr Hobbes mit seiner
Vorliebe für die mathematische Methode auch den Schein einer

solchen strengen Ableitung festzuhalten strebt, so wird man doch kaum fehlgehen, wenn man die Lehre vom Kriege Aller gegen Alle als Resultat einer unvollständigen, aber durch die Vorgänge der Zeit nahegelegten und durch Hobbes' persönliche Bestrebungen ebenfalls beeinflussten Induction auffasst. So tritt uns hier gleich beim Beginne der Entwicklung eine jener Einseitigkeiten entgegen, deren Werth für die successive Erzeugung philosophischer Wahrheiten keine wahrhaft geschichtliche Betrachtung zu übersehen im Stande ist.

Man hat daran erinnert [7]), dass die natürliche Beschaffenheit des Menschen, von welcher Hobbes ausgeht, eine grosse Aehnlichkeit habe mit jenem Zustande der Verderbtheit, welcher die Basis der kirchlichen Theorie bildet. Sieht man indessen näher zu, so wird man sich leicht überzeugen, dass dies nur ein Spielen mit ganz äusserlichen Analogien ist, und gerade das eigentliche Verdienst Hobbes' verkennen heisst. Durch Jahrhunderte hindurch hatte sich der Satz geschleppt, dass der Mensch aus dem ursprünglich vollkommenen Zustande seiner Natur in eine Verderbniss verfallen sei, in welche er nur gewisse Spuren seines einstigen Wesens hinübergerettet habe. Diesen Vorstellungen, welche lediglich die historische Construction gewisser Thatsachen des Bewusstseins der christlichen Welt darstellen, tritt Hobbes mit einer völlig neuen Auffassung entgegen, durch welche die ganze Frage mit einem Male eine veränderte Gestalt, die psychologische Forschung die fruchtbarsten Impulse erhält. Die Rücksicht auf jenen vor aller möglichen Erfahrung liegenden idealen Urstand bleibt zur Seite; die Frage ist nur die: wie nimmt der Mensch, den wir aus Erfahrung kennen, sich aus, wenn man einmal den Versuch macht, von Allem zu abstrahiren, was ihm durch das Zusammenleben mit Seinesgleichen im Laufe der geschichtlichen Entwicklung zugewachsen ist. Da ergibt sich zunächst, dass man über den am Beginne seiner Laufbahn stehenden Menschen kein Werthurtheil fällen kann: er ist nicht verderbt, er ist nur noch nicht geworden, was aus ihm werden kann. Und zugleich müssen nun jene Spuren des verlorenen Urzustandes auf ihre Legitimität hin geprüft werden; Inhalt und Beschaffenheit jener lex naturalis, welche als ein grosser Name

zum unentbehrlichen Schaustück der ethischen Theorien geworden war, werden eingehend untersucht; der ganze Begriff
erhält eine neue Gestalt und erst eine psychologische Grundlage, als sich zeigt, dass Sensibilität und Denkkraft das Einzige seien, was der Mensch unmittelbar mit in die Welt bringt.

Es ist also in der That ein neuer Anfang, eine neue Fragestellung, was uns in Hobbes entgegentritt und hierin, nicht
in seinen positiven Lösungen, liegt die schöpferische That,
welche ihn an den Beginn der ethischen Forschung in der
neueren Philosophie stellt.

§. 2. Ursprung von Recht und Sittlichkeit.

Wie lässt Hobbes nun aus diesen natürlichen Anfangs-
zuständen sich Recht und Sittlichkeit entwickeln?

Der wichtigste Factor dabei ist die Noth und das Elend,
welches jener unbeschränkte Anspruch eines Jeglichen auf
Alles mit den daraus hervorgehenden Kämpfen nothwendig
über die Menschen bringt. Wenn es keine andere Sicherheit
gibt, als die, welche Jeder seiner eigenen Stärke verdankt und
die eigene Arbeit Jeden mit allen Bedürfnissen versehen soll,
so kann es keinen Ackerbau, keine Industrie geben; Schiff-
fahrt und Handel, alle Künste, Alles, was Vereinigung von
Kräften erfordert, muss fehlen; statt dessen herrscht beständige
Furcht und Todesgefahr; das Leben des Menschen ist arm,
einsam, thierisch und kurz. Es liegt in diesem scheinbar
natürlichen Zustande ein tiefer innerer Widerspruch, den Hobbes
selbst mit schneidender Schärfe hervorhebt[8]). Jeder Mensch
strebt mit natürlicher Nothwendigkeit nach dem Guten; aber
niemand kann einen solchen allgemeinen Kriegszustand für ein
Gut halten.

So treibt gegenseitige Furcht die Menschen aus ihrer
Isolirtheit heraus und lässt sie sich Genossen suchen, um den
Kampf wenigstens gemeinsam zu führen, was entweder durch
Gewalt, d. h. Unterwerfung, oder durch Uebereinkunft er-
folgen kann. Es entwickelt sich nun aus dem natürlichen
Rechte, wie Hobbes die ursprünglich schrankenlose Unge-
bundenheit aller Einzelnen genannt hatte, ein natürliches Ge-

setz, welches sich zu jenem verhält, wie die Verpflichtung zur
Freiheit. Dies Gesetz aber ist nichts anderes als ein Vernunft-
gebot, welches die Menschen lehrt, was sie zu ihrer Erhaltung
und Förderung zu thun oder zu unterlassen haben [9]). Es
kann natürlich genannt werden in demselben Sinne, wie jede
andere Fähigkeit des Menschen. Unter Vernunft will Hobbes,
wie er ausdrücklich hervorhebt, nicht ein unfehlbares Vermögen
verstanden wissen, sondern nur die eigene und richtige Ueberlegung eines Jeden über die nützlichen oder schädlichen Folgen
seiner Handlungen. Und so kann Hobbes den Ausspruch thun,
den man eher im Munde eines Rationalisten zu finden erwartete:
Jede Verletzung des natürlichen Gesetzes entstehe nur durch
falsches Schliessen, nur durch die Thorheit der Menschen,
welche die zu ihrer eigenen Erhaltung unentbehrlichen Ver-
pflichtungen gegen Andere nicht zu erkennen im Stande sind [10]).

Der Fundamentalsatz dieses natürlichen Gesetzes oder
dieser Vernunftforderung ist nun der: man müsse nach dem
Frieden streben, insoweit nur irgend welche Hoffnung vorhanden
sei, denselben zu erreichen; wo nicht, sich nach Unterstützung
im Kampfe umsehen [11]). Daraus folgt unmittelbar als die
einzige Möglichkeit, unter welcher der Friede denkbar ist,
dass Jeglicher, insoweit als er es um des Friedens und seiner
eigenen Sicherheit halber nothwendig hält und insoweit als
Andere ein Gleiches thun, auf sein Recht auf Alles verzichtet,
und seine Freiheit Andern gegenüber so weit einschränkt, als
er dies von jenen sich gegenüber wünscht [12]).

Drittens endlich fordert diese Entäusserung der ursprünglichen Rechte als unumgängliche Bedingung das Halten der
Versprechen und Verträge [13]).

Aus diesen drei Hauptforderungen der Vernunft, welche
das natürliche Recht jedes Einzelnen beschränken, um desto
sicherer den vornehmsten Zweck, die Erhaltung und das Wohl-
sein des Menschen, zu befördern, entwickelt nun Hobbes einen
Codex der natürlichen Sittlichkeit, welcher vollständig nach
Utilitätsrücksichten entworfen ist und neben einer Reihe von
naturrechtlichen Bestimmungen die Tugenden der Dankbarkeit,
Bescheidenheit, Billigkeit, Barmherzigkeit als Postulate aufstellt. Jeden anderen Gesichtspunkt als den der Nützlichkeit

lehnt er ausdrücklich ab; in der unendlichen Verschiedenheit
menschlicher Meinungen über das, was Gut und Uebel sei,
nicht bloss in Bezug auf die Sinne, sondern auch in Bezug
auf die Vernunft, gebe es nur einen festen Punkt, worüber
Einstimmigkeit herrsche: nemlich das Wünschenswerthe des
Friedens; und dies verleihe auch dem natürlichen Gesetze als
Weg und Mittel dazu seinen Werth und seine Bedeutung [14]).

Diese allgemeinsten Grundsätze der Sittlichkeit und des
Rechts erklärt Hobbes ausdrücklich als ewig und unveränderlich. Wohl könne das Thun auf mancherlei Weise durch die
Umstände und das bürgerliche Gesetz modificirt werden; aber
die Vernunft könne sich weder ein anderes Ziel setzen, als
Frieden und Schutz, noch andere Mittel finden, als die aus
dem natürlichen Gesetze sich ergebenden [15]).

Der Inbegriff der Sittlichkeit und des Rechts lässt sich
also dahin zusammenfassen: sie seien das aufrichtige und beharr-
liche Streben, alles Thun den Geboten der Vernunft gemäss
einzurichten. Das Sittliche ist damit ganz in's Innere des
Menschen gelegt und dort (in foro interno), aber auch nur
dort, verpflichtet es in der eben erörterten Weise unbedingt.
Diese Unbedingtheit fällt weg, sobald es sich nicht mehr bloss
um die innere Gesinnung, sondern um das äussere Thun handelt. Denn die Gebote der Sittlichkeit setzen Gegenseitigkeit
voraus; wer sie befolgen wollte zu einer Zeit und an einem
Orte, da dies kein Anderer thut, der würde gegen die Vernunft
handeln, weil er sich nicht Schutz und Frieden, sondern Untergang bereiten würde [16]). Man kann sie daher auch nur in
uneigentlichem Sinne Gesetze nennen; denn sie sind nur Vernunftschlüsse oder Theorien über das, was zu thun und zu
lassen ist. Und nur insofern als sie auch von Gott in den
hl. Schriften geoffenbart sind, verdienen sie im vollsten Sinne
des Wortes den Namen Gesetze [17]).

So schwebt das Sittliche nun eigentlich doch in der Luft;
denn wenn auch dem und jenem seine Vernunft den Wunsch
nach Frieden und Erfüllung der dazu nöthigen Voraussetzungen
nahelegt, so bleibt doch die Mehrzahl der Menschen wegen
der Stärke der auf augenblicklichen Vortheil gerichteten Triebe
ausser Stande, dem Sittengesetze zu folgen.

Einzelne aber können aus den bereits angegebenen Gründen mit der Beobachtung des Sittengesetzes nicht den Anfang machen; ja selbst die Einstimmigkeit Mehrerer und ihre Vereinigung reicht noch nicht aus: es bedarf eines einheitlichen Willens Aller in Betreff dessen, was zu Schutz und Frieden nothwendig ist, einer gemeinschaftlichen Gewalt, welche den Willen aller Einzelnen durch Furcht vor Strafe bezwingt und die zur Ausübung der natürlichen Gerechtigkeit erforderliche Sicherheit schafft. Dies aber ist nur möglich, wenn jeder Einzelne seinen Willen Einem anderen Willen (sei dies nun ein Mensch oder eine Versammlung) derart unterwirft, dass Alles, was jener in Bezug auf den gemeinen Frieden beschliesst, als Wille der Gesammtheit wie aller Einzelnen zu gelten habe. D. h. zu einer wirklichen praktischen Sittlichkeit, zur constanten Tugendübung, zu dauerndem Rechtsschutze kömmt es nur im Staate, dessen Entstehung, logisch genommen, hier unmittelbar anknüpft [18]).

Auf die Staatstheorie von Hobbes näher einzugehen, ist hier nicht der Ort. Sie bildete den Hauptzweck seiner Untersuchungen in den beiden vorzugsweise in Betracht kommenden Schriften: „De cive" und „Leviathan", wo sie eingehend behandelt ist.

§. 3. Sittlichkeit, Staat und Religion.

Das Verhältniss dieser drei Mächte zu einander ist einer der Punkte, gegen welchen die schwersten Vorwürfe geschleudert zu werden pflegen und allerdings für Hobbes' Auffassung des Sittlichen in hohem Grade charakteristisch. Nicht selten hat man die Sache so dargestellt, als ob Hobbes durch seinen Appell an das positive Recht das ganze Naturrecht, wie er es eben statuirt, wieder aufgehoben hätte. In der That erklärt er, dass in der bürgerlichen Gesellschaft die Einzelnen kein Recht mehr hätten, nach subjectivem und individuellem Gutdünken über Recht und Unrecht zu entscheiden, sondern dass diese Entscheidung ausschliesslich dem Gesetzgeber oder Souverain zustehe, und was als gut oder böse zu gelten habe, lediglich von seinem Ausspruche abhänge [19]).

Was Hobbes damit will, lässt sich erkennen, wenn man sich vergegenwärtigt, wie eben für ihn Herstellung des Friedens Hauptzweck aller sittlichen und rechtlichen Ordnungen ist, den die nothwendige Verschiedenheit menschlicher Meinungen über Recht und Unrecht, Nützlich und Schädlich, Ehrbar und Unehrbar immer wieder vereiteln würde, wenn nicht eine einheitliche Gewalt gewisse Punkte unverrückt und allgemeingültig hinstellte. Die Aufrechthaltung des Friedens aber ist für Hobbes das erste und vornehmste Gebot des natürlichen Gesetzes; er ist der Schöpfer menschlicher Geselligkeit, er bereitet erst die Grundlage, auf der sich ein rechtlich geordnetes Zusammenleben überhaupt entwickeln kann. Er hat ihm darum einen über jeden Preis erhabenen Werth: und so begreift man wohl, wie er dazu kommt, zu sagen, es sei unmöglich, dass das bürgerliche Gesetz irgend etwas gebieten könne, was gegen das natürliche sei [20]). Das heisst nichts anderes, als: kraft des natürlichen Gesetzes geht unsere Verpflichtung, dem Staate zu gehorsamen, allen bestimmten einzelnen Verordnungen voraus und schliesst sie eben darum alle in sich. Wenn Hobbes nun dies so ausdrückt: kein bürgerliches Gesetz könne gegen das natürliche sein, so liegt darin auch nach seiner eigenen Anschauungsweise eine Unrichtigkeit. Denn er war nur berechtigt zu sagen: der Gehorsam gegen ein bürgerliches Gesetz könne nie eine Verletzung des natürlichen sein, während sich der Fall eines Widerspruchs zwischen dem natürlichen und bürgerlichen Gesetze sehr wohl denken lässt. Denn da das natürliche Gesetz auf der vernunftgemässen Unterscheidung dessen beruht, was für alle Einzelnen in ihrem Zusammenleben mit Anderen vortheilhaft ist und was nicht, das positive, bürgerliche Gesetz aber nur die für Alle bindende Sanction einer solchen Entscheidung durch den einheitlichen Willen der Obrigkeit ist, so ist die Möglichkeit eines Widerspruches zwischen diesen beiden Quellen des Rechts und der Sittlichkeit solange nicht ausgeschlossen, als man jenem souveränen Einen Willen nicht Unfehlbarkeit und Unveränderlichkeit zuspricht. Thatsächlich beruht auf diesem, von Zeit zu Zeit fühlbar werdenden, Widerspruch des bürgerlichen Rechts mit dem durch die sich umgestaltenden Verhältnisse geforderten

Vernunftrecht alle Weiterentwicklung der rechtlichen Normen. Für den lebendigen Process dieser Rechtserzeugung aber fehlt es Hobbes ganz und gar an Verständniss. Sein Standpunkt formeller Legalität kennt nur das einfache Entweder — Oder dessen, was bereits durch den Willen des Souverains Gesetz ist, oder dessen, was es noch nicht ist. Dies ist nun zwar vollkommen berechtigt, soweit es sich um die äussere Rechtsordnung handelt; aber wenn Hobbes sich auf die Hervorkehrung dieses einzigen Gesichtspunktes beschränkt, so vergisst er, dass durch die positive Rechtsordnung nicht das gesammte Gebiet dessen, was als Norm für das menschliche Handeln erscheint, umfasst wird, sondern neben derselben das weite Reich der Sitte Geltung beansprucht, in welcher auf Grund der lex naturalis die Vernunft der Einzelnen die Rechtsordnung theils ergänzt, wo sie unvollständig erscheint, theils berichtigt, wo sie sich mit derselben nicht mehr eins weiss [21]).

Diesen Mangel hat, wie die spätere Darstellung zeigen wird, der in wichtigen Stücken sich eng an Hobbes anschliessende Locke empfunden, indem er mit veränderter Eintheilung dem natürlichen Gesetze das positive in dreifacher Gestalt entgegenstellte: als göttliches, bürgerliches und als Gesetz der öffentlichen Meinung. Die Unterscheidung zwischen göttlichem und bürgerlichem Gesetz ist auch Hobbes nicht fremd; aber sie hat bei ihm einen ganz anderen Sinn als bei Locke: göttliches und bürgerliches Gesetz stehen bei ihm nicht neben einander, sondern unter einander. Die Annahme eines göttlichen Gesetzes als einer selbständigen Norm für das praktische Verhalten des Menschen, unabhängig von der bürgerlichen, staatlichen Autorität, würde Hobbes' Grundtendenzen widerstreiten; denn es würde ja dadurch (und um den Beweis dafür hatte er wahrlich nicht lange zu suchen) in die kaum unter der Aegide des Staates geeinte Gesellschaft ein neues Element der Zwietracht hineingetragen werden. Welches also auch die Quellen und der Inhalt der religiösen Vorstellungen und Gebote sein mögen [22]): es gibt ausserhalb des Staates und unabhängig von ihm kein Kennzeichen, welches die wahre Religion von der falschen unterscheidet und ihren Vorschriften Gesetzeskraft zu verleihen vermag. Erst der Staat bewirkt diese Unterscheidung, indem er einen bestimmten Glauben anerkennt[23]). Davon macht auch das Christentum keine Ausnahme.

Soweit die Schrift mit den Aussprüchen und Geboten der natürlichen Vernunft, welche Jedem von Gott unmittelbar als Regel seines Thuns verliehen ist, übereinstimmt, ist sie entschieden göttliches Gesetz und besitzt sie unzweifelhafte Autorität für alle mit natürlicher Vernunft Begabten, freilich keine andere, als sie jeder sittlichen Wahrheit zukommt[24]). Anderseits erhalten aber die natürlichen Wahrheiten der praktischen Vernunft durch die Schrift selbst wieder Bekräftigung; denn wenn Gesetz im eigentlichen Sinne nur der Ausspruch dessen genannt werden kann, der anderen etwas zu thun oder zu unterlassen mit Recht gebietet, so kann dem nur auf Vernunftschlüssen beruhenden natürlichen Gesetze diese Bezeichnung solange nur uneigentlich zukommen, als es nicht durch göttliche Offenbarung seine Sanction erhält[25]) und dieser Gedanke ist das Hauptthema der späteren theologischen Utilitätsmoral geworden. Daher denn auch Hobbes den ausführlichen Versuch unternimmt, die Uebereinstimmung seines Begriffes eines natürlichen Gesetzes und der aus ihm entwickelten Gebote mit der Bibel nachzuweisen[26]) — ein Unternehmen, worin trotz der sonstigen Verschiedenheit der religiösen Anschauung Locke's „Reasonableness of Christianity" bereits anklingt.

Insoferne also vermögen die natürlich-praktische Vernunft und die h. Schrift sich gegenseitig zu stützen. Soweit letztere aber specielle und positive Gesetze enthält, können dieselben nur für diejenigen Geltung besitzen, welchen Gott auf eine übernatürliche und jeden Zweifel ausschliessende Weise geoffenbart hat, dass die Schrift von ihm herrühre. Bei wem dies nicht der Fall ist, der kann zur Anerkennung dieser Vorschriften durch keine andere Autorität, als die der obersten Staatsgewalt veranlasst werden[27]). Man sieht aus diesen Andeutungen, dass es vorzugsweise das kirchenpolitische Problem ist, was Hobbes' Aufmerksamkeit in Anspruch nimmt[28]) und dass die Frage nach dem inneren Verhältnisse des menschlichen Handelns zur Religion für ihn gar nicht existirt. Die Religion in Gestalt der Kirche ist als eine mächtige sociale Erscheinung gegeben: es handelt sich für ihn darum, zu zeigen, wie sie mit der von Hobbes postulirten Rechtsordnung in Einklang zu bringen sei. Fallen gewisse· oberste Grundsätze der Religion mit dem zusammen, was die praktische Vernunft dem Menschen als eine Regel ankündigt: um so besser; der Staat wird sich ihrer Hülfe zu bedienen im Stande sein. Ueber diesen Gesichtspunkt eines gegenseitigen Sich-Bedürfens ist Hobbes nicht hinausgegangen; die Art und Weise, wie er das Sittliche fasst, verbietet ihm, an eine innerlich erhebende und läuternde Wirksamkeit der Religion zu denken. Dasjenige, was er über die Bedeutung der Religion, speciell des Christentums sagt[29]), läuft schon vollständig auf jene theologische Utilitäts-Moral hinaus, wie sie in Locke's Schule während des 18: Jahrhunderts in England herrschend war — eine Ethik, welche man zwar theologisch nennen kann, aber nicht religiös, ohne diesen ehrwürdigen Namen zu missbrauchen. Der Begriff der Erlösung ist ihm schlechthin identisch mit den Freuden des ewigen Lebens: von der Sünde erlöst werden, heisst nichts anderes, als Befreiung von den Uebeln erlangen, welche die Sünde über uns gebracht hat. Also schon hier ist die Function der Religion keine andere, als die, durch die Aussicht auf ewige Güter oder Uebel die Sanction der naturrechtlichen Ordnung zu verstärken[30]).

§. 4. Zur allgemeinen Würdigung.

In vielen wichtigen Punkten hatte die nachfolgende Entwicklung Hobbes' Theorie zu ergänzen[31]); aber als ein origineller und völlig die eigenen Wege gehender Kopf hat Hobbes auf lange Zeit hinaus dem Denken die fruchtbarsten Impulse gegeben. Er ist ein scharfer Logiker, seine Darstellung von durchsichtiger Klarheit, der Zusammenhang seiner Gedanken auf's Engste verkettet. Wer sich einmal in die Gewalt seiner Argumentation begibt, den reisst er unwiderstehlich mit sich fort, und wenn man, beim Resultate angelangt, über dasselbe erschrickt, so bedarf es der eindringend-

sten principiellen Untersuchung, um sich die Berechtigung des
Widerspruches klar zu machen. Will man von Fehlern der
Hobbes'schen Theorie sprechen, so muss man seine Gedanken-
reihe nicht an einem einzelnen Punkte fassen, sondern zurückgehen auf seine Anschauung von der Beschaffenheit des menschlichen Wesens und vom Thatbestande des sittlichen Lebens,
die seiner Lehre zu Grunde liegt. Dieser Thatbestand weist
beträchtliche Lücken auf: das ganze Niveau, auf welches er
das Sittliche stellt, ist ein sehr niedriges. Er sieht im Menschen
nur das selbstsüchtig isolirte Einzelwesen, im Sittlichen nur
Mittel zum Zwecke eines friedlichen und gesicherten Daseins;
er kennt eigentlich nur die naturrechtliche Seite des Ethischen.
Seine Folgesätze sind klar und scharf gedacht; aber Feinheit
der psychologischen Beobachtung ist nicht seine Sache, und
darum ist es nicht der ganze und volle Mensch, sondern nur
ein Stück menschlichen Wesens, welches die Grundlage seiner
Theorie bildet. Aber wenn die weitere Entwicklung der Ethik
polemisirend und ergänzend an Hobbes angeknüpft hat, so
fehlt es doch auch nicht an unmittelbarem Fortleben seiner
Theorie: der beste Beweis, dass sie bei aller Einseitigkeit nicht
in der Luft schwebt, sondern in unleugbaren Erfahrungsthatsachen ihre Stütze findet. Hobbes ist der erste, welcher im
Verlaufe der neueren Philosophie den Versuch macht, alle
Sittlichkeit als eine Modification der menschlichen Selbstliebe zu erklären. Dieser Gedanke, bei ihm nur in flüchtigen Umrissen ausgeführt, und nicht im Stande, die complicirteren Erscheinungen des sittlichen Lebens genügend
zu erfassen, behält auf lange hinaus einen mächtigen Reiz
vermöge jener Einfachheit, welche es gestattet, das gesammte
menschliche Handeln auf ein einziges Princip zurückzuführen.
Locke und die ganze auf ihn gestützte Schule der Utilitarier
schliessen sich enge an Hobbes an: inmitten der Controversen,
welche das Erscheinen dieser Theorie hervorruft, verleiht die
beginnende Geltung der Locke'schen Philosophie auch jenem
neues Ansehen, und ein guter Theil der gegen Locke gerichteten Polemik sucht diesen zu treffen, indem er sich gegen
Hobbes wendet. Und so manches, was während der letzten
Jahrzehnte als neue Weisheit zu verbreiteter Geltung gelangt

ist, wird durch Hobbes in überraschender Weise antecipirt. Wenn er aus dem allgemeinen Kampfe und der allgemeinen Wettbewerbung um die Güter des Daseins rechtliche und sittliche Ordnungen sich entwickeln lässt, so wird man kaum der Versuchung widerstehen können, dabei an ganz analoge Bestrebungen der Entwicklungslehre zu denken, die seiner Grundanschauung durchaus verwandt, und nur mit den bedeutend vervollkommneten Hülfsmitteln der neuen Anthropologie und Psychologie ausgerüstet sind. So klingt auch seine Lehre von der Mission der Staatsgewalt wie ein Vorspiel jenes von Bagehot aufgestellten, und rasch berühmt gewordenen Satzes, dass auf gewissen Stufen der Civilisation das Quantum des Gehorsams, der geleistet werde, wichtiger sei, als der Inhalt des Gebotenen. Und wie sich in unserer Zeit auf höherer Stufe die Thesis wiederholt, so auch die Antithesis. Auch die Gründe, welche damals von den zahlreichen Gegnern des Hobbes, mochten es nun Theologen, Philosophen oder Politiker sein, gegen ihn in's Feld geführt wurden, haben eine gewisse Familienähnlichkeit mit jenen, womit man heutzutage gegen die Lehren zu kämpfen pflegt, welche in unserer Zeit eine ähnliche Stelle einnehmen, wie Hobbes im 17. Jahrhundert.

2. Abschnitt.

Die Cambridger Schule.

§. 1. Geschichtliche Stellung.

Die umfassende Polemik [32]), welche Hobbes' Schriften hervorriefen, nahm ihren Ausgang von verschiedenen Seiten. Theologen, Politiker [33]) und Philosophen fühlten sich in gleicher Weise durch den einschneidenden Radicalismus verletzt, der bei Hobbes zu Tage trat; obwohl es auch nicht an Bewunderern fehlte, unter welchen als die bedeutendsten Gassendi und Mersenne zu nennen sind [34]). In der That bildete Hobbes einen scharfen Gegensatz zu den Anschauungen, wie sie aus der mittelalterlichen Philosophie in die Theologie der Reformationszeit übergegangen waren, und ohne wesentliche Einschränkung oder Veränderung noch immer die Grundlage der philosophischen Rechts- und Sittenlehre bildeten. Gerade an der Schwelle des 17. Jahrhunderts waren diese Anschauungen durch Hugo Grotius auf's Neue formulirt und als die Grundlage seines berühmten Systems im Gemeinbesitze der wissenschaftlichen Welt befestigt worden. Indessen war auch die Lehre, welche Hobbes vortrug, nicht vollständig neu. Der Gegensatz, welchen sein klares und logisches Raisonnement in schneidender Schärfe hervortreten liess, war nichts anderes, als jene schon von den Schulen der antiken Philosophie vielumstrittene Frage, ob Recht und Sittlichkeit aus der Natur, oder durch Satzung entstehen. Die Lehre, welche nun Hobbes als Ergebniss seiner Anschauung über die menschliche Natur vortrug, berührte sich in wesentlichen Punkten auf's engste mit dem, was einstens Sophisten und Epikureer gelehrt hatten. Man kannte diese Doctrin sowohl aus Cicero, dessen Eklekticismus ja die verschiedensten Meinungen zu Worte kommen lässt, wenn er sich auch im allgemeinen gegen Epikur zu entscheiden pflegt, als auch aus Plato, dessen Dialoge ebenfalls ausführliche Auseinandersetzungen mit den Ansichten der Sophisten enthalten; aber diese Doctrin als solche war weder im Mittelalter, noch selbst im 16. Jahrhundert, als man die Schriftwerke des Altertums in soviel grösserem Umfange zu studiren und zu benutzen begonnen hatte, zum Worte gekommen. Man hatte diese Anschauung nie anders behandelt, denn als unterliegenden Theil; ja sie stand immer im Rufe einer gottlosen, frevelhaften, die Fundamente des Sittlichen bedrohenden Lehre. Erst Gassendi in Frankreich hatte gleichzeitig mit Hobbes den Versuch einer Erneuerung, nicht bloss der Physik, sondern auch der Ethik Epikur's gewagt, und bei der intimen Verbindung, welche zwischen beiden Denkern bestand (namentlich während der Zeit, die Hobbes als Verbannter in Frankreich zubrachte), ist es kaum möglich festzustellen, von welcher Seite die ersten Anregungen ausgegangen sind [35]). Sie sind die Häupter des neueren Sensualismus und Materialismus; aber auf ethischem Gebiete wenigstens wird Gassendi durch Hobbes an eingreifender Wirksamkeit weit übertroffen [36]).

Es ist eine merkwürdige Verkettung in der Geschichte
der Philosophie, dass zu derselben Zeit, wo Hobbes, anknüpfend
an baconische Principien, die Lehren der alten Sophistik und
des Epikureismus erneut, der Platonismus in England eine
Verschmelzung mit christlicher Philosophie eingeht und in
dieser neuen Gestalt wiederum als der vorzüglichste Kämpfer
gegen jene Anschauung erscheint, in deren Widerlegung einst
das platonische Denken selbst herangereift war. Schon oben
wurde der Cambridger Schule flüchtig Erwähnung gethan,
welche neben Hobbes als das wichtigste Gegengewicht gegen
jene Ueberspannung des religiösen Dogmatismus erschien, die
mit dem Siege der puritanischen Partei erfolgte; gleichzeitig
aber auch gegen den radicalen Naturalismus, wie ihn Hobbes
vertrat, nachdrücklich Front machte. Während nun die Gelehrten dieser Richtung einerseits auf einem entschieden religiösen Standpunkte verharrten, gingen sie doch anderseits über
die bloss kirchliche, und lediglich auf dem Boden der Schrift-
erklärung sich bewegende Auffassung jener ältern liberalen
Theologen, die aus der englischen Episcopalkirche hervorgegangen waren, hinaus. Die Männer von Cambridge sind
nicht Theologen, sondern Philosophen, allerdings sämmtlich
von entschieden religiöser Färbung. Das speculative Element
aber [37]), auf welches ihre religiöse Philosophie sich stützt, ist
das Studium des Platonismus und zwar sowohl in seiner älteren
Form als auch in den Schriften der späteren neuplatonischen
Richtung. So stehen sie von vorneherein im Gegensatze [38]) zu
Bacon und Hobbes, sowohl was die Methode als den Ausgangspunkt ihrer Forschung betrifft. Es wiederholt sich zwischen
beiden Richtungen nicht nur der Gegensatz, welcher einst die
Schulen der antiken Philosophie getrennt hatte, sondern es
tritt hiezu noch ein neuer, welcher von der verschiedenen
Stellung des philosophischen Denkens zu den herrschenden
religiösen Anschauungen ausgeht — allerdings ebenfalls bis
zu einem gewissen Grade sein Analogon in dem Verhältniss
der entsprechenden antiken Systeme zur Volksreligion besitzt.
Wenn Bacon das System der geoffenbarten Religion ganz und
gar von dem Bereiche der Philosophie ausgeschieden hatte,
und Hobbes, trotz gewisser theologischer Liebhabereien, im

Wesentlichen seinem Beispiele gefolgt war, so konnte bei den
Cambridger Philosophen von vorneherein von dem Aufrichten
einer solchen Schranke keine Rede sein. Ihr philosophisches
Denken selbst war ja von gewissen Voraussetzungen bedingt, deren
letzte Gründe eben in der Theologie jener Zeit gesucht werden
müssen; es ging gerade darauf aus, was jene ausdrücklich ab-
gelehnt hatten, die Theologie zu rationalisiren. Neben dem
Einflusse der platonischen Richtung sind gewisse Berührungen
mit Cartesius nachzuweisen [39]), dessen Philosophie allerdings
nicht in dem Sinne, wie das platonische System, einen bestimmenden Einfluss auf die Cambridger Schule ausgeübt hat,
immerhin aber ein Binde- und Mittelglied zwischen ihr und
dem neuen speculativen Aufschwunge der Philosophie überhaupt war. Wichtiger aber fast als diese positiven Elemente
ist die Opposition gegen Hobbes, an welcher sich die Gedanken der Schule erst zu voller Bestimmtheit entwickelt
haben. Für Cudworth, wie für Henry More lag in diesem
Antagonismus das eigentliche Ziel ihrer Speculation, die nur
im Lichte der Hobbes'schen Theorien vollständig gewürdigt
werden kann. Des Gegensatzes, der sie von Hobbes trennte,
scheinen sie sich sofort bewusst geworden zu sein, als dieser
mit seiner schriftstellerischen Thätigkeit hervorzutreten begann.
1642 hatte Hobbes seine „Elementa philosophica de cive" zu
Paris drucken lassen [40]). Zwischen diesem Zeitpunkt und dem
Erscheinen des „Leviathan" im Jahre 1651 finden wir Cudworth schon als Vertheidiger einer These („Dantur boni et
mali rationes aeternae et indispensabiles"), welche wie die An-
kündigung seiner späteren Polemik gegen Hobbes' Moral und
Rechtslehre erscheint. Natürlich blieb diese Polemik weder
bei Cudworth noch bei More auf das Gebiet der Ethik beschränkt, sondern erstreckte sich auf die gesammte Weltanschauung. Das umfassende, von Gelehrsamkeit strotzende
Werk, in welchem Cudworth seine Doctrin niederlegte und sich
Schritt um Schritt mit seinen antiken und modernen Gegnern
auseinandersetzte, sein „Intellectual System" erschien 1678 [41]),
aber unvollendet; es enthielt neben der ausführlich behandelten
Metaphysik, Naturphilosophie und Erkenntnisslehre nur einzelne
gelegentliche Hindeutungen auf das ethische Gebiet. Mit dessen

Problemen scheint sich Cudworth zwar unausgesetzt beschäftigt
zu haben, ohne indessen so schnell zu einem Abschlusse oder
zur Veröffentlichung gelangen zu können, als er selbst und
seine Gesinnungsgenossen wünschten, denen es um eine Anti-
dosis gegen Hobbes zu thun war. So kam es, dass Henry
More mit der Veröffentlichung seines „Enchiridion Ethicum"
im Jahre 1667 die Arbeiten Cudworth's antecipirte[42]) — ein
Werk, welches zwar in manchen wesentlichen Punkten von den
Anschauungen abweicht, welche Cudworth später ausgesprochen
hat, aber mit diesem die polemische Tendenz gegen Hobbes
theilt[43]). Diese tritt allerdings bei Cudworth viel stärker
hervor; aber in die eigentliche litterarische Discussion, welche
sich an Hobbes' Doctrin anknüpfte, hat jener Denker, wenigstens auf ethischem Gebiete, nicht mehr eingegriffen. Denn
über der Vollendung seiner ethischen Abhandlungen ist Cudworth gestorben und erst ein halbes Jahrhundert später kam
eine derselben aus seinen hinterlassenen Papieren an die Oeffentlichkeit[44]). Es ist dies der 1731 von Chandler, Bischof
von Durham herausgegebene „Treatise concerning Eternal and
Immutable Morality".

Locke's Philosophie stand damals schon in hohem Ansehen und übte jene volle Herrschaft aus, die erst später
wieder bestritten zu werden begann. So kam das Buch Cudworth's um eine Generation zu spät. Freilich konnte vieles
von dem, was er gegen Hobbes zu erweisen gesucht hatte,
mit ebensoviel Recht auch gegen Locke geltend gemacht
werden; aber die schriftstellerische Form, in welcher Cudworth's Argumente auftraten, vermochte mit ihrer pedantischen
Schwerfälligkeit eine fortgeschrittenere Zeit nicht mehr zu
befriedigen, welche bereits angefangen hatte, sich daran zu
gewöhnen, auch philosophische Ideen nicht in unverständlicher
Schulsprache, sondern in künstlerisch abgerundeter Darstellung vorgetragen zu sehen[45]). Und es ist eine eigentümliche
Ironie des Schicksals, dass die Tochter Cudworth's, Lady
Masham, aus deren Besitz das Manuscript Cudworth's in die
Hände des Herausgebers gelangte, die eifrigste Freundin und
Gönnerin Locke's gewesen ist, welcher in ihrem Landhause
zu Oates verkehrte und dort starb[46]).

Diese Gründe machen es begreiflich, warum der aus dem Nachlasse Cudworth's herausgegebene Traktat eine weitergehende Wirkung nicht auszuüben vermocht hat. Wenn man Cudworth mit Recht als den Gründer der intellectualistischen Schule in England bezeichnen darf[47]), so fällt dieser Ruhm, auch wo es sich um spätere ethische Forschung handelt, grossentheils auf sein Hauptwerk, das „Intellectual System", welches eine Rüstkammer des freilich stark in den Hintergrund gedrängten Rationalismus blieb. Denn jene Denker, welche vom intellectualistischen Standpunkte aus die ethische Doctrin Locke's bekämpften, Clarke und Wollaston, können den „Treatise concerning immutable morality" noch nicht vor sich gehabt haben und erst bei Price finden wir beide Werke genannt und benutzt[48]).

§. 2.   Cudworth.

Die Polemik, welche Cudworth gegen Hobbes führt, beruht zum Theil auf einer missverständlichen Auffassung seiner Theorie, in welcher er nur einen extremen Nominalismus erblickt[49]). Ueber die Einzelheiten derselben kann hier um so kürzer hinweggegangen werden, als die Hauptgedanken später in der Polemik Clarke's gegen Locke zur Darstellung zu kommen haben. Beide Denker sind durch ihre metaphysischen Anschauungen scharf getrennt; aber die gemeinsame Verwendung der Begriffe der „recta ratio" und „lex naturalis", der Parallele zwischen sittlichen und mathematischen Wahrheiten zeigt, wie sehr beide von einem gleichartigen Vorstellungskreise abhängig sind[50]).

Wie dem aber auch sein mag: jedenfalls glaubte Cudworth selbst die Grundlagen und den echten Begriff der Sittlichkeit durch die Hobbes'sche Doctrin bedroht. Er suchte darum ihrer Ableitung des Sittlichen aus den praktischen Bedürfnissen der Menschen, aus socialer Vereinbarung und bürgerlicher Satzung eine andere Lehre gegenüber zu stellen, welche die unbedingte Priorität des Sittlichen vor aller Satzung, seine Unberührtheit von allem Wechsel sichert, es über jeden Verdacht erhebt, bloss eine zufällige menschliche Institution zu sein, und für ein nothwendiges Stück des metaphysischen Grundbestandes der Welt erklärt. Die „natürlichen" Principien der Sittlichkeit, von welchen ja auch Hobbes gesprochen hatte, waren in Cudworth's Sinne werthlos. Aus einer solchen Natur, wie sie Hobbes gedacht hatte, scheint ihm das eigentliche Wesen des Sittlichen, seine unbedingte Hoheit, seine verpflichtende Kraft, nicht abgeleitet werden zu können. Diese können ihren Ursprung nur in etwas haben, was über der Natur steht, d. h. im göttlichen Geiste, als Intelligenz, nicht als Wille gedacht, der ewigen Ordnung und Vernunft, welche alle Dinge leitet.

Denn wie sollte der menschliche Geist mit seiner unvollkommenen Einsicht in die Gründe der Dinge, in seinem schwerfälligen Schliessen von einem auf's andere die Quelle ewiger und für sich bestehender Wahrheiten sein können? Die Annahme eines ewigen Geistes, welcher die Natur der Dinge und die ewigen Wahrheiten real in sich begreift, vermag hier allein zu erklären[51]).

Die Frage, wie entsteht das Sittliche und woher stammt es, verliert auf diesem Standpunkt entweder alle Bedeutung, oder erhält doch einen ganz eigentümlichen Sinn. Sie ist zunächst dahin zu beantworten: Es entsteht überhaupt nicht; es ist; es stammt aus der gegebenen und unabänderlichen Natur der Dinge, der gegenüber selbst Gottes Wille machtlos ist. Die Existenz und Ableitung der sittlichen Ideen wird vollkommen parallelisirt mit den mathematischen Wahrheiten[52]). Einen derartigen Vergleich hatte allerdings schon Hobbes gemacht, indem er auf die verwandte Art des Schliessens verwies, wodurch mathematische und ethische Wahrheiten gefunden werden; aber die metaphysische Anwendung dieses Vergleiches ist ihm fremd. Auf sie legt aber Cudworth gerade das Hauptgewicht. Wie die mathematischen Wahrheiten bleiben, was sie sind, gleichviel ob sich unser Geist mit ihnen beschäftigt, oder nicht; wie jene nicht von den Denkern, die sie auffanden, geschaffen worden sind, sondern an und für sich existirten, wenn auch alle Kenntniss der Geometrie verloren ginge: so verhält es sich auch mit den Grundsätzen der Sittlichkeit[53]). Auch sie stellen nicht etwas Veränderliches,

Wechselndes, vom Geiste beliebig Hervorgebrachtes vor, sondern sind der nothwendige Ausdruck einer unveränderlichen Wesenheit, die gegeben war, bevor die Welt und die einzelnen Geister geschaffen wurden und die auch bestehen würde, wenn diese ganze körperliche und geistige Welt zu Grunde ginge.

Dieser Gegensatz zwischen Hobbes und Cudworth ist von der höchsten principiellen Bedeutung. Er zeigt uns eine Differenz, welche die Metaphysik aller Zeiten gespalten hat und spalten wird, gleichviel ob man von Betrachtung der Phänomene der Natur oder des sittlichen Lebens ausgeht. Sind die Bruchtheile von Vernunft, welche uns die Erfahrung in Natur und Leben erkennen lässt, nur Reflexe und Ausstrahlungen einer den innersten Grund alles Seins bildenden höchsten Vernunft, oder sind sie Spuren des Vernünftigwerdens dessen, was an sich nicht vernünftig, sondern nur nothwendig ist?

Dieser Gegensatz war schon unter den antiken Schulen hervorgetreten, und wenn er Jahrhunderte lang durch die christliche Theologie und Scholastik völlig zu Gunsten des Rationalismus entschieden schien, so macht er sich nun an der Schwelle der neueren Philosophie mit Macht auf's neue geltend, um in den verschiedensten Wendungen und Gestaltungen bis in die neueste Speculation hereinzuragen. In der Vermittlung zwischen jenen antiken Controversen und der beginnenden Discussion der neueren Philosophie nimmt Cudworth eine wichtige Stellung ein. Die schöpferische Originalität seines Gegners verkennt er vielleicht allzu sehr; allein der Parallelismus zwischen Hobbes und den Materialisten des Altertums bleibt doch bestehen, und ein guter Theil der Argumente Cudworth's in Kraft.

Es bleibt nun noch die Frage übrig, woher stammen diese Regeln im einzelnen Geiste und wie gelangt der Mensch zum Bewusstsein derselben? Die Antwort auf diese Frage ergibt sich aus der gesammten Erkenntnisstheorie Cudworth's[54]. Wenn alles Wissen und alle Erkenntniss nur gedacht werden kann als Modus eines unendlichen Geistes und seiner ewigen Weisheit, so müssen alle geschaffenen Geister es aus diesem Urquell der Wahrheit überkommen haben. Es gibt also eine Art Erbgut der Seele, die durchaus nicht bloss tabula rasa ist

und bloss das passive Vermögen besitzt, Eindrücke zu erleiden,
so dass sie nichts aus angeborener und eigener Kraft hervorzubringen vermöchte.

Im schärfsten Gegensatze gegen alle sensualistische Auffassung und der späteren Entwicklung dieser Doctrin im Voraus
eine Fülle von tiefgedachten und schlagenden Argumenten
entgegensetzend, bemüht er sich nachzuweisen, dass das Erkennen nur durch eine selbständige Aktivität zu Stande kommen
könne, die in der blossen sinnlichen Wahrnehmung nicht liege;
dass man es folglich nur einer inneren Antecipation des Geistes
zuschreiben dürfe, die demselben von Natur eigen sei und
durch die äusseren Eindrücke nur Gelegenheit erhalte, ihre ein-
geborene Kraft in denkender Betrachtung derselben zu äussern[55]).
Man hat Cudworth um dessenwillen einen Vorläufer Kant's genannt[56]) und ich will nicht leugnen, dass sich bei ihm Sätze
finden, welche auch bei Kant stehen könnten; aber wie unentwickelt das ganze Studium der Frage damals noch war, wie
unbehülflich roh der Sensualismus, gegen welchen Cudworth
kämpfte, und wie mangelhaft die Hülfsmittel psychologischer
Analyse, über welche seine eigene Ansicht zu verfügen hatte,
das sieht man recht deutlich an den Stellen[57]), wo er das
aus rein sensualistischen Annahmen nicht Erklärbare, und
darum nur aus der eigenen und angeborenen Kraft des Geistes
Abzuleitende, näher bezeichnet.

In dieser wie in anderer Beziehung hat Cudworth seinen
Nachfolgern viel zu thun übrig gelassen. Die Forderung eines
apriorischen Elements im Geiste tritt bei ihm noch mit einer
gewissen Naivetät auf, welche der einschneidenden und zer-
setzenden Schärfe der Untersuchungen Locke's und seiner
Schule als nothwendige Ergänzung bedurfte; und sein Begriff
des Sittlichen selbst ist bei aller Hoheit und Würde, die Cudworth ihm zu geben bemüht war, doch völlig einseitig geblieben. Ueber dem Streben, der Sittlichkeit eine unverrück-
bare und in gewissem Sinne übernatürliche Grundlage zu
schaffen, hat er den realen, psychologischen Charakter desselben
völlig ausser Acht gelassen. Eine Sittlichkeit in Cudworth's
Sinn wäre möglich bei reinen Vernunftwesen; wie sie aber
unter Menschen zu Stande kommen könne, lässt seine Annahme

beinahe unbegreiflich. Das Sittliche als blosse Vernunfterkenntniss steht ausser allem Zusammenhang mit den wirklichen Triebfedern des Handelns; jener Grundirrtum der antiken Ethik, jenes Verkennen der Bedeutung des Willens
wirkt hier, dank der empfangenen Anregung, auch bei Cudworth noch unverkennbar nach. Daher auch der eigentümliche Gang und Charakter seiner Argumentation, welche
ethische, erkenntnisstheoretische und metaphysische Elemente
fast untrennbar in Eins zusammenfliessen lässt. Wenn dies eine
Einseitigkeit der Auffassung Cudworth's war, so ist dieselbe
durch die nachfolgende Entwicklung der englischen Moralphilosophie sehr bald durch eine andere in entgegengesetztem
Sinne überwunden worden. Zwar hat auch der Intellectualismus Cudworth's noch Nachfolger gefunden, welche die Ansprüche der Vernunft auf das Zustandekommen des Sittlichen
vertheidigten; aber im Grossen und Ganzen blieb der Zug
der Forschung überwiegend darauf gerichtet, unter vorzugs-
weiser Betonung des praktischen Charakters aller Sittlichkeit
die Mittel und Wege ausfindig zu machen, durch welche die
sittlichen Normen auf das Gemüth und den Willen wirken,
so sehr, dass darüber das rationale Element fast ganz in Ver-
gessenheit gerieth. Und je mehr die Forschung nach dem
psychologischen Hergange bei der Entstehung des Sittlichen
das Interesse in Anspruch nahm, umsomehr trat die metaphysische Begründung, welche für Cudworth noch die Hauptsache gewesen war, zurück. Nicht die Natur der Welt, sondern
die Natur des Menschen bildet später das Hauptziel der Forschung: dies gilt auf erkenntnisstheoretischem so gut wie auf
ethischem Gebiete. Allerdings hat, wie sich zeigen wird, der
theologische Utilitarismus aus Locke's Schule das Sittliche eng
mit der Gottheit verknüpft; aber diese Verbindung geschieht
doch in völlig anderem Sinne, als bei Cudworth. Der allgemeine Zug der Zeit macht sich auch hier bemerkbar. Nicht
der rationale Charakter des Sittlichen als solcher genügt bereits, um ihm verpflichtende Kraft zu geben: es bedarf dazu
eines obersten Motivs, der richtenden und strafenden Gottheit.
Will man beide Richtungen theologisch nennen, so muss man sich
doch dieses trennenden Unterschiedes bewusst bleiben. Gerade

dasjenige, was Cudworth am meisten betont, der essentielle Charakter des Sittlichen, ist in dieser Schule ganz fallen gelassen, und wogegen er nachdrücklich kämpft, die Begründung des Sittlichen auf den Willen der Gottheit, zum Hauptgedanken geworden. Hat die Sittlichkeit jener späteren theologischen Utilitarier darum mehr religiöses Gepräge als die Cudworth's, die, wenn auch getragen vom göttlichen Geiste, doch wesentlich auf sich selbst ruht und dem Menschen unmittelbar, kraft vernünftiger Einsicht, zugänglich ist? Man wird sich hier daran erinnern müssen, dass Cudworth, um nicht einseitig beurtheilt zu werden, nicht nur als Philosoph, sondern auch als Theologe gedacht werden muss. Eine intime Verbindung zwischen Philosophie und Religion, zwischen Speculation und Glauben gehört aber zum Charakter der ganzen Cambridger Schule; und so wird es begreiflich, dass derselbe Mann, welcher als Philosoph die rein rationale, auf sich selbst ruhende Wesenheit des Sittlichen so scharf betonte, als Prediger nicht minder nachdrücklich auf die Unentbehrlichkeit religiöser Erhebung hinwies [58]). Also eine Philosophie, die dem religiösen Bedürfnisse genügende Mittel zu seiner Befriedigung gewährt; und eine Religion, die mit der Vernunft harmonirt und deren Einsicht mit der Wärme belebenden Gefühles durchströmt. Darin trafen die Männer von Cambridge zusammen: der reine Intellectualismus aber, welchen Cudworth in der Ethik vertrat, nahm schon bei seinem Freunde Henry More eine Richtung, welche die Keime der späteren Entwicklung deutlich erkennen lässt.

§. 3. More [60]).

More's Enchiridion Ethicum behandelt das ganze Gebiet der Ethik in durchaus compendiarischer Form. Seine Definition des Sittlichen betont hauptsächlich das psychologische Moment und hebt die von Cudworth vernachlässigte enge Beziehung des Sittlichen auf die Glückseligkeit hervor. „Die Tugend," so definirt er, „ist eine intellectuelle Kraft der Seele, vermöge welcher sie die thierischen Triebe und sinnlichen Leidenschaften so zu beherrschen im Stande ist, dass der

Mensch bei allem Thun mit Leichtigkeit demjenigen nachzu-
streben vermag, was an und für sich und schlechthin gut ist[61]".
Jedoch ist More weit entfernt, den Intellectualismus Cudworth's
aufgeben oder bekämpfen zu wollen; auch bei ihm finden sich
an verschiedenen Stellen Berufungen auf die Parallele zwischen
sittlichen und mathematischen Wahrheiten, und die entscheidende Rolle, welche den Intellect bei der Hervorbringung des
Sittlichen spielt, wird von ihm auf's nachdrücklichste betont.   Die Art und Weise, wie sich More die Thätigkeit der
Vernunft denkt, beruht auf aristotelischen und stoischen Ideen;
es ist der alte Begriff der Recta Ratio, welche als Trägerin
des Sittlichen im göttlichen Geiste und als Vermittlerin desselben an den Menschen erscheint[62]).

Ist es nun nach diesen und anderen Sätzen zwar gewiss,
dass das Sittliche immer mit der Vernunft übereinstimmt, und
eine wesenhafte Wahrheit im Sittlichen zur Erkenntniss
kommt[63]), so sträubt sich More doch dagegen, dieser intellectualistischen Annahme die ganze Wahrheit zuzusprechen[64]).
More ist daher bemüht, diese Anschauung um das ihr fehlende
Moment zu ergänzen und versucht dies durch eine eigentümliche, in mancher Beziehung allerdings sehr fragwürdige psychologische Annahme — eines Vermögens nemlich, welches gewissermaassen zwischen der Vernunft und den Trieben vermittelt, und von ihm als „boniform faculty" bezeichnet wird[65]).
Wie es nemlich Dinge gibt, welche kraft ihrer eigenen Natur
unveränderlich wahr sind, so gibt es auch solches, was an und
für sich gut ist.   Das Vermögen, welches jene unveränderlichen Wahrheiten ausfindig macht, ist der Intellect; wogegen
der Reiz dessen, was an und für sich gut ist, von jenem boniformen Vermögen wahrgenommen wird[66]).

Nicht der blosse Vernunft-Gebrauch schafft schon das
Sittliche, sondern ein Handeln aus jener lebendigen inneren
Grundlage heraus, „ex sensu virtutis".   Man wird bei diesen
Bestimmungen unwillkürlich an Hutcheson denken müssen,
und dieser Eindruck wird noch verstärkt, wenn gleichzeitig
Gottes- und Nächstenliebe als die höchste Form und beste
Frucht jener boniformen Fähigkeit bezeichnet werden, was
ziemlich genau mit dem übereinstimmt, worein jener die wich-

tigsten Aeusserungen seines „moralischen Sinnes" setzt. Immerhin ist daneben auch ein Unterschied beachtenswerth, welcher schon in den Ausdrücken zum Vorschein kommt, und die bei aller (durch die Identität des aufzufassenden Gegenstandes zu erklärenden) Aehnlichkeit doch so veränderte philosophische Denkweise charakterisirt. Ich meine den Wechsel in der Stellung der Vernunft, welche More noch als ein aktives, die sittlichen Unterschiede selbständig schaffendes, das Triebleben beherrschendes Vermögen fasst, dem gegenüber jene „boniform faculty" nur als eine Hülfskraft erscheint, während bei Hutcheson die Vernunft in sittlichen Fragen gar keine eigene Initiative mehr besitzt, sondern nur vorbereitend und aufklärend den Entscheidungen des „moral sense" gewissermassen die Wege bahnt.

Aber noch in anderen Ideen More's verräth sich bereits im Keime etwas von dem Geiste, der die spätere Entwicklung der englischen und schottischen Ethik beherrschte. Dahin gehört namentlich seine Gleichsetzung der sittlichen Güte und der Glückseligkeit — ein Gedanke, welchen er jedenfalls dem Studium der antiken Philosophie verdankt. Er ist nach ihm von Cumberland in den Mittelpunkt der ethischen Doctrin gerückt worden und hat in verschiedener Formulirung auf alle Phasen derselben Einfluss geübt. Nicht minder wichtig ist seine Berücksichtigung der Affecte, deren Theorie er wesentlich von Descartes überkommen hat [67]. Insbesondere dadurch, dass er sie sämmtlich an sich als sittlich indifferent bezeichnet, und in manchen derselben die natürliche Grundlage für gewisse Aeusserungen des sittlichen Geistes erblickt. Man sieht aus all' diesen Ansätzen, dass More, indem er die Bedeutung der Vernunft für das Sittliche anerkannte, zugleich bestrebt war, um ihre Einwirkung auf das menschliche Thun begreiflich erscheinen zu lassen, sie irgendwie „praktisch" zu machen. Seine Psychologie war freilich dieser Aufgabe, deren Erkenntniss immerhin schon ein Verdienst ist, nicht gewachsen; und es ist lehrreich, in gewissem Sinne aber auch betrüblich, zu beobachten, welch' langen Umweges in einseitiger Verfolgung jenes Zieles, dem Sittlichen eine affective Grundlage zu geben, es bedurfte, um auch die Vernunft wieder zu Ehren

zu bringen und eine vermittelnde Formel zu finden, welche
die Willenskräftigkeit der Vernunftentscheidungen auch psychologisch begreiflich machte.

3. Abschnitt.

Cumberland.

Die wenigen und flüchtigen Andeutungen hinsichtlich der
principiellen Grundlegung und Ableitung des Sittlichen, welche
Henry More in seinem Abrisse der Ethik gegeben hatte, erhielten nicht lange nachher eine umfassende Durchführung
und systematische Verarbeitung von Seiten eines Denkers,
welcher zwar in keiner nachweisbaren directen Verbindung
mit den Cambridger Philosophen steht, aber sich in seinen
Ideen mehrfach enge mit jenen, namentlich More, berührt.
Dies ist Richard Cumberland, später Bischof von Peterborough,
welcher im Jahre 1671 eine „Disquisitio philosophica de legibus
naturae" 68) herausgab. Der Kampf gegen Hobbes ist hier
schon auf dem ausführlichen Titel als Ziel hingestellt und wird
im Folgenden seinem ganzen Umfange nach aufgenommen.
Es ist aber nicht bloss die gemeinsame Opposition gegen
Hobbes, welche Cumberland mit den Philosophen der Cambridger Schule verbindet: die Grundidee seines Werkes ist
der von More vertretenen Ineinssetzung der Sittlichkeit und
Glückseligkeit ganz nahe verwandt, während allerdings Cudworth gegenüber merkliche Verschiedenheiten hervortreten,
welche die folgende Darstellung kenntlich machen wird.

§. 1.   Das Sittliche und die sociale Menschennatur.

Seinen allgemeinen Begriff des Sittlichen hat Cumberland
in einer Formel niedergelegt, die in ihrer kürzesten Fassung
so lautet: „Der höchste Grad thätigen Wohlwollens, den jedes
vernunftbegabte handelnde Wesen gegen Alle Seinesgleichen
beweist, schafft den glücklichsten Zustand sowohl der Gesammtheit, als des Einzelnen, soweit derselbe überhaupt er-

reichbar ist, und bildet die unentbehrliche Voraussetzung
dafür. Das oberste sittliche Gesetz ist also das Wohl der
Gesammtheit; alles was diesem entgegenführt, ist sittlich [69]."

Wie kommt der Mensch dazu in dieser Weise zu handeln? Zunächst darum, weil seine ganze Natur darauf angelegt ist. Die Anschauung vom Menschen, welche Cumberland
vorträgt, steht im allerschärfsten Gegensatze zu Hobbes, und
das zweite Capitel seines Buches, in welchem er die Sociabilität als eine vom menschlichen Wesen unzertrennliche, schon
mit der körperlichen Organisation desselben gegebene, Eigenschaft nachweist, enthält neben manchen Wunderlichkeiten
auch wirklich geniale Lichtblitze. Seine Argumentation richtet
sich hauptsächlich dagegen, dass die Sociabilität dem Menschen
ursprünglich fremd und nur durch Zucht und Schulung aner-
zogen sei, wie Hobbes dies behauptet hatte [70]. Dieser hatte
das ursprüngliche Vorhandensein eines socialen Triebes dadurch
unwahrscheinlich zu machen gesucht, dass, wie das Beispiel der
Kinder und der Ungebildeten zeige, ein gewisser Grad von
Urtheilsvermögen erforderlich sei, um aus den erfahrungsmässigen Nachtheilen ungeselligen Lebens zur Einsicht in die
Nothwendigkeit desselben zu gelangen, und dadurch erst für
sociale Regungen empfänglich zu werden. Cumberland sucht
ihn ad absurdum zu führen, indem er zeigt, wie Hobbes selbst
genöthigt sei, dasjenige, was er als erworben in Gegensatz
zum Natürlichen, Angeborenen stelle, doch wieder als zur
menschlichen Natur gehörig vorauszusetzen. Er stellt zu diesem
Zwecke zwei Sätze von Hobbes neben einander [71] und leitet
aus dem Widerspruche derselben einen wichtigen Gedanken
ab, der bis auf den heutigen Tag dem Sensualismus gegenüber Gültigkeit beanspruchen darf [72]. Die Art, wie er denselben ausdrückt, ist unklar und unbehülflich; was er aber
im Zusammenhange meint, lässt sich etwa so wiedergeben.
Es wäre ganz falsch, daraus, dass es äusserer Anstösse bedarf,
um gewisse Entwicklungen in der menschlichen Seele hervorzubringen, den Schluss zu ziehen, dass dieselben nun auch
durchaus von aussen kommen, und mit der ursprünglichen Anlage der Seele gar nichts zu thun haben. Wir stehen hier
vielmehr vor einer Wechselwirkung. Allerdings bedarf es der

Impulse von aussen; allein gleichzeitig liegt auch in den Fähigkeiten der Seele ein gewisser Trieb des Entgegenkommens, Sich-Bethätigens, jedesmal wenn ihnen sinnliche oder körperliche Eindrücke dazu Gelegenheit geben.

Den allgemeinen Vernunftbeweis, dass mit der unbeschränkten Willkür jedes Einzelnen das sociale Leben überhaupt unmöglich werde, führt Cumberland ähnlich wie Hobbes[73]); es ist lehrreich, die betreffenden Ausführungen zu vergleichen. Wogegen Cumberland seiner ganzen Grundidee nach ankämpft, ist eben der Satz, dass in der unbeschränkten Willkür jedes Einzelnen ein Recht liege, dass der allgemeine Krieg der natürliche und nothwendige Zustand sei. Er stimmt ihm darin bei, dass die Leiden, welche der Kampf mit sich bringt, viel dazu beitragen können, den Menschen die Pflichten des Friedens und eines sittlichen Verhaltens einzuschärfen; aber ihm wird das Recht nicht erst etwa durch solche Vereinbarungen begründet, wie sie aus dem Kampfe zur Vermeidung seiner Uebel hervorgehen, sondern ihm erscheinen, wie an vielen Stellen auf das nachdrücklichste hervorgehoben wird, die Uebel eines solchen Zustandes bereits als Strafen für die Verletzung des natürlichen Rechtszustandes, welche einen solchen nicht erst schaffen, sondern nur die Verpflichtung einschärfen[74]).

So wird denn auch für ihn die Vorstellung von dem ursprünglichen Verhältnisse der Menschen zu einander eine ganz andere als bei Hobbes, und die Art, wie er sich das erste Wirken der sittlichen Anlage bei dem primitiven Menschen denkt, ist für die ganze Anschauungsweise der Zeit und ihre völlige Unfähigkeit, geschichtliche Einsicht bei der Lösung solcher Fragen zu verwerthen, zu charakteristisch, als dass sie hier nicht mitgetheilt werden sollte. Hobbes, sagt er, nimmt für seinen Naturzustand eine beliebige Anzahl von fertigen, erwachsenen Menschen an, die wie mit einem Schlage aus dem Boden hervorkommen. Die Frage ist nun, ob diesen Menschen, sobald sie einander ansichtig werden, ihre gute Vernunft nahe legt, sich friedlich gegeneinander zu verhalten, Wohlwollen, Treue und Dankbarkeit gegeneinander auszuüben, oder ob sie im Gegentheil alsbald kämpfend über einander herfallen

werden. Sie haben in diesem Augenblicke noch einander
weder Gutes noch Böses gethan; nicht einmal irgend einen
Entschluss gefasst, weder zu dem einen, noch zu dem andern;
sind sie im Zustande des Krieges oder des Friedens? Offenbar
im Frieden; alle vollkommen schuldlos; und zwei Gründe veranlassen sie, diesen Zustand auch zu erhalten und ihre äusseren
Handlungen ebenso wie ihre Gefühle demgemäss zu gestalten:
einmal das angenehme Gefühl, welches Handlungen des Wohlwollens ihrer Natur nach begleitet und schon an und für sich
eine Belohnung ist; während die entgegengesetzten Handlungen von den ärgerlichen Gefühlen des Hasses und Neides
unzertrennlich sind; dann die Erfahrung, dass jeder, welcher
sich übelwollend gegen die Uebrigen erweist, sich der Gefahr eines Kampfes und allen damit verbundenen Uebeln aussetzt [75]).

Man sieht aus dieser Bekämpfung der Hobbes'schen Theorie
vom Naturzustande deutlich die eigentümliche Stellung der
beiden Gegner zu einander: wie sehr bis auf einen gewissen
Punkt beide Recht und beide Unrecht haben. Jeder von
ihnen setzt theils zu viel und theils zu wenig voraus, und bei
keinem gelingt in Folge dessen eine fehlerfreie Ableitung.
Das Wahre liegt offenbar in der Vereinigung beider Theorien;
aber die Art, wie eine solche zu bewerkstelligen sei, lag der
Anschauung jener Zeit noch vollständig fern. Gewiss ist der
Kampf um die Güter des Daseins dem Menschen ebenso natürlich, als ein gewisses Wohlwollen gegen Seinesgleichen (ein
Begriff, der anfangs freilich sehr enge gefasst wird) und sociale Instinkte, die auf das Wohl der Gattung abzielen. Aber
die Ausbildung des Sittlichen aus den Anlagen und Zuständen
des primitiven Menschen lässt sich nicht so aus der Pistole
schiessen, wie Hobbes und Cumberland dies thun. Zwischen
den Anfängen der sittlichen Entwicklung, die mit dem Beginne der menschheitlichen Entwicklung überhaupt zusammenfallen, und jenen ausgebildeten Formen sittlichen Urtheils und
sittlichen Verhaltens, welche dem reflectirenden Denker späterer
Zeiten, theils als Thatsachen der sittlichen Erfahrung, theils
als Postulate des sittlichen Bewusstseins, vorschweben, liegt
eine lange Reihe von Uebergängen. Das hat die Speculation

dieser Zeiten theils vergessen, theils nur unzulänglich zu construiren vermocht.

Indem·man Beginn und Ende der Entwicklung unmittelbar neben einander stellte, war ein doppeltes Fehlgreifen beinahe unvermeidlich. Entweder nemlich man setzte, um nur ja mit der primitivsten Form zu beginnen, so wenig wie möglich als ursprünglich voraus und war dann nicht mehr im Stande, die höheren Formen des Ethischen aus solch' mangelhafter Grundlage abzuleiten; oder man blieb sich dieser höheren Forderungen bewusst und suchte die Grundannahmen ihnen entsprechend zu gestalten — dann aber lag die Gefahr nahe, als Ausgangspunkt der Entwicklung anzunehmen, was nur Product derselben sein konnte und sich mit den Erfahrungsthatsachen der Sittengeschichte in einen unlösbaren Widerstreit zu setzen.

§. 2. Der Begriff der Verpflichtung.

Alles bisher Vorgetragene begründet nun die Möglichkeit des Sittlichen insofern, als es auf einer natürlichen Anlage des Menschen beruhen muss, um wirklich zu werden. Woher aber stammt die verpflichtende Kraft sittlicher Grundsätze?

In der Antwort auf diese Frage sehen wir Cumberland sich seinem Gegner Hobbes so beträchtlich nähern, dass seine Lösung geradezu das Schlagwort des späteren, an Hobbes sich anlehnenden Nominalismus geworden ist [76]). Man kann nach ihm die moralische Verpflichtung in ihrer ganzen Allgemeinheit etwa so definiren: „Sie ist ein Akt des (obersten) Gesetzgebers, durch welchen er zu erkennen gibt, dass die seinem Gesetze gemässen Handlungen für jene, denen er sie vorgeschrieben hat, nothwendig sind" [77]).

Wir sind aber verpflichtet, immer und überall das allgemeine Beste zu suchen, weil die Natur der Dinge und namentlich die aller Vernunftwesen uns zeigt, dass dies Streben zur Vollendung unseres eigenen Glückes unentbehrlich ist. Hier vereinigen sich die grösste innere Kraft mit der höchsten Trefflichkeit des Objects oder Zweckes zu einem wahrhaft

vollkommenen Thun. In dem Wohle aller Vernunftwesen befördern wir unser eigenes, gerade so wie das Wohlbefinden
jedes einzelnen Gliedes unseres Körpers von der Gesundheit
des Ganzen abhängt[78]).

Zwar verhehlt sich Cumberland keineswegs, dass unter
gewissen Umständen und in einem einzelnen Falle Lohn und
Strafe keineswegs eine ganz unfehlbare und unmittelbare Verbindung mit sittlichem oder unsittlichem Thun besitzen; aber
einen wirklichen stichhaltigen Einwand gegen seine Theorie
glaubt er darin nicht zu erkennen. Man habe nur die einzelne Handlung nicht in völliger Isolirtheit aufzufassen, sondern
vielmehr im Zusammenhange des ganzen Systems von Ursachen und Wirkungen, welches das Zusammenleben mit unseres
Gleichen darstelle; dass der Ausschlag nothwendig zu Gunsten
des wohlwollenden, sittlichen Handelns fallen müsse, sucht er
ausführlich darzuthun[79]).

So gewinnt auch die Metaphysik des Sittlichen einen ganz
anderen Anstrich als bei Cudworth. Das Sittliche ergibt sich
aus der Beobachtung des Weltlaufs, der Organisation des
Menschen und seinem Verhältnisse zu den vernunftbegabten
Mitgeschöpfen. Dies Alles ist durch die Gottheit gesetzt[80])
und das Sittliche insofern allerdings ein Ausfluss des göttlichen
Willens; aber es wird dadurch weder willkürlich, noch ver-
änderlich. Die Ausübung des allgemeinen Wohlwollens wird,
auch abgesehen von aller göttlichen Autorität, solange nur die
Natur der Dinge unverändert bleibt, in so enger Beziehung
zu dem Glücke jedes einzelnen Vernunftwesens und zu dem
Wohle der Gesammtheit bleiben, wie sie zwischen jeder natürlichen Ursache und ihrer Wirkung, oder einem Zwecke und
den dazu erforderlichen Mitteln besteht. Denn wenn auch die
gesammte gegebene Beschaffenheit der Welt im letzten Grunde
ein Ausfluss des göttlichen Willens ist, so kann doch die Gottheit selbst nicht wollen, dass die vernünftigen Geschöpfe das
seien, was sie sind, ohne ihnen zugleich die Verpflichtung des
Sittengesetzes aufzuerlegen.

Die weitere Darstellung wird zeigen, dass diese Auffassung
entschiedenen Anklang gefunden hat und selbst von späteren
rationalistischen Denkern, wie Clarke und Price, im Wesentlichen

acceptirt worden ist. Scheint es aber nun nach allem Gesagten nicht, als ob bei Cumberland's Art, das Sittliche abzuleiten und die sittliche Verpflichtung zu begründen, schliesslich doch Alles auf eine Befriedigung des Egoismus hinauslaufe, wozu auch das Fördern des allgemeinen Wohles nur als Mittel diene? Diesen Einwand, dessen leitender Gedanke in der späteren geschichtlichen Entwicklung eine nicht unbeträchtliche Rolle gespielt hat, nimmt Cumberland voraus, um ihn zu widerlegen. Er weist darauf hin, dass die sogenannte Sanction eines Gebotes, d. h. die Ausrüstung desselben mit Belohnungen und Strafen zwar derjenige Punkt sei, an welchem sich die Verpflichtung am unmittelbarsten geltend mache, dass aber sowohl die Absicht des Gesetzgebers, als die Intention desjenigen, der das Gesetz in vollem Maasse zu erfüllen strebe, mehr voraussetzten, als eine so äusserliche Gesetzeserfüllung. Das letzte Ziel aber, welches der Gesetzgeber im Auge habe und welches auch den Gehorchenden leiten müsse, sei die universelle Glückseligkeit. Wenn man dies stetig festhalte, so geschehe der Aufrichtigkeit unseres Gehorsams dadurch kein Eintrag, dass es das Verlangen nach unserm eigenen Glücke ist, welches uns zu der Einsicht führt, es sei unserem Handeln von der Gottheit ein noch höheres Ziel gesteckt [81]).

§. 3. Geschichtliche Stellung Cumberland's.

Die Theorie Cumberland's nimmt eine ausserordentlich merkwürdige Stellung in der Geschichte der englischen Ethik ein. Es widerfährt ihr durchaus nicht volles Recht, wenn man sie nur als Bestandtheil der gegen Hobbes gerichteten Polemik aufzählt. Die Opposition gegen Hobbes ist allerdings die äussere Veranlassung der Schrift und gegen ihn richtet sich auch ihre am meisten kenntliche Spitze. Aber viel wichtiger als die Polemik sind die positiven Aufstellungen Cumberland's. Seine Form ist schwerfällig und sein Gedanke selbst von einer gewissen Verworrenheit kaum freizusprechen [82]); aber wer die Hauptzüge seiner Doctrin, wie sie die obige Darstellung aus den langathmigen Sätzen und endlosen Wiederholungen des Verfassers herauszuheben versucht hat, aufmerksam überdenkt und mit der nachherigen Entwicklung der ethischen Theorien in England und Schottland vergleicht, wird mit Staunen gewahr werden, dass sich hier noch in unklarer Vermischung die beiden Hauptrichtungen vereinigt finden, welche später in scharfe Gegensätze gesondert auseinandertreten — der ethische Nominalismus und Utilitarismus, wie er in Locke und seiner ganzen Schule bis auf Paley herrschend erscheint, auf der einen Seite; der ethische Realismus und die Gefühlsmoral in ihren verschiedenen Formen, welche von Shaftesbury inaugurirt und hauptsächlich von schottischen Denkern gepflegt werden, auf der andern Seite.

Die Begründung des Pflichtbegriffes auf die guten oder schlimmen Folgen, welche nach der Einrichtung der Natur das Thun des Menschen begleiten, indirect auf den Willen Gottes, als des höchsten Gesetzgebers, welcher mit der Beobachtung seines Willens Belohnungen, mit der Verletzung desselben Strafen verbunden hat: das sind Ideen, welche, wie die weitere Darstellung zu zeigen haben wird, später in der Ethik der Locke'schen Schule zu fester Geltung und ausgebreiteter Wirksamkeit gelangt sind, deren eigentliche Quelle aber nicht bei Locke, sondern bei Cumberland zu suchen ist. Dass aber anderseits die guten und bösen Folgen unserer Handlungen nicht allein die Sittlichkeit ausmachen, sondern diese eine reale Grundlage in der auf Sociabilität und thätiges Wohlwollen gegen Alle Seinesgleichen angelegten Natur des Menschen besitzt, welche denselben zum sittlichen Handeln treibt, ganz abgesehen davon, was dabei für ihn oder andere an Glück herauskommen mag — dieser Gedanke Shaftesbury's und der in seinen Fusstapfen wandelnden Ethiker ist ebenfalls nicht im höchsten Sinne original, sondern bildet einen wesentlichen Bestandtheil von Cumberland's Theorie. Diese nimmt also durchaus eine Doppelstellung ein: ist zugleich abschliessend und neue Bahnen eröffnend, was man mit gleichem Rechte von keinem der übrigen gegen Hobbes gerichteten Systeme behaupten kann, welche entweder nur ältere Positionen vertheidigen und ohne alle Nachwirkung bleiben, oder auch da, wo ihre Gedanken in der späteren Entwicklung wieder vorkommen, doch keineswegs das Schlagwort für eine so reiche und vielseitige Gestaltung zu geben vermögen. Der eingehenden Prüfung dieser aus der gemeinsamen Wurzel des Cumberland'schen Systems hervorgewachsenen Gedankenbildungen soll das nächste Capitel gewidmet sein.

V. Capitel.

Locke und seine Gegner: Clarke und Shaftesbury.

1. Abschnitt.

Locke [1].

§. 1. Ursprung des Sittlichen.

Locke's „Essay on human understanding" erschien zuerst
im Jahre 1689; knüpft also der Zeit nach ziemlich unmittelbar
an die im vorigen Abschnitte behandelten Werke an. In
welcher Weise seine ethische Doctrin auch dem Inhalte nach
zu Cumberland in Beziehung steht, wurde bereits angedeutet.
Allein die geschichtliche Geltung Locke's nach dem bemessen
zu wollen, was er seinen Vorgängern zu danken hatte [2], wäre
im höchsten Grade einseitig; nicht die Anregungen, die Locke
von verschiedenen Seiten empfangen hat, können dabei den
Ausschlag geben, sondern nur wie er dieselben zu benutzen
wusste und wie er auf die Späteren zu wirken vermocht hat.
Ueber diesen Punkt aber gibt es kaum Meinungsverschieden-
heiten: dass er der Philosophie Englands, und im weiteren
Verlaufe auch der Frankreichs, auf Generationen hinaus eine
bestimmte Richtung gegeben hat, dass sich an seine Lehre,
erläuternd oder bekämpfend, die Methode benützend, die Ergebnisse um- und weiterbildend, die Mehrzahl der philosophischen Leistungen beider Nationen fast ein volles Jahrhundert
hindurch angeschlossen hat [3]: das sind Thatsachen, die als solche

feststehen, wenn auch die Beurtheilung derselben je nach dem Standpunkte wechseln mag.

Eine Untersuchung aber war das Hauptziel der Locke-schen Philosophie: sie spitzte sich gewissermassen in der Frage zu: „Gibt es angeborene Ideen oder nicht?" In voller Ueber-einstimmung mit seiner sonstigen Beantwortung dieser Frage finden wir bei Locke eine schneidende Kritik des Angeboren-seins der obersten sittlichen Begriffe, in dem Sinne, in welchem z. B. von Herbert und Cudworth dasselbe angenommen worden war [4]). Die Behauptung selbst, welche er vertrat, war nicht neu; denn dass das Sittliche nicht von Natur im Menschen liege, sondern durch einen ziemlich verwickelten Process und als Ergebniss einer gewissen Berechnung in einer je nach den Umständen wechselnden Form erst entstehe, war schon von Hobbes gelehrt worden und Cudworth's eigene Apriorität-stheorie war erst im Widerspruch gegen jenen erwachsen.

Neu aber ist die Form, welche Locke seinem Argumente gibt, so dass dieser zwar der Grundanschauung nach mit Hobbes übereinkommt, aber doch zugleich einen weiteren Gesichtspunkt hinzufügt. So kann man gewissermassen die Locke'sche Polemik gegen die angeborenen sittlichen Begriffe als eine Replik der von Hobbes vertretenen Anschauung be-trachten und die Thatsache, dass trotz mancher Anklänge ein directer Einfluss von Hobbes auf Locke weder wahrscheinlich noch nachweisbar ist [5]), Locke's Anschauung also ganz unab-hängig erwuchs, vermag das Gewicht dieser Uebereinstimmung nur zu verstärken.

Es kann keine angeborenen, durch sich selbst evidenten Begriffe oder Axiome des Sittlichen geben (so schliesst Locke), weil es erstens keine praktische Wahrheit gibt, die allgemein (universally), ohne jeden Schatten von Zweifel oder Fraglich-keit anerkannt wäre, weil zweitens ebensowenig eine sittliche Regel gedacht werden kann, nach deren Grund man nicht zu fragen vermöchte, ohne sich im mindesten lächerlich zu machen, und weil drittens alle diese angeblich angeborenen Regeln fort-während mit der grössten inneren Ruhe und Zuversicht über-treten werden. Die drei angeführten Thatsachen aber wären un-möglich, wenn es wirklich angeborene praktische Principien gäbe.

Man sieht, hier stehen sich Satz und Gegensatz auf das schärfste gegenüber. Es ist nichts mit der unbedingten Allgemeinheit und unzweifelhaften Evidenz der sittlichen Axiome, die Cudworth behauptet hatte: dagegen spricht die einzige Instanz, welche in solchem Streite den Ausschlag geben kann — die Erfahrung, und sie zieht Locke in grosser Ausdehnung zur Unterstützung seines Argumentes heran. Wir haben also ursprünglich in uns selbst kein Princip, aus welchem sich mit Allgemeinheit und Nothwendigkeit Werthurtheile und Normen für eigenes und fremdes Handeln ergäben. Zwar scheinen die menschlichen Triebe ein solches Princip zu bieten; aber sie sind keinesfalls im Stande, als eine sittliche Regel zu fungiren, da sie ja, sich selbst überlassen, zum Umsturz aller Sittlichkeit führen müssen, die gerade in der Niederhaltung dieser Triebe besteht. Wenn Locke hier bereits den Gedanken vorausnimmt und abweist, welcher später von Seiten des ethischen Realismus in verschiedener Formulirung gegen seine Ableitung des Sittlichen geltend gemacht worden ist, so erinnert es durchaus an Hobbes, wenn er gegen den Vorwurf protestirt [6]), er kenne nur das positive Gesetz, weil er angeborene Regeln verwerfe. Er macht den Unterschied geltend zwischen einem angeborenen (innate) und einem natürlichen Gesetze (law of nature); jenes gehöre zum ursprünglichen Wesen und Bestand unserer geistigen Anlage; von diesem aber wissen wir ursprünglich nichts, gelangen indessen zur Einsicht in dasselbe durch Anwendung und Gebrauch unserer natürlichen Fähigkeiten. Wie? hat Locke in einem andern Zusammenhang erörtert.

§. 2. Der Begriff des Sittlichen und sein Verhältniss zu Natur und Offenbarung.

Dies der negative Theil von Locke's Untersuchung. Seine Fassung des sittlichen Thatbestandes und die auf ihr ruhende Definition des Sittlichen aber ist, wie der Rechtsbegriff des Hobbes, hauptsächlich durch das Suchen nach einer ausreichenden Sanction der Vorschriften der lex naturalis bestimmt. „Das Sittlich-Gute oder Sittlich-Böse," so definirt er, „ist

nichts anderes, als die Uebereinstimmung oder Nichtübereinstimmung unserer freiwilligen Handlungen mit einem Gesetze,
vermöge deren wir uns nach dem Willen des Gesetzgebers
entweder gute oder üble Folgen zuziehen, welche Belohnung
oder Bestrafung heissen." Die Idee der Verpflichtung ist hier
offenbar massgebend [7]). Ohne Gesetzgeber keine Verpflichtung,
ohne Verpflichtung keine Sittlichkeit. Alles, was als Norm
des menschlichen Handelns auftritt, muss aus dieser Quelle
stammen. Locke unterscheidet nun drei Arten von Gesetzen,
welche Quelle sittlicher Unterscheidungen werden können: das
göttliche Gesetz, das bürgerliche Gesetz und das Gesetz der
öffentlichen Meinung. Dieser Eintheilung der Gesetze entspricht die der menschlichen Handlungen in Pflicht und Sünde,
Unschuld und Schuld, Tugend und Laster. Jedes dieser Gesetze wirkt in eigentümlicher Weise und hat eine besondere
Art, seine Verpflichtung durchzusetzen. Auch hier aber bleibt
noch die Frage, wie gelangt diese dreifache Gesetzgebung an
den Menschen, wie bildet sie sich aus und auf welcher Grundlage ruhen ihre Bestimmungen? Denn da es keine angeborene
und unmittelbar gewisse sittliche Einsicht gibt, so muss Alles,
was als Gesetz für das menschliche Handeln auftritt, in seiner
Genesis erklärbar sein.

Das göttliche Gesetz gelangt zu uns auf einem doppelten
Wege: durch das Licht der Natur und durch die Stimme der
Offenbarung [8]). Dies ist in hohem Grade charakteristisch für
Locke. Wie eine einsam ragende Säule erhebt sich inmitten
seines sensualistischen Systems plötzlich der Begriff der Offenbarung. Die Möglichkeit derselben zu untersuchen oder zu bezweifeln ist ihm niemals eingefallen. In seiner Schrift über die
„Vernünftigkeit des Christentums" spricht aus jeder Zeile der
treueste, einfältigste Glaube an die göttliche Inspiration der
Bibel [9]). Er erklärt, dass das neue Testament einen absolut reinen
Codex der Sittlichkeit enthalte und lehnt es aus diesem Grunde
ab, selbst eine Abhandlung über die Ethik zu schreiben [10]). Er
bezeichnet das göttliche Gesetz nachdrücklich als den Eckstein
aller wahren Sittlichkeit und die Belohnungen und Bestrafungen
des Jenseits als die Haupttriebfedern zur Befolgung der göttlichen Gebote [11]).

Indessen sieht man doch aus der gleichzeitigen Anführung des natürlichen Gesetzes als Quelle der Sittlichkeit neben dem göttlichen, dass Locke die Offenbarung keineswegs ausschliesslich gelten zu lassen gewillt war. Und soweit trifft seine Anschauung mit der alten kirchlichen und scholastischen zusammen, welche ja vielfach auch das Vorhandensein eines natürlichen Gesetzes vor und neben der Offenbarung anerkannt hatte. Ueber das Verhältniss beider zu einander hat sich Locke im „Essay concerning human understanding" nicht näher ausgesprochen; wohl aber enthält die Schrift „Reasonableness of Christianity" [12]) eine ausführliche Erörterung dieses Punktes.

Was er in dieser Beziehung geleistet, hat vielleicht einen ebenso entscheidenden Anstoss gegeben als seine Analyse des menschlichen Erkenntnissvermögens. Denn die grosse Controverse des englischen Dëismus, die fast zwei Generationen in Athem hielt, geht von hier aus. Was Bacon sorgfältig vermieden hatte anzurühren, und woran auch Hobbes mit einem blossen Auskunftsmittel vorübergegangen war: diesem Problem geht Locke herzhaft zu Leibe — freilich in einer Weise, die mit der späteren Behandlung desselben verglichen, noch sehr harmlos erscheint [13]).

Wozu bedarf der Mensch einer eigenen Offenbarung, wenn er auf dem Wege der natürlichen Einsicht zur Kenntniss dessen gelangen kann, was er zu seiner sittlichen Vervollkommnung braucht? Auf diese Frage aber hat Locke eine sehr bündige Antwort. Sie hat uns ein Sittengesetz gebracht, früher, vollständiger und besser sanctionirt, als es der sich selbst überlassenen Vernunft, „dem natürlichen Lichte", möglich gewesen wäre.

Hier haben wir also die eine Hauptquelle des Sittlichen: einen vollständigen, mit göttlicher Sanction bekleideten Moralcodex, welcher die Hauptkriterien für die Unterscheidung zwischen Gut und Böse liefert. Dass dies Gesetz aus dem göttlichen Willen stammt, ist hinreichend, um ihm für den Menschen verpflichtende Kraft zu geben. Es kommt von aussen an ihn heran; es ist durchaus heteronom; was der Mensch ihm entgegenbringt, ist nur das mittels seiner eigenen Erfah-

rung zu gewinnende natürliche Gesetz, welches in den meisten
Fällen die Aussprüche des göttlichen lediglich bestätigt.

Dieses natürliche Gesetz muss man nun offenbar als die
gemeinschaftliche Quelle der beiden andern Gesetze betrachten,
welche Locke als Grundlagen des Sittlichen nennt: des positiven und des Gesetzes der öffentlichen Meinung. Locke erklärt dies nicht ausdrücklich, aber es ergibt sich aus dem,
was er über das Zusammentreffen des bürgerlichen Gesetzes
und des Gesetzes der öffentlichen Meinung mit dem natürlichen
Gesetz sagt. Soweit es möglich ist, aus den flüchtigen Andeutungen Locke's einen sicheren Schluss zu ziehen, ist seine
Meinung die folgende [14]).

Sieht man ab von der unmittelbaren Verkündigung göttlichen Willens, wie sie im Evangelium niedergelegt ist, so
muss als das einzige Kriterium für den Werthunterschied
menschlicher Handlungen ihre Tendenz zur Beförderung der
Glückseligkeit bezeichnet werden. Die Erfahrung über die
Nützlichkeit oder Schädlichkeit eines bestimmten Thuns ist
also die einzige natürliche Quelle einer sittlichen Beurtheilung
desselben. Diese Erfahrung kann aber aus verschiedenen
Quellen stammen. Wenn man (wie das Locke selbst thut)
dabei nur auf den Willen des Gesetzgebers recurrirt, gleichviel ob man darunter das positive Gesetz, oder die öffentliche
Meinung versteht, so ist das nur eine mittelbare Ableitung.
Denn es bleibt die Frage übrig, welches die Gründe seien,
die das positive Gesetz oder die öffentliche Meinung bestimmen,
gerade diese Handlung als sittlich zu bezeichnen und mit Belohnungen auszustatten.

Es muss eine directe Ableitung geben und diese beruht
eben auf dem natürlichen Gesetze (law of nature). Dies ist
die allgemeine, von Gott gewollte Ordnung der Dinge, welche
den Handlungen ihre Signatur aufprägt, indem kraft ihrer mit
Nothwendigkeit aus diesem Thun Glück, aus jenem Unglück
resultirt. Was sich dem Menschen auf diese Weise als sittlich
werthvoll ankündigt, fällt natürlich an sich mit dem zusammen,
was Gott mittels directer Offenbarung gebietet. Die Offenbarung stellt ja sozusagen nur ein abgekürztes Verfahren dar,
um den Menschen mit einer möglichst vollständigen Kenntniss

des sittlich Werthvollen auszurüsten. Durch Erfahrung und Beobachtung der gottgesetzten Naturordnung liesse sich ein übereinstimmendes Resultat nur auf einem etwas schwierigeren und längeren Wege errreichen. Eben daher stammen auch die Bestimmungen des bürgerlichen Rechts und der öffentlichen Meinung und es erklärt sich auf diese Weise sehr gut ihr doppelter Charakter. Während nemlich das göttliche Gesetz und das natürliche Gesetz lediglich eine objective Ordnung darstellen, ist in dem bürgerlichen Recht und dem Gesetz der öffentlichen Meinung beides, das objective und das subjective Element, gemischt. Die objective Naturordnung muss hier durch das Medium der menschlichen Erkenntniss hindurchgehen und es bleibt also fraglich, inwiefern die Glück begründenden Factoren und danach zu bestimmenden Normen des menschlichen Handelns richtig aufgefasst worden sind. Während uns also einerseits in diesen beiden Gattungen von Gesetzen eine grosse Mannigfaltigkeit zum Theil widersprechender Bestimmungen entgegentritt, so wird man doch anderseits bei gehörigem Vergleich finden, dass auch sie in erheblichem Maasse mit den Regeln des göttlichen und natürlichen Gesetzes übereinkommen, weil eben trotz mancher möglichen Missgriffe die Menschen sich ohne völlige Preisgebung aller Vernunft und ihres eigensten Interesses, dem sie doch so getreulich zugethan sind, nie allgemein und auf die Dauer in der Beurtheilung des thatsächlichen Werthes einer bestimmten Handlungsweise irren können.

§. 3.   Geschichtliche Stellung der Locke'schen Theorie.

Diese Theorie Locke's ist in sachlicher wie in historischer Richtung ausserordentlich merkwürdig durch die Vereinigung verschiedener Gedanken zu einem in sich wohl zusammenhängenden Ganzen und durch die bedeutenden Wirkungen, welche auch dieser Theil der Locke'schen Philosophie ausgeübt hat.

Die Mängel der Locke'schen Theorie werden im Verlaufe dieser Darstellung selbst an den Einwürfen und Umgestaltungen ersichtlich werden, welche dieselbe erfuhr; zunächst muss her-

vorgehoben werden, dass hier mit grosser Klarheit ein Princip
für die Ableitung des Sittlichen in Vorschlag gebracht war,
welches zwar nicht ausreicht, alle Erscheinungen dieses Gebietes zu erklären, aber auf alle Fälle der ethischen Forschung
sehr wirksame Impulse gegeben hat und weit über Locke's
eigentliche Schule hinaus bis in das Bereich der heutigen Speculation herein Freunde und Anhänger zählt [15]). Die Grundanschauung Locke's war nicht neu. Sie trifft, was die Lehre
vom natürlichen Gesetze und vom bürgerlichen Rechte angeht,
in allen wesentlichen Punkten mit Hobbes zusammen; schreitet
darin allerdings ergänzend und verbessernd über denselben
hinaus, dass sie das neben dem eigentlichen Rechte liegende
Gebiet des specifisch Sittlichen mit berücksichtigt und nicht
bloss in dem Willen des Souverains, sondern auch in der
öffentlichen Meinung eine Quelle des Sittlichen erkennt [16]) —
ein Gedanke, der in Locke's Schule verhältnissmässig wenig
Beachtung gefunden hat und erst von Adam Smith wieder
aufgenommen und mit grösserer psychologischer Feinheit durch-
gebildet worden ist. Die Idee aber, dass in der von Gott
eingesetzten Naturordnung die Grundlage gegeben sei, auf
welcher der Mensch durch Beobachtung und Erfahrung allmälig den Bau seiner Rechtsordnung und seiner Sittlichkeit
errichte, wobei eben die nützlichen oder schädlichen Folgen
der Handlungen als führende Kriterien dienen, stammt jedenfalls von Cumberland, dessen Gedanken sie genau entspricht,
da der Begriff der law of nature bei beiden Denkern die
gleiche Bedeutung hat. Der Unterschied ist nur der, dass
Locke seiner erkenntniss-theoretischen Grundansicht zu Folge
eine weitere Begründung des Sittlichen durch einen ursprünglichen socialen Trieb für überflüssig hält und ausdrücklich erklärt, ausser der Fähigkeit Lust und Schmerz zu empfinden
sei dem Menschen nichts angeboren [17]). Ihm erscheint also noch
ableitbar, was Cumberland als ein Letztes statuirt hatte. Ob
seine Ableitung des Sittlichen lediglich aus Lust und Schmerz,
d. h. aus den Folgen unserer Handlungen, genüge, oder einen
erheblichen Bestandtheil der sittlichen Erfahrung unerklärt
lasse, bildet ein Hauptthema der auf Locke folgenden Controversen und ist daher hier nicht weiter zu erörtern [18]).

§. 4. Die Frage nach der mathematischen Evidenz des Sittlichen.

Wer den bisher entwickelten Anschauungen Locke's folgend aus ihnen sich seine Idee der Locke'schen Doctrin gebildet hat, wird mit Befremden an einer Anzahl von andern Stellen bemerken, dass Locke von einer der Mathematik gleichkommenden Beweisbarkeit des Sittlichen spricht. Da Locke ausdrücklich erklärt hat, dass es keine selbstevidenten sittlichen Axiome gebe und geben könne, da er alle sittlichen Regeln entweder aus der Offenbarung, oder aus der Erfahrung ableitet, so lässt sich zunächst allerdings nicht einsehen, wie das Sittliche einer mathematischen Beweisbarkeit fähig sein solle. Dieser scheinbare Widerspruch löst sich, sobald man annimmt, dass sich die von Locke behauptete mathematische Gewissheit in der Ethik nicht auf das Finden der sittlichen Regeln selbst, sondern nur auf die Uebereinstimmung oder Nichtübereinstimmung eines gegebenen einzelnen Falles mit diesen Regeln bezieht, oder auf die logische Entwicklung aller aus einem ethischen Begriffe oder einem Gesetze folgenden Corollarien. Diese Auffassung scheint sich in der That aus der Vergleichung einer Anzahl von Stellen [19]), an welchen Locke von der mathematischen Beweisbarkeit des Sittlichen spricht, als die wahrscheinlichste zu ergeben. Dieselben enthalten ihrem wesentlichen Sinne nach etwa folgende Theorie [20]).

Die Objecte, mit welchen es die Sittenlehre zu thun hat, sind lediglich moralische Ideen, d. h. zusammengesetzte Vorstellungen von Handlungen, welche dadurch, dass wir sie mit den Bestimmungen einer gesetzlichen Norm vergleichen, ihren ethischen Charakter erhalten. Daraus folgt nun, dass unsere sittliche Einsicht einer realen Gewissheit geradeso fähig ist, wie die Mathematik. Denn wie ihre Demonstrationen nur von der Bestimmtheit und Widerspruchslosigkeit der ihnen zu Grunde liegenden Vorstellungen abhängen, und gültig bleiben, gleichviel ob irgendwo entsprechende Dinge in Wirklichkeit vorhanden sind, so ist die Wahrheit und Gewissheit ethischer Erörterungen ganz unabhängig von dem wirklichen Leben der

Menschen und der thatsächlichen Existenz der Tugenden, von denen sie handeln. Alle praktische Sittenlehre ist nur die Entwicklung und Anwendung allgemeiner ethischer Sätze, bei denen es sich gar nicht um die Wirklichkeit der bezüglichen Vorstellungen handelt.

Wir befinden uns hier also ganz im Gebiete des Subjectiven, Logischen. Locke frägt gar nicht nach dem Ursprung der sittlichen Begriffe und Axiome, sondern er setzt dieselben voraus, geradeso wie der Mathematiker die Grössen und Figuren, mit denen er zu thun hat; worauf es ihm ankommt, ist nur zu zeigen, dass sich aus ethischen Ideen mit derselben Sicherheit Folgesätze ableiten lassen, wie aus mathematischen. Es wäre aber ein vollständiger Irrtum, wenn man glauben wollte, die mathematische Demonstrirbarkeit erstrecke sich auch auf die sittlichen Grundurtheile. Dass Gerechtigkeit sittlich sei und worin sie bestehe, das lässt sich mathematisch nicht demonstriren; wohl aber lässt sich aus einem gegebenen Begriff der Gerechtigkeit mit völliger Sicherheit demonstriren, welche Handlungen mit demselben übereinstimmen und welche nicht. Dass dies keinen grossen Werth habe und lauter analytische Urtheile, lediglich eine Entwicklung von Definitionen, ergebe, ist schon von Locke's Zeitgenossen bemerkt worden [21]), und ich finde nicht, dass Gegner oder Anhänger seiner Philosophie auf diese Idee irgend welchen Nachdruck gelegt hätten — sicher auch ein Beweis, dass dieselbe zu dem Kernpunkte der ganzen Frage ausser Beziehung steht. Um sie aber richtig zu würdigen, wird man noch Eines nicht vergessen dürfen: dass sie nirgends als selbständige Theorie auftritt, sondern überall nur als Exemplification erscheint, wo von Verhältnissen der Ideen und der Möglichkeit des Wissens die Rede ist. Dass sie mit seinen übrigen ethischen Lehren nicht schlechthin in Widerspruch stehe und in welcher Auffassung sie sich mit denselben vereinigen lasse, wird vielleicht aus der obigen Darlegung ersichtlich geworden sein; gleichwohl muss zugegeben werden, dass sich in Locke's Ausdrücken eine Unbestimmtheit findet, welche, beabsichtigt oder unbeabsichtigt, die Möglichkeit entgegengesetzter Deutungen offenhält, und sich in den verschiedenen Interpretationen auch genügend geltend gemacht hat [22]).

2. Abschnitt.

Clarke.

§. 1. Die Polemik gegen Hobbes und Locke.

Wenn in der zweiten Hälfte des 17. Jahrhunderts die
radicale Doctrin von Hobbes sich zu einem grossen Theil der
herrschenden Anschauungen in starken Gegensatz gestellt und
dadurch eine lebhafte Discussion und erhebliche Vorwärts-
bewegung der wissenschaftlichen Gedanken hervorgerufen hatte,
so wiederholt sich ein ganz ähnlicher Vorgang bei Beginn des
18. Jahrhunderts auf Veranlassung der Philosophie Locke's.
Zunächst fand der Intellectualismus und Rationalismus, wie
ihn einstens Cudworth gegen Hobbes verfochten hatte, auch
jetzt noch einen achtungswerthen Vorkämpfer in Samuel Clarke,
einem ernsten und tüchtigen Denker[23]), der auf mannigfache
Weise in die geistigen Bewegungen seiner Zeit eingegriffen
hat. Cudworth und Clarke weisen in vielen Stücken[24]) grosse
Aehnlichkeit auf, welche sowohl auf der Grundanschauung
beider Denker, als der von ihnen eingenommenen Position
beruhen. Daneben macht sich natürlich auch der Unterschied
der Zeiten bemerklich; die Waffen, mit welchen sie ihre Anschauungen vertheidigen, und die schriftstellerische Form, in
welcher sie dieselben vortragen, sind andere geworden: an
Stelle des bei Cudworth dominirenden Platonismus ist bei
Clarke die durch Newton's Principien vervollständigte Cartesianische Philosophie getreten; statt des umfassenden litterarischen Apparates und der steten Auseinandersetzung mit
den Meinungen der antiken Philosophen aber findet man bei
Clarke das Streben, seiner ganzen Darstellung eine möglichst
geschlossene Form nach Art mathematischer Beweisführung zu
geben. Der Ausgangspunkt ist beiden Denkern gemeinsam.
Dies ist der vielleicht missverständliche, aber bei einer bestimmten Art die Dinge anzusehen wohl begreifliche Vorwurf,
dass Hobbes und Locke die sittlichen Normen[25]) zu etwas Will-
kürlichem, Veränderlichem herabgesetzt hätten. Diese Theorie
scheint einer wesentlichen Forderung des sittlichen Bewusst-

seins zu widersprechen, welches eine unveränderliche, aller
Willkür entzogene, schlechthin auf sich selbst ruhende Gültigkeit des Sittengesetzes verlangt; sie scheint sich aber auch
vor Allen in einen logischen Widerspruch zu verwickeln.
Denn wenn es nach Hobbes angemessen und vernünftig war,
dass die Menschen, um die völlige Zerrüttung und den Untergang ihres Geschlechts zu vermeiden, gewisse Uebereinkünfte
und Verträge schlossen, so muss es offenbar schon vor dem
Abschluss solcher Einigungen unvernünftig gewesen sein, dass
die Menschen sich gegenseitig den Untergang bereiten sollten.
Dies widerspricht aber direct der Grundannahme bei Hobbes,
dass es vor dem Abschlusse eines Vertrages keinen natürlichen und absoluten Unterschied zwischen Gut und Böse gebe.
In denselben Widerspruch aber verwickeln sich unvermeidlich
alle diejenigen, welche die Theorie vertreten, dass der Unterschied zwischen Gut und Böse seinem Ursprung nach abhängig
sei von positiven Gesetzen, gleichviel ob göttlich oder mensch-
lich. Denn wenn es nicht schon in der Natur der Dinge und
vor aller Gesetzgebung einen Unterschied zwischen Gut und
Böse[26]) gibt, dann kann weder ein Gesetz besser und gerechter
sein als ein anderes; noch lässt sich irgend ein Grund angeben,
weshalb es Gesetze überhaupt gibt. Es ist kein Ausweg aus
dieser Verlegenheit, zu sagen, dass aus den verschiedenen,
ihrer Natur nach völlig indifferenten Möglichkeiten zu handeln, durch weise Gesetzgeber diejenigen ausgewählt und obli-
gatorisch gemacht werden, deren Ausübung zum Vortheil der
Gemeinschaft dienen wird. Denn wenn eine gewisse Art des
Handelns dem öffentlichen Wohle zur Förderung und eine entgegengesetzte demselben zum Nachtheile gereicht, so sind diese
verschiedenen Handlungsweisen eben ihrer innersten Natur nach
nicht völlig indifferent, sondern gut und vernünftig vor jeder
gesetzlichen Bestimmung und können lediglich aus diesem
Grunde durch gesetzliche Autorität noch weitere Sanction erhalten.

Diese Auseinandersetzung Clarke's gehört einerseits zu
dem Scharfsinnigsten, was gegen die bloss nominalistische Ableitung der sittlichen Unterschiede vorgebracht worden ist und
hat bis in die jüngste Zeit unzählige Reproductionen erfahren;
lässt jedoch anderseits auch auf's klarste das Missverständniss

erkennen, auf welchem sie beruht. Dass es sich um ein
solches handelt, wird aus der obigen Darstellung ersichtlich
geworden sein, welche bemüht gewesen ist, zu zeigen, dass
weder Hobbes noch Locke trotz ihrer scheinbar ganz nominalistischen Ableitung des Sittlichen die natürliche Grundlage
desselben ganz und gar aufheben. Beide kennen und verwerthen den Schwebebegriff der lex naturalis, law of nature,
welcher ebensowohl die als Grundlage des Sittlichen dienende,
natürliche, naturgesetzliche Beschaffenheit der Dinge, als die
auf dieser Grundlage sich entwickelnden sittlichen Normen bezeichnet. Bei beiden Denkern macht sich der gewiss ein gut
Theil Wahrheit in sich enthaltende Gedanke geltend, dass
zum Sittlichen eben nicht bloss ein objectives, sachliches Element, sondern auch ein subjectiv-persönliches gehören, und
dass gerade dies letztere dasjenige sei, was ihm seinen eigentlichen Charakter und seine Sanction gebe. Diesen Sinn hat
es offenbar, wenn Hobbes und Locke das Sittliche erst mit
Gesetz und Vereinbarung, d. h. mit der ausdrücklichen und
gleichmässigen Willensäusserung einer Mehrzahl beginnen
lassen. (Das geoffenbarte Gesetz können wir hier als einen
Ausnahmsfall bei Seite lassen.) Sie leugnen gar nicht, dass
in der allgemeinen Einrichtung der Natur, von welcher auch
der Mensch mit seiner Organisation und seinen Existenz-
verhältnissen einen Theil bildet, gewisse Umstände liegen,
welche für den Menschen Triebfeder und Veranlassung
werden, diejenigen Werthurtheile und Normen festzustellen,
welche dann als das Sittliche bezeichnet werden. Sie stellen
nur das stillschweigend in Abrede, dass man vor dem Hinzu-
treten des subjectiven Factors diese natürlichen Grundlagen
desselben schon als das Sittliche bezeichne. Sie schrecken
daher auch durchaus nicht vor dem Gedanken einer Veränderlichkeit der sittlichen Normen innerhalb gewisser Grenzen
zurück — ein Gedanke, der die Gegner mit Entsetzen er-
füllte, aber doch so viel empirische Evidenz mit sich brachte,
dass er, einmal ausgesprochen und auf solche Weise begründet,
nicht wieder wegzuschaffen war. Dies Entsetzen wird begreiflicher, wenn man die allerdings schroffe und unbehülfliche
Form bedenkt, in welcher er zunächst auftrat, und welche nichts

als eine bunte Mannigfaltigkeit verschiedener und auf einander
weiter nicht zurückführbarer sittlicher Massstäbe zum Vorschein·
kommen liess. Aber in diesem Gedanken liegt der unentwickelte Keim einer viel tieferen Einsicht, welche jene Zeit
allerdings nur in einzelnen Ahnungen zu erreichen vermochte
— dass jenes verwirrende und allen fixen Massstäben so feindliche Element des Subjectiv-Veränderlichen zum Wesen des
Sittlichen gehöre, aber nichts weniger als ein schlechthin Willkürliches, Zufälliges darstelle, sondern in seinen Erscheinungen
selbst gesetzmässig geregelt und ein Entwicklungsproduct der
menschlichen Organisation und der sie umgebenden und beein-
flussenden natürlichen und socialen Medien sei. Gegen die
Fassung aber, in welcher die ersten Spuren dieses Gedankens
bei Hobbes und Locke erscheinen, behält allerdings der von
Clarke vorgebrachte und nachher von Price gegen spätere
Vertreter ähnlicher Anschauungen abermals benützte Einwand
seine ganze furchtbare Kraft. So wie jene Beiden die Natur
und den Menschen aufgefasst haben, versetzt in der That der
Einwand Clarke's sie in ein logisches Dilemma, aus welchem
kein directer Ausweg möglich ist. Es gibt nur einen indirecten,
und den haben zum Theil die Nachfolger Locke's, namentlich
Shaftesbury und seine Schule, sowie Adam Smith, eingeschlagen,
indem sie die Auffassung des Menschen und der Natur veränderten oder, richtiger gesagt, bereicherten. Beide, Mensch
und Natur, waren zu enge, zu ärmlich aufgefasst, als dass sich
ein so wundervolles Ergebniss, wie die Hoheit des Sittlichen,
hätte verständlich machen lassen. Es bleibt ein Räthsel oder
ein Widerspruch, so lange man jeden Gedanken an eine teleologische Anordnung der Natur, an eine auf Verwirklichung
bestimmter Zwecke gerichtete Organisation des Menschen von
der Hand weist. Es bleibt dann, wie Clarke sagt; wenn, wie
unentwickelt auch immer, nicht die Fundamente aller künftigen Werthurtheile in der Einrichtung der Natur der Anlage
nach vorhanden sind, und zwar als objective Zwecke, so ist
es wirklich reine Spiegelfechterei oder ganz subjectives Belieben, einen Vorgang besser oder schlechter, gerechter oder
ungerechter zu nennen, als einen andern; dann gilt ausnahmslos
der Satz eines vertrauensseligen Optimismus: „Whatever

is, is right," welchem aber zugleich der Umschlag in den niederdrückendsten, lähmendsten Pessimismus unmittelbar bevorsteht.

§. 2. Begriff des Sittlichen.

Wenn nun Clarke geltend macht, dass im Gegensatze zu dieser nominalistischen Auffassung die Normen des Sittlichen unabhängig von jeder Vereinbarung aus der Natur der Dinge selbst stammen, und nichts anderes ausdrücken können, als die ewigen und unveränderlichen Verhältnisse des Angemessenen und Unangemessenen, des Schicklichen und Unschicklichen, wie sie zwischen den Dingen existiren, so ist dies ein höchst unzulänglicher Ausdruck für eine an sich unzweifelhafte und im ethischen Bewusstsein sich mit unvertilgbarem Nachdruck geltend machende Wahrheit. Die bedenkliche Einseitigkeit dieses Satzes wird dadurch verstärkt, dass Clarke die Parallelisirung der sittlichen Wahrheiten mit den mathematischen noch weiter treibt und noch entschiedener hervorhebt, als Cudworth dies gethan hatte. Der Satz, welcher die Basis seines ganzen Arguments bildet, ist der, dass es Unterschiede in den Dingen gebe, und verschiedene Verhältnisse der Dinge zu einander, und dass aus diesen verschiedenen Beziehungen verschiedener Dinge auf einander nothwendig Uebereinstimmung oder Nichtübereinstimmung entstehe, oder eine Angemessenheit oder Unangemessenheit verschiedener Dinge oder verschiedener Beziehungen zu einander [27]). Das Gleiche sei der Fall in den Verhältnissen von Handlungen zu Personen, oder von Person zu Person. Das sei so gewiss, wie dass es in der Geometrie und Arithmetik die Verhältnisse der Aehnlichkeit und Unähnlichkeit, der Gleichheit und Ungleichheit gebe, oder dass in der Mechanik verschiedene Kräfte je nach ihrer Lage und Entfernung verschiedene Wirkungen haben. Mit den sich so aus der Natur der Dinge selbst ergebenden Verhältnissen des Angemessenen und Unangemessenen wird nun von Clarke das Sittlich-Gute und Sittlich-Böse identificirt. Es ist Hobbes und Locke gegenüber eine petitio principii, welche Clarke mit nicht geringer Emphase geltend macht. Die starken Ausdrücke, deren er sich gegen die nominalistische Auffassung [28]) bedient, lassen erkennen, wie unmöglich es für ihn ist, sich in deren Gedanken zu versetzen. Aber es liegt hier der Grundirrtum seiner ganzen Theorie. Der Wunsch, dem Sittlichen eine ewige und unveränderliche Grundlage zu geben, seine Fundamentalsätze streng beweisbar zu machen und ganz und gar dem gefürchteten Bereiche des Subjectiven (welches nach dieser Anschauung mit dem Willkürlichen beinahe zusammenfällt) zu entziehen, macht ihn vergessen, dass er darüber dem Sittlichen seinen specifischen Charakter raubt, und es aus dem Praktischen, wohin es doch seinem Begriffe nach gehört, ausschliesslich in's Theoretische versetzt. An all den zahlreichen Stellen, an denen Clarke seinen Begriff des Sittlichen auseinandersetzt, kehrt die gleiche Verwechslung wieder. Er sagt z. B.: „Alle vernünftigen Geschöpfe [29]), deren Wille und deren Handlungen nicht constant und regelmässig durch die Vernunft und die nothwendigen Unterschiede der Dinge, nach den ewigen und unveränderlichen Regeln der Gerechtigkeit, Billigkeit, Güte und Wahrheit bestimmt werden, sondern welche sich durch willkürliche Launen, heftige Leidenschaften, selbstsüchtige Interessen und sinnlichen Genuss hinreissen lassen, ihren eigenen unvernünftigen Selbstwillen mit der Natur und Vernunft der Dinge in Widerspruch zu setzen, versuchen, soviel an ihnen liegt, die Dinge zu dem zu machen, was sie nicht sind und nicht sein können — die höchste Vermessenheit sowohl, als die höchste Absurdität, die gedacht werden kann. Es ist ein Versuch, jene Ordnung zu stören, durch welche das Universum besteht. Alle absichtliche Bosheit und Rechtsverletzung ist auf sittlichem Gebiete dasselbe, wie wenn Jemand in der Natur die bestimmten Verhältnisse der Zahlen, die demonstrirbaren Eigenschaften mathematischer Figuren ändern, aus Licht Finsterniss, aus Bitter Süss machen wollte." Man braucht diese bestimmte Erklärung dessen, was Clarke unter dem Sittlichen versteht, nur auf den nächstbesten praktischen Fall anzuwenden, um zu erkennen, dass das Sittliche doch etwas anderes ist, als ein mathematischer Lehrsatz. Clarke vergisst völlig den Unterschied zwischen Müssen und Sollen. Was er vom Sittlichen sagt, bezeichnet lediglich die

unbedingte Nothwendigkeit des Logischen und Naturgesetz-
lichen. Diese aber wird durch das abscheulichste Verbrechen
nicht verletzt. Welches auch seine Folgen sein mögen: es
wird stets genau den Verhältnissen der Dinge entsprechen,
nur der nothwendige Ausdruck derselben sein. Aus der Ge-
müthsbeschaffenheit des Thäters, aus der Stärke der auf ihn
wirkenden Motive, aus den Einflüssen des socialen Mediums
geht dieselbe mit der gleichen Nothwendigkeit hervor, wie die
Leistungsfähigkeit eines Hebels aus seiner Beschaffenheit. Ein
Verbrechen kann auf einer falschen Anschauung beruhen — die
That als solche verletzt weder eine Regel der Logik noch ein
Gesetz der Natur: sie wäre in diesem Falle einfach unmöglich.
Es ist daher nicht dasselbe, einem Dreiecke drei rechte Winkel
geben wollen und ein Verbrechen begehen; das eine ist unmöglich, das andere unsittlich, aber stets in strengem Einklang mit den Naturgesetzen. Die wahre Analogie zu verkehrten mathematischen Behauptungen ist daher nicht, wie
Clarke meint, das Unsittliche, sondern etwa ein Versuch zu
fliegen, auf dem Kopfe zu gehen, ohne Nahrung leben zu
wollen, den Schmerz angenehm und die Lust peinlich zu
empfinden und Aehnliches.

§. 3. Der Pflichtbegriff und seine Begründung durch die Religion.

Die Schwierigkeiten, welche aus dieser einseitig objectiven
und intellectualistischen Fassung des Sittlichen hervorgehen,
machen sich besonders fühlbar, wenn es sich darum handelt
zu erklären, wie diese abstracten und metaphysischen Verhältnisse des Angemessenen und Unangemessenen, des Schicklichen und Unschicklichen, im Leben des Menschen als wirksame Kräfte auftreten können. Da Clarke einerseits den
sittlichen Thatbestand sehr gut erkennt und namentlich den
Begriff der Verpflichtung als einen wesentlichen Bestandtheil
desselben bestimmt hervorhebt, anderseits dieser Thatbestand
selbst aus Clarke's Voraussetzungen grossentheils unableitbar
ist, so sind Clarke's Erklärungsversuche eigentlich lauter
Machtsprüche. Auch hier spielt der unglückselige mathe-

matische Vergleich wieder eine grosse Rolle: geradeso, wie
Niemand, der in der Mathematik[30]) unterrichtet wird, seine
Zustimmung zu einem geometrischen Beweise verweigern kann,
dessen Begriffe ihm verständlich sind, so kann auch Niemand,
der die Geduld, oder die Gelegenheit hat, selbst in die Natur
der Dinge einzudringen, oder von Andern nur einigermaassen
über dieselbe aufgeklärt wird, dem seine Zustimmung versagen, dass es angemessen und vernünftig sei, alle seine Handlungen nach der unveränderlichen Regel des Rechts einzurichten. Auch hier also wieder die Identificirung einer rein
theoretischen, logischen Zustimmung mit dem einem ganz
anderen Gebiete angehörigen ethischen Moment der Verpflichtung, dessen Erklärung aus diesem Grunde nur eine scheinbare
ist. Jeder Ethiker wird gerne seine Zustimmung geben, wenn
Clarke sagt: „Das Urtheil und Bewusstsein des eigenen Geistes
in Betreff der Vernünftigkeit und Angemessenheit einer Uebereinstimmung seiner Handlungen mit der Natur der Dinge
ist die eigentliche Verpflichtung, und zwar in weit strengerem
Sinne, als irgend welche Autorität eines Gesetzgebers, oder
irgend welche Rücksicht auf Strafen und Belohnungen. Denn
wer gegen dies Gefühl und Bewusstsein seines eigenen Geistes
handelt, erfährt nothwendiger Weise Selbstverurtheilung; und
die grösste und stärkste Verpflichtung ist ohne Zweifel die,
welche man nicht brechen kann, ohne sich selbst zu ver-
dammen, wie nothwendig auch die Furcht vor höherer Macht
und Autorität, und die Sanction der Pflicht durch Belohnung
und Strafe sein mag.“ An dieser Schilderung der Verpflichtung
ist nichts auszusetzen; aber es ist nur Beschreibung, nicht Erklärung. Beinahe naiv aber klingt es, wenn Clarke zur weiteren
Begründung die Gottheit heranzieht und sie gewissermaassen
mit dem guten Beispiel vorangehen lässt. „Da Er,“ so lautet
das Argument, „der allmächtige Schöpfer und verantwortliche
Regierer der Welt, es für keine Verringerung seiner Macht
hält, die Vernunft der Dinge zur unveränderlichen Regel seiner
Handlungen zu machen, und nichts aus reiner Willkür thut,
um wie viel mehr Gewicht muss diese ewige Vernunft auf
den Willen aller untergeordneten, endlichen und verantwort-
lichen Wesen ausüben.“

Die Unabhängigkeit der sittlichen Verhältnisse und der sittlichen Verpflichtung vom Willen der Gottheit[31]) hat Clarke, wie dies bei seiner metaphysischen Grundlegung begreiflich ist, nachdrücklich hervorgehoben: allerdings ist diese Unabhängigkeit eine relative, d. h. sie gilt nur von dem einmal geschaffenen und bestehenden Zustande der Dinge, an dessen Gesetzmässigkeit die Gottheit selbst gebunden ist, so lange er besteht. Denn wenn auch in der That die inneren Verhältnisse der Dinge an sich ewig und absolut unveränderlich sind, so gilt dies nur unter der Voraussetzung, dass die Dinge wirklich existiren und zwar in der Weise, wie dies eben jetzt der Fall ist. Beides aber, das Sein der Dinge und die Bestimmtheit dieses Seins, hängt ausschliesslich von der Willkür der Gottheit ab[32]).

Dies Zugeständniss dient Clarke hauptsächlich zu dem Zwecke, um den Willen der Gottheit, dessen er zur Begründung des Sittlichen nicht entbehren zu können glaubt, wieder in eine gewisse Beziehung zum Sittlichen zu bringen, nachdem er denselben erst von aller Einwirkung auf die sittlichen Normen ausgeschlossen hat. Zwar dass die Verpflichtung zur Sittlichkeit aller Rücksicht auf mögliche Folgen vorausgehe[33]), hat Clarke mehrfach auf das Nachdrücklichste ausgesprochen und nicht geringe Mühe darauf verwendet, zu zeigen, dass die blosse Einsicht in die Vernunft der Dinge genüge, um sittliche Verpflichtung zu begründen. Aber wie sehr sich auch Clarke in seine mathematisch-demonstrative Anschauung vom Sittlichen verrannt hat — die Thatsachen des praktischen Lebens und die sittliche Erfahrung sprechen doch zu vernehmlich, als dass er sich mit dieser rein intellectuellen Begründung des Sittlichen hätte begnügen können. Soll auch das Sittliche rein theoretisch sein, so ist doch jedenfalls das Böse ganz eminent praktisch; und Clarke hat sich genug psychologischen Blick bewahrt, um nicht zu verkennen, dass der Macht, welche die logisch nothwendige Zustimmung zu den sittlichen Normen über das Gemüth ausübt, in dem lockenden, und den menschlichen Trieben schmeichelnden Reize des Bösen[34]) ein allzuschweres Gegengewicht gegenüber steht, dessen Wirkung noch dadurch verstärkt wird, dass die Ausübung der Sittlichkeit oft mit Leid, Verlust und selbst Tod verbunden ist. Dies gibt der ganzen Frage nach dem Ursprung des Sittlichen, d. h. nach seinem Wirklichwerden im Leben der Einzelnen, eine andere Gestalt; macht die Ausübung dessen, was im ganzen Bereich der Speculation so vernünftig erscheint, schwer, wo nicht unmöglich, und erfordert die Mitwirkung von Belohnungen und Strafen. Diesen Zweck erfüllen aber (im gegenwärtigen Zustande der Welt wenigstens) die natürlichen Folgen des Sittlichen und Unsittlichen nur sehr unvollständig: es können also die zum Sittlichen treibenden Motive die nothwendige Verstärkung nur durch die Gewissheit eines jenseitigen Zustandes erhalten.

Und hiemit sind wir auf dem Punkte angekommen, wo auch der unveränderlich auf sich selber ruhenden Sittlichkeit Clarke's die Offenbarung zu Hülfe kommen muss. Zwar ist Clarke nicht der Mann, welcher die Rechte der Vernunft auf demonstrirbares Wissen leichtsinnig preisgibt — auch diese letzten Sätze hat er noch durch eine streng logische Deduction zu erweisen gesucht; aber an diesen Vernunftbeweis für die Unsterblichkeit der Seele, ein jenseitiges Leben und göttliche Belohnungen und Bestrafungen für gute und böse Thaten, schliesst sich unmittelbar die Erörterung der Ursachen, welche Erkenntniss [35]) und Verständniss dieser Wahrheit hindern, und der Mängel, welche jeder bloss natürlichen Erkenntniss unvermeidlich anhaften. Er gibt zu (wie es auch seine Annahme über die Natur des Sittlichen nothwendig macht), dass es vor dem Zeitpunkte der göttlichen Offenbarung stets einzelne Männer gegeben habe, welche das Studium der sittlichen Vernunftwahrheiten zu ihrer besonderen Aufgabe machten und wirklich zu mancher wichtigen Einsicht gelangten; aber er hält dabei fest, dass ihnen von den zur vollen sittlichen Aufklärung der Welt nothwendigen Wahrheiten einige gänzlich unbekannt blieben, andere im höchsten Grade zweifelhaft und ungewiss; dass sie selbst das von ihnen klar Erkannte dem gewöhnlichen Verstande nicht deutlich zu machen vermochten; und dass sie, auch wo dies Alles zutraf, nicht Autorität genug besassen, um ihren Lehren den gehörigen Nachdruck

zu verleihen und sie im Leben der Welt zur Geltung zu
bringen.

Das Alles macht ausserordentliche Veranstaltungen Gottes
nöthig, d. h. eine Offenbarung, um die Sittlichkeit des Menschen
zur wahren Vollendung zu bringen, und so finden wir schliesslich
Clarke auf demselben Grund und Boden mit Locke, den er bekämpft.
Ihr Standpunkt in der Frage nach dem Verhältniss der Sittlichkeit zur Offenbarungsreligion ist im Wesentlichen der gleiche
— beide fordern und bedürfen einer Ergänzung und Befestigung der natürlichen Erkenntniss und Sittlichkeit. Und gerade der eine Punkt, in welchem sie sich unterscheiden, macht
es am vollständigsten begreiflich, weshalb die weitere Entwicklung sich so überwiegend an Locke angelehnt hat, während
Clarke verhältnissmässig wenig Beachtung fand. Clarke bietet
einen gewaltigen Apparat auf, mit welchem er lange Zeit vor
den Augen seiner Leser mit grossem logischen Geschick
operirt, bis er endlich erklärt, im Grunde tauge derselbe doch
nichts, und ihn wegwirft, um nach anderen Hülfsmitteln zu
greifen. Er desavouirt damit seine eigene Anschauung. Die
Fundamentalsätze des Sittlichen sind so klar einzusehen, wie
nur irgend ein Satz des Euklid; sie liegen in den Dingen
selbst; es scheint, als ob man nur nöthig habe, die Begriffe
zu bestimmen, um sie evident zu machen: und doch können
sie durch rein natürliche Einsicht weder alle gefunden, noch
sämmtlich klar bewiesen werden; sie verpflichten jedes rationale Wesen unmittelbar, kraft ihrer eigenen Evidenz: und
doch bedarf es, um sie im Leben zur Geltung zu bringen,
der Belohnungen und Bestrafungen im Jenseits. Zwar bleibt
natürlich die Einrede, dass ja auch bei der mathematischen
Wahrheit das Finden und die Anerkennung der gefundenen
zweierlei seien und die Menschen zu leichtsinnig und verderbt,
um einer klaren sittlichen Einsicht fähig zu sein; aber di_
Argument ist nicht im Stande, das Bedenken zu beseitigen,
dass das Sittliche doch ein Anderes sein müsse, als bloss
mathematische Wahrheit, wenn zu seiner Aufhellung so ausserordentliche Massregeln, wie eine Offenbarung erforderlich sind.
Da also Clarke selbst seinen Argumenten zum Theil den
Boden unter den Füssen wegzog, und auch seine an und für

sich giltige, mathematisch-demonstrirbare Sittlichkeit schliesslich der religiösen Sanction bedarf, so kann es nicht befremden,
wenn man es vorzog, sich an Locke zu halten, dessen Theorie
zugleich einfacher und reichhaltiger war. Auch er recurrirte
ja schliesslich auf den Willen Gottes; aber es geschah bei ihm
naiver als bei Clarke, dessen Theorie in diesem Punkte zu
viel Schwankendes aufwies, und welcher in der That damit
nach beiden Seiten hin Anstoss gab. Das Fundament, auf
welchem Clarke die Sittlichkeit aufgebaut hatte, und auf
welchem sie ruhte, gleichviel ob sie dem Menschen durch
eigenes Nachdenken oder durch göttliche Offenbarung zum
Bewusstsein kam, die natürliche Ordnung der Dinge, besitzt
zwar bei Locke weniger hervortretende Bedeutung, ist darum
aber keineswegs ganz aufgegeben, sondern spielt als law of
nature eine Rolle, die, wie sich aus der vorstehenden Darstellung Locke's ergibt, sich ohne besondere Schwierigkeit der
Clarke'schen Auffassung wenigstens nähern lässt. Man erinnere
sich nur an den Satz, dass in den meisten Fällen die von
Gott geoffenbarten Gebote mit denen des natürlichen Gesetzes
identisch seien. Freilich hatte Clarke das ewige Gesetz der
Dinge durch rein deductive Schlussfolgerungen auszudeuten
versucht, während Locke an die Erfahrung appellirte und von
Lust und Schmerz, d. h. den Folgen, nicht dem Wesen der
Handlungen, Auskunft erwartete, ob sie dem natürlichen Gesetze entsprächen. Aber auch bei Locke hatte der Gedanke
einer mathematischen Demonstrirbarkeit des Sittlichen eine
freilich secundäre Rolle gespielt und was diese Methode
auch im Gedanken Grossartiges haben mochte, in der Durchführung konnte sie sich um so weniger empfehlen, als selbst
Clarke bei der Begründung der einzelnen Postulate seiner über
aller Erfahrung stehenden Sittlichkeit sich nicht selten ein-
her Utilitätsgründe bedient; geradeso wie es später auch
seinem   folger Kant passirte, die Beispiele, welche
er zur Verdeutlichung des kategorischen Imperativs wählte,
grossentheils nur durch utilitaristische Erwägungen stützen zu
können. Es fehlt also keineswegs an Coincidenzpunkten
zwischen beiden Theorien, die man gewöhnlich in so schroffen
Gegensatz zu stellen pflegt, dass man darüber die gemein-

schaftlichen Züge, welche sie als Producte der gleichen Zeit besitzen, vergisst. Ohne Zweifel aber muss die Theorie Locke's als die reichere und fruchtbarere bezeichnet werden, wenn man bedenkt, dass sie ausser dem, was sie mit Clarke gemeinschaftlich besitzt, noch zwei sehr fruchtbare Winke gegeben hat in Betreff der Art und Weise, wie die Einführung der sittlichen Normen in's Leben erfolge, indem sie auf die sittenbildende Macht der öffentlichen Meinung und der Gesetzgebung verwies.

§. 4. Clarke's Verhältniss zur Zeit.

Die Argumente, mit welchen Clarke die sittlichen Unterscheidungen als principielle und wesenhafte zu begründen versucht hat, besassen für die Zeitgenossen wenig Ueberzeugendes mehr. Wie man auf metaphysischem Gebiete die Untersuchungen über die Principien seit Locke fast gänzlich fallen liess und diese Wissenschaft so gut als gänzlich in Erkenntnisstheorie, in psychologische Analyse des menschlichen Verstandes verwandelte, so drängte auch in der Ethik die neue Richtung des Denkens von der Untersuchung der objectiven Principien des Handelns immer mehr ab und führte die Frage nach dem subjectiven Ursprung der sittlichen Normen und Unterscheidungen immer mehr in den Vordergrund. Gerade dasjenige, was Clarke und seine Vorgänger in der metaphysischen Ethik entweder ganz unbeachtet gelassen, oder als selbstverständlich angenommen hatten, das fängt jetzt an von überwiegendem Interesse für die Forscher zu werden. Dass es ewige, unveränderliche Normen des Wollens und Handels gebe, und wie die Welt gedacht werden müsse, um das Vorhandensein derselben möglich und begreiflich zu machen, war die Frage gewesen, welche die ältere metaphysische Ethik vorzugsweise beschäftigt hatte. Was sich nun dagegen aufdrängt, ist die Frage, wie kommen wir als Subjecte dazu, solche Unterscheidungen zu machen und was gibt denselben die Macht, auf unser Handeln, d. h. auf unsern Willen, zu wirken. Es hängt dies zusammen mit der ganz geänderten Stellung, welche die

neue Richtung der menschlichen Vernunft anweist. Wenn
dieselbe in der älteren Auffassung als ein, wenn auch nicht
gerade schöpferisches, so doch immerhin selbständiges und
einen Schatz eigener, ursprünglicher Principien in sich ber-
gendes Vermögen erschienen war, wenn der Einfluss eines
Ausspruches der Vernunft auf den Willen, obwohl keineswegs in
allen Fällen gesichert, doch an sich weder etwas Unwahrschein-
liches, noch etwas Unbegreifliches hatte, so geht nun in diesen
Anschauungen eine grosse Umwälzung vor sich. Die Vernunft wird rein passiv, blosses Vermögen der Reflexion, der
Verallgemeinerung eines ihr gegebenen, in irgend welchen
inneren oder äusseren Eindrücken vorhandenen Stoffes. Wenn
sich also in der Vernunft Normen, praktische Werthurtheile
finden, so wird die Frage, auf welchem psychologischen Wege
die Vernunft zur Ausbildung derselben gelange, auf welche
ursprünglichere Grundlage im Empfindungs- und Triebleben
des Menschen diese Vernunft- oder Reflexionswahrheiten zurückzuführen seien, wichtiger erscheinen als die, ob dieselben
auch in dem ewigen und unveränderlichen Bestande der objectiven Welt gegründet seien. Oder richtiger gesagt: man
wird die schroffe Gegenüberstellung zwischen Triebleben und
Vernunft aufheben und zeigen, dass keineswegs ein absoluter
Gegensatz zwischen beiden Kräften bestehe, sondern dass dasjenige, was man früher Vernunft zu nennen gewohnt war,
nur der gedankenmässige Reflex einer in der allgemeinen Anlage der Welt gegebenen Veranstaltung war, die man mit einem
modernen Ausdrucke etwa als latente Vernünftigkeit bezeichnen
könnte. Die Welt hört nicht auf vernünftig zu sein; aber
diese Vernunft schwebt nicht mehr in einer idealen oder transcendenten Region über den Dingen, sondern sie ist und wird
mit den Dingen selbst, als deren objective Vernunft, und erst
mit dem Vermögen der Reflexion ausgestatteten Wesen
wird sie zu   ̈ tlig̈keit. Die Anbahnung dieser
neuen Weltansicht, welche dem Intellectualismus Clarke's als
Naturalismus, dem ethischen Nominalismus Locke's als Realismus gegenübertritt, ist das Verdienst Shaftesbury's, desjenigen unter allen Gegnern Locke's, der am mächtigsten auf
die folgende Entwicklung eingewirkt hat.

3. Abschnitt.

Shaftesbury [36]).

§. 1. Wesen und Begriff des Sittlichen.

Es hängt mit dem rhapsodischen Charakter von Shaftes-
bury's Philosophiren zusammen, dass sich bei ihm nirgends eine
Definition findet, welche seine Anschauung vom Wesen des
Sittlichen exact wiedergäbe. Die scheinbar genaueste und
klarste ist folgende: „Wenn ein Individuum den Namen eines
Guten oder Tugendhaften verdienen soll, so müssen alle seine
Neigungen und Affecte, seine gesammte Denk- und Sinnesart,
dem Wohle seiner Gattung oder des Systems, in welchem es
als Theil mit eingeschlossen ist, gemäss und förderlich sein [37]).“
Allein diese Definition drückt doch nur einen Theil von
Shaftesbury's Sittlichkeitsbegriff aus; sie identificirt das Gute
mit den socialen Neigungen, richtet also ganz ebenso wie die
meisten Begriffsbestimmungen, in welchen man sich seit dem
Beginn der neueren Philosophie versucht hatte, das Hauptaugenmerk auf die naturrechtliche Seite des Ethischen. Shaftesbury ist indess ein zu feiner Beobachter und zu wohl mit
dem Geiste der antiken Ethik vertraut, um sich damit zu
begnügen: und so findet sich denn neben der eben erwähnten
Begriffsbestimmung des Sittlichen eine ganze Reihe von anderen,
welche zwar in minder präciser Fassung, aber in den verschiedensten Wendungen den Gedanken wiederholen, bei welchem die Einwirkung des Aristoteles unverkennbar ist, dass
das Sittliche das Maassvolle, Verhältnissmässige, Harmonische
sei, dass Symmetrie, Harmonie und Proportion Normalbegriffe
nicht bloss für Schöpfungen der Kunst, sondern auch für die
Gestaltung des Lebens seien [38]) — eine Parallele des Ethischen
zum Aesthetischen, welche in seiner Darstellung überall wiederkehrt. Dieses richtige Maass hat stattzufinden zwischen den
Affecten, deren Shaftesbury drei Klassen unterscheidet. Es
sind dies die natürlichen Neigungen, welche auf das Wohl der
Gemeinschaft gerichtet sind; die selbstischen Neigungen, welche

nur auf das eigene Interesse gehen; und jene, welche weder
dem allgemeinen noch dem eigenen Wohle dienlich sind und
welche er darum unnatürliche nennen will [39]).

Diese Eintheilung ist glücklicher im Gedanken, der sie
hervorgerufen hat, als im Ausdruck, welchen sie dafür zu
finden sucht. Die Bezeichnung der auf's Wohl des Ganzen
gerichteten Affecte als natürliche schlechthin, während man
dafür doch eher den Ausdruck „social" erwarten sollte, ist
zwar, ebenso wie ihre Voranstellung, gewiss als eine Folge
seiner ganzen Denkweise durchaus charakteristisch [40]); aber da
die selbstischen Affecte doch sicher ebenso natürlich sind, als
die socialen und auch für die Oekonomie des Daseins ebenso
nothwendig, wie Shaftesbury gelegentlich selbst anerkennt [41]),
so wäre er logischer Weise doch nur berechtigt gewesen, diese
beiden Klassen von gesunden Affecten unter dem Gesammt-
begriff der „natürlichen" seiner dritten Klasse, den „unnatürlichen" Affecten entgegenzustellen und auch für diese scheint die
Bezeichnung „unnatürlich" nicht einmal in Shaftesbury's Sinne
ganz passend. Allerdings denkt er, wie wir schon mehrfach
zu betonen hatten, unter dem Begriffe der Natur in der Regel
ausschliesslich an die vollkommene, ideale Natur, was wiederum
für seine durchaus optimistische Naturanschauung sehr bezeichnend ist, aber begreiflicher Weise die Veranlassung zu heftigen
Angriffen gegen ihn geworden ist [42]).

Wie sich dies auch verhalten möge: die Sittlichkeit lässt
sich nach diesen Grundanschauungen [43]) definiren als das richtige
Verhältniss der natürlichen und selbstischen Affecte und das
Fehlen der unnatürlichen. Das Gleichgewicht der Neigungen
aber, ohne welches Sittlichkeit undenkbar ist, vermag gestört
zu werden nicht nur durch das Vorhandensein unnatürlicher
Affecte, nicht nur durch ein übermässiges Vordrängen der
selbstischen Interessen, sondern auch durch zu ausschliessliches
Hervortreten der socialen Gefühle.

§. 2.   Entstehung des Sittlichen.

Man bemerkt leicht, dass schon in diesen Begriffsbestimmungen sich Shaftesbury's Ansicht über den Ursprung des

sittlichen ankündigt und beides, die Feststellung des Thatbestandes und Gedanken über die Erklärung desselben, inein-
anderspielt, wie wir es im Laufe unserer Untersuchungen so
oft wahrzunehmen haben. Insbesondere gibt die scharfe Betonung des Natürlichen im Sittlichen einen bedeutsamen Fingerzeig; nicht minder die enge Verbindung, in welche das Sittliche mit den Affecten gesetzt wird. Dies sind Gedanken, die
über Locke hinweg auf Cumberland zurückgreifen, dessen
Theorie nun aber durch Shaftesbury eine höchst wichtige und
für die folgende Entwicklung ausschlaggebende Erweiterung
erhält.

Was man auch als die das Wesen des Sittlichen bestimmenden Kriterien ansehen mag: seiner subjectiven Erscheinung
nach ist alles Sittliche ein Werthurtheil, welches wir über die
innere Beschaffenheit entweder unseres eigenen Selbst, oder
über Andere fällen. Nach den bisherigen Systemen konnte
dieses Werthurtheil nur durch ein willkürliches oder unwill-
kürliches Vergleichen einer Handlung oder einer Gemüths-
beschaffenheit mit der auf diese oder jene Weise gewonnenen
Norm sein, welche als Gesetz oder Axiom das Verhalten des
Menschen zu regeln bestimmt war.

Indessen lag diese Vorstellung jenen früheren Theorien
mehr implicite zu Grunde, als dass man sich über den psychologischen Hergang, der zur Bildung eines solchen Werth-
urtheils führt, genauere Rechenschaft gegeben hätte. In dieser
Richtung bezeichnet nun Shaftesbury's Theorie einen grossen
Fortschritt, wenn er gleich weit entfernt war, denselben selbst
zu einem genügenden Abschluss zu bringen, sondern nur erfolgreiche Anregungen gegeben hat. Indem aus seinem Sittlichkeits-
begriffe die Vorstellung des Gesetzes entschwindet, und seine
durchaus optimistische Weltbetrachtung ihn das Sittliche als
etwas mit der menschlichen Natur Gegebenes und durch sie
unmittelbar sich Verwirklichendes anzusehen gestattete, so
musste für ihn die Frage in neuer Gestalt auftreten, wie das
Sittliche zu jener eigentümlichen Würde gelange, welche sich
in den sittlichen Werthurtheilen spiegelt.

Dies erhöhte Interesse an dem psychologischen Vorgange,
durch welchen solche Urtheile entstehen, sucht Shaftesbury

matische Vergleich wieder eine grosse Rolle: geradeso, wie
Niemand, der in der Mathematik[30]) unterrichtet wird, seine
Zustimmung zu einem geometrischen Beweise verweigern kann,
dessen Begriffe ihm verständlich sind, so kann auch Niemand,
der die Geduld, oder die Gelegenheit hat, selbst in die Natur
der Dinge einzudringen, oder von Andern nur einigermaassen
über dieselbe aufgeklärt wird, dem seine Zustimmung versagen, dass es angemessen und vernünftig sei, alle seine Handlungen nach der unveränderlichen Regel des Rechts einzurichten.   Auch hier also wieder die Identificirung einer rein
theoretischen, logischen Zustimmung mit dem einem ganz
anderen Gebiete angehörigen ethischen Moment der Verpflichtung, dessen Erklärung aus diesem Grunde nur eine scheinbare
ist.   Jeder Ethiker wird gerne seine Zustimmung geben, wenn
Clarke sagt: „Das Urtheil und Bewusstsein des eigenen Geistes
in Betreff der Vernünftigkeit und Angemessenheit einer Uebereinstimmung seiner Handlungen mit der Natur der Dinge
ist die eigentliche Verpflichtung, und zwar in weit strengerem
Sinne, als irgend welche Autorität eines Gesetzgebers, oder
irgend welche Rücksicht auf Strafen und Belohnungen.   Denn
wer gegen dies Gefühl und Bewusstsein seines eigenen Geistes
handelt, erfährt nothwendiger Weise Selbstverurtheilung; und
die grösste und stärkste Verpflichtung ist ohne Zweifel die,
welche man nicht brechen kann, ohne sich selbst zu ver-
dammen, wie nothwendig auch die Furcht vor höherer Macht
und Autorität, und die Sanction der Pflicht durch Belohnung
und Strafe sein mag.“   An dieser Schilderung der Verpflichtung
ist nichts auszusetzen; aber es ist nur Beschreibung, nicht Erklärung.   Beinahe naiv aber klingt es, wenn Clarke zur weiteren
Begründung die Gottheit heranzieht und sie gewissermaassen
mit dem guten Beispiel vorangehen lässt.   „Da Er,“ so lautet
das Argument, „der allmächtige Schöpfer und verantwortliche
Regierer der Welt, es für keine Verringerung seiner Macht
hält, die Vernunft der Dinge zur unveränderlichen Regel seiner
Handlungen zu machen, und nichts aus reiner Willkür thut,
um wie viel mehr Gewicht muss diese ewige Vernunft auf
den Willen aller untergeordneten, endlichen und verantwort-
lichen Wesen ausüben.“

beschaffenheiten sei. Der Vernunft, als dem Vermögen der
Reflexion und der Bildung allgemeiner Vorstellungen, kommt
dabei wohl eine cooperative Thätigkeit zu, indem es bei Geschöpfen, denen dies Vermögen fehlt, auch nicht zu sittlichen
Urtheilen kommen kann; aber das Ethische selbst stammt
nicht aus ihr, sondern aus einem natürlichen Gefühle, einem
inneren Eindruck, ist also nicht „rational", sondern „sensational".
Dasselbe Vermögen, welche der in vielen Stücken Shaftesbury
verwandte Cumberland noch „recta ratio" genannt hatte, ist
bei Shaftesbury schon zum „moral sense" geworden: ein Beleg
zu der oben bereits angedeuteten Wendung der englischen
Ethik zum Emotionalen — deren vorläufige Unvollkommenheit
noch Stoff zu eingehender Erörterung bei späteren Denkern
gegeben hat.

Weshalb nun aber die socialen Neigungen, oder nach
dem zweiten Hauptkriterium des Sittlichen, das Mittelmaass
der Affecte, allein es seien, welche in der Selbstreflexion jenes
Gefühl der Billigung erzeugen, das hat Shaftesbury nicht
weiter abzuleiten unternommen, sondern als eine Thatsache
der allgemein menschlichen Organisation festzustellen versucht
und zwar namentlich den Theorien von Hobbes und Locke
gegenüber, welche keine unmittelbare Werthschätzung aner-
kannten, sondern in der Beobachtung guter und böser Folgen
nur einen vermittelten Maasstab zugaben. Wir werden im
Folgenden namentlich die schottische Schule eifrig bemüht
sehen, Shaftesbury nach dieser Richtung zu vervollständigen
und zu vertiefen; hier sei es gestattet, die Ideen dieses Denkers
durch den Contrast der ihm zeitlich unmittelbar gegenüberstehenden Theorien in noch helleres Licht zu setzen.

§. 3. Verhältniss des Sittlichen zur Natur.

Die schroffe Gegenüberstellung des Sittlichen und Natürlichen, welche den Grundgedanken der kirchlichen Theorie
gebildet hatte und, wenn schon mit sehr verschiedener Tendenz
und Begründung, auch von Hobbes geltend gemacht worden
war, muss bei Shaftesbury einer fast völligen Gleichsetzung

matische Vergleich wieder eine grosse Rolle: geradeso, wie
Niemand, der in der Mathematik [30]) unterrichtet wird, seine
Zustimmung zu einem geometrischen Beweise verweigern kann,
dessen Begriffe ihm verständlich sind, so kann auch Niemand,
der die Geduld, oder die Gelegenheit hat, selbst in die Natur
der Dinge einzudringen, oder von Andern nur einigermaassen
über dieselbe aufgeklärt wird, dem seine Zustimmung versagen, dass es angemessen und vernünftig sei, alle seine Handlungen nach der unveränderlichen Regel des Rechts einzurichten.   Auch hier also wieder die Identificirung einer rein
theoretischen, logischen Zustimmung mit dem einem ganz
anderen Gebiete angehörigen ethischen Moment der Verpflichtung, dessen Erklärung aus diesem Grunde nur eine scheinbare
ist.   Jeder Ethiker wird gerne seine Zustimmung geben, wenn
Clarke sagt: „Das Urtheil und Bewusstsein des eigenen Geistes
in Betreff der Vernünftigkeit und Angemessenheit einer Uebereinstimmung seiner Handlungen mit der Natur der Dinge
ist die eigentliche Verpflichtung, und zwar in weit strengerem
Sinne, als irgend welche Autorität eines Gesetzgebers, oder
irgend welche Rücksicht auf Strafen und Belohnungen.   Denn
wer gegen dies Gefühl und Bewusstsein seines eigenen Geistes
handelt, erfährt nothwendiger Weise Selbstverurtheilung; und
die grösste und stärkste Verpflichtung ist ohne Zweifel die,
welche man nicht brechen kann, ohne sich selbst zu ver-
dammen, wie nothwendig auch die Furcht vor höherer Macht
und Autorität, und die Sanction der Pflicht durch Belohnung
und Strafe sein mag.“ An dieser Schilderung der Verpflichtung
ist nichts auszusetzen; aber es ist nur Beschreibung, nicht Erklärung.   Beinahe naiv aber klingt es, wenn Clarke zur weiteren
Begründung die Gottheit heranzieht und sie gewissermaassen
mit dem guten Beispiel vorangehen lässt.   „Da Er,“ so lautet
das Argument, „der allmächtige Schöpfer und verantwortliche
Regierer der Welt, es für keine Verringerung seiner Macht
hält, die Vernunft der Dinge zur unveränderlichen Regel seiner
Handlungen zu machen, und nichts aus reiner Willkür thut,
um wie viel mehr Gewicht muss diese ewige Vernunft auf
den Willen aller untergeordneten, endlichen und verantwort-
lichen Wesen ausüben.“

Naturanschauung widerstrebend [47]). Er macht geltend, dass man auf jene unfertige, rohe Beschaffenheit des Menschen, welche Einige als den Anfangspunkt der Entwicklung annehmen, gar nicht die Bezeichnung eines Zustandes anwenden dürfe, da dieselbe, wenn überhaupt je wirklich, niemals von einiger Dauer habe sein können und dass, wenn man auch einen Zustand annehmen wolle, in welchem die Menschen ohne Verbindung, ohne Gesellschaft und folglich ohne Sprache und Kunst gelebt hätten, es doch absurd wäre zu behaupten, dies sei ihr natürliches Verhalten.

Die Empfindungen, auf welchen alles Zusammenleben mit Andern beruht, werden nicht erst künstlich, durch Druck und Gewalt von aussen her dem Menschen beigebracht, sondern sie sind so ursprünglich wie das Leben und alle seine Regungen im Menschen; sie sind, wenn man sich an dem Worte angeboren stösst, „natürlich": darunter begriffen, was eben die Natur selbst, ohne alle künstliche Zucht und Schulung lehrt [48]). Allem Gesagten zufolge ist es unmöglich, ein empfindendes Wesen anzunehmen von solch verkehrter ursprünglicher Beschaffenheit, dass es in dem Augenblick, wo es mit anderen seines Gleichen in Berührung kommt, keinerlei guten Affect gegen dieselben, kein Gefühl von Mitleid, Liebe und Güte, wenigstens der Anlage nach, verspüren sollte. Ebenso unmöglich ist es, anzunehmen, dass ein solches Geschöpf, mit der Fähigkeit der Reflexion ausgestattet und dadurch die Vorstellung von Gerechtigkeit, Edelmuth, Dankbarkeit und anderen Regungen der Art gewinnend, daran nicht Gefallen und am Gegentheil Missfallen finden, sondern sich gegen solche Eindrücke völlig gleichgültig verhalten sollte. Sobald die Seele überhaupt fähig wird, auf ihre eigenen Zustände zu reflectiren, muss sie Schönes und Hässliches in Handlungen und Gemüths so gut entdecken, wie in Figuren, Farben und Tönen. Und will man der moralischen Hässlichkeit und Schönheit auch die Realität absprechen, so behalten diese Eindrücke darum doch ihre volle, subjective Kraft und nur eifriges Gegenbemühen ist im Stande, die natürliche Voreingenommenheit des Geistes für solche sittliche Unterscheidungen zu überwältigen [49]).

Auf Grund dieser Anschauung beginnt Shaftesbury, pole-

matische Vergleich wieder eine grosse Rolle: geradeso, wie
Niemand, der in der Mathematik [30]) unterrichtet wird, seine
Zustimmung zu einem geometrischen Beweise verweigern kann,
dessen Begriffe ihm verständlich sind, so kann auch Niemand,
der die Geduld, oder die Gelegenheit hat, selbst in die Natur
der Dinge einzudringen, oder von Andern nur einigermaassen
über dieselbe aufgeklärt wird, dem seine Zustimmung versagen, dass es angemessen und vernünftig sei, alle seine Handlungen nach der unveränderlichen Regel des Rechts einzurichten.   Auch hier also wieder die Identificirung einer rein
theoretischen, logischen Zustimmung mit dem einem ganz
anderen Gebiete angehörigen ethischen Moment der Verpflichtung, dessen Erklärung aus diesem Grunde nur eine scheinbare
ist. Jeder Ethiker wird gerne seine Zustimmung geben, wenn
Clarke sagt: „Das Urtheil und Bewusstsein des eigenen Geistes
in Betreff der Vernünftigkeit und Angemessenheit einer Uebereinstimmung seiner Handlungen mit der Natur der Dinge
ist die eigentliche Verpflichtung, und zwar in weit strengerem
Sinne, als irgend welche Autorität eines Gesetzgebers, oder
irgend welche Rücksicht auf Strafen und Belohnungen. Denn
wer gegen dies Gefühl und Bewusstsein seines eigenen Geistes
handelt, erfährt nothwendiger Weise Selbstverurtheilung; und
die grösste und stärkste Verpflichtung ist ohne Zweifel die,
welche man nicht brechen kann, ohne sich selbst zu ver-
dammen, wie nothwendig auch die Furcht vor höherer Macht
und Autorität, und die Sanction der Pflicht durch Belohnung
und Strafe sein mag." An dieser Schilderung der Verpflichtung
ist nichts auszusetzen; aber es ist nur Beschreibung, nicht Erklärung. Beinahe naiv aber klingt es, wenn Clarke zur weiteren
Begründung die Gottheit heranzieht und sie gewissermaassen
mit dem guten Beispiel vorangehen lässt. „Da Er," so lautet
das Argument, „der allmächtige Schöpfer und verantwortliche
Regierer der Welt, es für keine Verringerung seiner Macht
hält, die Vernunft der Dinge zur unveränderlichen Regel seiner
Handlungen zu machen, und nichts aus reiner Willkür thut,
um wie viel mehr Gewicht muss diese ewige Vernunft auf
den Willen aller untergeordneten, endlichen und verantwort-
lichen Wesen ausüben."

es dem Einzelnen möglich werde, das Sittliche in sich darzustellen.

Da Shaftesbury mit solchem Nachdruck geltend gemacht
hat, das Sittliche müsse Substanzialität im Menschen haben,
und aus seinem inneren Sein und Wesen hervorgehen, so
versteht es sich nach der einen Richtung wohl ganz von selbst,
dass es für ihn kein absolutes Anfangen gibt, sondern dass
das Verhältniss jedes einzelnen Menschen zur sittlichen Norm
eben durch die Beschaffenheit seines Wesens und seiner
Charakteranlagen determinirt ist. Auch hier zeigt sich freilich der überzeugte Optimist: das Gute und Richtige bildet
den innersten Kern unserer Natur, und je tiefer wir uns in
uns selbst versenken, je reiner wir uns sozusagen aus uns
selbst herausarbeiten, desto klarer und bestimmter wird das
Sittlich-Gute zum Vorschein kommen müssen. Stets bleibt
sich Shaftesbury bewusst, dass in der Gesammtheit der Ursachen auch der menschliche Wille eine Rolle spielt und dass
er keineswegs bloss von dem innern Zustande des Menschen
bestimmt wird, sondern auch seinerseits auf denselben zurück-
zuwirken im Stande ist. Daher der ausserordentliche Werth,
welchen er auf Erziehung und Selbsterziehung legt, und der
bedeutende Spielraum, welchen er der freien Thätigkeit des
Menschen im ethischen Processe gewährt. Wir sind es selber,
sagt er, die unsern Geschmack bilden und schaffen; wollen
wir den richtigen haben, so liegt es in unserer Hand, denselben
heranzubilden. So ist vollkommene Sittlichkeit nicht möglich, ohne, wie schon gesagt worden ist, die Natur in gewissem
Sinne zu zwingen, und darum kann Shaftesbury, wie eng er
auch das Sittliche mit dem Natürlichen verschwistert, den sittlich Vollkommenen ein Kunstgeschöpf nennen: „Ein solches
ist in der That der wahrhaft tugendhafte Mensch, dessen Kunst,
so natürlich sie auch an sich selbst, so richtig sie auch in
Vernunft und Natur gegründet sein mag, doch eine Vervollkommnung ist, die weit hinausgeht über das gewöhnliche Gepräge oder den bekannten Charakter der Menschheit" [52]).
Vieles in diesen Erörterungen ist durchaus rhetorisch gehalten, bewegt sich zum Theil in identischen Sätzen und der
stets wiederholten Behauptung, dass der Mensch eben selbst-

misch gegen Hobbes, Larochefoucauld und Locke sich wendend,
jenen von seinen Nachfolgern aufgenommenen und fortgeführten,
durch die ganze ethische Forschung der Zeit sich hindurch-
ziehenden Kampf gegen die Annahme des Egoismus als letzter
Quelle des Sittlichen [50]). Schon bei ihm findet sich jener,
später namentlich von Hume wiederholte, Protest gegen das
falsche Streben nach Einheit in der Erklärung des menschlichen Handelns. Er betont, dass der Zusammenhang desselben
zu complicirt sei, um sich mit einem Blick übersehen zu lassen.
Im Wesentlichen freilich hat sich Shaftesbury mit ziemlich
rhetorisch gehaltenen Declamationen gegen diese das Wesen
der menschlichen Natur verkennende Auffassung begnügt und
lediglich Behauptung gegen Behauptung gestellt. Von einem
stringenten Beweise war bei ihm so wenig die Rede, dass
unmittelbar nachher Mandeville gerade diesen Gedanken wieder
aufnehmen und zu einem System des reinen Egoismus ver-
arbeiten konnte. Erst Butler war es vorbehalten, in feinerer
dialektischer und logischer Unterscheidung die im Begriffe des
Selbstbewusstseins liegende allgemeine Beziehung aller Lebensäusserungen auf das Ich, als Träger derselben, von der passio-
nellen und interessirten, die im Begriffe des Egoismus liegt,
zu trennen, und so den Anfang zu machen mit der Beseitigung
jener sophistischen Täuschung, die neben manchem Nutzen,
den sie als treibendes und kritisches Moment gestiftet, auch
die Ursache vieler Verwirrung geworden ist.

§. 4.   Die Begründung des Sittlichen im Individuum.

Es bleibt nun noch, mit Beziehung auf die zweite Haupt-
bestimmung des Sittlichen (S 169), die Frage übrig, wie der
Mensch zu jener Harmonie der Kräfte, diesem Gleichmaass
der Neigungen, dieser richtigen Werthschätzung gelange.
Auch einem so durch und durch optimistischen Denker, wie
Shaftesbury, konnte die Bemerkung nicht erspart bleiben, dass
die in der menschlichen Natur der Anlage nach mitgesetzt
sittliche Norm keineswegs überall auch wirklich werde und
damit drängt sich von selbst die Untersuchung auf, w

verständlich nach dem Sittlich-Guten als dem seiner Natur Angemessenen strebe.   Wie ungenügend aber die Theorie Shaftesbury's in dieser Beziehung noch sein mag, so verdient sie doch vom geschichtlichen Standpunkt aus die höchste Beachtung. Sie ist ein wichtiger Schritt zur völligen Befreiung der Ethik von der Theologie, und zur Bereicherung der philosophischen Theorie vom Sittlichen.   Die Idee der Vollkommenheit, welche Shaftesbury vorschwebt, war in der bisherigen Ethik von ausschliesslich religiösem Gepräge gewesen; ihre Erscheinung pflegte man durchaus auf die übernatürlichen Wirkungen der Gnade zurückzuführen.   Die allmälig mit dem 17. Jahrhundert neu erstehende philosophische Ethik hatte, ausgehend von dem in der Tradition gegebenen Begriffe der lex naturalis, zunächst überwiegend nur die Rechtsidee und die mit derselben zusammenhängende Idee des Wohlwollens oder die Sociabilität in Untersuchung genommen. Shaftesbury ist der erste, welcher die wichtige Wahrheit ahnt, dass damit die ganze Sphäre der Sittlichkeit keineswegs erschöpft sei, sondern dass in einem System der natürlichen Sittlichkeit die Idee der Vervollkommnung nicht fehlen dürfe; der erste zugleich, welcher versucht hat, den Idealisirungstrieb und das natürliche Wachstum einer allseitigen Sittlichkeit aus der Natur des Menschen zu begründen.

Eine wesentliche Verstärkung erhalten aber die Impul zur Sittlichkeit auch bei Shaftesbury dadurch, dass ihm selbe durchaus mit der Glückseligkeit zusa   fällt. der englischen Moralisten hat dies Post·   so mistischer Ueberzeugung und Zuvers·   ge Shaftesbury. Da das Sittliche n·   nsc' der vollendete natürliche Zustan·   en

Gleichgewicht zwis·   n ur muss sich mit demselben sr'   di Befriedigung verbinden. der nothwendigen We keit und Glückseligk schiedenes Verdiens lichen Auffassung Theorie führen m

unsere Gottesvorstellungen zu regeln und der Werth der Religion überhaupt davon abhängen, ob sie unsere sittlichen Gefühle stärkt und klärt, oder schwächt und verwirrt. Denn es ist klar, dass, je wärmere und innigere Verehrung einer Gottheit gezollt wird, deren Geschichte oder Charakter nicht mit den wahren Begriffen von Gut und Böse übereinstimmt, desto sicherer eine Verwirrung des Denkens, ein Verlust an Rechtschaffenheit, eine Verderbniss in Charakter und Sitten bei dem Gläubigen eintreten muss. Fanatismus wird die Sittlichkeit verdrängen [56]). Darum ist, fügt Shaftesbury bei, indem er die Gedanken Bacon's wieder aufnimmt, ohne Frage völliger Unglaube und Atheismus besser als Aberglaube. Denn von ersterem können wenigstens keine direct schädlichen Wirkungen ausgehen, wenngleich er indirecte Veranlassung werden kann, den Sinn des Menschen für Recht und Unrecht zu schwächen [57]). Keineswegs aber nothwendig werden muss; denn es bedarf durchaus nicht bedingungsloser Zustimmung zu irgend einer theistischen Hypothese, um den Werth der Sittlichkeit zu erkennen und eine hohe Meinung von ihr im Geiste zu begründen.

Mit besonderem Nachdrucke aber spricht sich Shaftesbury gegen jene Annahme aus, welche jenseitige Belohnungen und Bestrafungen als Stützen der Sittlichkeit verwenden will. Diese steht in der That mit seiner Anschauung vom Wesen und Ursprung des Sittlichen in schroffem Gegensatz. Wenn das Sittliche etwas im Menschen innerlich Begründetes sein soll, so kann es nicht von aussen, durch Hoffnung oder Furcht in ihn hineinkommen [58]). Die blosse Zähmung ist sittlich werthlos, solange sie nicht das Wesen umwandelt und die Neigungen gewinnt. Aller solcher Gehorsam ist nichts weiter als Servilität; und je erhabener wir uns das Wesen denken, welchem er geleistet wird, um so verächtlicher erscheint dieselbe [59]). Eine andere Stelle rechnet diese Vorstellungen einfach zu den Geschmacklosigkeiten, welche auf den gebildeten und denkenden Theil der Menschheit und sein Verhalten nicht nur eindruckslos bleiben, sondern vielmehr als Kindermärchen belacht werden. Gut genug sind sie im schlimmsten Falle: für jenen Theil der Menschheit nemlich, bei dem es nicht darum handelt, ihn sittlich zu machen, sondern ihn nur zu bändigen und im Zaume zu halten; hier mögen sie neben Galgen und Rad eine würdige Stelle behaupten [60]).

Obwohl so der Theismus in seiner gewöhnlichen Form keineswegs unbedenklich als eine zum Sittlichen treibende Macht anerkannt werden kann, muss, um die Streitfrage zwischen Theismus und Atheismus bezüglich ihres sittlichen Einflusses zur Entscheidung zu bringen, auch dies zugestanden werden, dass der Atheismus, wenn auch vielleicht weniger positiv schädlich als ein unphilosophischer Theismus, doch nicht wohl als ein die Sittlichkeit förderndes Element angesehen werden kann. Denn unmöglich kann es das sittliche Bewusstsein wesentlich stärken und eine reine Liebe zum Guten und Sittlichen stützen, wenn man im All weder Güte noch Schönheit erblickt und kein höheres Wesen als ideales Vorbild anerkennt. Wem das Universum nur als eine ungeordnete, plan- und vernunftlose Masse erscheint, von der nur Uebel zu erwarten sind, und welche keine Befriedigung, sondern nur Schmerz und Verachtung zu erregen vermag: der wird wenig geneigt sein, die Schönheit seiner untergeordneten Theile anzuerkennen und zu respectiren, und wird nach und nach so verbittert im Gemüthe werden, dass ihm nicht nur die Liebe zur Tugend, sondern auch ihre Grundlage, das natürliche Wohlwollen schwindet. Und im Gegensatz dazu lässt sich ohne Zweifel sagen, dass der Glaube an eine Gottheit, welche durchaus als das Urbild der strengsten Gerechtigkeit, der höchsten Güte und Vollkommenheit gedacht wird, welche im Universum gegenwärtig und in beständiger liebevoller Sorge für das All thätig ist, für uns nothwendig ein Antrieb werden muss, innerhalb unserer Grenzen nach ihrem Vorbilde zu handeln.

Diese Gedanken zeigen, in welchem Sinne auch bei Shaftesbury die Sittlichkeit allerdings eng an seinen Gottesbegriff geknüpft ist. Da er die Gottheit durchaus immanent denkt, mit der beseelten und schöpferischen Natur zusammenfallen lässt und in Ausdrücken von ihr spricht, welche sich von den Formeln des Pantheismus kaum merklich unterscheidet [61]), so muss natürlich eine Negation dieses Gottesbegriffes,

welche die teleologische Anordnung und die harmonische Ausgleichung der Gegensätze im Weltall leugnet, für ihn die
Grundvoraussetzung erschüttern, auf welcher die Möglichkeit
des Sittlichen überhaupt beruht.

Mit diesen Ideen [62]) stellt sich Shaftesbury in die Reihe
derer, welche im damaligen England eifrig für die Befreiung
der Ethik von der Theologie, für eine natürliche, d. h. im
Sinne jener Zeit mit den Forderungen der Vernunft im Einklang stehende, Religion eintraten. Er selbst hat zwar dagegen
protestirt, unter die Zahl der sogenannten „Deisten" gerechnet
zu werden, und namentlich in den Briefen an einen jungen
Theologen erklärt, dass seine Principien in Bezug auf Philosophie und Theologie weit von denen Tindal's entfernt seien,
der wie alle andern gleichzeitigen sogenannten „freien Schriftsteller" und „Freidenker" die Principien des Hobbes und Locke
angenommen habe [63]). Aber gerade mit Tindal berührt sich
seine Auffassung aufs allernächste; denn es war ja eben die
Grundanschauung gewesen, die dieser vortrug, dass es eine
natürliche, durch blossen Gebrauch der Vernunft zu entdeckende
und für alle Menschen gleichmässig verbindliche Religion
gebe, welche ihrem Wesen nach in sittlichen Verhältnissen und
Gesetzen bestehe, und dass jede übernatürliche Offenbarung
im Wesentlichen nur eine Wiederholung des natürlichen Gesetzes sein könne [64]). Sicherlich war die religiöse Anschauung
und das religiöse Gefühl Shaftesbury's inniger und tiefer, als
bei vielen unter den übrigen Freidenkern, und man wird wohl
sagen können, dass er auch hier, wie überhaupt, eine gewisse
Mittelstellung zwischen den Extremen einnimmt; aber der
kirchlichen Partei gegenüber hat ihn doch alle die Wärme,
mit welcher er in der „Inquiry concerning virtue" und auch
sonst an vielen Stellen für den Theismus das Wort nimmt,
nicht vor dem Vorwurfe der Unchristlichkeit zu schützen vermocht [65]). Und mit vollem Rechte, wenn man unter Christentum das System der christlichen Glaubenslehre versteht. Wie
man auf kirchlicher Seite die Sache ansah, wie wenig man
mit der von Shaftesbury der Religion zugewiesenen Rolle zufrieden war, das zeigt am besten eine Kritik Berkeley's, welche
sich gegen alle unabhängige Moral überhaupt wendet, und aus

welcher wir die Hauptgedanken herausheben wollen [66]). „Alles
was man von einem lebendigen Princip der Ordnung und Harmonie gesagt hat, von der natürlichen Schicklichkeit der Dinge,
von Geschmack und Enthusiasmus — das Alles lässt sich annehmen, ohne dass man nöthig hätte, damit nur ein Körnchen
natürlicher Religion, einen Begriff von Gesetz und Pflicht und
den Glauben an einen obersten Richter zu verbinden. Was
nützt es der Sache der Sittlichkeit und der natürlichen Religion, wenn man im Universum zwar die deutlichsten Spuren
von Weisheit und Macht erkennt, wenn aber diese Weisheit
nicht dazu dient, unsere Handlungen zu beobachten, und diese
Macht, sie zu belohnen oder zu bestrafen?“ In diesen Sätzen
kündigen sich die Gedanken an, welche nach Shaftesbury und
trotz seiner entgegenstehenden Anschauung in der englischen
Ethik die meiste Anerkennung gefunden haben. Es ist das
Fehlen eines eigentlichen Pflichtbegriffes bei Shaftesbury, welches sie hervorruft — ein Mangel, dessen Abhülfe in verschiedener Weise versucht wird, von Butler, Hutcheson und
Price unter Wahrung des von Shaftesbury behaupteten intuitiven Charakters des Sittlichen, von andern mit Preisgebung
desselben und unter Berufung auf Locke's Axiom, dass jeder
Mensch frei sei und sich frei fühle, insoweit er nicht von einem
Gesetze, dem Gebote einer höheren Macht, zurückgehalten
wird. Die folgende Darstellung wird sich mit der Frage zu
beschäftigen haben, in wie weit diese Auffassungen den Thatbestand des sittlichen Bewusstseins zu erklären im Stande sind,
oder welche bestimmte Form des sittlichen Bewusstseins in
ihnen selbst zur Erscheinung kömmt.

VI. Capitel.

Die englische Utilitätsmoral und die Nachklänge des Intellectualismus.

Die Anfänge der englischen Utilitätsmoral reichen, wie wir gesehen haben, auf Hobbes und Locke zurück. Aus der Reihe von Controversen, welche die Theorien dieser beiden Denker hervorgerufen hatten, hob sich die Lehre Shaftesbury's als ein wichtiger und folgenreicher Ansatz zu neuen Gedankenbildungen heraus; aber ihre Hauptwirkung hat sie nicht auf England, sondern auf Schottland geübt. Dort, vor Allem an der Universität Cambridge, hielt man die Grundanschauungen Locke's unverändert fest, „als eine so sichere Basis für die Metaphysik wie Newton's Principien für die Mechanik" [1]) und suchte auf ihnen ein System der Ethik zu errichten, das sich mit jenen Grundanschauungen ebensowohl vertrüge, als mit den Interessen des religiösen Glaubens. Die Ausbildung dieses für die eigentliche englische Moral auf lange Zeit hinaus bestimmend gewordenen Gedankenkreises erfolgte indessen nicht ohne mancherlei vermittelnde Uebergänge und Zwischenstufen, welche zwar als solche keine weitreichende und andauernde Geltung zu behaupten vermochten, aber doch insoferne nicht ohne Bedeutung sind, als sie entweder vorhandene Theorien zu voller Ausgestaltung brachten, oder gewisse Anstösse gaben, welche die folgende Entwicklung in Gang zu setzen halfen. Die wichtigsten derselben hat die folgende Darstellung in's Auge zu fassen.

1. Abschnitt.

Mandeville.

Wir stellen an die Spitze jene rücksichtslose Verdammung
oder vielmehr Verhöhnung, welche die Theorie Shaftesbury's
durch Mandeville [2]) erfährt. Von einer eigentlichen Theorie lässt
sich zwar bei ihm nicht sprechen; denn die zahlreichen Com-
mentare, Excurse und Dialoge, mit welchen er seine nur aus
einigen Hundert Versen bestehende Bienenfabel später zu
mehreren Bänden erweitert hat, sind viel zu wenig zusammenhängend in ihren Paradoxien, um als eine solche gelten zu
können. Ueberdies legt Mandeville das Hauptgewicht auf die
Erörterung einer Frage, welche mit der hier behandelten nicht
in unmittelbarer Beziehung steht, nemlich: welche Bedeutung
das Sittliche für das Gedeihen der Gesellschaft und für die
Entwicklung der Cultur besitze. Bekanntlich lautet Mandeville's Antwort auf diese Frage einfach: Keine, oder eine
geradezu schädliche, soweit das Sittliche verwirklicht wird.
Allein die Sittlichkeit in dem gewöhnlichen Begriffe ist überhaupt nichts Wirkliches und eine Untersuchung über ihren
Ursprung hat sich daher nur mit der Frage zu beschäftigen,
wie es zur Ausbildung jener „fable convenue" komme, als
welche dem den Thatsachen in's Gesicht blickenden Denker
die sogenannte Sittlichkeit erscheint. Wir haben hier eine in
gewissem Sinne consequente und scharfsinnige Ausbeutung des
Satzes, auf welchen Hobbes und Locke die Ethik begründet
hatten: dass die Folgen einer Handlung über ihren sittlichen
Werth entscheiden. Wenn dies der Fall ist, folgert Mandeville, so muss vor allem der herrschende Begriff über das, was
sittlich oder unsittlich ist, einer Revision unterzogen werden.
Ein Blick auf die menschliche Gesellschaft und auf die Bedingungen ihres Wachstums und ihres Gedeihens lehrt nemlich,
dass eine Reihe von Eigenschaften, welche die landläufige
Moral mit dem Prädicate von Tugenden beehrte, bei allgemeiner Verbreitung die Gesellschaft in einen Zustand der
äussersten Rohheit und Armuth versetzen würden; während

anderseits Eigenschaften, die man gewöhnlich als lasterhaft zu
brandmarken pflegt, die Entwicklung der Cultur auf das
Mächtigste befördern [3]). Es ist keine Frage, dass Mandeville
einer der ersten war, welcher den unserer modernen Anschauung
geläufigen Satz erkannte, dass derjenige die Entwicklung der
Menschen am meisten befördere, welcher ihre Bedürfnisse stei-
gere, und insoferne enthalten auch diese Sätze einen Kern
von Wahrheit [4]); aber diese Einsicht wird bei ihm alsbald zur
Paradoxie, indem er dasjenige, was sich von den sogenannten
asketischen Tugenden allenfalls behaupten lässt [5]), sofort auf
alles Sittliche überhaupt ausdehnt und gleichzeitig ignorirt,
dass man an und für sich von keiner Eigenschaft behaupten
kann, dass sie gut oder schlecht sei, sondern das Richtige eben
in der gegenseitigen Regulirung der in der menschlichen Natur
gegebenen Triebe liege. Die Theorie, dass Selbstliebe der
Quell alles menschlichen Handelns sei, ist niemals, weder vorher noch nachher, mit einer so brutalen Offenheit und mit einer
so unbekümmerten Leugnung aller entgegenstehenden Thatsachen vorgetragen worden [6]). Andere Vertreter des selbstischen
Systems haben wenigstens versucht, die Fälle von Uneigennützigkeit und Aufopferung, welche die Erfahrung aufzuweisen
scheint, durch eine mehr oder weniger künstliche Dialektik
aus ihrem Princip abzuleiten: Mandeville verschmäht dies und
leugnet das Vorhandensein selbst dieses Scheins. Dieser ethische
Pessimismus bildet den schneidendsten Gegensatz zu Shaftesbury [7]) und jener ganzen Richtung, welche das Sittliche, sei
es als natürliches Wohlwollen, oder als socialer Affect, im
Wesen des Menschen gegeben sein liessen — zugleich ein Glied
in der Kette, welche von jenen optimistischen und ästhetisiren-
den Theorien hinüberführt zu den theologischen Gestaltungen
der späteren englischen Ethik. Mandeville natürlich liegt jeder
theologische Gesichtspunkt fern, obwohl er gelegentlich mit
solchen Wendungen coquettirt [8]); denn wenn er gelegentlich
sagt, seine Anschauung vom Menschen beziehe sich nur auf
den natürlichen Menschen, und nicht auf den Christen, welcher
sich in einem ganz besonderen Zustande befinde [9]), so liegt die
Ironie zu klar vor Augen, um irgend wen zu täuschen. Thatsächlich aber konnte kein Theologe die tiefe Verderbtheit und

Ruchlosigkeit der menschlichen Natur mit grelleren Farben schildern, als Mandeville that; und wenn der Mensch wirklich so war, und es im Zusammenhange dieses irdischen Lebens keine Motive gab, um ihn zur Sittlichkeit zu bestimmen, so konnten, falls die Möglichkeit derselben nicht gänzlich preisgegeben werden sollte, nur jenseitige Belohnungen und Strafen übrig bleiben. Es ist charakteristisch für diesen completen ethischen Pessimismus, dass er zugleich extremer Nominalismus ist: was man sittlich nennt, ist ein blosses Gerede, eine absichtlich hervorgerufene Täuschung, eine Missgeburt gegenseitiger Schmeichelei und eigenen Dünkels. Einige geschickte Politiker und Staatsgründer sind hierin vorangegangen. Sie haben die Beobachtung gemacht, dass es unmöglich sei, den Menschen die Vortheile geselligen Zusammenlebens zu verschaffen, ohne sie zu veranlassen, einen Theil ihres eigenen Interesses dem allgemeinen preiszugeben. Da sie sich nun ausser Stande sahen, die Menschen für dies Opfer durch wirkliche Güter zu entschädigen, so waren sie genöthigt, eine fingirte Belohnung zu ersinnen. Eine solche bot sich in der Schmeichelei, in dem Gebrauche der Begriffe Ehre und Schande, die nun bald anfingen, als mächtige Hebel auf die Menschen zu wirken, in deren Organisation das Selbstgefühl eine entscheidende Rolle spielt. So wurde zunächst eine Anzahl der Empfänglichsten dafür gewonnen, Mühen und Entsagungen auf sich zu nehmen, um diese Ehren zu verdienen: die Andern, die diesem Vorgange nicht zu folgen vermögen, suchen ihre eigene Schwäche hinter einem um so lauteren Lobe jener Eigenschaften zu verbergen, und welches auch ihre Gedanken über diese Begriffe sein mögen, so werden sie doch nicht wagen, offen zu widersprechen.

Die Sittlichkeit ist also eine rein politische Schöpfung, eine Ausgeburt der Schmeichelei und des Stolzes. Ursprünglich sind die Anfänge der Sittlichkeit dazu bestimmt, den Ehrgeiz Einzelner zu fördern, welche daraus zunächst für sich selber Vortheil zogen, namentlich den, eine grosse Menge Menschen mit grösserer Leichtigkeit und Sicherheit beherrschen zu können. Aber auch die Schlimmsten bemerkten bald, dass es ihr Vortheil war, die Förderer des allgemeinen Wohles

nach Kräften zu loben, weil deren Leistungen auch ihnen zu
Gute kamen, ohne dass sie sich darum Zwang aufzuerlegen
brauchten [10]).

Dies nur in den flüchtigsten Zügen die Theorie Mandeville's, soweit sie in Zusammenhang mit der Frage nach dem
Wesen und Ursprung des Sittlichen steht. Eine selbständige
wissenschaftliche Bedeutung wird man ihr wohl nicht zugestehen können. Mandeville hat gewiss manches richtig gesehen,
und einige seiner Paradoxien können Anlass zum fruchtbarsten
Nachdenken geben; aber als Schriftsteller und Denker verschwindet er beinahe zwischen den Grösseren, zwischen denen
er steht: vor ihm Hobbes, der Erzfeind, als dessen Volks-
ausgabe seine Schriften angesehen zu werden pflegten [11]);
nach ihm Hume und insbesondere Helvetius, welcher eigentlich als der systematische Bearbeiter von Mandeville's Ideen
angesehen werden muss, so weit dieselben eine ernsthafte
Verarbeitung überhaupt zuliessen. Dort werden wir namentlich seiner Lehre von der Selbstliebe als einzigem Princip
menschlichen Handelns und dem Einfluss politischer Berechnung
auf die Entstehung der Sittlichkeit in erweiterter Durchführung
wieder begegnen.

2. Abschnitt.

Butler [12]).

Butler's Stellung ist eine sehr eigentümliche und keineswegs leicht zu charakterisirende. Seine enge Anlehnung an
Shaftesbury ist allgemein anerkannt und es könnte daher auf-
fallend erscheinen, ihn hier an der Spitze jener Richtung zu
finden, welche gerade im Gegensatz zu dem, was Shaftesbury
gewollt hatte, auf Locke zurückging. Indessen steht Butler
trotz seiner nahen Verwandtschaft mit Shaftesbury jener Denkweise keineswegs so ferne, als man es nach diesem Ausgangspunkte vermuthen sollte.

Butler ist, wie Stephen sich ausdrückt, gewissermaassen
der in's Theologische übersetzte Shaftesbury und so kommen denn, wie ein Blick auf die Einzelheiten seiner Lehre

zeigen wird, neben dessen Ideen auch solche Gedanken zum
Vorschein, welche unverkennbar auf die später in England
zur Herrschaft gelangende, theologisch gefärbte Utilitätsmoral
verweisen [13]), so dass also Butler wesentlich als Uebergangs-
gestalt erscheint.

§. 1.   Die Lehre vom Gewissen.

Im Vordergrunde der Butler'schen Theorie steht seine
Lehre vom Gewissen, in welcher er, unmittelbar anknüpfend
an Shaftesbury, dessen Anschauungen zu vertiefen und in
einem wichtigen Punkte mit dem Thatbestande der sittlichen
Erfahrung übereinstimmender zu machen sucht [14]).

Hauptaugenmerk Butler's ist es dabei, die eigentümliche
Beschaffenheit und Function jenes Vermögens der Werthbestim-
mung noch genauer festzustellen, als Shaftesbury gethan hatte.
Es ist ein entscheidendes Wort, welches Butler ausspricht [15]),
und worin eine unbestreitbare Thatsache der sittlichen Erfahrung zum Ausdruck kommt: das Verhältniss zwischen den
Affecten der Menschen und jener Reflexionsvermögen sei ähnlich dem zwischen blosser Macht und Autorität. Man könne
letzteres nicht bloss als ein solches betrachten, welches in
seiner Sphäre Einfluss übe, was von jeder Leidenschaft, von
jedem Triebe gesagt werden könne, sondern dasselbe bean-
spruche seiner Natur nach Ueberlegenheit über alle anderen
Triebe, so dass die Functionen des Beurtheilens und Beauf-
sichtigens zum Begriffe desselben gehören. Hätte es ebensoviel Stärke als Recht, soviel Macht als Autorität — es würde
schlechterdings die Welt beherrschen.

Die richtige Anschauung von der menschlichen Natur wird
sich daher folgendermaassen ausdrücken lassen: Der Mensch
ist des Handelns in verschiedener Richtung fähig, welches
beim Vergleich mit der Natur des Handelnden derselben entweder angemessen erscheint, oder nicht, und insoferne entweder
als natürlich oder als unnatürlich gilt. Dies hängt keineswegs
davon ab, dass sich die Handlung mit dem stärksten Motive
in Einklang befinde; vielmehr kann ein derartiges Handeln

der Natur des Handelnden doch ganz unangemessen sein; sondern dieser Einklang oder Missklang beruht auf einer Verschiedenheit der Art nach, die etwas ganz Anderes ist, als die Stärke des Motivs. Von den Principien der menschlichen Natur stehen manche ihrem Wesen nach über den andern und der Unterschied zwischen den menschlichen Handlungen entsteht durch ihre Uebereinstimmung oder Nichtübereinstimmung mit diesen höheren Principien [16]).

Dies ist im Wesentlichen der sittliche Thatbestand, welchen Butler vorträgt, und es ist nicht ohne Interesse, denselben mit den Formuliruugen gleichzeitiger Denker zu vergleichen. Man sieht die eine, der ethischen Forschung zu Grunde liegende Haupt-Thatsache, Werthunterschiede unter den menschlichen Handlungen und Eigenschaften, prismatisch in verschiedenen Farben spielend. Locke und Clarke, wie weit auch sonst auseinander gehend, hatten den Grund dieses Unterschieds nach aussen verlegt: der eine in die Uebereinstimmung oder Nichtübereinstimmung mit einem Gesetze, der andere in die Angemessenheit oder Unangemessenheit der Handlungen zu der Natur jener Dinge, worauf sie sich beziehen. Mit Shaftesbury hatte die Untersuchung eine Wendung auf das Subject genommen: indem dies, als ein selbstbewusstes, von seinen eigenen Zuständen afficirt wird, erfährt es unmittelbar den Unterschied zwischen denselben. In die Reihe derer, welche Shaftesbury's Andeutungen über die Art und Wirksamkeit dieses Reflexionsvermögens weiter auszuführen unternahmen, gehört ohne Frage auch Butler.

Das Problem, welches ihm in seinen allgemeinen Erörterungen über die Natur des Sittlichen vorschwebt, ist ganz das gleiche, wie es ungefähr um dieselbe Zeit auch Hutcheson beschäftigte. Es handelt sich darum, die Beschaffenheit und Wirkungsart jener Reflexionsaffecte, welche Shaftesbury als die Quellen des Werthunterschiedes bezeichnet hatte, näher zu bestimmen. Dies versucht Hutcheson, indem er gewisse Aeusserungen Shaftesbury's benutzt, und jene Unterscheidung einem eigenen Vermögen, dem moralischen Sinne, zuweist. Dasselbe unternimmt Butler, wenn er, ebenfalls auf Shaftesbury fussend, aber zugleich unverkennbar beeinflusst von theologischen Re-

miniscenzen, den autoritativen Charakter dieses Reflexionsvermögens, welchem er auf's Nachdrücklichste die Hegemonie über
alle andern Seelenkräfte zuschreibt, stark betont und dasselbe
mit dem alten Namen des Gewissens bezeichnet. In der Hervorhebung dieses Moments im sittlichen Thatbestande liegt ein
entschiedenes Verdienst Butler's; aber seine Erklärung dieser
Erscheinung, wenn man überhaupt von dem Versuche einer
solchen bei ihm sprechen kann, ist äusserst mangelhaft — im
Grunde nur eine Umschreibung der von ihm vorgetragenen
Auffassung selbst. Hutcheson's moralischer Sinn war vielleicht
kein sehr glückliches Mittel, um die Schwierigkeiten zu beseitigen, welche die Entstehung von Werthurtheilen rein aus
der Natur des Menschen heraus begleiteten; aber Hutcheson's
Psychologie bot, wenn auch anfechtbar, doch viel bestimmtere
Begriffe und eindringendere Untersuchungen als Butler's glatte,
aber auch rhetorisch zerfliessende Darstellung.

§. 2. Ansätze zum theologischen Utilitarismus.

Dass hier eine Schwierigkeit liege und dass die blosse
Constatirung eines solchen autoritativen Princips im Menschen
noch keineswegs genüge, um die Wirkung desselben verständlich zu machen und zu zeigen, woher bei seinem unum-
schränkten Rechte ihm im einzelnen Falle auch die nöthige
Macht komme, scheint Butler selbst gefühlt zu haben; oder,
wenn man dies nicht zugeben will, so finden sich doch jedenfalls bei ihm neben der eben vorgetragenen Theorie auch Ansätze zu andern Gedankenbildungen, die, mag man sie nun als
Ergänzungen derselben, oder als Concessionen an den Zeitge-
schmack betrachten, es immerhin rechtfertigen, wenn Butler
hier als eine Uebergangsstufe von den Systemen intuitiver
Ethik zu der theologischen Utilitätsmoral behandelt wird.

Das zeigt sich zunächst an dem Verhältnisse, in welches
Butler das Sittliche zur Gottheit setzt [17]). Zwar ist ihm dasselbe in gewissem Sinne eine rein natürliche Veranstaltung;
und er erklärt es ausdrücklich für evident, dass, auch abgesehen von aller Offenbarung, der Mensch von seinem Schöpfer

nicht dazu bestimmt sei, lediglich seinen Trieben zu leben,
sondern der Mensch kraft seiner ganzen Constitution im stric-
testen und eigentlichsten Sinne sich selbst Gesetz sei. Aber
anderseits erhalten die Aussprüche des Gewissens ihre letzte
Sanction doch dadurch, dass uns dies Vermögen von dem Urheber unserer Natur zur Leitung derselben verliehen worden
ist — wie das Butler aus der Thatsache des Vorhandenseins
eines solchen Princips mit durchaus teleologischer Wendung
schliesst. Butler drückt sich allerdings sehr vorsichtig aus und
ist sichtlich bemüht, dem Sittlichen seine durchaus auf sich selbst
ruhende Autorität zu wahren [18]); aber eine directe Beziehung
des Sittlichen auf die Gottheit bleibt Butler's gesammter Anschauung zufolge doch bestehen. Damit verbinden sich gewisse andere Ideen, um derenwillen man ihn ganz entschieden
als einen Utilitarier bezeichnet hat [19]).

„Gewissen und Selbstliebe,“ sagt er, „führen uns, wenn
wir unser Glück richtig verstehen, immer den gleichen Weg.
Unsere Pflicht und unser Interesse coincidiren durchaus. Zum
grössten Theil schon in dieser Welt; vollständig aber, und
ausnahmslos, wenn wir die Zukunft, das Ganze unseres Daseins mit in Rechnung ziehen; denn dies liegt im Begriffe
einer guten und vollkommenen Weltregierung“ [20]). Noch entschiedener drückt sich eine andere Stelle aus. „Man kann zugestehen, ohne Sittlichkeit und Religion zu schädigen, dass von
allen unsern Vorstellungen uns die des Glücks und Unglücks
die nächstliegendsten und wichtigsten sind; dass sie selbst
denen der Ordnung, Schönheit und Harmonie sich überlegen
zeigen werden und sollen, falls es denkbar wäre, dass zwischen
diesen und unserem Glücke sich ein Widerspruch herausstellen
sollte — obwohl diese sich auf die Angemessenheit der Handlungen beziehen und die volle Realität der Wahrheit besitzen.
Allerdings besteht das Sittliche und Rechte in der Achtung
und Befolgung dessen, was an und für sich gut ist; aber in
Augenblicken kühler Ueberlegung können wir ein derartiges
Verhalten nur dann vor uns rechtfertigen, wenn wir uns überzeugt haben, dass es unserem Glücke dienlich, oder wenigstens
nicht entgegen ist. Vernunft und Humanität werden immer
Einfluss auf die Menschheit haben, welche Wendung auch die

Speculation nehmen mag; aber das Interesse der Sittlichkeit hängt daran, dass ihre Theorie vor offener Verachtung bewahrt bleibe und ihre wirkliche Existenz ist davon bedingt, dass sie nicht im Scheine der Gegensätzlichkeit zu Privatinteresse und Selbstliebe stehe"[21].

Diese Sätze lassen zwar einerseits den von Butler so nachdrücklich betonten intuitiven Charakter des Sittlichen in Kraft; scheinen aber anderseits der Utilitätsmoral so bedeutende Zugeständnisse zu machen, dass sich selbst ein Anhänger dieser Richtung kaum unzweideutiger auszudrücken vermöchte.

§. 3. Kampf gegen das Princip des Egoismus.

Trotzdem gehört Butler zu den entschiedensten Gegnern des selbstischen Systems, welches er wiederholt und mit grossem Nachdruck bekämpft und dessen trügliche Sophistik er zuerst durch eine genaue psychologische Zergliederung des Begriffes der Selbstliebe aufzudecken versucht hat[22].

Die Hauptgedanken seiner an verschiedenen Stellen im Wesentlichen übereinstimmend vorgetragenen Argumentation lassen sich in folgenden Sätzen etwa zusammenfassen. Es ist in gewissem Sinne selbstverständlich, dass jeder Affect, den wir empfinden, eine Erregung unseres Selbst ist, und dass wir den aus der Befriedigung desselben hervorgehenden Genuss als unsern eigenen empfinden. Will man nun alle Regungen unseres empfindenden Selbst Selbstliebe nennen, so ist es allerdings ganz undenkbar, dass irgend ein Geschöpf aus anderen Beweggründen, als aus Egoismus zu handeln im Stande sei. Dies entspricht aber weder dem gewöhnlichen Sprachgebrauche, noch der Natur der Sache, um deren Erfassung es sich handelt. Thatsächlich sind es ganz verschiedene Dinge, für welche es daher auch verschiedene Begriffe geben muss, ob ein Mensch aus der kühlen Ueberlegung heraus handelt, dass ein bestimmtes Thun ihm diesen oder jenen Vortheil gewähren werde, oder ob er durch Gefühle, etwa der Freundschaft oder der Rache, zu einem Thun hingerissen wird, welches, mag es nun Andern Gutes oder Böses schaffen, ihm selbst den sicheren Untergang bereitet. Beide Handlungen kommen allerdings darin überein, dass sie die Befriedigung eines in unserem Ich vorhandenen Triebes bezwecken; aber im Princip sind sie gänzlich verschieden. Nur die erstere beruht auf Selbstliebe; die zweite hingegen auf Liebe oder Hass gegen einen Andern. Mit einem Worte: Dem menschlichen Thun liegt nicht ein einfaches, sondern ein doppeltes Princip zu Grunde; d. h. nicht bloss die Selbstliebe, das allgemeine Verlangen nach Glück, sondern noch eine Gruppe von andern Affecten, die sich aber nicht unmittelbar auf uns selbst, sondern nach aussen richten. Jene sucht niemals einen Gegenstand um seiner selbst willen, sondern nur als ein Mittel zum Genusse; diese richten sich auf einen bestimmten Gegenstand, suchen in ihm ihre Befriedigung, gleichviel in welcher Beziehung derselbe zu unserem Wohlergehen stehe. Der Sprachgebrauch erkennt diese Unterscheidung auch an; denn nur Handlungen der ersteren Art pflegt man interessirt zu nennen, während man Handlungen der zweiten Art als leidenschaftlich, ehrgeizig, freundschaftlich, oder rachsüchtig bezeichnet, je nach dem besonderen Affecte, aus welchem sie hervorgegangen sind. Selbstliebe ist also nie im Stande, uns aus eigener Kraft auf einen bestimmten Gegenstand hinzuführen, sondern nachdem durch die Erfahrung festgestellt ist, was ein Gut für uns sei, treibt sie uns, dasselbe aufzusuchen. Sie kann sich also mit jedem besonderen Affect verbinden; und dies ist der Grund, weshalb es in zahllosen Fällen so schwierig ist, genau zu bestimmen, in wie weit eine Handlung, mag sie auch unsere eigene sein, aus allgemeiner Selbstliebe, oder aus einem besonderen Affecte hervorgehe. Allein diese Schwierigkeit darf den begrifflichen Unterschied zwischen Selbstliebe und Einzelaffect nicht aufheben; und wenngleich die Anschauungen über das Maass, in welchem die Menschheit vom Interesse beherrscht wird, immer schwankend bleiben, so wäre es doch ebenso thöricht, zu sagen, dass nur das Interesse, als dass nur die Einzelaffecte auf sie wirken.

Diese Bemerkungen Butler's sind in vieler Hinsicht beachtenswerth. Mag die psychologische Annahme, welche ihnen zu Grunde liegt, auch mangelhaft sein, und die Trennung der Selbstliebe als eines ganz allgemeinen Gefühles von den ein-

zelnen bestimmten Affecten auch manchen Zweifeln unterliegen [23]), so bringt der Gedanke Butler's doch eine für die
gesammte ethische Forschung wichtige Wahrheit zum Ausdruck.
In wie überzeugender Weise, das beweist am besten der Umstand, dass Hume in seinen Erörterungen über die Selbstliebe
sich Butler's Argumentation unmittelbar angeeignet hat. Auch
hier aber lässt sich wieder erkennen, was schon oben hervorgehoben werden musste, dass Butler's Denken im innersten
Grunde eklektisch ist, und dass die verschiedenen, in der Zeit
liegenden Meinungen bei ihm mehr in einem gewissen Neben-
einander, als in einer wirklichen Durchdringung zur Geltung
kommen. So nimmt seine Erklärung des von ihm so bestimmt
aufgefassten autoritativen Charakters des Sittlichen eine theologische Wendung, indem das Gewissen, als der intuitive Quell
des Sittlichen, gewissermassen als psychologisches Räthsel hingestellt und auf die Gottheit unmittelbar zurückgeführt wird; so
vertritt er einerseits Shaftesbury's Anschauung, welcher das
Sittliche als das Naturgemässe bezeichnet hatte, während anderseits jener theologische Pessimismus bei ihm unüberwunden ist,
welcher, nicht ohne in sehr gewichtigen Erfahrungen des sittlichen Lebens seine Stützpunkte zu finden, auf die tiefe Verderbtheit der menschlichen Natur verweist [24]). Und so greift
er auch, wenn er gegen die Annahme der Folgen einer Handlung als Kriterien ihres moralischen Werthes kämpft, zu einer
Ausdrucksweise, welche sich von den Definitionen Clarke's
kaum unterscheidet [25]).

3. Abschnitt.

Hartley.

Hartley gehört zwar mit zu der Cambridger Schule, von
welcher die Entwicklung der englischen Ethik im 18. Jahrhundert vorzugsweise beherrscht wurde; aber in vielen Stücken
zeigt er sich von den nachmals immer schärfer zu Tage tretenden Schwächen derselben noch frei und sein Werk hätte verdient, ihr zum Theil eine andere Richtung zu geben. Er war

ohne Zweifel ein feinerer und reicherer Geist als die meisten
der schulmeisternden Theologen, welche in dieser Zeit England
mit Handbüchern der Moralphilosophie versorgten. Das beweist der Umstand, dass er die Theologie bei Seite legte, um
sich der Medicin zu widmen, weil er sich an den pedantischen
Buchstabenglauben nicht fesseln wollte; das beweist die originelle
Anwendung seiner medicinischen Studien zur Begründung einer
Art von Psychophysik; das beweist sein über den gewöhnlichen Deismus hinausliegender Gottesbegriff, in welchem die
tiefsinnigen Speculationen Spinoza's und Malebranche's wenigstens anklingen. Freilich ist weder seine Metaphysik, noch
seine Ethik je bis zu den letzten Fragen vorgedrungen, sondern
hat sich mit denkender Verarbeitung des Nächst-Erreichbaren
und traditionell Gegebenen begnügt, wie dies das friedliche
Nebeneinanderbestehen seiner materialistischen Psychologie mit
dem Gottesbegriff und Unsterblichkeitsglauben beweist. Aehnlich ist es mit der Ethik.

§. 1. Psychologische Grundlage des Sittlichen.

Hartley ist ein consequenterer Utilitarier als Butler. Dass
die guten oder bösen Folgen unserer Handlungen der einzige
Grund für uns seien, Werthunterschiede zwischen denselben zu
machen, steht ihm als Princip aller Ethik fest[26]). Vollständig
von Locke's Gesichtspunkten aus sträubt er sich gegen jede Annahme von angeborenen sittlichen Vermögen, wie das Gewissen
bei Butler gewesen war und was dieser von dem autoritativen
Charakter der sittlichen Urtheile bemerkt hatte, lässt Hartley
ganz fallen. Nur durch einen Ueberschuss der mit ihm verbundenen Lustempfindungen kann das Sittliche begründet
werden. Gleichwohl ist Hartley weit entfernt, in aller Sittlichkeit nur verfeinerte Selbstsucht zu sehen. Sie wurzelt zwar
in dem egoistischen Individualwillen, aber aus diesem trüben
und schlammigen Grunde erhebt sich allmälig das reine Gewächs selbstloser Menschen- und Gottesliebe, die nicht das
Ihrige sucht, nicht um des Lohnes willen dient, und doch des
höchsten Glückes innerer Befriedigung gewiss ist. So steht

das Sittliche am Schlusse der Reihe, in welche Hartley sämmtliche Quellen der Lust und Unlust einordnet, nemlich Sinnlichkeit, Einbildung (d. h. sowohl Phantasie als Gedächtniss), Ehrgeiz, Eigennutz, Sympathie, Theopathie (d. h. religiöse Empfindung), und der moralische Sinn.   Es ist nicht eigentlich eine
Gruppe für sich, als vielmehr der Ausdruck für die harmonische Vereinigung aller übrigen Elemente[27]).

In der Aufzeigung der Mittel, welche die ursprüngliche
Selbstsucht des Menschen im Verlaufe seiner sittlichen Entwicklung ihres ursprünglichen Charakters entkleiden, ist Hartley
mit Umsicht und keineswegs ohne originelle Gedanken verfahren.   An Locke anknüpfend, erörtert er zunächst[28]) den
Einfluss der Erziehung, sowie des durchschnittlichen Verhaltens
und Meinens der Menschen.   Das psychologische Princip jedoch,
auf welches Hartley den grössten Nachdruck legt, ist die Association.   Gleichartige Eindrücke haben die Tendenz, mit einander zu verschmelzen und psychische Gebilde von grosser
Festigkeit zu erzeugen, welche eine selbständige Existenz behaupten, die von dem Eintreten der ursprünglichen Veranlassung unabhängig ist.   Wenn es anfangs lediglich die Gefühle
eigenen Genusses waren, welche uns gewisse Handlungen,
Eigenschaften und Personen werth machten, so wachsen Werthurtheile dieser Art doch sehr bald so enge mit den Objecten,
auf welche sie sich ursprünglich bezogen, zusammen, dass sie
jener engeren Beziehung auf unser Ich gar nicht mehr bedürfen, um sich geltend zu machen.   Zwei Umstände wirken
zusammen, um dies Resultat zu erleichtern.   Zunächst zeigt
sich, dass jedes Gut, je mehr die directe Beziehung auf das
Ich zurücktritt, desto geringere Zuthaten an begleitenden
Uebeln mit sich bringt und desto reiner genossen werden kann;
sodann hat die Association die natürliche Tendenz, aus zu-
sammengesetzten Empfindungsgruppen die schmerzlichen Bestandtheile zu eliminiren, sobald nur ein gewisser Ueberschuss
an Lust vorhanden ist, und so entgegengesetzte Empfindungen
zu einem Gefühl zu verschmelzen.   So erlangen vermöge des
gewissermassen gegen sich selbst in Dienst genommenen Egoismus diese Associationen, ein verhältnissmässig spätes Product
des geistigen Lebens, so grosse Stärke und Wirksamkeit, dass

sie wie ursprüngliche und natürliche Dipositionen erscheinen und beinahe Instinkte genannt werden können.

Diese Theorie leistet in Hartley's System ziemlich dasselbe, was bei Hume und Smith der Begriff der extensiven Sympathie und die Bildung allgemeiner Regeln zu erklären bestimmt sind und hat als eine Ergänzung dieser beiden Denker erst in unserer Zeit wieder mehr Beachtung gefunden. Hartley selbst freilich ist in der Anwendung dieses Princips nicht über bescheidene Anfänge hinausgekommen, und weit von dem Ziele entfernt geblieben, mit seiner Hülfe die complicirteren Erscheinungen des sittlichen Lebens zu erklären.

Zunächst schon aus dem Grunde nicht, weil die Association überhaupt nicht ausreicht, gerade dem specifischen Charakter des Sittlichen gerecht zu werden. Nur der völlige Mangel jeder genaueren Induction und Begriffsbestimmung des Sittlichen vermochte Hartley darüber zu täuschen, dass er nichts Anderes erklärt habe, als wie in dem nur von Selbstsucht bewegten Menschen durch diese vom Standpunkt des Bewusstseins aus zufällig zu nennende Verkettung gewisse Regungen uninteressirten Wohlwollens möglich werden. Allein hiezu kommt zweitens ein Umstand, welcher den Gesichtspunkt der Beurtheilung merklich verschiebt: dass der ganze Abschnitt, welcher von den Pflichten und Erwartungen des Menschen handelt, vielmehr in praktisch-moralisirender Tendenz als zum Zwecke einer genauen psychologischen Analyse des Sittlichen verfasst ist. Für diese fällt nur nebenher etwas ab; der Hauptzweck ist der Beweis, dass der Mensch für das eigene Glück am Besten sorgt, wenn er seine Werthschätzung der Güter nach der eben angegebenen Stufenreihe einrichtet.

§. 2. Sittlichkeit und Religion.

Als letztes aber und nicht zu vergessendes Element beim Zustandekommen der Sittlichkeit, ist endlich noch die Religion hervorzuheben. Auch hier sucht Hartley in einer Weise zu vermitteln, in welcher sich bereits die Gedanken Paley's ankündigen und zugleich manche ältere speculative Ideen noch fortleben. Die beiden Haupttheile der Religion, die natürliche und die geoffenbarte, hat er eingehend behandelt, und jeden mit den stärksten Beweisgründen zu stützen versucht. Seine Behandlung der Offenbarungsreligion [29]) zeigt ihn von jeder deistisch-rationalistischen Anwandlung noch weit unberührter als Locke; der Wunder- und Weissagungsbeweis steht ihm in voller Kraft, und die gegenseitige Ergänzung und Bestätigung der geoffenbarten und natürlichen Religion unterliegt nicht dem mindesten Zweifel. Seine philosophische Gotteslehre [30]) steht jedenfalls bedeutend über dem sonst üblichen watch-maker Deismus und zeigt gewisse Ansätze zur Vertiefung, die an Spinoza und Malebranche erinnern. Mehr an den letzteren, indem er neben dem Begriff der ersten und alleinigen Ursache auch die Vorstellung der Persönlichkeit festhält und zugleich alle ethischen Prädicate in gesteigertster Idealisirung auf die Gottheit überträgt.

Aehnlich wie Hutcheson und Butler setzt auch Hartley den moralischen Sinn und die Gottesidee in ein Wechselverhältniss [31]). Wenn jener Gehorsam gegen Gottes Willen fordert, so wird wiederum der Gehorsam gegen Gott eine Richtschnur für den moralischen Sinn, bestimmt dessen Ungewissheiten und hebt die Widersprüche desselben, und es geht daher auch die Vollkommenheit beider Hand in Hand. Dies Wechselverhältniss ergibt sich aus der gottgeordneten Einrichtung der Welt mit Nothwendigkeit. Und da Hartley von seinem Gottesbegriff aus sich zu einem strengen philosophischen Determinismus bekennt, so wird für ihn der Zusammenhang zwischen der Gottheit und dem Sittlichen ein nicht bloss psychologisch, sondern zugleich metaphysisch begründeter, das Sittliche ein Erzeugniss der göttlichen Causalität — folglich (und damit klingen bei Hartley inmitten einer ganz anderen Richtung Gedanken Shaftesbury's und der schottischen Schule an) in gewissem Sinne Naturproduct.

Damit erwächst nun für Hartley die Schwierigkeit, das Unsittliche und Böse zu erklären. Man kann nicht sagen, dass er sich diese Erklärung besonders leicht gemacht habe. Wie einst Cudworth dem Sensualismus, so hat Hartley dem Pessimismus zum Voraus eine Fülle von tiefgedachten und schlagen-

den Argumenten entgegengestellt. Im Ganzen proclamirt Hartley
rückhaltslos den überzeugungsfreudigsten Optimismus, sowohl
im Bereiche der physischen als der sittlichen Welt. Zwar
leugnet er weder das Uebel, noch das Böse; vielmehr verrathen
seine Erörterungen das sichtliche Bestreben möglichst genau
abzuwägen und er hat sich hinlängliche Offenheit des Blickes
bewahrt, um das schwere Gewicht der Gegenseite nicht zu
verkennen; aber gleichwohl steht ihm der Ueberschuss des
Guten in der Welt ausser aller Frage. Von dem Durchschnitt
der Menschen kann man nicht bloss behaupten, dass er glücklich ist — in dem Sinne eines mässigen Ueberwiegens der
Lustgefühle; sondern auch dass er sittlich ist, was ja nach
Hartley's Theorie eng zusammenhängt. Man darf dabei freilich
nicht an zu hohe Grade denken; denn wie vollendete Sittlichkeit, so ist auch vollkommenes Glück hienieden selten. Die
meisten Menschen sind in ihrem gegenwärtigen Zustande weder
der einen noch des andern fähig und beide keineswegs immer
vollkommen ausgeglichen; darum ist die definitive Lösung der
Schwierigkeiten, welche der Vergleich zwischen dem gegenwärtigen Zustande der Welt und den Eigenschaften des göttlichen Wesens bereitet, nur unter der Voraussetzung des Jenseits und einer unendlichen Perfectibilität möglich, welche
schliesslich Alles in Harmonie aufzulösen vermag — eine Annahme, welche durch die geoffenbarte wie die natürliche Religion gleich sehr begründet ist [32]).

Aus dem, was er vom Standpunkte seines philosophischen
Determinismus aus über die Beurtheilung des Verbrechens sagt,
spricht ein wahrhaft edler und humaner Geist, und gerade die
Erwägung des Umstandes, dass die sittliche Beschaffenheit eines
Menschen, soviel Mittelursachen man auch angeben möge, doch
ihren letzten Grund ausser ihm haben müsse, ist es hauptsächlich, die seine Ueberzeugung bestimmt, dass der unendlichen
Güte des Schöpfers nur eine schliessliche allgemeine Beseligung
würdig sei. Und nicht minder tief empfunden ist, was er gegen
die Möglichkeit einer Ethisirung des Menschen bloss durch
Furcht vor Strafe bemerkt [33]). Er weiss, dass das Glück nichts
ist, was von aussen an den Menschen herangebracht werden
könnte, wie ein fertiges Gut, das Jeder zu geniessen vermöchte;

dass das Glück nur wirklich werden kann in dem Maasse, als wir fähig werden dasselbe zu geniessen, und dass ohne diese innere Umwandlung, die keine Furcht bewirken kann, aller Lohn einer bloss erzwungenen Sittlichkeit nach Naturgesetzen hinfällig werden muss. Und so steht an der Spitze von Hartley's Ethik [34]), seltsam genug inmitten seiner verständig-praktisch rechnenden Zeitgenossen, der Gedanke einer völlig reinen und vollkommen beseligenden Hingabe an die Gottheit, als die Quelle aller Vollkommenheit und Güte, welcher an Spinoza's intellectuelle Gottesliebe erinnert, insofern er als höchstes geistiges Entwicklungsproduct des ursprünglich nur von Selbstsucht bewegten Menschen erscheint; an die französische Mystik des 17. Jahrhunderts aber insofern, als er durchaus in dem Vorstellungsgewande des positiven Christentums sich bewegt. Es ist in hohem Grade charakteristisch, dass diese Theorien, trotz ihres tiefreligiösen Gehaltes und ihrer rührenden Gläubigkeit, bei der officiellen Theologie weder in England noch Frankreich Anerkennung und Boden fanden, sondern dass diese, hier wie dort, solcher Vertrauensseligkeit gegenüber die Hölle wieder etwas schwärzer zu malen und die schwer vertilgbare Bestie im Menschen wieder in straffere Zucht zu nehmen sich anschickte.

4. Abschnitt.

Warburton und der theologische Utilitarismus.

Die in Frage kommenden Tendenzen liegen schon zehn Jahre vor dem Erscheinen von Hartley's Werk bei Warburton [35]) klar ausgesprochen. Inmitten der Gefahren, von welchen ihm die wahre und ächte Sittlichkeit durch die damals schwebenden Untersuchungen bedroht schien, sucht er gewissermassen alles zusammenzuraffen, was für dieselbe Halt und Stütze bieten zu können scheint; daher die wunderliche und unhaltbare Vereinigung von Principien, welche einander im Grunde ausschliessen, daher die gleichzeitige Begründung des Ethischen auf den moralischen Sinn, auf die ewigen Unterschiede in den Handlungen und auf den Willen Gottes. Die beiden ersten Gedanken, lediglich Verschmelzungen der Theorien von Shaftesbury und Clarke, haben wir in ihrer Begründung hier nicht weiter zu berücksichtigen, obwohl Warburton in dem Nachweise der Nothwendigkeit sie zusammenzunehmen, keineswegs ohne Geist und Geschick verfährt; ungleich wichtiger, weil in dieser Form neu, ist die Forderung eines obersten Gesetzgebers, als unerlässlich für das Zustandekommen und die Erhaltung des Sittlichen. Warburton hat einen Mangel sehr richtig und fein herausgefühlt, der den meisten der bisherigen Erklärungsversuche des Sittlichen haften geblieben war. Der Begriff oder das Gefühl der Verpflichtung hatte entweder in der Feststellung des Thatbestandes der ethischen Phänomene keine genügende Berücksichtigung oder gehörige Auffassung erfahren, oder er war, wenn dies der Fall, nicht in ausreichender Weise erklärt worden. Dass Warburton dieses wichtige Moment wieder in seine Stellung einzusetzen suchte, die ihm in der ethischen Theorie gebührte, und die Art und Weise, wie er die moralische Verpflichtung zu erklären und zu begründen unternahm, weist ihm seine eigentümliche Stelle in der englischen Moral zu, als wichtiger Uebergang von den Controversen der Locke'schen Zeit zu der späteren, theologisch gefärbten Utilitätsmoral. Der entscheidende Grundsatz[36]), von welchem er ausging, war der, dass jede Verpflichtung nothwendig einen Verpflichtenden voraussetze, und eine wirkliche Bindung des Willens nur durch einen äusseren Gesetzgeber erfolgen könne. Auf diese Weise schien die Idee der Verpflichtung zwar in voller Reinheit und Schärfe hingestellt, aber indem sie ausschliesslich auf göttliche Gebote und Verheissungen gegründet wird, ist sie zugleich dem Bereiche natürlicher Sittlichkeit völlig entzogen. Und abgesehen davon droht diese Begründung des Sittlichen in einen Cirkel zu gerathen, der schon frühzeitig von Gegnern bemerkt und dieser Theorie vorgeworfen wurde[37]). Nichts desto weniger übte Warburton's System einen grossen Einfluss auf Theologen und Moralisten Englands aus[38]). Mit seiner scharfen Betonung der Idee der Verpflichtung hatte er entschieden einen Punkt getroffen, an welchem die herrschenden Systeme in den Augen Vieler, namentlich solcher, die noch von den Vorstellungen der älteren, theologischen Ethik beeinflusst waren, mangelhaft erschienen. Seine Lösung der (bewusst oder unbewusst) vielfach sich geltend machenden Schwierigkeit, wie das Gefühl der Verpflichtung zu erklären sei, empfahl sich durch Einfachheit und engen An-schluss [39]) an geläufige Vorstellungen; sie wurde fast allgemein acceptirt und auf dieser Grundlage haben eine ganze Reihe von englischen Moralisten, namentlich Theologen, ihre Systeme errichtet.

Die Entwicklung der englischen Ethik ging rasch in der durch diesen letzten Theil von Warburton's Doctrin vorge-zeichneten Bahn weiter, und die Bestandtheile, welche dieser neben seiner Idee der Verpflichtung und eines verpflichtenden Gesetzgebers noch festgehalten hatte, der moralische Sinn und die ewige Vernunft der Dinge, werden allmälig der Reihe nach ausser Curs gesetzt [40]).

Wir verfolgen diese Entwicklung nicht im Einzelnen; sie bietet kaum irgend welche neuen Gedanken in Bezug auf das uns beschäftigende Problem dar. Den praktischen Detailfragen der Ethik aber haben sich diese Schriftsteller mit besonderer Vorliebe zugewendet, und in dieser Richtung auch unleugbare Verdienste erworben [41]).

Als abschliessende Zusammenfassung und Systematisirung der seit 1740 etwa an den englischen Universitäten herrschen-den Doctrinen erscheint im Jahre 1785 Paley's Moralphilo-sophie, welche dann noch mehrere Generationen hindurch als „standard work" für die in Cambridge gehaltenen Vorträge über Moralphilosophie gedient hat. Da dies Werk sonach in jeder Beziehung als Typus erscheint, wird ihm eine etwas aus-führlichere Betrachtung zu widmen sein [42]).

5. Abschnitt.

Paley.

§. 1. Definition und Ableitung des Sittlichen.

Wir gehen aus von seiner Definition des Sittlichen oder der Tugend, welche seine ganze Auffassung des sittlichen That-bestandes, wie seine Erklärung desselben im Keime enthält. „Tugend“, sagt er, „besteht darin, der Menschheit Gutes zu erweisen aus Gehorsam gegen den Willen Gottes und um die ewige Seligkeit zu erlangen“ [43]). Auch hier also jene aus-schliessliche Betonung der socialen, auf das allgemeine Wohl gerichteten Seite des Sittlichen, gegen welche Hume sich so entschieden ausgesprochen hatte; aber die Erklärung und Be-gründung dieser auf das Wohl der Menschheit gerichteten Tendenz weit abweichend von dem, was frühere Vertreter einer solchen Anschauung, wie Cumberland, Hutcheson und selbst Hume darüber gelehrt hatten. Ganz so, wie sein Vorgänger Warburton, legt auch Paley grossen Nachdruck auf das im Thatbestande der sittlichen Erfahrung ohne Zweifel gegebene, ja zum Wesen des Sittlichen gehörige Gefühl der Verpflich-tung. Das eigentümliche Wesen desselben scheint Paley nur durch die folgende Definition wiedergegeben zu werden, welche nothwendig als Ergänzung neben seine Definition des Sittlichen gehört, oder vielmehr diese erst verständlich macht [44]). „Ver-pflichtet sein heisst nichts anderes, als von einem starken, auf dem Befehle eines Anderen beruhenden Motive getrieben wer-den.“ Daraus folgt unmittelbar, dass wir durch nichts Anderes verpflichtet werden können, als was uns selbst irgendwie Nutzen oder Schaden bringt; denn nur derartiges kann ein heftiges und starkes Motiv für uns sein. Der Grund des sittlichen oder pflichtmässigen Handelns liegt daher in einem gegebenen starken Motive (nemlich der Erwartung, nach diesem Leben entweder belohnt oder bestraft zu werden), beruhend auf den Befehlen eines Anderen, nemlich Gottes. Nur die Art der Belohnung oder Strafe und die Person des Gebieters unterscheiden die sittliche Verpflichtung von einer Verpflichtung irgend welcher andern Art: ihre Grundlage aber ist im Wesentlichen ganz die nemliche.

Darauf beruht nun die ethische Theorie Paley's. Wir finden in ihr einerseits die Idee der Verpflichtung mit grösstem Nachdruck, als constituirendes Element des Sittlichen hervorgehoben, anderseits diese Idee selbst in einer Weise aufgefasst, welche sie ihres ethischen Charakters eigentlich völlig entkleidet.

Paley selbst sieht vollständig ein, dass vermöge seiner Definition die Begriffe Klugheit und Pflicht, welche doch schon der gewöhnliche Sprachgebrauch scheidet, völlig in einander übergehen [45]). Er acceptirt diese Consequenz entschlossen und sagt, der Unterschied zwischen beiden bestehe wirklich nur darin, dass wir, was Verlust oder Gewinn in dieser Welt betrifft, Klugheit nennen; was dagegen unsern Zustand im Jenseits angehe, als Pflicht bezeichnen. Allein auch so setzt er sich einem neuen Einwande aus, den vor ihm schon Price gegen diese ganze Argumentation geltend gemacht hatte, und der nachher von Whately abermals gegen ihn erhoben worden ist [46]), nemlich dass der Begriff der Pflicht und des Verpflichtetseins älter sei als die Vorstellung einer Vergeltung in einem künftigen Leben; und dass es sich nicht verstehen lasse, wie z. B. in die Sprech- und Denkweise des heidnischen Altertums diese Begriffe hineingekommen seien, wenn man dieselben ausschliesslich von der Idee des Jenseits bedingt sein lasse.

Nun hat freilich Paley selbst ausdrücklich den Befehl [47]) eines Oberen als das zweite Moment zum Zustandekommen einer Verpflichtung hervorgehoben. Allein dadurch wird nichts gebessert. Denn wenn mit dem Gebote eines Oberen irgend mehr gesagt sein soll, als eine Verstärkung des Lust- oder Unlust-Motivs, wenn damit irgend ein neues Moment·in die Betrachtung hereingezogen werden soll, so führt dies nothwendig auf einen Cirkel, indem die zu erklärende Verpflichtung als gegeben vorausgesetzt, und unter dem sie begründenden Gebieter ein solcher gedacht wird, dem zu gehorchen eben unsere Pflicht ist [48]).

Wie dem aber auch sei — jedenfalls war Paley vollkommen davon überzeugt, dass seine Theorie, wenn nicht die

einzig richtige, so jedenfalls die einzige sei, welche auf die
Frage nach dem Ursprung und Grunde des Sittlichen eine
wirklich erschöpfende, auf die letzten Principien zurückgehende
Antwort zu geben vermöge, und die Analogie mit den Denkern,
die ihm mit verwandten Lösungen vorangegangen sind, macht
es wahrscheinlich, dass er auf dem angedeuteten Wege, von
seiner Idee der Verpflichtung aus zu der ganzen Theorie
gelangte.

§. 2. Verhältniss der Ethik zur Theologie.

Man sieht, hier sind Theologie und Ethik, deren Trennung
eine der Hauptaufgaben der neueren moralphilosophischen
Speculation gebildet hatte, wieder in den allerengsten Verband
getreten. Die Unabhängigkeit des sittlichen Lebens, seine auf
sich selbst ruhende Gewissheit, welche man auf verschiedene
Weise zu begründen gesucht hatte (Versuche, die sämmtlich
darauf hinausliefen, die sittliche Norm als etwas in der allgemeinen Naturordnung oder der menschlichen Organisation An-
gelegtes zu begreifen), wird hier völlig preisgegeben. Natürliche
Sittlichkeit ist unmöglich, ohne Religion keine Sittlichkeit:
denn nur durch sie werden dem Menschen das Gebot Gottes,
die sittliche Norm und die Verheissung von Lohn oder Strafe
im Jenseits, das sittliche Motiv, also die Fundamente aller
Sittlichkeit, vermittelt.

Natürlich erhebt sich nun, da das Sittliche gewissermassen
zu einer Dependenz der Religion wird, sofort die Frage, wie
es denn um die Sicherheit dieses Fundaments stehe und wie
wir in den Besitz der Einsichten und Ueberzeugungen gelangen, welche nach den Voraussetzungen Paley's für das
Zustandekommen des Sittlichen unentbehrlich sind. Dies ist
auf doppeltem Wege möglich: entweder durch Offenbarung
oder durch Vernunft[49]). Was nun die erstere betrifft, also die
göttliche Autorität und Glaubwürdigkeit der christlichen Religion, so lehnt Paley (und von seinem Standpunkte aus sicher
mit Recht) es ab, dass der Beweis dafür in der Ethik zu erbringen sei, obwohl er zugibt, dass sein ganzes System auf

dieser Voraussetzung beruhe [50]). Dies selbst aber findet er
ganz in der Ordnung und mit scharfer Wendung namentlich
gegen Hume protestirt er dagegen, dass man nach dessen Rath
und Vorgang die Ethik und die Theologie völlig auseinander
reisse. Es sei nicht einzusehen, welchem Zwecke das dienen
solle. Denn entweder man nimmt die christliche Offenbarung
als eine thatsächliche Wahrheit an, und erwartet wirklich die
im Evangelium angekündigten Strafen und Belohnungen: dann
muss man ihnen auch Beachtung zollen und darf sie nicht
beim Nachdenken über menschliche Pflichten ganz aus dem
Spiele lassen; oder man verwirft die christliche Religion: dann
mag man zusehen, wie man ohne dieselbe ein Fundament der
Sittlichkeit zu legen im Stande ist. Wenn dies überhaupt
möglich sein soll, muss man entweder zeigen, dass die Idee
der Verpflichtung anders aufgefasst werden könne und müsse,
als Paley dies thut, oder den Nachweis bringen, dass die
Sittlichkeit ihren Träger zu sicherem Glücke in diesem Leben führe, mindestens ihm einen weit grösseren Antheil an
der Glückseligkeit verschaffe, als das entgegengesetzte Verhalten. Dass ein solches Unternehmen viel Erfolg verspreche,
scheint Paley nicht geneigt anzunehmen; wenigstens stellt er
seinen Lesern mit ausdrücklicher Beziehung auf Hume die
Frage, ob die von diesem zur Begründung der Sittlichkeit
vorgeführten Motive wohl im Stande sein würden, ohne hinzutretende Verstärkung Jemand von der Befriedigung seiner
Leidenschaften abzuhalten, oder die Existenz derselben zu unter-
drücken; und man sieht wohl, dass er keine andere, als eine
verneinende Antwort erwartet.

Was wir nun durch die geoffenbarte christliche Religion
in Bezug auf unser sittliches Verhalten erfahren, ist ein Doppeltes. Wir erlangen einmal die Gewissheit des Lohnes und
der Strafe für unsere Handlungen in einem künftigen Leben
als Motiv der Sittlichkeit; dann die Einsicht in den auf das
Wohl der Menschheit gerichteten Willen Gottes als Regel für
unser Verhalten. Auch die natürliche Vernunft-Einsicht führt
uns wenigstens zu dem Resultate, dass Gott die Glückseligkeit
seiner Geschöpfe wolle, und so treffen sowohl die in der Offenbarung niedergelegten als die durch Vernunft zu entdeckenden

Regeln darin überein, dass sie das Verhältniss einer Handlung zum allgemeinen Wohle als Maassstab für die Sittlichkeit derselben lehren. Es sind dies zwei Quellen der Sittlichkeit, die einander wechselseitig ergänzen müssen. Dem Beweise für die Richtung des göttlichen Willens auf das Wohl der Geschöpfe aus einer Betrachtung der Natur (ein Gegenstand, welcher eigentlich in die natürliche Theologie gehört und dort auch von Paley ausführlicher behandelt worden ist [51]) widmet er ein besonderes Capitel, da diese Annahme die Basis seines ganzen Systems bilde [52]). Es ist sehr fraglich, ob dieser Beweis gelungen, ja ob er unter Paley's Voraussetzungen überhaupt möglich ist. Denn Paley stellt die Sache so dar, als ob der Mensch, dem ursprünglich jedes sittliche Unterscheidungsvermögen fehlt, durch die Betrachtung des Universums nothwendig auf die Vorstellung einer wohlwollenden Gottheit geführt und nun durch Motive eigenen Interesses, um künftige Belohnung zu erhalten, angetrieben werde, das Wohlwollen zur Richtschnur des eigenen Verhaltens zu machen. Ob aber ein Wesen, wie sich Paley den Menschen denkt, wirklich durch die Betrachtung der Natur auf eine solche Vorstellung geführt würde, ist sehr zweifelhaft; die Schwierigkeiten und Widersprüche, mit welchen alle Versuche einer Theodicee zu kämpfen haben, zeigen dies zur Genüge [53]). In der That steht die Sache wohl mehr so, dass wir die in uns liegenden sittlichen Fähigkeiten auf den Urheber der Welt übertragen und entsprechend idealisiren, was insofern möglich ist, als uns die Weltbetrachtung in der That Spuren dieser Eigenschaften zeigt, und so der subjective und objective Factor soweit zusammenstimmen, um uns über widersprechende Instanzen wegsehen zu lassen. Paley bewegt sich hier in einem offenbaren Cirkel. Denn wenn wir der Gottheit das Prädicat der Güte beilegen, weil ihre Handlungen und Werke dem zu entsprechen scheinen, was wir so bezeichnen, so rührt nach seiner Theorie eben diese Bezeichnung nur von der Uebereinstimmung mit dem göttlichen Willen her. Wenn aber „gut" und „gerecht" nichts Anderes bedeutet, als Uebereinstimmung mit dem göttlichen Willen, so ist der Satz „Gott ist gut und seine Befehle ge-

recht" nichts weiter als ein anderer Ausdruck für den Satz:
„Gott ist was er ist, und will was er will." Auch hier, wie
in seiner ganzen Theorie steht Paley im ausgesprochensten
Gegensatze zu Hutcheson. Auch dieser hatte ja eine Theodicee für möglich gehalten und selbst in Angriff genommen;
aber das Vorhandensein einer sittlichen Unterscheidungsgabe
im Menschen setzt er voraus, als einen unumgänglich nothwendigen Maasstab, um über die Beschaffenheit der göttlichen
Eigenschaften in's Klare zu kommen. Gerade dies aber stellt
Paley vollständig in Abrede. Für ihn gibt es keinerlei ursprüngliche Anlage zur Sittlichkeit; für ihn ist alles Sittliche
nur das Product jener egoistischen Berechnung, in welcher
das Jenseits mit seinen Belohnungen und Strafen die Haupt-
rolle spielt. Und hier liegt auch der Gegensatz zu Hartley,
mit dessen theologischen Ideen sich Paley auf's Engste berührt,
nur dass er alle feineren psychologischen Mittelglieder streicht.
Diese Sittlichkeit ist daher in noch ganz anderem Sinne künstlich zu nennen, als die Gerechtigkeit bei Hume; denn diese,
wenn auch nicht als ein ursprünglicher Trieb des Menschen
gegeben, entwickelt sich doch mit Nothwendigkeit aus seiner
geistigen Anlage und seinen Lebensverhältnissen, so dass man
sie gewissermaassen als eine zweite Natur bezeichnen kann.
Paley's Tugend dagegen hat mit dem Menschen als solchem
gar nichts zu thun; sie ist bloss Mittel zum Zweck, und nicht
einmal ein selbsterfundenes, vielmehr ein dem Menschen lediglich von aussen an die Hand gegebenes Werkzeug.

Die Polemik, welche Paley gegen die Theorie des moralischen Sinnes, oder moralischer Instinkte, also hauptsächlich
gegen Shaftesbury und Hutcheson, führt, beruht lediglich auf
Wiederholung Locke'scher Sätze [54]). Zur Erklärung jener
Fälle von unmittelbarer, durch kein Eigeninteresse bedingter,
Billigung gewisser Handlungen glaubt Paley mit dem Hinweis
auf die Ausbildung allgemeiner Regeln, Gewohnheit und Erziehung, Ideenassociation und Nachahmungstrieb, ausreichen
zu können. Die Art, wie er dies formulirt, zeichnet sich
keineswegs durch besondere psychologische Feinheit aus; vielmehr wird man bei Paley nichts finden, was nicht Hume oder
selbst Hartley und Helvetius ungleich schärfer, geistvoller und

mit besserer Berücksichtigung aller in Frage kommenden Momente erörtert hätten.

Trotz des theologischen Hintergrundes, auf welchem nach dieser Doctrin das Sittliche befestigt werden muss, wird es doch heutzutage Niemand einfallen, die Ethik Paley's oder seiner Vorgänger eine religiöse zu nennen. Sie ist nichts Anderes, als ein schamhaft verhüllter Rationalismus, der vor seinen eigenen Consequenzen erschrickt, und, weil er sich an einem bestimmten Punkte nicht mehr zu helfen weiss, sich selber preisgibt. Von dem, was das Charakteristische einer wirklich religiösen Ethik ausmacht — der Ueberzeugung, dass ohne unmittelbare Hülfe von oben nichts wahrhaft Sittliches zu Stande komme — ist bei dieser durch und durch nüchternen, man möchte fast sagen kaufmännischen Ethik nichts zu spüren. Gewöhnliche Weltklugheit reicht für die meisten Fälle aus, um das sittliche Verhalten des Menschen zu regeln; und für jene übrigen, in denen es schwer war, einen unmittelbar einleuchtenden Grund der sittlichen Verpflichtung aufzuweisen, bot sich das Jenseits als willkommenes Auskunftsmittel.

6. Abschnitt.

Nachklänge des Intellectualismus: Richard Price.

Inmitten der unsäglichen Nüchternheit dieser Theorien, welche nur dadurch interessant sind, dass uns in ihnen ein treues Bild einer jedenfalls weit verbreiteten Denkweise entgegentritt, begegnet uns, kaum beachtet, der Versuch eines wenig gekannten Denkers, eine tiefere Auffassung des Sittlichen durch einen Ausgleich des Intellectualismus mit den Ergebnissen der emotionalen Schule zu begründen. Der Urheber desselben ist Richard Price [55]; zwar Geistlicher, aber als Non-Conformist ausserhalb des officiellen Kirchentums stehend; ein Kritiker von nicht gewöhnlicher Begabung, wie die umfassende Revision aller früheren Theorien beweist, mit welcher er, ähnlich wie A. Smith, sein Werk einleitet [56].

§. 1. Begriffsbestimmungen: Das Sittliche als ein objectiv Vernünftiges.

Suchen wir Price's eigene Anschauung zu formuliren, so stossen wir zunächst auf einen charakteristischen Zug: die völlige Gleichsetzung der Idee des Rechten mit der der Pflicht. Beide in ihrer Vereinigung machen für ihn erst den Begriff des Sittlichen aus. Es ist daher sinnlos, zu fragen, was uns zur Sittlichkeit verpflichte? Denn das Verpflichtetsein ist ja nichts der Sittlichkeit Fremdes, zu derselben von aussen Hinzukommendes, sondern liegt nothwendig schon im Begriffe derselben. Nur dadurch, dass man diesen eigentümlichen Charakter des Sittlichen, in dessen Begriff schon das Imperativische liegt, übersehen hat, konnte man auf den Gedanken verfallen, die verpflichtende Kraft desselben noch eigens ableiten zu wollen und dabei auf so seltsame Auswege gerathen, wie den, die Selbstliebe zum Quell aller Verpflichtung zu machen.

Der zweite Hauptpunkt in der Begriffsbestimmung des Sittlichen bei Price ist der, dass er der bloss subjectiven Empfindungsqualität, mit welcher man das ganze Wesen des Sittlichen bezeichnet zu haben glaubte, einen objectiven Gehalt hinzuzufügen sich bemüht. Dem sittlichen Urtheil, welches wir fällen, muss eine Beschaffenheit in den Dingen, um welche es sich handelt, entsprechen. Dies leugnen heisst seinen Begriff vernichten, so gut, wie es die Begriffe der Bewegung und Materie vernichten heisst, wenn man sie als blosse Empfindungen bezeichnet. Die Erörterungen dieses Punktes durch Price [57]) sind das genaue Widerspiel dessen, was Hume darüber gelehrt hatte, und der Vergleich zwischen diesen beiden sich zeitlich so nahe stehenden und so scharf einander entgegengesetzten Auffassungen bietet ein hohes Interesse. Immer und immer wieder, in verschiedenen Wendungen, mit dem grössten Nachdrucke und allem Ernste einer Ueberzeugung, welche der Möglichkeit einer gegentheiligen Anschauung beinahe fassungslos gegenüber steht, hat Price diese Fundamentalforderung seines sittlichen Bewusstseins geltend gemacht: dass die sittlichen Unterschiede etwas Objectiv-Reales, auf sich

selbst Ruhendes seien, und keineswegs bloss aus subjectiven,
höchstens durch Vernunft regulirten Empfindungszuständen hervorgehen. Und man wird ihm zugeben müssen, dass er damit
eine Forderung ausgesprochen und aufrecht gehalten hat, die
sich, wie die ganze Geschichte der ethischen Theorien beweist,
ebensowenig beseitigen lässt, als die correspondirende der Erkenntnisstheorie, dass unsere Vorstellungen nicht bloss subjective Empfindungen, sondern zugleich Bilder eines Realen seien.
Schon die Hartnäckigkeit, mit welcher diese Forderung in den
mannigfaltigsten Begründungen immer wieder auftritt, gibt
einen nicht zu verkennenden Wink, dass sie sich auf ein in der
sittlichen Erfahrung jedenfalls vorhandenes Moment zu stützen
vermag. Und man wird zugeben müssen, dass auch bei ganz
subjectiv-psychologischer Begründung des Sittlichen der Uebergang zu einer objectiveren Fassung desselben leicht ist [58]).
Allein jede derartige Fassung wird in ihrer Art ebenso einseitig, wie die entgegengesetzte Theorie, sobald sie nicht hinlänglich festhält, dass sich, wie im Gebiete der Erkenntniss,
so auch im Ethischen, der subjective und der objective Factor
nicht gegen einander isoliren lassen, sondern nur im strengsten
Wechselverhältniss zu begreifen sind. Was das Sittliche sein
soll, unabhängig von den empfindenden und denkenden Wesen,
denen es sich durch einen bestimmten geistigen Vorgang als
ein Kriterium ankündigt, lässt sich schwer einsehen, ja man
kann sich davon nicht einmal eine Vorstellung machen. Price
spricht mit einer Art Entsetzen davon, dass ohne die Annahme
einer solchen Realität der sittlichen Unterschiede alles Handeln in sich völlig indifferent sein würde. Genau dies ist
allerdings der Fall, sobald man sich die empfindenden und
urtheilenden Mithandelnden hinwegdenkt. Dies zeigt ein Blick
auf die gesammte übrige, den Menschen umgebende Natur,
bei welcher von Sittlichkeit in keinem Sinne die Rede sein kann.
Wenn also das Sittliche nur innerhalb des Kreises menschlicher Organisation, in der menschlichen Gesellschaft, entsteht
und irgend welchen Sinn hat, so ist schon damit der doppel-
seitige, subjectiv-objective Charakter desselben gegeben. Beide
Seiten hängen hier so enge zusammen, dass man sie noch viel
weniger trennen kann, als beim äusseren Weltbilde das, was

man das Reale, und das, was man die Erscheinung nennt.
Denn durch die Thatsache des Nebeneinanderbestehens gleich
organisirter, mit Empfindung und Denken ausgestatteter Wesen
ergeben sich zwar selbstverständlich gewisse Beziehungen und
Functionen, welche in der gemeinsamen Organisation und ihren
Aeusserungen eine gemeinschaftliche Basis haben, und dem
entsprechen, was Price als das Reale, an sich Seiende im
Sittlichen bezeichnet und anerkannt haben will: aber das Alles
erhält eben jene eigentümliche Qualität, welche es zum Sittlichen macht, erst durch die Eindrücke, welche diese objectiven
Verhältnisse auf empfindende und denkende Wesen hervorbringen. Eines wird erst durch das andere: in beständiger
Wechselwirkung bringen beide Seiten einander immer neu
hervor. Fasst man den Thatbestand sittlicher Erfahrung in's
Auge, so wird man sich leicht überzeugen, dass sich sittliche
Urtheile weder ganz einfach aus der Kenntniss gewisser ob-
jectiver Verhältnisse ableiten, noch mit der logischen Strenge
wie ein mathematischer Satz beweisen lassen. Dass es kein
Sittliches gibt ausser dem, was jeweils dafür gehalten wird,
ist ein Satz der sensualistischen Ethik, welcher in gewissem
Sinne ebenso einseitig ist, wie die rationalistische Anschauung,
aber einen wohl zu beherzigenden Theil der ganzen Wahrheit
ausdrückt. Das Sittliche ist nun einmal nichts ein für allemal
Gegebenes, wie die Verhältnisse von Zahlen oder Figuren,
sondern ein Werdendes, in steter, lebendiger Entwicklung begriffen. Nur aus dem Verkennen dieser Eigentümlichkeit
rühren die Schwierigkeiten her, von welcher sowohl die rationalistische als die sensualistische Theorie betroffen werden.
Setzt man das Sittliche in objective Verhältnisse, so erheben
sich theils metaphysische Bedenken bezüglich der Art ihrer
Existenz, theils psychologische, um den affectiven Charakter
des Sittlichen zu erklären, theils geschichtliche, um mit der
behaupteten Unveränderlichkeit und Demonstrirbarkeit des Sittlichen das erfahrungsmässige Schwanken der sittlichen Begriffe
und Urtheile in Einklang zu bringen. Verlegt man dagegen
das Sittliche rein in die Empfindungszustände des Subjects, so
scheint die Allgemeinheit und Nothwendigkeit, ohne welche die
Würde und Macht der sittlichen Gebote nicht wohl bestehen

kann, nur unzulänglich gesichert, der Erkenntnisscharakter des Sittlichen bedroht, und der Maasstab genommen, um in allen Fällen mit Sicherheit sittliche Verirrungen von ächter Sittlichkeit unterscheiden zu können. Es muss also eine Formel gefunden werden, welche die Ergebnisse der vorangegangenen Forschung in der Weise ausnützt, dass sie auf einer durch mannigfache Versuche gewonnenen Grundlage den relativen Antheil des subjectiven und des objectiven Factors noch genauer festzustellen sucht, als dies bisher geschehen und die neuen Ergebnisse abermals an dem möglichst vollständig aufgefassten sittlichen Thatbestande, nicht bloss der eigenen Erfahrung, oder der lebenden Generation, sondern soweit möglich, an der Entwicklung des ethischen Bewusstseins der Menschheit prüft.

§. 2. Ausgleichsversuche zwischen Gefühl und Vernunft.

Es versteht sich von selbst, dass Price, der mit solchem Nachdruck für die essentielle Natur des Sittlichen eintritt, es für eine keineswegs bloss subjective Erregung, sondern eine in den Dingen und Handlungen selbst liegende Qualität erklärt, nicht das Gefühl, sondern den Verstand zur Quelle sittlicher Unterscheidungen macht [59]).

Dies Urtheil des Verstandes über Handlungen aber ist nicht bloss ein Aufsuchen und Zerlegen der sie zusammensetzenden Umstände, sondern es ist ein Werthurtheil. Hierin liegt nun freilich der sensualistischen Schule gegenüber eine petitio principii: es ist die einfache Aufstellung einer entgegengesetzten Ansicht, welche Price als die selbstverständliche, allein denkbare bezeichnet. So schroffe Gegensätzlichkeit aber enthält stets den Hinweis, dass in den zu erklärenden Erscheinungen gewisse widersprechende Seiten vereinigt sind und in der That finden wir bei Price selbst schon manche beachtenswerthe Ansätze, auch der Gefühlstheorie Rechnung zu tragen, welche sehr gute Winke enthalten und an deren fruchtbarer Ausnützung ihn selbst nur seine etwas ungelenke Psychologie gehindert hat [60]).

Price anerkennt das regelmässige Verbundensein affectiver Zustände mit sittlichen Urtheilen; aber er weist denselben nur eine secundäre Bedeutung zu. Gemäss seiner Grundansicht hält Price daran fest, dass selbst die niedersten Grade der Intelligenz zur Wahrnehmung sittlicher Unterschiede im Allgemeinen befähigen, da diese selbst-evident und mit der blossen Vorstellung gewisser Handlungen und Charaktere von selbst gegeben sind. Dagegen wird Umfang, Klarheit und Schärfe dieser Unterscheidungen, und folglich auch ihr Einfluss, bei rein rationalen Wesen in genauem Verhältniss zu der Stärke und Vollkommenheit ihres Erkenntnissvermögens stehen.

Aus diesem Grunde tritt für die noch unentwickelte Vernunft eine ursprüngliche Gefühlserregung ein, die Price mit verschiedenen Namen, bald als einen Sinn, bald als Trieb oder Instinkt bezeichnet. Sie verleiht der Wahrnehmung des Rechten und Unrechten einen besonderen Nachdruck und macht sie fähig, sich durchzusetzen und zu behaupten. Das affective Element, dessen Fehlen den Vertretern einer überwiegend intellectualistischen Sittlichkeit so häufig und mit Recht vorgeworfen wird, sucht Price auf solche Weise in seine Theorie hereinzuziehen und zur Erklärung des Einflusses der sittlichen Principien auf den Willen zu verwerthen. Gerade so wie Hume gethan hatte, macht auch Price mit Nachdruck geltend, dass alle Affecte und Triebe (Selbstliebe natürlich ausgenommen) ihrer Natur nach uninteressirt seien; dass, obwohl sie im Selbst ihren Sitz haben, und ihre mittelbare Wirkung ebenfalls eine Befriedigung des Subjects ist, ihre unmittelbare Tendenz stets auf ein von dieser Befriedigung unabhängiges, mit ihr keineswegs zusammenfallendes, Object gerichtet sei. Im Gegentheil — ihre Impulse führen uns in vielen Fällen von unserem wohlbekannten Interesse ab, und zu Handlungen, welche dem individuellen Glücke offenbar schädlich sind.

Niemand wird hier eine höchst beachtenswerthe Annäherung an die Gefühlsmoral verkennen, deren hauptsächlichste Bemühungen ja eben darauf gerichtet gewesen waren, die natürliche Grundlage des Sittlichen im Triebleben des Menschen nachzuweisen [61]). Allerdings macht nun Price geltend, dass gerade die Aufgabe der menschlichen Sittlichkeit in ihrer

Vervollkommnung darin bestehe, die Geltung und Wirksamkeit der Vernunft immer weiter auszudehnen, sie mehr und mehr an die Stelle der Triebe zu setzen und in demselben Maasse das instinktive Princip des Handelns zurückzudrängen. Aber auch das sind Anschauungen, welchen kein Emotionalist seine Zustimmung verweigern würde. Denn die Ueberzeugung, dass das Sittliche mehr sei, als die blosse Unmittelbarkeit des Gefühls, war in den verschiedensten Wendungen auch bei den emotionalen Theorien hervorgetreten; eines gewissen rationalen Elements, sei es nun die Ausbildung allgemeiner Regeln, oder extensive Sympathie, oder was immer, hatten sie sämmtlich als Correctiv bedurft. Was Price verlangt, geht allerdings noch einen Schritt weiter: ist nicht bloss Generalisirung und Rectificirung der Gefühlsaussprüche durch eine vergleichende und kritisch sichtende Verstandesthätigkeit, sondern bezieht sich auf die Wahrnehmung und Hervorbringung des Sittlichen selbst und fordert hiebei Ersetzung des bloss instinktiven Gefühls durch Vernunftthätigkeit. Den specifisch rationalen Charakter des Sittlichen hat Price [62]) an vielen Stellen scharf hervorgehoben — in einer Weise, die sehr an die energische Abweisung jeder Gefühlsgrundlage durch Kant erinnert, aber sehr beherzigenswerthe Warnungen vor jeder willkürlichen Vermischung des Sittlichen mit dem unmittelbar Natürlichen enthält. Dass man keinen Handelnden mit Recht sittlich nennen dürfe, dessen Handeln nicht aus dem Bewusstsein der sittlichen Bedeutung seines Handelns hervorgehe, und diese (d. h. die Verwirklichung des Sittlichen) zu seinem Zwecke macht — das ist ein Satz, welchen man Price unbedingt wird zugeben müssen und welcher gegenüber der, insbesondere von Hume verschuldeten, Zusammenwerfung des Freiwilligen und Unfreiwilligen sein gutes Recht hat [63]). In den Erörterungen Price's über diesen Punkt klingen bereits die so tief empfundenen Sätze an, in welchen später Kant den guten Willen als das im letzten Grunde einzig Werthvolle gepriesen hat. Daneben stehen freilich andere Sätze, in welchen Price, um den rationalen Charakter des Sittlichen zu wahren, bis zu einer principiellen Ausschliessung der Gefühlsgrundlage desselben fortzugehen, und damit in ähnliche Schroffheiten zu verfallen scheint, wie man sie an Kant so oft gerügt hat.

Auch hier wird sich kaum in Abrede stellen lassen, dass die sittliche Erfahrung, auf welche sich Price ausdrücklich beruft, bis auf einen gewissen Grad seiner Auffassung Recht gibt. Inwieferne diese einer nothwendigen Forderung des sittlichen Bewusstseins zu genügen sucht, lässt sich am Besten erkennen, wenn man den schon von Shaftesbury gemachten und auch von Price angedeuteten Vergleich mit der Thierwelt benutzt. Niemand wird es wagen, einem Thiere Sittlichkeit zuzuschreiben, und doch werden Wenige in Abrede stellen wollen, dass gewisse Vorstufen und Ansätze zu dem, was man beim Menschen so zu nennen berechtigt ist, schon bei den Thieren sich finden. Das Auftreten des Selbstbewusstseins macht allerdings einen entscheidenden Einschnitt; aber es reisst die verschiedenen Stufen doch nicht völlig auseinander. Wo bloss Affect und Trieb herrschen und keine Möglichkeit der Selbstbesinnung ist, da kommt auch kein Sittliches zu Stande — das ist gewiss; ebenso gewiss aber ist, dass jede Ableitung der Sittlichkeit aus reiner Vernunft nothwendig fehlschlagen und das verschmähte affective Element auf irgend eine versteckte Weise doch wieder zu gewinnen suchen muss. Der Fehler liegt hier, wie überall, wo sich in der Auffassung und Erklärung eines an sich identischen Thatbestandes solche Widersprüche ergeben, darin, dass man die abschliessende Starrheit unserer Begriffe, oder vielmehr der zur Bezeichnung derselben dienenden Ausdrücke, auf das Object überträgt und übersieht, dass die Wirklichkeit viele Dinge, die wir zum Zwecke der Verständigung logisch und sprachlich gegen einander abgrenzen müssen, in unendlich vielen und feinen Uebergängen aufweist. Ist doch das Vermögen des Selbstbewusstseins, welches Sittliches und Indifferentes scheidet, selber nichts unbedingt Einfaches und Gleichförmiges, sondern mannigfacher Abstufungen fähig.

Frägt man nun aber, was denn Vernunft in Gefühlen und Handlungen entdecken solle und könne, um ein höherstehendes Aequivalent dessen zu schaffen, was auf niedrigerer Stufe dem Menschen durch den blossen Trieb nahegelegt wird — so hat Price darauf zunächst allerdings nur die alte Antwort des Rationalismus. Jene „fitness“ in den Dingen aber, welche in vernünftigen Wesen zu intuitiver Anschauung gelangt, bedeutet doch wohl nichts Anderes, als den Zweck, der auf niederen Stufen nach Naturgesetzen unbewusst verwirklicht wird, auf höheren dagegen ein mit Bewusstsein nach Vernunftgesetzen zu Erfüllendes ist.

Dies scheint mir der tiefste Sinn der ethischen Theorie von Price zu sein, welchen dieser selbst allerdings mehr geahnt, als in voller Klarheit und Deutlichkeit ausgesprochen hat. Denn indem er die Forderung aufstellt, dass das Sittliche etwas Reales in den Dingen sein müsse, schwebt ihm immerfort verwirrend der alte, unbrauchbare Vergleich der sittlichen Wahrheiten mit mathematischen Erkenntnissen vor, und dieser Einfluss der historischen Voraussetzungen, auf welchen seine Anschauung erwachsen war, hat ihn um den klaren Ausdruck dessen gebracht, was ihm an der angeführten und einigen anderen Stellen in ahnungsvollen Blitzen aufleuchtete.

§. 3. Ethik und Theologie.

Da Price im Uebrigen durchaus auf eine metaphysische Begründung des Sittlichen drängt, so versteht es sich wohl von selbst, dass er auf die so viel verhandelte Frage nach dem Verhältniss der sittlichen Wahrheiten zur Gottheit[64]) stösst und sich genöthigt sieht, für dieselbe eine entsprechende Lösung zu suchen. Als Vertreter der auf sich selbst ruhenden Substanzialität des Sittlichen vermag er dasselbe natürlich nicht von Gottes Willen abhängig zu machen, welcher vielmehr seinem Begriffe nach selbst eines leitenden und bestimmenden Princips bedarf. Würde nun dagegen geltend gemacht, dass man so die Vorstellung von Dingen erhalte, welche von der Gottheit unterschieden und doch nothwendig und von ihr unabhängig seien, auf welchen seine Existenz und seine Attribute beruhen und ohne welche wir uns von letzteren gar keinen Begriff machen können, so muss man wohl unterscheiden zwischen Gottes Willen und seiner Natur. Aus der Unabhängigkeit der sittlichen Wahrheiten vom göttlichen Willen folge durchaus nicht ihre Unabhängigkeit von der göttlichen Natur.

Diese Annahme würde allerdings die grössten Widersprüche
herbeiführen, und es kann daher keine Rede davon sein, die
sogenannten ewigen Wahrheiten als etwas von der Gottheit
Verschiedenes oder Unabhängiges zu denken — sie können
vielmehr nur verschiedene Attribute ihrer Existenz, verschiedene
Weisen unserer Auffassung derselben sein.

Darnach bestimmt sich nun auch, worin das Princip des
göttlichen Thuns liegen müsse [65]. Um dies richtig aufzufassen,
darf man nur keine der Eigenschaften des göttlichen Wesens
gegen die andern isolirt denken. Unendliche Macht und unendliche Weisheit vereinigt schliessen die absolute sittliche Vollendung nothwendig in sich, und alle diese Eigenschaften in wesenhafter Vereinigung geben erst die vollständige Idee der Gottheit. Von einer Priorität der einen Eigenschaft vor der andern,
von einem Uebergreifen der einen oder andern, kann hier natürlich nicht gesprochen werden. Wenn es ein auf den Wesens-
unterschieden der Dinge beruhendes Vernunftgesetz gibt, welches,
in dem Maasse als es erkannt wird, alle Vernunftwesen zur
Achtung und Anerkennung nöthigt, und durch seine eigene
Natur die oberste Regel ihres Verhaltens bildet, so muss die
oberste Intelligenz, die Gottheit, mehr als irgend ein anderes
Wesen unter demselben stehen. Sie ist die lebendige Quelle
derselben und kann es ohne Selbstwiderspruch nicht verletzen.
Denn unter den verschiedenen möglichen Formen der Schöpfung,
muss eine die beste sein, und diese muss die Norm für das
göttliche Verhalten bilden, und es ist nicht denkbar, dass die
Gottheit in der Fülle ihrer Einsicht und Macht von dieser
nothwendigen einen Regel abweiche.

Man sieht, dass Price, während er zwischen verschiedenen
Auffassungen in ansprechender Weise vermittelt, noch weiter
geht als Clarke, indem er die ethischen Normen nicht nur
als durch den einmal geschaffenen Weltzustand nothwendig
und unveränderlich gegeben betrachtet, sondern die Möglichkeit einer diesen Normen nicht unterstehenden Welt durch die
göttliche Natur ausgeschlossen bezeichnet. Ueberhaupt tritt bei
ihm in den Erwägungen, welche er über das Verhältniss des
von ihm aufgestellten ethischen Princips zur natürlichen Religion [66] pflegt, die demonstrative Methode zwar mit geringerer

Prätension, aber noch grösserer Zuversicht auf, als bei Clarke, der zwar einen gewaltigen Anlauf genommen, aber die Ergebnisse der Demonstration schliesslich doch durch Offenbarung zu stützen versucht hatte. Davon findet sich bei Price nichts. Im Gegentheil: auf den unverbrüchlich feststehenden Thatsachen der sittlichen Erfahrung muss sich die natürliche Religion aufbauen, welche dann ihrerseits selbst wieder die Sittlichkeit stützt und trägt. Es geschieht dies hauptsächlich durch zwei Ideen, welche zwar das Sittliche keineswegs schaffen, vielmehr selbst nur durch die sittlichen Grundthatsachen beweisbar werden, aber doch dem ganzen Aufbau des Sittlichen erst seine letzte Krönung geben: nemlich die Idee einer von Gott geleiteten sittlichen Weltordnung, und eines jenseitigen Lebens. Auf diese beiden, durch reine Vernunftschlüsse zu gewinnenden Ideen beschränkt Price, auch in diesem Punkte mehrfach an Kant erinnernd, den Antheil des religiösen Elementes in der Ethik, und es wäre gewiss ein ungerechter Vorwurf, wenn man geltend machen wollte, dass Price die theologisch-utilitaristische Sanction des Ethischen, die er an der Schwelle seiner Untersuchung so nachdrücklich von sich weist, am Schlusse derselben, gewissermaassen durch ein Hinterpförtchen, wieder einführe. Sein Streben geht durchaus auf vollständige sittliche Autonomie. Das Sittliche ist ohne hinzutretende Sanction für jedes vernünftige Wesen unbedingte Norm und verpflichtet eben kraft seiner Vernünftigkeit. Was ihn von Kant unterscheidet, ist nur, dass Price, noch zu sehr in älteren Anschauungen befangen, das Sittliche zu einseitig im Objectiven, in angemessenen Verhältnissen der Dinge sucht, und der Vernunft lediglich das Auffinden, d. h. eine bloss receptive Rolle zuweist, während Kant, auch hier wie im Gebiete der Erkenntnisstheorie die frühere Anschauung auf den Kopf stellend und damit freilich selbst wieder in Einseitigkeiten verfallend, die Autonomie des sittlichen Subjects in ganz anderer Weise zu begründen wusste, indem er die praktische Vernunft zu einem schöpferischen und a priori gesetzgebenden Vermögen machte. Eine wahrhafte Erklärung des Sittlichen aber kann nur in dem Maasse gelingen, als man das wesentlich Aufeinanderbezogensein des Subjectiven und Objectiven im Auge behält.

VII. Capitel.

Die schottische Schule.

1. Abschnitt.

Hutcheson [1]).

§. 1. Ausgangspunkt.

Das Problem, welches ihn beschäftigt, ist im Wesentlichen dasselbe, wie jenes, welches um die gleiche Zeit in England der ebenfalls an Shaftesbury anknüpfende Butler zu lösen unternimmt. Beiden kommt es darauf an, einmal den von Shaftesbury begonnenen Nachweis uninteressirter, auf Anderer Wohl gerichteter Affecte zu vervollständigen, und sodann zu zeigen, wie dieselben zu jenem von Shaftesbury mehr behaupteten, als psychologisch erklärten Uebergewicht, welches man sittliche Billigung nennt, gelangen.

Er hat sehr deutlich gesehen, dass mit der Constatirung eines Princips des allgemeinen Wohlwollens neben dem des Egoismus noch gar nichts über das Verhältniss dieser beiden Gruppen von Affecten ausgemacht sei [2]).

An und für sich, gewissermaassen als Naturkräfte betrachtet, stehen sie sich ganz gleich; Hutcheson setzt geradezu das angeborene Wohlwollen des Menschen und seine Selbstliebe in Parallele mit den Principien der Gravitation und der Cohäsion der Körper in der Physik [3]).

Es steht aber für ihn als eine Thatsache der Erfahrung und Beobachtung fest, dass im Kampfe beider Willensrichtungen ein Ausschlag nach der Seite des reinen Wohlwollens hin eintrete, durch ein alle Aeusserungen desselben begleitendes Gefühl, den Reflexionsaffect der Billigung⁴).

Wenige Denker dieser Zeit haben den durchaus ursprünglichen und specifischen Charakter der sittlichen Werthurtheile so klar erkannt und mit solchem Nachdruck ausgesprochen als Hutcheson. Alle Versuche, dies Gefühl der Billigung indirect zu erklären, weist er als schief oder unzulänglich zurück. Es beruht nicht auf dem Gedanken an den Nutzen, welchen gewisse Eigenschaften dem Träger, oder dem Beurtheiler bringen; nicht auf Uebereinstimmung mit dem göttlichen Willen, nicht auf Uebereinstimmung mit wahren Sätzen oder der Vernunft der Dinge, nicht auf Angemessenheit oder Unangemessenheit für gewisse Zwecke⁵); wir schätzen das Sittlich-Gute auch nicht als gleichartig und nur dem Grade nach unterschieden von andern Vortheilen, so dass wir uns etwa gestatteten ein kleines sittliches Unrecht zu begehen, um grössere Vortheile anderer Art dadurch zu erlangen, oder das, was wir im gegebenen Falle für unsere Pflicht, für sittlich gut halten, zu unterlassen, um bedeutende Uebel von uns abzuwenden. Wie uns die höhere Würde eines Genusses durch schöne Kunst oder Wissenschaft gegenüber den Genüssen des Gaumens unmittelbar deutlich ist, so unterscheiden wir auch das sittlich Gute unmittelbar von allen andern Wahrnehmungen⁶). Dies zeigt sich deutlich in dem weiteren Umstande, dass die Fähigkeit sittlicher Unterscheidung keineswegs auf Menschen von viel Ueberlegung und freier Erziehung beschränkt ist, welche gewohnt sind über fernliegende Wirkungen ihres Handelns für sich selbst oder Andere nachzudenken⁷).

§. 2. Erklärung der Thatsachen.

Diese eigentümliche und gesonderte Stellung, welche die sittlichen Affectionen in unserer Organisation einnehmen, soll nun durch die Annahme eines besonderen Vermögens erklärt werden. Anhaltspunkte dafür waren sowohl bei Henry More

als bei Shaftesbury gegeben; bei Letzterem findet sich auch
schon die Bezeichnung des „moralischen Sinnes" für die Reflexionsaffecte der Billigung, freilich nur gelegentlich, und
ohne dass an weitere psychologische Verwerthung dieses Begriffes gedacht wäre. Hutcheson nimmt denselben nun im
stricten Wortsinne auf, als die wahrscheinlichste Hypothese
zur Erklärung der sittlichen Erfahrung, und gibt sich viel
Mühe, dieselbe durch allerlei Analogien und aus der gesammten menschlichen Anlage heraus zu rechtfertigen. Allein das
Schwankende und Widerspruchsvolle seiner Ausdrucksweise,
welche gegen die kaum gewählte Bezeichnung eines „Sinnes"
alsbald wieder zu protestiren sich genöthigt sieht, deutet kenntlich auf eine in der Sache selbst liegende Schwierigkeit hin,
Wesen und Wirkungsweise dieses in der Mitte zwischen Gefühl
und Vernunft liegenden Vermögens genauer zu bestimmen [8]).

Höchst interessant ist es nun namentlich, die Stellung zu
beobachten, welche Hutcheson diesem angeborenen moralischen
Sinne gegenüber der Vernunft zuweist. Der alte Primat der
Vernunft ist vollständig dahin; sie hat nichts mehr in sich,
was ein unmittelbares Princip für das menschliche Handeln zu
liefern vermöchte; ihre ganze Thätigkeit beschränkt sich auf
das Zusammenordnen und Vergleichen unserer sinnlichen Eindrücke und Gefühlserregungen [9]). Immerhin fällt bei unserer
sittlichen Erziehung der Vernunftthätigkeit eine grosse Rolle zu: ·
Durch Vergleichung der verschiedenen Genüsse, deren unsere
Natur fähig ist, lehrt sie uns diejenigen kennen, welche für
unser Glück von der grössten Wichtigkeit sind; durch Vernunftschlüsse gelangen wir zur Erkenntniss eines weltregierenden
Geistes und einer sittlichen Weltordnung, zwei Ideen von höch-
ster Wichtigkeit für die Erhaltung der Ordnung in unsern
Affecten und die Stärkung unserer sittlichen Fähigkeit: denn
so gelangen wir zur Einsicht, dass alle grossmüthigen Regungen
unserer Seele vollständig mit unserem eigenen Interesse zusammenbestehen können und vermögen eine Lebensführung zu
finden, die sich auf's Beste mit beiden Willensrichtungen verträgt [10]).

Ist so die Vernunft nach der einen Richtung hin ein
wesentliches, ja unentbehrliches Hülfsmittel zur Verbesserung

unseres sittlichen Zustandes, so muss anderseits auf sie zurückgeführt werden, was man von verschiedenen Auffassungen des Sittlichen in verschiedenen Zeiten und bei verschiedenen Völkern bemerkt und als Hauptgrund gegen die Allgemeinheit und Gleichförmigkeit des sittlichen Empfindens geltend gemacht hat. Dieser Schluss ist ganz irrig: bei näherem Zusehen wird man finden, dass die Grundlage der sittlichen Beurtheilung in all' diesen Fällen stets die gleiche ist: nemlich Wohlwollen und eine wirkliche oder scheinbare Neigung zum allgemeinen Wohle. Die Verschiedenheit, ja völlige Gegensätzlichkeit der Dinge, die darnach für sittlich gehalten werden, rührt aber lediglich davon her, dass die Maasstäbe zur Schätzung des Werthes einer Handlung für das allgemeine Wohl, d. h. eben die vernünftige Berechnung ihrer Folgen, sehr verschieden sind, und je nach Zeit, Ort und Umständen zu sehr verschiedenen Resultaten führen können. Und mit directer Berufung auf Shaftesbury wendet er sich namentlich gegen gewisse Beschreibungen wilder Völker und die Ausbeutung derselben, welche jenen das moralische Gefühl absprechen wollen und über einigen Seltsamkeiten und Grausamkeiten zwei Dinge ganz und gar vergessen: dass ähnliche Thaten auch in Ländern unserer Cultur geschehen und gebilligt werden (er erinnert an die Bartholomäusnacht, die Metzeleien in Irland, die Inquisition) und dass auch das Leben der Wilden voll von Zügen starken sittlichen Empfindens ist [11]).

Diese Argumentation Hutcheson's gibt in mehrfacher Hinsicht zu denken. Zunächst zeigt sie deutlich die völlige Umkehrung der rationalistischen Ansicht, welcher allein die Vernunft die Allgemeingültigkeit und innere Einheit des Sittlichen verbürgte [12]). Zugleich ist zuzugeben, dass Hutcheson gerade mit dieser letzten Bemerkung eine bedeutungsvolle Wahrheit ausspricht. Wer wollte die zahllosen Schändlichkeiten leugnen, die zu allen Zeiten gegen besseres Fühlen im Namen der Wahrheit und Vernunft durch unverständige Annahmen und Schlüsse herbeigeführt worden sind? Wer aber könnte sich anderseits der Einsicht verschliessen, wie völlig hülflos das sich selbst überlassene Gefühl gerade in den schwierigsten Fällen sittlicher Entscheidung ist?

Wir aber können hier einen Blick in die durch seine geschichtliche Stellung bedingten Mängel von Hutcheson's ganzem Verfahren thun. Der abstracten Vernunftmoral, wie dem ethischen Nominalismus gegenüber, kommt es ihm und seiner ganzen Richtung darauf an, für das Sittliche eine Gefühlsgrundlage zu finden. Aber das Gefühl ist nicht im Stande, jene eigentümlichen Werthurtheile zu erzeugen, welche die sittliche Erfahrung aufweist; daher jene Erfindung eines eigenen Reflexionsvermögens oder Sinnes, der den Gefühlen die ihnen zukommende Stellung anweisen soll, im Grunde aber nur Functionen, welche von Rechtswegen der Vernunft zukommen sollen, usurpirt. Die psychologischen Mängel in Hutcheson's Annahme haben seine Nachfolger verbessert, und die eigentümliche Würde der sittlichen Gefühle zutreffender erklärt; aber der Grundirrtum, über welchen diese antirationalistische Richtung nie hinausgekommen ist, liegt schliesslich in der ganz passiven Stellung der Vernunft, welche der Fähigkeit eigene Werthurtheile zu bilden beraubt und zur blossen Handlangerin der Emotionen herabgedrückt wird, am allerwenigsten aber jene selbständige Triebkraft besitzt, welche von allen vorkantischen Denkern Spinoza am grossartigsten erfasst hat.

§. 3. Das Verhältniss der Sittlichkeit zur Religion.

Wir finden Hutcheson hier zwar theoretisch auf dem gleichen Boden, wie Shaftesbury; aber sein praktisches Verhalten ist viel rücksichtsvoller und die Zugeständnisse, welche er dem Religiösen macht, gehen, obwohl sie seine ethische Theorie nicht weiter berühren, doch merklich über Shaftesbury hinaus [13]). Uebereinstimmend mit diesem erhebt er unser sittliches Gefühl zum Maasstabe für das was sich als göttliches Gebot gibt. Aber viel entschiedener als Shaftesbury hat Hutcheson darauf gedrungen, dass die Vollendung der Sittlichkeit nur durch die Religion erfolgen könne. Sein „System of Moral Philosophy" führt einen eingehenden Beweis für die Existenz Gottes und sucht die Güte und Vollkommenheit desselben durch eine förmliche Theodicee zu erweisen, welcher es keineswegs an feinen Gedanken gebricht. Und von dieser, durch Vernunftschlüsse gewonnenen, Gottesanschauung aus stellt sich folgendes Wechselverhältniss zwischen Religion und Sittlichkeit her. Unser sittliches Vermögen lehrt uns die Vollkommenheiten Gottes lieben und diese Liebe als unumgänglich nothwendig für einen guten Charakter ansehen, da die Bewunderung und Verehrung sittlicher Vollkommenheit ein natürlicher Sporn zu allem sittlichen Thun ist. Anderseits wird unsere Sittlichkeit selbst durch religiöse Gefühle erst ihre volle Weihe, Sicherheit und Vollendung, unser Gemüthszustand seine volle, dauernde Beruhigung erfahren. Mit Wärme und innigem Gefühle spricht Hutcheson von den erhebenden und stärkenden Wirkungen der Religion und es ist interessant und lehrreich, mit dem von ihm selbst in diesen Abschnitten seines systematischen Hauptwerkes Ausgesprochenen zu vergleichen, was Leechmann in der Einleitung zu demselben über die Art und Weise mittheilt, wie Hutcheson seinen Studenten der Theologie die Aufgabe der Predigt und die Bedingungen praktischer Wirksamkeit der religiösen Lehre klar zu machen suchte [14]). Es entspricht ganz diesen Anschauungen, wenn Hutcheson sich in der Frage über die praktische Unentbehrlichkeit der Religion, über abergläubische Religionsformen und Atheismus viel zurückhaltender ausspricht als Shaftesbury [15]). Er meint, man dürfe nicht vergessen, dass religiöse Systeme, in welchen sich sehr abergläubische Vorstellungen finden, wie z. B. das katholische, daneben doch eine Menge guter Vorschriften und Motive enthalten, welche unleugbar sittliche Wirkungen zu üben im Stande sind. Es liege nicht viel daran, zu wissen, ob solche abergläubische Vorstellungen schädlicher seien als Atheismus. Sie können es ohne Zweifel für Menschen in gewissen Umständen werden; aber die Mehrzahl wird durch sie nicht allzusehr geschädigt. Zugegeben auch, sie seien schlimmer als Atheismus, so liege darin nur ein ehrenvolles Zeugniss für die Religion: denn die beste Religion sei ohne Frage unvergleichlich viel vollkommener, als der Zustand des Atheismus und es sei eine alte Erfahrung, dass gerade die besten Dinge durch Verderb am schädlichsten würden. Ebenso gleichgültig sei es zu fragen, ob eine Gesellschaft von Atheisten möglich sei. Der Versuch sei niemals gemacht worden, und so könne man einstweilen sich an die Erfahrung des Gegentheils halten, dass wahre Religion offenbar das Glück von Individuen wie von Gesellschaften vermehre.

2. Abschnitt.

Hume [16]).

Hutcheson hatte gewisse Züge der sittlichen Erfahrung nicht ohne Glück und mit feiner Beobachtung erfasst, und in vieler Beziehung darf seine Theorie als eine erhebliche Bereicherung gelten. Aber seiner Doctrin haftete ein doppelter Mangel an: sie beschränkte das Gebiet des Sittlichen zu einseitig auf das Wohlwollen, verrieth also eine zu enge Auffassung des sittlichen Thatbestandes, und sie bediente sich zur Erklärung der sittlichen Phänomene einer psychologischen Annahme, welche an und für sich fragwürdig ist und zu weiterer Analyse unmittelbar herausforderte. In beider Richtung hat Hume's durchdringender Scharfsinn Hutcheson's Werk fortgeführt.

§. 1.   Der Thatbestand.

Wie sein Vorgänger Hutcheson geht auch Hume bei Aufsuchung und Feststellung des Thatbestandes der sittlichen Erscheinungen unmittelbar von der allgemeinen Erfahrung aus, und zwar mit derselben Wendung nach dem Subjectiv-Psychologischen, wie sie seine ganze Art zu philosophiren kennzeichnet. Dass es Werthunterschiede in Bezug auf die menschlichen Neigungen und Handlungen gibt, dass wir diesen Unterschied sowohl bei Beurtheilung unserer eigenen Person als auch anderer Menschen machen, und dass auch Andere von den gleichen Wahrnehmungen im Allgemeinen die gleichen Eindrücke empfangen, das steht als eine unzweifelhafte Thatsache fest [17]). Dabei muss festgehalten werden, dass wir, wenn wir von Handlungen lobend sprechen, diese nur als Zeichen der inneren Beschaffenheit des Gemüths betrachten. Aeusseres

Thun allein hat nie sittliches Verdienst; um den sittlichen
Zustand und Werth eines Menschen zu erkennen, müssen wir
in's Innere schauen. Nur weil wir dies nicht unmittelbar zu
thun vermögen, merken wir auf die Handlungen; aber sie sind
und bleiben nur Anzeichen für die sittliche Beurtheilung [18]).

Die Unterscheidung zwischen Handlungen und Motiven
ist, wie ebenfalls als eine Thatsache der Erfahrung feststeht,
mit einem Gefühl der Lust oder Unlust verbunden, oder beruht vielleicht sogar auf einem solchen; ist aber dadurch noch
keineswegs ihrer ganzen Eigentümlichkeit nach gekennzeichnet,
sondern die Art dieser Lust oder Unlust unterscheidet sich
sehr bestimmt von anderen Erregungen dieser Gefühle [19]).

Hält man nun an der Hand dieser allgemeinen Kennzeichen
eine Ueberschau über das gesammte Gebiet menschlicher Eigenschaften, so ergeben sich gewisse Gruppen, auf welche jene
eigentümliche Unterscheidung, die man auch Billigung oder
Missbilligung nennen kann, vorzugsweise angewendet zu werden pflegt, und die sonach das Gebiet des moralisch Guten
oder moralisch Bösen darstellen [20]).

In dem Verzeichniss der Tugenden, welches Hume diesem
Plane gemäss aufstellt, treten nun einige bestimmt zu schei-
dende Gruppen hervor [21]); nemlich zunächst die eigentlich
socialen Tugenden, Wohlwollen, Menschenfreundlichkeit und
Gerechtigkeit, welche Anderen nützlich sind; dann eine Reihe
von Eigenschaften, welche ihrem Träger nützlich sind; endlich
eine Anzahl anderer Vorzüge, die theils uns selbst, theils
Anderen unmittelbar angenehm sind.

Es kann hier nicht darauf ankommen, dieser Ueberschau
im Einzelnen zu folgen: schon diese Andeutungen über die
allgemeinen Resultate derselben werden genügen, um zu zeigen,
dass Hume bei seiner Feststellung dessen, was Tugend sei,
den Begriff des moralisch Guten in einem sehr weiten Sinne
fasst, und der von ihm selbst gegebenen Hinweisung auf den
specifischen Charakter der moralischen Billigung als Lustgefühl
beinahe untreu wird. Im Gegensatze gegen Hutcheson nemlich, welcher nur die socialen Tugenden als Gegenstand eigentlich moralischer Werthurtheile hatte gelten lassen wollen, und
sie von allen natürlichen Anlagen, Vorzügen und Talenten

scharf zu scheiden versucht hatte, stellt Hume diese Unterscheidung als eine rein verbale hin und behauptet, dass es überhaupt kein specifisches Merkmal gäbe, durch welches man Tugenden und Laster aus der allgemeinen Gattung geistiger Vorzüge aussondern könne [22]).

Noch viel schärfer als bei Shaftesbury tritt hier bei Hume [23]) der Gedanke in den Vordergrund, dass das Sittliche, die Tugend, eben in der harmonischen Vollendung und möglichst reichen Ausgestaltung der ganzen Menschennatur liege. Es wäre vielleicht zu viel behauptet, wenn man sagen wollte, dass in der vorausgegangenen, unter dem Einflusse christlicher Ideen stehenden Ethik, das Sittliche immerwährend in der Form des Verbotes aufgetreten sei; aber unstreitig lag schon darin, dass die sittliche Forderung mit Vorliebe unter den Begriff des (göttlichen oder natürlichen) Gesetzes gebracht wurde, eine gewisse, durch den allgemeinen Zug der christlichen Ethik noch verstärkte Neigung, das Ethische den natürlichen Kräften und Trieben des Menschen gegenüber wesentlich restrictiv und prohibitiv aufzufassen. Und dieser Charakter war selbst der neueren englischen Ethik, trotz ihres Bestrebens, das Sittliche ganz auf den Boden des Natürlichen zu stellen, noch geblieben, indem man den sittlichen Thatbestand fast ausschliesslich auf das Ueberwiegen des Wohlwollens, der socialen Affecte, also wiederum die Zurückdämmung der natürlich-selbstischen Neigungen beschränkte, und so verhältnissmässig immer das negative Element besonders betonte und dagegen das positive zurücktreten liess. Was Hume vorschwebt, ist mit einem Worte die ethische Idee der Vollkommenheit, welche in den zu Hume's Zeit verbreiteten ethischen Auffassungen keine Berücksichtigung gefunden hatte, und durch welche er den mangelhaften Thatbestand der seitherigen Theorien zu vervollständigen sucht. Diesen Zweck einer Erweiterung des Begriffes vom Sittlichen scheint Hume selbst ganz klar vor Augen gehabt zu haben und namentlich über den geschichtlichen Gegensatz, der sich in seiner Auffassung auspräge, äussert er sich sehr treffend [24]). Er beruft sich auf die antike Ethik, als bestes Muster: sie habe keinen wesentlichen Unterschied zwischen den verschiedenen Arten geistiger Vorzüge und Mängel gemacht; erst die christliche und die durch theologische Vorstellungen beherrschte neuere Ethik habe die Unterscheidung zwischen dem Freiwilligen und dem Unfreiwilligen geschaffen und zur Grundlage der ganzen Theorie gemacht. Und hier haben wir den Kern von Hume's Auffassung des Sittlichen, den entscheidenden Punkt, welcher, bedingt durch die ganze bisherige Entwicklung der englischen Ethik, bei ihm mit besonderer Schärfe hervortritt. Wenn das Sittliche natürliches Product gewisser Anlagen der menschlichen Organisation ist, so wird seine Verwirklichung überhaupt und das Maass, in welchem dieselbe erfolgt, eben davon abhängig sein, in welchem Grade diese Anlagen vorhanden sind. Die Unterscheidung von freiwillig und unfreiwillig hat also gar keinen Grund; denn freiwillig im Sinne, etwas durchaus selbstgeschaffenes zu sein, ist nach dieser Anschauung weder Sittlichkeit noch Unsittlichkeit. Es gibt kein absolutes Anfangen im Menschen weder zum Guten, noch zum Bösen: Niemand kann anders handeln, als es durch seine Triebe bestimmt ist. Zwischen ihnen machen wir wohl in der Beurtheilung Unterschiede, aber das reicht nicht aus, um uns zu andern Menschen zu machen, als wir nun einmal sind.

Es liegt aber in den Wirkungen, welche unsere Dispositionen und Affecte hervorbringen, begründet, dass im Menschen der Wunsch entsteht, im Besitze gewisser Dispositionen zu sein. Bei ruhiger Ueberlegung wird man bestimmten Eigenschaften einen Vorzug vor anderen geben, und dies ist die psychologische Grundlage des Gefühls der Verpflichtung, des Sollens — eine Andeutung, welcher später Smith in fruchtbarster Weise zu entwickeln gewusst hat [25]).

Durch diese Auffassung des sittlichen Thatbestandes [26]), welche über der in gewissem Sinne so berechtigten Zusammenrückung des Sittlichen und Natürlichen ganz vergisst anzugeben, wodurch sich das Sittliche von dem schlechthin bloss Natürlichen unterscheide, wird Hume der sittlichen Erfahrung wohl kaum vollständig gerecht. Diese drängt uns die Wahrnehmung auf, dass das Maass, in welchem gewisse geistige Dispositionen wünschenswerth erscheinen, grosse Abstufungen zeigt, welche von dem, was unbedingt und von Jedem gefordert werden

muss, herabsteigen bis zu Neigungen und Anlagen, deren
Vorhandensein sehr ´angenehm, sehr wünschenswerth, sehr
nützlich sein kann, deren Mangel aber durchaus nicht das
Fehlen der Sittlichkeit involvirt. Es ist, wie man leicht ein-
sieht, seine Subsumirung des Sittlich-Werthvollen unter die
Begriffe des Nützlichen und Angenehmen, wenngleich einer
besonderen Art desselben, welche zu dieser Verwischung des
Specifischen im Sittlichen führt. Mit Unrecht bekämpft Hume
die Unterscheidung zwischen Freiwillig und Unfreiwillig, welche
zwar in metaphysischer Beziehung ohne Werth ist und nur
irreführen kann, dagegen in psychologischer Bedeutung für
die Ethik gar nicht zu entbehren ist. Denn was die Grenze
zwischen dem sittlich Bedeutungsvollen und dem sittlich Gleichgültigen begründet, ist lediglich die Beziehung auf den Willen.
Nur soweit dieser in's Spiel kommt, kann überhaupt von
ethischer Beurtheilung die Rede sein [27]).

§. 2.   Ursprung der sittlichen Werthurtheile.

Es tritt hier an Hume zunächst die bereits vielfach verhandelte Streitfrage heran, ob diese Urtheile aus der Vernunft,
aus dem Gefühl, oder einem zwischen beiden Grundkräften
liegenden, selbständigen Vermögen stammen. Die erhebliche
Zahl der Stellen [28]), an welchen Hume dieses Problem behandelt, und die keineswegs überall identischen Lösungen, zu
welchen er gelangt, lassen den schwierigen und widerspruchs-
vollen Charakter desselben zur Genüge erkennen; nicht minder
auch die sehr verschiedene Beurtheilung, welche Hume und
die ihm scharf entgegengesetzte Theorie Kant's von neueren
Darstellern [29]) erfahren haben. Auf die Einzelheiten seiner
Untersuchung soll hier nicht näher eingegangen werden; dieselbe ist in jüngster Zeit mehrfach ausführlich reproducirt
worden [30]) und es mag daher, um Weitläufigkeiten zu vermeiden, genügen, hier nur auf das Schlussergebniss hinzuweisen.
Dies stellt Hume, mancherlei Schwankungen [31]) ungerechnet,
entschieden auf die Seite der Gefühlsmoral. Die Vernunft kann
beim Zustandekommen des Sittlichen überall nur aufklärend
und vorbereitend wirken. Der entscheidende Ausspruch über

Werth oder Unwerth dagegen fällt schlechterdings ausser ihr
Bereich und kann nur das in Begriffe gefasste Product einer
Gefühlserregung sein. Alle Vernunft vermag nichts weiter,
als Beziehungen zwischen den Dingen zu entdecken; im Werthurtheil dagegen kommt ein ganz neues Element hinzu, welches
im Thatsächlichen nicht gegeben und nur durch die productive
Kraft des Gefühls zu erklären ist.

An manchen Stellen dieser Untersuchung [32]) bedient sich
Hume solcher Ausdrücke, die, indem sie für das Gefühl plai-
diren, unmittelbar an seine Vorgänger Shaftesbury und Hutcheson erinnern und den Anschein geben, als wolle sich Hume
vollständig mit der von ihnen festgestellten Begründung des
Sittlichen auf jenes zwischen der reinen Unmittelbarkeit des
Gefühls und der Vernunft in der Mitte stehende Vermögen,
das sie „moral sense" nannten, begnügen. Man darf sich indessen dadurch nicht täuschen lassen. Bei genauerer Kenntniss-
nahme bemerkt man leicht, dass Hume die psychologische
Analyse dieser Gefühlsentscheidungen und das Verständniss
der Vorgänge, auf welchen das sittliche Urtheil beruht, erheblich gefördert hat.

Wenn diese auf Gefühlen beruhen, so müssen sie (wie
das Hume in seiner Affectenlehre festgestellt hat) je nach der
grösseren Nähe oder Ferne der Vorgänge wechseln. Es ist
unmöglich, über die Tugenden eines vor vielleicht zweitausend
Jahren in Griechenland lebenden Menschen das gleiche Vergnügen [33]) zu empfinden, wie über die eines nahen Freundes
und Bekannten; gleichwohl ist unbestreitbar, dass dies in der
moralischen Werthschätzung keinen Unterschied macht, und
unsere sittlichen Entscheidungen keineswegs den Fluctuationen
unterliegen, welche auf alle Gefühle die grössere oder geringere
Nähe ihres Gegenstandes ausübt. Aehnlich ist der Fall, wenn
wir den guten Eigenschaften eines Feindes Achtung und Bewunderung zollen, obwohl sie uns lästig und schädlich sind.
Erfahrungen dieser Art scheinen es zu verbieten, sittliche Entscheidungen auf das wechselnde und durch das eigene Interesse
viel zu sehr bestimmte Gefühl zu gründen, und ein anderes
Vermögen zur Hervorbringung jener Stetigkeit und vernünftigen
Allgemeinheit zu fordern, welche zum Wesen sittlicher Urtheile

gehört. Indessen hält Hume diesen Einwendungen gegenüber
seine Theorie durchaus aufrecht. Die Schwierigkeiten, welche
sich in denselben zu bieten scheinen, löst er durch Heranziehung des Princips der Sympathie [34]), welches schon in seiner
Lehre von den Affecten eine hervorragende Rolle gespielt hatte.
Dasselbe erscheint hier als Quelle und Correctiv moralischer
Entscheidungen in geläuterter Form, als sogenannte extensive
Sympathie. An und für sich geht auch die einfache Sympathie
nicht weiter, als dass wir Eigenschaften und Charakter, die auf
das Wohl der Menschheit gerichtet sind, loben und billigen,
weil sie uns eine lebendige Vorstellung des Guten gewähren,
das sie zu schaffen vermögen. Also auch durch sie würde jene
Veränderlichkeit in der Werthschätzung nicht ausgeschlossen
sein, wenn wir nicht sehr bald durch Erfahrung dazu gelangten,
unsere Empfindungen oder wenigstens unsere Ausdruckweise
zu corrigiren, und um beständigen Widerspruch zu vermeiden,
von der Nähe oder Ferne des zu beurtheilenden Charakters
ganz abzusehen. Wir bilden gewisse allgemeine Gesichtspunkte
aus, und lassen uns von ihnen leiten, welches auch unsere
augenblickliche Stellung sein mag. Unsere Beurtheilung von
Charakteren beruht also auf den Wirkungen, welche sie auf
ihre Umgebung ausüben, gleichviel ob diese Umgebungen uns
bekannt oder fremd, Zeit- und Volksgenossen sind, oder nicht.
Wir bewundern sittliche Eigenschaften auch da, wo die Umstände sie verhindern, zu ihrer vollen, wohlthätigen Wirkung
für andere zu gelangen; ja, wir sehen bei solchen allgemeinen
Urtheilen selbst über unser eigenes Interesse hinweg, und
tadeln einen Gegner nicht, der uns in den Weg tritt, wo seine
eigenen Interessen stark in's Spiel kommen.

Aehnliches findet bei den Wahrnehmungen aller Sinne
statt und ohne sie wäre in der That jeder Sprachgebrauch,
jede Mittheilung an andere unmöglich. Zwar pflegen die Affecte
sich solchen Correcturen nicht immer zu fügen; aber dieselben
sind doch hinreichend, um unsere allgemeinen Urtheile zu regeln
und werden allein berücksichtigt, wenn es sich um eine Entscheidung über das Sittliche handelt. Sie reichen in der That
weiter, als unser praktisches Verhalten: so dass man nicht
selten einen Gegensatz zwischen der extensiven Sympathie,

wonach wir urtheilen, und der beschränkten Grossmuth, womit wir handeln, wahrnehmen kann. Um unsere Affecte zu beherrschen, muss ein Gefühl uns im Herzen ergreifen: um unser Urtheil zu bestimmen, braucht es nicht über die Phantasie hinauszugehen.

Mit dieser Anwendung des Begriffes der Sympathie auf die Erklärung der sittlichen Erscheinungen, und namentlich den in sittlichen Urtheilen zu Tage tretenden universalistischen Charakter steht nun Hume in der Mitte einer für die Ausbildung der neueren ethischen Theorien höchst bedeutsamen Entwicklung, die mit Hutcheson anhebt und in Smith ihren Höhepunkt erreicht. Sein Vorgänger Hutcheson hatte der Sympathie wohl zu verschiedenen Malen [35]) Erwähnung gethan, aber sie nicht für ausreichend gehalten, um alle unsere wohlwollenden Neigungen zu erklären. Die Gründe, welche er geltend macht, sind grossentheils eben die, welche Hume in der oben reproducirten Auseinandersetzung anführt und zu widerlegen sucht.

Wenn Hutcheson auf den specifischen Charakter der sittlichen Wahrnehmung hinausdrängt, und die sittliche Beschaffenheit einer Handlung oder eines Charakters unmittelbar erfasst haben will, so geht Hume in der Analyse noch weiter und sucht dies scheinbar unmittelbare Urtheil wiederum auf seine Gründe zurückzuführen, indem er auf die Reflexion und die Ausbildung allgemeiner Regeln verweist, welche die Schwankungen unseres Mitgefühls verbessern.

Insbesondere stellt Hume das Vorhandensein eines Affects der allgemeinen Menschenliebe, rein als solcher, unabhängig von persönlichen Eigenschaften, von irgend welchen geleisteten Diensten oder vorhandenen persönlichen Beziehungen, in Abrede. In schroffem Gegensatz zu Hutcheson bildet bei ihm das Selbstische in der durch Heranziehung der Sympathie gemilderten und brauchbar gemachten Form die Grundlage seiner Theorie. Nicht ohne Einschränkung allerdings; denn in dieser Frage drückt sich die spätere Bearbeitung der Inquiry weit zurückhaltender aus, und ohne den Standpunkt der früheren Abhandlung zu verlassen (denn in einer glänzenden, und mit einer Reihe der feinsten Beobachtungen ausgestatteten Darstellung

führt sie die Macht der Sympathie über das menschliche Gemüth vor), betont sie ohne Frage das natürliche Wohlwollen
des Menschen gegen Seinesgleichen viel stärker, als diese,
die dafür die Sympathie viel mehr in den Vordergrund gerückt hatte.   Manche Aeusserungen der späteren Bearbeitung
klingen fast geradezu polemisch gegen Hume's eigene Sätze
in dem früheren Werke[36]); ja ein neuerer Darsteller rechnet
diesen Abschnitt geradezu dem Vorzüglichsten bei, was die
gesammte Litteratur über diesen Gegenstand aufzuweisen habe,
und meint, dass derselbe alle späteren Versuche, das selbstische
System wieder in Ansehen zu setzen, wie insbesondere den des
Helvetius, hätte unmöglich machen sollen.   Dieses Schwanken
in Hume's Ansichten ist für eine letzte Entscheidung der
schwierigen Frage, welche psychologischen Elemente im Menschen angenommen werden müssen, um die Erscheinungen des
ethischen Lebens zu erklären, von grosser Wichtigkeit.

Es betrifft eine Cardinalfrage aller Ethik zu entscheiden,
ob Hume's erste Erklärung gelungen ist, oder vielmehr ob
seine Erklärung nicht bloss den von ihm aufgefassten und hin-
gestellten Thatbestand begreiflich macht, sondern ob diese
Formulirung des Thatsächlichen selbst auch der vollen objectiven und erfahrungsmässigen Wirklichkeit des Sittlichen gerecht werde und daher auch seine Erklärung eine allgemeine
und widerspruchslose Gültigkeit beanspruchen könne.   Ist wirklich der durch Sympathie unserem Gefühle vermittelte und
durch Reflexion auf den jeweiligen Standpunkt, sowie durch
allgemeine Regeln geklärte Eindruck des Nützlichen und Angenehmen der einzige und letzte Grund unserer sittlichen
Billigung?   Ist insbesondere, wie das Hume durch eine lange
und eingehende Untersuchung zu zeigen sich bemüht hat, bei
den von seinen Vorgängern als das Sittliche par excellence
bezeichneten socialen Tugenden lediglich dieses vermittelte und
gewissermaassen rationalisirte Gefühl ihrer Nützlichkeit, worauf
ihre sittliche Beurtheilung und ihre Ausbildung im Gemüthe
beruht?   Dies lässt sich mit Recht in Zweifel ziehen und dies
hat Hume zum Theil selbst in seiner späteren Bearbeitung
gethan.   „Denn wenn auch in der That die Sympathie mit
Anderer Wohl, das als die Folge einer Handlung oder Eigen-

schaft erkannt wird, ganz allein hinreichen würde, uns zu bestimmen, diese glückbringenden Potenzen ihrem Gegentheil
überhaupt vorzuziehen und ihnen Beifall zu geben, so lässt
sich doch leugnen, dass diese relativ schwachen Gemütsbe-
wegungen allein die zureichende Ursache der so machtvollen
moralischen Affectionen sein können, Affectionen, die sich auch
in solchen Fällen äussern, wo kein Gedanke an die Folgen
einer Handlung oder Eigenschaft im Menschen aufsteigt." Es
sind im Wesentlichen die Einwendungen von Adam Smith
gegen Hume's Theorie, welche Gizycki an der eben angeführten Stelle formulirt [37]). Denn jener hat in der That ebenso
an Hume angeknüpft, wie dieser seinerseits Hutcheson weiter
bildete, und gewisse Einseitigkeiten Hume's in dessen Ableitung
der socialen Tugenden durch Wiederaufnahme einiger schon
von Shaftesbury gegebener Andeutungen auf das Glücklichste
ergänzt. In welcher Weise, wird sogleich unten näher darzustellen sein.

§. 3. Ursprung der Rechtsbegriffe.

Eine ähnliche Wendung Hume's wie hinsichtlich des Ursprungs der sittlichen Urtheile überhaupt, lässt sich auch beobachten bei seiner Ableitung der Rechtsbegriffe, welche er,
wohl kaum mit genügenden Gründen, von dem übrigen Gebiete des Sittlichen trennt. Seinem ursprünglichen Grundgedanken nach steht Hume in dieser Frage den Häuptern des
ethischen Nominalismus, den Hobbes und Locke viel näher,
als seinen unmittelbaren geschichtlichen Vorgängern, Shaftesbury und dessen ganzer Schule. Wenn Hobbes das Gemachte
und Gewordene in Recht und Gerechtigkeit so schroff hervorgehoben hatte, dass beinahe der Wechselbegriff „willkürlich"
dafür substituirt werden konnte, so war von der gegen ihn
sich erhebenden Reaction dafür um so ausschliesslicher das Natürliche geltend gemacht worden. Wie Hume sich zu der Frage
verhalte, scheint der Gegensatz deutlich genug zu verrathen,
in welchen er die Gerechtigkeit zu den „natürlichen" Tugenden stellt. Allein die Fassung, in welcher er seine Anschauung
vorträgt, ist bereits erheblich gemildert und zeigt deutlich,

dass die Theorie des ethischen Realismus, wenn sie ihn auch
nicht zu überzeugen vermocht hatte, doch keineswegs ohne
Einfluss auf ihn geblieben war[38]). Nur in einem ganz bestimmten Sinne will er der Gerechtigkeit das Prädicat natürlich absprechen, während doch, von anderer Seite betrachtet,
keine Tugend natürlicher sei, als eben sie. Der Mensch ist
erfinderisch; und wenn eine Erfindung so naheliegend und so
absolut nothwendig ist, wie die der Gerechtigkeit, kann man
sie mit Recht ebenso natürlich heissen, als irgend etwas, das
unmittelbar aus ursprünglichen Principien ohne Dazwischen-
treten von Reflexion hervorgeht. Man kann darum die Regeln
der Gerechtigkeit zwar künstlich, aber. man darf sie nicht
willkürlich nennen; vielmehr lassen sie sich geradezu als „Natur-
gesetze" bezeichnen, wenn man unter natürlich eben das versteht, was einer Gattung eigen und von ihr unabtrennbar ist[39]).
     Das eigentliche Raisonnement Hume's ist das folgende:
Alles Ethische muss im letzten Grunde auf einem Gefühle beruhen; für die Gerechtigkeit lässt sich eine solche Gefühlsgrundlage nicht nachweisen; denn soweit bloss unsere Gefühle
in's Spiel kommen, sind wir durchaus parteiisch für uns selbst
und die uns zunächst Stehenden; eine Correctur derselben kann
also nicht durch das Gefühl, die natürliche Grundlage des
Ethischen, erfolgen, ist darum insoferne künstlich; oder, wie es
Hume zusammenfassend ausdrückt: die Natur schafft durch Verstand und Urtheilskraft ein Mittel gegen die Uebelstände und
Unbequemlichkeiten, welche sich für die Menschheit nothwendig
aus dem Zusammentreffen gewisser geistiger Eigenschaften mit
gewissen Verhältnissen der äusseren Welt ergeben. Diese Eigenschaften sind Selbstsucht und beschränkter Edelmuth; und die
äusseren Verhältnisse sind die Leichtigkeit des Besitzwechsels
verbunden mit der Spärlichkeit des von Natur Vorhandenen im
Verhältniss zu den Wünschen und Bedürfnissen des Menschen.
Dies, meint Hume, müsse festgehalten werden, als die wahre
und eigentliche Situation des Menschen vom Beginne seiner
Entwicklung an und sie schliesse jene doppelte Fiction des
Naturzustandes und des goldenen Zeitalters gleichmässig aus.
Dass ersterer niemals wirklich gewesen sein könne, betont
Hume auf das Nachdrücklichste. Es sei nicht anzunehmen, dass

ein solches Verhältniss der Menschen zu einander nur so lange gedauert habe, um den Namen eines Zustandes zu verdienen. Denn Jeglicher gehöre doch mindestens einer Gesellschaft, der der Familie an und lerne von seinen Eltern einige Regeln des Betragens; und ebenso müsse jeder Vater die Anfänge der Gerechtigkeit üben, um den Frieden zwischen seinen Kindern zu erhalten. Dagegen gesteht Hume dieser Fiction als einer philosophischen Hypothese zum Zwecke des Experiments volle Berechtigung zu.

Ganz ähnliche Dienste leistet auch die Fiction des goldenen Zeitalters. Sie belehrt uns über den Ursprung der Gerechtigkeit gewissermassen von der andern Seite her, indem sie zeigt, dass dieselbe unmöglich und überflüssig wäre, wenn jeder Mensch auf alle übrigen zarte Rücksicht nähme, oder die Natur in ausreichender Weise für alle unsere Wünsche und Bedürfnisse gesorgt hätte.

Darnach lässt sich nun die Quelle genauer bestimmen, aus welcher die Regeln der Gerechtigkeit stammen. Wenn auch sie nur auf einem Gefühle beruhen können, das Wohlwollen aber, welches der Mensch Fremden entgegenbringt, viel zu schwach ist, um eine solche Grundlage abgeben zu können, so kann die Lenkung unserer Selbstsucht durch keinen anderen Affect vorgenommen werden, als durch diese selbst, vermöge einer Aenderung ihres Zieles. Diese Aenderung aber muss bei dem geringsten Nachdenken nothwendig eintreten, da es evident ist, dass unser Egoismus durch eine gewisse Einschränkung weit mehr gewinnt, als wenn wir ihm völlig die Zügel schiessen lassen, dass wir beim Bestehen der Gesellschaft es weit leichter haben, Güter zu erwerben, als in der einsamen und verlassenen Lage, die sich bei allgemeiner Zügellosigkeit und Gewaltthätigkeit für den Einzelnen nothwendig ergibt.

Niemand wird verkennen, wie nahe sich diese Ableitung der Gerechtigkeit aus dem Einflusse der Urtheilskraft auf die Affecte, in dem oben von Hume festgestellten Sinne, mit seiner Erklärung der sittlichen Urtheile überhaupt aus extensiver Sympathie berührt: ein Beweis für die Einheitlichkeit von Hume's Anschauung und zugleich eine Illustration des Sinnes, in welchem seine Erklärung der Gerechtigkeit als eines „Kunstproductes" zu nehmen ist, da ja demnach alles Sittliche der unmittelbaren Natürlichkeit der Affecte gegenüber als künstlich zu bezeichnen wäre. Alle Hauptmomente von Hume's Erklärung des Sittlichen finden sich auch hier wieder und zwar zum Theil noch deutlicher ausgeprägt. Die Fundamental-Unterscheidung zwischen Gut und Böse durch das Gefühl des Nützlichen und Angenehmen, vermittelt durch Sympathie, geklärt durch Reflexion und allgemeine Regeln der Anwendung. Wie sehr sich Hume von einseitiger Schroffheit fernzuhalten bemüht war, zeigt nichts besser, als seine Erörterung der Frage, wie weit es möglich sei, das Gefühl für Sittlichkeit und Recht anzuerziehen in der Abhandlung über die menschliche Natur [40]), also derselben Schrift, in welcher der Ursprung der Gerechtigkeit als in gewissem Sinne künstlich hingestellt worden war. Hier wird doch sehr scharf die Grenze bezeichnet, bis wohin die äussere Einwirkung zu reichen im Stande ist. Es unterliege keinem Zweifel, dass die Entwicklung des Rechtsgefühls durch Staatskunst gefördert werden könne; aber es sei ebenso gewiss, dass die Möglichkeit dieses Einflusses von manchen Schriftstellern übertrieben worden sei. Staatskunst vermag wohl die Natur in der Hervorbringung gewisser Empfindungen zu unterstützen, ja in einem besonderen Falle sogar allein ausreichen, um eine Handlung lobenswerth erscheinen zu lassen, aber unmöglich kann sie den Unterschied zwischen Tugend und Laster, zwischen Recht und Unrecht schaffen. Denn wäre nicht von Natur eine Grundlage für denselben gegeben, so würden alle Ausdrücke, die denselben zu bezeichnen pflegen, vollkommen unverständlich sein, und sich mit ihnen ebenso wenig Sinn verbinden lassen, als mit Worten einer ganz fremden Sprache. Ganz ähnlich verhält es sich auch mit der häuslichen Erziehung. Da diese sich bestrebt, den Kindern von frühester Jugend an die Grundsätze der Sittlichkeit und Rechtlichkeit beizubringen, und ihnen die Beobachtung der Regeln, welche die Gesellschaft aufrecht halten, als ehrenvoll und lobenswerth, die Verletzung als gemein und schändlich hinzustellen, so fassen diese Gefühle so feste Wurzeln im jugendlichen Geiste, dass sie kaum noch von den wesentlichsten Principien und ursprünglichsten Anlagen unserer Constitution zu unterscheiden sind. Darum ist auch namentlich die Gerechtigkeit weder etwas von aussen her willkürlich Gemachtes, noch etwas von Anfangan Fertiges; sie wächst in und mit der Entwicklung der Gesellschaft heran, durch die immer mehr sich verwickelnden Verhältnisse, durch staatliche Autorität, durch häusliche Zucht, durch fortgeerbte Tradition und Erziehung[41]).

§. 4. Das Verhältniss zwischen Sittlichkeit und Religion.

Es versteht sich nach den Voraussetzungen von Hume's Philosophie und seiner ganzen Anschauungsweise von selbst, dass er noch entschiedener als seine Vorgänger die Religion vom Sittlichen scheidet, und ihre Wirkungen auf ethischem Gebiete überwiegend nur als passionelle Störungen des ruhigen, praktischen Verstandes auffasst. Es hängt dies zunächst damit zusammen, dass der bei Shaftesbury und Hutcheson festbegründete Theismus bei ihm durch einen ausgesprochen skeptischen Standpunkt in allen Fragen der natürlichen Theologie verdrängt worden ist. Freilich wird am Schlusse der „Gespräche über die natürliche Religion" ein speculativer Theismus als das wahrscheinlichste Ergebniss proclamirt, und auf die Erhebung und Beruhigung hingewiesen, welche aus dieser Anschauung hervorgehe. Es klingt also hier noch einmal der Gedanke an, welchen Shaftesbury und Hutcheson ausgesprochen hatten. Aber bei Hume wird diese theistische Gottesvorstellung durch zwei Umstände um jegliche Wirksamkeit gebracht. Zunächst ist sie, trotz aller mit Hume's theoretischem Standpunkte eigentlich unvereinbaren Hinneigung zu ihr, welche an vielen Stellen[42]) hervortritt, doch bei ihm zu sehr von Zweifeln aller Art durchätzt, als dass er ihr einen wirklich bedeutenden ethischen Einfluss einzuräumen vermöchte. Stéht doch an der bereits citirten Stelle jener lebendigeren theistischen Ueberzeugung die Anschauung gegenüber[43]), dass sich das ganze Resultat der natürlichen Theologie schliesslich in den einen, weder völlig gewissen, noch weiter zu bestimmenden Satz auflöse: es habe das ordnende Princip des Universums wahr-

scheinlich einige entfernte Aehnlichkeit mit der menschlichen
Vernunft — ein Satz, der ausdrücklich als ausser aller Beziehung zum menschlichen Leben, seinem Thun und Lassen,
bezeichnet wird. Hiezu kommt dann noch ein zweites Moment:
die ausserordentlich geringe Meinung nemlich, welche Hume
von allen Volksreligionen hat[44]). Und diese Umstände bestimmen seine Schätzung des sittlichen Werthes der Religion.
Ausgedrückt in einem einfachen Dilemma ergibt sie ein völlig
verneinendes Facit. Der selbständig denkende Mensch bedarf
religiöser Motive nicht, um sittlich gut zu handeln, und soweit
dieselben überhaupt irgend welchen Werth haben, fallen sie
mit sittlichen Motiven schlechthin zusammen. Der gewöhnliche
Mensch bedürfte wohl einer Verstärkung derselben; aber das
Unglück ist, dass er nun wiederum unempfänglich ist für so
reine religiöse Vorstellungen, welche die Sittlichkeit als das
einzige Mittel, Gott zu gefallen, kennen lehren, und dass so
die letzten Dinge ärger werden, als die ersten.

Und selbst da, wo Aberglaube und Fanatismus nicht in
directen Gegensatz zur Sittlichkeit treten, muss die Religion
durch Ablenkung des menschlichen Strebens von seinem eigentlichen Ziele, durch Aufstellung neuer, kleinlicher Verdienste,
durch eine falsche und verkehrte Vertheilung von Achtung
und Missachtung, die verderblichsten Folgen mit sich bringen
und die Wirksamkeit der natürlichen Motive des sittlichen
Handelns, der Gerechtigkeit und Menschlichkeit, ausserordentlich schwächen[45]).

Es bleibt also bei dem Endergebniss: Die Religion ist
entweder rein, dann fällt sie ihrer praktischen Seite nach mit
der Sittlichkeit zusammen; oder sie vermischt sich, wie das
beim Volke unausbleiblich ist, mit abergläubischen Vorstellungen, so ist ihr Vorhandensein für die Sittlichkeit schlimmer,
als wenn sie ganz fehlte.

Mit diesen Anschauungen über den sittlichen Werth der Religion steht Hume in scharfem Gegensatze zu seinem Vorgänger
Hutcheson wie zu seinem Nachfolger Smith. Mit Shaftesbury's
Anschauungen berührt sich die Lehre Hume's am nächsten. Beide
haben an der Religion als concreter geschichtlicher Erscheinung
in erster Linie das Irrationale, Unschöne, Verkehrte und Un-

sittliche gesehen, und wie einseitig diese Beobachtungen in mancher Hinsicht sein mögen, so schlagend ist ihre Richtigkeit in den positiven Nachweisen, die sie enthalten. Niemand, der über das Verhältniss beider Lebensmächte zu einander in's Klare zu kommen wünscht, wird sich einer ernstlichen Beherzigung dieser Thatsachen entschlagen dürfen, ohne sich der Gefahr eines bloss abstracten Theoretisirens oder einer naiven Schönfärberei auszusetzen — nicht zu reden von dem schlimmen Verdachte, es überhaupt nicht ehrlich zu meinen, und als ein verkappter Parteigänger der Kirche zu fungiren. Die nothwendigen Ergänzungen, welche die Aufklärungstheorien erfahren mussten, um die Wirklichkeit nicht in einseitiger Verzerrung erscheinen zu lassen, werden in einem späteren Theile dieser Schrift zur Darstellung kommen müssen. Hier mag es verstattet sein, daran zu erinnern, dass wir manchen guten Grund haben, auch den Theorien des 18. Jahrhunderts noch ernste Aufmerksamkeit zu widmen. Vor der Fülle liebevollen Verständnisses, welches unser Jahrhundert den Kirchen und den Religionen, dem „Mittelalter", in vielfachem Sinne entgegengebracht hat, fangen sie an, uns wieder über den Kopf zu wachsen und es wäre wahrlich nicht gut, den Kampf des 18. Jahrhunderts noch einmal ausfechten zu müssen.

Im allerschärfsten Gegensatze steht Hume zu jener theologischen Utilitätsmoral, wie sie von den englischen Universitäten auf Locke's Philosophie gepfropft wurde und in Paley ihren klassischen Vertreter fand. Die nächste Gesinnungsgenossenschaft aber verbindet ihn mit den französischen Denkern. Bayle's Stimme glaubt man aus manchen Erörterungen Hume's über den sittlichen Werth der Religion unmittelbar wiederklingen zu hören, und diese selbst finden sich fast bis auf den Wortlaut wieder in dem, was später Helvetius über den gleichen Gegenstand gesagt hat. —

3. Abschnitt.

Adam Smith.

§. 1. Ausgangspunkt.

Wenige Jahre nach dem Erscheinen des Werkes, in welchem Hume seine ethische Theorie in zweiter Bearbeitung niedergelegt hatte, trat sein Landsmann Adam Smith [46]) mit einem neuen Versuche hervor, welcher die allgemeine Stellung des Verfassers schon durch den Titel: „Theorie der sittlichen Gefühle" ankündigte. Schon bei Hume war uns vielfach das Bestreben entgegengetreten, zwischen den Einseitigkeiten früherer Auffassungen zu vermitteln. Auf diesem Wege ist ihm Adam Smith gefolgt, und mit klarer Ueberschau der vor ihm liegenden Forschung und bewusstem Anknüpfen an die Resultate derselben hat er namentlich die Theorie Hume's in einigen wichtigen Stücken ergänzt und weiter geführt.

Die Ueberschau [47]) der vorangegangenen Leistungen auf dem Gebiete der Ethik leitet er mit einer Feststellung der beiden Hauptpunkte ein, auf welche sich jede ethische Doctrin vorzugsweise zu richten haben wird. Ihre klare, begriffliche Unterscheidung zum ersten Mal bestimmt ausgesprochen und als Eintheilungsgrund verwendet zu haben, ist ein nicht gering zu schätzendes Verdienst. Es ist das erstens die Gewinnung der Thatsachen des ethischen Bewusstseins, die Frage: worin besteht das sittlich Gute, welche Stimmung des Gemüths und welche Richtung des Handelns lassen uns einen Charakter ausgezeichnet und rühmenswerth erscheinen? Hiezu kommt zweitens die Frage: wie entsteht die sittliche Beurtheilung, d. h. durch welche Kraft oder Fähigkeit unseres Geistes geschieht es, dass wir eine bestimmte Art des Thuns einer andern vorziehen, die eine Recht, die andere Unrecht nennen? Jede dieser Fundamentalfragen hat im Laufe der geschichtlichen Entwicklung verschiedene Beantwortungen erfahren, die unter sich correspondiren und einen vollständigen Schematismus der ethischen Systeme geben. Man bezeichnet nemlich als das Kriterium des Sittlichen entweder die Angemessenheit und Sckicklichkeit, oder die Klugheit, oder das uninteressirte Wohlwollen, und leitet dem entsprechend das sittliche Urtheilen und Handeln entweder aus der Vernunft, oder aus der Selbstliebe, oder aus einem unmittelbaren Gefühl ab.

Die Erörterung der sich so ergebenden verschiedenen Formen der Ethik durch Smith ist ein Meisterstück wahrhaft productiver Kritik: reich an feinen und treffenden Bemerkungen und dabei von wundervoller Unparteilichkeit in dem Bestreben, alle diese Theorien als in gewissem Sinne berechtigte Hervor-kehrungen einer bestimmten Seite des Realen zu würdigen. Allen aber haftet eine gewisse Einseitigkeit oder Uebertrei-bung an: das Kriterium der Angemessenheit und Klugheit würde das Gebiet des Sittlichen über Erfahrung und Gebühr erweitern, das des uninteressirten Wohlwollens dagegen zu sehr verengern; Vernunft oder Egoismus allein als Quelle des Sitt-lichen gedacht, die Thatsachen des sittlichen Lebens nicht ge-nügend zu erklären im Stande sein, während auch die An-nahme eines specifischen sittlichen Gefühls sich in Widersprüche verwickelt.

Soll man das Ergebniss dieser kritischen Ueberschau zu-sammenfassend ausdrücken, so liesse sich dasselbe etwa so formuliren: Um eine mit dem vollständig und allseitig erfassten Thatbestand der sittlichen Erfahrung vollkommen überein-stimmende Theorie der ethischen Phänomene zu erhalten, hat man in Bezug auf das Wesen des Sittlichen die Gesichts-punkte der Angemessenheit und Nützlichkeit, in Bezug auf den Ursprung desselben Vernunft, d. h. die Ausbildung allge-meiner Regeln, und Gefühl, d. h. sympathetisches Nachempfin-den, in Einklang zu bringen.

Mit dieser Formulirung der Aufgabe ist, wie nach dem Vorhergehenden leicht ersichtlich, die engste Anknüpfung an Hume von selbst gegeben, zugleich aber auch die Richtung angedeutet, in welcher sich die Weiterentwicklung seiner Theorie zu bewegen hatte.

§. 2. Die sittliche Beurtheilung Anderer.

Man wird sich erinnern, welche Mühe es Hume gekostet hatte, den specifischen Charakter der sittlichen Werthurtheile festzuhalten [48]) und sie aus der zu grossen Nähe Alles dessen, was sonst Gegenstand des Gefallens sein kann, auszusondern. Diesen Mangel in der Hume'schen Begriffsbestimmung hat Smith mit Schärfe erfasst und an verschiedenen Stellen in der Weise bezeichnet, dass er betont, die sittliche Billigung könne unmöglich ein Gefühl derselben Art sein, wie jenes, womit wir etwa ein wohlangelegtes Gebäude oder eine gut arbeitende Maschine betrachten. Zwar ist Smith weit entfernt, dieser Anschauung alle Gültigkeit abzusprechen: die Nützlichkeit spielt wirklich eine grosse Rolle in unseren Gefühlen der Billigung oder Missbilligung; aber gleichwohl sind dieselben nach Ursprung und Wesen von der Wahrnehmung des Nutzens oder Schadens verschieden. Nur bei einer abstracten Anschauungsweise kann letztere als der eigentliche Entscheidungsgrund für die Beurtheilung angesehen werden. Sieht man aber schärfer auf den einzelnen Fall, so wird man gewahr, dass unsere Billigung oder Missbilligung aus einer weit ursprünglicheren Quelle fliesst. Nicht der Nutzen oder Schaden, den die betreffenden Eigenschaften ganz im Allgemeinen zu stiften vermögen, und nicht eine ebenso unbestimmte Sympathie mit Erfolgen ist es, was unser Urtheil leitet; sondern in jedem einzelnen Falle bemerken wir vollkommen deutlich die Uebereinstimmung oder Nichtübereinstimmung unserer eigenen Affecte mit denen des Handelnden und empfinden im einen Falle sociale Dankbarkeit gegen ihn, oder im andern sympathetischen Ahndungstrieb. Dies ist es, was Hume übersehen hatte und was es ihm so schwer machte, die specifische Energie der sittlichen Gefühle klar zu stellen und festzuhalten; zugleich ein deutlicher Fingerzeig, wo die eigentliche Quelle der sittlichen Beurtheilung zu suchen sei.

Der psychologische Vorgang, durch welchen ein sittliches Urtheil zu Stande kömmt, ist keineswegs so einfach, als Hume ihn darstellt [49]). Jedes sittliche Werthurtheil über eine That enthält vielmehr zwei verschiedene Bestimmungen in sich [50]).

Es genügt nicht, mit der Freude und Dankbarkeit derjenigen zu sympathisiren, denen sie zu Gute kömmt, sondern
wir müssen auch alle die Motive, welche den Handelnden bestimmt haben, uns anzueignen und zu billigen im Stande sein,
um jene erste Sympathie rein empfinden und die Handlung
wirklich gut finden zu können. Umgekehrt wird uns eine
Handlung keineswegs schon dann unsittlich erscheinen, wenn
Jemand sich durch dieselbe verletzt oder geschädigt fühlt,
sondern erst dann, wenn wir den Motiven des Handelnden alle
Zustimmung versagen müssen[51]).

Frägt man also nach der Quelle unserer sittlichen Urtheile,
so kann die Antwort nur folgendermaassen lauten: sie ruhen
auf den Gefühlen der Dankbarkeit und des Ahndungstriebes,
beide als Gestaltungen eines allgemeinen Vergeltungstriebes,
in ihrer durch Sympathie uns vermittelten Form[52]).

Dies ist ohne Frage eine ausserordentlich wichtige Ergänzung der Theorie Hume's. Wir haben hier nicht nur eine
psychologisch vertiefte Erklärung des Hergangs beim Zustandekommen sittlicher Urtheile, sondern namentlich auch die Beseitigung eines Mangels der Hume'schen Theorie: dass sie nemlich gerade das in eminentem Sinne Ethische, die Gesinnung,
zu sehr hinter den äusserlichen Erfolg hatte zurücktreten lassen.
Nicht als ob Hume das völlig übersehen hätte: wir haben oben
an die Spitze seiner Theorie einen Satz gestellt, wo er un-
zweideutig und mit Nachdruck die Motive als den eigentlichen
Gegenstand der sittlichen Beurtheilung bezeichnet; aber es war
eine natürliche Folge seines Utilitätsprincips gewesen, dass die
Frage nach den Motiven an zweite Stelle gerückt wurde und
die nach den Wirkungen in den Vordergrund trat. Smith
fasst nun diesen wichtigen Punkt scharf in's Auge: indem er
betont, dass ohne Sympathie mit den Motiven des Handelnden
kein sittliches Urtheil möglich sei, hat er die Auffassung der
blossen „moral of consequences" beseitigt und einen wichtigen,
vielfach vernachlässigten Bestandtheil des sittlichen Bewusstseins wieder in sein Recht eingesetzt.

Diese Theorie ist nun von besonderer Wichtigkeit als eine
Correctur der Lehre Hume's vom Ursprung der Gerechtigkeit,
welcher von ihm eine Ausnahmestellung unter den ethischen

Phänomenen angewiesen worden war. Hume hatte, wie früher nachgewiesen worden ist, vergeblich nach einer Gefühlsgrundlage für die Gerechtigkeit gesucht, und hauptsächlich darum dieselbe für eine zwar aus natürlichen Verhältnissen mit Nothwendigkeit sich ergebende, aber doch vermittelte Veranstaltung erklärt. Dieser Schwierigkeit der Hume'schen Theorie wird nun durch Smith abgeholfen: in dem natürlichen, mit dem menschlichen Wesen auf's Engste verknüpften Vergeltungstriebe, auf welchen schon Shaftesbury [53]) gelegentlich aufmerksam gemacht hatte, ist eine solche Gefühlsgrundlage für die Gerechtigkeit gewonnen, viel unmittelbarer und energischer wirkend, als die kühle und verstandesmässig berechnende Messung des Schadens, den ein Bruch der Rechtsordnung für den Bestand der Gesellschaft haben müsste. Es ist eine ausserordentlich feine und gerade bei einem Denker des 18. Jahrhunderts überraschende Bemerkung, wenn Smith darauf aufmerksam macht [54]), dass man bei Betrachtung geistiger Vorgänge so leicht in einen Fehler verfalle, der bei Erscheinungen der äusseren Natur leichter vermieden werde, nemlich die wirkende Ursache mit der Zweckursache zu verwechseln. Wenn wir durch natürliche Principien dazu geführt werden, Zwecke zu fördern, die eine erleuchtete Vernunft gutheissen würde, so sind wir leicht geneigt, die Gefühle und Handlungen, wodurch wir dies zu Stande bringen, der Vernunft, als ihrer bewirkenden Ursache, zuzuschreiben und für unsere eigene Weisheit auszugeben, was in Wahrheit die Weisheit Gottes oder der Anordnung der Natur ist. So verhält es sich mit der Ausbildung des Systems menschlicher Gerechtigkeit. Da ohne eine gewisse Beobachtung desselben keine gesellschaftliche Vereinigung möglich wäre, und da der Mensch, ganz abgesehen von seinen socialen Neigungen als solchen, fühlen muss, dass sein persönliches Interesse mit dem Gedeihen der Gesellschaft eng verknüpft ist, so hat man diese sich von selbst aufdrängende Nothwendigkeit für den Grund gehalten, weshalb wir die Erzwingung der Gerechtigkeit vermittels der Bestrafung ihrer Verächter billigen. Diese Ableitung hat auch in der That viel Richtiges: es gibt Fälle genug, in welchen wir unser natürliches Gefühl für die Angemessenheit einer

Bestrafung durch eine Reflexion auf die nothwendigen Forderungen gesellschaftlichen Zusammenlebens verstärken, oder die Gültigkeit gewisser allgemeiner Regeln durch den Hinweis auf ihre Nothwendigkeit erläutern müssen. Allein solche allgemeine Nützlichkeitsbetrachtungen bilden doch nicht eigentlich die Grundlage für unser Rechtsgefühl. Wenige Menschen haben in der Regel über die Nothwendigkeit der Gerechtigkeit für den Bestand der Gesellschaft nachgedacht, wie klar dieselbe übrigens auch zu Tage liegen mag; aber alle Menschen, selbst die thörichtsten und gedankenlosesten, verabscheuen Betrug, Treulosigkeit und Ungerechtigkeit. Das Interesse, welches wir thatsächlich an dem Schicksal Einzelner nehmen, entspringt nicht aus unserer Sorge um die Gesellschaft, sondern umgekehrt unser Interesse für die Gesellschaft setzt sich zusammen aus vielen einzelnen Rücksichten, die wir auf ihre einzelnen Glieder nehmen. Allerdings gibt es Fälle (es gehören hieher alle jene, wo es sich darum handelt, ein sog. Exempel zu statuiren), wo wir strafen und die Strafe billigen, lediglich aus Rücksicht auf die allgemeinen Interessen der Gesellschaft, deren Bestand wir auf keine andere Weise sichern zu können glauben. Aber das ganz verschiedene Gefühl, welches derartige Fälle und solche, in denen es sich um wirkliche Wiedervergeltung handelt, zu begleiten pflegt, ist der deutlichste Beweis, dass der Grund nicht in beiden Fällen der gleiche ist, und die abstracte Rücksicht auf das Wohl des Ganzen keineswegs der ursprünglichste Grund unserer sittlichen Beurtheilung sein kann.

Worauf nun die Sympathie mit den Motiven des Handelnden beruhe, dafür gibt Smith schlechterdings kein allgemeines Kriterium an; das muss eben in jedem einzelnen Falle zunächst Jeder an sich selbst versuchen.

Da Jeder mit dem sympathetischen Vermögen ausgerüstet ist und den Vergleich zwischen den Empfindungen eines Andern und seinen eigenen vollziehen kann, so werden sich Werthurtheile von selbst ergeben, und die im Wesentlichen gleiche Organisation der Menschen wird dafür sorgen, dass dieselben eine gewisse Gleichförmigkeit erlangen. Der durch und durch subjectiv-psychologische Charakter der Ethik Adam

Smith's tritt hier am schlagendsten hervor. Jede Bestimmung
darüber, was das Sittlich-Gute an sich, welches seine objective
Grundlage, seine äusseren Erkennungszeichen seien, wird sorgfältig vermieden. Das Kriterium der Nützlichkeit, worauf
Hume und Andere die ethischen Begriffe aufgebaut hatten,
wird, wie unten noch näher auszuführen ist, von Smith als
solches abgewiesen. Das Nützliche bildet nicht den Grund des
Sittlichen, sondern aus dem durch unmittelbare Empfindungen
gewährleisteten Vorhandensein des Sittlichen ergeben sich auch
nützliche Folgen, deren Beobachtung dann allerdings wieder
zur Verstärkung der sittlichen Gefühle führt. Danach sind
auch andere in Geltung befindliche Vorstellungen über den
Ursprung des Sittlichen zu berichtigen. Nicht so verhält sich
die Sache, dass zuerst ein allgemeiner Begriff, eine abstracte
Norm vorhanden wäre, woran wir den einzelnen Fall prüfen,
um zu einer Entscheidung über den sittlichen Werth desselben
zu gelangen; sondern umgekehrt, nur indem wir bei einzelnen
Fällen unser Gefühl befragen, erfahren wir, was sittlich gut
ist, und was nicht; und erst eine Summe solcher Einzelerfah-
rungen, ausgedrückt und zusammengefasst in der Form allgemeiner Regeln, bildet abstracte ethische Grundsätze aus, welche
sowohl für die Leichtigkeit ethischer Beurtheilung, als für
unser eigenes sittliches Verhalten von der grössten Wichtigkeit
sind[55]). Denn wenn diese allgemeinen Regeln einmal gebildet
und von dem zusammenstimmenden Urtheil der Menschen anerkannt sind, so pflegen wir uns allerdings auf sie als auf Ent-
scheidungsgründe zu berufen, wo es die Beurtheilung gewisser
Handlungen von verwickelter und schwieriger Art gilt, und
dies scheint manche ausgezeichnete Denker irre gemacht zu
haben.

So tritt also zu den bereits früher namhaft gemachten
Factoren der ethischen Beurtheilung, nemlich der doppelten
Sympathie mit den Motiven des Handelnden und den Empfindungen der Betroffenen, noch die allgemeine Regel hinzu, und
wenn wir schliesslich noch im Stande sind, eine Handlung als
Theil eines Systems des praktischen Verhaltens anzusehen,
welches auf die Beförderung des Glückes, sei es eines Individuums oder der Gesellschaft, gerichtet ist, so erhält sie durch

diese Nützlichkeit einen gewissen Reiz der Schönheit, ähnlich
dem, welchen wir bei einer wohleingerichteten Maschine empfinden [56]).

§. 3. Werth dieser Theorie.

Vorzüge wie Schwächen dieser Theorie treten gleich bestimmt zu Tage. Den psychologischen Hergang, durch welchen sittliche Urtheile entstehen, hat sie entschieden schärfer
und genauer erfasst, als irgend eine vorausgegangene Doctrin.
Die eigentümliche, erfahrungsmässige Beschaffenheit derselben
kommt zu ihrem vollen Rechte; auf dem Boden stehend, welchen eine Reihe bedeutender Vorgänger geschaffen und die
Einseitigkeiten derselben durch einander ergänzend, hat Smith
weniger als irgend einen den Thatbestand des sittlichen Bewusstseins nach seiner Theorie umgeformt und zurechtgelegt.
Und seine Analyse führt die Verdeutlichung des Hergangs,
durch welchen sittliche Urtheile entstehen, weiter als alle seine
Vorgänger. Wenn wir nur auf die Reihe der englisch-schottischen Denker zurückblicken, ist ein Aufsteigen, von ungenauen
Fassungen des Thatbestandes und unbehülflichen Abstractionen
zur Erklärung desselben, zu immer adäquateren Vorstellungen
und immer feinerer Zergliederung unverkennbar. Gerade
durch ihren rein psychologischen Charakter eignet sich die
Theorie Smith's so vortrefflich zur Erklärung des Fliessenden,
Unbestimmten, Subjectiven, welches, wie alle Erfahrung lehrt,
von der Erscheinung des Ethischen unabtrennbar ist. Denn
die strenge, vernünftige Allgemeinheit und Nothwendigkeit,
welche der Rationalismus vom Ethischen fordert, existirt
(darüber wird man sich nicht täuschen dürfen) doch keineswegs erfahrungsgemäss als eine Eigenschaft des vorhandenen
Sittlichen, sondern nur als ein ideales Postulat an die zu verwirklichende Sittlichkeit. Das haben die englisch-schottischen
Denker, gewiegte Empiriker und feine Beobachter des Wirklichen, wie sie waren, auch ganz wohl bemerkt, und darum
sich mit der Erklärung einer solchen Nothwendigkeit nicht viel
Mühe gegeben. Ihr Ziel war durchaus auf die Analyse dessen,
was ist, gerichtet; um das, was sein soll, haben sie sich nur

insoweit bekümmert, als die Ansätze dazu schon im Seienden
vorhanden sind. Und so erklärt denn in der That die Theorie,
welche Smith über den Ursprung der moralischen Gefühle aufstellt, vollkommen den Zustand des sittlichen Bewusstseins,
wie er sich als der gewöhnliche und wirkliche der allgemeinen
Erfahrung darstellt; gleichförmig, bis auf einen gewissen Grad,
soweit eben die Bedingungen der menschlichen Organisation
und die allgemeinen Verhältnisse der Urtheilenden gleichförmig sind; verschieden, insofern eben leicht der Eine sympathisch nachzuempfinden und sich anzueignen vermag, was einem
Andern widerstrebt; in vielen Fällen vom unmittelbaren Gefühl
eingegeben, in andern von allgemeinen Regeln bestimmt, beides unter Umständen einander widerstreitend, und dabei häufig
noch die Frage nach dem Nutzen mit hereinspielend. Der
Vorwurf des Rationalismus, dass auf diesem Wege im günstigsten Falle nur eine schlechte, quantitative Allgemeinheit vermittels Uebereinstimmung der Vielen zu Stande komme, keine
in sich selbst ruhende, vernünftige, verliert darum insofern alle
Berechtigung, als die Erfahrung eben nur jene (generality),
nicht diese (universality) aufweist. In der im Allgemeinen
übereinstimmenden und gleichartigen menschlichen Anlage ist
darum von Natur aus eine gewisse Einheit des Sittlichen begründet, und so fest ist das Vertrauen, welches Smith in diese
zusammenhaltende Macht des allgemein Natürlichen setzt, dass
er, wie schon bemerkt, es für ganz überflüssig hält, noch
weitere objective Kennzeichen des Sittlichen aufzusuchen,
sondern sich mit der blossen Angabe dessen begnügt, was
psychologisch nothwendig sei, um ein sittliches Urtheil zu
Stande zu bringen. Dies wäre auch allerdings insoferne ausser
den Bereich seiner Untersuchung gefallen, als es nicht in eine
„Theorie der sittlichen Gefühle", sondern in eine Tugend- und
Pflichtenlehre gehörte. Aus eben diesem Grunde ist daher
Smith auch keineswegs geneigt, die Verschiedenheit der sittlichen Anschauungen bei verschiedenen Zeiten und Völkern
und die Bedeutung der Gewohnheit für das sittliche Urtheil
so hoch anzuschlagen, wie dies z. B. Hume gethan hatte [57]).
Auf ästhetischem Gebiete sei ihr Einfluss viel grösser; die
Gefühle der sittlichen Billigung und Missbilligung aber be-

sitzen nicht die Biegsamkeit der Einbildungskraft, sondern beruhen auf sehr starken und lebhaften Affecten, die zwar bisweilen getrübt, aber nie ganz irregeleitet werden können. Denn gewisse Einflüsse der Gewohnheit sind natürlich auch auf sittlichem Gebiete nicht in Abrede zu stellen. Es ist nicht so sehr die allgemeine Beurtheilung des sittlichen Verhaltens, welche beeinflusst wird, als die Beurtheilung einzelner Handlungen, welche unter Umständen einen ganz veränderten Charakter erhalten [58]). Der Grund aber, weshalb solche Verschiebungen immer nur in einzelnen Fällen stattfinden können, ist einfach der, weil eine Gesellschaft, in der das allgemeine Verhalten über eine gewisse Linie hinaus von der Natur abwiche, die Möglichkeit des Bestandes verlieren würde. Auch hier also lässt sich der Gedanke nicht abweisen, dass das Sittliche das zum Gedeihen der menschlichen Gesellschaft Nothwendige sei; nur hält Smith daran fest, dass dies lediglich der Endzweck sei, dem das Sittliche zu dienen habe, keineswegs aber den Grund angebe, woraus dasselbe hervorgehe.

§. 4. Die sittliche Selbstbeurtheilung.

Die bisherige Darstellung der ethischen Theorie von Adam Smith ist indessen unvollständig. Sie hat sich darauf beschränkt zu zeigen, wie dieser Denker die Entstehung sittlicher Werthurtheile erklärt. Es erübrigt zu erörtern, auf welche Weise nach ihm die praktische Sittlichkeit entsteht, d. h. wie es bei dem Einzelnen zum sittlichen Handeln kommt. Sein System ist in dieser Beziehung vollständig consequent. Dasselbe Vermögen der Sympathie, durch welches wir uns die Motive und Empfindungen Anderer aneignen und unser sittliches Urtheil über sie begründen, reflectirt auch die Urtheile Anderer über uns und wird so zur Regel für unser eigenes praktisches Verhalten. Der sittlich urtheilende und der sittlich handelnde Mensch werden daher erst möglich innerhalb der Gesellschaft [59]). Einem Menschen, der in ganz ungeselligem Zustande herangewachsen wäre, könnten darum zwar seine eigenen Handlungen angenehm oder unangenehm erscheinen, je nachdem sie zur Förderung seines Wohlbefindens geeignet wären, oder nicht. Da aber alle Wahrnehmungen solcher Art lediglich Sache des Geschmackes sind, so würde auch die Selbstbeurtheilung eines solchen Menschen unter der Unbestimmtheit und Schwäche aller Geschmacksurtheile leiden, und bei seiner isolirten Stellung wahrscheinlich von ihm selbst wenig beachtet werden. Erst von dem Augenblick an, da ein solches Wesen in die Gesellschaft Anderer tritt, gewinnen die Zustände seines Innern Bedeutung und erhält es einen Maasstab, sie zu beurtheilen. So beginnt der Mensch sich selbst mit den Augen Anderer anzusehen; gleichzeitig beobachtet er, und empfängt durch das Verhalten Anderer eine Reihe von Eindrücken, theils angenehmer, theils unangenehmer Art. Wir billigen oder missbilligen nun das Benehmen Anderer, je nachdem wir fühlen, dass wir im gleichen Falle mit ihren leitenden Motiven und Gefühlen völlig sympathisiren würden oder nicht; und umgekehrt urtheilen wir über unser eigenes Verhalten, indem wir uns in die Lage eines Andern versetzen und uns fragen, ob wir dasselbe von seinem Standpunkte aus zu billigen und mit demselben zu sympathisiren vermöchten oder nicht [60]). Das niederdrückende Gefühl der Schaam, die stolze Befriedigung des Rühmenswerthen, also diese eigentlichen Triebfedern aller unserer praktischen Sittlichkeit, sind nur so zu erklären, wenn man sich das durchaus gesellige Wesen des Menschen vor Augen hält. Denn alle diese Gefühle setzen die Existenz anderer Personen voraus, als der natürlichen Richter desjenigen, in welchem sie erregt werden sollen [61]).

Es findet hier, wie Smith im Folgenden trefflich erörtert, eine natürliche, durch Sympathie vermittelte Umsetzung der Empfindungen, welche uns die Eigenschaften Anderer erregen, auf uns selbst statt [62]) — eine Umsetzung, der wir gar nicht entgehen können, und die selbst dann eintritt, wenn wir wissen, dass wir vor dem wirklichen Urtheil Anderer durch völlige Verborgenheit unseres Thuns gesichert sind. Sie vermag uns aber auch allein aufrecht zu halten, wenn Alles um uns her uns verkennt und falsch beurtheilt. Denn die wirklichen Urtheile Anderer über uns bilden sozusagen nur eine erste Instanz, deren Aussprüche beständig corrigirt werden durch jenen

völlig unparteiischen und wohlunterrichteten Zuschauer, der in
uns selbst heranwächst und auf all' unser Thun reagirt[63]).
Auf solche Weise leitet Smith den Ursprung des Gewissens,
des inneren Menschen, des unparteiischen Zuschauers in unserer
Brust, wie er es nennt, ab. Hierin liegt die Quelle unserer
praktischen Sittlichkeit. Nicht das allgemeine Gefühl der
Menschlichkeit, nicht jener schwache Funke des Wohlwollens,
noch weniger die Berechnung eines vielleicht entfernten Nutzens,
ist das eigentlich Wirksame, selbst die stärksten Antriebe der
Selbstliebe Ueberwindende, sondern ein viel mächtigeres Gefühl: die Liebe zum Ehrenvollen und Edlen, das Streben nach
Grösse und Würde unseres Charakters[64]). In wundervollen
Worten schildert Smith die Wirksamkeit dieser inneren Stimme,
die Macht, welche sie über uns ausübt, und welche ganz anders
und unmittelbarer wirkt, als irgend eine Berechnung des
Nutzens oder Schadens unserer Handlungsweise es zu thun
vermöchte. Hierin liegt eine der werthvollsten und wichtigsten Bereicherungen, durch welche Smith die Theorie Hume's
ergänzt hat. Der imperativische Charakter, die innere Triebkraft des Sittlichen, welche nach Gestaltung im Leben drängt,
die unnachsichtige Strenge der Selbstbeurtheilung im Gewissen,
das Alles war bei Hume durchaus nicht zu seinem vollen Rechte
gekommen. Soweit dies Thatsachen des sittlichen Bewusstseins sind, hatte er sie theils stillschweigend fallen lassen,
theils postulirt, ohne ihre Erklärung zu versuchen. Ein Vergleich der Abschnitte in Hume's Ethik, welche von der sittlichen Verpflichtung handeln, mit dem entsprechenden Theile
der Smith'schen Theorie ist vom höchsten Interesse und zeigt
den Fortschritt, welchen Smith über Hume hinaus gethan hat,
auf's Deutlichste[65]). Angelegentlich, und mit einer Beredsamkeit,
die fast das Gefühl einer gewissen Mühe hervorruft, sucht
Hume alle Vortheile sittlichen Verhaltens ins Licht zu setzen.
Der Begriff des Sollens, der doch einmal zum Thatbestande der
sittlichen Erfahrung gehört, kommt aber bei ihm nicht zu seinem
Rechte. Denn er ist nicht schon damit genügend bezeichnet,
dass unter der Reihe von psychologischen Nöthigungen, die
auf den Menschen wirken, den animalen Trieben, den selbstischen Affecten, sich auch sociale und wohlwollende Neigungen

befinden, „welche thatsächlich als Triebfedern edler Naturen zu
Handlungen für Andrer Glückseligkeit, kurz als das allgemeine
Wohl schaffende und erhaltende Potenzen erscheinen [66])." Er ist
keineswegs identisch mit dem Streben, das diesen Affecten so
gut wie allen andern eigen ist, ihr Ziel zu erreichen, sondern
er liegt in jenem eigentümlich energischen und würdevollen
Gefühl, welches Handlungen einer gewissen Art auszeichnet
und das Vorhandensein der sie bedingenden Affecte als gefordert erscheinen lässt. Woher aber dies Gefühl stamme, ist
bei Hume unerklärt geblieben. Smith tritt hier ergänzend ein.
Er beseitigt keineswegs die von Hume gegebene Grundlegung,
welche sich vielmehr vollständig in sein System einfügen lässt;
aber er verstärkt sozusagen die von Hume angenommenen
Triebfedern und wird dadurch jener aktiven und wirksamen
Kraft, die jedes echte sittliche Leben in sich enthält, mehr
gerecht, als das behagliche, fast möchte man sagen quietistische „laissez aller" Hume's. Freilich kann man nun gegen
Smith selbst geltend machen, dass auch bei ihm zu der un-
bedingt verpflichtenden Hoheit des Sittlichen noch ein guter
Schritt sei, indem es ja schliesslich von der zufälligen Beschaf-
fenheit des Einzelnen abhänge, in welchem Maasse er jene
Umsetzung der Empfindungen zu vollziehen und den idealen
Zuschauer in seiner Brust auszubilden vermöge. Dies muss
natürlich zugegeben werden, lässt sich aber mit demselben
Rechte von jeder andern Auffassung behaupten, da die sittliche Norm doch unter allen Umständen lediglich ein ideales
Postulat, ein Sollen, aber kein Müssen darstellt. Und ebensowenig bedeutet ein anderer Einwurf [67]), welcher sich wohl gegen
Locke, aber nicht mehr gegen den seine Theorie so viel feiner
psychologisch verarbeitenden Smith erheben lässt: „dass auch
das sittliche Leben gewissermaassen auf der Abstimmung der
Majorität ruhe und die Quantität ersetzen müsse, was an Qualität mangelt, während die durch schlechthinige Gebundenheit
an das kategorische Sittengesetz innerlich getragene Sittlich·
keit allein auch äusserlich frei von jeder Meinung Anderer sei."
    Hierin liegt gewiss eine beherzigenswerthe Wahrheit; aber
gerade Smith war es, welcher dieselbe am wenigsten verkannte.
Dass nicht die öffentliche Meinung als solche das Sittliche

schaffe, hat Smith klar erkannt, und es ist kein geringes Verdienst, den Nachweis versucht zu haben, auf welche Weise sich die Umsetzung der von ihr an die Hand gegebenen Maasstäbe in den idealen des inneren Menschen vollziehe. Das Sittengesetz ist nichts von allem Anfang an Fertiges, sondern das eigenste Product eines Jeden. Den inneren Beobachter, die Stimme in der Brust, muss sich Jeder selbst schaffen. Es gibt auch dafür specifische Begabungen — fein organisirte, durch und durch sympathetische Naturen, welche für sich und Andere die hohen, idealen Maasstäbe ausbilden. An ihnen lernen Andere ihre eigene Anschauung vervollkommnen, so wie es in jeder Kunst der Fall, ist. Die Energie gross angelegter Individuen ist das eigentlich Bewegende in aller Geschichte und kein Werden über das einmal Gegebene hinaus denkbar ohne die schöpferische Kraft des Genius. Die stolze Selbstgewissheit einer reinen sittlichen Anschauung aber wird bei dem vollständig begreiflich, welcher sich durch Beobachtung Anderer und Anwendung dieser Beobachtungen auf sich selbst den eigenen Maasstab geschaffen hat. Eine unbedingte Allgemeinheit und Nothwendigkeit des Sittlichen allerdings nicht, weil es eine solche überhaupt nicht gibt, und darum auch alle Versuche, sie zu erklären, an den offenkundigsten Thatsachen Schiffbruch leiden müssen. Gerade dass Smith diese Klippe vermieden hat und seine Theorie den thatsächlichen Stand der sittlichen Erfahrung so gut erklärt, macht ihren eigentümlichen Werth nicht zum geringsten Theile mit aus[68]).

VIII. Capitel.

Die Ethik des Cartesianismus und die Anfänge des Skepticismus in Frankreich.

1. Abschnitt.

Descartes.

Der Anstoss, welchen Charron in Frankreich gegeben, blieb auf lange Zeit hinaus gänzlich unwirksam. Während das englische Denken von Bacon an sehr entschieden die Richtung auf die ethischen Probleme einschlug und sich von der älteren kirchlichen Behandlungsweise derselben völlig emancipirte, zeigt Frankreich in beiden Beziehungen gerade das Umgekehrte. Eine wie schöpferische That auch das in Frankreich zur Herrschaft gelangende philosophische System, der Cartesianismus, in vieler Beziehung sein mochte, so liegen seine hauptsächlichsten Wirkungen doch auf dem Gebiete der Methodenlehre und der Naturphilosophie, während Descartes die ethischen Fragen und zwar namentlich die hier zunächst behandelte über den Ursprung des Sittlichen, kaum mit einigen flüchtigen Bemerkungen gestreift hat. Von irgend welcher grundlegenden Thätigkeit kann dabei keine Rede sein: was er vorbringt, sind grossentheils Reminiscenzen aus der antiken Ethik, mit überwiegend praktisch-moralisirender Tendenz [1]. Descartes hat unbestreitbar das grosse Verdienst, in seiner Affectenlehre eine naturwissenschaftliche Auffassung der Seelenerregungen angebahnt und davor gewarnt zu haben, die Affecte als solche schon mit sittlichen Prädicaten zu versehen. Darin hatte ihm freilich Aristoteles schon vorgearbeitet, obwohl Descartes erklärt[2]), über die Leidenschaften schreiben zu müssen, wie über einen Gegenstand, den vor ihm noch Keiner berührt habe. Wie sich nun aber aus dem Drängen der Affecte der consequente gute Wille, das was man als richtig erkannt hat zu thun, als welchen Descartes die Sittlichkeit definirt[3]), erhebe — diese psychologisch-analytische Grundfrage der Ethik wird kaum aufgeworfen, geschweige denn gelöst.

Ebenso flüchtig wird eine andere Frage behandelt, welche schon im Altertum lebhafte Controversen hervorgerufen hatte und in der nachfolgenden Ethik des 17. und 18. Jahrhunderts Gegenstand der eingehendsten Erörterungen geworden ist: nemlich die Frage nach dem Verhältniss der Sittlichkeit zur Lust und Glückseligkeit. Soweit man aus den spärlichen Aeusserungen[4]) Descartes' einen Schluss ziehen kann, scheint schon bei ihm die nachmals in Frankreich so beliebte und dem nationalen Charakter so wohl entsprechende Auffassung vorherrschend zu sein, dass das eigentliche Motiv des sittlichen Handelns nicht das unmittelbare Bewusstsein seines Werthes, sondern ein nachfolgendes, wenn auch innerlich gedachtes, Wohlbehagen sei.

Viel wichtiger als alles bisher Angeführte aber sind des Descartes metaphysische Anschauungen über das Sittliche, wie er sie in einer Reihe von einzelnen, aber unter sich wohl zusammenstimmenden Sätzen[5]) ausgesprochen hat. Das hohe Ansehen, dessen die cartesianische Metaphysik lange Zeit hindurch selbst bei ihren Gegnern genoss, brachte es von selbst mit sich, dass diese Lehren besondere Beachtung fanden und in den Controversen der Zeit eine Rolle spielten. Indem nemlich Descartes den Begriff der göttlichen Allmacht in derselben unbeschränkten, jede Determination ausschliessenden Weise fasst, wie dies die späteren Scholastiker aus Duns Scotus' und Occam's Schule[6]) thaten, gelangt er naturgemäss auch in Betreff der sogenannten ewigen Wahrheiten zu den gleichen Ergebnissen wie diese. Der einzige Grund alles Existirenden, aller Wahrheit, aller Güte und alles Rechts ist

allein der absolut unbeschränkte, schlechthin indifferente Wille
Gottes, dessen Entscheidungen wir nicht anders, als zufällig
nennen können. Man darf daher nicht sagen, Gott habe die
obersten Sätze der Erkenntniss und des Rechts deshalb in
seine Schöpfung mit aufgenommen, weil er durch dieselben
selbst gebunden gewesen wäre, oder einen besonderen Vorzug
darin erkannt hätte, sondern diese existiren und verbinden nur
deshalb, weil Gott sie gerade so und nicht anders gewollt hat.
Nachdem sie nun einmal so angeordnet sind, erscheint uns
freilich ihr Gegentheil unmöglich; aber das gilt nur von unserem
beschränkten, an die gegenwärtige Welt gebundenen Erkennen
und hat nichts zu thun mit der göttlichen Freiheit; denn wenn
ihm eben eine andere Ordnung der Dinge beliebt hätte, so
würde uns das, was uns jetzt unmöglich scheint, das einzig
Mögliche dünken. Den Satz also, welcher Descartes' psychologische Anschauungen beherrscht, dass der Wille grösser sei als
der Verstand, d. h. dass auch unsere logischen Entscheidungen
nichts Anderes als versteckte Willensakte seien, überträgt er
consequent auch auf seine Idee der Gottheit, wie er denn auch
den Willen vorzugsweise jenes Vermögen nennt, kraft dessen
er gleichsam Gottes Ebenbild vorzustellen glaube [7]).

2. Abschnitt.

Malebranche [8]).

§. 1. Charakteristik und geschichtliche Stellung.

Descartes war jedem Zusammenstosse mit der Kirche
vorsichtig aus dem Wege gegangen. Alle Auseinandersetzung
mit dem Dogma hatte er sorgfältig vermieden; wir dürfen annehmen, dass es sein Wunsch gewesen, beide Gebiete, das des
Glaubens und das der philosophischen Erkenntniss, völlig getrennt zu halten.

Man begreift indessen leicht, dass eine Philosophie, welche
so gewaltiges Aufsehen hervorbrachte und so eingreifend wirkte,
auf die Länge der Zeit eine solche Auseinandersetzung nicht
vermeiden konnte, und dass sich unter den Schülern des Meisters

auch solche befanden, _die weniger zurückhaltend, oder weniger
klar sehend als dieser, mit der Anwendung der neuen Philosophie auf den kirchlichen Glauben begannen; von denen zu
geschweigen, welche die neue Philosophie, als eine speculative
Revolution, von vornherein auch als kirchenfeindlich bezeichnen
zu müssen glaubten. Dass deren nicht wenige waren, zeigt
die lebhafte Agitation, welche etwa von 1670 an in Frankreich
wie in den Niederlanden gegen die cartesianische Philosophie
in's Werk gesetzt wurde und wobei Jesuiten und Protestanten
in der Verketzerung der neuen Lehre einträchtig Hand in
Hand gingen. Gerade im Gegensatze aber zu diesen extrem
kirchlichen Gegenwirkungen, die einen engherzigen Sectengeist
nicht verleugnen können und von Gesichtspunkten ausgehen,
die mit speculativen Erwägungen nur den Namen gemein
haben, bemächtigen sich freier denkende und weiter blickende
Richtungen der neuen Philosophie als eines wirksamen Hebels
zur Förderung des echten christlichen Denkens. Die Cambridger Theologen in England, welche trotz des Verdammungs-
urtheils von 1618 an den freieren Anschauungen des Arminius
und Episcopius festgehalten hatten, nahmen, wie bereits dargestellt worden ist, auch den Cartesianismus als Hülfsmittel
an, obwohl er durch die Synoden von Dortrecht und Delft
(1656 u. 57) für die Niederlande verboten worden war; und
ebenso wenig vermag es die Opposition der Jesuiten und des
königlichen Hofes in Frankreich zu hindern, dass die neue
Philosophie in der katholischen Kirche Frankreichs ausgebreitete
Geltung gewinnt, und ihre hervorragendsten Geister beeinflusst [9]).
Malebranche, der tiefsinnigste unter allen Fortbildnern
des Cartesianismus in Frankreich, ist Priester der katholischen
Kirche, Mitglied der Congregation des Oratoriums. Von
deren Stifter, dem Cardinal Berulle [10]), hatte Cartesius einst
die stärksten Impulse zur Veröffentlichung der Ergebnisse
seines Denkens empfangen, und man darf sagen, dass der zugleich tiefgläubige und streng wissenschaftliche Geist dieses
Kirchenmannes in ihr fortlebte. Descartes' Schriften haben
die entscheidende Wendung in der geistigen Entwicklung Malebranche's herbeigeführt; daneben zeigt er auch starke Einflüsse
Plato's, während sich theologisch die ganze Richtung durch

Opposition gegen die von den Jesuiten begünstigte Scholastik und Zurückgehen auf Augustinus charakterisirt. Alles Züge, welche es gestatten, Malebranche, den Platoniker des Cartesianismus, vollständig in Parallele zu setzen mit den Platonikern von Cambridge [11]).

Gleichwohl darf man nicht vergessen, dass Malebranche als Katholik sich von vornherein in einer viel ungünstigeren Stellung befand, als jene englischen Latitudinarier, und dass das damalige Frankreich trotz Descartes hinter der englischen Geistesentwicklung um jenes vollgemessene halbe Jahrhundert zurück war, welches erst gegen 1750, als Voltaire zu wirken begann, wieder eingebracht worden ist. Die Folge davon ist, dass dieser französische Cartesianismus gänzlich von theologischen Interessen in's Schlepptau genommen wird. Bei Malebranche selbst ist die Philosophie so durchaus mit Theologie versetzt, dass es seinen Gedanken entschieden Gewalt anthun hiesse, wollte man aus seiner Ethik die Lehre von der Gnade loslösen. Die Identität des wahren Glaubens und der wahren Erkenntniss hat Malebranche mit der naivsten Zuversicht proclamirt. Und wenn jene englischen Theologen, im Grunde vom gleichen Gedanken beherrscht, sich das Erbauliche wenigstens auf ihre Predigten versparten, und es in ihren wissenschaftlichen Abhandlungen bei Seite liessen, so zieht sich dagegen bei Malebranche ein gewisser asketischer Duft selbst durch seine speculativsten Entwicklungen. Sind jene aus eben diesem Grunde sachlich interessanter, so entschädigt dafür Malebranche durch eine künstlerische Anmuth in Gestaltung und Ausdrucksweise, neben welcher man die Manier jener Engländer nur als barbarisch bezeichnen kann. Und doch ist Malebranche kein Schriftsteller ersten Ranges; aber unter den Zeitgenossen und Widersachern, mit denen er auf dem Felde der religiösphilosophischen Controverse zusammenstiess, sind Männer wie Bossuet und Fénélon, Klassiker der französischen Prosa und Meister eines Stiles, der den Engländern erst durch Butler, Shaftesbury und Hume geschaffen wurde.

§. 2. Der Begriff des Sittlichen und seine metaphysisch-psychologische Grundlage.

Im Mittelpunkte der Philosophie Malebranche's, betrachtet man sie in ihrer Beziehung auf das menschliche Handeln, steht seine Lehre von der Gnade, welcher auch eines seiner Hauptwerke [12]) gewidmet ist. Sie verknüpft Ethik und Metaphysik und beide mit der Theologie, während sie selbst eine Art Metaphysik des Sittlichen darstellt. Durch speculatives Umbilden des Cartesianismus, insbesondere des Substanzbegriffs, gelangt Malebranche zu dem Gedanken, den man als den Grundbegriff seiner Philosophie bezeichnen kann: dass Gott die alleinige Ursache in der Welt ist; alles Geschehen in der Welt nicht eine Folge des natürlichen Wesens der Dinge, sondern vielmehr der Ausdruck der unmittelbar, nach allgemeinen Regeln, wirkenden Thätigkeit Gottes. Das gilt von den Körpern wie von den Geistern, von den Dingen ausser uns, wie den Regungen unserer eigenen Seele [13]). Also ein Gedanke, der sich auf's Engste mit der Grundidee Spinoza's berührt, nur um so rettungsloser in den Abgrund des Akosmismus verfällt, als er die Lehre Spinoza's von der doppelten Causalität der Substanz, der endlichen und der ewigen, nur ungenügend durch seine Theorie der Gelegenheitsursachen ersetzt, und an Stelle des naturalistischen Pantheismus Spinoza's bei ihm ein durch die christliche Theologie bestimmter Persönlichkeitspantheismus tritt [14]).

In welcher Weise Malebranche von diesem Gedanken der alleinigen Wirksamkeit Gottes aus das menschliche Erkennen erklärt, berührt uns an dieser Stelle weiter nicht [15]); nur mit seiner Theorie des menschlichen Willens und der menschlichen Triebe, als der Grundlage seiner ethischen Lehren, haben wir uns hier zu beschäftigen. Auf beiden Seiten übrigens der vollständigste Parallelismus. Die Function des Verstandes ist es zu erkennen; die des Willens zu lieben: wie wir nur in und durch Gott erkennen, so vermögen wir auch nur in ihm und durch ihn zu lieben. Aus der Natur des einzelnen, endlichen Geistes, aus seiner Abhängigkeit von dem Alles beherrschenden göttlichen, folgt von selbst seine unbedingte, liebende

Hingebung an die Gottheit. Sie kann endliche Wesen zu keinem Zwecke geschaffen haben, der ausser ihr, ausser der eigenen Vollkommenheit und Glückseligkeit läge; in keiner andern Absicht, als um sich, sind diese Wesen mit Verstand und Willen ausgerüstet, von ihnen erkennen und lieben zu lassen. Es führt also die erkennende Seele ein unmittelbarer und natürlicher Zug zu Gott, welchen sie in dem Maasse liebt, als sie ihn erkennt und sich seiner als des höchsten und vollkommensten Gutes bewusst wird. Alle einzelnen Güter wird sie nur in dem Maasse schätzen, als sie an dem obersten Gute participiren, und über sie hinaus der obersten und einzigen Quelle alles Guten zustreben.

Die Wahrheit ist nichts anderes, als die Darstellung der Ideen, der Verhältnisse der Dinge im einzelnen Geiste so wie sie im schöpferischen göttlichen Geiste vorhanden; die Sittlichkeit ist nichts anderes, als die Werthschätzung aller einzelnen Dinge nach dem Maasstabe, den sie für Gott und in Beziehung auf Gott besitzen. Die unendliche Liebe, mit welcher Gott sich selber liebt, stuft sich nach einer ewigen Ordnung ab, die nichts Anderes ist, als die Stufenreihe der Geschöpfe nach ihrer grösseren oder geringeren Annäherung an die absolute Vollkommenheit Gottes. So fallen in der Gottheit die ewige Wahrheit und die ewige Gerechtigkeit schlechthin zusammen; und da der Mensch für sich nichts ist, als ein beschränkter Theil der Gottheit, so ist die Vollendung seines Wesens nichts Anderes, als die vollständige Verwirklichung dieser Ordnung in seinem eigenen Erkennen und Wollen.

Die doppelte Verwandtschaft dieser Ideen sowohl mit Plato als mit Spinoza ist nicht zu verkennen; von Descartes und den englischen Intellectualisten aber entfernt sich Malebranche sehr zu seinem Vortheile an zwei Punkten, die für das volle Verständniss seiner Theorie noch besonders zu betonen sind. Mit jenen englischen Denkern nemlich protestirt Malebranche auf's Entschiedenste gegen die scotistischen Neigungen [16]) des Cartesius, welcher auch die höchsten und allgemeinsten Wahrheiten aus Decreten des göttlichen Willens abgeleitet wissen wollte. Er verwahrt sich dagegen, dass mit seiner Anschauung diese Wahrheiten als ein Selbständiges und

Höheres gewissermaassen noch über die Gottheit gestellt würden. Wenn alle Ideen ewig in Gott sind, und gleichsam die Substanz seines Wesens ausmachen, so müssen auch die nothwendigen Beziehungen zwischen diesen Ideen in das Bereich des göttlichen Wesens selber fallen. Gott schaut sie in sich selbst; er erfasst in ihnen sein eigenes Wesen und das ewige Gesetz seines Handelns; und insoferne lässt sich mit Recht Gott zugleich als ewige Wahrheit und als die unveränderliche Ordnung bezeichnen [17]).

Anderseits aber zeigt sich Malebranche in diesen Erörterungen den englischen Intellectualisten gegenüber als der vielseitigere und schärfere Denker, indem er die möglichen Verhältnisse zwischen Ideen von Anfang an in zwei Gruppen sondert, nemlich Grössenverhältnisse und Werthverhältnisse. Der Unterschied zwischen beiden beschränkt sich nicht bloss darauf, dass die einen ein exactes Maass zulassen, die andern nicht; sondern dass die Evidenz der einen lediglich Urtheile erzeugt, während die andern zugleich Gemüthsbewegungen mit sich bringen und uns zu Liebe und Achtung bestimmen. Die einen sind rein abstract, die andern praktisch [18]). Damit hat Malebranche das lösende Wort gesprochen, welches ihn den Schwierigkeiten jenes einseitigen Intellectualismus, jener Vermischung der sittlichen Werthurtheile mit mathematischen Axiomen, enthebt, und ohne seiner Ethik den rationalistischen Charakter zu nehmen, ihr die lebendige Triebkraft lässt, welche die englische Ethik nur auf einem langen, und weit seitab führenden Umwege wieder zu gewinnen versuchte.

§. 3. Das Wesen und die Möglichkeit des Unsittlichen.

Was im Vorstehenden nach Malebranche's Ausführungen entwickelt wurde, ist das reine Soll, der ideale Begriff der Sittlichkeit. Die thatsächliche sittliche Erfahrung entspricht ihm nur in sehr ungenügender Weise. Wenn es das Wesen der echten Sittlichkeit ausmacht, alle Dinge in der richtigen Ordnung, d. h. in ihrem Verhältnisse zur Gottheit, zu erkennen und zu lieben, so kann das Unsittliche nichts Anderes sein, als die ungenügende Erfüllung dieser Forderung, d. h. die Uebertragung der Liebe auf Gegenstände, welche sie in diesem Maasse nicht verdienen, das Sich-Entfernen von der Gottheit durch die Verwirrung der Einsicht.

Wie die Empfindung, an sich nichts als eine Einwirkung Gottes auf unsern Geist, uns in den Körpern eine Wirksamkeit annehmen lässt, die ihnen nicht zukommt, so lässt uns auch das sinnliche Vergnügen, das Gott bei Gelegenheit gewisser Vorgänge in uns erregt, den Dingen, die uns gut erscheinen, die Fähigkeit beilegen, uns glücklich zu machen. Dieser doppelte Irrtum wird verhängnissvoll. Er stört die natürliche Werthschätzung der Dinge; er macht das augenblickliche Vergnügen zum Princip und Motiv unseres Handelns [19]).

Diese falschen Maasstäbe sind eine natürliche Folge der Verbindung, welche zwischen unserem Geiste und unserem Körper besteht, der Affecte und Leidenschaften, welche auf dieser Verbindung beruhen, und an und für sich gut und zur Selbsterhaltung nothwendig sind. Sie stören die Harmonie unseres Wesens und umgekehrt lässt sich sagen, ist die Sünde, d. h. eben das Vorwiegen der sinnlichen Begierde, wiederum die Quelle einer ungezählten Menge von falschen Werthschätzungen [20]). Gerade so wie für Spinoza ist demnach auch für Malebranche die richtige Erkenntniss nicht nur das vorzüglichste Vehikel der Sittlichkeit, sondern mit dieser geradezu identisch [21]). Auch die Art von Erkenntniss, auf welche Malebranche sich beruft, stimmt ganz mit dem von Spinoza geforderten Erkennen unter der Form der Ewigkeit überein. Es ist nicht Wissenschaft im gewöhnlichen Sinne, sondern die Einsicht in den Zusammenhang aller Dinge mit Gott [22]). Und es entspricht dem, wenn Malebranche das Sittliche vornehmlich auf zwei Tugenden ruhen lässt: der Kraft und der Freiheit des Geistes; jene aus Verblendung und Unwissenheit zum Lichte führend; diese uns in den Stand setzend, den Irrtum zu vermeiden. Wir irren, weil wir zu schnell urtheilen, weil uns die Freiheit fehlt, welche in der Zurückhaltung des Urtheils besteht, solange bis wir über Werth und Tragweite einer Sache vollständig klar sehen. Wir urtheilen zu schnell, weil unsere

Sinne, unsere Einbildungskraft, unsere Affecte uns fortreissen. Aber alles dessen müssen wir uns bedienen, um mittels der Kraft des Geistes unsere Einsicht beständig zu erweitern und zu vertiefen [23]).

§. 4. Philosophischer Charakter der Ethik Malebranche's.

Was Malebranche nun nach dieser Richtung geleistet hat, um die täuschenden Irrgänge des menschlichen Geistes zu verfolgen und aufzudecken, gehört nicht hieher, wo es sich lediglich um die Principien handelt, sondern in die angewandte Ethik. Es verrathen diese Abschnitte mehr als bloss den litterarischen Einfluss der Affectenlehre des Descartes: sie geben Zeugniss von einer bei dem einsamen Priester doppelt bewundernswerthen Feinheit der Beobachtung, einer gründlichen Menschenkenntniss, welche die litterarischen Erfolge Malebranche's begreiflicher macht, als seine Speculation [24]).

Sein ethisches Ideal aber trägt vielleicht noch mehr als das Spinoza's die weltflüchtigen Züge mystischer Beschaulichkeit. Auch bei Malebranche tritt jener eigentümlich harte Zug hervor, der zwischen den Einzelnen und dem Absoluten keine Zwischenwerthe gelten lassen will, und indem er dem Individuum völlige Hingabe an jenes gebietet, für Alle Seinesgleichen, für Staat und Gesellschaft nur ein abgeleitetes Interesse übrig lässt. Da die Gottheit das einzig Vollkommene ist, alle Creaturen ihr gegenüber schlechthin ohnmächtig, so hiesse es die richtige Ordnung verkehren, wollte man dem Creatürlichen auch nur die geringste Liebe zuwenden. Liebe in dem höchsten Sinne genommen, in welchem es Sehnsucht nach Vereinigung bedeutet. Was nach den Regeln der Vernunft, d. h. nach dem allgemeinen Gesetz der Ordnung, für die Geschöpfe übrig bleibt, ist eine untergeordnete Gattung von Liebe: nemlich Achtung und Wohlwollen [25]). Achtung für die trefflichen Eigenschaften, welche wir an ihnen bemerken, und welche in einem gewissen Grade die Vollkommenheiten des göttlichen Wesens ausdrücken; und Wohlwollen, indem uns ihre sittlichen

Anlagen verpflichten, ihnen zu ihrem wahren Wohle behülflich zu sein. Aber auf das Nachdrücklichste und in immer wiederholten Wendungen hat Malebranche betont, wie sehr man sich zu hüten habe, diese Achtung und dies Wohlwollen in ein Gefühl wärmerer unmittelbarer Theilnahme umschlagen zu lassen [26]). Der Weise in seinem Sinne ist wohlwollend, aber nicht gut [27]), und man hat darauf hingewiesen, dass diese Fassung von selbst aus einer Metaphysik folge, die alle Macht, wirklich Gutes zu thun, ausschliesslich Gott anheimgebe. Man kann aber wohl noch weiter gehen und darauf hinweisen, dass diese geringschätzige Behandlung der natürlichen Gefühlsregungen ein Charakterzug aller Systeme reiner Vernunftmoral ist. Bei den Stoikern und den englischen Intellectualisten, bei Malebranche und Spinoza so gut wie bei Kant, macht sich der Gedanke geltend, das Sittliche vermöge seinen specifischen Gehalt nur dadurch zu wahren, dass es sich von den etwa in der gleichen Richtung weisenden Gefühlen und Trieben gänzlich emancipire und so zu sagen ganz aus eigenen Mitteln sich ein Reich der reinen Vernünftigkeit erbaue. Daher der etwas starre, unter Umständen bis zur asketischen Härte sich steigernde Zug, welcher diesen Systemen eigen ist und auch bei Malebranche kenntlich genug hervortritt. Für ihn wie für Spinoza ist die reine Beschaulichkeit höchstes — freilich von Allen weder anzustrebendes, noch weniger zu erreichendes Ziel der Sittlichkeit.

§. 5. Verknüpfung mit der Theologie.

Wir haben in dem Bisherigen die Ethik Malebranche's nur nach ihrer rationalen Seite, als ein System der vernunftgemässen Regelung des Lebens, in's Auge gefasst. Allein mit dieser Seite ist die entgegengesetzte, mit dem rationalen das supranaturalistische Element, so unzertrennlich verknüpft, wie nur immer bei Thomas von Aquino. Der Rationalismus Malebranche's ist durch und durch theologisch, ja mystisch, und wie spurlos er auch die Form der Scholastik abgestreift hat, der Tendenz nach gehört er ihr völlig an. Wie einst Aristoteles[28]), so muss jetzt Cartesius herhalten, um das Ueber- oder Widervernünftige begreiflich zu machen, und von keinem Denker vielleicht ist das Erkenntnissprincip des letzteren trotz gelegentlicher Warnung vor übergrosser Neugierde[29]) naiver benutzt worden, um dem lieben Gott nicht nur das Wie, sondern auch das Warum seiner Mache abzufragen, als von Malebranche[30]). So wird von ihm in seinen rationalen Pantheismus das ganze System der christlichen Dogmatik mit aufgenommen und deductiv erwiesen, während es umgekehrt wieder helfen muss, Schwierigkeiten zu beseitigen, über welche seine Philosophie nicht hinwegkann. Die Elemente, bei welchen diese Verbindung am kenntlichsten wird, sind der Begriff der Gnade, welchem durch die metaphysischen Voraussetzungen Malebranche's eine umfassende Geltung gesichert ist, und die Thatsache des Bösen.

Die Erklärung dieser Thatsache muss sich für ein System, welches alles menschliche Handeln auf unmittelbare Einwirkung Gottes zurückführt, mit besonderer Schwere fühlbar machen.

Der Consequenz nun, die aus seinem Standpunkte nothwendig zu folgen scheint, dass Gott der Urheber des Bösen sei, entgeht Malebranche dadurch, dass er dem im Grunde genommen völlig unselbständigen Menschen eine gewisse negative Freiheit zuspricht[31]), deren erklärender Werth ihn allerdings selbst so wenig befriedigt, dass er an einer anderen Stelle sie geradezu ein Geheimniss nennt. Wir haben von Gott den natürlichen, unwiderstehlichen Zug nach ihm, dem vollkommen Guten; von ihm zugleich die Neigung zu den einzelnen Gütern, denen nur eine beschränkte Gültigkeit, ein theilweiser Werth beizulegen ist. Weder in dem einen noch in dem andern findet eine eigene Thätigkeit des Menschen statt. Was er vermag, ist gar nichts Positives, sondern ein rein Negatives: das Haften an untergeordneten Gütern, das Stehenbleiben, während doch die göttliche Action zum Höchsten treibt. Freiheit ist die Fähigkeit zu sündigen; in dem Maasse, als wir sittlich werden, hören wir auf, frei zu sein. Auch die Sünder lieben und stehen unter der Herrschaft des Grundtriebes, der alle Wesen zu Gott führt; aber er ist bei ihnen noch nicht unüberwindlich geworden: ihre Liebe hat noch die Kraft, bei den unrichtigen Gegenständen zu verweilen.

Gott hat in seiner Welt, die zu schaffen oder nicht zu schaffen ihm frei stand, die aber, einmal geschaffen, die bestmögliche sein muss, die Sünde mit aufgenommen: sie ist es deshalb, weil Gott zugleich die Mittel übersah, um die Wirkungen dieser Störung wieder gut machen zu können[32]). Unter diesen Mitteln steht die Menschwerdung Christi obenan. Sie ist es, welche der ganzen Schöpfung in den Augen Gottes eigentlich erst Werth verleiht[33]). Er stellt jene durch den Sündenfall gestörte Verbindung wieder her und führt durch seine unwiderstehliche Gnade des Gemüthes die einzelnen Auserwählten der Gottheit zu[34]).

·Die Art und Weise, wie diese Gedanken entwickelt werden, verliert sich vollständig in das ahnungsvolle Dunkel theologischer Vorstellungen, aus welchen keine weitere philosophische Einsicht zu gewinnen ist.

Die intime Verwandtschaft Malebranche's mit dem Spinozismus tritt aber auch hier noch zu Tage in jenem von Malebranche vielfach, namentlich zur Erklärung des unaufheblichen Vorhandenseins des Bösen, gebrauchten Gedanken, dass Gott der Natur seines Wesens nach nicht nur nach der Ordnung, d. h. nach allgemeinen Gesetzen, sondern auf die einfachste Weise handeln müsse[35]). Dieser Gedanke, an manchen Stellen mit solcher Schärfe herausgehoben, dass die Einfachheit der Mittel beinahe als Selbstzweck für den göttlichen Willen erscheint, bedeutet in Malebranche's System nichts als eine mühsam versteckte Consequenz seiner spinozistischen Grundanschauung: die Unanwendbarkeit des teleologischen Gesichtspunkts auf das Absolute.

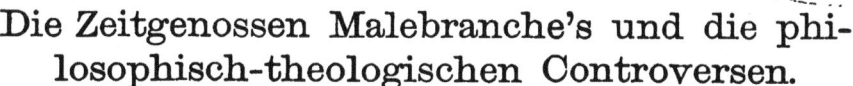

3. Abschnitt.

Die Zeitgenossen Malebranche's und die philosophisch-theologischen Controversen.

§. 1. Allgemeine geistige Strömungen.

Mit Malebranche war der Cartesianismus in Frankreich geworden, was er im Sinne seines Urhebers keineswegs gewesen war — eine Art Neuscholastik, im Dienste des katholischen Dogma's stehend — und demgemäss hat sich auch die weitere Entwicklung dieser Gedanken wesentlich in theologischen Kreisen vollzogen. Zwei Richtungen lassen sich unterscheiden. Die eine, hauptsächlich von den Jesuiten geleitet [36]), stellt die Opposition der älteren, auf Aristoteles ruhenden Scholastik, deren Hauptpflegestätten die Jesuitenschulen waren, gegen die neue Philosophie dar; sie verficht dem einseitigen Idealismus Malebranche's gegenüber die Rechte des gesunden Menschenverstandes, seiner absoluten Gnadenlehre gegenüber jenen gemässigten Semipelagianismus, durch welchen die Kirche seit Jahrhunderten die extremen Ansichten zu vereinigen und für ihre eigenen Interessen am besten zu sorgen gewusst hatte. Die andere, ebenfalls ganz auf kirchlichem Boden stehend, aber verschiedenartige Elemente in sich vereinigend, nimmt manche wesentliche Elemente der Speculation Malebranche's in sich auf und sucht nur die hochfliegenden, keineswegs immer die Linie der Orthodoxie einhaltenden Ideen desselben mit Geist und Buchstab der Kirchenlehre strenger in Einklang zu bringen; freilich nicht, ohne dass die Vorkämpfer der reinen Lehre selbst vielfach unter sich in bedenkliche Differenzen geriethen [37]). Diese ausgeprägt theologische Wendung des Cartesianismus ist für Frankreichs damalige Zustände in hohem Grade charakteristisch. Die schüchternen Ansätze zum religiösen Skepticismus, welche gegen den Schluss der Religionskriege hervorgetreten waren, wurden durch die hohe Fluth der kirchlich-politischen Restauration so gut wie vollständig weggespült. Der Skepticismus des 17. Jahrhunderts, die Periode

zwischen Montaigne und Bayle, trägt einen völlig verschiedenen
Charakter. Huet, Lamothe le Vayer, Blaise Pascal, welche
man als die Hauptvertreter desselben bezeichnen kann, stellen
sich zwar jener Begründung des theologischen Systems durch
den cartesianischen Rationalismus auf's Entschiedenste entgegen:
aber ihr Zweck ist nicht sowohl der, die Glaubenslehre als
unvernünftig zu erweisen, als vielmehr die Ohnmacht der Vernunft zu erhärten und sich eben dieser Hülflosigkeit unserer
natürlichen Vermögen halber nur um so rückhaltsloser der
Offenbarung in die Arme zu werfen [38]). Und wie es auf einem
Standpunkte, dem die Offenbarung der einzige feste Halt auf
einem Meere von Zweifeln ist, selbstverständlich, sehen diese
Vorkämpfer des Skepticismus auch an aller natürlichen, d. h.
auf menschlicher Einsicht ruhenden Sittlichkeit nur das Zufällige, Wechselnde, Irrationale, so dass dies ganze Gebiet
jeglicher festen Norm entbehrt und lediglich den Launen der
Mode oder des jeweiligen Volkscharakters preisgegeben erscheint. Dabei ereignen sich freilich Wunderlichkeiten, wie
die, dass derselbe Pascal, der in den Pensées (1670) nicht
genug Ausdrücke von hinreichender Stärke finden kann, um
die Impotenz der Vernunft und die Verworfenheit des Menschen zu proclamiren, und sich mit einer Art feigem Trotz
endlich entschliesst, die Offenbarung quand-même zu acceptiren, in seinen Provincialbriefen (1656), jener meisterhaften,
freilich an vielen Punkten weit über das Ziel hinausschiessen-
den Kritik der Jesuitenmoral, mit voller Naivetät die meisten
seiner Beweise auf jene so sehr geschmähte natürliche Vernunft basirt. Freilich ist der Widerspruch selbst in seinen
Pensées dermaassen zu Hause, dass ein neuerer Bearbeiter
behaupten kann, es liessen sich so ziemlich für jede Ansicht
Sätze von Pascal anführen [39]).

Mögen uns also auch einzelne Stimmen aus der Zeit Ludwig XIII. und Ludwig XIV. von dem herrschenden Unglauben
berichten und über die grosse Zahl der Atheisten klagen [40]), so
kann uns dies angesichts der Freigebigkeit, womit man damals diesen Namen austheilte, wohl nicht befremden, und wird
nur von der in den höheren Gesellschaftsklassen herrschenden
Frivolität, aber keineswegs von tieferen geistigen Strömungen

zu verstehen sein. Diese⁻ aber hätten, wären sie vorhanden gewesen, ihren Ausdruck, trotz aller Censur und kirchlichen Autorität, in der Litteratur finden müssen. Oder haben diese Mächte etwa die schriftstellerische Thätigkeit Bayle's und die Verbreitung seiner Bücher in Frankreich gehindert und später die schneidende Kritik Voltaire's zu hemmen vermocht? Wenn wir also den theologischen Geist in unbestrittener Herrschaft sehen, so darf man dafür keineswegs den Staat allein verantwortlich machen, welcher allerdings trotz gelegentlicher Collisionen mit der Curie schon im Interesse der Einheit seine volle Autorität für die Kirche einsetzte. Die Bewegung reichte hinab bis in's Innere der Nation selbst. Die lange Liste der nach dem Beginn des 17. Jahrhunderts in Frankreich neu gegründeten Orden und Congregationen [41]) allein würde ein sprechender Beweis für die neue und mächtige Regsamkeit des katholischen Geistes sein; es genügt aber ein Blick in die Litteratur der Zeit, um zu erkennen, wie die gesammte Philosophie, von den glänzenden und gefeierten Namen eines Malebranche, Fénélon, Bossuet an bis zu den bescheidenen Mittelmässigkeiten, vom theologischen Interesse beherrscht ist, und es sind auch in der That fast ausschliesslich Kleriker, von denen diese Schriftstellerei ausgeht. Bezeichnender als alles Andere aber ist der Umstand, dass die Richtungen, welche sich zu dem officiellen Kirchentum in Opposition stellen, wie der Mysticismus und der Jansenismus, keineswegs rationalistische Tendenzen verfolgen, sondern vielmehr gerade auf eine Steigerung des specifisch-religiösen Empfindungslebens hinausdrängen. Die latitudinarischen Tendenzen der protestantischen Theologie in England finden in Frankreich nicht ihres Gleichen; wie hoch man auch die geistige Befähigung und den persönlichen Werth der hervorragenderen Vertreter des französischen Katholicismus schätzen mag: es haftet ihnen Allen ein Zug beschränkten Kirchentums an, eine gewisse Salbung˙, welche die Philosophie nie rein zu Worte kommen lässt.

Unter diesen Umständen kann es nicht Wunder nehmen, wenn die umfangreiche litterarische Discussion, welche sich an die Schriften Malebranche's in Frankreich knüpfte, dessen

Philosophie fast ausschliesslich in Bezug auf ihr Verhältniss zur Kirchenlehre prüft und in ihren Einzelheiten lediglich theologisches Interesse in Anspruch zu nehmen vermag. Was Malebranche geschrieben hatte, das war auf den fruchtbaren Boden einer religiös erregten Zeit gefallen, welche innerhalb des Katholicismus über den Cardinalpunkt der Gnadenlehre ähnliche Kämpfe durchfocht, wie sie zwischen den verschiedenen Bekenntnissen seit der Reformation an der Tagesordnung waren.

Im Jahre 1642 war das Buch des Bischofs Jansen, in welchem derselbe den strengen Augustinismus wieder zu erwecken sich bemüht hatte, und 1653 nochmals fünf, angeblich aus demselben gezogene Sätze von Rom aus als calvinistische Ketzerei verdammt worden. Aber der Gegensatz gegen den Jesuitismus und seine äusserlich-mechanische Auffassung des Gnadenwerks, wie er schon in Pascal's Provincialbriefen mit so schneidender Schärfe hervorgetreten war, hatte einen ansehnlichen Theil des französischen Klerus in die gleiche Richtung geführt und liess ihn in den von Rom und den Jesuiten angefochtenen Theorien 'den treffenden Ausdruck seiner eigenen theologischen Ueberzeugungen sehen. Wie lebhaft die Congregation, welcher Malebranche angehörte, das Studium Augustin's betrieb, wie sehr jener selbst sich mit dem Geiste dieses Denkers durchdrungen hatte, wurde bereits angeführt, und Einflüsse ähnlicher Art machten sich vielfach auch bei solchen geltend, die mit der eigentlichen Pflanzstätte des Jansenismus, mit Port - Royal, in keinem unmittelbaren Zusammenhange standen.

Gleichzeitig mit dieser Wiederbelebung der strengen augustinischen Richtung, welche durch ein Breve Clemens IX. vom 28. September 1668 zwar nicht förmlich sanctionirt, aber factisch zugelassen war, ohne doch jemals den beständigen Anfeindungen der Jesuiten und den Chicanen der Regierung gegenüber einen gesicherten Rechtsboden erlangen zu können, machen sich verschiedene Strömungen des Mysticismus geltend; theils spanischen, theils savoyischen Ursprungs, von der Kirche theils gebilligt, theils mit der äussersten Strenge verfolgt; und auch deren wechselnde Schicksale stehen mit der Geschichte der französischen Theologie jener Zeit in der engsten Verbindung.

In Malebranche's Denken fanden sich diese verschiedenen Richtungen sämmtlich zusammen, und seine speculative Begabung hatte dieselben zu einem System verarbeitet, welches bis über den Anfang des 18. Jahrhunderts hinaus im Mittelpunkte der französischen Philosophie und ihrer Discussionen stand.   Die Einzelheiten dieser Discussion haben für die Geschichte der Ethik als philosophischer Wissenschaft kein Interesse.   Denn im Grunde genommen stehen alle Theilnehmer auf gleichem Boden, und die Differenzen zwischen ihnen betreffen sozusagen mehr nur quantitative Unterschiede.

Bei Fénélon und Bossuet, bei Arnauld und Boursier, bei PP. Lamy und André steht ihr intimer Zusammenhang mit dem durch Malebranche umgebildeten Cartesianismus ausser Zweifel.   Eine Theologie von etwas mystischer Färbung, die ihren pantheistischen Zug bald mehr zu verbergen bemüht ist, bald offener hervortreten lässt; bald mit Malebranche in rationalistischem Optimismus die Gottheit durch das Gesetz ihres eigenen Wesens schlechthin gebunden und diese Welt die beste unter allen möglichen sein lässt, bald• skeptischer zu Cartesius sich neigend, den ewigen Wahrheiten nur eine relative Gültigkeit zugestehen will; endlich eine Ethik, welcher die durchaus supranaturalistische und metaphysische Begründung des Sittlichen selbstverständlich ist, und die nur über das relative Maass der Wirksamkeit schwankt, welches bei der Erzeugung des Sittlichen der Gottheit oder der menschlichen Seele zugeschrieben werden soll.   Dieser gemeinsame Charakter, welcher für uns, die wir diesen Dingen ganz ferne stehen, in die Augen springt, verschwand den Zeitgenossen Malebranche's grossentheils über der Achtsamkeit auf die Einzelheiten, die sie von ihm und von einander trennten.   Allen gilt die Anwendung der Philosophie auf die Theologie als nothwendig und unverfänglich; und wenn auch die einen, wie Malebranche und manche seiner unmittelbaren Schüler, in der rationalistischen Begründung der Glaubenswahrheiten etwas weiter gingen, andere, wie Bossuet, darin grössere Zurückhaltung zeigten und neben dem Vernunftbereiche auch dem Mysterium Raum lassen wollten, so betreffen alle diese Unterschiede nur Grade in der Anwendung eines Princips, aber nicht dieses selbst.   Das Band,

welches alle diese Untersuchungen mit der Geschichte der
Ethik verknüpft, ist die Theorie von der Gnade; es wurde
aber bereits mehrfach betont, dass in dieser Frage kein Fortschritt wissenschaftlicher Erkenntniss, sondern nur eine in's
Unendliche fortzusetzende Mischung gegebener Elemente möglich war.

§. 2. Der Streit um die uninteressirte Gottesliebe.

Neben den Controversen über das Verhältniss Gottes zur
Welt, die richtige Mischung von Freiheit und Gnade im menschlichen Handeln, welche die Philosophie Malebranche's in einer
religiös erregten Zeit hervorgerufen hatte, und welche in's Einzelne zu verfolgen die Rücksicht auf den Zweck dieser Darstellung verbot, ist es hauptsächlich die Frage nach der Möglichkeit und Berechtigung einer völlig selbstlosen Gottesliebe,
welche Aufmerksamkeit beansprucht.   In die mannigfaltigen
Combinationen, welche der Streit um die durch Malebranche,
seine Anhänger und die Jansenisten aufgerührten Fragen herbeigeführt hatte, kommen durch dieses Problem neue Verschiebungen. Der Mysticismus[42]), dessen wir bereits als eines
wichtigen Elements im Geistesleben jener Zeit gedachten,
macht sich hier zumeist geltend.   An und für sich scheinbar
nichts weiter, als ein theologischer Schulstreit zwischen den
Bischöfen Bossuet und Fénélon, in dessen Verlauf höchst persönliche Motive klerikalen Ehrgeizes und höfischer Cabinets-
politik eine entscheidende Rolle spielen, birgt die Angelegen-
heit in ihrem Kerne doch ein ernsthaftes Problem, welches
sich mit gewissen Aufgaben der ethischen Forschung eng berührt. Durch die gesammte Philosophie des 17. und 18. Jahrhunderts zieht sich die Frage, ob reine Sittlichkeit möglich
sei, d. h. als ein ganz auf dem Bewusstsein unbedingten Werthes
ruhendes Handeln, oder ob die Aussicht auf den Erfolg ein
nicht zu entbehrender Bestandtheil sei. Der Verfolg der englischen Philosophie hat zur Genüge bewiesen, welchen Einfluss
gerade bei den Vertretern der theologischen Ethik der Gedanke gewonnen hatte, die Aussicht auf Lohn oder Strafe im

Jenseits als das eigentlich treibende Motiv im Sittlichen anzusehen. Freilich haben sich gerade die höchstgestimmten Naturen niemals mit diesem trockenen Calcul zu beruhigen vermocht, und man kann sagen, dass das Problem, streift man ihm sein specifisch-theologisches Gewand ab, so alt ist, als die Geschichte der Ethik selbst. In den Formeln einer anderen Zeit haben es bereits Plato und Aristoteles verhandelt, deren Streit über das Verhältniss der Lust zur Glückseligkeit für die Polemik zwischen Fénélon und Bossuet[43]) geradezu typisch genannt werden kann; in den ältesten Urkunden des Christentums ist beides, die Idee eines Zustandes innerer Reinheit und Güte, welcher seinen Werth in sich selbst trägt, (nicht erst mit dem Gottesreiche belohnt werden soll, sondern dieses selber ist) und der chiliastische Gedanke einer Zeit des Lohnes und der Herrlichkeit für die Messiasgläubigen, in einer Weise gemischt, dass wir ein durchgängiges Nebeneinanderherlaufen beider Gedanken annehmen müssen, welches sich denn auch durch die ganze Geschichte der christlichen Ideen fortsetzt. Wie die beiden Extreme der Gnadenlehre, so stehen auch hier die entgegengesetzten Auffassungen in beständiger Reibung und treiben, in dem Maasse als eine von ihnen sich völlig durchzusetzen scheint, die andere immer neu hervor. Das gilt von jeder Richtung und auf jedem Standpunkte. Denn nachdem die äusserliche Auffassung des Lohnverhältnisses in der mittelalterlichen Kirche eine beständig fliessende Quelle der Unzufriedenheit für tiefere, mystisch angelegte Naturen gewesen war, und Fragen, welche damit im engsten Zusammenhang stehen, die Einheit der abendländischen Kirche zerrissen hatten, wiederholt sich in jedem der verschiedenen Bekenntnisse derselbe Gegensatz in wechselnden Formen, und auch das Verhalten der kirchlichen Autoritäten zu der Frage zeigt allenthalben das gleiche Schwanken, die gleiche Unsicherheit. Sehr natürlich; denn das Bewundernswerthe und das Bedenkliche lagen hier nahe an einander. Dass in diesem mystischen Drange selbstvergessener Hingabe an das Göttliche sich die höchste Form religiöser Sittlichkeit offenbare, musste man zugestehen; dass die ganze Richtung grosse Gefahren in sich berge, indem sie gewissermaassen über die Kirche hinweg unmittelbar zu

gemacht werden, so klar am Tage liegt wie hier, haben Pro und Contra in dieser Frage genau den gleichen Werth. Denn ohne Zweifel ist hier, gerade so wie bei der Frage nach dem Verhältniss von Sittlichkeit und Glückseligkeit, oder von Freiheit und Gnade, jede der verschiedenen Theorien in ihrer Art exact, d. h. einem bestimmten Zustande des Gemüthslebens und der inneren Erfahrung, den sie eben nur in Begriffe umsetzen, genau entsprechend: darum für den Einen, der diesen Zustand lebendig in sich nachzubilden vermag, unbedingt überzeugungskräftig, für den Andern, dem er fremd geblieben, eine Verirrung oder ein Räthsel. Und indem nun das Sein in ein Sollen verwandelt, diese inneren, als werthvoll empfundenen Erfahrungen in ideale Normen umgesetzt werden, entstehen jene Conflicte, die, wie die Geschichte aller dieser Fragen zeigt, eine allgemeingültige Lösung überhaupt nicht zulassen, sondern höchstens nur durch die gegenseitige Reibung der verschiedenen Ansichten sich wechselseitig Einseitigkeiten abstreifen können. Jeder besonnene Forscher aber weiss, dass er hier ein Gebiet betritt, auf welchem die Macht der allgemeinen Regel endet, und die Eigenart der Persönlichkeit das letzte Wort zu reden beansprucht.

4. Abschnitt.

Bayle[46]).

§. 1. Geschichtliche Stellung seines Skepticismus.

Alle bisher betrachteten Denker waren Angehörige der römisch-katholischen Kirche und mit deren Anschauungen auf's Engste verwachsen. Auch die skeptischen Regungen, welche neben der Scholastik des Cartesianismus gelegentlich hervorgetreten waren, hatten offen ihren wesentlich theologischen Zweck zur Schau getragen. Durch völlige Hinwegräumung des revolutionären Grundes der Vernunft sollte der Unterbau, auf welchem das Lehrsystem der Kirche ruht, nur noch fester gemacht werden. Mit Bayle tritt ein Skepticismus von ganz anderer Art auf den Schauplatz. Bayle ist Angehöriger der reformirten Kirche, in welcher trotz der düsteren Mystik ihrer Grundanschauung am frühesten der Geist des Latitudinarismus sich geregt hat. Bayle, Polyhistor im grössten Stile, welcher das gesammte geistige Leben seiner Zeit mit umfassendem Blicke überschaut, ist völlig vertraut mit diesen Regungen, und dabei Skeptiker durch und durch. Der Zweifel ist sein Lebenselement. Sein Verhalten bezeichnet aber eine totale Frontveränderung. Die früheren Skeptiker hatten die Vernunft ad absurdum zu führen gesucht, und dann die Stütze des Glaubens, der geoffenbarten Wahrheit angerufen, deren Uebervernünftigkeit man zugab, ohne sich im Einzelnen um sie zu sorgen. Umgekehrt Bayle. Mit dem gewaltigen Rüstzeug einer ihrer selbst gewissen Vernunft „begibt er sich in den Abgrund zwischen Glauben und Vernunft, und misst denselben mit geometrischer Genauigkeit aus" [47]). Wie von jenen die Vernunftwahrheiten, so werden von ihm die Glaubenswahrheiten der Vernunftwidrigkeit überwiesen; dann freilich nichts destoweniger für den Glauben Ehrfurcht verlangt und seine Verdienstlichkeit gepriesen. Sofort aber kehrt der Zweifel in einer neuen und schrecklicheren Form zurück. Sind denn die Wirkungen des Glaubens dies Opfer des Verstandes werth? Ist der Glaube wirklich die einzige Möglichkeit, den Menschen sittlich zu machen? Ist die religiöse Sittlichkeit die einzige, die es gibt, oder auch nur die ·beste unter den verschiedenen Formen?

Man sieht, dies ist der Punkt, welcher die Skepsis Bayle's unmittelbar mit dem ethischen Problem verknüpft, und indem er jene Fragen entschieden verneint, kann man mit Recht sagen, dass Bayle an der Loslösung der Ethik von der Theologie einen mächtigen Antheil habe. In Frankreich wenigstens, wo die Verbindung beider mittels der cartesianischen Philosophie eine so enge geworden war. Und was man auch dieser theologisch-gefärbten Ethik des Cartesianismus an speculativen Verdiensten zuerkennen mag: soviel ist gewiss, dass eben dieser mystische Zug und diese bestimmte dogmatische Färbung eine etwas bedenkliche Zugabe waren, welche leicht zum Rechnen mit imaginären Grössen verführen und die Reinheit der wissenschaftlichen Beobachtung trüben konnte. Welche metaphysische Deutung man auch gewissen Thatsachen der sittlichen Er-

fahrung geben, und welche Anknüpfung an Ideen der christlichen Theologie man dabei gewinnen mag, soviel ist jedenfalls
gewiss, dass einmal der Versuch gemacht werden muss, das
Sittliche rein anthropologisch und psychologisch zu begründen,
und die Frage zu entscheiden, ob unabhängig von allem religiösen Glauben Sittlichkeit möglich sei.

§. 2. Die Scheidung von Glauben und Sittlichkeit.

Bayle's Kritik des sittlichen Werthes der Religion knüpft
im Gedanken auf's Engste an dasjenige, was am Anfang des
17. Jahrhunderts von Charron und Bacon ausgesprochen worden war. Seine fortgeschrittene Kühnheit aber manifestirt sich
darin, dass er gar keine Sorge mehr trägt, das Christentum
von den abfälligen Bemerkungen, die sich ihm über den sittlichen Werth der Religiosität aufdrängen, auszunehmen; dass
er nicht mehr, wie Bacon gethan, nur in allgemeinen Ausdrücken den vergleichsweisen Werth des Aberglaubens und
Unglaubens bespricht, sondern unmittelbar auf die Würdigung
der sittlichen Ergebnisse des christlichen Glaubens ausgeht.
Noch bestimmter als diesem spitzt sich ihm das ganze Problem
eben auf die Frage zu: Ist der Atheismus nothwendig mit Unsittlichkeit verbunden, oder ist es möglich, ohne Christentum,
ohne positiven Glauben, ja ohne auch nur die Ueberzeugung
vom Dasein Gottes zu besitzen, ein sittliches Leben zu führen?
Es ist oben schon angedeutet worden, welcher Gedankengang
dieser Fragestellung zu Grunde lag und zu welchen Consequenzen eine verneinende Antwort nothwendig führen musste.
Bayle selbst hat diese Consequenzen zwar nicht gezogen,
wenigstens nicht ausgesprochen und dies auch hier wie überall
dem Einzelnen überlassen, der seine Zweifel in sich aufgenommen und durchgekämpft hat. Das ist charakteristisch für
Bayle's persönliche Haltung und seine geschichtliche Stellung,
hat aber die eingreifende Wirksamkeit seines Skepticismus nur
wenig beeinträchtigt. Denn Bayle hatte überall die Entscheidung zwischen Glauben und Vernunft auf eine so schneidige
Kante gestellt und das Uebergewicht des Glaubens auf eine

so künstliche Weise gestützt, dass der leiseste Anstoss genügte, um dieses von ihm so mühsam behauptete Verhältniss völlig umzukehren.

Die ganze Fruchtbarkeit seines in Einwänden und der Häufung von Schwierigkeiten so erfinderischen Geistes bietet er auf, um den Satz zu beweisen, welcher gewissermaassen die negative Seite seiner Ansicht darstellt, dass Religiösität die Sittlichkeit keineswegs nothwendig zur Folge habe. Was Bayle mit dem Begriffe „Religion" meint, das gibt er mit einer wohlangebrachten, freilich theologisch gefärbten, aber in gewissem Sinne auch heute noch beherzigenswerthen Klausel zu verstehen[48]). Er sagt nemlich: Der Satz, dass Unglaube eine Quelle der Sittenverderbniss sei, könne nur dann als wahr gelten, wenn man unter „Glaube" den wahren Glauben verstehe, der stets von der Liebe Gottes begleitet und ein besonderes Geschenk des heiligen Geistes sei. Das war freilich auch die Meinung der Kirche, der älteren, wie der reformatorischen gewesen und in diesem Sinne wäre auch eine durchaus speculative Philosophie, wie die von Malebranche genöthigt gewesen, den Unglauben, d. h. die Entfremdung von der Idee des Göttlichen, den Verlust der „Gottesliebe", als unsittlich zu bezeichnen; aber wo war solcher Glaube zu finden, woran zu erkennen? Gegen den furchtbar gefährlichen Missbrauch, der mit dem Begriff des Glaubens getrieben worden war, gegen die in allen Bekenntnissen gebräuchliche Begründung des Sittlichen auf die Annahme eines bestimmten theologischen Systems, richtet Bayle die schärfsten Waffen seines Geistes. Immerfort hatte man das äussere Bekenntniss gewisser Formeln mit dem lebendigen inneren Quell des Handelns verwechselt; Bayle aber ist nun mit allem Nachdruck[49]) bemüht zu zeigen, dass nicht einmal das Fürwahrhalten der Glaubenssätze genüge, um eine sittliche Wirkung hervorzubringen; sondern dass die Menschen im höchsten Grade sittenlos und doch zugleich vollkommen von den Wahrheiten einer Religion, selbst der christlichen, überzeugt sein können, und der Glaube in diesem gewöhnlichen Sinne nur geeignet ist, im Herzen des Menschen Zorn gegen Andersdenkende, Furcht, wenn er sich von Gefahr bedroht glaubt, und andere ähnliche Leidenschaften hervorzubringen.

Sieht man die Dinge nur in der Idee[50]), so scheint allerdings nichts natürlicher und gewisser, als dass die Ueberzeugung von einer richtenden und strafenden Gottheit, von einer Vergeltung nach diesem Leben ein mächtiger Zügel der menschlichen Begierden sein müsse: Allein diese allgemeinen Vorstellungen sind viel zu schwach, um eine Macht über den Menschen auszuüben und im einzelnen Falle dem Zuge der Affecte Widerstand zu leisten. Mag der Mensch immerhin ein vernünftiges Wesen sein: er handelt doch fast nie nach seinen allgemeinen Principien[51]). — Seinen zweiten, positiven Satz, dass Sittlichkeit sehr wohl mit Atheismus zusammen bestehen könne, begründet Bayle auf doppeltem Wege: einmal durch den historischen Nachweis, dass es ausgesprochene Atheisten gegeben habe, an deren sittlichem Leben[52]) kein Makel haftet; und dass einige der wichtigsten sittlichen Wahrheiten lange vor der Offenbarungsreligion Eigentum der Denkenden gewesen seien[53]). Dann durch die Prüfung der Frage, ob denn, ganz abgesehen von allen Glaubensvorstellungen, nicht in der Natur des Menschen selbst gewisse Principien lägen, oder aus dem geselligen Zusammenleben der Menschen sich gewisse Veranstaltungen ergäben, welche denselben der Bestialität zu entreissen und sein sittliches Verhalten vor völliger Verwilderung zu schützen vermöchten[54]).

Zu einer festen und klaren Antwort auf diese Frage hat es nun Bayle allerdings nicht gebracht. Hier wie überall mehr Kritiker als Philosoph, mehr Skeptiker als aufbauender Denker, hat er zwar die Unmöglichkeit vollkommen klar eingesehen, dass der sittliche Werth eines Menschen vom Besitze eines religiösen Glaubens unbedingt abhängig sein könne, aber auf die Frage, wo nun die eigentliche Quelle des Sittlichen im Menschen zu suchen sei, hat er noch keine Antwort, die völlig in sich zusammenhängend und von Widersprüchen frei wäre. So tritt bei ihm auch hier jener Charakterzug hervor, der sein ganzes Wesen und geschichtliches Wirken durchzieht: jene zersetzende Schärfe, die ihn unter die auflösenden Mächte in die erste Reihe stellt und jene Unfähigkeit zu positiver Neugestaltung, die ihn immer wieder auf den Boden der traditionellen Vorstellungen zurückzieht. Die Auseinandersetzung

seiner Ideen über die Möglichkeit einer autonomen Sittlichkeit
wird bestimmter erkennen lassen, in welchem Maasse diese
allgemeinen Bemerkungen zutreffend seien.

§. 3. Metaphysische Begründung des ·Sittlichen.

Was zunächst die metaphysische Begründung des Sittlichen angeht, so ist Bayle entschiedener Intellectualist und
Realist [55]). Die letzte Grundlage des Sittlichen sind einige
Sätze von unbedingt allgemeiner Gültigkeit — ewige Wahrheiten nennt er sie dem Sprachgebrauche der Zeit gemäss —
welche völlig auf sich selbst ruhen, durch sich selbst evident
sind, und keiner andern Sanction, als ihrer eigenen Vernünftigkeit bedürfen. Nicht die menschliche Vernunft ist ihre Quelle,
sondern das ewige Gesetz, die oberste Vernunft der Gottheit,
von welcher Alles geordnet ward; keineswegs aber die göttliche Willkür [56]), welche vielmehr durchaus an diese Gesetze, als
Normen des eigenen Wesens, gebunden erscheint. Die Uebereinstimmung mit diesem ewigen Gesetze der obersten Vernunft
ist das Sittliche; es beruht auf der Kenntniss jener allgemeinsten Vernunftwahrheiten, und jener Thätigkeit unseres Verstandes, welche uns die Uebereinstimmung oder Nichtübereinstimmung eines Willensaktes oder einer Handlung mit diesem
Gesetze erkennbar macht. Dieses Gesetz, welches Gott dem
Menschen zugleich mit der Vernunft eingepflanzt hat, ist freilich
gerade so wie diese durch den Sündenfall verdunkelt worden, und
daher kommt es, dass die obersten Axiome der Metaphysik mehr
Evidenz besitzen, als die der Ethik; aber gleichwohl liegt Bayle
nichts ferner, als hieran die Forderung zu knüpfen, dass darum
die göttliche Offenbarung als höchste und authentischeste Norm
des Sittlichen zu gelten habe. Im Gegentheil, eine der kräftigsten
Aeusserungen seines antitheologischen Geistes, der „Commentaire philosophique", ruht durchaus auf der Voraussetzung [57]),
dass das natürliche Licht, d. h. unsere allgemeinen Erkennt-
nissprincipien, die ursprüngliche und maassgebende Regel für
jede Schriftauslegung, namentlich auf ethischem Gebiete seien,
und eine Offenbarungsreligion dieselben zwar bestätigen, aber
niemals umstossen könne, ohne sich selbst zu discreditiren.

Die eigentümliche Stellung Bayle's tritt hier deutlich hervor. Seine Theorie enthält wenig Neues oder Originelles [58]; sie hat ihre Wurzeln in der Scholastik und war ganz in seinem Sinne neuerdings von Hugo Grotius und den Cambridger Philosophen entwickelt worden.

Ueber die herrschende Schultradition geht Bayle nirgends hinaus: es sind dieselben Ausdrücke, dieselben Gedanken, dieselben Stellen aus Cicero, wie sie so oft vor ihm zu dem gleichen Zwecke verwendet worden waren. Neu ist nur die Schärfe, mit welcher Bayle dies Rüstzeug gegen die Theologie wendet, die es einst selbst hatte bereiten helfen. Im Sinne der Theologie musste auf die Constatirung der natürlichen Grundlage des Sittlichen im Menschen nothwendig die Versicherung folgen, dass dies Fundament zu sehr erschüttert, die menschliche Vernunft zu sehr getrübt sei, um das Richtige zu erkennen, der Wille zu schwach, um es auszuführen, und dass folglich helfend und fördernd die Religion einzugreifen habe. Dem Wortlaute nach bleibt Bayle an vielen Stellen dieser Anschauung noch treu; aber er legt offenbar der Verderbniss der menschlichen Natur sehr wenig Bedeutung bei, und er hat anderwärts dafür gesorgt, dass man die ethische Wirksamkeit der Religion ja nicht zu hoch und nicht zu günstig anschlage. Der Fortschritt liegt also nicht in neuen Ideen über die Quellen und die Begründung des Sittlichen, sondern nur in der geräuschlosen Wegräumung des theologischen Ueberbaues, welcher bis dahin der Ethik ihre selbständige Ausgestaltung verwehrt hatte.

§. 4. Psychologie.

Wir haben indessen bis jetzt nur die eine Seite der ethischen Anschauungen Bayle's kennen gelernt. Er erscheint hier als ein von den specifisch theologischen Zuthaten freier Rationalist — Verfechter ewiger und unveränderlicher sittlicher Wahrheiten und der Vernunft als ihrer Erkenntnissquelle. Aber Bayle ist keineswegs dabei stehen geblieben, nur die allgemeine Vernünftigkeit der lex naturalis als Quell des Sittlichen sogar für den Ungläubigen geltend zu machen: er verwendet

vielmehr in seinen Argumentationen zu Gunsten einer rein
weltlichen, nicht theologischen Sittlichkeit auch noch eine Reihe
von ganz andern Gründen, die unser Interesse in noch höherem
Grade in Anspruch nehmen. Die Doppelstellung Bayle's tritt
hier recht deutlich zu Tage. Auf der einen Seite spricht der
Scholastiker und Theologe: auf der andern glaubt man bereits
die Theorien eines Helvetius und seiner Gesinnungsgenossen
zu vernehmen.

In dem Abriss der Ethik waren die Affecte mit einigen
kurzen und nichtssagenden Bemerkungen abgefertigt worden [59]).
Der Verstand wird dort durchaus als Princip der menschlichen
Handlungen bezeichnet, weil jedem Thun die Erkenntniss des
Gegenstandes vorausgehen müsse, worauf es sich bezieht; er
bestimmt auch den Willen zur Neigung oder Abneigung [60]).
Allein dieser intellectualistischen und rationalistischen Auffassung
ist Bayle keineswegs überall getreu geblieben.

In den Pensées findet sich eine Anzahl Stellen, in welchen
der Affect als Quelle der menschlichen Handlungen fast ebenso
stark betont wird, als er in dem Abriss der Ethik zurückge-
schoben worden war. Und selbst wo Bayle nachdrücklich von
dem rationalen Charakter des Sittlichen spricht, wird geltend
gemacht, dass die Vernunftaussprüche keineswegs genügen, um
die Affecte im Zaume zu halten, sondern dass sich mächtigere
Motive mit jenen verbinden müssen, und auch die Selbstliebe
gewisse Entschädigungen zu erfahren habe [61]). Ja einmal gewinnt es sogar fast den Anschein, als ob die Quelle aller Irr-
tümer und aller Verschiedenheit unter den Menschen gerade
die Vernunft sei, während alle Gleichmässigkeit und Uebereinstimmung unter den Menschen auf den Trieben beruhe [62]).

Das sind Gedanken, welche einen ganz anderen Stempel
tragen, als die ethische Vernunftlehre, welche Bayle sonst vorträgt. Man fühlt in ihnen den Anklang einer Zeit, welche
dem Studium der Affecte so grosse Aufmerksamkeit zuwandte
und nicht lange darauf in der englischen Philosophie den Anfang machte, auch das Sittliche seines rein rationalen Charakters
zu entkleiden und auf Affecte zu gründen [63]).

Auch diese Theorie aber muss Bayle's kritischem Hauptzweck dienen und die Möglichkeit einer vom religiösen Glau-

ben unabhängigen Ethik feststellen helfen. Er greift nach
Allem, was seiner Polemik dienlich sein kann; jetzt nach dem
allgemeinen Vernunftcharakter des Sittlichen, welcher es Jedermann bis auf einen gewissen Grad zugänglich machen muss;
dann wieder nach gewissen allgemeinen Neigungen des menschlichen Gemüthes, die seinen Bestand unter allen Verhältnissen
zu verbürgen scheinen. Auch von dieser Seite her wird die
Frage bejaht, ob mit dem Atheismus Sittlichkeit vereinbar,
und eine Gesellschaft von Atheisten, d. h. ein Staat ohne jede
religiöse Grundlage überhaupt möglich sei. In der Beantwortung dieser Frage entwickelt Bayle Ideen [64]), welche die
Theorie des Helvetius in vielen Punkten antecipiren, wie denn
Helvetius ohne Zweifel, gerade was das Verhältniss zwischen
Religion und Sittlichkeit betrifft, reichlich aus Bayle als einer
ergiebig fliessenden Quelle geschöpft hat. So weist namentlich
schon Bayle energisch auf die Bedeutung des Ehrgefühls als
eine unentbehrliche und bei geschickter Handhabung sicher
wirkende Ergänzung der Gesetzgebung hin. Gute Gesetze,
strenge Executive und eine regsame öffentliche Meinung sind
für die grosse Mehrzahl die Grundpfeiler der Sittlichkeit, erklärt
Bayle, dessen Mittelstellung [65]) zwischen Locke und Helvetius
gerade hier deutlich hervortritt.

Niemand ist im Stande, die fragmentarischen Gedanken
dieses subtilen Skeptikers zu einer geschlossenen Theorie zu
vereinigen; aber als Kritiker hat er der freien Auffassung
des 18. Jahrhunderts auf dem ganzen Continent die Bahn ge-
brochen. Voltaire und Helvetius sind die Vollstrecker des
geistigen Testaments geworden, welches er der Menschheit
hinterlassen hat.

IX. Capitel.

Die Ethik der französischen Aufklärung.

1. Abschnitt.

Zur allgemeinen Charakteristik.

Die Betrachtung der französischen Philosophie des 18. Jahrhunderts führt uns auf Locke zurück. Das Bekanntwerden seiner Philosophie in Frankreich, im Zusammenhang mit dem überhaupt nach dem 2. Jahrzehnt beginnenden Studium Englands und der englischen Litteratur, bezeichnet einen entscheidenden Wendepunkt in der französischen Geistesentwicklung, welche bis dahin durch den Katholicismus und die Ausläufer der cartesianischen Schule beherrscht gewesen war. Von Voltaire, welcher dem Studium Locke's viel verdankt, und seinen Ideen wohl zuerst in Frankreich Eingang verschafft hat, gingen nur Anregungen aus; die eigentliche philosophische Weiterverarbeitung auf der durch die Engländer und Schotten geschaffenen Grundlage beginnt erst mit der zweiten Hälfte des Jahrhunderts. Wir sehen übrigens die Franzosen dabei von Anfang an sich auch auf die umfassenden Arbeiten auf dem Gebiete der beschreibenden Naturwissenschaft stützen, mit welchen Linné und Buffon damals hervortraten. Die neue Naturanschauung, welche das Bekanntwerden der von Newton entdeckten kosmischen Gesetze vorbereitet hatte, gewann durch den sich immer mehr vertiefenden Einblick in die Gesetz-

mässigkeit des Naturlebens Abrundung und Vollständigkeit,
und es ist charakteristisch, dass wir in Frankreich neben, ja
vor dem Condillac'schen Sensualismus, welcher unmittelbar an
Locke anknüpfte, einen fast völlig entwickelten Materialismus
in den frühesten Arbeiten Lamettrie's antreffen. Man hat mit
Recht bemerkt, dass die französische Philosophie für diese Auffassung vielleicht durch Descartes ebensosehr als durch Gassendi vorbereitet gewesen sei; jedenfalls ist soviel gewiss, dass
man sich in Frankreich (wenige Ausnahmen abgerechnet) vorzugsweise nur das aus der englisch-schottischen Philosophie
entnahm, was eine möglichst schroffe Durchführung der sensualistischen Ansicht und zwar auf materialistischer Basis zu
fördern geeignet war. Die Auffassung des sittlichen Thatbestandes, welche im Grossen und Ganzen als die herrschende
bezeichnet werden kann, weist eine unverkennbare Herabdrückung des sittlichen Niveau's, eine Nüchternheit auf, welche
zwar nicht ohne eine gewisse empirische Wahrheit ist, aber
den doch auch erfahrungsmässig gegebenen höheren und reine-
ren Formen des Sittlichen keineswegs gerecht zu werden vermag. Dies findet seine Erklärung in einem doppelten Umstande; einmal in dem allgemeinen Maasstabe, welchen die damalige französische Gesellschaft, unter deren Eindrücken diese
Schriftsteller schrieben, für die Beurtheilung des sittlichen
Lebens darbot, und der unmöglich auf die Feststellung dessen,
was überhaupt sittlich sei oder genannt zu werden pflege, ohne
Einfluss bleiben konnte; sodann aber erfolgte auch in manchen
Fällen, den theoretischen Voraussetzungen zu Liebe, wie sie
in der sensualistischen Lehre vom Ursprung der Ideen gegeben
waren, geradezu eine, wenn schon unwillkürliche, Herabdrückung des sittlichen Bewusstseins. Man darf dabei vielleicht auch an jenen im französischen Geiste vielfach hervortretenden Zug nach möglichster Vereinfachung und übersicht-
licher Klarheit der Principien erinnern [1]).

    Indessen würde man die Zeit selbst ganz falsch beur-
theilen und ihren ausserordentlichen, noch immer fortdauern-
den Einfluss auf unser Geistesleben gar nicht zu begreifen
vermögen, wenn man lediglich diese bedenkliche, von kirchlichen, politischen und philosophischen Gegnern bis zum Ueber-

maass hervorgehobene und ausgebeutete Seite ihrer Bestrebungen, mit ihrer entschiedenen Unzulänglichkeit dem Reichtum und eigenartigen Gehalt des Geisteslebens gerecht zu
werden, an ihr sehen wollte. Denn diese nemliche Generation,
die ihren theoretischen Voraussetzungen zu Liebe so entschieden
darauf ausging, auch bei der Erklärung des Sittlichen jeden
Gedanken an einen übersinnlichen, oder gar übernatürlichen
Ursprung desselben so ferne als möglich zu halten, es ganz
und gar als ein Product unserer physischen Organisation und
des auf das Ich bezogenen Trieblebens hinzustellen, ganz aus
künstlicher Berechnung der Vor- und Nachtheile hervorgehen
zu lassen, verräth anderseits einen so begeisterten Schwung,
einen so heroischen Zug, für's Wohl der Menschheit zu wirken,
sie von den Leiden der Unvernunft und jeglichen Autoritäts-
und Wahnglaubens zu befreien, dass wir bis auf den heutigen
Tag an Stelle ihrer Ideale nichts Anderes und Besseres zu
setzen wissen, sondern alle Bearbeitung derselben von Seiten
der nachfolgenden Generationen mehr darauf gerichtet war,
sie ihrer allzu abstracten, den empirisch gegebenen Bedingungen
des Daseins sich zu wenig anschmiegenden Form zu entkleiden,
als sie aus einer anfänglich getrübten Auffassung zu läutern
und emporzuheben.

Der Idealismus, und zwar ein begeisterter, hochgespann-
ter, bildete das Lebenselement der Zeit. Es sind nur ganz
wenige unter den Vertretern sensualistischer und materialistischer Anschauungen, welche in der Anwendung auf's Praktische die einfachen Consequenzen ihrer theoretischen und
ontologischen Principien gezogen hätten, und von denen man
nicht behaupten müsste, dass ihr Leben und ihre Lehre besser
gewesen seien, als ihre Principien. Wie aber solche Ideen
mit solchen Principien zusammenbestehen, ja sogar aus denselben hervorzuwachsen scheinen konnten, das wird einigermaassen verständlich, wenn man überlegt, dass die neuen politischen und socialen Forderungen, eine Herrschaft der Vernunft an Stelle der Autorität und Willkür, doch keineswegs
ausschliesslich ein Werk der philosophischen Speculation und
logischen Deduction waren, sondern jener Zeit durch drängende,
unabweisliche Bedürfnisse ihres öffentlichen Lebens gewisser-

maassen aufgenöthigt wurden. Seit Voltaire in Bezug auf religiöse, Montesquieu und Rousseau in Bezug auf politische Freiheit die Wünsche und Bestrebungen ihrer Zeitgenossen formulirt und dem, was als unverstandene Sehnsucht in vielen Gemüthern lag, einen zündenden Ausdruck gegeben hatten, waren diese Ideen ein unverlierbares Gut des französischen Geistes geworden. Die unter Locke's Einfluss sich bildende sensualistische und materialistische Philosophie fand dieselben bereits vor und hatte sich mit ihnen auseinanderzusetzen, wenn sie Einfluss auf die Gemüther der Zeitgenossen gewinnen wollte. Die französische Philosophie machte sich diese Aufgabe verhältnissmässig leicht und fasste dieselbe vorwiegend negativ. Der gefährlichste Feind der neuen Ideen war das alte System, auf kirchlichem wie auf staatlichem Gebiete, gestützt auf den alten Glauben und die cartesianische Metaphysik. Die Missstände, welche man als schreiendes Unrecht empfand und bekämpfte, die Bindung des Geistes und die Verkehrung des Gewissens durch das bestehende Kirchentum, die Bevormundung und Knechtung der Nation durch eine zur Unnatur entartete Rechtsordnung, schienen nicht wirksamer beseitigt werden zu können, als durch die entschiedenste Abkehr von Allem, was an die bisher für officiell geltenden Meinungen erinnerte. Daher die Erscheinung, dass gerade diejenigen, welche diesen Kampf auf's Eifrigste führten, mehr und mehr extrem materialistischen Anschauungen zugeführt wurden und gleichzeitig mit leidenschaftlichem Eifer die Behauptung verfochten, dass diese Denkart die einzige sei, welche den Forderungen wahrer Sittlichkeit, Menschlichkeit, Freiheit und Würde, Genüge zu thun vermöge [2]).

Dieses friedliche Nebeneinanderbestehen und gegenseitige Sichstützen von Anschauungen, welche ihrem logischen Gehalt und ihrer principiellen Unterlage nach unverträglich erscheinen [3]), wird noch verständlicher, wenn man einen Charakterzug des französischen Wesens im Auge behält, der in allen Schöpfungen der Nation hervortritt und in diesem Falle wohl geeignet ist, scheinbar Widersprechendes zusammenzubinden. Ich meine jene neben aller Fähigkeit zur Begeisterung einherlaufende Verständigkeit und Berechnung, welche auch den

Idealen der Franzosen eigen ist und sie mehr auf Reflexion als auf Gemüth und inneren Drang zu gründen liebt [4]). Auch die Ideale des französischen Aufklärungszeitalters sind grossentheils Verstandesideen, denen zwar im richtigen Momente der Schwung der Begeisterung nicht gefehlt hat, denen aber doch, wie der Verlauf der französischen Geschichte seit der grossen Revolution sattsam lehrt, auch alle die Mängel blosser Verstandesbegriffe anhaften. Behält man dies im Sinne, so wird sich zeigen, dass auch für den Materialisten der Weg vom wohlverstandenen Interesse des Einzelnen zur Beförderung der allgemeinen Wohlfahrt und Glückseligkeit nicht allzu weit ist; dass auch er sich begeistern kann für eine verständige Rechtsordnung, in welcher der Einzelne gegen gewaltsame Eingriffe von Seiten der Gesellschaft in das Bereich seiner Persönlichkeit ebenso geschützt ist, wie er anderseits selbst der Gesellschaft wegen, d. h. der von ihr zu erwartenden Vortheile und durch sie zu verhängenden Nachtheile willen, seine eigenen Interessen und Neigungen in einer dem Ganzen entsprechenden Weise modificirt. Insoferne nun die bestehende Gesellschaft so organisirt ist, dass in ihr die Einzelnen nicht zu ihrem Rechte kommen können, d. h. die Schädigung, welche sie in ihren Lebensinteressen erfahren, die Vortheile überwiegt, welche die Vereinigung bietet, lässt sich ganz gut Hass sowohl als Begeisterung verstehen, mit welcher auch ein im letzten Grunde nur verstandesmässig calculirendes Interesse seine Ziele der Opposition und Reformation verfolgt.

Wenn gleichwohl zwischen den praktischen Forderungen und den theoretischen Voraussetzungen dieser Denker ein Widerspruch bestehen blieb, so scheint derselbe zwar in einzelnen Momenten gefühlt worden zu sein, ist aber keinem derselben deutlich und die Aufforderung zur Lösung mit sich bringend zum Bewusstsein gekommen. Es ist hier nicht der Ort zu untersuchen, ob ideale Triebe der Art, wie sie jene Zeit als lebendig auf sich wirkende Mächte empfand, aus sensualistischen oder materialistischen Annahmen überhaupt abzuleiten seien, und ob nicht, wenn dies möglich sein sollte, die Annahmen der französischen Sensualisten erhebliche Umgestaltungen zu erfahren hätten: jedenfalls ist soviel gewiss, dass keiner von den französischen Denkern dieser Zeit eine sorgfältig auf diesen Punkt gerichtete Untersuchung angestellt hat.

Von so eingehender und wiederholter Prüfung der Grundlagen und Voraussetzungen des ethischen Lebens durch eine Reihe von Denkern, wie sie die englisch-schottische Philosophie aufzuweisen hat, ist in Frankreich Nichts zu entdecken. Das ruhige, rein theoretische Interesse, welches die englische Gedankenentwicklung geleitet und ihren Untersuchungen jene Vielseitigkeit, jene den Gegenstand nach allen Richtungen hin erschöpfende Tiefe verliehen hatte, muss in Frankreich einem unruhigen Drängen nach praktischer Verwerthung der philosophischen Forschung, nach unmittelbarer Anwendung ihrer Ergebnisse auf Kirche, Staat und Gesellschaft weichen, welches der Klarheit, Einfachheit und allgemeinen Verständlichkeit in den meisten Fällen die Gründlichkeit der Behandlung zum Opfer bringt. Daher denn auch die Erscheinung, dass gegenüber der grossen Zahl von ethischen Systemen, welche die englisch-schottische Philosophie aufzuweisen hat, Frankreich kein einziges Werk besitzt, welches es unternähme, die ethischen Fragen in systematischem Zusammenhange zu behandeln. Fast alle philosophischen Schriftsteller Frankreichs in dieser Periode haben dies Gebiet wenigstens gestreift, und, sei es im Zusammenhang mit Fragen der allgemeinen Weltanschauung, sei es bei Fragen des Rechtes und der Politik, der Kirche und Religion, oder endlich der Erziehung, ihre Anschauungen über das sittliche Verhalten des Menschen ausgesprochen. Und da in dem Denken und Forschen dieses ganzen Jahrhunderts die Frage nach den Ursprüngen eine so bedeutende Rolle spielte, da alle Philosophie Forschung nach dem Ursprung unserer Ideen zu werden drohte, alle natürliche Theologie Forschung nach dem Ursprung der religiösen Vorstellungen und Gebräuche, so versteht es sich von selbst, dass auch an die ethischen Ideen die Frage nach ihrer Herkunft gestellt wurde. Allein man beruhigte sich in dieser Beziehung sehr schnell, sobald nur im Allgemeinen die Aussicht gegeben war, dass auch sie in der zu erklärenden Welt nichts schlechthin Höheres darstellten, sondern aus den allgemeinen Bedingungen des geistigen Werdens, welche die Philosophie der Zeit festgestellt hatte, abzuleiten seien. Diese Ableitung mit voller psychologischer Feinheit durchzuführen und im Einzelnen genau zu prüfen, ob die aus den angenommenen Voraussetzungen gewonnenen Folgerungen dem vollen und unbeschnittenen Thatbestande der sittlichen Erfahrung auch wirklich entsprächen, oder ob umgekehrt, das was man in seinen praktischen Forderungen unbedenklich bejahte, sich aus der herrschenden Theorie auch als möglich werde erweisen lassen, — das war eine Aufgabe, welche sich kein einziger der französischen Forscher jener Zeit gestellt hat, weil ihnen für ein solches Unternehmen ausnahmslos die nöthige innere Ruhe und Unbefangenheit rein theoretischen Interesses fehlte.

Diese Ursachen machen die Ausbeute, welche eine Durchforschung der französischen Philosophie des 18. Jahrhunderts für die Frage nach den Principien des Sittlichen zu gewähren im Stande ist, verhältnissmässig gering. Der einzige Schriftsteller, welcher diesem Problem grössere Aufmerksamkeit zugewendet und den Versuch gemacht hat, dasselbe von einer principiellen Ansicht über das Wesen und die ursprüngliche Begabung des menschlichen Geistes aus zu lösen, ist Helvetius. Dass er seiner Begabung nach weder als Denker noch als Schriftsteller zu den Köpfen ersten Ranges gehört, ist wohl allgemein anerkannt; aber sofern es sich um systematische Fragen handelt, muss er als Typus und Repräsentant des französischen Sensualismus auf ethischem Gebiete angesehen werden, wenn es auch einseitig wäre, aus seinem System eine allgemeine Charakteristik der französischen Aufklärungsphilosophie herleiten zu wollen.

2. Abschnitt.

Die Theorie des Helvetius [5]).

§. 1. Allgemeine Bedeutung.

Der Grundgedanke seiner Untersuchung ist der, aus den einfachsten Elementen unserer Organisation, d. h. der physischen Sensibilität und der Beziehung aller zum Bewusstsein

kommenden Empfindungen auf das Ich, die Werthurtheile abzuleiten, welche das Sittliche begründen. Wenn Helvetius jene
Beziehung der Empfindungen auf das wahrnehmende und füh-
lende Subject durchgängig als Selbstliebe oder Egoismus (amour-
propre) bezeichnet, so ist das eine Ausdehnung dieses Begriffes,
welche durch die sensualistische Hypothese keineswegs nothwendig gefordert wird und von hervorragenden Vertretern derselben, wie z. B. Hume [6]), entschieden missbilligt wird, welche
aber durchaus nicht ohne Beispiel war. Der Gedanke, dass
alle Sittlichkeit nichts Anderes sei, als ein verfeinerter Egoismus, hatte schon im Altertum durch Epikur und seine Schule
auf weite Kreise einen überzeugenden Reiz ausgeübt; Hobbes
und Locke, mit denen sich Helvetius in der innigsten Geistesverwandtschaft fühlte, hatten ihn theils offen ausgesprochen,
theils errathen lassen; in Frankreich selbst war der Epikureismus seit seiner Wiedererneuerung und Ehrenrettung, die ihm
durch Gassendi zu Theil geworden, das Losungswort einer
zahlreichen Gemeinde geworden, zu welcher viele bedeutende
Persönlichkeiten gehörten [7]). Aus ihr gingen jene berühmten
Maximen des Herzogs von Larochefoucauld hervor, deren
scharfsinnige Beobachtungsgabe nur von ihrer satirischen
Schärfe und gründlichen Menschenverachtung übertroffen wird,
und die lange vor Helvetius und vielleicht noch rückhaltsloser
als er das Geheimniss der Welt verriethen [8]). Und das Dogma
des Egoismus hatte selbst die höchste theologische Weihe empfangen, als das Papsttum in dem Streite zwischen Fénélon
und Bossuet über die Möglichkeit einer uninteressirten Liebe
zu Gott des Ersteren Behauptung verdammte, dass es den
Zustand einer habituellen Gottesliebe gebe, in welche keinerlei
Hoffnung auf Belohnung oder Furcht vor Strafe, also keinerlei
selbstische Regung, sich einmische. Ganz so dachte auch die
Majorität der englischen Kirche, indem sie, Shaftesbury als
glaubensfeindlich verwerfend, sich Locke anschloss und, gestützt auf dessen Theorie, dass Lust- oder Unlustgefühle,
welche aus den Folgen der Handlungen erwachsen, einziges
Kriterium sittlicher Werthschätzung seien, jenen theologischen
Eudämonismus ausbildete, von dem Diderot einmal das bittere,
aber treffende Wort gebrauchte, dass er an Gott auf Wucher-

zinsen ausleihe [9]). Ja, die französische Litteratur hatte zu der
Zeit, als Helvetius sein Buch verfasste, bereits den Versuch
einer systematischen Gestaltung des Egoitätsprincips auf rein
naturalistischer Grundlage, ohne theologische Verbrämung aufzuweisen, nemlich in Lamettrie's „Discours sur le bonheur".
Es lässt sich nicht mit Bestimmtheit bejahen oder verneinen,
ob Helvetius diese Abhandlung bekannt gewesen sei, denn
Lamettrie gehörte zu jenen von der öffentlichen Meinung für
vogelfrei erklärten Autoren, die man wohl gelegentlich benutzt,
aber nicht gerne citirt; aber jedenfalls finden sich manche
seiner leitenden Ideen dort bereits angedeutet. Die Relativität
aller Sittlichkeit, ihre Begründung auf Lustgefühle, die Inanspruchnahme des Gesetzes und der Erziehung, des Staates und
der Gesellschaft, um den Egoismus der Einzelnen für die Gesellschaft brauchbar zu machen — alle diese etwas verküm-
merten Bruchstücke englischer Theorien lassen sich in Lamettrie's übrigens zerfahrener und geschmackloser Darstellung
bereits erkennen [10]).

Man sieht, wie diese Ideen, in der geistigen Atmosphäre
liegend, die verschiedensten Denkrichtungen beeinflussten, und
wird nicht leugnen können, dass sie auch einer gewissen Seite
der Wirklichkeit entsprachen [11]), wie sehr es richtig sein mag,
dass die praktische Lebensführung jener Generationen mit
ihrem uneigennützigen Wohlwollen, ihrer thatkräftigen Menschenliebe, ja mit ihrem Heroismus im Dienste der Humanität,
vielfach ihre eigenen Egoitätsprincipien Lügen strafe.

Behält man dies im Auge, so wird man den Versuch des
Helvetius, in besonnener Weise, ohne höhnische Blasirtheit und
Frivolität, aus dem Princip der physischen Sensibilität und des
Egoismus alle nur irgend möglichen Folgerungen zu gewinnen,
auch dann der Beachtung für würdig halten, wenn man die
Richtigkeit der Grundvoraussetzung nicht zuzugeben geneigt
ist, und dieselbe durch frühere Theorien gewissermaassen für
widerlegt hält [12]). Freilich sind die Berührungspunkte sowohl
mit Hobbes und Locke, als namentlich auch mit Hume zahlreich, und Originalität im höchsten Sinne dem Helvetius nicht
zuzusprechen; aber er hat seinem Stoffe doch manche neue
Seite abzugewinnen gewusst und nimmt durch die systematische

Behandlung eines in der Geschichte der Ethik so vielfach und mit solchem Nachdruck geltend gemachten Gedankens eine wichtige, nicht immer gebührend gewürdigte Stellung ein.

§. 2. Wesen und Ursprung des Sittlichen.

Es versteht sich auf dem Standpunkte, den Helvetius einnimmt, von selbst, dass er den Begriff des Guten durchaus nur nominalistisch fasst. Zwischen zwei extremen Anschauungen über das Wesen des Sittlichen gelte es, eine Mittelstellung einzunehmen [13]). Dasselbe ist weder, wie die geistreiche, aber unverständliche Auffassung der platonisirenden Denker will, zu allen Zeiten ein und dasselbe, eine absolute und von aller geschichtlichen Entwicklung unabhängige Idee, noch auch, wie Montaigne z. B. mit besseren, thatsächlichen Beweisen zu begründen unternahm, rein willkürlich und zufällig. Keine von beiden Auffassungen ist richtig. Eine aufmerksame Betrachtung des geschichtlichen Verlaufes wird vielmehr zeigen, dass die jeweilige Gestaltung des Sittlichen von den Zuständen eines Volkes abhängig ist und eine gewisse Veränderlichkeit daher zum Wesen des Sittlichen gehört — eine Anschauung, in welcher Helvetius mit Hume zusammentrifft [14]). Frägt man nun, kraft welches Kriteriums sich dies nach den Verhältnissen naturgemäss gewissen Schwankungen unterliegende Werthurtheil bilde, so hatte, wie erinnerlich, Hume eine vierfache Beschaffenheit von Handlungen oder vielmehr Eigenschaften namhaft gemacht: Andern nützlich, Andern angenehm, uns nützlich, uns angenehm. Diese Viertheilung schrumpft bei Helvetius zusammen auf die einzige Kategorie: „Uns nützlich." Hierin liegt nun eine Ungenauigkeit in der Auffassung des Thatsächlichen (oder soll man es lieber eine Verschiebung nennen), welche der ganzen ethischen Theorie des Helvetius ihren eigentümlichen Charakter aufgeprägt hat und gerade im Gegensatz zu Hume doppelt bemerklich wird. Dass diese Kategorie die weitaus grösste Rolle in der Beurtheilung von Menschen und Dingen spielt, ist Helvetius [15]) zuzugeben, und aus dem, was er dafür geltend macht, spricht eine

reiche Beobachtung und Menschenkenntniss; aber für die Erklärung des Sittlichen sind diese Dinge fast ganz gleichgültig.
Auch Helvetius, wie niedrig er von dem vorherrschenden sittlichen Maasstab denkt und wie verbreitet er diese Pseudomoral
sein lässt, kann nicht leugnen, dass es Menschen gibt, in
welchen nicht der Gesichtspunkt ihres persönlichen Vortheils
(im gewöhnlichen Sinne), sondern das allgemeine Wohl für
die Beurtheilung maassgebend ist, und dass hierin der eigentliche Begriff des Sittlichen liegt[16]). Daraus ergibt sich nun
für seine Untersuchung die Aufgabe, nachzuweisen, wie diese
Einzelnen dazu gelangen, nicht ihr persönliches Interesse,
sondern das allgemeine Wohl zur Richtschnur ihres Urtheils
zu machen. Denn er ist weit davon entfernt, zu glauben,
dass diese Tendenz etwas Letztes und Ursprüngliches sei; er
kennt nur einen einzigen, im wahren Sinne ursprünglichen
und angeborenen Trieb im Menschen: das ist die Selbstliebe.
Die Selbstliebe, d. h. das Vermeiden des Schmerzes und das
Suchen der Lust, ist eine unmittelbare Wirkung unserer für
Beides empfänglichen Sensibilität, allen Menschen gemeinsam
und von ihrem Wesen unzertrennlich[17]). Sie ist die Quelle
aller unserer Bestrebungen, aller unserer Affecte; diese sind
sämmtlich nur die Anwendung der Selbstliebe auf diesen oder
jenen Gegenstand. Auf unendlich variirten Möglichkeiten, wie
sie sich aus den combinirten Einflüssen der Erziehung, der
Regierung und Gesetzgebung, des persönlichen Umgangs und
des Interessenkreises, sowie aller sonstigen Verhältnisse ergeben,
beruhen die zahllosen Metamorphosen des Egoismus, von denen
viele so künstlich und so verwickelt sind, dass sie die ursprüngliche Gestalt in keiner Weise mehr ahnen lassen; beruht
ferner die ausserordentliche Verschiedenheit der Charaktere,
welche der ursprünglichen Anlage nach bei allen Menschen
völlig gleich sind, und nur durch die Unähnlichkeit der äussern
Einflüsse sich differenziren[18]).

Nirgends tritt der radicale und revolutionäre Zug des
Helvetius stärker hervor, denn in dieser Erhebung des, als
Correctiv der realen Entwicklung, sein gutes Recht besitzenden
Ideals der Gleichheit zur Geltung einer primitiven-psychologi-
schen Thatsache. Und nicht minder charakteristisch für die

Zeit der kommenden Umwälzungen im riesigsten Maasstabe ist
der unbedingte Glaube an die schöpferische Kraft der Autorität, der Gesetzgebung, der bewussten, verständigen Mache
auf allen Gebieten, auch das individuellste, das Reich der
sittlichen Lebensgestaltung mit eingeschlossen. Dass diese
Anschauung, welche selbst die Realisirung des ethischen Ideals
vorzüglich von äusseren Impulsen, von dem Beifall von oben
abhängig macht, und auch im Staate alle Sorgfalt auf abstracte
Regelrichtigkeit der Maschinerie verwendet, echt französisch
sei, wurde schon in Helvetius' Tagen gesagt, und dass die
Franzosen in dieser Art seit der Revolution keine Rückschritte
gemacht haben, wird Jeder zugeben, der die Entwicklung des
französischen Volkes verfolgt hat — trotz aller Gegenwirkungen, welche von der „historischen Schule" in Frankreich
und den verwandten philosophischen Richtungen auszuüben
versucht wurden. Wie enge freilich, namentlich was den
Staat betrifft, diese Tendenz des französischen Geistes mit
grossen, in unserer modernen Cultur nicht zu missenden Vorzügen zusammenhängt, braucht hier nicht erörtert zu werden;
was speciell die ethische Frage anlangt, so dürfte gerade ein
Vergleich des Helvetius mit dem manche Berührungspunkte
bietenden Adam Smith die Schwächen der französischen Theorie
in helles Licht stellen.

Ist nun (um die Theorie des Helvetius weiter zu verfolgen) die Selbstliebe das einzige Princip aller unserer Handlungen und Affecte, und sind alle übrigen Dispositionen aner-
zogen, nicht angeboren, so ergibt sich die Verneinung sowohl
der Doctrinen, welche eine zum Wesen des Menschen gehörige
Sociabilität, ein ursprüngliches Wohlwollen annehmen, als auch
jener, welche den allgemeinen Krieg als Anfangszustand setzen.
Die Menschen kommen weder gut noch böse, weder friedlich
noch feindlich in die Welt. Sie werden das eine oder das
andere, je nachdem gleiche oder entgegengesetzte Interessen
sie vereinigen oder trennen [19]).

Gegen die Annahme eines angeborenen, zu unserer Organisation selbst gehörenden moralischen Sinnes führt Helvetius
eine heftige Polemik, deren Gründe freilich nur zum kleinsten
Theil originell sind, vielmehr auf dem Boden dessen stehen,

was aus Hobbes und Hume bereits genügend bekannt ist [20]).
Das Interessanteste an diesen Erörterungen ist die zwar sophi-
stisch zugespitzte, aber immerhin feine Beobachtungen enthaltende Analyse des Mitleids, welche auch diesen scheinbar
stärksten Beweis für die Ursprünglichkeit des Wohlwollens in
sein System zu zwingen sucht [21]).

Sittlichkeit ist also nur dadurch möglich, dass man die
Menschen durch irgend welche Einrichtungen und durch
Erziehung daran gewöhnt, in dem allgemeinen Interesse ihr
eigenes zu erblicken und in dessen Befriedigung sich mitbe-
friedigt zu fühlen [22]).

Im Einzelnen aber lässt sich dies schlechterdings nicht
bewerkstelligen; Wirkungen von grösserem Umfang und an-
haltender Dauer sind hier nur auf dem Wege der Gesetzgebung zu erzielen; nur durch sie lässt sich ein wirklicher
Einfluss auf die Sittlichkeit einer Nation gewinnen, während
die schönsten Grundsätze vielleicht einige Einzelne sittlich erheben, im Grossen und Ganzen aber völlig wirkungslos bleiben.
Nicht einmal das Verlangen nach Achtung (und hier bricht
vielleicht am stärksten die rein physisch-sensuelle Auffassung
des Menschen bei Helvetius durch) erachtet er für ausreichend,
um eine Uebereinstimmung zwischen dem Eigeninteresse und
dem Interesse der Gesammtheit zu bewirken.

Dies Verlangen pflegt man für Liebe zur Tugend zu
halten und demgemäss zu behaupten, diese um ihrer selbst
willen zu lieben. Das ist aber ein blosses Wort. Die Aussicht
auf Belohnung ist das einzige Motiv der Sittlichkeit; mit dem
Interesse, die Tugend zu lieben, fällt diese selbst. Denn der
Mensch ist seiner Natur nach genöthigt, dem stärksten Interesse
zu folgen; und wie theuer ihm auch die Achtung Anderer sein
mag, so wird er ihr doch niemals Lustempfindungen zum
Opfer bringen, die noch stärker sind, als die von ihr hervor-
gerufenen. Aus diesem Grunde wäre ein Mensch, der immer
gegen seine Neigungen ankämpfen müsste, um sittlich zu sein,
nothwendiger Weise ein sehr schlechter Mensch. Die sogenannten verdienstlichen Tugenden sind niemals sicher. Der
sittliche Mensch ist also nicht derjenige, der sein Vergnügen,
seine Gewohnheiten, seine stärksten Affecte, dem allgemeinen

Wohle zum Opfer bringt; denn ein solcher Mensch ist unmöglich; sondern derjenige, dessen stärkste Leidenschaft so sehr mit dem allgemeinen Interesse übereinstimmt, dass er sich fast immer getrieben fühlt sittlich zu handeln. Und wenn es Menschen gibt, bei welchen es den Anschein hat, als ob sie ihr Interesse dem allgemeinen Interesse wirklich aufgeopfert hätten, so rührt dies davon her, dass unter einer guten Gesetzgebung sich die Idee des Sittlichen so enge mit der des Glückes und die des Unsittlichen so enge mit der der Verachtung verbindet, dass man durch ein lebhaftes Gefühl, dessen Ursprung gar nicht weiter zum Bewusstsein kommt, zu Handlungen getrieben wird, die dem eigenen Interesse zu widersprechen scheinen. Aus diesem Grunde steht ein Mensch der Vollkommenheit um so näher und verdient um so mehr die Bezeichnung „sittlich", je stärker die Lust und je mächtiger das Interesse sein muss, deren es bedarf, um ihn zu einer schuldbaren Handlung zu vermögen, weil darin der Maasstab für die Stärke seiner sittlichen Gesinnung gegeben ist.

Ist also die Lust in irgend einer Form das letzte Ziel alles menschlichen Strebens, so hat man, um die Menschen sittlich zu machen, nur das Verfahren der Natur nachzuahmen. Durch Lustgefühle kündigt sie ihren Willen, durch Schmerz ihre Verbote an, und der Mensch gehorcht ihren Winken mit der grössten Gelehrigkeit. Warum sollte der Gesetzgeber, der mit der gleichen Gewalt ausgerüstet ist, nicht auch die gleichen Wirkungen erzielen können? Wären die Menschen ohne Affecte, so gäbe es kein Mittel, sie sittlich zu machen; aber gerade ihr eifriges, und so unkluger Weise verschrienes Streben nach Glück liefert den Zügel, um die Leidenschaften der Einzelnen nach dem allgemeinen Wohle hin zu lenken. Was wir Unsittlichkeit nennen, rührt also nicht von der Verderbtheit der menschlichen Natur, sondern von der Unvollkommenheit der Gesetzgebung her. Diese führt die Menschen selbst zur Unsittlichkeit, indem sie nur zu oft mit unsittlichem Thun sich Lust verbinden lässt. Die grosse Kunst des Gesetzgebers besteht darin, beides zu trennen und zwischen dem Vortheil, welchen der Schuldige aus einer bösen That zieht, und der Strafe, welcher ihn dieselbe aussetzt, gar kein Verhältniss zu lassen[23]). Bei einer wahrhaft ausgezeichneten Gesetzgebung wären Narren allein unsittlich. Dieser Gedanke wird durch eine Reihe geschichtlicher Betrachtungen ausführlich begründet; namentlich die politische Sittlichkeit der Staaten des klassischen Altertums in Gegensatz zu den Wirkungen des Despotismus gebracht[24]). Im moralischen Leben, wie in der Physik und Mechanik, sind die Wirkungen stets den Ursachen proportional. Die Lebhaftigkeit der Affecte hängt theils von den Mitteln ab, welche der Gesetzgeber anwendet, um sie in uns zu erwecken, theils von den Verhältnissen, in welche uns das Schicksal versetzt. Je stärker aber unsere Affecte, um so grösser die Wirkungen, welche sie hervorbringen; daher auch, wie die ganze Geschichte lehrt, der Erfolg stets auf Seite der von starken Leidenschaften bewegten Völker ist[25]). So hat hat jede Nation ihre besondere Art zu sehen und zu fühlen, welche eben ihren Charakter bildet; und dieser Charakter ist bei allen Völkern der Veränderung fähig, entweder plötzlich oder unmerklich, je nach den Veränderungen, welche in der Form ihrer Regierung und folglich in der öffentlichen Erziehung vor sich gehen. Was auf solche Weise mit den Völkern im Grossen geschieht, das vollzieht sich auf eine weniger merkliche, aber darum nicht minder sichere Art auch mit den Individuen. Erziehung und Schicksale vermögen Alles über den Menschen. Ohne Ideen, ohne Leidenschaften tritt er in die Welt; geboren zur Nachahmung, gelehrig für jedes Beispiel. Der Unterweisung allein verdankt er seine Gewohnheiten und seinen Charakter. Seine ursprüngliche Natur ist also, wie Helvetius mit Pascal gegen Rousseau geltend macht, nichts anderes, als seine erste Gewohnheit[26]).

§. 3. Zur Würdigung und Kritik.

Einer kritischen Prüfung der Theorie des Helvetius muss zunächst ein gewisser Mangel an psychologischer Feinheit und Schärfe der Zergliederung auffallen, durch welchen sich Helvetius von den englisch-schottischen Denkern nicht gerade zu seinem Vortheil unterscheidet. Welche Mühe hatte sich z. B.

Hume gegeben, um genau den Antheil festzustellen, welchen die Vernunft und das Gefühl an moralischen Unterscheidungen haben; mit welcher Sorgfalt hat er sowohl als auch später Smith sich dem Nachweise gewidmet, durch welche psychologischen Vorgänge das rein passionelle und zufällige Einzelinteresse des Subjects sich zu jener Allgemeinheit (generality, wohl bemerkt, nicht universality) erhebe, welche ein wesentliches Merkmal der sittlichen Beurtheilung bildet. Helvetius weiss hier nur äussere Einflüsse, Gewohnheit und Erziehung, und solche öffentliche Einrichtungen namhaft zu machen, welche gewissermaassen eine Verschiebung der Lust bewerkstelligen, und, während sie den Menschen immerfort an seinem eigenen Interesse, an seinen Lustempfindungen festhalten, so viel bewirken, dass die grössere Lust für ihn aus solchen Handlungen resultirt, welche dem öffentlichen Wohl angemessen sind. Aber wie schwach ist in vielen Fällen dieser Zusammenhang mit unsern eigenen Interessen und wie schwer begreiflich, dass ein solches, fast nur imaginär zu nennendes, Interesse die Quelle energischen, sittlichen Handelns und Urtheilens zu werden vermöchte[27])! Diese Schwierigkeit war von den englischen Denkern wohl gefühlt worden: Hume hat sie durch den Gedanken der extensiven Sympathie zu lösen versucht, Hartley durch seine Theorie der Association, Smith durch seine Theorie von der doppelten Sympathie mit den Motiven des Handelnden und den Empfindungen dessen, auf welchen sich die Handlung bezieht. Helvetius aber scheint für diesen wichtigen Punkt kein Auge zu haben und übergeht ihn ganz und gar.

Der Kernpunkt aller gegen Helvetius zu richtenden Kritik aber liegt in der Frage, ob sich die Reduction aller, auch der scheinbar ganz uninteressirten Affecte auf Selbstliebe psychologisch begründen lasse. Hume hat, wie wir wissen, in dieser Frage geschwankt, um sie schliesslich zu verneinen, Diderot dagegen declamirt, um sie schliesslich fast zu bejahen, Hutcheson, Butler und Smith dem Princip des Egoismus eine Fülle von scharfgedachten Argumenten entgegengestellt. Die meisten derselben werden aus der vorausgehenden Darstellung erinnerlich sein; als eines der principiell wichtigsten dürfte vielleicht jene von Butler zuerst gemachte, von Hume neu formulirte

Bemerkung zu bezeichnen sein, dass, wie Helvetius selbst einmal anerkennt, die Selbstliebe gar nicht ein Erstes und Ursprünglichstes im Menschen sei, sondern vielmehr eine Anzahl keineswegs qualitätsloser Triebe, durch welche das, was wir Selbstliebe nennen, erst Richtung und Inhalt empfängt — Triebe, deren Tendenz nicht selten ganz über die Sphäre des Individuums hinausgeht. Man könnte freilich auch in solchen Fällen nur eine scheinbare Ausnahme von dem selbstischen Princip erblicken wollen, da ja hier das Interesse gerade in der Befriedigung des uninteressirten Gefühls liege.

Wie gekünstelt und geschraubt diese Erklärungsweise aber ist, das hat geraume Zeit vor Helvetius schon Hutcheson [28]) kenntlich gemacht an den Stellen seiner Moralphilosophie, welche gegen die zu seiner Zeit vorhandenen Formulirungen des selbstischen Systems gerichtet sind. Er warnt ausdrücklich davor, die bei jedem erfolgreichen Thun hinzutretende Freude mit den Motiven der Handlung selbst zu verwechseln. Dass beide zweierlei seien, gehe schon daraus hervor, dass jener Affect, namentlich da, wo es Schwierigkeiten zu überwinden gibt, häufig eintrete, bevor der Zweck des Handelns erreicht sei, und es sei deshalb ganz müssig zu sagen, alle unsere Wünsche seien egoistisch, weil wir durch ihre Befriedigung die Freude des Erfolges erlangen und uns von einem unangenehmen Verlangen befreien.

Aber noch mehr. Nicht das wirkliche Wohlbehagen Anderer, sondern nur der gute Wille für sie, der innere Wunsch nach Beförderung ihres Wohles ist es, was die Sittlichkeit begründet und uns selbst innere Befriedigung verschafft. Nun müsste die Theorie des Egoismus behaupten, dass um dieses Genusses willen man sittliches, d. h. selbstloses Empfinden hervorrufe: allein das unnatürlich Gewaltsame dieser Erklärung fällt in die Augen. Nie kann es einem ganz auf das eigene Selbst gerichteten Gemüthe gelingen, durch einen blossen Willensact selbstlose Neigungen in sich wachzurufen [29]).

Das sind schwerwiegende Bedenken gegen das selbstische System von Seiten der zeitgenössischen Philosophie; allein man darf über diesen Schwierigkeiten nicht vergessen, dass Helvetius in seiner Verfolgung der Vorgänge, durch welche die

Umsetzung des eigenen Interesses in's allgemeine stattfindet, und der Mittel, durch welche dieselbe gewissermaassen auf künstlichem Wege zu bewerkstelligen sei, eine Reihe sehr feiner Beobachtungen niedergelegt hat. Auch wer das Princip des Egoismus für unzureichend hält, um die Erscheinungen zu erklären, in welchen sich für eine unbefangene Beobachtung der specifische Charakter des Sittlichen gerade am meisten manifestirt, wird doch zugestehen müssen, dass bei Vielem, was in der Welt und für die Welt als sittlich erscheint, dies maskirte, vom Allgemeinen eigentlich nur in Pacht genommene Eigeninteresse, eine grosse Rolle spielt. Es ist sicherlich ein Verdienst Helvetius', diesem immerhin so wichtigen Factor unseres Thuns mit grösster Sorgfalt nachgegangen zu sein und ihn durch alle seine vielgestaltigen Metamorphosen und ver- steckten Schleichwege mit scharfem Spürsinn verfolgt zu haben.

Was Helvetius, von diesem Gedanken ausgehend, in seinen beiden Schriften durch eine Reihe von Capiteln über den Zu- sammenhang der Sittlichkeit mit den allgemeinen Culturver- hältnissen, insbesondere mit dem Stande des Rechts und der Gesetzgebung vorbringt, beruht zum Theil auf geschickter und verständnissvoller Benützung einzelner Lichtblitze, die Montes- quieu in seiner genial-aphoristischen Weise auf dies bisher von der Forschung arg vernachlässigte Gebiet hatte fallen lassen. Nur übersieht Helvetius, sei es unwillkürlich, sei es aus falscher Consequenzmacherei, was Montesquieu keineswegs anzudeuten vergessen hatte[30]), dass jene Einflüsse nur in der Form eines Wechselverhältnisses richtig aufgefasst werden können. Indem er so ausser Acht lässt, dass nicht bloss die Sitten von der Gesetzgebung beeinflusst werden, sondern dass anderseits auch wieder jegliche Gesetzgebung ihre Wurzel nur in den Sitten haben könne, die durch Gesetze nicht unmittelbar zu ändern sind und ein Gebiet selbständigen Wachstums für sich dar- stellen, so liegt hierin ohne Zweifel ein weiterer empfindlicher Mangel der Theorie, welche, wie das auch bei Hobbes schon bemerkt werden musste, bei näherem Zusehen die Frage nach dem Ursprung des Sittlichen ganz unbeantwortet lässt.

Denn wenn, wie Helvetius dies so nachdrücklich behauptet, alles Vorziehen des öffentlichen Interesses nur dadurch möglich

wird, dass man durch irgend welche äussere Veranstaltungen
mit demselben ein persönliches Interesse, eine Lust verknüpft
und dieselbe zur überwiegenden macht, so bleiben zwei Fragen
zu beantworten übrig: Wie kommen die Urheber der Rechts-
ordnungen selbst dazu, das allgemeine Interesse und nicht
ihren ganz persönlichen Vortheil zum leitenden Princip ihrer
Bestimmungen zu machen, und zweitens, wie fangen sie es an,
um bei vollständigem Mangel jeder natürlichen Grundlage für
das zu erreichende Ziel, den Menschen nur überhaupt verständlich zu machen, was mit ihren Geboten und Verboten
bezweckt werden soll. Zwar liesse sich nun auch darauf, mit
Mandeville etwa, antworten, dass für die Herrschenden und
Gesetzgebenden zunächst der Ehrgeiz, dann die Erwägung,
eine von gewissen sittlichen Maximen geleitete Menge leichter
beherrschen zu können, Veranlassung genug zur Ausbildung
gewisser sittlicher Regeln gewesen sein könne, und dass es
sich der Menge gegenüber nicht um die Einsicht in das Gebot,
sondern nur um Erzwingung seiner Befolgung gehandelt habe,
vermöge der Motive der Hoffnung und Furcht. Allein ob dies
hinreiche, um mehr zu erklären, als etwa die äusserlichsten
Elemente der Rechtsordnung, ob es namentlich die Entstehung
der sittlichen Ideale, welche doch eine treibende Kraft in aller
Gesetzgebung sind, begreiflich zu machen vermöge, wird
nach allem Gesagten wohl dahin gestellt bleiben dürfen. Und
so kehrt sich mit doppelter Wucht gegen Helvetius der Gedanke, welchen einst Law gegen Mandeville geltend gemacht
hatte. Nimmt man erst alle Principien als nachträgliche Er-
findungen an, so kommt man schliesslich dahin, nicht mehr
zu verstehen, wie überhaupt irgend etwas hat erfunden werden
können. Sässen Mathematik und Logik uns nicht allen im
Blute, so könnte es keine derartigen Wissenschaften geben;
denn alle Wissenschaft ist nur die Ausgestaltung dessen, was
die Natur in jeden Menschen gelegt hat. Das gilt auch von
den Principien der Ethik: ohne die Voraussetzung der Ethisir-
barkeit des menschlichen Wesens werden alle Ableitungsver-
suche fruchtlos bleiben müssen. Die Forschung nach den
letzten Elementen der psychischen Organisation, worauf diese
Fähigkeit beruht, wird dadurch natürlich nicht ausgeschlossen,

und in dieser Hinsicht gebührt unstreitig gerade den radicalen
Theorien des 17. und 18. Jahrhunderts ein nicht unerhebliches
Verdienst. Zwar ist das Niveau des sittlichen Thatbestandes,
von welchem sie ausgehen, kein besonders hohes und nicht
mit Unrecht kann von ihnen bezweifelt werden, ob sie allen
den im sittlichen Leben zu Tage tretenden Erscheinungen gerecht zu werden vermögen. Allein es kündigt sich in ihnen
ein Zug der Forschung an, welcher zwar vorläufig noch seines
eigentlichen Zieles sich nur unvollkommen bewusst ist, und
darum auch in der Anwendung seiner Methode gelegentlich
fehlgreift, aber in der Natur des Untersuchungsobjectes seine
Berechtigung hat und in unserer Zeit beginnt, sich allmälig
zu grösserer Klarheit durchzuarbeiten. Sicherlich gibt es verschiedene Formen der Sittlichkeit in der Welt, und es ist
darum nicht dasselbe, ob man bei der Frage nach dem Ursprung des Sittlichen die vollendetste Form desselben im Auge
hat, oder ob man lediglich daran denkt zu erklären, auf welche
Weise die Ethisirung des Menschen überhaupt begonnen habe.
Ob es angehe, ganz allgemein und für jede Form der Sittlichkeit die Selbstliebe als Quelle anzunehmen, diese Frage hat
das 17. und 18. Jahrhundert gründlich untersucht, und man
wird nach vollständiger Ueberschau des Für und Wider wohl
sagen dürfen, dass die Entscheidung zu Ungunsten des Egoismus ausgefallen sei. Ob es aber von einem geschichtlichen
Standpunkte aus anzunehmen sei, dass sich in einer ursprünglich nur von Selbstsucht bewegten und darum nur die rohesten
sittlichen Formen kennenden Menschheit durch das Zusammenwirken zwingender Lebensbedingungen, der Reflexion und des
menschlichen Idealisirungsvermögens, allmälig die Grundlagen
für die Ausbildung feinerer Formen des Sittlichen entwickelten,
zu deren Erklärung der blosse Egoismus nicht mehr ausreicht
— dies ist eine Frage, welche sich mit der ersten zwar nahe
berührt, aber keineswegs völlig mit derselben zusammenfällt.
Darum hat die Behandlung der ersten Frage im 17. und 18. Jahrhundert zwar vermocht, auch für die Lösung der zweiten
manchen fruchtbaren Wink zu geben; zugleich aber macht
es das Zusammenwerfen beider Gesichtspunkte begreiflich,
dass das Problem in der zweiten Fassung auch in diesem

Jahrhundert noch auf der Tagesordnung der wissenschaftlichen Speculation erscheint.

§. 4. Religion und Sittlichkeit.

Es erübrigt noch, über das Verhältniss, in welches Helvetius die Sittlichkeit zur Religion setzt, das Nothwendige zu
sagen. Seine Auffassung lässt sich als das abschliessende Ergebniss der Untersuchungen bezeichnen, welche in England
Shaftesbury und Hume, in Frankreich Bayle und Voltaire
über diesen Gegenstand angestellt hatten [31]. Mit allen diesen
Vorgängern theilt er die Abneigung gegen den religiösen und
theologischen Geist, an dessen Manifestationen er fast ausschliesslich die bedenkliche Seite erblickt; am nächsten aber
steht er unstreitig auch hier Hume, da er in seiner Ableitung
des Sittlichen jene metaphysische Grundlage, welche Bayle und
Voltaire noch festgehalten hatten, völlig zu Gunsten einer rein
naturalistischen Auffassung preisgibt und sich seine ganze Erklärung ausschliesslich auf psychologischem Gebiete bewegt.

Das Urtheil des Helvetius über den ethischen Werth der
Religion lässt sich in den Satz zusammenfassen: Der Schaden,
welchen sie schafft, ist wirklich; was sie nützt, besteht nur
in der Einbildung. Denn ihre Vorschriften stimmen mit dem
natürlichen Gesetze, d. h. den Vorschriften, welche die vervoll-
kommnete Vernunft der Menschheit zu ihrem Wohle ertheilt,
entweder überein oder nicht. Im letzteren Falle sind die religiösen Gebote als gemeinschädlich zu verwerfen; im ersteren
kann man sie zwar acceptiren, aber da sie nichts Anderes
enthalten, als was die gesunde Vernunft ohnedies vorschreibt,
so sind sie überflüssig [32]. Gerechtigkeit und Wahrheit sind
Zwillingsschwestern; wahrhaft nützliche Gesetze sind nur die,
welche auf einer eindringenden Kenntniss der Natur und der
wahren Interessen des Menschen beruhen. Damit fällt auch
der Werth, den man etwa in einer Verstärkung oder Bestätigung der natürlichen Gesetze des Handelns durch angebliche
Offenbarung zu finden glaubt, hinweg. Denn der einzige wirkliche und dauernde Halt, den man praktischen Principien zu

geben im Stande ist, beruht in ihrer einleuchtenden **Beweis-barkeit**. Eine Offenbarung aber, die solcher Beweisbarkeit unter allen Umständen entbehren muss, wird viel weniger zur Befestigung der auf sie gebauten Sittlichkeit dienen, als viel-mehr mit der Zeit dieselbe geradezu untergraben.

Alles bestätigt, dass die Religion zwar unsern Glauben bestimmt, unser Handeln, unsere Sitten und unsere Sittlichkeit aber das Werk der Gesetzgebung sind [33]). Diese in Bezug auf die sittliche Hebung und Vervollkommnung der Menschen so fragwürdige Leistungsfähigkeit der Religion muss den Werth derselben um so tiefer herabdrücken, als anderseits das Un-heil und der Schaden, welchen die religiösen Vorstellungen an-gerichtet haben, uns auf jedem Blatte der Geschichte entgegen-treten. Darum kann man auch nicht sagen, dass man das natür-liche Glaubensbedürfniss des Menschen benutzen müsse, um ihn zum Glück und zur Gerechtigkeit anzuleiten. Wäre dies wirklich das einzige Mittel, um die Sittlichkeit zu begründen, wäre dieselbe nur durch eine Täuschung der Menschheit mög-lich, so würde man ohne Zweifel diesem Zwecke Alles, selbst die Wahrheit, zum Opfer bringen müssen. Allein dies Opfer ist un-nöthig; man bedarf der Täuschung nicht, um die Sittlichkeit zu begründen. Denn nicht der Gläubige ist derjenige, der die Ge-setze am treuesten beobachtet: er ist es vielmehr, der sie am häufigsten verletzt, wie denn der religiöse Wahnglaube für alle Leiden der Welt eine giftige Quelle war und bleibt. Jedes Dogma enthält einen Keim der Zwietracht und die einzige wirklich tolerante Religion ist die, welche entweder gar keine Dogmen besitzt, wie die heidnische, oder nur aus einer gesunden Sittlichkeit besteht, wie die Religion des Philosophen. Sie ist die einzig wahre Religion, welche zugleich alle Bedingungen in sich vereinigt, um zur allgemeinen zu werden. Denn nur sie lässt sich auf ewige und unveränderliche Principien gründen, welche wie die Lehrsätze der Geometrie des strengsten Be-weises fähig sind, weil sie auf der Natur des Menschen und der Dinge beruhen [34]).

Es ist nur eine Abfindung, wenn Helvetius die Bedingungen erörtert, ohne deren Erfüllung eine Religion zerstörend auf das Volkswohl wirken müsse. Das schliesst nicht so fast eine

Anerkennung ihres positiven Werthes ein, sondern heisst viel mehr nur: „In welchen Fällen ist sie am wenigsten schädlich?" Die Antwort auf diese Frage fällt unbedingt zu Gunsten des heidnischen Altertums aus. Dessen Religion besitzt, wie Helvetius ausführlich nachzuweisen unternimmt, alle die Eigenschaften, welche die schädlichen Wirkungen des religiösen Geistes aufzuheben, ja sogar positiv nützlich zu machen vermögen. Diese Bevorzugung der heidnischen Religion vor der christlichen war in jener Zeit beinahe zum Axiom geworden. In ihrem ersten Stadium lässt sich die Frage bei Bayle beobachten, welcher den Einwurf zu entkräften hatte, dass jede Religion, selbst die heidnische, noch besser sei, als völlige Religionslosigkeit, d. h. Atheismus [35]). In Folge dessen ist Vieles, was er über die Religionen des Heidentums vorbringt, nicht gerade schmeichelhaft für dieselben und ihren sittlichen Werth, und wenn er bei Untersuchung der Bedingungen, unter welchen eine Religion der Sittlichkeit und Aufrechterhaltung der Gesellschaft zu nützen vermöge [36]), hervorhebt, dies sei nur dann der Fall, wenn die Götter derselben das sittliche Handeln ausdrücklich und unter Verheissung von Lohn oder Strafe befehlen, so scheint sich alsbald eine offenkundige Ueberlegenheit des Christentums über die heidnische Religion zu ergeben. Aber das ist nur scheinbar, und ein rein theoretisches Zugeständniss; denn der eigentliche Gedanke Bayle's ist, wie aus unserer vorausgegangenen Darstellung noch erinnerlich sein wird, der, dass religiöser Glaube als solcher überhaupt wenig oder gar keinen Einfluss auf das sittlich-praktische Verhalten des Menschen ausübe, dass die Sittlichkeit andere, auf sich selbst ruhende Grundlagen habe und dass weder die Religionsvorstellungen des Heidentums die Sittlichkeit in dem Maasse untergraben, noch die religiösen Ideen des Christentums dieselbe in dem Maasse gefördert hätten, als man nach ihrem theoretischen Gehalte vermuthen sollte. Dass aber der christliche Glaube vor Verbrechen aller Art nicht schütze, sondern im Gegentheil eine Reihe von Verletzungen sittlicher Grundsätze gerade aus dem dogmatischen Charakter der Religion hervorgehe, hat Bayle in den Pensées diverses nachdrücklich ausgesprochen [37]). Man sieht, auch hier liegen bei ihm noch in einer gewissen Ver-

mittlung Elemente neben einander, die nachher in scharf polemischer Zuspitzung auftreten. Nur noch einer kleinen Verschiebung des Standpunktes bedarf es, um aus Bayle's Ideen
über den vergleichsweisen praktischen Werth der heidnischen
und christlichen Religion die Anschauung Voltaire's und Hume's
zu entwickeln, in welcher die christliche als die mächtiger auf
den gesammten Menschen einwirkende, eben darum aber auch
soviel unheilvollere erscheint.

3. Abschnitt.

Die Behandlung der Frage bei den übrigen französischen Schriftstellern.

Es wurde bereits hervorgehoben, dass die Frage nach dem
Ursprung der sittlichen Phänomene von keinem der französischen Schriftsteller des 18. Jahrhunderts so eingehend behandelt worden sei, als von Helvetius. Das Meiste, was ausser
ihm nach dieser Richtung beigebracht worden ist, trägt einen
ziemlich aphoristischen Charakter, ohne zur Förderung des wissenschaftlichen Problems sonderlich viel zu leisten und es mag
daher für den Zweck der gegenwärtigen Untersuchung genügen, in einer allgemeinen Ueberschau die wichtigsten Gedanken anzuführen, welche neben und gegen Helvetius geltend
gemacht worden sind und diesen durch die Umgebung seiner
Zeitgenossen selbst in's richtige Verhältniss zu rücken. Vieles
von dem, was hier zur Sprache zu bringen ist, knüpft geradezu
polemisch an das Buch „De l'esprit" an, welches bei seinem Erscheinen zwar ungeheures Aufsehen hervorrief[38]), aber auch in
sonst gesinnungsverwandten Kreisen lange nicht die Zustimmung fand, welche man eigentlich zu erwarten geneigt wäre.
Aus der Fluth von oppositionellen Darlegungen und Erlassen
(darunter eine sehr ausführliche der Sorbonne, welche das Buch
als Quintessenz alles in neueren Werken enthaltenen Giftes bezeichnet) haben nur jene für uns Interesse, welche von Anhängern der neuen Geistesrichtung ausgehen.

§. 1. Voltaire.

An der Spitze dieser Gegner ist Voltaire zu nennen, der dem Buche unmethodisches Verfahren und zahlreiche Gemeinplätze vorwarf, und das Neue falsch oder problematisch fand. Diese Abneigung Voltaire's erklärt sich aus seinen eigenen Anschauungen sehr wohl [39]): denn (um uns auf das ethische Gebiet zu beschränken) Voltaire war hier nicht seinem Meister Locke gefolgt, sondern hielt eine angeborene und natürliche Grundlage des Sittlichen fest. Freilich denkt er dabei nicht an einen fertigen Begriff, sondern nur an ein im Laufe des Lebens auszubildendes Organ; aber während dieser Gedanke in verschiedenen Wendungen häufig bei ihm wiederkehrt, hat er doch nirgends eine genauere psychologische Ableitung versucht.

Mit besonderem Nachdruck hat er der Hervorhebung des Wechselnden in den Vorschriften der Sittlichkeit und des Rechts gegenüber darauf hingewiesen, dass, wie beschaffen sie auch inhaltlich sein mögen, doch in dem Bewusstsein des Rechten, welches nirgends fehlt, der Hinweis auf ein über allem Wechsel stehendes Identisches gegeben sei. Allein auch hier kömmt er über rhetorisch-poetische Formulirungen nicht hinaus. Gegen die Ableitung des Sittlichen lediglich aus Lust oder Unlust, und den daraus consequenter Weise folgenden Satz, dass man das Laster lieben müsse, sobald man durch dasselbe glücklich zu werden vermöge, erhebt er eindringlichen Protest; aber der Einfluss seiner Zeit und der ihn umgebenden geistigen Atmosphäre ist doch auch bei ihm bereits mächtig genug, um auch ihn der Eigenliebe eine Rolle zutheilen zu lassen, welche dem Gedanken des Helvetius beinahe vollständig entspricht [40]).

Es ist ein gewisser Durchschnittsstandpunkt, welchen Voltaire vertritt, ohne denselben nach irgend einer Seite hin besonders zu vertiefen: die doppelte Reaction jenes „bon-sens", der in ihm seinen classischen Vertreter gefunden hat, gegen die Extravaganzen der mystischen Ethik, wie sie die Ausläufer des Cartesianismus zu Tage gefördert hatten, und gegen die falsche Consequenzmacherei des Materialismus. Und nur da, wo er die allgemeine menschliche Sittlichkeit gegen Ausschreitungen der Intoleranz und die Würde der menschlichen Persönlichkeit gegen eine barbarische Rechtsübung in Schutz nehmen muss, erhebt er sich zu einem gewaltigen Pathos, welches seine Wirkung auf die Zeitgenossen nie verfehlt hat.

Im Uebrigen lässt sich diese Mittelstellung Voltaire's gerade an seiner Würdigung des religiösen Elements im Verhältniss' zum Sittlichen deutlich beobachten. Derselbe **Mann**, der die skeptischen Zweifel Bayle's in den herbsten Spott und die beissendste Satire verwandelte, dessen Schriften ein unerschöpfliches Arsenal von Waffen gegen Aberglauben, Intoleranz und Fanatismus sind, hat niemals in jene absolute Verwerfung der Religion mit eingestimmt, welche bei seinen Zeitgenossen an der Tagesordnung war. Sehr im Gegensatz zu den eigentlich Radicalen hat Voltaire nicht nur stets am Gottesbegriff festgehalten, sondern auch ausdrücklich erklärt [41]), der Atheismus könne der Moral keinerlei Nutzen, wohl aber viel Schaden bringen, und sei fast ebenso gefährlich, wie der Fanatismus.

§. 2. Rousseau [42]).

Noch entschiedener als Voltaire hat sich Rousseau gegen die von Helvetius vorgetragene Anschauung ausgesprochen. Wir besitzen von ihm eine ziemlich ausführliche Kritik [43]) derselben, sind aber im Uebrigen für die Ermittelung seiner eigenen Ansicht auf einzelne, in allen seinen Schriften [44]) zerstreute Aeusserungen angewiesen. Zu einer eigentlichen Theorie ist es bei ihm nicht gekommen, und es ist schwer genug, aus dem glänzenden, rhetorischen Schwunge seiner Darstellung die Grundzüge einer solchen herauszuheben [45]). Der leitende Gedanke ist hier, wie in seinen andern Untersuchungen, die ursprüngliche Vortrefflichkeit und Güte der menschlichen Natur. Alles ist gut, so wie es aus den Händen des Schöpfers hervorgeht; es entartet erst im Verlauf der menschlichen Entwicklung [46]). Mit diesem Gedanken der Gleichsetzung des Ursprünglichen und Natürlichen mit dem Sittlichen wiederholt sich auf französischem Boden die Anschauung Shaftesbury's, mit welchem Rousseau in ebenso naher geistiger Verwandtschaft

steht, als Helvetius mit Hobbes, Locke und Hume. Und auch
das Werthverhältniss ist ungefähr das nemliche. Wie Helvetius, im Verhältniss zu Hume betrachtet, eine Uebertreibung
darstellt, welche nichts Anderes ist als eine Abschwächung
der Beweiskraft, so erscheinen auch Shaftesbury's Ideen bei
Rousseau in einer Steigerung, welche ihren Werth zu beein-
trächtigen droht. Shaftesbury hatte protestirt gegen jene
Schilderung des Naturzustandes, welche in demselben nur den
erbitterten Kampf entzweiter Selbstsucht erblicken wollte: Rousseau schildert ihn als ein paradiesisches Idyll der Eintracht
und des Glückes. Shaftesbury hatte die natürliche Grundlage
des Sittlichen im Triebleben des Menschen nachzuweisen und
zu zeigen versucht, wie sich aus dieser Grundlage durch Reflexion allmälig das Sittliche entwickle; Rousseau, auch hierin
ihn überbietend, bleibt fast ganz bei der unmittelbaren Natürlichkeit, dem blossen Herzensdrange stehen. Seinem Begriff
des Gewissens, der bei bei ihm dieselbe Rolle spielt, wie die
Selbstreflexion Shaftesbury's, fehlt alle nähere psychologische
Bestimmtheit und es kann daher nicht Wunder nehmen, wenn
das Sittliche bei ihm noch mehr des autoritativen Charakters
entbehrt. Daneben finden sich merkwürdige Anklänge an
Spinoza, wie namentlich in dem Satze [47]), der Mensch sei nur
thätig, wenn er seine Vernunft höre, dagegen leidend, wenn
die Leidenschaft ihn überwältige. Allein völlig isolirt und
losgelöst von allen systematischen Voraussetzungen vermag er
nichts zu beweisen, sondern steht nur wie ein fremder Rest
in Rousseau's Theorie. Andere Aeusserungen Rousseau's über
das Verhältniss des Menschen zu Gott erinnern an Malebranche,
mit welchem ihn ein gemeinschaftlicher Zug contemplativer
Mystik verbindet.

So steht also Rousseau, frägt man nach dem Ursprung
und dem Wesen des Sittlichen, im schärfsten Gegensatz zu
Helvetius und den Encyclopädisten. Das Sittliche ist nicht
Product künstlicher Berechnung und planvoller Reflexion: es
ist ursprüngliche Mitgift der unverdorbenen Menschheit. Die
Mächte, von denen die Gegner Rousseau's das menschliche
Ethos begründet wissen wollten, vermochte er nur als die Ver-
derber anzusehen, gegen deren ertödtende Macht sich der revo-

lutionäre Sturm seines Angriffs richtet. Aber wie Einseitigkeiten, je schroffer entwickelt sie sind, desto näher sich berühren, das wird in diesem Falle besonders kenntlich. Wenn
die materialistische Richtung, wie sich am Schlusse dieses Abschnittes ergeben wird, schliesslich zur Verzweiflung an den
objectiven Mächten gedrängt wird, von denen sie das Heil der
Menschheit erwarten musste, da in dem Menschen als Einzelwesen kein sittenbildendes Princip mehr übrig gelassen war,
so kann anderseits Rousseau nicht umhin, der Periode der Reflexion einen gewissen Vorzug vor dem rein indifferenten Verhältniss des Naturmenschen zu Anderen zuzugestehen und (auch
davon abgesehen), da der Naturzustand doch nun einmal un-
wiederbringlich verloren ist, an die Erziehung des Einzelnen
und an die Organisation der Gemeinschaft zu appelliren, freilich
nicht um dem Menschen künstlich etwas anzuzwingen, was
nicht in seiner Natur liegt, sondern dieser Natur selbst die
ungehemmte Wesensäusserung zu gestatten.

§. 3. Die Encyclopädisten.

Die Opposition Rousseau's gegen Helvetius| beruhte auf
einer radical verschiedenen Anschauung von der Natur und
vom Menschen. Die Kritik, welche Friedrich der Grosse in
verschiedenen seiner Briefe [48]) gegen Helvetius richtet, bezieht
sich mehr auf den allgemeinen literarischen Werth des Buches,
als auf dessen ethische Grundanschauung; denn wie sehr der
König mit dieser übereinstimmte, beweist sein „Essai sur
l'amour-propre" fast mit jeder Zeile [49]). Er tadelt Larochefoucauld, seine Entdeckung der Selbstliebe als universellen
Princips unserer Handlungen nur in satirischem Sinne verwendet zu haben, während doch in der richtigen Leitung des
Egoismus das wahre Geheimniss aller richtigen Staats- und
Erziehungskunst liege. Auch im „Antimachiavelli" [50]) nennt er
die Selbstliebe das Princip unserer Sittlichkeit und folglich
der universellen Glückseligkeit; und wenn eine andere Stelle [51])
nach energischer Hervorhebung der Nützlichkeit der Tugend
Uneigennützigkeit und Selbstaufopferung als den Gipfel der

Sittlichkeit bezeichnet, so ist hier der praktisch-pädagogische Zweck zu durchsichtig, als dass dieselbe als Gegenbeweis geltend gemacht werden könnte. Man denke, wie wenig Helvetius durch solche vorgebliche Selbstaufopferung irre gemacht worden war, deren Vorkommen er keineswegs leugnete — vorausgesetzt, dass man den Begriff des Opfers relativ fasse und die auch hier freilich in seltsamer Umbiegung wirksamen Hebel der Selbtbefriedigung nicht vergesse.

D'Alembert äussert, als Friedrichs Abhandlung bekannt wurde, in einem Briefe [52]) an den König gewisse Zweifel, ob das Princip des Egoismus wohl ausreiche, um bei dem Armen und Ungebildeten eine andere Sittlichkeit zu erklären oder möglich zu machen, als die blosse Furcht vor dem Gesetze. In seinen gleichzeitig mit dem Buche des Helvetius er-schienenen „Éléments de philosophie" [53]) erklärt er die Sittlichkeit für um so reiner, je mehr allgemeine Menschenliebe vorhanden sei und bezeichnet es, ächt im Sinne seines Jahrhunderts, als obersten sittlichen Grundsatz, die Familie über das eigene Selbst, das Vaterland über die Familie und die Menschheit über Alles zu stellen. Aber um nicht missverstanden zu werden, fügt er sogleich eine Beschränkung zu Gunsten des Egoismus, als theoretischen Princips bei. Fast mit denselben Worten wie Helvetius erklärt er, dass kein natürliches und bürgerliches Gesetz uns verpflichten könne, Andere mehr zu lieben als uns selbst; dass es einen Heroismus in diesem absurden Sinne nicht geben könne, und in der That aufgeklärte Selbstliebe die wahre Quelle aller Opfer sei. Eine systematische Ableitung der sittlichen Ideen hat übrigens auch D'Alembert nirgends versucht. Am stärksten aber macht sich dieser Widerspruch zwischen der praktischen sittlichen Forderung und der theoretischen Begründung bei Diderot bemerklich. Gegen Helvetius hat er viele und grossentheils sehr treffende Einwendungen [54]), von denen man nur zu bedauern hat, dass sie, sowie das Meiste, was er sonst über Gegenstände der Ethik geschrieben hat, eben nur gelegentliche Einfälle sind und Einzelnes gegen Einzelnes setzen. Die Zurückführung alles menschlichen Handelns auf die Selbstliebe, und die Beschränkung der Selbstliebe auf den bloss physischen Genuss,

wie das Helvetius wenigstens an gewissen Stellen seines Buches
gethan, entlockt ihm harte Worte; er nennt das erstere einen
kläglichen Missbrauch der Sprache und fordert bezüglich des
zweiten Unterscheidung des Physischen vom Moralischen als
eine solide und radicale.   Allein was Diderot hier und an
manchen andern Stellen forderte, getrieben von seinem lebendigen Gefühl für die eigentümliche Würde des Sittlichen und
seiner Bewunderung für Alles, was Edelsinn, Grossherzigkeit
und Opferfähigkeit heisst, dem macht er anderwärts bewusst
und unbewusst selbst wieder Opposition [55]).   Denn sein theoretisches Denken trieb ihn je länger je mehr zur Bekämpfung
der alten dualistischen und spiritualistischen Hypothese und
zur Annahme der Materie als des zur Welterklärung ausreichenden Princips.   Und daraus ergab sich ihm an andern
Stellen wieder eine empfindliche Herabdrückung und fast
cynische Auffassung des Sittlichen.   Bei diesem Schwanken ist
Diderot stehen geblieben: ihm fehlte die speculative Kraft,
um diesen Widerspruch zu überwinden [56]), indem er, wie es
später Kant that, von den energisch erfassten Thatsachen der
sittlichen Erfahrung aus seine Metaphysik gestaltete; ihm fehlte
anderseits jener „esprit de système“, der Helvetius antrieb, um
jeden Preis das Sittliche aus dem reinen Sensualismus zu entwickeln.   Und doch ist er auch wieder zu sehr Dogmatiker
des Materialismus, um mit der vorsichtigen Zurückhaltung
Hume's die verwirrenden metaphysischen Fragen ganz bei
Seite zu schieben und sich auf das exacter Forschung zugäng-
liche Gebiet des Psychologischen zu beschränken.

§. 4.   Holbach und das Système de la nature.

In demselben Widerspruch zwischen einer rein materialistischen Metaphysik und einem überaus lebendigen Gefühl
für das Sittliche bewegt sich Holbach's „Système de la nature“,
das viel verschrieene Textbuch des französischen Materialismus.
Die Betrachtung desselben lässt sich hier um so füglicher an-
reihen, als Holbach mit Diderot in der engsten Verbindung
stand, und grosse Theile seines „Système“ geradezu aus des

Letzteren Feder geflossen sind [57]). Bei Diderot brach in seinen
eigenen Werken, wo er sich unbeeinflusst gehen lassen konnte,
das Gefühl dieses Widerspruches gelegentlich unaufhaltsam
hervor; dagegen verhält sich Holbach durchaus naiv. Wenn
ethische Ideen, für die es auf seinem Standpunkte entweder
überhaupt keine Erklärung gibt, oder die doch jedenfalls er
nicht abzuleiten vermocht hat, mit einem gewissen Pathos bei
ihm auftreten, so sieht das aus wie das Kunststück eines
Taschenspielers, ist aber sicher ehrlich gemeint, und nur ein
interessanter Beweis, dass gewisse Thatsachen des sittlichen
Bewusstseins so sehr auf der Hand liegen, dass sie sich selbst
widersprechenden Voraussetzungen zum Trotze unwiderstehlich
aufdrängen.

Die Anschauung Holbach's ist in allem Wesentlichen durch
Helvetius bedingt: sie kömmt mit ihm überein in der Annahme
einer ursprünglichen sittlichen Indifferenz der menschlichen Anlage, welche sich auf die physische Sensibilität beschränkt; sie
lässt wie Helvetius aus der subjectiven Empfindung von Gut
und Böse durch Erfahrung und Reflexion, durch Erziehung
und Gesetzgebung, sich allmälig jene erweiterte Sensibilität
entwickeln, welche das einzelne Ich in einen grösseren Zusammenhang versetzt und die Sittlichkeit an Stelle der blossen
Sinnlichkeit treten lässt [58]). Die bittere und völlig radicale
Schärfe, mit welcher er sich über den verkehrten und verderb-
lichen Einfluss, den die Mächte des Staates, der Kirche und
der Erziehung bisher auf die Entwicklung des Menschen
geübt haben, ausspricht, ist ein natürliches Product jener
unter dem gespanntesten Drucke lebenden Zeit; aber sie leiden
an einer so schroffen Einseitigkeit, dass sie als Theorien weiter
gar nicht in Betracht kommen können. Auch Helvetius hatte
den Despotismus scharf gebrandmarkt: daneben aber über die
Begründung oder Unterstützung der Sittlichkeit durch staatliche Mittel und Gesetzgebung manchen beherzigenswerthen
und geschichtlich wohl begründeten Wink gegeben. Diese
Rücksichtnahme auf das, was der geschichtlichen Erfahrung
gemäss der Staat zur Begründung sittlicher Normen beigetragen
hat, bildet ohne Zweifel einen werthvollen Bestandtheil der
Theorie von Helvetius: dem Worte nach steht Holbach aller-

dings auf gleichem Boden, indem er ja alles Sittliche von
aussen in den Menschen gelangen lässt; aber sieht man seine
Erörterungen näher an, so möchte man fast auf den Gedanken
kommen, dass es für ihn eine Sittlichkeit überhaupt nirgends
gebe, da er von jenen Factoren, denen die Schöpfung derselben zumeist obläge, so wenig erwartet. Wenn diese
sittenbildnerischen Mächte ihre Schuldigkeit so wenig thun,
so muss in den Massen Verwilderung eintreten und der
Einzelne, der über das Beschränkte hinaussieht, sich seinen
eigenen Codex entwerfen. Das ist der revolutionäre Zug, der
durch das Système de la nature hindurchgeht, noch mehr als
durch die Schriften des Helvetius, und hier zeigt sich zugleich
am grellsten jener Widerspruch, dass dasselbe, was die Theorie
als Quelle des Sittlichen nachzuweisen sucht, zugleich als
Verderb der Sittlichkeit erscheint, und dass das Subject,
welches die Theorie in einen von aussen bewegten Complex
von Vorstellungen und Empfindungen aufgelöst hatte, selbst
die Initiative ergreifen muss, wenn Sittlichkeit überhaupt bestehen soll.

In all' den angeführten Erörterungen, die grossentheils
eine gewisse überzeugende Einfachheit aufzuweisen haben,
steckt für die wissenschaftliche Behandlung der Frage nichts
Neues [59]); nichts, was nicht schon von den englischen Denkern
eingehender und gründlicher erörtert worden wäre. Ja selbst
hinter Helvetius steht das Système de la nature ebensoweit
zurück, als dieser selbst etwa hinter den Leistungen eines
psychologischen Beobachters von solcher Feinheit und Schärfe
wie Hume. Man beachte z. B. die Erörterung des Begriffes der
Pflicht und der Reue [60]), man nehme so manche andere Stellen,
an denen die sittliche Gesinnung eines durchaus achtungswerthen, edeldenkenden Mannes zum Vorschein kommt, und
man wird zugestehen, dass sich Holbach die Durchführung
seines Princips allzu leicht gemacht hat. Für eine wissenschaftliche Ableitung des Sittlichen, eine Physiologie der Ethik,
wie sie auf dem Standpunkt des Materialismus gefordert wäre,
ist hier fast nichts geleistet [61]). Die wirklichen Schwierigkeiten
werden von Holbach kaum geahnt, sondern mit jener behag-
lichen Rhetorik des „bon sens", die ihm eigen ist, verhüllt.

Je mehr man daher bei unbefangener Würdigung das „Système de la nature" gegen den Vorwurf der Zerstörung aller Sittlichkeit wird vertheidigen müssen, um so geringer wird das Lob sein, welches man ihm als einer consequenten wissenschaftlichen Leistung spenden kann. Stellt man die ethischen Forderungen Holbach's so zusammen, dass der Materialismus des Systems in den Hintergrund tritt, wie er das selbst in manchen seiner späteren Schriften gethan hat, so wird gegen sie auch von einem sittlich gehobenen Standpunkte nichts einzuwenden sein [62]); aber die Ableitung der Phänomene des ethischen Lebens aus streng materialistischen Gesichtspunkten ist auch nach Holbach für die Bekenner dieser Weltanschauung noch zu leisten.

Mit dem Verhältnisse der Religion zur Sittlichkeit und mit der Frage der Nothwendigkeit religiöser Vorstellungen für die Begründung des Sittlichen hat er sich eingehend beschäftigt [63]). Wir brauchen auf die Einzelheiten der auch hier wieder stark rhetorisch gefärbten Darstellung nicht einzugehen; es genügt hervorzuheben, dass dieselbe in ihren wesentlichsten Ideen auf Bayle und Helvetius beruht, und Alles, was sich bei diesen über die Vereinbarkeit des Atheismus mit Moralität und die sittenverderblichen Wirkungen religiöser Vorstellungen und Einrichtungen findet, in schroffster Zuspitzung und ohne Rückhalt ausführt.

Spinoza.

1. Abschnitt.

Persönlichkeit· und geschichtliche Stellung.

Wie sich der naturalistische Pantheismus Spinoza's aus dem Cartesianischen Systeme entwickelt habe, und von welchem Werth seine grossartige monistische Weltanschauung für die Entwicklung der neueren Philosophie geworden, ist oft genug dargestellt [1]). Wenn ich hier daran erinnere, so geschieht es deshalb, um zu betonen, in wie strenger Abhängigkeit Spinoza's ethische Theorie von seiner Metaphysik steht.

Freilich gilt dies nur insoweit, als es sich um die systematische Form der Begründung handelt; während sich anderseits mit Recht sagen lässt, dass bei wenigen Denkern ihre geistige Arbeit in solchem Grade das Ergebniss tiefgefühlter ethischer Bedürfnisse gewesen sei. Von jeher hat die Uebereinstimmung zwischen dem Leben und den Lehren dieses Denkers bei seinen Freunden Bewunderung, bei seinen Feinden Achtung hervorgerufen, und nicht umsonst trägt sein Hauptwerk, welches die reifste und durchgeführteste Darstellung seiner Weltanschauung enthält, den Namen „Ethik“. Weniger als für Andere ist ihm das Wissen und die Erkenntniss Selbstzweck [2]): mit Nachdruck hat die neuere Forschung darauf hingewiesen, dass ein tiefes religiöses Gefühl, eine begeisterte

Gottesliebe die innerste Triebfeder seines Denkens bilde — im Wesen durchaus dem sehnsuchtsvollen Drange der Mystik verwandt und nur dadurch sich unterscheidend, dass sie sich nicht in träumerisch-ahnendem Schauen, sondern in vollkommen klarer, rational durchgebildeter Erkenntniss zu äussern und zu befriedigen strebt.

Seine Philosophie will also principiell nichts Anderes sein, als Gotteserkenntniss: von da aus ergeben sich ihm die Grundlinien seiner Weltanschauung, und die Lösung der metaphysischen Frage, die ihn beschäftigt, bedingt auch seine Anschauung von dem Wesen und der Entstehung des Sittlichen. Und wie nun Spinoza's Bedeutung als Denker überhaupt darin liegt, dass er einen mehrfach vorbereiteten Gedanken mit der grössten Schärfe erfasst und mit unerbittlicher, einseitigster Consequenz zu Ende dachte, so ganz besonders auch in Bezug auf die ethische Frage. Hier aber gehörte der grösste Muth dazu, um die vollen Consequenzen des Princips zu ziehen, und zugleich eine geistige Freiheit von gewissen traditionellen Annahmen, zu welcher ihn Geburt, Nationalität und Lebensschicksale gleich sehr befähigten. Der Pantheismus lag in der Luft: ihn von der Beimischung christlicher Mystik, die er in Frankreich erhalten hatte, zu befreien, rein rational und naturalistisch zu gestalten, war das Werk des Spinoza[3]).

Kein Denker alter und neuer Zeiten ist so viel verlästert und im Grossen und Ganzen so wenig verstanden worden als Spinoza. Ich will nicht davon sprechen, dass er, dem die Welt in der Gottheit aufgeht, über ein Jahrhundert lang als der Repräsentant des Atheismus gegolten hat, weil sein Gottesbegriff mit dem landläufigen der christlichen Theologie sich nicht verträgt; noch charakteristischer für die allgemeine Unfähigkeit, seinen Gedanken zu folgen, ist es, dass ihm, der doch sein systematisches Hauptwerk Ethik nannte, nicht selten die Möglichkeit zur Aufstellung einer solchen schlechthin abgesprochen wird. Wer sich einige Unabhängigkeit des Denkens bewahrt hat, wird sich aus der Lectüre der beiden letzten Bücher der Ethik von dem höchsten sittlichen Ernste angeweht fühlen, welchen man bei dem so oft Spinoza an die Seite gestellten Hobbes vergeblich suchen würde, und eine Anschauung

vom Sittlichen entwickelt finden, welche weit entfernt ist, in
jener Zeit isolirt dazustehen, sich vielmehr den Ideen des
christlichen Mysticismus eines Malebranche z. B. soweit nähert,
als die Aehnlichkeit der metaphysischen Voraussetzungen nur
erwarten lässt [4]).

2. Abschnitt.

Das System.

§. 1. Aufhebung der objectiven Werthunterschiede.

Aus dem Begriffe der absoluten Substanz, zu welcher dem
Spinoza die Cartesianische Gottheit geworden war, ergibt sich
das streng causale, d. h. durchaus in der Form des Mathematischen gedachte, Abhängigkeitsverhältniss der Welt zu ihrem
Grunde. Die Welt ist nichts Anderes, als was aus der absoluten Substanz mit Nothwendigkeit folgt; und Alles, was
existirt, ist eben durch seine Existenz als Theil und Product
dieser immanenten Weltnothwendigkeit nachgewiesen. Es ist
nicht möglich, der absoluten Substanz irgend ein Fremdes,
Unüberwundenes entgegenzustellen; irgend etwas, das nicht sie
selbst wäre, oder aus ihr nicht mit unbedingter Nothwendigkeit folgte. Es ist ungereimt zu denken, die absolute Substanz könne noch etwas werden, wie es ungereimt ist zu denken,
es könne irgend eine Bildung in der Welt entstehen, an welcher
die ewige Substanz weniger Antheil hätte, als an dem übrigen
Sein. Es gibt in der Natur nirgends ein Sollen, sondern nur
ein Müssen, d. h. eben den zwingenden Zusammenhang nach
Grund und Folge [5]).

Gut und Böse, Vollkommen und Unvollkommen, sind
daher Begriffe, welche für eine objective Weltbetrachtung
keinen Sinn haben, weil sie Eigenschaften ausdrücken, welche
nicht den Dingen selbst zukommen, sondern nur gewissen
Eindrücken und Stimmungen unseres Denkens entsprechen.
Alle objective Erkenntniss hat es nur mit den constanten Beziehungen der Dinge zu thun: je nach dem Standpunkt aber

ist alles Hässliche schön; alles Nützliche schädlich; alles Gute
schlecht und umgekehrt. Damit wird unser menschliches
Recht, solche Unterscheidungen zu machen, freilich nicht aufgehoben; denn auch diese subjective Beurtheilung der Dinge
durch empfindende und denkende Wesen gehört mit in die
allgemeine Einrichtung der Welt; nur alle metaphysische Tragweite wird diesen subjectiven Werthurtheilen endgültig abgesprochen[6]). Dies gilt selbstverständlich auch vom Sittlichen,
welches ja nur eine bestimmte Kategorie der Werthurtheile
überhaupt bildet.

Auch ihm kommt daher nur eine relative Gültigkeit
zu, keine absolute; der substantielle Weltgrund kann weder
als sittlich noch als unsittlich bezeichnet werden; er stellt
entschieden ein Uebersittliches dar. In dem absoluten Zusammenhang alles Seins kommt dem Sittlichen keine andere
Stelle zu, als dem Unsittlichen: beide stellen objectiv genommen
nichts anderes dar, als ein bestimmtes Verhältniss zwischen
Trieben und Erkenntniss; beide sind in den grossen Zusammenhang eingeschlossen, welcher alle Formen des Daseins mit
ihrem ewigen Grunde verknüpft[7]). Auch dasjenige, was wir
von unserem menschlichen Standpunkte aus böse nennen, ist
durch sein Dasein für eine objective Weltbetrachtung hinlänglich legitimirt; man wird es aufgeben, an ihm zu mäkeln, insoferne man es im Zusammenhang der Welt einmal begriffen
hat. Denn das Böse ist überhaupt nichts Positives, keine
Realität; wir nennen so die Abwesenheit von Eigenschaften,
deren Vorhandensein wir glauben erwarten zu dürfen oder
wünschen; was uns die Natur wirklich zeigt, sind nur Ursachen
und Wirkungen, aus denen jede einzelne Erscheinung hervorgeht, und zwar vollkommen den Bedingungen entsprechend
und darum mangellos.

In diesen Gedanken des Spinozismus lag eine ungeheure
Umwälzung der herrschenden Begriffe, die um so tiefer ging,
je principieller und metaphysischer sie war. Ueberdenkt man
den tiefen Gegensatz zwischen dieser monistischen Weltanschauung und den herrschenden Ideen der Zeit, so begreift
man wohl das Entsetzen und die erbitterte Feindschaft, welche
diese Theorie allenthalben hervorrief. Völlig ablehnend ver-

hält sie sich zunächst gegen die scotistisch-cartesianische Anschauung, wonach der als reine Willkür gedachte göttliche
Wille die letzte und oberste Quelle aller Werthunterschiede
sein sollte, welche also die Welt nicht in ein nothwendiges,
sondern ein zufälliges Verhältniss zur Gottheit setzt. Denn
abgesehen davon, dass Spinoza aus dem Begriffe seiner absoluten Substanz die Prädicate Verstand und Wille als anthropo-
morphe Bezeichnungen streicht, ist für ein System [8]), das die
Welt lediglich als die mathematische Folge ihres Grundes
betrachtet, ein Andersseinkönnen überhaupt undenkbar. Aber
nicht bloss gegen diese vom Spinozistischen Standpunkt aus
völlig absurde Anschauung richtete dieser seine Spitze. Niemals war der platonische und durch die christliche Theologie
vollends befestigte Dualismus überwunden worden, welcher
Gott und Welt einander gegenüberstellte, jenen als idealen
Träger der ewigen Wahrheiten und des ewigen Rechts, die
Welt als ein etwas verunglücktes Experiment, ein ungerathenes
Product, welches gelegentlich seine eigenen Wege ging, und
nicht ohne Mühe von oben her wieder zurechtgesetzt werden
musste. Wie festgewurzelt diese Anschauung war, zeigt gerade
der in seiner Metaphysik dem Spinozismus so sehr sich an-
nähernde Malebranche auf das deutlichste.

Von dem starken Gefühle des durch die sittliche Welt
gehenden Zwiespaltes war einstens diese Anschauung ausgegangen; in dem Bewusstsein der sittlichen Schwäche und Unzulänglichkeit hatte sie jederzeit mächtige Stützen gefunden.
Aber ihre Erklärungen hatten stets mit doppeltem Maasse
gemessen. Während man darauf ausging, die Selbständigkeit
des Menschen der übergreifenden Macht Gottes gegenüber
möglichst gering erscheinen zu lassen, sollte sich diese göttliche Causalität im menschlichen Sein und Handeln doch nur
auf das sittliche Verdienst des Menschen beziehen; dagegen
hat sich die gesammte christliche Theologie und Philosophie
von Origenes und Augustinus bis auf Malebranche und Leibniz
die denkbar grösste Mühe gegeben, zu zeigen, auf welche
Weise der Schluss vermieden werden könne, dass Gott Urheber des Bösen ebensowohl als des Guten sei. Niemals war
es vollständig gelungen, diesen Widerspruch zu verdecken,

dass der Mensch, aus eigener Kraft zum Guten unfähig, doch zur Verübung des Bösen hinlänglich ausgerüstet sein sollte, und dass der Gottheit, als dem absoluten Herrn der Schöpfung, das Böse entweder als eine nicht aufzuhebende Macht, oder als ein Selbstgewolltes gegenüberstand.

Die ethischen Postulate, welche zur Ausbildung dieser Theorie geführt haben, sind ebenso klar, als die handgreiflichen Schwächen derselben.

Spinoza ist der erste gewesen, der sich die principielle Unhaltbarkeit des theologischen Standpunktes zum Bewusstsein brachte, und dazu überging, an Stelle der alten Lösungen eine neue positive Antwort zu setzen, während Bayle sich als ächter Skeptiker damit begnügte, polemisch und kritisch die Undenkbarkeit der theologischen Annahmen darzuthun, und Leibniz als philosophirender Halbtheolog auf's neue seinen Scharfsinn zermartert, um eine vermittelnde Formel zu finden. Spinoza's Lösung aber ist die aller consequent monistischen Denker geworden: nur indem man sämmtliche Werthunterschiede dem Absoluten gegenüber als relativ setzt, lässt sich die Absurdität vermeiden, das Absolute zugleich als absolut und als ausserhalb der Dinge stehend zu betrachten; es gewissermaassen bei den Verkehrtheiten der Welt den missvergnügten Zuschauer spielen zu lassen. Dabei darf man nicht vergessen, dass dies eine rein metaphysische Lösung ist, welche unsere Werthurtheile ganz unberührt lässt. Die Coincidenz von gut und böse im Absoluten ist ein reiner Grenzbegriff, gerade so gut wie das Absolute selbst; so unmöglich es ist, sich davon eine Vorstellung zu machen, so nothwendig folgt sie logisch aus dem Begriff des Absoluten.

§. 2. Die Möglichkeit und das Wesen des Sittlichen.

Gleichwohl hat sich Spinoza nicht damit begnügt, alle Werthunterschiede lediglich in's Subject zu verlegen und als eine Folge seiner beschränkten Erkenntnissweise hinzustellen, was einem auf dem Standpunkt des modernen Kriticismus stehenden Denker naheläge, sondern er schreibt denselben doch in gewissem Sinne eine objectiv-reale Bedeutung zu [9]). Dies wird ihm möglich durch seine Lehre von einer doppelten Causalität in den Dingen, einer endlichen und einer ewigen, d. h. die Unterscheidung der Natura naturata von der Natura naturans [10]). Alles Einzelne hat in diesem Sinne ein doppeltes Sein; es ist einmal Gott selbst, sofern dieser in einem bestimmten Zustande sich äussert, insoferne von Ewigkeit her in den Attributen der Substanz enthalten und schlechthin real; es hat zweitens sein besonderes Dasein und beruht als solches auf dem endlosen Causalzusammenhang der endlichen Dinge, welcher die Entfaltung seines Wesens hemmt, und demselben theilweise Nichtexistenz aufnöthigt: eben das Wesen des Endlichen. Alles Dasein der Einzeldinge bewegt sich demgemäss zwischen den beiden Polen der Selbsterhaltung und des Leidens, von denen der eine ganz auf Seite der Natura naturans, der andere auf Seite der Natura naturata liegt [11]).

Hierin ist nun, stellt man sich auf den Standpunkt der Endlichkeit, der Maasstab für die Unterscheidung von Vollkommen und Unvollkommen gegeben; denn dass jenes Mehr oder Weniger von Realität, wie es den Charakter und die Vollkommenheit des einzelnen Dings ausmacht, das Absolute, die Substanz selbst, nicht berührt, sondern auf eine nicht weiter anschaulich zu machende Weise sich ausgleicht, so dass Natura naturans und Natura naturata sich vollständig decken, ist für den spinozistischen Weltbegriff selbstverständlich, freilich nicht als bewiesen, sondern als blosses Postulat. Und dies ist denn auch der Punkt, wo trotz der von Spinoza geforderten metaphysischen Indifferenz von Gut und Böse, Vollkommen und Unvollkommen, seine Ethik im engeren Sinne einsetzt [12]).

Sittlichkeit ist nach Spinoza's grundlegender Definition die Macht des Menschen, welche durch das Wesen des Menschen allein ihre Erklärung findet. Schon diese einzige Definition [13]) hätte diejenigen stutzig machen müssen, welche gegen Spinoza als den Zerstörer der menschlichen Freiheit und der auf ihr beruhenden Sittlichkeit zu declamiren lieben. Freilich steht der Mensch im allgemeinen Naturzusammenhang; aber er wird nicht von demselben verschlungen: es findet sich an ihm eine Eigenschaft oder Thätigkeit, welche die Macht hat einiges auszuführen, das durch die blossen Gesetze seiner eigenen Natur begriffen werden kann. Dies ist aber die einzige Bedeutung, in welcher der Begriff der Freiheit irgend einen Sinn haben kann; da eine absolute Freiheit, welche das menschliche Handeln ausserhalb jeglichen Zusammenhangs stellte, unmöglich ist. Auch hier kömmt man aus der alles Sein beherrschenden Nothwendigkeit nicht hinaus: frei sein ist nichts anderes, als das thun, was aus der Nothwendigkeit unserer Natur, wie diese in sich selbst beschaffen ist, folgt. Auch Gott ist nur in diesem und keinem andern Sinne frei [14]).

Was dieser Begriff des Sittlichen aber bedeutet, das sieht man am besten aus dem, was ihm Spinoza als sein völliges Gegentheil gegenüberstellt: nemlich den leidenden Zustand des Geistes, der sich bei ihm, da er nur ein Theil der Natur, also den Einwirkungen anderer Dinge unterworfen ist, nothwendig findet. Er muss aus diesem Grunde Veränderungen erleiden, welche aus seiner eigenen Natur nicht erkannt werden können und deren Ursache er nicht für sich allein ist [15]). Beides sind nothwendige Erscheinungen der allgemeinen Menschennatur in ihrer Doppelstellung als ewiger Modus und als Theil des allgemeinen Naturzusammenhangs [16]). Man kann diesen Unterschied noch auf eine andere Weise ausdrücken, welche zugleich den Grund dieser verschiedenen Stimmungen des Geistes bezeichnet, nemlich so, dass man sagt, der Zustand, in welchem der Geist von Leidenschaften beherrscht wird, sei dadurch bedingt, dass er inadäquate Ideen habe; derjenige hingegen, in welchem sich der Geist als reine Selbstthätigkeit geltend macht, ein solcher, wo er adäquate Ideen besitzt [17]).

§. 3. Versöhnung des Intellectualismus und Emotionalismus.

Das Sittliche hängt also mit der Ausbildung der menschlichen Vernunfterkenntniss auf's engste zusammen; aber es wäre ganz unrichtig, wenn man darum die Ethik Spinoza's als eine rein intellectualistische bezeichnen wollte. Mit dem grössten Nachdruck hat Spinoza es vielmehr ausgesprochen, dass kein Affect anders gebändigt oder aufgehoben werden könne, als durch einen entgegengesetzten stärkeren, und er richtet seine schärfste Spitze gegen gewisse Verirrungen des englischen Intellectualismus, wenn er einige Sätze weiter ausspricht: „Die Erkenntniss von Gut und Böse kann, sofern sie wahr ist, nimmermehr einen Affect einschränken, sondern nur sofern sie als Affect betrachtet wird" [18]). Es gibt aber für Spinoza kein Erkennen, welches dem Geiste nicht als Affect zum Bewusstsein käme. Das Erkennen ist ihm so sehr Grundkraft des Geistes, dass sich der ganze Gemüthszustand desselben nur danach bestimmt, ob diese Grundfunction in völlig reiner und ungestörter Weise vor sich geht. Wenn andere intellectualistische Systeme der Zeit, die Kräfte des Menschen auseinanderreissend, und das Sittliche rein in die Vernunft verlegend, schliesslich jeder affectiven Begründung des Sittlichen völlig entbehrten und kaum noch den Einfluss auf das Handeln begreiflich zu machen wussten, so ist diese Schwierigkeit von Spinoza von Anfang an beseitigt. Denn den Mittelpunkt unserer Natur, die eigentlich bestimmende Kraft unseres ganzen Wesens, den Selbsterhaltungstrieb, setzt Spinoza in die engste Verbindung mit der Erkenntniss [19]). Wir können diesen Trieb nur dadurch wahrhaft befriedigen, wir vermögen uns nur dadurch vollständig selbst zu behaupten, dass wir uns in reiner Activität, d. h. in vernünftigem Erkennen erhalten [20]).

Solange diese Stufe des Erkennens nicht erreicht ist, solange wir nur inadäquate Ideen besitzen, solange verhält sich der Geist als leidend; daher bezeichnet Spinoza auch alle die Gemüthszustände, welche aus solcher Erkenntniss hervorgehen, als Leidenschaften [21]). Wir verhalten uns bei dieser Erkenntniss nicht frei; wir werden von den Dingen geleitet, wie sie zufällig, im gemeinen Naturverlauf auf uns treffen, wie sie unbeständige und wechselnde Erfahrung uns zuführt, und so kann sich auch unser Gemüth dieser mannigfaltigen von aussen kommenden Eindrücke nicht erwehren: der Selbsterhaltungstrieb steht unter fremder Herrschaft, äusseren Einflüssen unterworfen.

All' diese auf inadäquater Erkenntniss beruhenden Affec-

tionen des Menschen sind selbst da, wo sie von dem Gefühl
der Freude begleitet sind, nicht im Stande, den Selbsterhaltungstrieb im vollsten Maasse zu befriedigen. Denn in allen
Leidenschaften, selbst in denen, welche wir als eine Förderung
unseres eigenen Wesens empfinden, fühlen wir neben dieser
Förderung doch zugleich die Hemmung, welche darin liegt,
dass wir nicht auf uns selbst allein, sondern auch auf die
Natur anderer Dinge, die von uns begehrt werden, angewiesen sind [22]).

Die volle, uneingeschränkte Befriedigung unseres Selbst
erfahren wir nur dann, wenn wir uns ganz und gar thätig,
und in nichts leidend erhalten [23]).

Das Einzige aber, was aus dem Wesen des Geistes mit
eigener, innerer Nothwendigkeit folgt, ist das vernünftige
Denken, oder das richtige Erkennen.

Was Spinoza unter dem vernünftigen Erkennen versteht,
ist mehr, als die gewöhnliche Wissenschaft, welche an den
Beziehungen der Dinge haften bleibt, zu leisten im Stande ist.
Es ist die Einsicht in den allgemeinsten Zusammenhang der
Dinge, in dasjenige, was alle Dinge mit einander gemein
haben, und was gleichmässig im Theil wie im Ganzen ist.
Wir müssen die Dinge als nothwendig und nicht als zufällig
betrachten; diese Nothwendigkeit der Dinge aber ist die Nothwendigkeit der ewigen Natur Gottes selbst: also liegt es in
der Natur der Vernunft, die Dinge unter der Form der Ewigkeit zu betrachten [24]).

Soferne aber der Geist diesem Erkennen, in welchem er
reine Thätigkeit ist, sich hingibt, muss er nothwendig sich
freuen; über seine Freude klar geworden, muss er das richtige
Erkennen der Dinge für gut erachten, muss streben, darin zu
verharren und weiter zu kommen [25]). Hier ist der Punkt, wo
Sittlichkeit und Glückseligkeit sich berühren, in unzertrenn-
lichem Wechselverhältniss. Die Seligkeit, sagt Spinoza, ist
nicht der Lohn der Sittlichkeit, sondern sie ist die Sittlichkeit
selbst; und wir erfreuen uns derselben nicht deswegen, weil
wir die Lüste dämpfen, sondern im Gegentheil: weil wir uns
ihrer erfreuen, deshalb können wir die Lüste dämpfen [26]).

Aus diesem höchsten Ziele des menschlichen Strebens,

der vollen geistigen Freiheit in adäquater Erkenntniss und reiner Activität, ergeben sich die sittlichen Forderungen im Einzelnen. Man kann sie in einem Worte zusammenfassen als Leidenschaftslosigkeit [27]. Denn Alles, worauf unsere freie Selbstthätigkeit beruht, der richtige Zustand unseres Körpers, das Zusammenleben mit andern Menschen in friedlicher Gemeinschaft, die Beobachtung und Erkenntniss der Dinge, wird von den Leidenschaften gestört und gehindert [28]. Spinoza leugnet die relative Nützlichkeit der Leidenschaften nicht, von denen manche die schädlichen Wirkungen anderer Leidenschaften neutralisiren und solches herbeiführen, was vom Standpunkt der Vernunft aus auch objectiv nützlich ist [29]. Aber wahre Sittlichkeit ist auf diesem Wege nie zu gewinnen; denn alle Leidenschaften sind blind und hemmen die Action des Menschen. Zu allen Handlungen, zu denen derselbe durch eine Leidenschaft angetrieben wird, kann er auch ohne sie durch die Vernunft getrieben werden, und dabei ist er frei, weil ohne Abhängigkeit von äussern Ursachen und der mit ihnen verbundenen Unklarheit [30]. Frei allerdings nur in dem Sinne, dass jede Störung und Trübung seines geistigen Wesens ferne gehalten wird; während die Kraft, die dieses zu voller Reinheit und Stärke sich gestalten lässt, keine andere ist, als die ewige Causalität Gottes, der nach einer kühnen Metapher Spinoza's in der bewussten Hingabe des Geistes an das Ewige sich selber liebt [31].

3. Abschnitt.

Verhältniss Spinoza's zur Philosophie seiner Zeit.

§. 1. Psychologie und Metaphysik des Sittlichen.

So schliesst sich das System Spinoza's in sich selbst zusammen: auch als ethisches, nicht nur als metaphysisches, eine der grossartigsten Leistungen aller Zeiten; gleich ausgezeichnet durch die schöpferische Originalität, wie durch die umfassende

Weite seiner Gedanken. Alle die Gegensätze, in welche sich die Speculation der neueren Philosophie hinsichtlich des Sittlichen spaltete, sind im System Spinoza's beschlossen und mit einander auszugleichen versucht. Wir sehen die Schulen getheilt zwischen einer metaphysisch-transcendentalen und einer empirisch-psychologischen Ableitung des Sittlichen; Anerkennung ewiger unveränderlicher Vernunftwahrheiten ist es für diese Richtung, eigensüchtiger, widerwilliger Gehorsam gegen die Gebote einer übergreifenden Autorität, um sich selbst vor Schaden zu bewahren, oder Vortheile zu verschaffen, für jene; während andere wieder das Gemüthsleben des Menschen durchforschen, um den Trieb oder Affect ausfindig zu machen, auf dessen vorherrschender Wirksamkeit das Sittliche beruhen solle. Spinoza hat tiefer gesehen als sie alle: das Sittliche in seinem Sinne ist Göttliches und Menschliches, Egoismus und Selbstverleugnung, Vernunft und Affect, Freiheit und Nothwendigkeit zugleich; seine Ethik ist entschieden die umfassendste, vielseitigste Lösung des ethischen Problems, zu welcher es die vorkantische Philosophie überhaupt gebracht hat. Seine Sittlichkeit ist nichts, das über der Welt und den einzelnen Geistern schwebt, als eine abstracte Regel oder gar als das willkürliche Gebot eines schlechthin souveränen Willens, sondern sie ist die autonome Selbstvollendung des menschlichen Wesens; als solche allerdings zugleich Selbstdarstellung des Göttlichen im vernünftig-freien Menschen, in dessen adäquaten Ideen die Gottheit mit ewiger Liebe sich selbst umfasst. Das Sittliche ist ein Affect von starker, lebendiger Triebkraft — wie könnte es sonst jemals wirksam werden im Getümmel der menschlichen Leidenschaften; aber es ist durchaus Vernunfttrieb: es steht gar nicht auf einer Stufe mit den übrigen Affecten, welche durch äussere Eindrücke, oder durch Imagination im Geiste geweckt werden, mögen sie nun auch Mitleid oder Wohlwollen oder Geselligkeitstrieb heissen; denn kein Affect, sofern er Leiden, d. h. eine inadäquate Erkenntniss ist, kann das Sittliche produciren, sondern nur die volle Freiheit des rein aus sich selbst thätigen Geistes.

§. 2. Egoismus und Altruismus.

Nicht minder bedeutsam ist das Verhältniss Spinoza's
zu den beiden anderen grossen Fragen, welche die Ethik
jener Zeiten bewegten: nach dem Verhältniss des Egoismus zum Altruismus und des Sittlichen zum Eudämonismus.
Die Stellung des Spinozismus zu diesen Problemen ist durch
die Verbindung, in welcher sonst getrennte, ja feindliche Bestandtheile bei ihm erscheinen, eine höchst eigentümliche.
Neben der einzigen Grösse des Systems springen gerade hier
auch gewisse Einseitigkeiten und Härten in die Augen. Zunächst fällt die grundsätzliche Basirung der Ethik auf den
Egoismus und das vollständige Ignoriren der socialen Neigungen
auf. Wie Hobbes, so hält auch Spinoza die sociale Vereinigung der Menschen für etwas Secundäres, während wir heute
es durch Naturwissenschaft und Sociologie als bewiesen
ansehen dürfen, dass der Mensch als abstractes Einzelwesen
nicht einmal gedacht werden darf, geschweige denn wirklich
existirt. Aber die verhängnissvollen Consequenzen dieses Standpunktes, der zu einer Ethik à la Hobbes und Mandeville hätte
führen müssen, werden dadurch beseitigt, dass in Spinoza's
Sinn der Egoismus etwas ganz anderes ist, als für die gewöhnliche affective Ethik, welche die Vernunft als blosse
Handlangerin des Trieblebens bei Seite gestellt hatte. Durch
die Gleichsetzung des Egoismus im höchsten menschlichen
Sinne mit der autonomen Vernunft, zu welcher man ihm das
Recht nicht absprechen kann, gewinnt nun Spinoza eine Ver-
nunftethik, welche durchaus affectiv ist und zugleich die Ableitung der socialen Pflichten der Menschen aus Vernunftfor-
derungen, wodurch ein ihnen entsprechendes Handeln erst
sittlich wird, geradeso wie später Kant aus seiner rationalistisch-
klaren Ethik alle Gefühlsduselei verbannt wissen wollte. Zwar
verlieren auf diese Weise beide einen weder für das praktische
Leben, noch für die psychologische Theorie zu entbehrenden
Bestandtheil der Sittlichkeit; aber es gelingt ihnen dafür um
so entschiedener, den specifisch vernünftigen Charakter des
Sittlichen zur Geltung zu bringen. Gleichwohl ist die aus-

schliessliche Hervorhebung des Individuellen nicht ohne Einfluss auf Spinoza's Ethik geblieben.

Und dies hängt mit einer andern bedenklichen Annahme eng zusammen. Für unsere heutige Psychologie kann wohl kein Zweifel darüber bestehen, dass die völlige Aufhebung des Willens in's Erkennen ein Irrtum des vorkantischen Rationalismus war und das Erkennen nicht als die einzige reine Thätigkeit des Menschen angesehen werden kann; folglich weder Glückseligkeit, noch Sittlichkeit ausschliesslich auf dem Erkennen beruhen. Indem Spinoza dies verkannte und gleichzeitig den Menschen schlechthin individuell fasste, so dass er nur als Modus der Gottheit, nicht aber als Zelle im socialen Organismus gedacht wird, konnte er dazu kommen, seiner Ethik jene tiefsinnige, aber durchaus quietistische Spitze zu geben, welche alle Arbeit an der Vervollkommnung der Menschheit und der socialen Gemeinschaft nur als Mittel zum Zweck der erkenntnissvollen Selbstbefriedigung des Denkers ansieht und in der reinen Betrachtung, d. h. der vollkommenen Leidenschaftslosigkeit und Thatlosigkeit, die höchste Kraftfülle und vollendete Bestimmung des Menschen erblickt.

Es tritt hier auf der höchsten Stufe seiner Ethik mit doppelter Schwere jene Einseitigkeit hervor, die das ganze System charakterisirt. Wie Spinoza aus der Reihe der menschlichen Triebe die socialen Neigungen, d. h. das thätige Wohlwollen, strich und nichts anderes übrig liess, als die Passivität des Mitleids, welches aus eben diesem Grunde nur als Beeinträchtigung des reinen Ichbewusstseins erschien: so sieht er auch im Staate ganz so wie Hobbes nichts weiter als eine künstlich geordnete Zwangs- und Schutzanstalt gegen den unvernünftigen Egoismus der Einzelnen, Unfreien. Auch seine autonome Vernunft hat zwar praktisch den Egoismus überwunden, indem sie sich aus freiem, innerlichen Entschlusse nicht nur zur genauesten Wahrung der Rechtssphäre jedes Einzelnen bestimmt[32]), sondern, wie Spinoza an mehr als einer Stelle nachdrücklich hervorhebt, auch darauf hinarbeitet, dass das Vernunftgut möglichst allgemeines Eigentum werde: allein auch diese Wesensförderung Anderer fliesst wieder aus der Berechnung der Vortheile, die eine allgemeine Vernünftigkeit

der ungetrübten Erhaltung unseres eigenen Wesens bringen
muss, und ist nicht im Stande, die Thatsache zu verdecken,
dass das sittliche Ideal Spinoza's, ähnlich dem der antiken
Welt, die Selbstgenugsamkeit der vollendeten Einzelpersönlich-
keit über die Idee des Zusammenwirkens in ergänzender Gemeinschaft stellt. Die autonome Vernunft Spinoza's ist zu
sehr theoretisch und mystisch; sie bedarf der Ergänzung durch
die praktisch-sociale: die Entdeckung, oder sollte man richtiger
sagen Schöpfung? der kantischen Philosophie.

§. 3. Sittlichkeit und Eudämonismus.

Ebenso eigentümlich wie der Egoismus des Systems erscheint auch der Eudämonismus desselben. Kein Denker hat
so wie Spinoza die absolute Identität der vollendeten Sittlichkeit und der höchsten Glückseligkeit betont.

Dem Streite, der die Zeit vor und nach ihm auf das
heftigste bewegte, ob das Sittliche aus dem eudämonistischen
Streben des Menschen abzuleiten sei, oder ob Befriedigung
desselben erst als eine Zugabe zum vollendeten Sittlichen gedacht werden müsse, stellt er die Behauptung der engsten
Wechselwirkung beider entgegen. Soweit der Mensch als
Vernunftwesen die reine Activität des Sittlichen zu bethätigen
vermag, empfindet er das volle Glück der Wesensentfaltung,
und soweit dies Glück Erfahrungsthatsache geworden ist, wird
es Motiv zu weiterem Streben in der reinen Vernunfterkenntniss.
Keiner Anschauung aber steht Spinoza schroffer gegenüber
als jener, die für das sittliche Streben noch einen andern Lohn
verlangt, als denjenigen, der eben im Handeln selbst liegt.

In der Hervorhebung dieses Moments, der autonomen
Vernunft als des Wesens des Sittlichen, ist Spinoza der affectiven englischen Ethik ausserordentlich überlegen. Vergleicht
man ihn z. B. mit dem so oft als seine Parallele bezeichneten
Hobbes, so muss man sagen, dass trotz mancher fast wörtlich
gleichlautender Sätze die Ethik Spinoza's genau da beginnt,
wo die des Hobbes endigt. Was für Spinoza nur als Mittel
zum Zweck Werth hat, und darum allerdings von dem auf

sein wahres Interesse bedachten Vernunftmenschen aus allen
Kräften gefördert wird — die äussere Rechtsordnung, das un-
gestörte und friedliche Zusammenleben, das ist für Hobbes
das letzte Ziel, mit dessen Erreichung das Wesen seiner Sittlichkeit erschöpft ist. Die Vernunft, bei Spinoza von eigenster,
lebendigster Triebkraft erfüllt, und in ihrer ungehemmten Be-
thätigung höchste Befriedigung findend, ist für Hobbes nicht
viel mehr als ein dienendes Werkzeug zu geschickter Berechnung der Bedingungen, unter welchen ein möglichst behag-
liches Leben mit Anderen möglich ist. Die Selbstsucht wird
nur in Zucht genommen und von aussen her durch Reflexion
gebändigt; aber himmelweit bleibt Hobbes von dem entfernt,
was den Kern von Spinoza's Ethik bildet: jener innerlichen
Ueberwindung des Egoismus in der vernünftigen Freiheit, die
ihn in sein volles Gegentheil .verkehrt, indem sie ihn scheinbar
vollendet, und in der bedingungslosen Selbstentäusserung an das
Ganze und Ewige die einzig wahre Selbstbehauptung erkennen lehrt.

4. Abschnitt.

Verhältniss zur Religion.

Dies Verhältniss Spinoza's zu Hobbes wird aber noch
deutlicher, wenn man sich die Stellung vergegenwärtigt, welche
beide Denker in ihrer Ethik der Religion zuweisen. Wie
Hobbes hat auch Spinoza an den Urkunden des jüdisch-christ-
lichen Offenbarungsglaubens eine schneidige Kritik geübt, deren
Verfahrungsweise und Ergebnisse bei beiden viel Verwandtes
haben [33]), nur dass Spinoza noch entschiedener als Hobbes die
alte theologische Methode aufgegeben und Grundsätze entwickelt
hat, um derenwillen man ihn mit Recht als den Vater der
modernen historisch-kritischen Exegese bezeichnen darf [34]).
Sachliche Bedeutung, als Erkenntnisse, haben die in diesen
Urkunden niedergelegten Lehren für den Denker nicht, welcher
sich nur auf die Vernunft, nicht aber auf Geschichtserzählungen
stützen kann. Zwischen Theologie und Philosophie ist ein
himmelweiter Unterschied: das Ziel der Philosophie ist nur

die Wahrheit; das des Glaubens der Gehorsam und die Frömmigkeit. Was in der Bibel Speculatives sich findet, ist theils
sehr einfach, theils den Einbildungen und vorgefassten Meinungen der Zeiten und Menschen, auf welche diese Bücher
zu wirken bestimmt waren, angepasst; sehr natürlich: die
Schrift hat eben keine Wissenschaft lehren wollen. Alles was
sie bezweckt, ist der Gehorsam; und daraus folgt, dass der
Glaube nicht sowohl wahre als fromme Regeln fordert, d. h.
solche, welche die Seele zum Gehorsam bewegen. Es mögen
darunter viele sein, welche nicht einen Schatten von Wahrheit
an sich haben: wenn nur der, welcher sie glaubt, dies nicht
weiss. Der Gehorsam gegen Gott besteht aber in der Liebe
des Nächsten, und es wird daher in der Bibel kein anderes
Wissen empfohlen, als was Allen nöthig ist, damit sie Gott
nach dieser Vorschrift gehorchen können [35]). Bei Spinoza wie
Hobbes ist die Offenbarung nichts weiter als ein Mittel zur
Verstärkung der Rechtsordnung für diejenigen, deren sittliche
Erkenntniss noch so unentwickelt ist, dass sie nur durch Gehorsam zur Unterwerfung unter das Recht gebracht werden
können. Der Unterschied ist nur der, dass Hobbes auch hier
das entscheidende Wort über die Gültigkeit von der staatlichen
Autorität gesprochen wissen will; während Spinoza's Absehen
gerade darauf gerichtet ist, jede Einmischung des Staates in
diese Dinge abzuwehren [36]). Jenes „Vielleicht", welches Hobbes
in Bezug auf die Uebereinstimmung zwischen den Vorschriften
der Offenbarung und dem natürlichen Vernunftgesetze ausgesprochen hatte, ist für Spinoza Gewissheit; aber nachdrücklich weist er darauf hin, dass man den Charakter der Heiligkeit nicht willkürlich verleihen könne, sondern dass die Bibel
eben nur so lange heilig und ihre Rede göttlich sein könne,
als sie die Menschen zur Andacht gegen Gott bewegt [37]).

Der Werth der geoffenbarten Religion löst sich also für
Spinoza durchaus in Förderung des Gehorsams auf; mit andern
Worten: alle religiöse Sittlichkeit ist in seinen Augen hete-
ronom, also minderwerthig. Die ächte Sittlichkeit, auf adäquater
Vernunfterkenntniss ruhend, ist ihrer Natur nach nur von
Wenigen zu erreichen. Jenes ist die Sittlichkeit der Massen,
diese die des Denkers [38]). Hier aber zeigt sich nun jener

Unterschied zwischen Hobbes und Spinoza, dessen oben gedacht wurde, und welcher einfach darauf beruht, dass Hobbes als Metaphysiker Materialist, Spinoza dagegen Pantheist ist. Darum ist für jenen das Sittliche nichts weiter als der richtige Vernunftgebrauch des Einzelnen im natürlichen Zusammenhang der Dinge; für diesen dagegen nicht nur Handlung der autonomen Vernunft, sondern zugleich Product der ewigen Causalität Gottes. Die Wurzeln der vernünftigen Sittlichkeit, die bei Hobbes nicht über die Organisation des Individuums hinabreichen, erstrecken sich bei Spinoza bis in die Tiefen des Weltgrundes. Und so ergibt sich nun das Eigentümliche, dass Spinoza, welcher in der Religion lediglich Geschichte zur Förderung des Gehorsams erblickt hatte, gerade die tiefsten, speculativsten Ideen des Christentums, für die er in ihrer theologischen Form aus wohl begreiflichen Gründen kein Auge gehabt zu haben scheint, durchaus rationalistisch als Bestandtheile seines ethischen Systems entwickelt. Alles was an den christlichen Ideen nur entfernt geschichtliche Beziehung hat, ist vollständig abgestreift; wir haben vor uns das völlig rationalisirte Christentum, aber keineswegs so, wie es etwa spätere Aufklärer verstanden haben, die von demselben nur eine hausbackene Moral übrig liessen, sondern mit Aufnahme des metaphysisch-speculativen Kernes, der in der Erlösungs- und Gnadenlehre steckt. Mit andern Worten: Die wichtigsten speculativen Wahrheiten des Christentums hat Spinoza auf philosophischem Wege gefunden und entwickelt, ohne sich dabei im mindesten der christlichen Vorstellungen oder der christlichen Sprache zu bedienen — eine Erscheinung [39]), welche man in der Geschichte der abendländischen Litteratur wohl geradezu als einzig wird hinstellen dürfen. Diese Behauptungen klingen zwar paradox, sind es aber um so weniger, als die geschichtliche Entwicklung selbst sozusagen die Probe über die Rechnung gemacht hat. Denn als lebendiger Beweis der Richtigkeit steht neben Spinoza Malebranche, d. h. der Spinozismus in's Christliche übersetzt, während umgekehrt jener das Christentum in's Naturalistische übertragen zeigt. Die Identität des begrifflichen Gehalts ist eine vollständige, nur die Vorstellungswelt verschieden, und es ist nur zu verwundern, dass sich die

Apologetik dies merkwürdige Zusammentreffen scheinbar diametral auseinanderlaufender Gedankenreihen so lange hat entgehen lassen. Auch hier aber mag wieder daran erinnert
werden, was schon mehr als einmal hervorzuheben war, wie
Naturalismus und Supranaturalismus iu der Ethik gleichmässig
zur Anerkennung einer Thatsache geführt werden, welche
auf sehr verschiedene Weise ausgedrückt worden ist, aber
stets auf derselben Erfahrung beruht: die Unaufheblichkeit
und Unerklärlichkeit des Bösen. Denn wie überlegen auch
Spinoza's Lösung dieses Problems allen früheren Versuchen
sein mag, so bleibt doch auch er vor dem Dilemma stehen,
welches einst schon die Philosophenschulen des Altertums in's
Gedränge brachte: dass einerseits die vollendete Geistesmacht
des Menschen aus der inneren Nothwendigkeit seines der Vervollkommnung zustrebenden Wesens sich ergeben soll, anderseits aber doch nur bei Wenigen die Erreichung des von der
Natur gesteckten Zieles eintrete. Mit andern Worten: der
naturalistische Pantheismus Spinoza's hat so gut seine Prädestinationslehre als der christliche Mysticismus von Augustinus
und Malebranche: es liegt in der ewigen Nothwendigkeit der
Dinge, dass nur eine beschränkte Zahl von Menschen die Vollendung ihres Wesens erreicht.

Wir stehen hier offenbar vor einer jener letzten Thatsachen der Erfahrung, welche nur in ihrer allgemeinsten Form
begrifflich gefasst, aber nicht durch irgend einen Denkprocess
selbst abgeleitet werden können. Wie aus dem Vernünftigen
das Unvernünftige, aus dem Unvernünftigen das Vernünftige
hervorgehen könne, das ist uns in alle Wege so schlechthin
unbegreiflich, als wie es gemacht wird, dass überhaupt etwas
sei. Wir stossen hier überall an die Grenzen unseres Erkenntnissvermögens und wenn wir die Ausgleichung dieser
Widersprüche im Absoluten annehmen, so ist und bleibt dies
eben ein Postulat, welches beruhigt, aber keine Einsicht, welche
aufklärt.

XI. Capitel.

Leibniz.

***

1. Abschnitt.

Zur allgemeinen Charakteristik.

Die centrale Stellung, welche Leibniz [1]) in der Entwicklung der neueren Speculation einnimmt, ist längst anerkannt. Sein umfassender Geist nimmt thätigen Antheil an allen Problemen, welche das Abendland beschäftigen; mit der grössten Universalität des Wissens verbindet sich bei ihm ein ausserordentlicher Reichtum persönlicher Beziehungen; aber beides erhält seine eigentümliche Weihe erst durch jene Verbindung allseitiger Empfänglichkeit mit speculativem Tiefsinne, welche für Leibniz so charakteristisch ist. Die wichtigsten Bestrebungen der vorkantischen Philosophie finden in ihm ihren Mittelpunkt; ja man kann sagen, dass seine Polemik schon die vorgeschritteneren Tendenzen des 18. Jahrhunderts trifft. Ohne Zweifel steht Spinoza, was Einheitlichkeit des Denkens betrifft, ebenso weit über Leibniz, als dieser an vielseitiger Empfänglichkeit und geistiger Universalität jenen überragt; und so gehören beide zusammen, in wechselseitiger Ergänzung, als eine jener grossen Doppelgestalten, deren die Philosophie eine ganze Reihe aufzuweisen hat. Naturgemäss steht die Polemik gegen Spinoza im Mittelpunkte der leibnizischen Speculation: der Widerspruch gegen ihn übt auf Leibniz's Denken eine

ähnliche treibende Kraft, wie die Opposition gegen Hobbes
in der englischen Philosophie. Seine Abneigung gegen Spinoza
ist vielleicht ebenso gross als die Malebranche's; aber sein
Protest gegen den Spinozismus gewinnt viel wirksamere Bedeutung, weil er die Fundamental-Gedanken, deren logische
Consequenz das spinozistische System war, klar durchschaute und
umzugestalten unternahm, während Malebranche bei gleichen
Voraussetzungen nur durch Inconsequenz die gleichen Resultate
abzulehnen vermochte. Gleichwohl ist es nicht schwer, auch
in Leibniz's Speculation noch den verwandtschaftlichen Zug
mit Spinoza zu entdecken und es wird der folgenden Darstellung nicht an Gelegenheit mangeln, eine Uebereinstimmung
zwischen beiden Denkern hervorzuheben, welche durch die
Grundverschiedenheit ihrer metaphysischen Anschauungen noch
augenfälliger wird.

Für die Entwicklung des Cartesianismus in Deutschland
kommt Leibniz eine ganz ähnliche Bedeutung zu, wie Malebranche in Frankreich. Beide haben nicht nur dieses System
durch ein Um- und Weiterbilden von innen heraus zu vervollkommnen gesucht, sondern sich sorgfältig bemüht, die von
Cartesius ganz bei Seite gesetzte Verbindung zwischen Glauben
und Wissen, zwischen Theologie und Philosophie, wieder her-
zustellen.

Aber dies Verhältniss zu Malebranche und der von ihm
vertretenen Richtung ist mehr als blosse Gleichzeitigkeit der
Bestrebungen: enge persönliche und litterarische Beziehungen
verbinden ihn mit dem französischen Geistesleben der Zeit,
welches er in sich durchlebt, von dem er mächtige Impulse
empfängt und in dessen Kämpfe er mit kritischem Scharfsinn
vermittelnd einzugreifen sich bemüht. Ebensowenig fremd
blieb ihm die Philosophie Englands; und gerade in der Stellung, welche er zu ihr einnahm, lässt sich am deutlichsten erkennen, was von dem Wirken dieses weitschauenden Geistes
überhaupt gilt: dass seine Polemik nicht bloss rückwärts gewendet sei, sondern schon die vorgeschritteneren Richtungen
des 18. Jahrhunderts treffe. Schon durch Pufendorf[2]) hatte
eine Vermittlung der deutschen Wissenschaft mit den auf
ethischem Gebiete bahnbrechenden Untersuchungen der Eng-

länder stattgefunden. Pufendorf's Ziel war ein richtiges: es
galt ihm einen Ausgleich zwischen den entgegengesetzten
Theorien von Grotius und Hobbes. Er bediente sich dazu
in umfassender Weise Cumberland'scher Ideen; aber es fehlte
ihm die speculative Kraft, um die Gegensätze wahrhaft zu
vermitteln, so dass er sich vielfach mit einem mehr äusserlichen Nebeneinanderstellen begnügt und in seinen Hauptgedanken durchaus von Cumberland abhängig bleibt. Gerade
im Gegensatz zu ihm tritt die Originalität und schöpferische
Kraft, welche dem Geiste Leibniz's neben aller Neigung zum
Eklektischen eigen ist, in's hellste Licht.

In Locke bekämpft dieser den Sensualismus, in Hobbes,
Locke und King den ethischen Nominalismus und theologischen
Utilitarismus, geradeso wie in Bayle die rationalistische Aufklärung der folgenden Zeit; während Shaftesbury's Philosophie
ihm die Freude bereitet, eine der seinigen innig verwandte
Denkart auf englischem Boden keimen zu sehen. Und gerade
die theologischen Neigungen Leibniz's, welche uns zum Theil
so fremdartig berühren, gehören wesentlich mit dazu, um ihn
in einem ganz von Theologie erfüllten Zeitalter so in den
Mittelpunkt der Speculation zu stellen.

2. Abschnitt.

Die Metaphysik des Sittlichen.

Die Frage nach dem letzten Grunde des Sittlichen und
seiner Stellung im Ganzen der Welt hatte seit dem Mittelalter die Speculation beschäftigt. In den gewonnenen Lösungen
lassen sich drei Hauptformen unterscheiden. Zunächst jene,
welche von den Begriffen des Gesetzes und der Verpflichtung
ausgeht und alles Sittliche auf den Willen der Gottheit, als
des obersten Gesetzgebers, zurückführt. Sodann jene, welche
im Sittengesetze nicht ein Gebot göttlicher Willkür, sondern
den nothwendigen Ausdruck der ewigen Wesenheit Gottes
selbst erblickt, und darum die Ewigkeit und Unveränderlichkeit der sittlichen Normen behauptet. Die dritte Richtung

endlich lässt diese metaphysischen Beziehungen des Sittlichen
entweder ganz fallen und begnügt sich mit Ableitung desselben
aus der Natur des Menschen, oder, wo sie dieselben weiter
verfolgt, hält sie doch die Relativität derselben dem Absoluten
gegenüber fest.

Gegen die erste und dritte Annahme erklärt sich Leibniz
gleichmässig mit der grössten Entschiedenheit [3]). An verschiedenen Stellen wird die scotistisch-cartesianische Ansicht
über Wesen und Ursprung des Sittlichen, welche durch Locke
und seine Schule zum Stichwort einer weit verbreiteten Richtung der englischen Theologie geworden war, und auch unter
den Theologen des Continents immer noch Vertreter fand, mit
den schärfsten Gründen bekämpft [4]). Leibniz steht in dieser
Polemik vollständig auf dem Boden, welchen die englischen
Intellectualisten, Shaftesbury und Hutcheson mitgerechnet, sowie Bayle und Malebranche, einnehmen und kämpft zum Theil
mit ihren Gründen, die, wie es scheint, bis zu einem gewissen
Grade Gemeingut der wissenschaftlichen Welt geworden waren.

Kaum weniger nachdrücklich wendet sich Leibniz von der
streng naturalistischen Auffassung ab, welche er im Mittelalter
durch Abälard, in der neueren Zeit hauptsächlich durch Hobbes
und Spinoza vertreten findet. Auch in ihr erblickt er, wenn
schon in anderer Weise, eine Herabwürdigung der Gottheit, und
so diametral läuft sie seinen eigenen Voraussetzungen zuwider,
dass er sie nicht nur als verderblich, sondern geradezu als
unerklärlich bezeichnet [5]).

Es ist nach allem Vorangegangenen wohl kaum erforderlich, die Gründe, welche Leibniz für seine Anschauung beibringt, im Einzelnen zu verfolgen. Zu oft sind uns Für und
Wider im Verlaufe dieser Darstellung bereits entgegengetreten,
und wie geistreich auch Leibniz seine Argumente vielfach gewendet haben mag — sein eigentliches Verdienst liegt nicht
an dieser Stelle. Zwar kämpft Leibniz entschieden gegen gewisse Ueberspannungen der theologischen Ansicht an, allein es
sind doch seine eigenen Gedanken wesentlich vom theologischen
Geiste eingegeben. Sie stellen daher auch Spinoza gegenüber
keinen Fortschritt dar, sondern weisen, ähnlich wie Malebranche,
nur eine eklektisch blendende, aber innerlich unhaltbare Ver-

mischung des Pantheismus mit dem Theismus auf. Spinoza's Originalität in dieser Frage lag gerade darin, dass er, jene endlosen und unfruchtbaren Discussionen mitten durchschneidend, das Absolute als ein Uebersittliches bezeichnete. Darin wagen ihm weder Malebranche noch Leibniz zu folgen. Zu enge war die Beziehung ihrer Gedanken auf die Theologie, zu lebendig der alte Gottesbegriff in beiden, als dass sie sich zu einer so radikalen Umgestaltung der herrschenden Denkweise hätten entschliessen können.

Die spinozistische Anschauung lag, wie so manche andere Idee dieses einsamen und kühnen Denkers, viel zu weit ausser dem Gesichtskreise des damaligen Zeitalters, als dass sie, selbst als Waffe der Polemik, irgend hätte wirken können. Dies war dagegen in hohem Grade der Fall bei der von Leibniz verfochtenen Ansicht, welche, als Gegengewicht gegen übertriebene Ansprüche der Theologie, mit dem Hinweise auf die rein in der Vernunft begründete, selbst von göttlicher (d. h. theokratischer) Willkür unabhängige, Hoheit des Sittlichen gute Dienste zu leisten vermochte. Wir sehen gleich an diesem Cardinalpunkte Leibniz in engster Berührung mit seiner Zeit, ja so sehr bemüht, keinen Anstoss zu geben, dass nicht einmal seine eigene Meinung von Missverständnissen frei bleibt [6]).

Ein strenges Festhalten an der Schultradition ist bei Leibniz unverkennbar. Die ältesten Rüstzeuge der Scholastik kommen bei ihm wieder zum Vorschein. Wir hören das alte Argument, dass eine Region ewiger Wahrheiten, zu welchen auch die obersten sittlichen Grundsätze gehören, nothwendig einen ewigen Geist als Träger voraussetze, dessen Bewusstseinsobject sie seien und der die Realität derselben bewirke [7]) — ein wunderliches Missverständniss der Forderung, dass ein Element der Vernünftigkeit zum Grundbestande der Welt gehöre. Wir erfahren, dass diese obersten sittlichen Wahrheiten auch im menschlichen Geiste liegen, wenngleich unentwickelt und verschleiert, und ein natürliches Licht, oder ein natürliches Gesetz für denselben darstellen [8]), so dass von dieser Grundlage aus eine demonstrative Ethik möglich sein soll — ein Gedanke, den später das Schulmeistertalent eines Wolff aufgenommen und mit einem unglaublichen Aufwande von geduldiger Pedanterie durchgeführt hat.

So zeigt sich allenthalben die Bestätigung des Satzes, dass die Leibniz'sche Speculation der Theologie enge verschwistert ist. Nicht als ob sie sich jemals geneigt zeigte, ihre Selbständigkeit aufzuopfern; aber Leibniz ist auf's Innigste von dem christlichen Geiste durchdrungen und geht deshalb bewusst und unbewusst überall darauf aus, die theologischen Vorstellungen auf ihren möglichen Wahrheitsgehalt anzusehen und soweit irgend möglich eine Vermittlung mit denselben zu suchen [9]).

Freilich kommt durch dies Verfahren nicht selten ein gewisses Schwanken in seine Darstellung, wie es eben aus dem Bemühen, widersprechende Elemente zu vereinigen, sich nur zu wohl erklärt. Dies tritt gerade bei seiner Gotteslehre, soweit sie mit der Metaphysik des Sittlichen zusammenhängt, deutlich hervor. Mit Spinoza hält Leibniz daran fest, dass alles Thun Gottes streng nothwendig sei und die Freiheit des Absoluten nur darin liege, dass alle Akte desselben unbedingt mit dem Gesetze seines eigenen Wesens zusammenfallen [10]). Will man den Begriff der Freiheit in diesem Sinne mit Spinoza dem der Sittlichkeit gleichsetzen [11]), so versteht sich letztere von dem Absoluten allerdings von selbst; allein da der Gegensatz und die Möglichkeit des Unsittlichen im Absoluten wegfallen, so ergibt sich, dass die Anwendung dieses Begriffes auf das Absolute eine blosse Tautologie ist. Dies wird auch nicht geändert durch die von Leibniz gemachte Unterscheidung zwischen dem metaphysisch und dem moralisch Nothwendigen. Denn auch sie hat, genauer betrachtet, lediglich verbale Bedeutung, um den Schein des Moralischen da zu bewahren, wo thatsächlich nichts als das Nothwendige vorhanden sein kann [12]).

Aber auch zugegeben, man wollte den Begriff des Sittlichen in der Anwendung auf's Absolute gelten lassen, so würde aus dieser Anknüpfung doch für die praktische Einsicht nichts zu gewinnen sein. Denn in welcher Weise das Gesetz des eigenen Wesens, nach welchem das Absolute handelt, für den Menschen als Regel zu dienen vermöchte, lässt sich nicht absehen. Freilich hat Leibniz den ausführlichen Versuch unternommen, zu zeigen, dass seinem in der Form der Persönlichkeit gedachten Absoluten alle die ethischen Prädicate, welche den Begriff des Sittlichen beim Menschen ausmachen, in gesteigertster Idealisirung zukommen. Und es lässt sich nicht leugnen, dass dieser Gedanke, das Höchste, was dem Menschen in Bezug auf die Vollendung seines eigenen Wesens zu ahnen vergönnt ist, in dem geheimnissvollen Weltgrunde persönliches Sein annehmen zu lassen, einen verführerischen Reiz ausübt, welchem in vielen Fällen die Speculation des Denkers ebensowenig zu widerstehen vermag, als das Glaubensbedürfniss des gewöhnlichen Bewusstseins. Wie tiefgreifend der Einfluss ist, den der Vorstellungskreis der Kirchenlehre auf den Geist der europäischen Völker übte, und zwar zu einer Zeit, da die Emancipation derselben von dem Buchstaben des Kirchenglaubens längst begonnen hatte, das sieht man nirgends deutlicher, als an den Wirkungen dieses theologischen Gottesbegriffes. Die ausgebreitete Verwendung desselben im Bereiche der ethischen Speculation ist uns im Verlaufe dieser Darstellung vielfach entgegengetreten. Es hängt damit auf's engste zusammen, dass allenthalben sich das Bedürfniss der Theodicee, d. h. der Bestätigung des Ideals durch Erkenntniss des Realen fühlbar macht. Wir sehen eine Reihe englischer Philosophen mit dieser Aufgabe beschäftigt; wir finden dies Problem als einen Gegenstand der heftigsten Controverse in Frankreich; wir sehen Leibniz auch hier im Mittelpunkte der Interessen des zeitgenössischen Denkens, und alle Fäden der Discussion in seiner Hand vereinigend.

Ein ansehnliches Maass menschlichen Scharfsinnes ist in diesen Untersuchungen vereinigt, um einen Beweis zu führen, welcher unmöglich je geliefert werden kann, und eine Sache zu stützen, welche durch sich selbst schon stark genug ist. Denn wie geschickt auch die Argumentationen der Theodicee angeordnet sein mögen, so können sie doch nie etwas Weiteres beweisen, als dass die Welt nothwendig so sein müsse, wie sie ist; das Böse und das Uebel in ihr unvermeidlich, als Mittel zur Erfüllung der Weltzwecke. Und in der That muss jede Weltbetrachtung, soweit sie noch wissenschaftliche Er-

kenntniss sein will, dabei stehen bleiben, die Vorgänge in der
Welt in ihrer Nothwendigkeit aus den gegebenen Elementen
zu begreifen.

Indess Leibniz geht weiter und sucht der Weltschöpfung
den Charakter einer sittlichen That des Absoluten dadurch zu
retten, dass er sie als die Wahl des Besten unter vielen Möglichkeiten bezeichnet. Allein dieser Gedanke vernichtet sich selbst.
Weder deductiv noch inductiv ist dieser Satz zu erweisen.

Zunächst muss dahingestellt bleiben nach dem eben Bemerkten, ob die Anwendung des Begriffes „sittlich" auf das
Absolute überhaupt einen Sinn haben kann; sodann müsste
durch eine vergleichende Betrachtung der Natur und des Weltlebens gezeigt werden, dass die Erscheinungen nur unter der
Voraussetzung einer nach sittlichen Motiven wirkenden Causalität verständlich werden können. Dieser Beweis ist niemals
erbracht worden und kann niemals erbracht werden. Wir
mögen das Absolute mit sittlichen Prädicaten ausstatten oder
nicht: einerlei; sein Verfahren hat sicher gar keine Aehnlichkeit mit dem nach unsern Begriffen Sittlichen. Gestatten wir
uns, in Ermangelung eines nachweisbaren transcendenten
Zweckes, die Entwicklung der Welt und des in ihr liegenden,
unendlichen Reichtums an Kräften und Lebensformen, die
höheren geistigen Gestaltungen mit einbegriffen, als immanenten Zweck zu bezeichnen, so muss jede unbefangene Beurtheilung der Welt, welche nicht Gemüthspostulate mit Erkenntnissen verwechselt, zugestehen, dass Weltlauf und Weltgesetze
zu dem nach menschlichen Begriffen Sittlichen kaum irgend
erkennbare Analogien aufzuweisen haben. In der That zeigen
beide als hervorstechendsten Zug eine so grandiose Ausbeutung
aller Einzelnen für die Zwecke des Ganzen, eine so vollkommene Rücksichtslosigkeit in der Wahl der Mittel, dass
sicherlich niemals Jemand aus der Betrachtung der Natur und
des Weltlebens auch nur den leisesten ethischen Impuls zu
schöpfen vermocht hat, und wir für Menschen, in denen diese
dämonische Rücksichtslosigkeit zum Durchbruche kommt, keine
bessere Bezeichnung haben, als indem wir sie mit Natur-
gewalten vergleichen [13]).

Alle sittliche Culturarbeit des Menschen besteht demnach

nicht etwa in einem gelehrigen Aufnehmen der Lectionen, welche die Weltbetrachtung ertheilt, sondern sie ist ein beständiger Kampf der menschlichen Vernunft gegen die Weltgesetze, um an ihre Stelle Vernunftgesetze treten zu lassen. Natürlich ist dieser Kampf der Menschheit um das Sittliche gegen das Natürliche selbst ein nothwendiger Bestandtheil des absoluten Lebensprocesses und daher, auf eine freilich nicht weiter zu erklärende Weise, dazu bestimmt, die Zwecke des Absoluten zu fördern. Es ist aber eine grossartige, indessen, wie es scheint, für die geschichtliche Entwicklung der Menschheit nothwendige Illusion, die sittlichen Ideale der Menschheit zu Seinsformen des Absoluten machen und ihre Geltung dadurch stützen zu wollen, dass man sie als Eigenschaften des Absoluten, somit als objectiv-reale Mächte in der Welt aufzuweisen sucht. In diesem mit dem Absoluten identificirten Wesen betet die Menschheit sich selber an — ihr Bestes, Höchstes, Heiligstes, ihre Ideale. Vor ihnen demüthigt sie sich, von ihnen fühlt sie sich erhoben. In dem einen Sinne eine der gewaltigsten aller Kräfte, in dem anderen gar nicht in's Reich der Wirklichkeit gehörend. Und so wird auch der Zwiespalt verständlich, der, solange diese Illusion besteht, immer wieder hervorbricht, und erst da für immer sich aufheben lässt, wo diese Illusion ganz und gar in das reine Licht der Erkenntniss zerronnen ist.

Erst wo diese Ueberzeugung lebendig geworden ist, dass unsere Ideale mit unserer Welterkenntniss gar nichts zu thun haben, dass alle Mühe verloren ist, welche diese Ideale von aussen stützen und beweisen will und die wahren Interessen des Ideals nur compromittirt, weil das nothwendige Scheitern aller dieser Versuche die wahren Grundlagen des Ideals verbirgt — erst da ist es möglich, vollkommen klare Welterkenntniss mit dem reinsten Streben nach dem Idealen zu verbinden, und nicht mehr zagen zu müssen, dass ein Fortschritt in der Erkenntniss irgend welche heilige oder werthvolle Güter der Menschheit gefährde. Wahrlich, es stünde jammervoll um die Ideale der Menschheit, wenn sie von dem Welterkennen abhängig wären, aus ihm in unsere Brust gelangen müssten! Das haben die Theologen aller Zeiten richtig gefühlt, und

sich stiller oder lauter gegen die verhängnissvolle Wissenschaft
gewehrt! Sie hätten ganz Recht gehabt, wenn den richtig
verstandenen Idealen durch irgend welche Welterkenntniss,
zu welchen Resultaten sie auch führen mag, beizukommen
wäre. Aber nur das falsche, oder richtiger, auf falscher Grundlage ruhende Ideal wird von dieser Gefahr bedroht. Aus dem
Verkennen dieser Wahrheit aber rührt jene Verwirrung her,
die gerade in unserer Zeit tausende von Gemüthern ängstigt
und trübt, dass sie die Forderungen ihrer Erkenntniss und
ihres Ideals, d. h. ihres Glaubens, nicht in Einklang zu setzen
wissen. Da sie keines von beiden opfern wollen, so entspringt
jenes haltlose Schwanken, jene klägliche Halbheit, welche die
wahren Interessen der Menschheit empfindlicher schädigt, als
ein offener Bruch mit dem einen zu Gunsten des andern, und
nicht eher beseitigt werden kann, ehe die Scheidung Grundlage
unserer Erziehung geworden ist.

3. Abschnitt.

Psychologische Grundlegung.

Wie jene metaphysischen Fragen hat Leibniz auch die
Psychologie des Sittlichen nirgends in systematischem Zusammenhange behandelt, sondern sich auf gelegentliche Erörterung einzelner Fragen beschränkt. Wie enge die Verbindung
seines Denkens mit der Theologie war, sieht man deutlich
daraus, dass auch hier fast nur die Punkte eingehender be-
sprochen werden, an welchen sich die Ethik mit der Dogmatik
berührt, wie die Lehre von dem Verhältniss zwischen Freiheit
und Nothwendigkeit im Willen [14]). Ueberall aber, wo Leibniz
das ethische Gebiet berührt, zeigt er sich den verschiedensten
Controversen gegenüber als Vertreter einer zwar in aphoristi-
scher Form entwickelten, aber im Grundgedanken einheitlichen
Ansicht, welche er mit Nachdruck zur Geltung zu bringen
bemüht ist.

§. 1. Das Sittliche und die menschliche Organisation.

Zunächst finden wir Leibniz auch auf psychologischem Gebiete als Gegner der Locke'schen Anschauung, welche schon seine Metaphysik des Sittlichen bekämpft hatte [15]). Was Leibniz an ihr auszusetzen findet, ist die Leugnung jeder angeborenen Grundlage für das Sittliche, die Ableitung desselben lediglich aus den verschiedenen Formen des Gesetzes und aus verstandesmässiger Reflexion auf die Folgen unserer Handlungen. Wie Cumberland und Shaftesbury sucht er darum nach einer Grundlage für das Sittliche in der gesammten Organisation des Menschen; wie Price nach einer Auffassung, welche die objectiv-teleologische Bedeutung der Sittlichkeit sichert. Die innere Verwandtschaft des Leibniz'schen Denkens mit diesen Vorkämpfern des ethischen Realismus in England ist in die Augen springend; und die Unwahrscheinlichkeit einer eigentlich litterarischen Anregung kann das Gewicht dieser Uebereinstimmung nur verstärken [16]). Freilich müssen wir uns da, wo uns bei den englischen Forschern ausgeführte Untersuchungen vorliegen, bei Leibniz mit einigen Andeutungen und Winken begnügen.

Der alte Begriff der lex naturalis, welchen, wie schon erwähnt worden ist, auch Leibniz noch immer bewahrt, wird unter dem Einflusse der Locke'schen Kritik zeitgemäss umgestaltet. Angeboren sind uns nicht Vernunfteinsichten, welche ja ein verhältnissmässig spätes Product des Geistes sind, sondern Instinkte, die uns durch einen unmittelbaren Trieb und durch das ihre Befriedigung begleitende Vergnügen nach gewissen Richtungen führen, und aus denen erst später, wenn die Tendenz derselben durch vernünftige Einsicht klar wird, das eigentlich Sittliche entsteht. Es gibt eine natürliche, instinktive Sittlichkeit des Menschen, welche sich in seinem Thun unbewusst geltend macht, gerade so wie die Gesetze der Logik in seinem Denken vor aller bewussten Aufklärung und die Gesetze der Mechanik in seinem Gehen und Stehen vor aller Kenntniss der Mathematik. Das Gefühl der Menschlichkeit gegen Seinesgleichen, der Trieb der Sociabilität, dessen ur-

sprünglichste Aeusserungen sich in den Verhältnissen der Ge-
schlechter und'der Familie studiren lassen; dann aber auch
ein gewisses Gefühl für Würde und Schicklichkeit werden von
Leibniz als solche primitive Regungen der sittlichen Instinkte
bezeichnet, welche die objectiv-reale, d. h. von der blossen
Convenienz unabhängige, Existenz des Sittlichen, als eines
Grundbestandtheiles der menschlichen Natur, verbürgen.

Was das Verhältniss dieser ursprünglichen Beschaffenheit
zu der späteren Entwicklung, d. h. zu den Elementen der
Cultur im weitesten Sinne anlangt, so ist Leibniz klarsehend
genug, um dasselbe als ein doppelseitiges aufzufassen. Einerseits nemlich weist er darauf hin, wie häufig es sei, dass diese
Instinkte, welche keineswegs unwiderstehlich wirken, durch
Leidenschaften, Vorurtheile und entgegenstehende Gewohnheiten,
die sich ihnen zum Trotz ausbilden, übertäubt und gehindert
werden; anderseits erkennt er an, dass diese natürlichen Neigungen nichts weiter seien, als Stützen für die Vernunft und
Winke, welche dieser den Willen der Natur verrathen. Sowenig man auch den Antheil der letzteren verkennen dürfe,
sowenig reiche die natürliche Anlage allein, ohne die Unterstützung von Erziehung, Gewohnheit, Ueberlieferung und vernünftiger Ueberlegung aus, um die Sittlichkeit sicher zu begründen.

Soweit Leibniz's Vermittlungsversuch zwischen den Theorien, auf deren gegenseitiger Reibung die Entwicklung der
englischen Ethik beruhte, und die dort zu einer fortgehenden
Vertiefung der Probleme und allseitigster Behandlung geführt
hatte.

§. 2.　Das Sittliche, die Triebe und die Vernunft.

Schon diese Andeutungen lassen erkennen, dass Leibniz
kein einseitiger Intellectualist ist. Weniger als Spinoza hat
er den praktischen Charakter des Sittlichen verkannt. Wohl
theilt er mit ihm die Ansicht, dass die Ausbildung der Erkenntniss ein unentbehrliches, ja das vorzüglichste Hülfsmittel
zur sittlichen Vervollkommnung sei, aber niemals hat er wie

dieser den Willen vollständig in der Erkenntniss aufgehen lassen. Aber trotz dieses Mangels seiner Psychologie war Spinoza ein zu tiefblickender Denker gewesen, als dass die fundamentale Bedeutung des Willens nicht doch, wenn auch in anderer Form, in seinem System zur Geltung gekommen wäre.

Und in der That: wer den Satz aussprechen konnte, alles Sein sei Selbstbehauptung, und auch das Sittliche nur als die höchste und reinste Form dieses Grundtriebes bei dem Vernunftwesen fasste, der würde auch dem Leibniz'schen Gedanken, dass der Trieb nach Glückseligkeit in der einen oder andern Form die Wurzel alles Lebens und Handelns sei, nichts Ernstliches entgegengestellt haben.

Natürlich erscheint dieser Trieb in wechselnden Formen; worauf sich das ursprünglichste Streben richtet, das ist nicht die Glückseligkeit, sondern einzelne Güter, während der Begriff der Glückseligkeit erst als Summe einer Reihe von Erfahrungen entsteht.

Gut nennen wir dasjenige, was uns Vergnügen bereitet, ein Uebel, was uns Schmerz zufügt. Das Vergnügen aber kann man als ein Gefühl der Förderung, den Schmerz als ein Gefühl der Hemmung unseres Wesens bezeichnen; vorausgesetzt, dass beide stark genug sind, um überhaupt in's Bewusstsein zu treten [17]). In gewissem Sinne also ist der gegenwärtige Schmerz und die gegenwärtige Lust immer im Rechte. Allein diese Bezeichnungen sind relativ, weil eben der Mensch nicht bloss im Augenblick und für denselben lebt. Im Zusammentreffen mit einem grösseren Gut könnte ein anderes, welches jenes zu stören drohte, zum Uebel werden, und umgekehrt. Es gibt viele Dinge, die wir als eine Wesensförderung empfinden und die doch später weit grössere Beeinträchtigung mit sich bringen [18]). Das Glück oder die Glückseligkeit aber kann nicht in einem (absolut) höchsten Vergnügen liegen, welches unmöglich ist, sondern in einem beständigen Wachstum, einem beständigen Fortschreiten zu neuen Vergnügungen. Das Glück setzt sich folglich aus einer Reihe von Vergnügungen zusammen; die einzelne Lust ist nur ein Schritt zum Glücke; oft der scheinbar kürzeste nach den Eindrücken des Augenblicks, aber nicht immer der sicherste und beste. So

kann man also die Weisheit als die Wissenschaft der Glückseligkeit, d. h. als diejenige bezeichnen, welche uns zur Glückseligkeit zu gelangen lehrt [19]).

Das sind Bestimmungen, welche der antiken Ethik entnommen scheinen. Verständige Auswahl unter unsern Vergnügungen und Genüssen, und als Ziel ein befriedigter Gesammtzustand des Gemüthes, sind die Gedanken, in welchen
diese Bestimmungen culminiren. Aber diese ganz epikureisch
klingende Auffassung wird an anderen Stellen durch Zusätze
ergänzt, welche sowohl an Aristoteles als an Spinoza erinnern.
In ihnen wird als die zugleich höchste und dauerndste Lustempfindung das Gefühl der Vollkommenheit bezeichnet und
diese als Erhöhung des Wesens [20]). Wesen aber drückt nichts
Anderes aus, als die Kraft zu wirken, und je grösser die Kraft,
umso höher und freier ist das Wesen [21]).

Nur die Freude ist beständig und kann weder betrügen,
noch eine künftige Traurigkeit verursachen, die aus solcher
Quelle fliesst. Denn hier allein steht der Mensch wahrhaft
auf sich selbst, und sein Genuss auf einem an sich Werthvollen, wenn er die Kraft des eigenen Wesens übt in der Er-
leuchtung seines Verstandes und in der Uebung seines Willens,
allezeit nach dem Verstande zu wirken.

Was in den natürlichen Neigungen und Trieben des
Menschen angelegt ist, muss vom Verstande geprüft, und in
Rücksicht auf seine Fähigkeit, zur Vervollkommnung des
menschlichen Wesens beizutragen, untersucht werden. Das ist
nicht ein blosses Verstandesspiel; sondern in dem Maasse, als
sich unser Verstand in der Führung und Gestaltung unseres
eigenen Wesens praktisch bethätigt, empfinden wir das Glück
einer Steigerung und Erhebung unseres persönlichen Seins.

§. 3. Möglichkeit und Bedingungen sittlicher Bildung.

Zwei Gedanken finden wir bei Leibniz in der Ausführung
dieser Grundansicht mit gleichem Nachdruck hervorgehoben:
Die unentbehrliche Wichtigkeit verständiger Aufklärung für

die sittliche Bildung und den grossen Antheil, welchen gleichwohl das affective Element, der Wille, am praktischen Leben hat. Beides zusammen begründet seine Anschauung über die Unentbehrlichkeit sittlicher Bildung, sowohl in theoretischer als in praktischer Hinsicht.

Einestheils nemlich wird die Bedeutung richtiger Einsicht für die Sittlichkeit nachdrücklich hervorgehoben und an mehr als einer Stelle erörtert, eine wie reichlich fliessende Quelle falsche Urtheile oder oberflächlich gebildete Begriffe für sittliche Verirrungen seien[22]). Es finden sich hier eine Reihe der feinsten Bemerkungen; insbesondere wird der grosse Abstand von Leibniz hervorgehoben, welcher zwischen vagen Verstandesbegriffen und wahrhaft lebendigen Ueberzeugungen besteht. Mit scharfen Ausdrücken wendet er sich gegen jene wissenschaftliche Mode, welche einen Beweis von Geist zu geben glaube, wenn sie gegen die Vernunft declamire. Die Vernunft herabsetzen, sagt er[23]), heisst sich gegen die Wahrheit selbst wenden, gegen das eigene Beste Sturm laufen, da die Vernunft kein anderes Streben hat, als jenes zu erkennen und dem Erkannten zu folgen.

Anderseits klingt es beinahe polemisch gegen seinen eigenen Rationalismus, wenn er einmal bemerkt[24]), zum wahren Glücke bedürfe es weniger des Wissens, als des guten Willens: der einfältigste Mensch gelange so leicht dahin, als der gelehrteste und geschickteste. Diese Worte sind gerade hier nur als Paradoxie zu verstehen, um einen Satz einzuschärfen, auf welchen Leibniz allerdings das grösste Gewicht legt: nemlich dass die Function des Erkennens und der Einsicht keine andere sei als die, den Willen zu bilden. Leibniz weiss sehr gut, und hat es mehrfach betont, dass die vernünftige Einsicht, d. h. die Vorstellung eines vielleicht grossen, aber entfernten Gutes[25]), im Augenblicke des Affectes zu schwach ist, um gegen diesen Sieger zu bleiben, und dass es unmöglich sei, der Mensch könne einer andern, als der jeweils stärksten Determination des Willens folgen[26]). Nicht der einzelne Willensakt, sondern jene bleibende Beschaffenheit des Gemüthes, aus welcher alle einzelnen Willensakte hervorgehen, ist der freien Einwirkung der Vernunft zugänglich[27]). Sie

ist auch das allein sittlich Werthvolle. Die Einsicht ist machtlos, wenn sie zu spät zu Hülfe gerufen wird, wenn sie nicht
als eine constante Determination des Willens wirkt, und diese
heranzubilden ist Aufgabe aller Erziehung zur Sittlichkeit, sowohl bei sich selbst als bei andern [28]). Mit Aufgebot aller
Vernunft sind wir nicht im Stande, uns plötzlich, im Augenblicke der Entscheidung zu andern Menschen zu machen als
wir sind; aber geduldige Arbeit an uns selbst schafft unsere
Neigungen um, und lässt uns Unbehagen bei dem empfinden,
was wir ehedem als ein Gut ansahen und umgekehrt. Aber
nichts wäre thörichter, als solche Wandlungen einer unbeschränkten Wahlfreiheit zuzuschreiben; der Wille ist immer
determinirt, nur der Verstand ist frei [29]). Sein Amt ist es,
darüber zu wachen, dass unser Streben nach Glück, die Triebfeder unseres gesammten Wesens, in die richtige Bahn gelenkt
werde, und in dem Maasse, als dies gelingt, verwandeln sich
die Determinationen des Willens. Immer sucht er nach Glück;
aber über dem Streben nach dem Höchsten wird er von der
Gewalt der kleinen Wünsche und Begierden frei und gewinnt
jene Ruhe, welche in Fällen der Wahl Vernunft und Einsicht
zu Worte kommen lässt [30]).

Auf's Deutlichste zeigt sich in diesen Erörterungen die
Mittelstellung der Leibniz'schen Ideen zwischen Spinoza und
den hervorragendsten englischen Ethikern, Shaftesbury und
Hume. Wie nachdrücklich diese auf die Nothwendigkeit sittlicher Bildung, allgemeiner Regeln, Erziehung und Gewohnheit hingewiesen hatten, war unsere Darstellung kenntlich zu
machen bemüht. Wenn sie aber, auf die Unmittelbarkeit der
Gefühlsentscheidung hinausdrängend, im Ganzen die Rolle der
Vernunft zu sehr verkürzt hatten, und Spinoza sie zu sehr
als Alleinherrscherin zu betrachten neigte, so hat Leibniz
ihren richtigen Antheil ohne Zweifel am genauesten psychologisch bestimmt.

Die Wahrheit der Grundgedanken aber wird durch diese
Uebereinstimmung zwischen so verschiedenen Denkern in's
hellste Licht gestellt. Nicht minder deutlich die Thatsache,
dass eine ethische Principienlehre möglich ist, unabhängig von
allen metaphysischen und theologischen Constructionen. Denn

es zeigt sich gerade bei Leibniz sehr schlagend, dass seine Ethik keine Consequenz seiner Metaphysik ist, weil sonst solche Uebereinstimmung mit Spinoza unmöglich sein würde; sondern dass Metaphysik und Theologie sich zur Ethik wie ein, von andern Zwecken vielleicht geforderter, aber vom principiell-ethischen Standpunkt aus nebensächlicher Ueberbau verhalten, dessen Verwerfung oder Beibehaltung Geschmacksache ist.

3. Abschnitt.

Sittlichkeit und Religion.

§. 1. Leibniz's Verhältniss zur Theologie überhaupt.

Nichts ist schwieriger, als eine klare Bestimmung des Verhältnisses, in welchem die Leibniz'sche Speculation zur Theologie stand. Es hat dies seinen Grund gerade in der universellen Biegsamkeit dieses Denkers, der sich nach keiner Seite hin vollständig abschliessend verhielt, die verschiedensten Interessen zu den seinigen zu machen wusste, und mit einer gewissen Absichtlichkeit darauf ausging, in scheinbar Widerspruchsvollem den vereinigenden Punkt zu finden. Derselbe Mann, welcher in sovieler Hinsicht mit Recht als Vater der deutschen Aufklärung betrachtet werden darf, und bei welchem sich Sätze finden, welche an die englischen Freidenker des 18. Jahrhunderts erinnern, steckt anderseits tief in rein theologischen Controversen, müht sich, freilich in durchaus irenischer Tendenz, mit den Unterscheidungslehren der einzelnen Confessionen, und sucht mittels der künstlichen Unterscheidung von übervernünftigen und widervernünftigen Wahrheiten positive Glaubenssätze zum Range von „beschleunigten Erkenntnissen" zu erheben. Eine Entwicklung, welche in England sich auf mehrere Generationen vertheilt, stellt sich in diesem einzigen Manne und den verschiedenen Richtungen seines Denkens verbunden dar; so freilich, dass Leibniz im Ganzen den älteren englischen Latitudinariern bis auf Locke einschliesslich näher steht, als den späteren Philosophen und Deisten, von welchen ihn seine positiven theologischen Neigungen entfernen.

Das gilt schon im Vergleiche mit Locke. Der Satz von der
Vernünftigkeit des Christentums ist beiden gemeinsam; aber
Locke hatte sich den Beweis für denselben bedeutend leichter
gemacht als Leibniz, ·der mehr historischen Sinn, aber dafür
auch merklich weniger Unbefangenheit besass, als der englische Latitudinarier, und darum wohl zu kunstvollen theologischen Systemen, aber niemals zu einer so einfachen Formel
für das Christentum gelangte, wie dieser. Viel näher steht
Leibniz mit seiner eingehenden Berücksichtigung der positiven
christlichen Dogmatik den französischen Cartesianern, insbesondere Malebranche, mit welchem ihn ein gewisser Zug der
Geistesverwandtschaft verbunden zu haben scheint. Wie nahe
er sich Malebranche fühle, hat Leibniz selbst mehrfach hervorgehoben. Gleichwohl ist ihre Stellung zu diesen theologisch-
philosophischen Problemen nicht ganz die nemliche. Mit Malebranche's Denken sind seine theologischen Neigungen so enge
verwachsen, dass seine Schriften eine vollständige Vermischung
beider Elemente darstellen. Sein Rationalismus dringt in alle
Mysterien des Glaubens ein; sein Glaube löst die Räthsel, vor
welchen die Vernunft rathlos stehen bleibt. Leibniz besitzt
neben seinem philosophischen Systeme eine vollständige Theologie; aber wie mannigfaltige Unterstützung sie sich gegenseitig auch gewähren mögen: im Ganzen stehen sie doch mit
grösserer Selbständigkeit neben einander, als bei Malebranche.
Man kann dies vielleicht von seinen ethischen Theorien vorzugsweise behaupten. Während es bei Malebranche fast unmöglich ist, dieselben gesondert von allem Theologischen darzustellen, ohne seinem Gedanken Gewalt anzuthun, würde ein
solcher Versuch zwar sicher nicht den ganzen und vollen Leibniz, sondern nur ein Stück seiner Gesammtanschauung, aber
dieses wenigstens in verständlicher Form zu liefern im Stande
sein. Das Band, welches bei Leibniz Theologie und Philosophie zusammenknüpft, liegt mehr in der Einheit der Person,
als Träger verschiedener Gedankenreihen, während es bei
Malebranche mehr die Einerleiheit der Sache ist, welche seiner
Philosophie die theologische Färbung gibt.

    Leibniz hat fast alle wichtigeren Materien der Theologie
theils gestreift, theils ausführlich behandelt, und die Selb-

ständigkeit, mit welcher er, obwohl durchaus auf dem positiven
Boden historischen Christentums stehend, zwischen allem confessionellen Hader hindurch sich die eigenen Wege sucht, die
feine, aber stets innerhalb gewisser Grundvoraussetzungen sich
haltende Kritik, welche er an Einrichtungen und Gebräuchen,
dogmatischen Formulirungen und kirchengeschichtlichen Thatsachen übt, geben auch auf diesem Felde Zeugniss von seiner
glänzenden Begabung [31]).

Die Art und Weise aber, wie Leibniz die einzelnen Haupt-
lehren des christlichen Glaubens formulirt, berührt uns an
dieser Stelle weiter nicht. Es handelt sich hier lediglich um
die Grundlinien des Verhältnisses zwischen natürlicher und
religiöser Sittlichkeit und um die Bezeichnung des Einflusses,
welchen Leibniz specifisch theologischen Vorstellungen auf seine
Ethik zu üben gestattet.

§. 2. Das Sittliche und die positive Religion.

Seit dem Beginne der neueren Philosophie hatte sich das
Streben nach Befreiung der Ethik von der Theologie hauptsächlich in der Beantwortung zweier Fragen ausgesprochen:
Ist der christliche Glaube die unerlässliche Bedingung der
Sittlichkeit? Sind Atheismus und Sittlichkeit vereinbar? Man
erinnert sich der radicalen Antworten, welche Bayle auf diese
Fragen in Bereitschaft gehabt hatte. Leibniz war, wie bereits
erörtert, in einem Cardinalpunkte, der Begründung des Sittlichen auf die Natur der Menschen und Dinge, vollkommen
mit Bayle einverstanden. Er wendet sich ausdrücklich gegen
die schroffe Anschauung des Augustinus, welcher einst über
alle bloss natürliche Sittlichkeit schonungslos den Stab ge-
brochen hatte [32]); er hält zwar die Lehre von der Erbsünde
noch fest, aber in einer so gemilderten Form, dass sie, obwohl
in den Formeln der christlichen Tradition, kaum mehr als die
Ueberzeugung von der allgemeinen Neigung des Menschen
zum Bösen ausdrückt [33]); er glaubt, dass es verkehrt wäre,
allen denen, welche ohne Kenntniss der christlichen Heilmittel
leben, oder gelebt haben, die Möglichkeit der Seligkeit abzu-

sprechen; aber auch hier vorsichtig vermittelnd fügt er bei,
dass man damit nicht in die pelagianische Anschauung zu
verfallen brauche, die Seligkeit solcher Menschen lediglich ihren
eigenen Naturkräften-zuzuschreiben, sondern vielleicht anzunehmen sei, dass Gott solchen redlich Strebenden auf übernatürliche Weise, sei es auch erst in den letzten Augenblicken,
all' das Licht des Glaubens und alle die Wärme der Liebe
verleihe, die ihnen zu ihrem Heile nothwendig ist [34]).

Aber gerade an diesen Stellen zeigt sich am deutlichsten,
wie durch und durch Leibniz's Denken mit den theologischen
Vorstellungen verwachsen ist, und wie schwer es ihm noch
fällt, sich von gewissen traditionellen Annahmen zu befreien
und ganz auf rationalistischen Boden zu stellen.

Dasselbe Schwanken zeigt sich auch in seiner Gnadenlehre.
Die bereits angeführten Stellen und andere [35]) lassen keinen
Zweifel, dass Leibniz nicht nur die Möglichkeit übernatürlicher
Gnadenwirkungen im streng theologischen Sinne zugab, sondern
dieselben sogar für gewisse Fälle geradezu postulirte, obwohl
in seinem System eigentlich kein Raum dafür war. Anderwärts
spricht Leibniz wieder von der Gnade mit der grössten Zurückhaltung und in solchen Ausdrücken, welche kaum mehr bezeichnen, als das von jedem Denker anzuerkennende Maass
ursprünglicher Verschiedenheit der sittlichen Begabung [36]).

Und dass hier, wie man sich auch wenden und drehen
mag, ein Punkt kommt, wo der Grund der unaufheblichen
Verschiedenheit zwischen den Menschen in Hinsicht ihres sittlichen Werthes auf Gott zurückfällt, d. h. schlechthin geheimnissvoll wird [37]) — das versteht sich nach dem oben über die
Theodicee Bemerkten von selbst. Endigt doch diese Rechtfertigung allenthalben mit dem Hinweise auf die einfache
Nothwendigkeit. Die Gottheit will nur das Beste ihrer Geschöpfe, und die Welt ist voll Jammer und Elend; sie will
die Seligkeit aller Menschen, aber nur auserwählten Werk-
zeugen wird jene unwiderstehliche Gnade zu Theil, welche
unter allen Umständen zum Heile führt. Die Erfahrungen
der Menschheit bleiben eben immer die nemlichen; gleichviel
ob sie der Mysticismus als Rathschläge ewiger Liebe feiert,
oder der Naturalismus als ernste Nothwendigkeit erträgt.

§. 3. Das Sittliche und die natürliche Religion.

Soviel zur Beantwortung der Frage, in welches Verhältniss Leibniz den positiven christlichen Glauben zur Sittlichkeit gesetzt habe. Zum Theil hat diese Erörterung der zweiten Frage vorgegriffen: ob Sittlichkeit ohne den Glauben an Gott möglich sei?

Wie enge die ganze Metaphysik des Sittlichen bei Leibniz mit der Gottesidee verknüpft ist, und welche Bedenken sich gegen seine Theorie erheben lassen, wurde bereits dargestellt. Neben Allem, was Leibniz über die natürliche Begründung des Sittlichen in der Organisation des Menschen beibringt, hält er doch an dem hohen Werthe der Gottesidee fest. Seine Argumentation erinnert an die Art und Weise, wie Butler, Hutcheson, Shaftesbury und Hartley denselben Gedanken geltend gemacht hatten. Die läuternde und erhebende Kraft eines als kosmische Realität gedachten ethischen Ideals haben wir bei allen diesen Denkern gleichmässig als Motiv dieser Lehrbildung zu betrachten, deren systematische Ausführung für alle die gleichen Forderungen mit sich bringt: eine wesentlich optimistische Weltansicht und die Begründung derselben durch eine Theodicee.

Wie Butler und Hartley weist auch Leibniz auf die Erwartung eines zukünftigen Lebens, als nothwendige, oder mindestens wünschenswerthe Ergänzung der sittlichen Motive hin. Zwar wenn das Sittliche in der Natur des Menschen und der ihn umgebenden Welt begründet und die natürliche Verbindung zwischen Sittlichkeit und Glückseligkeit eine so enge sein soll, so muss in der überwiegenden Mehrzahl von Fällen auch eine rein auf den Kreis dieses Lebens sich beschränkende Erwägung zu zeigen im Stande sein, dass das sittliche, vernunftgemässe Handeln der rechte, ja der sicherste Weg zum Glücke ist [38]. Allein ausnahmslos gilt diese Uebereinstimmung nicht; und da es Fälle gibt, in welchen die natürlichen Folgen des Lasters nur sehr verzögert oder gar nicht eintreten, und wieder andere, in welchen es unmöglich ist zu beweisen, dass das sittlich beste Handeln zugleich das

nützlichste sei, so würde ohne die Annahme eines allwissenden
Gottes und jenseitiger, zweifelloser Vergeltung die unbedingte
Allgemeinheit der sittlichen Verpflichtung durchbrochen und
zu einer blossen Wahrscheinlichkeitsberechnung herabgesetzt
werden [39]).

Will man demnach die eigentliche Meinung Leibniz's
treffen, so wird man sagen müssen, dass es ihm ebensowenig
in den Sinn gekommen sei, die Möglichkeit einer sittlichen
Regelung des Lebens ohne den Glauben an eine individuelle
Fortdauer im Jenseits zu leugnen, als auf die Wirkungen dieser
Idee im sittlichen Leben zu verzichten [40]). Und dies wird
umso begreiflicher, als sie für ihn eben nicht bloss ein praktisches Bedürfniss, sondern eine mit starken Gründen zu
stützende theoretische Wahrheit gewesen ist.

Hält man dies fest, so wird man auf einzelne Sätze,
welche die auf sich ruhende Befriedigung der Tugend allzusehr in's Jenseits hinüberspielen, kein übergrosses Gewicht
legen [41]). Die Reinheit seiner sittlichen Auffassung wird dadurch nicht beeinträchtigt. Denn wie ferne Leibniz bei seiner
Berufung auf Gottheit und Ewigkeit zur Verstärkung der
Sanction des Sittlichen von den Gedanken des theologischen
Utilitarismus war, zeigt am deutlichsten seine wiederholt und
nachdrücklich ausgesprochene Meinung in dem Streite um die
Möglichkeit einer reinen, d. h. uninteressirten Gottesliebe, an
welchem er sich zwar nicht direct, aber indirect, und in Briefen betheiligte [42]). Und es ist nicht blosse Ueberschätzung
der eigenen Ansicht, wenn Leibniz behauptet [43]), im Grunde
genommen, habe er dem ganzen Streite schon vor seinem
Ausbruche die logische Berechtigung entzogen durch seine
Definition der wahren Liebe: „sie sei derjenige Affect, in
welchem wir uns über das Glück eines Andern freuen [44]).
Diese Definition ist trefflich und wird dem Begriff der Liebe
im höchsten, reinsten Sinne gewiss gerecht. Gleichwohl möchte
es seltsam erscheinen, sie auf Gott anzuwenden, dessen Glückseligkeit und Vollkommenheit durch die Liebe seiner Geschöpfe
keinen Zuwachs erhalten kann und diese Liebe daher aufzuheben scheint, oder wenigstens ihres activen Elementes beraubt [45]). Setzt man freilich, wie es dem Sinne Leibniz's zu

entsprechen scheint, an Stelle des Begriffes „Glück" den der „Vollkommenheit", so erhält die Definition einen guten, dem Verhältnisse des Menschen zu Gott durchaus angepassten Sinn, welcher in der That eine geistreich vermittelnde Formel [46]) darbietet, und vollständig dem Grundgedanken entspricht, auf welchem Leibniz's ganze Ethik ruht: dass das wahrhaft Sittliche und Hohe in Gesinnung und Handeln überall nur auf dem Bewusstsein eines an sich unbedingt Werthvollen beruhe. Klar und schön hat Leibniz den Gedanken entwickelt, der, seit es eine Ethik gibt, den Gipfelpunkt menschlichen Strebens gebildet hat, dass in der beschaulich-thätigen Hingabe an das Vollkommene jene wunderbar versöhnende Kraft liege, welche für empfängliche Gemüther die herbsten Widersprüche ausgleicht, jederzeit vollen Lohn in sich selbst trägt. Und zugleich zeigt er sich darin als getreuer Schüler der Alten, dass er sich von jenem sittlichen Rigorismus ferne hält, welcher die Reinheit des Sittlichen zu compromittiren fürchtet, wenn er die Beziehung zwischen Sittlichkeit und Glückseligkeit aufrecht erhält, während er thatsächlich die wahren Interessen der Sittlichkeit preisgibt, indem er sie in die Luft zu bauen versucht [47]). In diesem Sinne polemisirt auch er gegen den falschen Mysticismus, der mit dem einmaligen Akte der Selbstvernichtung und Hingabe an die Gottheit die sittliche Aufgabe gelöst glaubt, während Leibniz die Krone menschlichen Daseins nur in dem edlen Hochgefühl einer sich selbst vollendenden Thätigkeit zu erblicken vermag. Und diese Lösung, welche den antiken Geist und das ächte Christentum mit einander versöhnt, ist die vollkommenste geblieben bis auf den heutigen Tag.

4. Abschnitt.

Systematisirung der Leibniz'schen Ideen durch Wolff.

Leibniz hatte einmal den Gedanken hingeworfen, dass aus dem natürlichen Gesetze, oder den angeborenen Principien,

eine Wissenschaft der Ethik sich demonstrativ, d. h. wie wir
uns auszudrücken pflegen, in rein deductivem Verfahren ableiten lasse. Diesen Gedanken greift Wolff auf, um ihn formell wie sachlich mit der grössten Genauigkeit, Sorgfalt und
Sauberkeit auszuführen. Bei der Beurtheilung dieser Leistung
muss man drei Dinge ganz auseinander halten.

Zunächst die schriftstellerische Form. Diese ist vollständig ungeniessbar. Denn da Wolff ausschliesslich nach
streng schulmässiger und syllogistischer Methode, und überdies mit unendlicher Weitschweifigkeit zu Werke geht, so erscheint jeder Gedanke dermaassen gedehnt, auseinandergezerrt
und in so häufiger Wiederholung, als sähe man das nemliche
Bild in einem Glase von tausend Facetten. Nur die Tractate
der Scholastiker haben ähnliche Ungeheuer der Darstellung
aufzuweisen. Für den Zustand des deutschen Geistes aber,
und namentlich den Betrieb der Philosophie auf den Universitäten ist das Buch im höchsten Grade charakteristisch. Die
steife Ungelenkigkeit des Geistes, die dieses Buch bei Hörern
oder Lesern voraussetzt, ist schreckenerregend; die Pedanterie
der Beweisführung grenzt an's Absurde. Man verzeiht unserer späteren deutschen Philosophie manche ihrer Sünden
leichter, wenn man im Auge behält, wie beschaffen ehedem
ihre Schulmeister waren.

Sieht man aber von diesen Schwächen der Form ab
und bloss auf den Gedankengehalt des Werkes, d. h. auf die
Begriffsbestimmungen des Sittlichen, welche es enthält, so
muss man unbedenklich sagen, dass es in vieler Beziehung
die bedeutendste Leistung der ganzen vorkantischen Epoche
ist — ein Ruhm, welcher freilich fast ganz auf Leibniz zurückfällt. Denn alle Principien der Wolff'schen Ethik sind
fast unverändert aus Leibniz herübergenommen und kaum an
untergeordneten Punkten Abweichungen zu constatiren. An
der Spitze der Wolff'schen Ethik steht jener Begriff der Vervollkommnung, welcher uns schon bei Leibniz als Grundbegriff entgegengetreten war. „Sittlich gut heisst diejenige Handlung, welche auf die Vervollkommnung des Menschen gerichtet
ist." In der näheren Bestimmung dessen jedoch, was unter
menschlicher Vollkommenheit verstanden werden soll, stossen

wir auf eine Unklarheit, welche für Wolff und seine Zeit in hohem Grade charakteristisch ist. Eine freie Handlung soll nemlich dann auf unsere Vervollkommnung gerichtet sein, wenn sie aus denselben Zweckursachen hervorgeht, wie unser natürliches Thun, und dies ist der Fall, wenn der Handelnde nach dem vollen, höchstentwickelten Gebrauche seiner geistigen und körperlichen Fähigkeiten strebt. Die eigentliche Quelle des sittlich Guten und Bösen ist also die innere Natur und Wesenheit der Dinge, aus welcher die sittlichen Maasstäbe mit unmittelbarer Gewissheit sich ergeben.

Deutlich erkennt man hier in seiner gesteigertsten Gestalt jenen Optimismus wieder, welcher zugleich als ethischer Realismus nach einer wesenhaften Begründung des Sittlichen in der Organisition des Menschen sucht und zuerst von Shaftesbury zu einer förmlichen Theorie entwickelt worden war. Soweit die Richtung den Gedanken vertrat, dass das Sittliche nichts sei, was von aussen an den Menschen herantrete, kam eine sicherlich wohl berechtigte Form des wissenschaftlichen Denkens in ihr zur Geltung; allein in dem sogenannten Natürlichen den einzigen Maasstab für das Sittliche finden zu wollen, hiess jenen Gedanken überspannen. Bei den englischen Denkern, welche sich auf einen ähnlichen Standpunkt gestellt hatten, bei Clarke und Shaftesbury, war der empiristische Zug ihres nationalen Denkens zu mächtig, als dass sie sich trotz aller Vorliebe für die mathematische Methode und das natürliche Ideal zu dem hätten verleiten lassen, was nun Wolff unternimmt. Er entwirft ein umfassendes und bis in's kleinste Detail ausgearbeitetes System der natürlichen Sittlichkeit, welches ganz und gar auf dem Irrtum beruht, als lasse sich rein a priori und unabhängig von aller Erfahrung ein vollkommen abgeschlossener und durchgebildeter Begriff von der Natur und dem Wesen des Menschen gewinnen, aus welchem mittels eines rein deductiven Verfahrens die unbedingt und allgemein gültigen Normen des menschlichen Handelns abgeleitet zu werden vermöchten. Wir haben offenbar in dem Wolff'schen Versuche der ausführlichsten, systematischen Begründung der gesammten natürlichen Tugend- und Rechtslehre aus reiner Vernunft, das Gegenstück zu jener an-

deren Einseitigkeit, in welche englische Denker, wie Locke,
Hume und theilweise noch Smith verfallen waren, das Ver-
nünftig-Allgemeine zu sehr vor den subjectiven, wechselnden,
irrationalen Elementen im Sittlichen in den Hintergrund treten
zu lassen. Genauer betrachtet, schliessen sich beide An-
schauungsweisen nicht aus, sondern ergänzen einander. Wenn
jene mehr für das Verständniss der concreten, geschichtlichen
Erscheinung des Sittlichen zu leisten im Stande ist, so för-
dert dagegen diese die sittliche Idealbildung in ganz anderer
Weise, als jene zu thun vermöchte.

Das Gleiche gilt auch von dem Verhältnisse, in welches
das Sittliche zur menschlichen Organisation und ihren angeborenen Fähigkeiten gesetzt wird. Es ist ganz richtig, dass
der Begriff eines in sich werthvollen Handelns, welches als
solches die Vollkommenheit der menschlichen Natur befördert,
gar nicht möglich wäre, wenn nicht die Art des Handelns
oder der Gesinnung, auf welche sich ein sittliches Urtheil bezieht, in der menschlichen Natur als ein Bestandtheil derselben
begründet und angelegt wäre. Mit dieser Annahme steht und
fällt die Möglichkeit einer intuitiven Sittlichkeit, und die Geltung des Begriffes der Vollkommenheit als obersten ethischen
Princips; wo sie ganz beseitigt wird, kömmt es naturgemäss
zu einer reinen Utilitätsmoral, wie bei Hobbes, Locke und
Helvetius. Aber der Gang der Entwicklung drängt unverkennbar darauf hin, die Gegensätze, die sich Anfangs mit
äusserster Schroffheit gegenüberstehen, zu vereinigen. Hume
und Spinoza können wir als solche, in vieler Beziehung einander entgegengesetzte, aber gleich wichtige Uebergangsstufen
bezeichnen. Die obenstehende Darstellung hat gezeigt, wie
Hume, anfänglich auf rein utilitarischem Standpunkte, sich an
manchen wichtigen Stellen der intuitiven Moral näherte, und
den Begriff der Vollkommenheit, wenn er ihn auch, ohne
völlige Preisgebung seiner Grundansicht, nicht in dem Leibniz'schen Sinne aufzunehmen im Stande war, doch wenigstens
zur Erweiterung des ethischen Gebietes benutzt. Anders erfolgt die Annäherung von Seite Spinoza's. Auch er ist seiner
Grundanschauung nach Utilitarier, und die Betonung des Egoismus, als der Grundkraft im menschlichen Wesen, tritt bei ihm

so stark hervor, dass viele oberflächliche, oder wegen seines Pantheismus ihm von vorneherein abgeneigte Beurtheiler seiner Ethik darüber die tiefere Seite derselben ganz unbeachtet gelassen, und ihn einfach zu den Vertretern des Egoitätsprincips gerechnet haben.

Wie wenig diese Auffassung dem wahren Charakter der spinozistischen Ethik gerecht wird, dürfte aus der vorstehenden Darstellung ersichtlich geworden sein. Allein in gewissem Sinne ist Spinoza's principielle Auffassung des Menschen doch nicht ohne Einfluss auf seine ethische Theorie geblieben. Zwar vor jener äusserlichen Auffassung des Sittlichen als eines blossen Lohnverhältnisses hat ihn sein hoher Sinn und speculativer Ernst bewahrt. Aber um dem Sittlichen in dem vom Egoismus bewegten Menschen seine volle Reinheit zu bewahren und dasselbe, als das vollkommene Thun, aus der reinen Activität des Menschen hervorgehen zu lassen, wird er zu jener Identificirung des Sittlichen und der Erkenntniss genöthigt, welche jenem allerdings den Charakter eines an sich Werthvollen bewahrt, aber das eigentlich praktische Moment doch allzusehr hinter die reine Beschaulichkeit zurücktreten lässt.

Zwischen diesen Einseitigkeiten hindurch unverrückt nach einem sie wechselseitig vervollständigenden Mittelbegriffe gerungen zu haben, ist bereits als das grosse Verdienst der Leibniz'schen Gedankenbildung bezeichnet worden. Da seine Behandlung dieser Fragen stets eine gelegentliche blieb, und er nirgends eine Darstellung seiner ethischen Theorie in ihrem ganzen Zusammenhang unternommen hat, so ist es schwierig, sich eine bestimmte Meinung darüber zu bilden, ob der Gegensatz dieser verschiedenen Richtungen bei Leibniz wirklich in vollkommen harmonischer Weise ausgeglichen gewesen sei. Vielleicht dürfen wir in der Wendung, welche Wolff, der systematische Bearbeiter Leibniz'scher Gedanken, seiner Ethik gegeben hat, einen Fingerzeig sehen, wohin die eigene Neigung jenes grossen Denkers gravitirte. Es ist sicherlich ein Irrtum, anzunehmen, dass die in vernünftige Einsicht umgesetzte Gesammtheit der natürlichen Fähigkeiten und Kräfte des Menschen ausreiche, um eine allgemein gültige Norm für das sittliche

Verhalten des Menschen zu liefern. Die menschliche Natur stellt eine Summe von Kräften dar, aus welchen keineswegs eine bestimmte Wirkungsart nothwendig resultirt, sondern deren Aeusserung sich je nach Umständen sehr verschieden gestalten kann. Es ist eine blosse Illusion zu meinen, aus dem Begriffe der menschlichen Natur mit demonstrativer Sicherheit die Art des Handelns ableiten zu können, welche die menschliche Vollkommenheit am Meisten befördert, und daher die an sich werthvollste unter allen möglichen Handlungsweisen darstellt. Denn dieses demonstrative Verfahren wird nur dadurch möglich, dass der Deduction eine umfassende Induction vorangegangen ist, durch welche die Ergebnisse gehäufter Erfahrungen verwerthet und für die Bildung eines Ideals der menschlichen Natur nutzbar gemacht werden. Der Begriff, welcher den Ausgangspunkt der ethischen Demonstration bildet, ist aber selbst ein variabler, allerdings nur innerhalb gewisser Grenzen, welche genau mit denen der Veränderlichkeit der menschlichen Natur, sowie des physischen und socialen Mediums zusammenfallen. Es ist daher ebenso unrichtig zu sagen, es gebe ein absolut richtiges, für alle Zeiten gültiges, unveränderliches System der Sittlichkeit, als alle sittlichen Bestimmungen seien schwankend und relativ. Jedes concrete sittliche System wird vielmehr beide Elemente, das constante und das variable, neben einander aufzuweisen haben, und alle Systeme, welche den intuitiven Charakter des Sittlichen betonen, werden anerkennen müssen, dass das Sittliche zwar das eigenste Gewächs der menschlichen Natur sei, aber nur Selbstbeobachtung und Lebenserfahrung den Menschen lehren können, das Geheimniss seines Innern zu verstehen, und die Formen des Handelns zu finden, welche den vollen Gehalt seines Wesens zum Ausdruck zu bringen vermögen.

Anmerkungen zum I. Capitel.

[1]) Diese Motive sind vortrefflich entwickelt bei E. Laas, Idealismus und Positivismus I, S. 98 ff.

[2]) Vergl. Rud. Hirzel, Untersuchungen zu Cicero's philosophischen Schriften I, S. 134 ff.

[3]) Wehrenpfennig, Die Verschiedenheiten der eth. Principien bei den Hellenen, S. 17, und Zeller, Die Phil. der Gr. III, I, S. 430. Die entgegenstehende Ansicht Hirzel's, l. c. S. 138, bezieht sich nur auf Aristipp selbst.

[4]) Fr. A. Lange, Geschichte des Materialismus, 3. Aufl. I, S. 152 u. 209, Anm. 14.

[5]) Eth. II, 6. Anf. Die Uebersetzung nach Zeller.

[6]) S. Zeller, Phil. d. Gr. II, 2, S. 490 (2. Aufl.) und Wehrenpfennig, Ueber die Verschiedenh. d. eth. Principien bei den Hellenen S. 45.

[7]) Vergl. über diesen sehr schwierigen Punkt Brentano, Die Psych. des Aristoteles und neuerdings Frohschammer, Ueber die Principien der aristotel. Philosophie.

[8]) Sehr schön schildert den Gegensatz der aristotelischen und platonischen Auffassung der Gottheit in ihrem Verhältniss zum Sittlichen, Wehrenpfennig a. a. O. S. 54. Man vergleiche indessen die Bemerkung Hartenstein's: „Ueber den wissenschaftlichen Werth der Ethik des Arist." (Histor.-philos. Abh. S. 300), ·welcher darauf hinweist, wie doch auch bei Plato das Gute in dem Begriffe einer letzten und höchsten Causalität verschwinde, deren eigener Begriff nicht nothwendig das Merkmal eines Werthvollen einschliesse, und welcher irgend eine Würde beizulegen gar keine Veranlassung vorhanden sein würde, wenn nicht der Name des Guten diese oberste Causalität mit der ganzen Fülle eines sittlichen Glanzes umkleidete.

[9]) Vergl. Hartenstein a. a. O. S. 298.

[10]) Eth. I, passim; VII, 12—15; X, 1—5.

[11]) Während Zeller a. a. O. S. 479 erklärt, in Bezug auf das Verhältniss der Lust zum Sittlichen lasse sich die Reinheit und Entschiedenheit der aristotelischen Ethik nicht in Anspruch nehmen, Trendelenburg (Histor. Beiträge z. Philos. II, S. 167) ihm die richtige Auffassung der Lust „der zartesten und schwierigsten aller ethischen Erkenntnisse" zuschreibt, und auch Ueberweg („Das Aristotelische, Kantische und Herbart'sche Moralprincip", Zeitschr. f. Philos. Bd. 24, S. 76), die aristotelische Lehre im Wesentlichen als die wahre bezeichnet, stehen Hartenstein und Wehrenpfennig in unverkennbarer Opposition zu Aristoteles und bezeichnen gerade seine Lustlehre als einen der bedenklichsten Punkte seiner Ethik.

[12]) Eth. VII, 14; an verschiedenen Stellen, u. I, 5. Wenn Wehrenpfennig aus II, 2 u. III, 1 den Satz herausliest, dass wir auch das Schöne und Gute n u r als Lusterregendes wollen, so scheint mir dies gegen den Wortlaut der betreffenden Stellen zu sein. Aristoteles sagt nur, die Lust sei allen lebenden Wesen gemeinsam und trete zu allem, wozu man sich entschliesst, mit hinzu; denn auch das Sittlich-Schöne und das Nützliche sei zugleich angenehm. (Kirchm.)

[13]) Eth. X, 4 u. 5. Aristoteles sagt: „τελειοῖ δὲ τὴν ἐνέργειαν ἡ ἡδονή." Dies „τελειοῖ", welches von den Darstellern und Uebersetzern bald mit „zweckerfüllen", bald mit „vollenden" ausgedrückt wird, begründet eben die unten (Anmerk. 15) bemerkte Zweideutigkeit.

[14]) Eth. X, 5.

[15]) Hartenstein, a. a. O. Er verweist übrigens (Anmerk. 114) auf die Zweideutigkeit des Wortes τέλος, vermöge deren es sowohl den beabsichtigten Zweck als das unbeabsichtigte Endresultat einer Reihe des Geschehens bedeute. Aehnlich fasst auch Feuerlein (Die philos. Sittenlehre I, S. 116) die Sache auf. Er sagt (nach Eth. X, 9): „Die tugendhafte Thätigkeit ist für den Rechtschaffenen eine Befriedigung seiner Selbstliebe, da er in ihr das Beste, was es für ihn auf seinem vernünftigen Standpunkt geben kann, wählt."

[16]) Dies betont Trendelenburg a. a. O. S. 160 nachdrücklich mit Bezug auf Stoiker und Epikurer.

[17]) Der Gegensatz zwischen Aristoteles und Plato, welch' letzterer die Lust aus der Ordnung der Zwecke völlig streicht und, wenn sie schliesslich in reinster Form unter den Gütern wieder erscheint, nur als Folge gelten lassen will, wiederholt sich in dem ·Verhältniss Spinoza's zu Kant. Wie unendlich schwierig die richtige Auffassung dieses Verhältnisses ist, zeigen gerade neueste Verhandlungen des Gegenstandes zur Genüge. Man vergleiche z. B. mit Trendelenburg's genannter Abhandlung Th. Fechner's Schrift „Ueber das höchste Gut"; Romang, „Lust und Liebe im Sittlichen" (Zeitschr. für Philos. Bd. 23), und daran anknüpfend die schon genannte Abhandlung Ueberweg's (ebendas. Bd. 24).

[18]) Allerdings hatte schon Plato gelehrt, dass die sittliche Uebung der Einsicht vorangehen müsse (man sehe die Erörterungen in Rep. III.

401, C; Symp. 202 A und die Angabe des Aristoteles selbst II, 2); aber diese auf blosser Angewöhnung beruhende, nicht aus dem Wissen und der Einsicht hervorgehende Sittlichkeit ist nicht die wahre, ist dem Zufall preisgegeben, und das einzige Mittel, sie dieser Zufälligkeit zu entheben liegt darin, dass sie auf's Wissen begründet wird. (S. Zeller, Phil. der Gr. II, 1, S. 373—75). Dieser Unterschied ist dem Aristoteles fremd.

[19]) Trendelenburg, Histor. Beitr. H, 385. Vergl. Zeller, Phil. der Gr. II, 2, S. 489. Hartenstein's Gegenbemerkungen (Histor. Philos. Abh. S. 279, Anmerk. 91) haben wenig Ueberzeugendes für mich. Schärfer fasst die Sache Wehrenpfennig a. a. O. S. 60. Wenn H. darauf hinweist, dass der Cirkel, in welchem sich die aristotelische Ethik bewege, einen noch viel grösseren Durchmesser habe, so ist dies allerdings, wie auch die in unserem Texte folgenden Erörterungen anerkennen, in gewissem Sinne vollständig richtig; aber es frägt sich nur, ob dieser Cirkel für eine Theorie, die sich auf dem Boden der Beobachtung hält, irgend zu vermeiden ist, und ob es etwas helfen kann, ihn durch Statuirung eines absoluten Prius gewaltsam zu zerreissen. Es mag Wehrenpfennig zugegeben werden, dass in Folge mangelhafter Psychologie, in Folge der abstracten Trennung von Vernunft und Willensthätigkeit, ihr Zusammensein, die einsichtsvolle Gesinnung, unerklärlich bleibe: aber dies sind Dinge, welche nur die Formulirung, nicht die Grundanschauung betreffen. W. sagt, ein tugendhafter Mensch setze bei Aristoteles immer den andern voraus: die richtige Verbindung der beiden Factoren müsse rückwärts ewig und das Gute könne nie unter den Menschen entstanden sein, es müsste denn der Zufall einer natürlichen Anlage zum Maassvollen eine einzelne φρόνησις zur richtigen Entfaltung gebracht haben. Nun baut sich aber thatsächlich aus dem wirklichen Eintreten solcher in den gegebenen Elementen angelegter Zufälligkeiten die ganze Welt auf, und speciell auf dem Gebiete des geistigen Lebens erfolgt alle Höherbildung nur dadurch, dass durch reinen Zufall, auf eine, wenn man will, durchaus mysteriös zu nennende Weise in den genialen, schöpferischen Persönlichkeiten sich Elemente zusammenfinden, die bis dahin nirgends verbunden waren, und die allerdings ein unbedingt Höheres darstellen, welches mit Bewusstsein nicht hervorzubringen wäre.

[20]) Laas, Idealismus und Positivismus, I, S. 96; mit Berufung auf Aristoteles und Kant; ebenso schon Feuerlein, Die phil. Sittenlehre, I, S. 88, Anmerk. 4.

[21]) S. K. Hildenbrand: Gesch. und System der Rechts- und Staatsphilos. I. Bd., S. 102. Für die Identität der Idee des Guten mit der Gottheit bei Plato, vergl. die treffliche Abhandlung von C. Stumpf.

[22]) Vergl. Zeller, Phil. der Gr. II, 1, S. 558—59 der 2. Aufl. mit Feuerlein, Philos. Sittenlehre, I, S. 92. Auch Wehrenpfennig a. a. O., S. 40, betont das Zusammengehören beider Richtungen.

[23]) Darauf weist auch Strümpell hin (Gesch. der griech. Philos. II, 1, S. 320) wenn er sagt, dass die persönliche Beziehung zur Gottheit, die Sokrates zu empfinden glaubte, sich bei Plato schon zur sachlichen

und objectiven Beziehung alles Sittlichen auf die Idee Gottes umge-
wandelt habe. „Fiel dieser Punkt aus der praktischen Richtung auch
darum als maassgebend weg, weil er von Plato selbst zu hoch gestellt war, so blieb die daraus fliessende Gesinnung und gleichsam der
Schein der Heiligung, der sich durch das Bewusstsein von der inneren
realen Abhängigkeit alles Denkens und Thuns von der Gottheit um die
sittlichen Bestrebungen verbreitete."

²⁴) S. Strümpell, Gesch. der griech. Philos. II, S. 299, wo diese
psycholog. ethische Theorie Plato's trefflich entwickelt wird.

²⁵) Baur in der Abhandlung „Sokrates und Christus" (herausg. von
Zeller, p. 266) hat darauf hingewiesen, dass bei der Wiedererinnerung
die sie bewirkende Thätigkeit zwar vom Menschen selbst auszugehen
scheine, allein auch nach Plato das eigentlich Bewegende nur die Idee
sei. Er stellt diese platonische Wiedererinnerung in Parallele mit der
Erneuerung des Menschen zu seinem ursprünglichen Bilde auf dem
Standpunkte des Christentums; nur müsse der Unterschied zwischen
Platonismus und Christentum so bestimmt werden, dass der Platonismus
in das Eine Moment des Subjectiven zusammenfallen lasse, was das
Christentum als ein doppeltes Moment, als ein objectives (die historische
Thatsache der Menschwerdung des Logos) und ein subjectives (das inner-
liche Nacherleben dieser Thatsache) auseinanderhält.

²⁶) A. a. O. S. 306; womit zu vergleichen die vorläufigen Andeutungen auf S. 293 u. 94.

²⁷) Es ist für den Zweck der vorliegenden Untersuchung ziemlich
gleichgültig, welche der verschiedenen Formulirungen Platon's eigene
Meinung am besten wiedergibt. Zu einer ganz festen Theorie, wie sie
in verwandtem Geiste die spätere christliche Kirchenlehre ausbildete, ist
er offenbar nicht gelangt; wohl aber haben seine Andeutungen später,
als hellenische und orientalische Ideen zusammenzufliessen begonnen,
als ein wichtiger Gährungsstoff gedient. Im Uebrigen sind alle diese
Theorien lediglich nichts als Versuche, das Unfassbare, Urthatsächliche
irgendwie logisch verständlich zu machen. Dass sie damit nothwendig
auf das Mythische angewiesen sind, versteht sich nach der Beschaffenheit und den Grenzen unserer Erkenntniss von selbst. Denn die Frage,
wie es komme, dass Unvollkommenes in der Welt existire, dass allem
Sein ein Etwas anklebe, welches sich nicht in Harmonie auflösen lässt,
steht ihrem wissenschaftlichen Werthe nach so ziemlich auf einer Stufe
mit jener, wie es gemacht werde, dass überhaupt etwas ist. Wie sich
die Erklärungen auch wenden und drehen mögen, und wie geschickt
auch das Räthsel verhüllt oder hinausgeschoben werden mag: der Punkt,
wo statt des „Warum" sich das blosse „Dass" einstellt, ist unvermeidlich.
Beide haben eine entscheidende Thatsache gleichmässig anzuerkennen:
nemlich das Vorhandensein einer hemmenden Schranke, welche einen
Theil der Menschen von dem Sittlichwerden trennt und durch die Wirksamkeit der Idee des Guten ebensowenig überwunden werden kann, als
durch die der Gnade. Das ideale Ziel, die Verähnlichung mit Gott, ist

im Platonismus so gut wie ihm der flüchtigste Hinweis auf sehr bekannte Dinge genügt, um die Beobachtung zu bekräftigen, dass es in
so verschiedenen Epochen und unter scheinbar ganz geänderten Formen
immer die gleichen Thatsachen des ethischen Lebens sind, welche Berücksichtigung verlangen und mit denen sich die Theorie abzufinden
hat. Das Böse spielt in der Kirchenlehre vollständig die Rolle der
Materie in Plato's System; es ist bekannt, wie lange es dauerte, bis
sich beide Begriffe nur historisch-genetisch von einander loslösten
und auch als dies geschehen, übernahm der eine vielfach nur die
Functionen des andern. Ebenso wird die Thatsache gewaltiger Verschiedenheiten in Bezug auf die ethische Begabung und die ethische
Entwicklung der Einzelnen durch die christliche Prädestinationslehre
um nichts begreiflicher, als durch die prädeterministischen Ideen Plato's;
und wer könnte verkennen, dass trotz der durch die christliche Idee in
ihrer ursprünglichen Reinheit verkündeten Aufhebung aller Gegensätze
innerhalb der Menschheit, dennoch in der späteren Kirchenlehre durch
die Unterscheidung zwischen Priestern und Laien, zwischen höherer und
niederer Moral, dasselbe thatsächliche Moment sich geltend machte,
welches schon den berufenen „Aristokratismus" Plato's bedingte. —
Wie freilich die betreffenden Stellen der Republik, an denen diese
Theorie vorzugsweise entwickelt wird, mit jener Darstellung des Timaeus
zu vereinigen seien, welche das äussere Schicksal des Menschen, die
Gestalt, unter der die Seele in's irdische Leben eintritt, die Lebensweise,
der sich der Einzelne widmet, und die Begegnisse, die er erfährt, ausdrücklich von einer freien Wahl im Präexistenzzustand abhängig macht,
ist schwer einzusehen.

²⁸) Dass man bei den Stoikern nur uneigentlich von „Materialismus" sprechen könne, hat F. A. Lange in seiner Geschichte des Materialismus nachdrücklich betont. I, S. 72—73 (3. Aufl.). Man vergleiche
was er an einer andern Stelle über den theologischen Zug bemerkt, den
die stoische Philosophie von Hause aus gehabt habe, a. a. O. S. 146.

²⁹) Es ist darum nur bedingt richtig, wenn Feuerlein (l. c. S. 149,
A. 2) auf die überraschende Aehnlichkeit des stoischen Satzes von den
guten Anregungen der Natur mit dem Satze Rousseau's verweist: „Alles
ist gut, soweit es aus den Händen der Natur hervorgeht. Alles schlägt
aus der Art unter den Händen des Menschen."

³⁰) Man sehe namentlich das 4. Buch der Schrift „De finibus", in
welchem Cicero, gestützt auf den Akademiker Antiochos aus Askalon,
die stoische Ethik kritisch untersucht. Die Darlegung seiner eigenen
Ideen in zusammenhängender Form ist Cicero seinen Lesern schuldig
geblieben. Auch die Schrift „De officiis" geht über die allgemein-theo-
retische Frage sehr flüchtig hinweg.

³¹) Eine Anzahl dieser Stellen findet man gesammelt und ausge-
zogen bei Mor. Voigt, Die Lehre vom Jus naturale, I, p. 186 ff., womit
zu vergleichen K. Hildenbrand, Gesch. und System der Rechts- und
Staatsphilosophie, I, S. 563. Diese Stellen, verstärkt durch eine Anzahl

anderer, weiter unten anzuführender, aus Augustinus, bilden im Wesentlichen die Grundlage, auf welcher die Anschauungen der Kirchenlehrer und der Scholastiker über den Ursprung der sittlichen Normen beruhten.

[32]) Die gewöhnlichste Bezeichnung dafür ist das bekannte: „Secundum naturam vivere“; die ausdruckvollste Definition dagegen De legg. I, 8: „Est autem virtus nihil aliud, nisi perfecta et ad summum perducta natura.“

[33]) Lex est ratio summa, insita in natura. (De legg. I, 6.) Lex vera atque princeps, apta ad jubendum et ad vetandum, ratio est recta summi Jovis. Orta autem est simul cum mente divina. (l. c. II, 4.)

[34]) De nat. deor. II, 31: . . . Sequitur, ut eadem sit in iis, quae humano in genere, ratio, eadem veritas utrobique sit, eademque lex, quae est recti praeceptio, pravique depulsio. — De legg. I, 8: Jam vero virtus eadem in homine ac deo est. Man vergleiche damit die in der vorigen Anmerkung angeführten Stellen und den Satz an der eben citirten Stelle De legg: „Est igitur virtus homini cum deo similitudo“, welcher ebenfalls vorauszusetzen scheint, dass die sittliche Idee in der Gottheit ein persönliches Sein gewinne.

[35]) Die wichtigste Stelle hiefür in der Or. pr. Mil. 4, 10: „Est enim haec non scripta, sed nata lex, quam non didicimus, accepimus, legimus, verum ex natura ipsa arripuimus, hausimus, expressimus; ad quam non docti, sed facti, non instituti, sed imbuti sumus.“ Man vergleiche übrigens noch die Erörterung bei Mor. Voigt; l. c. Anmerk. 266 über das Angeborensein des Sittengesetzes bei Cicero.

[36]) Ueber Cicero's Platonismus vergleiche man Stein, Gesch. des Platonismus, II, S. 250. „Die rein philosophischen Schriften Cicero's bilden eine zusammenhängende Kette, innerhalb deren jedes Glied deuticher als die früheren den Platonismus Cicero's zeigt — d. h. einen solchen Platonismus, der durch die neuere Akademie hindurchgegangen, zur Versöhnung mit der Stoa und dem Aristoteles gelangt, und auch von den Anschauungen der allgemeinen Bildung nicht allzuweit entfernt ist.“

[37]) S. W. Gass, Die Lehre vom Gewissen, S. 13 u. 14. Bezüglich der Belegstellen aus römischen Autoren verweist derselbe auf die vollständige Sammlung bei Rud. Hofmann, Die Lehre von dem Gewissen, S. 19 ff.; bezüglich der aus griechischen Schriftstellern auf Stobaeus, Florileg. T. 24.

Anmerkungen zum II. Capitel.

---

[1]) Die Gleichheit der concreten ethischen Begriffe bei der Verschiedenheit der Principien constatirt schon Wehrenpfennig l. c. S. 2.

[2]) Dies erkennt in seiner Weise selbst Neander an (s. „Wissenschaftl. Abhandlungen", S. 149). Er erinnert an jene antike Tugend der μεγαλοψυχία und findet das Selbstgefühl, welches die antike Tugend charakterisirt und den schärfsten Gegensatz bildet gegen das, was im Christentum die Demuth als Grund aller sittlichen Entwicklung ist, bei den Stoikern in seinem Gipfelpunkte.

[3]) In dieser Auffassung der platonischen Philosophie stimmen fast alle neueren Darstellungen überein: in den verschiedensten Wendungen wird der religiöse Charakter des Platonismus hervorgehoben. So schon Döllinger, Heidentum und Judentum, S. 299; F. Chr. Baur in der Abhandlung: Sokrates u. Christus, herausg. v. Zeller, S. 310 ff.; H. v. Stein, Gesch. des Platonismus, II, S. 368; Luthardt, Die Ethik des Arist. etc. II. 1, S. 3 und mit besonderer Wärme Wehrenpfennig, Ueber d. Versch. d. eth. Pr., S. 27. Auch Hausrath, Neutestamentl. Zeitgesch. II, S. 29, macht auf diesen Punkt wieder aufmerksam.

Wenn es freilich eine Zeitlang bei Vertretern einer gewissen Richtung beliebt war, von dem „Christlichen" im Platonismus zu sprechen, so hat man neuerdings, in besserer Erkenntniss des wahren geschichtlichen Verhältnisses, die Sache umgekehrt und vielmehr das „Platonische" im Christentum hervorgehoben. Die reiche Litteratur über diesen Punkt vermehrt sich übrigens fast Jahr um Jahr durch neue Arbeiten.

[4]) In dieser Beziehung lässt sich zwischen Cicero und Seneca schon ein bedeutender Abstand und eine merkliche Weiterentwicklung beobachten. Mag auch der Gottesbegriff Cicero's in den mannigfaltigen und zum Theil so widersprechenden Aussagen, in welchen er sich darüber äussert, eine gewisse Hinneigung zur Einheit und Persönlichkeit Gottes aufweisen, so spricht er sich doch in der Schrift „De natura deorum" (III, 36) auf's Entschiedenste dagegen aus, das Ethische als von Gott

abhängig, oder als ein Werk göttlicher Hülfe zu betrachten. (S. Hasler: Ueber d. Verh. der heidnischen und christl. Ethik, S. 30.) Allerdings gehört gerade das Buch „De natura deorum" zu denjenigen, bei welchen der sonst verhältnissmässig schwache Einfluss epikureischer Doctrin stark fühlbar ist. S. Stein, II, S. 246, Anmerk.

Es mag demnach für Cicero unbestreitbar sein, was Stein, Gesch. des Platonismus, II, S. 259 für ihn wie für Seneca geltend macht, dass beiden noch ganz und gar der lebhafte Nachdruck des specifisch religiösen Interesses fehle, und auch bei Seneca wird man sich hüten müssen, auf einzelne Aeusserungen allzu grosses Gewicht zu legen, und darüber den ganzen Zusammenhang zu vergessen, in welchem sie stehen und in welchem die Autonomie des Subjects noch fühlbar hervortritt; allein ihm den religiösen Zug ganz und gar abzusprechen, dürfte nach allem was Baur in der Abhandlung „Seneca und Paulus" (herausg. von Zeller) vorgebracht hat, doch kaum zu rechtfertigen sein. Man vergleiche über den religiosen Gehalt der Ethik Seneca's noch Hausrath, Neutestamentl. Zeitgesch. II, S. 39 u. fg.; dann über Epiktet und Marc Aurel: Zeller, Phil. d. Gr. III. 2, 2, S. 207 der 3. Aufl.

[5]) Man vergleiche über Plutarch in der hier angedeuteten Beziehung Hausrath, a. a. O. S. 42; Stein, Gesch. des Platonismus, II, S. 271 und die Darstellung seiner gesammten Doctrin bei Zeller, Phil. der Gr., III. 2, 2.

[6]) Stein, a. a. O. S. 277. Ueber die historische Mittelstellung der plutarchischen Offenbarungstheorie zwischen Anschauungen der älteren Stoa und neuplatonischen Ideen s. Zeller, a. a. O. S. 147.

[7]) S. Ritter, Gesch. d. Philos. IV, S. 509. Noch viel schroffer formulirt Zeller a. a. O. (2. Aufl.) S. 159, den Gegensatz Plutarch's gegen frühere Stufen des Bewusstseins.

[8]) Vergl. Zeller, Phil. d. Gr. III. 2, S. 381. Auch Lange, Gesch. d. Mat. (I, S. 209, Anmerk. 13) hebt hervor, dass die Neuplatoniker, obwohl entschiedene Gegner des Christentums, doch innerlich der christlichen Lehre am nächsten standen, wie sie denn auch ohne Zweifel auf die weitere Entwicklung der christlichen Philosophie Einfluss gewonnen haben.

[9]) Wie gross übrigens die Verschiedenheiten selbst solcher dogmatischer Theorien sind, die man in der Regel als völlig übereinstimmend anzusehen pflegt, hat in geistreicher Weise Zeller gezeigt: S. Theol. Jahrbb. Bd. XIII, S. 294: „Die Lehre des Paulus und Augustinus von der Sünde und Gnade in ihrem Verhältniss zur protest. Kirchenlehre". Auch Alb. Ritschl „Die christl. Lehre von der Rechtfertigung und Versöhnung" liefert für das im Texte Angeführte reichliche Belege; nicht minder jede Dogmengeschichte.

[10]) Die wichtigsten Sätze des Paulus über den hier behandelten Gegenstand finden sich im 2. u. 4. Capitel des Römerbriefes.

[11]) Diese Berührung zwischen paulinischen und stoischen Ideen hebt schon Fr. Chr. Baur (Abh. zur Gesch. der alten Phil., S. 419) her-

vor. Vergl. neuerdings Waldstein: „Ueber den Einfluss des Stoicismus auf die älteste christliche Lehrbildung." (Studd. u. Kritt. 1880, IV.)

[12]) „Gentes, quae legem non habent, naturaliter ea, quae legis sunt, faciunt". Rom. II, 14—16; vergl. ibid. VII, 15. Man s. zu dieser Stelle die Erörterung von Gass (Die Lehre vom Gewissen, S. 32 ff.). Auch er betont den allgemein humanistischen Charakter dieser Stelle: „Sie behauptet die Wahrheit der sittlichen Natur als vorhanden und nachweisbar selbst da, wo sie von keiner Offenbarung gestützt wird." Ueber die zu Grunde liegende psychologische Anschauung s. Pfleiderer, Paulinismus S. 63.

[13]) Der Begriff des „Fleisches" (σάρξ) gehört zu den schwierigsten der paulinischen Exegese. Offenbar schwankt die Bedeutung desselben zwischen einer rein psychologischen (Sinnlichkeit im Gegensatz zur Geistesnatur) und einer symbolischen (allgemeine Sündhaftigkeit des Nicht-Gläubigen). S. Pfleiderer, a. a. O. S. 60; Ernesti, Die Ethik des Apostels Paulus, 1. Aufl., S. 13; Zeller, a. a. O. S. 301. Letzterer führt namentlich die auch hier kenntliche Analogie der paulinischen Anschauung mit Schultraditionen der antiken Philosophie aus.

[14]) Pfleiderer, a. a. O., S. 76 u. 84.

[15]) Vergl. H. Reuter, Augustin. Studien. (Zeitschr. f. Kirchengesch. IV, S. 35) und Fr. Chr. Baur, Vorlesg. über Dogmengesch. I, 2, S. 323.

[16]) Ich stelle eine Anzahl charakteristischer Stellen zusammen, ohne im mindesten den Anspruch auf Vollständigkeit zu erheben: die meisten derselben sind in der Folgezeit viel benutzt worden, und es dürfte darum Manchem willkommen sein, ein so wichtiges Stück des Materials, dessen sich spätere Bearbeitungen des gleichen Problems bedienten, an der Hand zu haben.

Lex vero aeterna est ratio divina, aut voluntas Dei, ordinem naturalem conservari jubens, perturbari vetans. (Contra Faust. L. 22; cap. 7.)

Lex aeterna est summa ratio, qua justum est, ut omnia sint ordinatissima. (De lib. arb. I, cap. 6.)

Lex aeterna est ratio in mente Dei existens, qua res omnes per consentanea media in suos fines diriguntur. (L. c. cap. 5, vergl. De vera relig. cap. 30 u. 31.)

An andern Stellen, so z. B. De Civ. Dei l. IX, cap. 22, oder in Lib. de Catechiz. erud. cap. 18, spricht Aug. auch von einer Mehrzahl ewiger und unveränderlicher Gesetze — ein Widerspruch im Ausdruck, der dann für spätere Scholastiker eine nicht geringe Schwierigkeit gebildet hat.

Lex incommutabilis omnia mutabilia pulcherrima gubernatione moderatur. (Quaest. l. 83, qu. 27.)

Lex aeterna Dei est, quam consulunt omnes piae mentes, ut, quod in ea invenerint, vel faciant, vel jubeant, vel vetent. (In Exod. qu. 67.)

Nihil est in lege temporali justum, quod ex lege aeterna non derivetur. (De lib. arb. I, c. 6.)

Conditor legum temporalium, si vir bonus est et sapiens, illam ipsam consulit aeternam, de qua nulli animae judicare datum est, ut secundum ejus immutabiles regulas quid sit pro tempore jubendum vetandumve discernat. (De ver. rel. c. 31.)

Nulla anima est, quae ratiocinari possit, in cujus conscientia non loquatur Deus. Quis enim legem naturalem in cordibus hominum scribit, nisi Deus? (De serm. Dom. in monte, II.)

Lex tua scripta est in cordibus hominum. (Confess. II, cap. 4.)

[17]) Noch bestimmter, als in den Schriften gegen die Manichäer (Contra Faustum; de natura boni; de duabus animabus) tritt diese Anschauung Augustins hervor in den Schilderungen der Schrift „De civitate Dei", welche sich in fast zu anschaulicher Weise über die ursprünglich von Gott gesetzte völlige Harmonie zwischen Geist und Körper verbreiten. Bes. Buch XI u. XIII passim. Der schwierige Begriff der justitia prima oder originalis mit all' den zahllosen Feinheiten und Distinctionen, welche sich später an denselben hefteten, hat übrigens lediglich theologisches Interesse. Man vergl. darüber Neander, Theolog. Vorlesg. IV, S. 99 ff. und Zöckler, Die Lehre vom Urstand.

[18]) De spiritu et litera, cap. 28; De lib. arbit. II, 10. Vergl. die einander ergänzenden Darlegungen von Gass, Zur Gesch. d. Ethik, Ztschr. f. K.-Gesch. I, 387; und H. Reuter, Augustin. Studien, ibid. IV, S. 14.

[19]) De spiritu et litera, cap. 26—28. Contra Jul. IV, 3.

[20]) De corrept. et gratia, cap. 1; de gratia, cap. 9; de gratia et lib. arb. cap. 4. Vergl. Gass, Die Lehre vom Gewissen, S. 43.

[21]) Contra duas epp. Pelag. III, 8; de corrept. et gratia, cap. 2.

[22]) Vergleiche über die mit der Rechtfertigung Hand in Hand gehende Willensthätigkeit, und den hier anknüpfenden Begriff des Verdienstes: Ritschl, Die Lehre von der Rechtfertigung, I, S. 74.

[23]) Man sehe z. B. die Stellen des Isidorus über den ethischen Charakter der Absicht bei Gass, Zur Geschichte der christlichen Ethik, l. c. S. 388.

[24]) H. Reuter, Geschichte der religiösen Aufklärung im Mittelalter, I, S. 60.

[25]) Ich verweise bezüglich der näheren Ausführung auf die vortreffliche Darstellung der Abälard'schen Theorie, welche Reuter a. a. O. gibt; (bes. SS. 194—198). Man vergl. auch die bei Stöckl (Gesch. d. Phil. d. Mittelalters, I, S. 233, 234 u. 271) angeführten Stellen.

[26]) Man s. über die Doppelstellung Abälard's Reuter a. a. O. S. 245, welcher geradezu ein esoterisches und exoterisches Element unterscheidet. Sie tritt auch in Rémusat's Darstellung hervor (Abélard II, 478 ff.), welche sich bemüht, der Ethik A. nach beiden Richtungen hin gerecht zu werden, sowohl wo sie von der Kirchenlehre abweicht, als wo sie denselben homogen ist. S. bes. S. 508 und 512. Interessant ist in dieser Beziehung auch der Vergleich zwischen der Darstellung der Abälard'schen Christologie von Reuter a. a. O. S. 242 ff., sowie „Augustin. Studien" (Ztschr. f. K. Gesch. IV, S. 37, A. 3) und von A. Ritschl (Die Lehre v.

d. Rechtfertigung u. Versöhnung I, S. 36 ff.) Dass Abälard's, dem Pelagianismus verwandte Auffassung dazu führen konnte, und wirklich dazu geführt hat, Zweifel an der Nothwendigkeit und Realität der Versöhnung im transcendentalen Sinne anzuregen, hat Reuter wohl sicher erwiesen. Vergl. die bei Jourdain, la philos. de St. Thomas, I, S. 15 angeführten Stellen und Rémusat l. c. II, S. 512; dass sie mit der kirchl. orthodoxen doch mehr zusammenhängt als es darnach scheinen möchte, ergibt sich aus Ritschl, a. a. O. S. 75—76.

[27]) Reuter, a. a. O. S. 244; Rémusat, II, S. 478 u. 491.

[28]) Für eine genauere Kenntniss der in der Regel viel zu gering angeschlagenen geistigen Regsamkeit des Mittelalters und der weitverbreiteten freien Ideen, welche durch den Bann des herrschenden kirchlichen Systems keineswegs völlig unterdrückt zu werden vermochten, liefert das auf eindringenden Forschungen beruhende Werk von Hermann Reuter das Wichtigste. Ich will hier nur auf einige Stellen verweisen, welche die Verbreitung einer der Abälard'schen verwandten Ansicht über das Verhältniss zwischen Religion und Sittlichkeit besonders kenntlich machen. Im II. Bande, S. 23—24, 31—33; S. 37; 66. Ueber ähnliche Ideen der arabischen Philosophie, ebendas. S. 47, 51.

[29]) Vergl. die Bemerkungen von Gass (Zeitschr. f. Kirchengesch. I, S. 394 u. 95.)

[30]) Ueber Bacon und sein Verhältniss zu den Aufklärungsideen s. Reuter, II, S. 76—82.

[31]) Reuter, II, S. 113.

[32]) Ibid. S. 86—88.

[33]) Vortreffliche Bemerkungen über diese Doppelstellung des rationalen und suprarationalen Elements in der Scholastik bei Gass, Die Lehre vom Gewissen, S. 46—47.

[34]) Die systematische Darstellung findet sich hauptsächlich in der Summa theologica und der Summa contra gentiles, in welche mehrere kleinere Abhandlungen die Quaestiones de virtutibus, De malo u. A. verarbeitet worden sind.

Vergl. über die Motive dieser Systembildung K. Werner, Th. v. A. I, S. 815 ff. Daselbst Angaben über die Verh. der thomist. Ethik zu den Vorgängern. Ausführlicher noch Rietter: Die Moral des heil. Thomas S. 112 ff. Vergl. Gass, Zur Gesch. der Ethik (Zeitschr. f. Kirchengesch. I, 395—96.) Selbstverständlich gehen in der Würdigung die Ansichten je nach dem Standpunkt weit auseinander. Während z. B. Prantl in der Ethik des Thomas nur die unverständige Verquickung zweier diametral entgegengesetzter Standpunkte, nemlich der aristotelischen und der christl. theolog. Ethik erblickt (Gesch. der Logik, III. Bd. S. 108), gilt dieselbe bei den katkolischen Schriftstellern, Jourdain, Werner, Rietter als ein Meisterwerk ersten Ranges, welchem gerade die Verbindung der reichen Erfahrung des griechischen Denkers mit der mystischen Tiefe des christlichen Geistes seine unübertroffene Bedeutung verleihe. Janet (Hist. de la phil. morale, I) scheint mir die richtige Mitte

zu halten, indem er zwar die an manchen Punkten besonders zu Tage
tretende principielle Unvereinbarkeit beider Standpunkte scharf hervor-
kehrt (s. bes. S. 299, 306, 309) und die Ethik des Thomas als einen
durch und durch künstlichen und eklektischen Bau den originalen ethischen Systemen des Altertums entschieden nachstellt, gleichzeitig aber
doch als eine in gewissen Partien auch der Originalität keineswegs entbehrende Ergänzung derselben bezeichnet. Man vergl. auch die aner-
kennenden Bemerkungen von Mackintosh (Dissert. on the progr. of Ethics
in d. Encyclop. Britannica, 8. Ed. I, p. 329), welcher namentlich auf die
häufige Uebereinstimmung zwischen Thomas und neueren Ethikern aufmerksam macht, und glaubt, dass dieselbe sich nicht bloss aus der
Identität des Gegenstandes erkläre, sondern auch aus der ununter-
brochenen Tradition, welche die Ideen jenes Werkes, das drei Jahrhunderte lang das Schulbuch für ganz Europa war, noch festhielt, nachdem dieses selbst verschollen und vergessen war. Ein Beleg dafür die
zahlreichen Analogien aus Thomas, welche Ollé-Laprune in seiner Darstellung der Philosophie Malebranche's anführt, und die trotz dessen
Katholicismus beachtenswerth sind, da sich diese Richtung sonst durch
Opposition gegen die Scholastik und Rückkehr zu Augustinus kennzeichnet.

[35]) Summa theol. P. II. 1, art. 93—108.

[36]) So betont Thomas ausdrücklich, dass alle Vernunftthätigkeit
des Menschen etwas Natürliches sei, und dass anderseits die unvernünftigen Geschöpfe auf ihre Weise ebenso an der ewigen Vernunft Theil
nehmen, wie die vernünftigen. Nur die Art ist verschieden: während
jene, wie ein Pfeil, welcher nach der Scheibe abgeschossen wurde, unwillkürlich demselben entgegengeführt werden, vermögen jene sich selbst
ihm entgegen zu führen. Freilich will Thomas im ersteren Falle den
Ausdruck „lex" nur uneigentlich gebraucht wissen: „Quia rationalis creatura participat rationem aeternam intellectualiter et rationaliter, ideo
participatio legis aeternae in creatura rationali proprie lex vocatur, nam
lex est aliquid rationis. In creatura autem irrationali non participatur
rationaliter." S. Rietter, a. a. O. S. 244, 245 u. 249. Es ist dies eine
Anschauung, welche uns, die gewohnt sind, den Begriff „Naturgesetz"
gerade vorzugsweise von der vernunftlosen Welt zu gebrauchen, fremdartig berührt; aber doch zugleich manches zu denken gibt. Es liegt
eine tiefe, nur zu oft vergessene Wahrheit in dem Satze: Nam lex est
aliquid rationis.

[37]) Man sehe die ausführliche Reproduction dieser Erörterungen
bei Rietter, a. a. O. SS. 84—86 u. 256—263; und K. Werner, II, 545 ff.

[38]) S. Theol. II. 1, Qu. 94 u. 95.

[39]) S. die Stellen bei Jourdain, l. c. I, S. 219—220. Auch Reuter,
a. a. O. Bd. I, S. 241 hat darauf hingewiesen, dass Abälard's Theorie
bei consequenter Durchführung zu einer principiellen Aufhebung der
supranaturalistischen Weltbetrachtung hätte führen müssen.

[40]) Die Abhängigkeit dieses Problems von dem Gottesbegriffe der Scholastik hat Alb. Ritschl aufgezeigt. (S. dessen „Geschichtl. Studien zur christl. Lehre von Gott" in den Jahrbb. f. deutsche Theol. Bd. X (1865) und „Die christl. Lehre von der Rechtfertigung und Versöhnung, Bd. I, S. 49). Man vergl. damit die boshaften, aber treffenden Bemerkungen von L. Feuerbach (Bayle, S. 270, A. 20).

[41]) S. Theol. I, qu. 19; a. 3 und qu. 25; a. 3 u. 5, womit zu vergl. S. contra Gentiles, II, 25.

[42]) Hauptsächlich im 2. Abschnitt des 2. Hauptstücks der Summa theol. Ausführliche Darstellung derselben bei Rietter, S. 284—483, und Werner, S. 572—619.

[43]) Summa theol. H, 1, qu. 6—89. Vergl. Werner, S. 470—540; Rietter, S. 143—238.

[44]) S. theol. II, 1; qu. 55; art. 4. Dass diese Definition dem Augustinus und zwar der Schrift „De libero arbitrio (II, 18 u. 19) entnommen sei, gibt Thomas selbst ausdrücklich an. Es ist nicht uninteressant, mit dieser Definition die des Alcuin (De virtut. et vitiis, c. 35) zu vergleichen. „Virtus est animi habitus, naturae decus, vitae ratio, morum pietas, cultus divinitatis, honor hominis, aeternae beatitudinis meritum." Sie enthält im Wesentlichen die gleichen Elemente, schweigt aber über die Genesis der Tugend. Bestimmter äussert sich Rhabanus Maurus (De vitiis et virtutibus; lib. H, p. 6: „Virtus omnis sancta res est divina. Hanc non habet nisi Deus, et is cui dederit Deus; ad quam nullus accedit invitus, quam nullus amittit nisi propria voluntate deceptus." S. Gass, Zur Gesch. d. Ethik; (Ztschr. f. Kirchengesch. I, S. 389 u. 390.)

[45]) Summa theol. II, 1, qu. 63; art. 1. Virtus est homini naturalis secundum quandam inchoationem secundum naturam speciei, in quantum in ratione hominis insunt naturaliter quaedam principia naturaliter cognita, quae sunt quaedam seminaria intellectualium virtutum et moralium . . . . Sic ergo patet, quod virtutes in nobis sunt a natura secundum aptitudinem et inchoationem, non autem secundum perfectionem, praeter virtutes theologicas, quae sunt totaliter ab extrinseco.

[46]) Ueber Herkunft, Schreibweise und Bedeutung dieses schwer verständlichen, aber in der Schulsprache bis in's 17. Jahrhundert gebräuchlichen Ausdrucks vergl. man die Nachweisungen, welche Gass im Anh. zu seiner Schrift „Die Lehre vom Gewissen" geliefert hat, mit Nitzsch (Jahrbb. f. prot. Theologie 1879, 3). Hält man die von Thomas gegebenen Definitionen der Synderesis (S. Theol. I, qu. 79, art. 12, vergl. II, 1, qu. 94, art. 1: „Synderesis dicitur lex intellectus nostri in quantum est habitus continens praecepta legis naturalis, quae sunt prima principia operum humanorum" und: „Synderesis non quaedam specialis potentia est ratione altior velut natura, sed habitus quidam naturalis principiorum operabilium, sicut intellectus habitus est principiorum speculabilium et non potentia aliqua") zusammen mit dem, was in der vorigen Anmerkung über die natürlichen Voraussetzungen des Sittlichen im Menschen angeführt wurde, so wird sich die im Text gegebene

Deutung der Synderesis, i. e. ihre Identificirung mit der praktischen
Vernunft, als der subjectiven Erscheinung des natürlichen Sittengesetzes
wohl von selbst rechtfertigen. Es stimmt damit auch zugleich die Ansicht anderer Scholastiker im Wesentlichen zusammen. Allerdings trägt.
die obige Definition einen polemischen Zug und richtet sich wohl gegen
Albertus Magnus, welcher die Synderesis in erster Linie als Potenz betrachtet wissen wollte, welche dann erst im Habitus sich vollende. Eine
principiell abweichende Auffassung vermag ich aber in der Definition
des Albertus nicht zu entdecken. Er nennt die Synderesis „Rationis
practicae scintilla, semper inclinans ad bonum et remurmurans malo,
in nullo nec viatore nec damnato exstinguitur in toto." (Summa theol.
P. II, tr. 16, qu. 99; vergl. S. de creat. P. II, tr. 1, qu. 69 u. 70). Fast
mit denselben Worten auch Bonaventura im Breviloquium P. II, cap. 11.
Man darf demnach wohl die Annahme eines dem Menschen angeborenen
sittlichen Vermögens als eine den Scholastikern gemeinsame bezeichnen;
eine Annahme, die allerdings nicht neu ist, sondern sammt allen an
den Begriff der Synderesis sich anschliessenden Discussionen lediglich
den Versuch einer genaueren Bestimmung der lex naturalis nach ihrer
subjectiv-psychologischen Seite hin bezeichnet, wobei man die allgemeine
Methode der Scholastik, ihr schematisirendes Verfahren und ihre endlosen Distinctionen mit in Rechnung bringen muss.

⁴⁷) Gass, Zur Gesch. der Ethik; (Ztschr. f. Kirchengesch. I, S. 384.)
⁴⁸) Man sehe darüber Rietter, a. a. O., S. 275, A. 1. Bei Werner
findet sich keine bestimmte Formulirung dieses Punktes; er sagt nur:
„In welcher Weise und bis zu welchem Grade heidnische Einsicht und
Sittlichkeit auf dem Standpunkte der grossen Theologen des 13. Jahrhunderts Anerkennung zu erringen vermochten, zeigt das Verhalten derselben zur alten und zeitgenössischen nichtchristlichen Philosophie; die
relative Werthschätzung dieser gibt auch den Maasstab zur Formulirung
ihres muthmasslichen Urtheils über die etwaige sittliche Höhe der Besseren und Einsichtsvolleren unter den Heiden und Nichtchristen ab."
⁴⁹) S. Theol. II, 1, qu. 109, art. 2 u. 4. An dieser Stelle ist es
deutlich ausgesprochen, dass im Zustande der gegenwärtigen Verderbtheit des Menschen nicht einmal von einer Erfüllung seiner natürlichen
Aufgabe gesprochen werden könne, geschweige denn von einer Erreichung seines übernatürlichen Zieles, wofür es freilich auch schon von
dem Falle ausserordentlicher göttlicher Gnadenwirkungen bedurfte.
⁵⁰) Es sind namentlich die römisch-katholischen Autoren, welche
im Scotismus und Nominalismus die Anfänge der Auflösung der Scholastik erblicken (s. Jourdain, La phil. de St. Thomas, II, S. 108; Stöckl,
Phil. des Mittelalters, II, S. 870.
Dieser Anschauung gegenüber hat Prantl darauf aufmerksam gemacht (Gesch. der Logik, III, S. 328), dass wenigstens auf dem Gebiete
der Logik mit dem Nominalismus erst die reichste und üppigste Entwicklung beginne; und vom protestantisch-theologischen Standpunkte
macht Alb. Ritschl geltend (Die Lehre v. d. Rechtfertig. u. Versöhnung,

Bd. I, 49—50, 62; S. 72—73), dass der Gegensatz zwischen Thomismus und Scotismus lange nicht so scharf sei, als die gewöhnliche kirchlich kathol. Auffassung vermuthen lasse; dass zwar die röm.-kathol. Kirche seit der Contrareformation den Thomismus als öffentliche Lehrform begünstigt und den Scotismus zurückgestellt habe, gleichwohl aber Duns nur die gemeinsamen Prämissen folgerichtig ausgebeutet und zugleich die undeutlichen und schillernden Sätze des Thomas durch präcise, nicht misszuverstehende Erklärungen ersetzt habe, so dass die Stellung, welche das kathol. Christentum des Mittelalters zu dem Probleme einnimmt, viel deutlicher aus der wissenschaftlich abgerundeten Lehre des Duns als aus der des Thomas erhelle. In der That finden sich in den Anmerk. 41 verzeichneten Erörterungen eine Reihe von Stellen, welche Duns einfach acceptirt hat. Danach sind Aeusserungen zu berichtigen wie die von Jourdain, T. II, S. 107: „La doctrine entière de St. Thomas est une protestation anticipée contre les dangereuses théories de son subtil adversaire."

[51]) Uebereinstimmende Darstellungen dieses Punktes bei Jourdain, La philos. de St. Thomas, II, S. 104; Dorner, Die Lehre v. d. Unveränderlichkeit Gottes (Jahrbb. f. deutsche Theologie, II, S. 459—460) und Ritschl (Studien z. christl. Lehre von Gott; Jahrbb. f. deutsche Theol., X, S. 309 u. 312. Man vergl. die nachdrücklichen Aussprüche des Thomas in S. theol. I, qu. 25, art. 5 und II, 1, qu. 94, art. 5 mit den Sätzen des Duns in Sentent. III, dist. 37 u. 44 und man wird für das oben (Anmerk. 50) Gesagte reichliche Belege finden.

[52]) Unter den im Jahre 1277 von Bischof Etienne Tempier zu Paris gerügten Sätzen der Philosophen befand sich jene die Selbstgenugsamkeit des Sittlichen ausdrückende Thesis: „Ein Mensch, der mit den moralischen und intellectuellen Tugenden ausgerüstet ist, hat in sich selbst die genügende Befähigung zur Glückseligkeit." S. Ueberweg, Grndr. H, S. 210 (3. Aufl.).

[53]) S. über ihn Jourdain, La philos. de St. Thomas, II, 215 ff. und Rémusat, Hist. de la philos. en Anglet., I, 64 ff.

[54]) A. Ritschl, Die Lehre v. d. Rechtfertigung, I, 89 ff.

[55]) Vergl. zur weiteren Ausführung: Jak. Burckhardt, Cultur der Renaissance, H, S. 272 ff., 317 ff. (Ausg. v. L. Geiger.)

Unter den meistens auf blosse Sentenzensammlungen beschränkten Ansätzen zur Wiederauffrischung der antiken Ethik, ist vielleicht des Laurentius Valla Dialog von der Lust als erster Versuch der erst im 17. Jahrhundert von Gassendi in grösserem Maasstabe unternommenen „Ehrenrettung des Epikureismus" (vergl. Lange, Gesch. des Mat., 3. Aufl. I, 188) der bemerkenswertheste. Valla führt seine durchaus auf dem Niveau eines ziemlich niedrigen Utilitarismus stehende Ethik herzhaft bis in die äussersten Consequenzen durch, wie man sowohl an einzelnen theoretischen Erörterungen (namentlich des 2. Buches), noch mehr aber den ziemlich breit ausgeführten praktischen Beispielen sieht. Höchst bezeichnend ist das dritte Buch, welches mit einer geschickten Wendung

(Quod praecepta philosophorum ante fidem erant prava, et actiones hominum malae (Cap. X); Quod philosophia ignorat verum bonum (XI); Quare Deus amari debet super omnia (XII); der vorgetragenen Theorie einen christlichen Abschluss zu geben weiss und mit Ausmalung der Genüsse des Jenseits endet. Vergl. übrigens die Schrift „Contra calumniatores apologia".

Diese Schlussreverenz Valla's vor Christentum und Kirche ist besonders auch deswegen interessant, weil sie sich genau so auch bei Gassendi findet. (Vergl. Damiron, Hist. de la philos. au 17. siècle, T. I, S. 394). Valla's Dialog „De libero arbitrio" erörtert die Schwierigkeiten, welche die Prädestinationslehre bietet, begnügt sich übrigens statt der Lösung einfach auf die christliche Demuth zu verweisen. Man ahnt wohl in welchem Sinne: es ist der Ton Bayle's, der hier zum ersten Male anklingt.

Die unter den Höchstgebildeten Italiens über das Verhältniss der Religion zur Sittlichkeit herrschenden Anschauungen finden einen klassischen Ausdruck in der Schrift des Petrus Pomponatius „De immortalitate animae". Indem er diese Idee bekämpft und die gegen eine solche Leugnung erhobenen Einwände zurückweist, hebt er die Autarkie des Sittlichen im aristotelischen Sinne auf das Stärkste hervor, freilich mit dem ausdrücklichen Hinweis darauf, dass für die Mehrzahl der intellectuell Unmündigen die Religion mit ihren Vorschriften und Verheissungen an Stelle der Autonomie der Vernunft zu treten habe. (S. Ludw. Muggenthaler: „Die Unsterblichkeitslehre des Petrus Pomponatius; Dissert. 1868, S. 23). Die Mischung von gemessenem Respect und kühler Vornehmheit, mit welcher dieser Humanist über die Kirche spricht, ist unvergleichlich und beneidenswerth. Viel leidenschaftlicher schon der Ton, welchen Giordano Bruno in seinem „Spaccio della bestia trionfante" (1584) gegen die Kirche anschlägt, welche zwar nicht ausschliesslich, aber doch vorzugsweise unter diesem Ehrentitel zu verstehen ist. Aber zwischen diesen beiden Büchern liegt jene ungeheure Wendung des europäischen Geistes, welche sich in Reformation und Gegenreformation vollzog und für den rationalistischen Humanismus keinen Raum übrig liess. Und es ist in hohem Grade charakteristisch, dass Bruno's Polemik sich gegen den Protestantismus mindestens ebenso heftig richtet, als gegen den Katholicismus. Aber wie schon Pomponatius aus dem lediglich ethisch-praktischen Zwecke der Religion auf die ihr daraus erwachsende Freiheit in der Auswahl der Mittel geschlossen hatte, so hält diese Auffassung auch Giordano Bruno noch fest. Seine Aeusserungen darüber stimmen fast dem Wortlaut nach mit Spinoza's späterer Erklärung des Verhältnisses zwischen Religion und Philosophie überein. S die höchst charakteristische Stelle bei Hartung: „Grundlinien einer Ethik bei Giordano Bruno", S. 3, Anmerk.

In gewissem Sinne gehört ohne Zweifel auch er so gut wie Charron und Bacon in die Reihe der Vorkämpfer des modernen sittlichen Bewusstseins; nur darf man zwei Umstände nicht vergessen: erstens die fast sagenhafte Verschollenheit jener Schrift, in welcher er die ethischen Fragen behandelte (eben der „Spaccio"), die ganz wie Bodin's „Colloquium heptaplomeres" beinahe nur als ein berüchtigter Titel gekannt war, und zweitens die poetisch-mythologische Form, in welche er seine Ideen kleidet, und die stellenweise nur mühsam in wissenschaftliche Begriffe umzusetzen ist.

Anmerkungen zum III. Capitel.

[1]) Diese Bedeutung Montaigne's ist seit langem anerkannt. Man sehe darüber die Nachweise bei Buckle (History of Civilis. Cap. VIII).

[2]) Bodin's „Colloquium Heptaplomeres de rerum sublimium arcanis abditis" galt Jahrhunderte lang als eines der berüchtigtsten und gefährlichsten Bücher, konnte nur heimlich durch Abschriften verbreitet werden und drohte gänzlich zu verschwinden, bis es 1841 durch Guhrauer theilweise, und später 1857 von L. Noack in vollständigem lateinischen Texte herausgegeben wurde. Man sehe über die Schicksale der Schrift bei Guhrauer, l. c. p. LXIX der Vorrede; eine ausführliche Analyse derselben bei Baudrillart „Bodin et son temps" p. 190 fg.

[3]) S. Tulloch: Rational Theology and Christian Philosophy in England during the 17. century; (I, S. 71; II, S. 2—7) — ein Werk, das über die Geschichte des englischen Geistes die wichtigsten Aufschlüsse gibt.

[4]) S. darüber hauptsächlich das 7. und 9. Buch der Schrift „De augmentis scient. und einzelne Abschnitte der Sermones fideles. Vergl. Kuno Fischer, Fr. Bacon u. s. Nachfolger, Cap. 15.

[5]) De aug. lib. VII, cap. 1, S. 137; und cap. 3, S. 160 ff. (Ausg. von Meyer, Nürnb.)

[6]) Sermones fideles: De atheismo und De superstitione. (Leyden, 1641.)

[7]) De aug. l. IX. S. 289.

[8]) E. Pfleiderer, Hume etc. S. 256, legt Gewicht auf diese Theorie Bacon's und stellt ihn um ihretwillen in einen gewissen Gegensatz zu der späteren Entwicklung der englischen Ethik.

[9]) De aug. l. VII. c. 1, S. 139.

[10]) Wie entschieden Bacon die Realität der socialen Neigung in Anspruch nimmt, wie sehr er sie zum Zustandekommen einer sittlichen Handlung fordert und wie wenig er geneigt ist, zu jener später versuchten Ableitung auch der (scheinbar) auf das Wohl des Ganzen gerichteten Handlungen aus dem individuellen Interesse, dem bonum sui-

tatis, zeigt sehr klar die Stelle De aug. l. VII, cap. 2, p. 147; womit zu vergleichen die, soviel ich sehe wenig gekannte Stelle, welche Tagart (Locke's writings, S. 335), aus der Schrift „Valerius Terminus, of the Interpret. of Nature" ausgehoben hat.

[11]) Spinoza, Ethica, P. IV. prop. 7 u. 14. — Hume, Treatise up. hum. nature, B. H, P. HI, Sect. 3. — Bacon, De augm. l. VII, c. 3, p. 165 ff. Er weist dort namentlich auf die Affecte der Hoffnung und Furcht als die zwei wichtigsten Factoren zur Beherrschung des menschlichen Trieblebens hin — ein Fingerzeig, der wiederum von Hobbes wie Locke ausgiebig benutzt worden ist.

[12]) Charakteristisch für diese englische Auffassung sind die Urtheile Tagart's, Locke's writings and philos., S. 332 u. 334—35. Anders scheint Rémusat, Philos. en Anglet. I, S. 157; II, 225, zu urtheilen geneigt, welcher die ganze Rede von bacon. Schule und bacon. Einfluss eine „fable convenue" nennt. Aehnlich auch Paulsen (Vierteljahrschr. f. wiss. Philos. I, S. 588.)

[13]) S. Tulloch, Christian Philos. II, 15 ff.

[14]) Vergl. Laurent, Hist. de l'humanité, T. IX; Hallam, Litt. of Europe, T. IH, part IV, ch. 2; Dav. Strauss, Christl. Glaubensl. I, §. 19; und die Dogmengeschichten.

[15]) S. sein posthumes Hauptwerk, die Institutiones theologicae; bes. lib. IV, sect. V.

[16]) S. dessen Traité des réligions, 1631, und den Artikel Amyraut in Bayle's Dictionnaire.

[17]) Laurent, IX, S. 438.

[18]) Jurieu: La réligion du latitudinaire; Préface.

[19]) Man könnte eine Bestätigung dieses Satzes darin finden, dass die neueren Bearbeiter des Grotius hinsichtlich des ihm in dieser Frage zuzumessenden Verdienstes keineswegs einig sind; die einen, wie Kaltenborn (Vorläufer d. Hugo Grotius, S. 52; Hartenstein, Die Rechtsphilos. des Hugo Grotius, Abh. d. sächs. Gesellsch. d. Wissensch.; phil.-histor. Cl., I. Bd., S. 502 u. 505; K. Werner, Suarez, II, S. 255; Ahrens in Bluntschli's Staatswörterbuch, machen die Trennung der Moral vom Rechte als ein wissenschaftliches Verdienst des Grotius geltend, während z. B. Kirchmann in seiner Uebersetzung (Anmerk. 7 zur Einleitung) das Gegentheil geltend macht. Wenn letzterer übrigens auf Pufendorf als denjenigen verweist, der den Fehler des Grotius zuerst verbessert habe, so ist dies entschieden unrichtig und nur aus der eigentümlich einseitigen Anschauung Kirchmann's vom Wesen und Ursprung des Sittlichen zu erklären.

[20]) Details über dieselbe und aus derselben findet man bei Hinrichs, Gesch. d. Rechts- und Staatsprincipien; Kaltenborn, Die Vorläufer des Hugo Grotius; E. Zeller, Gesch. d. deutschen Philos.; dann bei Karl Werner, Geschichte des Thomismus; Franz Suarez und die Scholastik der letzten Jahrhunderte. Die Ueberlegenheit der katholischen Autoren ist in die Augen springend; sie haben eine gewaltige Schultradition

hinter sich, gegen welche man protestantischerseits eine entschiedene Abneigung empfindet, ohne sie doch entbehren, oder gar ersetzen zu können. Und so wenig das Problem auch durch die Fortsetzung der scholastischen Methode wahrhaft gefördert werden konnte, so hatte die spätere Scholastik wenigstens den Vortheil, dasselbe in seiner bisherigen Form nahezu allseitig beleuchten zu können. Gegenüber der überreich durchgebildeten, alle Controversen in's Auge fassenden Psychologie und Metaphysik des Rechts und der Moral, wie sie z. B. das hervorragendste Werk dieser späteren Scholastik, des Suarez „Tractatus de legibus" (1609) aufzuweisen hat, die Summa des hl. Thomas in vielen Punkten ergänzend und weiterbildend, machen nicht nur die gelegentlichen naiven Aeusserungen Luther's über diese Dinge (vergl. Kaltenborn, S. 208), sondern auch Versuche, wie sie Melanchthon in seinem „Epitome philosophiae moralis" und eine Anzahl anderer protestantischer Rechtslehrer vor Hugo Grotius gemacht haben, einen etwas dürftigen Eindruck; da sie ein principiell Neues doch nicht vorzubringen haben. Die hohe wissenschaftliche Bedeutung seiner scholastischen Vorgänger hat übrigens Grotius selbst anerkannt (De jure belli etc. Proleg. §. 52); wie denn auch über den Einfluss, welchen er von dieser Seite erfahren, bei den Zeitgenossen kein Zweifel bestanden zu haben scheint; insbesondere die spanischen Autoren müssen ihm geläufig gewesen sein. (Vergl. Kirchmann's Uebersetzung der Einleitung, Anmerk. 25, und K. Werner, Suarez, Bd. II, S. 259—260).

[21]) De jure belli etc. Lib. I, cap. 1, §. 10.

[22]) l. c. §. 5; vergl. Proleg. §. 11 u. 12.

[23]) l. c. L. I. 1, §. 10, 2.

[24]) Proleg. §. 6—9.

[25]) Proleg. §. 18—20. Hartenst. S. 503.

Anmerkungen zum IV. Capitel.

_____

[1]) Wie sehr bei Hobbes der Einfluss der Zeitverhältnisse und seiner politischen Bestrebungen maassgebend für seine theoretischen Anschauungen waren, darüber sind alle Darstellungen einig. S. Whewell, Hist. of Moral Philos., Lect. II, S. 16; Janet, Hist. de la philos. morale, II, S. 168; J. H. Fichte, Ethik, I, §. 214; Vorländer, Gesch. d. philos. Moral, S. 353; Tagart, Locke's writings and philosophy, S. 347 u. 356; E. Pfleiderer, Dav. Hume, S. 241; Rich. Mayr, Philos. Geschichtsauffassung der Neuzeit, 1. Abth., S. 108; Rémusat, Hist. de la philos. en Anglet., I, S. 328, 331; Kuno Fischer, Fr. Bacon u. s. Nachf., 2. Aufl., S. 519; Mackintosh, Dissert. on Ethics (Encyclop. Britanica, I).

Es wäre leicht gewesen, diese Liste noch zu vermehren, da an Darstellungen der Hobbes'schen Theorie kein Mangel ist. Selbstverständlich ist es mir unmöglich gewesen, mich mit allen, oder auch nur den wichtigsten derselben im Einzelnen auseinanderzusetzen: es muss der gegenwärtigen Darstellung überlassen bleiben, sich da, wo sie von herkömmlichen Auffassungen abweicht, durch die beigebrachten Belege selbst zu rechtfertigen. Ich benütze die Gesammtausgabe der Werke von Molesworth (London 1839) und zwar für den Leviathan den 3. Band der englischen Schriften; für die Schrift „De Cive" den 2. Band der lateinischen, worauf sich die angeführten Seitenzahlen beziehen.

[2]) Leviathan, P. I, Cap. XIII; De Cive, Cap. I.

[3]) De Cive, Cap. 1, §. 2; womit zu vergleichen Cap. 5, §. 5. Die Ansicht, welche Hobbes an den bezeichneten Stellen vorträgt, unhaltbar wie sie an sich genommen ist, enthält doch eine grosse Wahrheit, deren Eindruck durch die Paradoxien Hobbes' nur verstärkt wird. Ohne Frage haben wir es hier mit einer jener Einseitigkeiten zu thun, welche in der Geschichte der Philosophie eine so bedeutende Rolle spielen, und für die Analyse verwickelter Erscheinungen wichtige Dienste leisten. Es ist sehr leicht, gegen Hobbes zu zeigen, dass der Mensch selbst in seinem wildesten Zustande den Einfluss häuslicher und socialer Be-

ziehungen empfindet und das Glück derselben schätzt; dass er mit dem geselligen Zustande, in welchen ihn die Noth des Lebens treibt, bald durch die stärksten Bande der Gewohnheit, und die unmittelbare und constante Wahrnehmung der Vortheile dieses Zustandes verwächst; dass die socialen Empfindungen, ursprünglich auf einen sehr engen Kreis beschränkt, rasch an Stärke, Umfang und Reinheit gewinnen und sich bis zur Fähigkeit der Selbstaufopferung für Volk und Menschheit steigern — allein dies Alles darf nicht hindern, anzuerkennen, dass hiemit wohl Ergänzungen zu Hobbes' Theorie gegeben sind, aber keineswegs völlige Beseitigung derselben. Die Paradoxie dieser Doctrin liegt einfach darin, dass sie den Menschen lediglich als rationales Wesen im Auge hat und nach dieser Beschaffenheit desselben ein Ideal des geselligen Zustandes bildet. Da nun die Wirklichkeit diesem Ideal durchaus widerspricht und die Erfahrung lehrt, welche Mühe es kostet, um die menschliche Gesellschaft in leidlichem Zustande zu erhalten und die Einzelnen zur Vervollkommnung desselben heranzuziehen, so liegt der Satz nahe „Ad societatem homo ergo aptus non natura, sed disciplina factus est". Er ist unbestreitbar richtig, wenn man an die ideale Gesellschaft denkt; dagegen sich selbst widersprechend, sobald man die Anfänge im Auge behält.

⁴) Lev., P. I, Cap. XIII, p. 114; vergl. De Cive, Cap. I, p. 161, Anmerk.

⁵) S. namentlich De Cive, Cap. I, §. 2, Anmerk.; l. c. §. 10, Anm.; l. c. Cap. VIH u. IX.

⁶) De Cive, Cap. I, §. 3; Lev., P. I, Cap. XIII, P. init.

⁷) Rémusat, Phil. en Anglet., I, S. 363. Man sehe die unten folgenden Erörterungen des Begriffes der „lex naturalis".

⁸) Lev., l. c. p. 113; De Cive, l. c. §. 11—13.

⁹) De Cive, Cap. H, §. 1; Lev., P. I, Cap. XIV, p. 116. Ich setze diese wichtige Definition ihrem Wortlaute nach hieher: „Est igitur lex naturalis dictamen rectae rationis circa ea, quae agenda vel omittenda sunt ad vitae membrorumque conservationem, quantum fieri potest, diuturnam."

Schon hier bei Hobbes die Argumentation, welche später Hume bei seiner Erklärung des Ursprungs der Gerechtigkeit angewendet hat. Sie wird recht eigentlich erst durch die Noth zur Tugend: liesse sich ein Zustand denken, der Allen Alles zu bieten vermöchte, so würde die Gerechtigkeit nutzlos, und verlöre alle ethische Bedeutung; und ebenso umgekehrt: könnte jeder Einzelne immer Sieger sein, wäre Jeder stark genug, um alle seine Begierden zu befriedigen, so würde sich wiederum das Vernunftgesetz mit dem natürlichen Rechte decken.

¹⁰) De Cive, Cap. II, §. 1, p. 169.

¹¹) l. c. Cap. I, §. 15; Cap. H, §. 2.

¹²) Lev., Cap. XIV, p. 118.

¹³) Lev., Cap. XV, init.; De Cive, Cap. IH.

¹⁴) An beiden angeführten Stellen zum Schlusse; bemerkenswerth namentlich die Polemik gegen die Aristotelische „mediocritas" als Kri-

terium des Sittlichen. Sätze wie die folgenden, können geradezu als das
„watchword" der ganzen nachfolgenden Utilitätsmoral bezeichnet werden:
Moral philosophy is nothing else but the science of what is good and
evil in the conversation and society of mankind. Good an evil a r e
n a m e s, that signify our appetites and. aversions, which in different
tempers, customs and doctrines of men are different, and divers men
differ not only in their judgment on the senses of what is pleasant and
unpleasant . . . . but also of what is conformable or disagreeable to
reason in the actions of common life. (Lev., Cap. XV, am Schlusse.)

[15]) De Cive, Cap. III, §. 29.

[16]) De Cive, l. c. §. 27; Lev., Cap. XV, p. 145.

[17]) De Cive, Cap. IH, §. 33; Lev., Ch. XV, am Schlusse. Diese
Bemerkung Hobbes' ist das Fundament für die spätere theologisch gefärbte Utilitätsmoral und die derselben zum Ausgangspunkt dienende
Idee der Verpflichtung. Der Begriff des Gesetzes setzt einen Gesetzgeber
voraus: „lex proprie atque accurate loquendo est oratio ejus, qui aliquid fieri aut non fieri aliis jure imperat.

[18]) De Cive, Cap. III, §. 26; Cap. V, §§. 6 u. 7.

[19]) De Cive, Cap. VI, §. 9; Cap. XII, §. 1. Hobbes legt hier dem
Souverain eine Befugniss bei, welche Grotius (De jure belli et pacis
I. 1, §. 6) Gott zuschreibt, und welche auch diesem dazu hatte dienen
müssen, um die Souveränität des höchsten Gebieters mit der an und
für sich gültigen Norm des Rechts zu vereinigen. „Wenn also Gott
befiehlt, dass man Jemanden tödten solle, oder ihm seine Sachen weg-
nehmen, so wird deshalb der Mord und der Diebstahl nicht erlaubt, da
diese Worte ein Fehlerhaftes enthalten, sondern es ist nur die einzelne
That kein Mord oder Diebstahl, weil sie auf Geheiss des höchsten Herrn
über Leben und Eigentum geschieht." (Kirchm.)

[20]) De Cive, Cap. XIV, §. 10. Hobbes drückt sich an dieser Stelle
genau so aus, wie Grotius an der eben citirten: „Nam etsi naturae lex
prohibet furtum, adulterium etc., si tamen lex civilis jubeat invadere
aliquid, non est illud furtum, adulterium etc."

[21]) Hobbes beschränkt in diesen Erörterungen den Inhalt der lex
naturalis ausschliesslich auf das Gebot, Frieden zu halten und die Verträge zu beobachten. Dies sei die Regel des Naturzustandes, und enthalte implicite auch die Vorschriften des positiven Rechts: „Nam lex
naturalis jubet observare pacta, ideoque etiam obedientiam praestare,
quando obedientiam pacti fuerint." (De Cive, Cap. XIV, §. 9.) Natürlich bleibt die Frage bestehen, ob denn mit der Einrichtung einer geordneten Rechtsgesellschaft diese Basis ganz wegfalle und völlig durch
den Willen des Souverains ersetzt werde. Auch er muss sich doch
durch die Rücksichten auf dasjenige bestimmen lassen, was die Erhaltung
des Friedens zu fördern im Stande ist, und so bleibt trotz Hobbes' Nominalismus eine sachliche Grundlage bestehen, was die gegen ihn gerichtete Polemik nicht versäumt hat, hervorzuheben. Daher macht denn
auch E. Pfleiderer (David Hume etc., S. 246) mit Recht darauf aufmerksam

„dass der Hobbes'sche Absolutismus, tiefer angesehen, ein gut Theil ethischen Apriorismus in nominalistischer Schaale enthalte." Vergl. die Bemerkung a. a. O. S. 243.

[22]) Dies wird von Hobbes im Leviathan, P. I, Cap. 11 u. 12, eingehend untersucht.

[23]) „This fear of things invisible is the natural seed of that, which every one in himself calleth religion; and in them, that worship or fear that power otherwise than they do, superstition." (Leviath., P. I, Cap. 11, S. 93.) Vergl. l. c. Cap. 6, S. 45: „Fear of invisible power feigned by the mind, or imagined from tales publicly allowed, religion; not allowed, superstition. And when the power imagined is truly such as we imagine, true religion.

[24]) Leviath., P. HI, Cap. 33, S. 378.

[25]) De Cive, Cap. HI, §. 33.

[26]) De Cive, Cap. IV: Quod lex naturalis est lex divina.

[27]) Leviath. l. c. S. 378—379.

[28]) Man sehe die ausführlichen, und mit umfassendem biblischem Apparat ausgestatteten Erörterungen im 3. Theile des Leviathan, und „De Cive": Sub titulo religionis. Die starken theologischen Neigungen der Zeit und ihr Einfluss auf Hobbes, der für einen Freigeist und Atheisten galt, verrathen sich hier auf das Deutlichste. Man fühlt in diesen scheinbar so trockenen und pedantisch gelehrten Abschnitten durchaus den warmen Pulsschlag des zeitgeschichtlichen Lebens, die unermessliche Wichtigkeit, welche diese Dinge selbst für die Freiesten und Emancipationslustigsten besassen. Fünfzig Jahre später hätte kein philosophischer Schriftsteller mehr in dieser Weise den Theologen in's Handwerk gepfuscht.

[29]) Leviath., P. III, Cap. 38, S. 437 u. 451.

[30]) In diesem Sinne gilt, was Rémusat (I, S. 347) bemerkt: „Le divin est absent de toute sa philosophie: et tout ce qu'il y a d'essentiel dans sa doctrine subsisterait, quand Dieu n'existerait pas, quand la réligion serait toute entière d'institution humaine."

[31]) Dies gibt auch Tagart (Locke's philos., p. 349 u. 353) zu, welcher als Anhänger Locke's auch Hobbes im Ganzen sehr günstig beurtheilt. Man sehe eben dort auch die für spätere Erscheinungen, wie z. B. Helvetius beachtenswerthen Bemerkungen über das Berechtigte einer Untersuchung, die den menschlichen Egoismus zum Ausgangspunkte nimmt.

[32]) Die wichtigsten Werke, welche damals gegen Hobbes erschienen, zugleich mit interessanten Bemerkungen über den Eindruck, welchen seine Theorie hervorbrachte, findet man angegeben bei Whewell, S. 22 bis 25 und Rémusat I, S. 362, wie überhaupt Cap. VI u. VII. Ausführlicheres bei Hallam, Litt. of Europe, T. III, S. 157—182, 211—221; T. IV. S. 87—108, Anmerk. Wie sehr die Opposition gegen Hobbes zum guten Ton gehörte, sieht man aus einer Aeusserung Warburton's bei Rémusat, l. c. S. 362: „Le philosophe de Malmesbury était la terreur du dernier

siècle, et tout jeune clerc voulait essayer ses armes sur son casque d'acier." Schon Adam Smith hat übrigens in seiner Theory of moral sentiments (Part VII, Sect. IH, Chap. 2) treffliche Bemerkungen über die Polemik gegen Hobbes und die Wirkungen, welche sie auf die Weiterbildung der ethischen Forschung ausgeübt.

[33]) Unter den Politikern besonders Lord Clarendon: „A brief View and Survey of the dangerous and pernicious Errors to Church and State in Mr. Hobbes' book, intitled, The Leviathan; bei Whewell, S. 23; ausführlicher bei Rémusat, Phil. en Anglet. I, S. 334 u. 361. Es ist charakteristisch, dass ihm von dieser Seite gerade der Punkt bestritten wurde, welchen er selbst als den praktischen Endzweck seiner Theorie bezeichnete: die Sicherung der Ordnung im Staate. Ueber sein wechselndes Verhältniss zum Hofe der Stuart's und zu Cromwell s. d. Angaben bei Rémusat, Phil. en Anglet. I, S. 333—338.

[34]) Siehe das ausserordentlich günstige Urtheil, welches Gassendi über Hobbes fällt in einem Briefe bei Damiron (Hist. de la phil. au 17. siècle, T. I, S. 377): „Je ne sache aucun de ceux, qui se mêlent de philosopher librement, qui soit plus depouillé que lui de tous prejugés, ni qui ait considéré tout ce qu'il a écrit avec une plus profonde recherche et avec une plus judicieuse méditation." Weniger günstig allerdings Descartes bei Rémusat, l. c. I, S. 331.

[35]) Vergl. Damiron, l. c. p. 486, und Whewell, p. 25. Gassendi's Disquisitio metaphysica erschien 1642; sein Traité sur la vie et les doctrines d'Epicure 1647; das Syntagma philosophiae Epicuri 1649. Hobbes „De Cive" im J. 1647; aber schon 1642 war diese Schrift zu Paris auf privatem Wege gedruckt worden und einem engeren Kreise bekannt. (Tulloch, Christ. Philos. II, p. 29.) Der Leviath. erschien im J. 1651.

[36]) F. A. Lange, Gesch. d. Materialismus, 2. Aufl., S. 223; Damiron, l. c. T. I, 499.

[37]) Tulloch, II, S. 7.

[38]) l. c. p. 12—14 u. 202; vergl. Rémusat, Hist. de la phil. en Anglet., II, S. 6, 7, 9.

[39]) Die genaueren Nachweise über dies Verhältniss findet man an vielen Stellen der Arbeit von Tulloch, welche für die Geschichte des englischen Geistes im 17. Jahrhundert die wichtigsten Aufschlüsse gibt. Man sehe besonders S. 137, 192, 201, 305, 478—480.

[40]) Tulloch, II, p. 17, 29 u. 203; womit zu vergleichen Tagart, Locke's writings and philosophy, p. 207; Whewell, History of moral philos., p. 40; ferner die Angaben bei Rémusat, Hist. de la philos. en Angleterre, H, S. 31 u. 47.

[41]) Der vollständige Titel lautet: „The true intellectual System of the Universe." Es wurde übrigens nie ganz fertig, sondern blieb ein gewaltiges Fragment.

[42]) Tulloch, II, p. 217 u. 398.

[43]) Die Polemik gegen Hobbes tritt bei More indessen kaum irgend merklich hervor. Der Name Hobbes wird nur ein einziges Mal erwähnt (vergl. Tulloch, II, p. 403); Whewell sagt, er finde sich gar nicht in dem Buche; dagegen sind Citate aus Descartes und den alten Philosophen häufig. Auch bei Cudworth wird zwar der Name Hobbes in der Regel nicht genannt, sondern umschrieben (z. B. L. I, Cap. 1, §. 4: „Ex his nuperus ille scriptor de re morali et civili", oder L. IV, Cap. 6, §. 4: „Scripsit, cujus est liber ille, cui nomen Leviathan), aber die Anführungen aus Hobbes' Schriften sind zahlreich und eine Reihe entscheidender Ausführungen direct gegen ihn gerichtet. Uebrigens wird die Polemik gegen Hobbes zum Theil auch indirect, d. h. gegen verwandte Aufstellungen der antiken Philosophie geführt, worin ganz interessante Parallelen zu finden sind, wie denn die Schrift von Gelehrsamkeit strotzt und eine eindringende Kenntniss der griech.-römischen Philosophie verräth. Vergl. Morell, Historical and critical view etc., T. I, p. 199 und Tulloch, T. II, p. 248 u. 283.

[44]) Man sehe über diese Thatsachen die Angaben bei Tulloch, T. H, p. 217 und Whewell, p. 66; womit übereinstimmend Rémusat, l. c. II, S. 40. Der „Treatise concerning eternal and immutable morality" ist ebenso wie sein Hauptwerk, das „True Intellectual System" von Mosheim in's Lateinische übersetzt und als Anhang z. Systema Intellectuale herausgegeben worden.

[45]) Vergl. darüber namentlich Whewell, p. 64—65, welcher Cudworth's schriftstellerische Art sehr gut charakterisirt und das vom Locke'schen Standpunkte aus wohl begreifliche ungünstige Urtheil über die englischen Platoniker überhaupt bei Tagart (Locke's writings and philosophy, p. 235). Selbst ein so warmer Bewunderer der Cambridger wie Tulloch, gesteht zu, „that it is impossible not to feel Cudworth's inferiority in originality, clearness and brightness of conception to both the contemporary thinkers (Descartes and Hobbes). They have something to say, which the have got not from books, but from insight and meditation, and they say it out, unencumbered by the thought of others or the trammels of scholastic association (l. c. H, p. 294 u. 295). Man vergl. das ähnliche Urtheil bei Rémusat, Hist. de la philos. en Angleterre, II, S. 29, 37—38.

[46]) Whewell, p. 66.

[47]) So z. B. J. A. Fichte (System der Ethik, I, p. 521), womit zu vergl.: Morell, T. I, chap. II, sect. 2.

[48]) Clarke's „Boyle-Lectures on the Being and Attributes of the Deity" erschienen 1704; Wollaston's „Religion of Nature" 1722. Die wichtigsten Stellen, an welchen Price auf Cudworth Bezug nimmt, s. in dessen „Review of the principal questions in morals"; 2. ed., p. 39—40; 82; 145 u. A.

[49]) Tulloch, H, p. 296 scheint geneigt, einen noch schärferen Ausdruck zu brauchen. „It must be admitted, that C. is hardly fair, and certainly not generously fair, to either of his opponents (Hobbes and

Descartes). He presses frequently the least favourable interpretation of their meaning, and quotes Hobbes at times with careless inaccuracy. Upon the whole, he must be pronounced deficient in a cordial appreciation of contemporary thought.

[50]) Diese Auffassung steht allerdings zu manchen gebräuchlichen in einem gewissen Widerspruche, indem sie Gewicht legt auf die auch bei Hobbes vorhandene natürliche Grundlage des Sittlichen; ich glaube aber durch die vorausgehende, durchaus auf Hobbes' eigenen Sätzen beruhende Darstellung erwiesen zu haben, dass sie die allein richtige ist. Es freut mich, darin mit Tulloch zusammengetroffen zu sein, welcher, Cudworth kritisirend, Hobbes ebenso interpretirt, wie ich (II, p. 296 bis 297).

[51]) L. II, Cap. 4, §. 7—11. Ich citire nach der lateinischen Bearbeitung des „Treatise conc. eternal and immutable morality", welche Mosheim dem H. Bande seiner latein. Ausgabe des Intellectual System angehängt hat.

[52]) Die wichtigsten Stellen s. L. I, Cap. I, §. 5; dann Cap. H, §. 1; Cap. III, §. 1—4; vergl. lib. IV, Cap. IV, §. 8 u. 9. ·

[53]) L. IV, Cap. IV, §. 4—6; und Cap. V, §. 4.

[54]) S. sowohl das „Intellectual-System" als den Treatise conc. eternal and immutable morality. In diesem füllt die Darstellung der Erkenntnisstheorie sogar den weitaus grössten Theil des, wie schon bemerkt worden ist, unvollendeten Werkes.

[55]) Lib. III, Cap. II, §. 1 u. 2; ebendas. Cap. IV und namentlich ausführlich die ersten Capitel des vierten Buches.

[56]) So z. B. Morell (Hist. and crit. view, I, p. 202). Am weitesten geht hierin Stewart (Dissert. on the progress of philos.; Encycl. Brit. I. S. 194, welcher Kant sogar alle Originalität abspricht! Auch Mackintosh (Dissertation on the progress of ethical philos.) bezeichnet ihn geradezu als Vorläufer Kant's.

[57]) Lib. IV, Cap. H, §. 1 u. 2.

[58]) Man sehe darüber Tulloch, T. II, p. 228 fg., welcher längere Partien aus einer im J. 1647 vor dem Hause der Gemeinen von Cudworth gehaltenen Predigt anführt; es mögen aus derselben zur Erläuterung des im Text Gesagten einige besonders charakteristische Sätze hier eine Stelle finden. „Cold theorems and maxims, dry and jejune disputes, lean syllogistical reasonings, could never yet of themselves beget the least glimpse of true heavenly light, the least sap of saving knowledge in any heart (l. c. p. 229). All philosophy to a wise man, to a truly sanctified mind, is but matter for divinity to work upon. Religion is the queen of all those inward endowments of the soul; and all pure natural knowledge all virgin and undeflowered arts and sciences are her handmaids" (ibid. p. 233). Nicht uninteressant ist es, an einer andern Stelle derselben Predigt die nemlichen Vergleiche zur Erläuterung des Verhältnisses zwischen Sittlichkeit und Religiosität angewendet zu finden, deren sich später Henry More in seinem „Enchi-

ridion ethicum" bediente, um die Nothwendigkeit eines affectiven Charakters des Sittlichen zu erläutern (s. unten Anmerk. 64). „A painter
that would draw a rose, though he may flourish some likeness of it in
figure and colour, yet he can never paint the scent and fragrancy; or
if he would draw a flame, he cannot put a constant heat into his
colours" etc.

⁶⁰) Ueber Henry More sehe man ausser den Andeutungen bei
Whewell, p. 40—42 und J. H. Fichte; Ethik, I, p. 524; Rémusat, Phil.
en Anglet. II, S. 45 ff., namentlich die ausführliche Darstellung seiner
Philosophie bei Tulloch, T. H, passim.

⁶¹) Lib. I, Cap. HI, §. 1.

⁶²) l. c. §. 4 u. fg. „Est enim Ratio Recta in homine exscriptum
quoddam aeternae illius rationis legisve in mente divina conscriptae.
Quae tamen per naturam non aliter nobis innotescit, quam quatenus
e recta hac ratione mentibus nostris communicata, vel potius insita et
congenita, effulget atque reflectitur." Vergl. auch die Stelle Cap. V,
§. 10.

⁶³) S. dafür namentlich Cap. IV, §. 9 u. 11.

⁶⁴) Cap. II, §. 9. Dass Cudworth gelegentlich ähnlicher Vergleiche
in etwas anderem Sinne und zu anderem Zwecke gebrauchte, ist oben
schon angeführt worden, s. Anmerk. 59.

⁶⁵) Die Hauptstellen Lib. I, Cap. H, §. 1, §. 7, Cap. IV, §. 5.

⁶⁶) l. c. Cap. IV, §§. 9 u. 11.

⁶⁷) More's Affectenlehre in Lib. I, Cap. V—VIII des Enchiridion.
Wichtig namentlich der Anfang von Cap. VII.

⁶⁸) Der vollständige Titel des Cumberland'schen Werkes lautet:
„De legibus naturae disquisitio philosophica, in qua eorum forma,
summa capita, ordo, promulgatio et obligatio a rerum natura investi-
gantur; quin etiam elementa philosophiae Hobbianae cum moralis et
civilis considerantur et refutantur." Ich benütze das Werk in der französischen Bearbeitung, welche Barbeyrac im J. 1754 herausgab, unter
Hinzufügung der Noten eines englischen Uebersetzers, Maxwell und
eigener Bemerkungen, die bei grossem Wortreichtum doch manchen
werthvollen Wink enthalten. Man vergl. über Cumberland die Darstellungen bei Whewell, Lectures p. 52 ff. und bei J. H. Fichte, Ethik
I, §. 216 fg., welcher selbst auf Hallam, Introduction to the litterature
of Europe, T. IV, p. 176 fg. verweist. Sehr kurz und hauptsächlich
kritisirend Rémusat, Phil. en Anglet., II, S. 56 ff. Er nennt übrigens
Cumberland's Werk „le premier traité philosophique, qui, en Angleterre,
ait été dicté purement par l'esprit moderne".

⁶⁹) De leg. nat., Cap. I, §. 4.

⁷⁰) Es ist hauptsächlich die in der oben stehenden Darstellung
ebenfalls benutzte Stelle der Schrift „De Cive" (Cap. I, §. 2, Anmerk.),
auf welche Cumberland seinen Angriff richtet.

⁷¹) Die beiden Sätze, welche Cumberland als einen Widerspruch
enthaltend einander gegenüberstellt, sind die folgenden: „Est igitur lex

quaedam recta ratio, quae, cum non minus sit pars naturae humanae, quam quaelibet alia facultas vel affectus animi, naturalis quoque dicitur. (De Cive, Cap. II, §. 1) und: „Apparet hinc, rationem non esse, sicut sensus et memoriam, nobiscum natam; neque sola (ut prudentia) experientia acquisitam, sed industria." (Leviath., Cap. V, §. 23; S. 35 der engl. Ausgabe von Molesworth.)

[72]) Cap. H, §. 3, p. 109.

[73]) l. c. §. 16 u. 17.

[74]) l. c. §. 35.

[75]) l. c. §. 38.

[76]) Cap. V, §. 35, womit zu vergl. namentlich §. 27.

[77]) l. c. §. 24; p. 251.

[78]) Vergl. Cap. H, §. 4 u. ff.; Cap. V, §. 12, 14 u. 17.

[79]) l. c. §. 36.

[80]) Man sehe die Erörterungen Cap. V, §. 19—23, und namentlich §. 22, p. 248.

[81]) l. c. §. 45.

[82]) Aehnlich urtheilt auch Tagart, Locke's writings, p. 366: „The tone of his book is pleasing; but his style is diffuse, and his terms very indefinite. Of this fault we are perhaps less aware, when we read it in the Latin than in translation." Die Anticipation späterer Gedanken durch Cumberland beschränkt sich aber gewiss nicht darauf, „dass einige Spuren der Theorie Hartley's über die Entwicklung der socialen Neigungen und die schliessliche Verschmelzung allgemeiner Menschenliebe mit verfeinertem Egoismus zu Tage kommen". Wie sehr vielmehr die gesammte spätere Ethik Cumberland zu Danke verpflichtet sei, hat schon Hallam hervorgehoben.

Anmerkungen zum V. Capitel.

[1]) Eine Monographie über Locke's ethische Lehren ist mir nicht bekannt; man vergleiche über ihn die mehrfach genannten Werke von Whewell, Vorländer, J. H. Fichte; dann V. Cousin: Hist. de la philosophie morale au 18 siècle, T. I; und Leslie Stephen: History of English Thought in the 18. Century, welcher sowohl zur Geschichte der englischen Moralphilosophie als des englischen Deismus werthvolle Beiträge in glänzender Darstellung liefert. Speciell über Locke als Deist: T. I, Chap. H; als Ethiker: T. II, Ch. IX. Endlich über Locke's gesammte Philosophie und geschichtliche Stellung: Tagart, Locke's writings and philosophy 1855.

[2]) Das scheint beinahe die Ansicht Whewell's (Lect. on the hist. of moral philos., p. 69).

[3]) Vergl. Leslie Stephen I, S. 34.

[4]) Essai conc. hum. understanding; B. I, chap. III, §§. 1—14, 15 u. 21.

[5]) Tagart, p. 340 u. 361.

[6]) l. c. §. 13.

[7]) B. H, Ch. XXVIII, §. 5. u. fg.

[8]) l. c. §. 8.

[9]) S. Leslie Stephen, History of English thought, I. p. 94.

[10]) In einem Briefe an Molyneux vom 30. März 1696 bei Stephen l. c. II, p. 85.

[11]) Essai conc. h. und B. H, Ch. XXVIII, §. 8.

[12]) Die Zahl der Stellen ist eine beträchtliche. Die wichtigsten finden sich auf Seite 139—151 im VII. Bande der Londoner Gesammtausgabe von 1801.

[13]) Locke ist übrigens durch und durch Latitudinarier. Der Glaube, dass Christus der Messias sei, ist ihm Fundamentalsatz des Christentums; alles Uebrige entweder in denselben eingeschlossen, oder unwesentliches Beiwerk. Dies hatte schon Hobbes als den Kern des Christentums erklärt. Man sehe seine ausdrückliche Erörterung darüber De Cive, Cap. XVIII, §. 6; und Leviath., P. IH, Cap. 43, S. 590.

¹⁴) Die wichtigsten Stellen zur Unterstützung der hier vorge-
tragenen Interpretation Locke's stehen Essai c. hum. u. B. H, Ch. XXVIII,
§. 11 und namentlich der in der 4. Ausgabe hinzugekommenen Anmerkung.

¹⁵) Man vergl. z. B. das Urtheil bei Leslie Stephen, II, p. 81, §. 86:
This, the fundamental doctrine of Locke and of all his disciples, is in
fact a first form of the primary axiom, upon which depends the possi-
bility of reducing morality within the sphere of scientific observation.
It asserts that our moral sentiments have no inscrutable or exceptional
character. Its essence consists in banishing mystery from the origin of
our moral instincts. If it too easily degenerated into an assertion of
the absolute selfishness of human nature, the assertion that the moral
sense is derivative was a necessary preliminary to all fruitful investi-
gation of the phenomena."

¹⁶) Hobbes hatte erklärt: Doctrinarum autem, quae ad seditionem
disponunt, una et prima haec est: cogitationem de bono et malo per-
tinere ad singulos. In statu quidem naturali, ubi jure aequali singuli
vivunt, nec se per pacta sua aliorum imperio submiserunt, veram eam
esse concedimus .... Sed in statu civili, falsa est. Ostensum enim
est .... regulas boni et mali, justi et injusti, honesti et inhonesti,
esse leges civiles, ideoque quod legislator praeceperit, id pro bono,
quod vetuerit, id pro malo habendum esse. — Bei Locke heisst es
(Essai conc. hum. underst. B. H, Ch. XXVIII, §. 10): For though men
uniting into politic societies have resigned up to the public the dispos-
ing of all their force, so that they cannot employ it against any Fellow-
Citizens, any farther than the Law of the Country directs; yet they
retain still the Power of thinking well or ill, approving or disapproving
of the Actions of those whom they live amongst and converse with;
and by this Approbation and Dislike, they establish amongst themselves
what they will call Virtue and Vice.

¹⁷) Essai conc. hum. underst. B. I, Ch. HI, sect. 3.

¹⁸) Dass diese Anschauungen übrigens schon vor Locke unter den
englischen Theologen Boden gefunden hatten, beweist der Locke in
manchen wichtigen Stücken antecipirende Hooker. Man vergl. die bei
Tagart (S. 229) und Rémusat, I, 132 angeführten Stellen.

¹⁹) Diese Stellen sind: Essai conc. hum. u. B. III, Ch. XI, sect. 16;
B. IV, Ch. HI, sect. 18 u. Ch. IV, sect. 7, 8 u. 9; ibid. Ch. XII, sect. 8
und Reasonableness of Christianity: Works VI, p. 146.

²⁰) Dass es sich für Locke um Sittenlehre, d. h. um Anwendung
der Principien handelt, ersieht man aus den Ausdrücken, die er gebraucht: Therefore the negligence or perverseness of mankind cannot
be excused, if their discourses in morality be not much more clear,
than in natural philosophy."

²¹) Man sehe die Bemerkung, welche Leslie Stephen (l. c.) aus
Berkeley's Commonplace Book mittheilt: „To demonstrate morality, it
seems one need only make a discovery of words and see, which included

which. Locke's instances of demonstration in morality are, according to his own rule, trifling propositions."

[22]) Im Allgemeinen herrscht die Ansicht vor, dass sich hier bei Locke eine Inconsequenz finde und seine Sätze über mathematische Demonstrirbarkeit des Sittlichen mit seiner Theorie nicht stimmen. So J. H. Fichte, Ethik, Vol. I, §. 222; Leslie Stephen, Vol. H, Ch. I, §. 91; Whewell, Lect. V, p. 73. Dagegen nimmt Tagart, p. 412 u. 416, eine eigentümliche Stellung ein. Er scheint Locke ebenso zu verstehen wie ich und spricht nicht von Inconsequenz; aber er tadelt das ganze Verfahren Locke's und spricht ihm, wie oben Berkeley, allen Nutzen ab . . . . It is remarkable, that Locke did not perceive, when writing such a passage (Essai etc., B. IV, Ch. IV, sect. 9) that if our moral ideas do not conform to the positive relations of moral beings, we cannot properly be said, to have moral knowledge at all. Our notions without such conformity are merely dreams. A madman may reason demonstratively upon his own erroneous conceptions; but he is mad nevertheless, and the madness consists in the want of conformity between his ideas and the reality of things", l. c. S. 416.

[23]) Man sehe über Clarke's Bedeutung als Denker und die verschiedenen Beziehungen, in welchen er zur zeitgenössischen Philosophie und Theologie steht, Leslie Stephen (History of English Thought, I, Ch. HI, sect. 26) und Zimmermann in den Denkschriften d. k. k. österr. Akad. Phil. hist. Kl., 19. Bd. Eine noch eingehendere Untersuchung derselben würde einen nicht unwichtigen Beitrag zur Geschichte der Philosophie an der Wende des 17. und 18. Jahrhunderts liefern.

Das Werk, in welchem Clarke seine ethische Theorie vorzugsweise niedergelegt hat, ist der „Discourse concerning the unalterable obligations of natural religion". Ich citire nach Watson: „A collection of theological tracts" (Bd. IV, p. 109—296).

[24]) Die Verwandtschaft mit Cudworth ist sachlich unleugbar, scheint aber nicht auf unmittelbarer Anregung durch denselben zu beruhen. Ich finde wenigstens in der ganzen Abhandlung Cudworth nirgends mit Namen genannt, und die einzige Stelle, die man auf ihn beziehen kann und muss, wendet sich polemisch gegen einen Theil seiner Theorie. (S. 135.) Man ist beinahe versucht zu fragen, ob nicht die Idee der Demonstrirbarkeit des Sittlichen, welche Clarke der Hobbes-Locke'schen Theorie entgegensetzt, dennoch auf einer Anregung des letzteren beruhe, wie verschieden auch die Anwendung ist, welche beide von diesem Gedanken machen. Gleichviel indessen; die Parallelisirung der sittlichen und mathematischen Wahrheiten lag so sehr in der Luft, dass es sich nicht verlohnt, im einzelnen Falle den Anlässen ihres Auftretens nachzuspüren. Daher denn auch die charakteristische Erscheinung, dass in dem Doppelpaar von Gegensätzen in der Ethik jener Zeit, bei Cudworth und Clarke wie bei Hobbes und Locke sich dieser nemliche Gedanke freilich in anderer Verwerthung, findet.

Von neueren philosophischen Schriften ist vielmehr Cumberland's „De legibus naturae" diejenige, welche am häufigsten citirt wird, und zwar nicht polemisch, sondern als Beleg für Clarke's eigne Ansicht; hauptsächlich aber benützt er von den antiken Philosophen Cicero; auch Plato erscheint gelegentlich unter dem Texte.

[25]) Soviel ich sehe, wird an allen polemischen Stellen nur Hobbes mit Namen genannt, was bei Locke vermieden ist, obwohl die Beziehung auf ihn häufig gar nicht zu verkennen ist.

[26]) Dies Argument gegen Hobbes und Locke findet sich zuerst S. 128—129; womit zu vergleichen namentlich die Stelle S. 149, und die ausführlichen Erörterungen S. 155 ff.: „The manifold absurdities of Mr. Hobbes' doctrines concern. the original of right shown in particular."

[27]) P. 126: „That there are eternal and necessary differences of things." In vielfachen Variationen, aber identischen Ausdrücken durch die ganze Abhandlung wiederkehrend; vergl. namentlich die Abschnitte p. 148 u. 150.

[28]) S. 127: „The absurdity of those, who deny the eternal and necessary differences of things."

[29]) S. 133, med.

[30]) S. 134. Vgl. 139, fast wörtlich übereinstimmend.

[31]) S. 132 u. 134.

[32]) S. 167: „That moral duties are the positive will and command of God proved from the consideration of God's creation."

[33]) S. 134, dann 152 und 153.

[34]) S. 169 u. fg.

[35]) S. 184 u. fg.

[36]) Welche Stellung Shaftesbury in der allgemeinen Parteigruppirung anzuweisen sei, und welche Bedeutung seine Philosophie beanspruchen dürfe, darüber gehen die Anschauungen der verschiedenen Geschichtschreiber der Philosophie weit auseinander. Die einen sehen in ihm nur den Anhänger, die andern nur den Gegner Locke's. So Whewell gegen Morell und Tagart. Leslie Stephen (History of Engl. Thought, II, p. 18) erkennt an, dass seine Berühmtheit nicht seiner thatsächlichen Bedeutung entspreche, dass sich seine Doctrin durch einen ansehnlichen Theil der englischen Litteratur hindurch, wenn auch mit mannigfachen Modificationen, erkennen lasse, und dass mehr oder weniger alle englischen Ethiker, zustimmend oder polemisirend, zu ihm in Beziehung stehen. Dagegen hat es Shaftesbury in Deutschland allerdings seit alter Zeit nicht an Bewunderern gefehlt. Schon Leibniz und Herder haben sich mit grosser Wärme über ihn ausgesprochen, neuere Geschichtschreiber der Philosophie wie Heinr. Ritter und J. H. Fichte die Universalität seiner Ideen und die Weite seines Gesichtskreises rühmend hervorgehoben, und zwei in letzter Zeit erschienene monographische Arbeiten über ihn von G. Spicker und G. v. Gizycki geben Zeugniss, dass jene von Leslie Stephen betonte Congenialität keineswegs im Ab-

nehmen begriffen ist. Gizycki erklärt Shaftesbury's Theorie als das Hauptsystem der englischen Moral überhaupt, indem alle späteren das-selbe im Wesentlichen nur in einzelnen Punkten ergänzt und fortgebildet haben, ohne aber je wieder seine grossartige Universalität zu erreichen. Man vergleiche den längeren Excurs über Shaftesbury, d. h. die ver-schiedenen Würdigungen desselben, in Gizycki's Arbeit über die Ethik Hume's S. 11, Anmerk. 4. Dass man in England selbst damit keines-wegs völlig einverstanden ist, zeigt die Auseinandersetzung mit einem Recensenten der Westminister Review, a. a. O. S. 12, Anmerk.

Ich citire im Folgenden nach der Ausgabe von 1749, auf welche sich die in Klammern gesetzten Band- und Seitenzahlen beziehen.

[37]) Gizycki: Shaftesbury, S. 102. Vergl. Inqu. conc. virtue B. II, P. I, sect. 1 (II, 51).

[38]) Inqu. B. I, P. II, sect. 3 pass.; Advice to an author, P. III, sect. 3 (I, 238); Miscellaneous reflections; III, chap. 2 (HI, 125).

[39]) Inquiry, B. II, P. I, sect. 1 (II, 57).

[40]) Gizycki, S. 72. Uebrigens findet sich an andern Stellen die Bezeichnung der „natürlichen" Affecte als sociale neben und mit der andern.

[41]) S. den von Mackintosh, Dissert. on ethics, angeführten Satz: „It is the height of wisdom to be rightly selfish."

[42]) Man vergl. z. B. Hume's scharfe Bemerkung (Treatise upon hum nature B. III, P. I, sect. H (II, 242), welche mit Recht darauf verweist, dass wenn „natürlich" etwa soviel als „gewöhnlich" bedeuten solle, dann die Sittlichkeit vielleicht sehr unnatürlich wäre; jedenfalls sei zuzugeben, dass der sittliche Heroismus geradeso ungewöhnlich sei, als die brutalste Barbarei und folglich ebenso unnatürlich sei als diese. — Hauptsächlich aber geht diese Polemik gegen Shaftesbury aus von der späteren utili-taristischen Theologie, worüber Cap. VI zu vergleichen.

[43]) Inqu. B. II, P. I, Sect. 3 (II, 57 ff.)

[44]) S. bes. Adv. P. III, sect. 2 u. 3 (I, 218 u. 228), ibid. P. I, Sect. 2 (I, 127—128); Misc. refl. III, chap. 2 (III, 128).

[45]) Misc. refl. V, chap. 3 (III, 206).

[46]) Adv. P. III, sect. 3 (I, 237); Essai on the freedom of wit: P. H, Sect. 2; P. III, sect. 4 (I, 62 u. 84); The Moralists, P. III, sect. 2 (II, 270); Inquiry, B. I, P. II, sect. 3 (II, 24).

[47]) Moralists, P. II, sect. 4 (II, 201 ff.)

[48]) Moralists, P. III, sect. 2 (II, 266). Shaftesbury gebraucht die Ausdrücke: Anticipating fancies, preconceptions, presensations. Vergl. Misc. Refl. IV, ch. 2, wo er an die προλήψεις und ἔμφυται ἔννοιαι der Stoiker erinnert.

Auf diesen Anschauungen beruht auch Shaftesbury's heftiger An-griff gegen Locke, seinen Lehrer, gegen welchen er zwar nirgends offen in seinen Schriften polemisirt, über welchen er aber später, nach dessen Tode schrieb: Locke war es, der alle Fundamente umstürzte etc. Gi-zycki, p. 98.

Den Beweis, welchen Locke gegen das Angeborensein sittlicher Principien aus der Verschiedenheit derselben bei wilden und civilisirten Völkern führt, sucht Shaftesbury zu entkräften und lächerlich zu machen. Wie weit er allerdings Locke ganz richtig verstanden habe, ist eine Frage, die je nach dem Standpunkt verschiedener Beantwortung fähig ist. Dass es sich aber bei Shaftesbury nicht bloss um ein Missverstehen Lockes' handelt, wie Tagart S. 17 ihm vorwirft, sondern in der That um ein Weiterbilden, zeigt der spätere Gegensatz zwischen der eigentlichen Schule Locke's und den von Shaftesbury angeregten Denkern.

[49]) Inqu. conc. Virtue; B. I, P. 3, §. 1 (II, 29). Vergl. ibid. P. 3, §. 3 (p. 36).

[50]) Die wichtigste Stelle steht im „Essai on the Freedom of Wit and Humour", P. HI, sect. 3 (I, 78 ff.); ähnlich, nur weniger ausführlich auch in Misc. refl. II, Chap. 1; (HI, 26) womit zu vergleichen die Grundzüge von Shaftesbury's eigener Auffassung: Inqu. B. H, P. I, sect. 1.

[51]) Adv. P. I, sect. 2 (I, 126); Essai on the freed, P. IV, sect. 1 (I, 87).

[52]) Bei Gizycki, S. 157. Dies stimmt fast wörtlich mit den A. 42 erwähnten Aeusserungen Hume's.

[53]) So z. B. Moralists, P. H, sect. 4 (H. 190).

[54]) Adv. to an Author, P. HI, sect. 1 (I, 201). Cf. Letter conc. Enthus., Sect. 5 (H, 28).

[55]) Inqu. conc. virt. B. H, P. II, §. 1 (II, 78—79).

[56]) Inqu. conc. virt. B. I, P. III, §. 2 (H. 33—34). Cf. Adv. to an Author; P. HI, Sect. 1 (I, 201).

[57]) Inqu. conc. virt. B. I, P. III, §. 2 (II, 34). Dies Argument gegen abergläubische Vorstellungen wird, ebendaselbst (§. 3, p. 45) mit einer scharfen, aber treffenden Bemerkung selbst gegen die Erwartung der ewigen Seligkeit angewendet, und darauf hingewiesen, wie häufig es bei „Frommen" sei, die wichtigsten Lebensbeziehungen, die erfreulichsten Ergebnisse der Sittlichkeit, als weltlich zu verschreien und unbedeutend im Vergleich zu den Interessen des Seelenheils.

[58]) Inqu. l. c. §. 2, p. 34.

[59]) Inqu. B. I, P. III, §. 3. Daselbst der die im Texte wiedergegebenen Ausdrücke verschärfende beissende Vergleich: „There is no more of Rectitude, Piety or Santity in a Creature thus reformed, than there is meekness or gentleness in a Tiger strongly chained, or Innocence and Sobriety in a Monkey under the discipline of the whip."

[60]) Miscell. Refl. III, ch. 2, p. 122, womit noch zu vergleichen: The Moralists, P. II, sect. 3, p. 177—178. S. auch die bei Gizycki p. 161 angeführten Stellen.

[61]) Siehe namentlich die begeisterten Worte in den Moralists, P. III, sect. 1, p. 224.

[62]) Vergl. für die Gesammtauffassung der religiösen Doctrin namentlich die in dieser Hinsicht besonders ausführliche Darstellung von

Spicker; über die Stellung der Sittlichkeit zur Religion bei Shaftesbury die Darstellung Gizycki's, p. 147—152.

[63]) Gizycki, p. 175.

[64]) Tindal: Christianity as old as creation. Vergl. Lechler, Geschichte des englischen Deismus.

[65]) Spricht doch noch Whewell (Hist. of moral philos. p. 117) davon, dass der üble Einfluss, den Shaftesbury auf den wirklichen (real) d. h. wohl positiven, Glauben ausgeübt habe, allgemein wohlbekannt gewesen sei. Auch Price, in dessen Ethik das religiöse Moment doch verhältnissmässig so sehr zurücktritt, sagt von ihm: „It cannot be enough lamented, that his prejudices against Christianity have contributed so much toward defecting the good effects of them and staining his works." (A review etc. p. 317, Anmerk.).

[66]) Berkeley: Theory of Vision, S. 2 (s. Whewell, Mor. philos. S. 116).

Anmerkungen zum VI. Capitel.

[1]) Whewell, Lectures, p. 137; eine Bemerkung über die Schädlichkeit dieser Stabilität ebendas. p. 138. Vergl. auch über die wenig günstige Aufnahme, welche Shaftesbury's Angriff auf Locke in England fand, Tagart's Locke p. 16 u. 17.

[2]) Mandeville ist ein Schriftsteller, welcher in der Regel ziemlich von oben herab behandelt wird — ein Schicksal, das ihm schon bei Lebzeiten widerfahren zu sein scheint. In der That ist seine theils paradoxe, theils frivole Art, die Dinge zu betrachten, umsoweniger geeignet Sympathien zu erwecken, als er selbst gelegentlich wohl erklärt, man dürfe ihn ja nicht beim Worte nehmen, da sein Zweck nur sei, sich und seine. Leser zu amüsiren. Man sehe seine Bemerkungen in der Préface T. I, p. XIV u. Défense etc. T. II p. 254. Am besten gerecht wird ihm von allen mir bekannten Darstellungen Leslie Stephen (Hist. of Engl. Thought, T. II, p. 33 fg.), welcher ihn geradezu als Antipoden Shaftesbury's fasst, die paradoxe und sophistische Einseitigkeit seiner Anschauungen kenntlich macht, gleichzeitig aber dieselben als eine keineswegs der Berechtigung entbehrende Ergänzung zu dem schönfärbenden Optimismus Shaftesbury's bezeichnet, und namentlich die Anklänge an neuere evolutionistische und volkswirthschaftliche Theorien, welche sich bei ihm finden, hervorhebt.

Die erwähnten Erweiterungen des ursprünglich zuerst i. J. 1714 erschienenen Gedichtes bestehen zunächst in einem Commentar über einzelne der wichtigeren Sätze desselben. Mit diesem wurde es 1723 auf's Neue herausgegeben, und nun erst begann es Aufmerksamkeit zu erregen. Es folgt eine Anzahl kleinerer Abhandlungen (Recherches sur l'origine de la vertu morale; Essai sur la charité et les écoles de la charité; Recherches sur la société; Défense de la fable des abeilles). Hiezu kamen 1729 noch sechs Dialoge, welche die bezüglichen Probleme abermals behandeln. Ich benütze das Ganze in einer französischen Ausgabe, welche nach der sechsten englischen v. J. 1732 zu London

i. J. 1740 erschien und auf welche sich die angeführten Band- und Seitenzahlen beziehen.

³) Diesen Gedanken führen die Recherches sur la société in einer
sehr merkwürdigen Gegenüberstellung der häuslichen Tugenden und der
verschwenderischen Ueppigkeit aus: l. c. T. II, p. 197 fg.; vergl. p. 172.

Darauf beruht denn auch seine Theorie über den Ursprung der
Gesellschaft, welche sich in den Hauptgedanken nahe mit dem berührt, was
vor ihm Hobbes und nach ihm Hume über diesen Gegenstand vorgetragen haben. Der sociale Affect ist dem Menschen nicht angeboren,
sondern das Resultat zweier zusammenwirkenden Umstände: der Mannigfaltigkeit seiner Begierden, und der beständigen Hindernisse, auf welche
die Befriedigung derselben stösst. (Rech. s. l. soc. II, p. 171 fg.) „Aucune société ne saurait jamais tirer son origine des aimables vertus et
des bonnes qualités de l'homme; mais au contraire, toutes les sociétés
ont eu pour base les besoins, les imperfections, et la diversité de la
nature humaine. Nous trouvons par conséquent, que plus la vanité et
l'orgueil des hommes sont développés, et que plus leurs désirs sont mul-
tipliés et augmentés, plus aussi ils sont capables d'être élevés et reunis
dans de grandes et nombreuses sociétés (l. c. p. 177). Noch bestimmter
drückt sich der Schluss der Abhandlung aus. „C'est ce que nous ap-
pellons mal dans le monde, soit moral, soit physique, qui est le grand
principe pour nous rendre des créatures sociables." Dagegen versucht
die Défense (T. II, p. 251) gerade diese Stelle wieder abzuschwächen,
wenn sie den obigen Ausdruck „das physische und moralische Böse"
einfach durch „Bedürfniss" interpretirt.

⁴) Aehnlich betont auch Lange, Geschichte des Materialism. I, S. 421,
Anmerkung 75, dass die Theorie der extremen Manchesterschule historisch und principiell aus der gleichen Quelle fliesse.

⁵) Dies wurde schon von Adam Smith bemerkt und gegen Mandeville geltend gemacht. (Theory of moral sentiments, P. VII, sect. II,
chap. 4.)

⁶) S. l'orig. de la vertu morale: T. II p. 21. Ein Gegenbeweis
gegen diese Auffassung wäre nur dann zu erbringen, wenn es möglich
wäre, die Motive einer handelnden Person mit völliger Klarheit zu erkennen. Da dies nicht sein kann, so bleibt der Schluss aus der allgemeinen Beschaffenheit der menschlichen Natur auf das Fehlen ganz
uninteressirten Handelns in Kraft.

Mandeville stellt damit das Argument Shaftesbury's geradezu auf
den Kopf. Dieser hatte die Realität des Sittlichen dadurch zu erweisen
gesucht, dass er die Neigungen aufzeigte, welche die natürliche Grundlage desselben in unserer Organisation bilden. Mandeville erklärt: (Recherches s. la société, T. II, p. 151—2) gerade weil diese Neigungen uns
natürlich sind, können sie nicht das Sittliche begründen. Man sehe auch
seine Definition der Tugend: „Toutes les actions, qui étant contraires
aux mouvements de la nature, tendraient de procurer des avan-
tages aux prochains et à vaincre toutes nos passions, si l'on en excepte

l'ambition raisonnable d'être bon." Denn wenn wir den sogenannten socialen Neigungen nachgeben, so denken wir dabei gar nicht an die Vortheile, welche der Gesellschaft daraus erwachsen können, sondern nur an die Befriedigung unseres Triebs, welche nie verdienstlich sein kann. Von den Zeitgenossen haben namentlich Butler und Hutcheson diese Argumentation bekämpft; jener in seinen gleich näher zu besprechenden Erörterungen über die Selbstliebe; dieser im fünften Abschnitt seiner Abhandlung über den moralischen Sinn. Der dort versuchte Nachweis, dass die Sittlichkeit alles das in sich enthalte, was man unter Verdienst begreift, und dass sie belohnungswerth sei, vorausgesetzt, dass sie durch ein Gefühl empfunden, und aus Trieb oder Neigung erwählt wird, richtet sich grossentheils direct gegen Mandeville. Höchst charakteristisch ist es, zu sehen, wie Mandeville in seiner Anforderung an dasjenige, was als sittlich zu gelten habe, ganz und gar auf dem Standpunkte der strengsten Vernunftmoral zu stehen scheint, welche nur die aus dem vollen Bewusstsein der Pflichtmässigkeit heraus erfolgenden Handlungen als sittlich werthvoll anerkennt. S. namentlich seine Bemerkung in der „Défense de la fable des abeilles T. II, 254, wo er die Moral seines Buches streng und erhaben nennt und mit Recht sagt: „que l'amour propre y est suivi pas a pas jusque dans ses plus ténébreuses retraites. J'ose dire, qu'il n'y a aucun système de morale, qui soit aussi exact que le mien sur cet important article." Allein für ihn ist dies nur eine Fechterstellung, um das Sittliche ganz und gar aus der Welt zu werfen. Denn wenn Handlungen, die mit unsern Trieben übereinstimmen, nicht sittlich sind, weil sie uns Vergnügen bereiten, und folglich aus Eigenliebe geschehen; so sind Handlungen gegen unsere Triebe unmöglich, und alle vorgebliche Selbstverleugnung blosser Aufputz und Flitter.

⁷) Die Hauptstelle gegen Shaftesbury steht am Eingang der Recherches s. la nature de la société. Mandeville selbst nennt sich gelegentlich einen Pessimisten, wenn er (Préface, T. I, p. XI) anführt, man sage von Montaigne, dass er die Schwächen der Menschheit vortrefflich gekannt, aber von ihrer Grösse nichts gewusst habe, und meint, er selbst könne zufrieden sein, wenn man ihm nicht schlimmer mitspiele.

⁸) Es ist höchst charakteristisch, dass Mandeville gerade Shaftesbury vorwirft (Dialogue VI, am Ende; T. IV, p. 269): „qu'il favorise le Deisme; qu'en faisant semblant de censurer les fourberies des prêtres et la superstition, il attaque la bible même, et qu'enfin, en tournant en ridicule plusieurs passages des écrits sacrés, il montre, qu'il veut saper les fondements de toute réligion révélée, dans le dessein d'établir la vertu paienne sur les ruines du christianisme." Er selbst aber verfehlt namentlich am Schlusse der „Rech. s. la vertu morale" nicht, der christlichen Religion seine ironische Reverenz zu machen, indem er in Erwartung der etwa von dieser Seite kommenden Vorwürfe erklärt: „Rien en effet ne peut faire briller à nos yeux avec plus d'eclat la profondeur impénétrable de la sagesse divine, que la considération de cet

homme destiné par la providence à vivre en société. Cette créature peut non seulement être mise dans le chemin du bonheur temporel par le moyen de ses faiblesses et ses imperfections; mais encore peut-elle recevoir, de la considération du défaut apparent des causes secondes, une teinture de cette connaissance', que la vraie réligion doit perfectionner dans la suite pour son bonheur eternel."

⁹) S. Introduction T. I, p. 28; vergl. Rech. s. l'orig. de la vertu morale T. II, p. 11.

¹⁰) Man sehe hauptsächlich die Rech. s. l'orig. de la vert. mor.

¹¹) Leslie Stephen; II, p. 33 „Pot-house edition" sagt er, mit bezeichnender Anspielung auf Mandeville's Herumsitzen in den eben damals Mode gewordenen Caffehäusern.

¹²) Die eingehendste Darstellung Butler's, welche mir bekannt ist, hat Leslie Stephen gegeben; (Hist. of Engl. Thought). Im ersten Bande (Chap. V) behandelt er ihn im Zusammenhange der deistischen Bewegung und analysirt ausführlich sein religionsphilosophisches Hauptwerk „Analogy of Nature"; im zweiten Bande (Chap. IX, sect. 47—55) erörtert er seine moralphilosophische Theorie, hauptsächlich niedergelegt in einer Reihe von Predigten, welchen Reichtum des Gedankens und Eleganz der Sprache einen hohen Rang anweisen. Ausserdem vergleiche man über ihn Mackintosh (On the progress of ethical philosophy) und Whewell. In Deutschland hat neuerdings namentlich Gizycki auf Butler hingewiesen (Hume's Ethik, S. 20 u. fg.) — Es fehlt Butler nicht an feinen und tiefgedachten Bemerkungen; aber es scheint mir doch eine Ueberschätzung zu sein, wenn Stephen (l. c. II, p. 46) ihn den scharfsinnigsten Ethiker des Jahrhunderts mit Ausnahme von Hume nennt. Dagegen spricht vor Allem der ganz unsystematische und schwankende Charakter seiner Behandlungsweise, welche es verbietet, ihn zu den Denkern ersten Ranges zu zählen.

Ich citire nach der Ausgabe der „Works" z. Edinburgh 1813 in zwei Bänden.

¹³) Dies betont namentlich auch Tagart (Locke, p. 470) sehr nachdrücklich, welcher Butler mit Paley, Law und Hartley zusammenstellt: „that is with those, who may be called the religious utilitarians."

¹⁴) „The not taking into consideration this authority, which is implied in the idea of reflex approbation or disapprobation, seems a material deficiency in Lord Shaftesbury's Inqu. conc. Virtue." (T. II, Preface, p. 15—16). Ueberdies wirft er ihm vor, dass er diesen Reflexionsaffect der Billigung in viel zu enge Verbindung mit dem Glück oder Wohlergehen gesetzt habe, so dass derjenige, welcher an dieser doch keineswegs ausnahmslosen Verbindung zweifle, alsdann ohne jede Determination zum Sittlichen sei.

¹⁵) Serm. II, p. 60; womit zu vergl. die im Wesentlichen identischen, aber kürzer gefassten Bemerkungen der Preface p. 14—15.

¹⁶) Serm. III, S. 63—64, 71—72. Es ist charakteristisch, dass als Text der II. u. III. Rede, welcher diese Erörterungen vorzugsweise ange-

hören, jene paulinische Stelle des Römerbriefs erscheint, welche Jahrhunderte hindurch als eine der Hauptstützen des Begriffes der lex naturalis gedient hatte. (Tom. H, 14.)

[17]) l. c. p. 65—66. Man vergleiche über Butler's Auffassung dieses Verhältnisses noch sein zweites Hauptwerk, die „Analogy of Nature", P. II, ch. 1, aus welchem hier nur eine charakteristische Stelle hervorgehoben werden soll: „The whole moral law is as much matter of revealed command, as positive institutions are; for the Scripture enjoins every moral virtue. In this respect then, they are both upon a level. But the moral law is moreover written upon our hearts, interwoven into our very nature. And this is a plain intimation of the author of it, which is to be preferred, when they interfere." l. c. p. 196. Aehnlich auch der Schluss von Sermon XI: „Upon the love of our neighbour", p. 202.

[18]) Sermons, III, p. 67 und Serm. VI, p. 113—114. Wenn hier die Autorität des moralischen Vermögens eine Stütze dadurch zu erhalten scheint, dass seine Stimme Ausdruck des göttlichen Willens ist, so muss anderseits in der „Analogy" das Vorhandensein dieses Vermögens einen Beweis für die Existenz Gottes liefern: „The God, whom Butler worships is, in fact, the human conscience deified. The evidence of his existence and interest in the world rests on that great, standing miracle — the oracle implanted in every man's breast. For what can be more miraculous, than an infallible faculty, not derived from others, or developed by the pressures of society and the external world, but absolute, authoritative and inexplicable? Leslie Stephen, T. I, p. 293—294.

[19]) So namentlich Tagart (Locke) p. 472 und auch Leslie Stephen vol. II, p. 50. — Er selbst hat es offen ausgesprochen (Anf. v. Serm. XI: „Upon the love of our neighbour"), dass er für seine Untersuchungen auf günstige Aufnahme rechne „because there shall be all possible concessions made to the favourite passion (self-love), which hath so much allowed to it, and whose cause is so universally pleaded: it shall be treated with the utmost tenderness and concern for its interests."

[20]) Sermon III, am Schlusse.

[21]) Serm. XI, p. 201.

[22]) Die Hauptstellen, an welchen Butler dieses wichtige Problem behandelt, stehen in der Preface der Sermons, p. 21—25; Serm. I, p. 36, Anmerk.; XI, p. 185 ff.; dann Analogy of Nature, p. 133, Anmerk.

[23]) Man sehe darüber die Bemerkungen L. Stephen's, T. II, p. 52—53.

[24]) Dies tritt namentlich in Serm. II: „Upon Human Nature" hervor. Dort stehen neben einander Sätze wie die folgenden: „Nature is frequently spoken of as consisting in those passions, which are strongest and most influence the actions; which being vicious ones, mankind is in this sense naturally vicious" (l. c. p. 54); und: „It is by this faculty (conscience) natural to man, that he is a moral agent, a law to himself."

[25]) Pref. p. 23: „The goodness or badness of actions does notarise . . . . from their being attended with present or future pleasure

or pain, but from their being what they are; namely, what becomes such creatures as we are, what the state of the case requires, or the contrary. Or in other words, we may judge and determine, that an action is morally good or evil, before we so much as consider, whether it be interested or disinterested.

[26]) S. über ihn Mackintosh, Dissert.; Gizycki, Hume, S. 222 ff.; Leslie Stephen, II, 63 ff. und besonders sympathisch Tagart, Locke etc. pass., namentlich S. 449 ff. — Der Titel des Hauptwerkes lautet: „Observations on man, his frame, his duty and his expectations". Lond. 1749. Deutsch mit Anmerkungen von Pistorius, 1772. Auf das eigentümliche Schicksal, welches dem Buche bei den Uebersetzern widerfuhr, hat Fr. A. Lange aufmerksam gemacht. (Gesch. d. Mat. I, 4. Absch., S. 296). Für die principielle Grundlegung s. Pistorius, II. Bd., Einleit., S. 157 fg.; Lehrsatz 65—67. Vergl. seine eigenen Erörterungen zum 15. Lehrsatz des I. Bandes, S. 230, welche scharfsinnige Bemerkungen zur Stütze von Hartley's Ansicht enthalten. Aehnlich Tagart l. c. S. 419—420.

[27]) S. die entsprechende Reihenfolge der Erörterungen Hartley's bei Pistor., II. Bd., 3. Hptstk.

[28]) II, S. 153 ff.; ibid. Lehrsatz 46—48.

Für das Allgemeine s. m. den Auszug aus Hartley's Lehre von der Association, welchen Pistorius, allerdings etwas confus und abgerissen, seinen beiden Bänden als Einleitung voranstellt. Specielle Belege für das hier Angeführte das. Bd. I, S. 43 u. 44, 112 u. 113. Die Anwendung dieses bereits von Hume in der Sphäre des Intellects geltend gemachten Factors aufs Praktische ist ein unbestreitbares Verdienst Hartley's. Er selbst schreibt die Weckung dieses Gedankens einer Bemerkung Gay's zu, die für Hartley's Ausgangspunkt zu bezeichnend ist, um hier nicht mitgetheilt zu werden. „Our approbation of morality and all affections whatsoever are finally resolvable into reason, pointing out private happiness, and are conversant only about things apprehended to be means to this end; and whenever this end is not perceived, they are to be accounted for from the association of ideas, and may properly enough be called habits." Gay, Dissert. prefixed to Law's translation of King: „On the Origin of Evil."

[29]) Pistor., I. Bd., 2. Hptstk.

[30]) I. Bd., 1. Hptstk.

[31]) I. Bd., 12. Lehrsatz.

[32]) Hartley's Erörterungen über diesen wichtigen Punkt stehen theils im I. Bde., 4. Lehrsatz; theils im II. Bd., Lehrs. 77—80, 86—95.

[33]) A. a. O. I. Bd., 4 Lehrsatz.

[34]) II. Bd., Lehrs. 71 u. 72; vergl. 66 u. 67.

[35]) Whewell; l. c. Sect. VI, p. 81 ff., womit zu vergleichen die ausführliche Schilderung seines Charakters, seiner Schriftstellerei und seiner Doctrin bei Leslie Stephen vol. I, chap. VII. — Das Hauptwerk Warburton's ist die „Divine legation of Moses", deren erste, für unseren Gegenstand hauptsächlich in Betracht kommende Bücher 1738 erschienen.

[36]) Div. Leg. B. I, Sect. IV, p. 37 der 3. Ausgabe von 1742.

[37]) S. z. B. Price, der einzige Vertreter des Intellectualismus in England um diese Zeit, in seinem Buche „A review of the principal questions and difficulties in morals", Ch. VI, p. 175 u. 178: „A reward supposes something done to deserve it, or a conformity to obligations previously subsisting to it; and punishment is always inflicted on account of some breach of obligation." Vergl. l. c. p. 192 u. Ch. I, sect. 1, p. 14; sect. 3, p. 77—78.

[38]) Vergl. mit Whewell a. a. ·O. Leslie Stephen II, p. 105, §. 114: „A school of writers which may probably be regarded as the dominant school of the century."

[39]) Whewell, l. c. p. 129—130.

[40]) Ueber die Details: Whewell, Lect. IX u. X; Leslie Stephen, T. II, ch. IX, sect. 114 u. ff.

[41]) Insbesondere Tucker mit seinem umfassenden Werke: „The light of nature pursued". Dass Paley ihm viel verdankt, hat dieser selbst in warmen Worten ausgesprochen (Moralphilos. ed. by Whately, Lond. 1859, Preface, S. 69). Zur Charakteristik des Buches: Mackintosh, Dissert. S. 386 ff. und insbesondere die mit feinem Humor gewürzte Darstellung bei Leslie Stephen, l. c. sect. 119—130.

[42]) Dies constatiren übereinstimmend Whewell und Leslie Stephen; Richard Price, die einzige erwähnenswerthe Ausnahme, ist mit seiner Lehre völlig vereinzelt.

[43]) Paley, Moral Philos. B. I, ch. 8.

[44]) l. c. B. II, ch. 1 u. 2. Man sieht aus dieser Definition, wie nachhaltig in England der Einfluss von Hobbes gewesen ist, dessen Anschauung Paley genau reproducirt, sobald man nur die theologische Verbrämung wegnimmt. Nicht minder stark wird man auch an Locke erinnert.

[45]) l. c. ch. 3.

[46]) Whately, Annotations zu Paley, l. c. S. 65.

[47]) Paley, Moral Philos., B. II, ch. II, p. 57.

[48]) Whewell (Preface to a dissertation prefired to the Encyclopaedia Britannica) bei Whately, Annotations, p. 60; cf. Annot. zu B. I, ch. V, p. 25.

[49]) Paley, Moral Philos., B. II, ch. IH, p. 60; und ch. IV, p. 70.

[50]) Diesen Beweis hat Paley später selbst zu erbringen gesucht in seinen „Evidences of Christianity" (1794).

[51]) Paley's „Natural Theology" war die letzte Arbeit, welche er veröffentlichte; sie erschien erst 1802. So besteht, wie Paley selbst geltend macht, ein systematischer Zusammenhang zwischen seinen Werken: „He has given the evidences of naturalreligion, the evidences of revealed religion and an account of the duties, that result from both." Eine ausführliche kritische Analyse der „Natural Theology" s. bei Leslie Stephen, I, ch. VIII; Lect. 38 u. fg.

[52]) l. c. B. II, ch. V.

⁵³) Dass eine Theodicee im Sinne eines wirklichen Beweises für die absolute Güte der Welt (denn die Annahme der besten möglichen Welt gibt die Sache im Grunde schon verloren) nicht geliefert werden könne, haben wohl gerade die neuesten Verhandlungen über Optimismus und Pessimismus hinreichend gezeigt. Es wird auch wohl gegenwärtig selbst unter den Optimisten wenige Denker geben, die noch geneigt wären, in ein bedingungsloses Lob der Güte der Welt einzustimmen und sich nicht schliesslich mit dem Pessimismus in dem Zugeständniss vereinigen, welches Resignation und Energie gleichmässig zu Worte kommen lässt, „that we must take the world as it is, and make the best of it". Ganz interessant ist es, um von unzähligen Stimmen über diesen Gegenstand nur zwei zu Worte kommen zu lassen, über die Möglichkeit einer natürlichen Theologie zwei, von so ganz verschiedenen Voraussetzungen ausgehende Denker, wie Bischof Whately und J. St. Mill, zusammentreffen zu sehen. S. Paley's Moralphilos. ed. by Whately (Annot. z. B. II, ch. V. p. 77) und Mill, Three Essays on Religion. — Paley's eigene Argumentation beruht übrigens auch hier auf demselben Cirkelbeweis, welchen schon vor Paley der Intellectualist Price an Paley's Vorgängern, der Locke'schen Schule in der Ethik, gerügt hatte. Man sehe die folgende Darstellung des Moralwerkes von Price.

⁵⁴) Hauptsächlich B. I, ch. V.

⁵⁵) Der vollständige Titel seines Werkes lautet: „A review of the principal questions and difficulties in morals; particularly those relating to the original of our ideas of virtue, its nature, foundation, reference to the deity, obligation, subject-matter and sanctions." Ich benütze die 2. Ausgabe, London 1769.

⁵⁶) Man sehe besonders: Chap. I, sect. 1 u. 3; ch. II, S. 98—99; ch. VI, pass. und ch. IX, S. 358 ff.

⁵⁷) Ch. I, sect. 3, S. 68, 73, 78, ch. VI, S. 172 u. 182; vergl. damit die in der Anmerkung zu p. 194 angeführten Stellen aus Adam's „On the nature and obligation of virtue".

⁵⁸) Dies betont auch Compayré (Hume p. 410): „Il semble, que, sans faire un bien grand effort pour dominer son système Hume aurait pu considérer les vertus morales comme le résultat des rélations naturelles et nécessaires des choses." Er verweist zur Bestätigung dieser Ansicht auf eine Stelle des Positivisten Littré, in welcher von einem dem Hume'schen nahe verwandten Standpunkt aus der Uebergang von der ästhetischen Gefühls- und Geschmacksmoral zu jener „moralischen Geometrie" gemacht wird, welche das Sittliche als „realisirte Wahrheit" bezeichnet. Es ist ferner ganz richtig, wenn Compayré bemerkt, Hume habe freilich diesen Uebergang nie gemacht: aber wie nahe doch schliesslich beide Auffassungen sich berühren, zeigt sich, wenn Compayré ungefähr am gleichen Orte (p. 410) die Hume'sche Theorie dahin zusammenfasst: „Accorder à la sensibilité des tendances innées, immuables, qui, se retrouvant chez tous les hommes, donnent uniformément naissance aux mêmes appréciations morales", und ihm daraus den Vorwurf eines

Widerspruchs gegen sein System macht. Das mag wohl sein; die minder skeptische Haltung der Hume'schen Moral gegenüber der Erkenntnisstheorie hat auch Pfleiderer betont: aber für uns ist dies ein werthvoller Beweis, dass auch die scheinbar subjectivste Ethik durch den Thatbestand der sittlichen Erfahrung genöthigt wird, in irgend einer Form dem objectiven Charakter des Ethischen gerecht zu werden; wie anderseits auch die objectivste Ethik das subjective Moment nicht entbehren kann.

⁵⁹) Siehe die oben schon zum Theil benutzten Stellen Ch. I, Sect. 3, p. 64 u. 70.

⁶⁰) S. Ch. I, sect. 3, S. 57 ff., Ch. II, S. 92 ff., und Ch. III, S. 123 bis 126.

⁶¹) Ch. III, S. 125, wo der Einfluss Butler's auf Price am deutlichsten hervortritt. Vergl. Butler's Sermons: V, Upon compassion, p. 99 ff.

⁶²) Man sehe darüber hauptsächlich Ch. VIII.

⁶³) Man nehme z. B. Sätze wie die folgenden: „It seems indeed as evident, as we can wish any thing to be, that an action, which is under no influence or direction from a moral judgment, cannot be in the practical sense moral; that when virtue is not pursued, or intended, there is no virtue in the agent. Morally good intention, without any idea of moral good, is a contradiction. To act virtuously is to obey or follow reason: but can this be done without knowing and designing it?" — Ueber die entsprechende Auffassung Kant's und Schopenhauer's Kritik derselben vergl. Gizycki (Hume, p. 98).

⁶⁴) Er behandelt die Frage hauptsächlich Chap. V; andeutungsweise auch an andern Stellen z. B. Ch. I, sect. 3, S. 74 u. 78; dann Ch. VI, S. 183.

⁶⁵) Ch. X, S. 408 u. 409.

⁶⁶) Die Angabe des Textes ist insofern ungenau, als Price am Schlusse des X. Cap. (p. 440, Anmerk.) allerdings einen Gesichtspunkt geltend macht, unter welchem die Vervollständigung unserer VernunftEinsicht durch Offenbarung wünschenswerth sei — zur Erlangung besserer Kenntniss nemlich über das Maass des Lohns und der Strafe und namentlich, inwiefern die Reue Einfluss auf die Bestimmung desselben zu üben vermöge. Einen ähnlichen Gedanken hatte zum Zwecke der gleichen Begründung auch Clarke ausgesprochen, wenn er (Evidence of natural and revealed religion; bei Watson, Tracts p. 196) als eine der von blosser Vernunft nicht zu entdeckenden sittlichen Heilswahrheiten das Verhältniss der göttlichen Gnade zum Sünder bezeichnet.

Anmerkungen zum VII. Capitel.

¹) Zur Litteratur über ihn und die schottische Schule im Allgemeinen s. man die bereits mehrfach genannten Werke von Vorländer, J. H. Fichte, Whewell, Leslie Stephen, T. II; V. Cousin, Hist. de la philos. morale au 18. siècle, T. II; ferner Gizycki, Die Ethik Hume's. Eine Monographie über Hutcheson ist mir nicht bekannt. Nicht ohne Interesse ist es, die Darstellung seiner ästhetischen Theorie zu vergleichen, welche R. Zimmermann in seiner „Geschichte der Aesthetik" ausführlich gegeben hat.

²) System of moral philosophy, B. I, ch. 1, §. VI.

³) Origin of our ideas of beauty and virtue, II., sect. 5, §. 2.

⁴) Syst. I, ch. 2, §. V; ch. 3, §§. III u. IV; ch. 4, §. XII; vergl. Origin etc., namentlich sect. 1 u. 2 und versch. Partien in den spätern Abtheilungen. Ich benütze die französ. Ausgabe dieser Schrift: Amsterdam 1749.

⁵) Syst. ch. 3, §. VI; ch. 4, §. VI u. XII.

⁶) l. c. ch. 4, §. I—IH; Orig. II, sect. 3, §. 13.

⁷) Syst. ch. 4, §. VI. Orig. II, sect. 1, §. 5. Vergl. die ausführliche Erläuterung im „Essai on the nature and direction of the passions", und „Illustrations to the moral sense". Was Hume später als „natürliche Tugend" bezeichnet hat, scheidet Hutcheson aus der moralischen Beurtheilung aus; vergl. Orig. sect. 4, §. 1, Anmerk.

⁸) Syst. B. I, ch. 2, §. V; Orig. sect. 4, §. 8.

⁹) Syst. ch. 4, §. IV. Orig. II, sect. 1, §. 7. Dort betont H. anknüpfend an Shaftesbury ausdrücklich, dass dieser moralische Sinn keine angebornen Ideen, Kenntnisse oder praktische Sätze voraussetze. Er definirt ihn als „Détermination de l'esprit à recevoir des idées simples de louage et de blâme à l'occasion des actions, dont il est témoin, antérieurs à toute idée d'utilité ou de dommage, qui peut nous en revenir". Auch das Aesthetische wird hier zum Vergleich herangezogen und der sittliche Eindruck in Parallele gesetzt mit dem durch die Regelmässigkeit eines Objects oder die Harmonie eines Concerts erzeugten, zu welchen

es auch keiner Kenntniss der **Mathematik** bedürfe oder irgend einer Nutzbarkeit ausser dem Vergnügen, welches uns diese Dinge bereiten.

[10]) System etc., B. I, ch. 4, §. IV, p. 58. Vergl. die ausführliche Auseinandersetzung mit den älteren rationalistischen Systemen: Origin etc. H, sect. 1, §. 7 und sect. 3, §. 15, p. 182, wo fast mit denselben Worten die Anschauung über die praktische Impotenz der Vernunft ausgedrückt wird, wie sie später Hume gebrauchte: „On dira, que la vertu ne doit avoir d'autre principe que la raison; comme si la raison, ou la connaissance d'une proposition vraie, pouvait jamais nous mettre en action, lorsqu'il ne s'offre ni fin ni but, auquel nous nous voyons portés par désir ou par inclination." Aehnl.: Ilustr. on the mor. sense; Sect. I, S. 247 u. 254. Auch an das aristotelische Zusammenwirken des „λόγος ἀληθής" und der „ὄρεξις ὀρθή" wird von H. erinnert. (Magn. Mor. I, 18 u. 35; II, 7 u. 8.)

[11]) Syst. B. I, ch. 4, §. V; vergl. ch. 5, §. XIII. Es ist also, wie H. an einer andern Stelle (B. II, ch. 3, §. H) ausführt, das Verhältniss einer Handlung zum allgemeinen Wohl zwar das Correctiv des sittlichen Gefühls, aber keineswegs die einzige Quelle, aus der unsere sittliche Beurtheilung fliesst. Ganz ähnlich später Adam Smith.

[12]) Orig. sect. 4, §. 3. Vergl. Illustr. sect. 4. „Von der Fortdauer derselben Einrichtung unseres Gefühls sind wir ebenso gewiss, als von der Fortdauer des Gesetzes der Schwere oder irgend eines andern Naturgesetzes."

[13]) Syst. B. I, ch. 9 u. 10.

[14]) Syst. Preface S. 38 ff. Vergl. damit als interessantes Gegenstück die Bemerkung Hume's über eine von Leechmann gehaltene Predigt in meinem „Leb. und Philos. D. Hume's", S. 192.

[15]) Syst. l. c. ch. 10, §. V.

[16]) Gesammtausgabe der „Philosophical works" von Edinburg 1827; auf sie beziehen sich die in Klammern gesetzten Zahlen. — Hume's Philosophie ist in den letzten Jahren mehrfach zum Gegenstand eindringenden Studiums gemacht worden. Auf meine im J. 1872 erschienene Bearbeitung derselben ist 1874 das geistvolle Buch von E. Pfleiderer gefolgt: „Empirismus und Skepsis in D. Hume's Philosophie als abschliessender Zersetzung der englischen Erkenntnisslehre „Moral und Religionswissenschaft". Es hat die Ausführung dessen in grossem Maassstabe unternommen, was Verfasser in dieser Erstlingsschrift als Ziel einer vollständigen Würdigung Hume's auf dem historischen Standpunkte bezeichnete. Das französische Seitenstück zu diesen Gesammtdarstellungen Hume's bildet die tüchtige Arbeit von Compayré: „La philosophie de D. Hume", 1872. Sieht man ab von den hauptsächlich die Erkenntnisstheorie behandelnden Studien von G. Spicker und Meinong, so hat neuerdings namentlich die Ethik Hume's durch G. v. Gizycki eine ebenso sorgfältige als geschmackvolle Darstellung ihres Gehalts und ihrer geschichtlichen Stellung überdies eine beredte Vertheidigung ihrer allgemeinen Tendenz gefunden — eine Arbeit, der auch die vorliegende

zu manchem Danke verpflichtet ist. Auch Leslie Stephen (History of English Thought) beschäftigt sich eingehend mit Hume (T. I, Ch. I, §. 3; Ch. VI, Ch. VIII; T. II, Ch. IX, Sect. VI); dort Hume's Religionsphilosophie, hier seine Ethik behandelnd.

[17]) Inquiry conc. the principles of morals, sect. I.

[18]) Treat. up. hum. nat., B. III, P. II, sect. 1 (H, 244).

[19]) Dieser specifische Charakter der sittlichen Lust- und Unlustgefühle wird in dem früheren Treatise upon hum. nature (B. III, Part. III, sect. 2) weit bestimmter hervorgehoben, als in der späteren Inquiry. Gizycki (Die Ethik D. Hume's, p. 150) hat die verschiedenen Aeusserungen Hume's über diesen Punkt zusammengestellt: lehrreiche Belege zu den feinen Bemerkungen, mit welchen Pfleiderer (Empirismus und Skepsis in der Philos. D. Hume's, p. 332—334), das sichtliche Schwanken Hume's in diesem Punkte commentirt.

[20]) Inquiry etc., sect. I. (IV, 242).

[21]) Inquiry etc. sect. II, part. 1 u. 2 und die entsprechende Eintheilung im III. Buche des Treatise upon hum. nature.

[22]) Inquiry etc. sect. VI. und Appendix IV: „Of some verbal disputes." — Vgl. damit Gizycki (Hume p. 102 u. 122), welcher mit Recht betont, dass Hume mit diesem Einwande gegen das zu seiner Zeit im höchsten Ansehen stehende System Hutcheson's, welches bloss die socialen Tugenden berücksichtigte, im vollen Rechte gewesen sei, doch weit über die Linie des Wahren hinausgeschossen habe, indem ja daraus, dass nicht bloss die socialen Trefflichkeiten „moralische Attribute" seien, noch lange nicht folge, dass alle Trefflichkeiten moralisch oder Tugenden zu nennen seien.

[23]) Shaftesbury hatte diesen Gedanken nicht gerade in seiner Inquiry conc. Virtue ausgesprochen, wo das Sittliche durchaus nur als das richtige Verhältniss zwischen socialen und selbstischen und die Abwesenheit der unnatürlichen Neigungen erscheint, wohl aber sonst durch seine Aesthetisirung des Sittlichen, durch seine moralische Kunstlehre, durch die enge Verbindung des Gebietes der Sitten mit dem der Sittlichkeit, durch seine Betonung des Geschmackes als des eigentlichen und allseitigen Regulators, der selbst nur eine natürliche Eigenschaft ist, der Hume'schen Auffassung wenigstens vorgearbeitet.

[24]) Inquiry conc. the princ. of mor. App. IV (IV, 403—407). — Vgl. Pfleiderer l. c. p. 393 u. 395 und die sehr treffende Kritik Gizycki's l. c. p. 123 ff. — Hume erklärt indess selbst einmal (Treatise up. hum. nature, III, 3), dass es die socialen Tugenden seien, die allen übrigen Eigenschaften des Menschen die rechte Richtung geben.

[25]) Inquiry, Sect. IX. Conclusion (IV, 362—363).

[26]) Die Auffassungen der verschiedenen Bearbeiter stehen sich hier je nach dem Standpunkte ziemlich schroff gegenüber. Pfleiderer (l. c. p. 308 ff.) findet bei Hume eine durch und durch nur descriptive, nicht imperative Ethik — überall Natur und nicht Sittengesetz, oder wenigstens beide im Wesen identisch, nur etwa im Gebiet leicht verschieden. Im

Gegensatze hiezu möchte Gizycki die Behauptung wagen, dass gerade vorzugsweise die englische Ethik durch ihre Moralpsychologie in den Stand gesetzt ist, jene Frage nach der Verpflichtung allseitig befriedigend zu beantworten. Allein ihm ist die Hume'sche Anschauung ungenügend, wie er namentlich S. 95 deutlich zu verstehen gibt. Vergl. Anmerk. 34.

[27]) Eine scharf verurtheilende Kritik dieser Auffassung Hume's bei Mackintosh, Dissert. S. 373.

[28]) Die Stellen bei Hume sind die folgenden: Treatise, B. III, P. I, Sect. 2; Dissertation on the passions, sect. V; Inquiry, sect. I. p. 238 ff.; Appendix I; Concerning moral sentiment.

[29]) Natürlich gehen je nach dem Standpunkte die Meinungen über den Werth der Leistung Hume's sehr auseinander. Während Pfleiderer (S. 331) in Hume's Erörterung nur eine Vorbereitung auf Kant's so glücklichen, weil wahren, Schwebebegriff der praktischen Vernunft erblickt, meint Gizycki (S. 143), sie hätte Kant's Intellectualismus überhaupt unmöglich machen sollen. Auch Leslie Stephen erklärt neben lebhafter Zustimmung zu Hume's Ansicht (II, S. 88, Sect. 93), die Frage für das schwierigste aller psychologischen Probleme und die Berücksichtigung des Wechselverhältnisses zwischen Intellect und Gemüth für nothwendig. Es ist hier natürlich unmöglich, die Frage zum Austrag zu bringen; einige Andeutungen mögen genügen. Radical sind Hume's Einwendungen nur gegen Clarke's Theorie und gegen Kant in seiner abstract-rigoristischen Fassung, welche das Sittliche in scharfen Gegensatz zu allem Triebleben stellt und deren Formalismus auch Pfleiderer zugesteht. Dass das Sittliche nie wirklich werden könne, wenn man seine affectiven Grundlagen, Egoismus und Sympathie, namentlich für die niederen Stufen, für die sittliche Entwicklung und Bildung, hinwegnähme, ist von Hume sicher erwiesen. Allein er hat Eines vergessen: die Fähigkeit sittlicher Idealbildung, für welche in seinem nur mit Verbinden und Trennen von Vorstellungen beschäftigten Intellect (reason) kein Raum war. Damit fängt das Sittliche natürlich nicht an, sowenig als die menschliche Thätigkeit im Denken oder künstlerischen Schaffen damit beginnt; aber die Thatsachen des sittlichen Lebens werden nur unter der Voraussetzung begreiflich, dass sich auf der durch Erziehung und Erfahrung geschaffenen Grundlage Ideale praktischen Verhaltens aufbauen, in welchen das intellectuale und das praktische Element untrennbar verbunden sind, und welchen das Streben nach Verwirklichung unmittelbar innewohnt.

[30]) Pfleiderer, Hume, S. 324 ff.; Gizycki, S. 143.

[31]) Pfleiderer, S. 329.

[32]) Inquiry etc., App. I (IV, 376). — Vgl. Treatise, B. HI, P. IH, Sect. 1 (II, 368).

[33]) Treatise etc., B. III, P. IH, Sect. I.

[34]) Die Hauptstellen über die Sympathie stehen Treatise, B. H, P. I, Sect. 11 (H, 52 ff.); ibid. P. II, Sect. 5, p. 106 ff. — Dann Inquiry etc., Sect. V, P. II (IV, 292 ff.)

Auch die hier in Frage kommende extensivere Wirkung der Sympathie in Folge der Ausbildung allgemeiner Regeln wird dort schon angedeutet, z. B. l. c. p. 106. Vergl. p. 120. — Vergl. ferner die Bemerkungen Pfleiderer's p. 338 ff. — Gizycki (Hume, p. 42) meint, es sei nicht zu viel behauptet, wenn man Hume den wissenschaftlichen Entdecker des Prinzips der Sympathie nennt.

[35]) Namentlich Syst. of moral philos., B. I, ch. 3, §. V, S. 47; ch. 4, §. I, S. 53.

[36]) Es ist unmöglich, alle die contrastirenden Stellen des Treatise und der Inquiry hier ihrem Wortlaut nach zu geben. Ich beschränke mich daher auf eine genaue Bezeichnung derselben. Treat. B. III, P. II, Sect. 1 (II, 249—250); P. HI, Sect. 1, S. 366, womit zu vergl. die fast identischen Bemerkungen bei Hobbes, De Cive, Cap. I, S. 159. Dagegen bezeichnet die Stelle l. c. Sect. 2, S. 256—257 die Schilderungen mancher Philosophen von der Selbstsucht des Menschengeschlechts als übertrieben; und zu Gunsten des Wohlwollens besonders: Inquiry, Sect. V, P. II (IV, 293, 304, 306; dann Appendix H: On self-love, und den Essai „On dignity or meanness of human nature" (III, S. 90 ff.). Vergl. zu d. Frage übrigens Pfleiderer, S. 340 u. Gizycki, S. 56 ff.

[37]) Gizycki, S. 117. Vergl. die Stellen aus Smith, ebendas. S. 118 bis 119; dann S. 81 u. 85.

[38]) Pfleiderer, S. 350—351; Giz., S. 80.

[39]) Treatise, B. IH, P. H, Sect. 1 (H, 252). Vergl. Inquiry, Sect. HI, P. I (IV, 258 ff.)

[40]) Treatise, l. c. Sect. 2 (II, 270); dann P. III, Sect. 1 (S. 365—366).

[41]) Treat. l. c. S. 272; Inquiry, Sect. HI, P. I (IV, 263), wo das concentrische Wachstum des Gerechtigkeitsgefühls im Laufe der Entwicklung sehr gut geschildert wird. Auch hier stehen sich die Anschauungen der neueren Bearbeiter Hume's ziemlich schroff gegenüber. (Vergl. Pfleiderer, S. 341 u. Giz. S. 98 u. 220) — ein Beweis, dass man in Bezug auf die Rolle, welche der Erziehung und Entwicklung im Ethischen zuzuweisen sei, immer noch keine feste Formel besitzt.

Hume nähert sich immerhin dem Punkte, wo die moderne Erklärung des Sittlichen einzusetzen haben wird. Er sieht mit völliger Klarheit ein, dass dasselbe nicht rein aus unveränderlichen Verhältnissen abzuleiten ist, sondern nothwendig starke empirische Beimischungen und ein Element der Veränderlichkeit besitzt. Freilich blieb seine Anschauung, wie seine Erklärung dieser Veränderlichkeit unvollkommen; denn da er den Gedanken der Entwicklung der menschlichen Natur nicht besass, sondern noch von der Annahme der Unveränderlichkeit derselben ausging, fasste er die ethischen Verschiedenheiten, welche die Erfahrung aufweist, lediglich als durch äussere Umstände bedingt, und vermochte in denselben nicht einen langsamen, gesetzmässigen Entwicklungsprocess zu erkennen. Aber wir finden bei ihm wenigstens einen allgemeinen Begriff davon, auf welche Weise es möglich war, dass eine weder demonstrativ erkennbare noch geoffenbarte Ethik aller Moralphilosophie vorausgehen konnte, nicht auf Grund einer klaren wissenschaftlichen Einsicht in die Bedingungen menschlicher Existenz, sondern vermöge des Zusammenhangs gemeinsamer, instinctiv empfundener Interessen mit dem Conflict entgegenstehender Affecte. Cf. L. Stephen, Sect. 91 u. 94.

[42]) Ueber gewisse Inconsequenzen in Hume's Anschauungen hierüber s. mein „Leben u. Philos. Hume's", S. 173 u. 175, dann 191.

[43]) Dialogues concerning natural religion (II, 547).

[44]) Die Belege überreich, sowohl in P. XII der Dialogues, als in dem letzten Abschnitt d. Natural history of religion.

[45]) Dialog. P. XII, S. 540.

[46]) Hume's „Inquiry concerning the principles of morals" erschien im J. 1751; die Theory of moral sentiments 1759. Ueber Smith vergleiche man die mehrfach bereits angeführten allgemeinen Werke zur Geschichte der Ethik; dann die Abschnitte bei Gizycki (Die Ethik Hume's) und Leslie Stephen (T. II, Ch. IX), endlich die beiden Monographien von Oncken: „Adam Smith und Imanuel Kant. Der Einklang und die Wechselwirkung ihrer Lehren über Sitte, Staat und Wirthschaft, 1. Abth.: Ethik und Politik". 1877; und Skarzynski: „Adam Smith als Moralphilosoph und Schöpfer der Nationalökonomie. Ein Beitrag zur Geschichte der Nationalökonomie". Beide stehen ihrer ganzen Tendenz und Auffassung nach im stärksten Gegensatze zu einander. Oncken ist ein warmer Bewunderer Smith's. Er vertritt (um nur das dem gegenwärtigen Zwecke Zunächstliegende anzuführen) die Anschauung, dass Smiths Moraltheorie in der empiristischen Moralphilosophie Grossbritanniens ganz den gleichen Wendepunkt bezeichne, den die metaphysischen Untersuchungen Kant's auf spiritualistischem Boden hervorgebracht haben. „Auch bei Smith erscheint das Ich kraft seiner Vernunft zum erstenmal wieder autonom und activ." Der Parallele mit Kant zu Liebe wird hier und auch an andern Stellen Smith wohl zu sehr „kantisirt"; aber dass unleugbare Anklänge zwischen beiden Denkern vorhanden sind und Kant wirklich manchmal nur wie der aus dem Rhetorischen in die Schulsprache übersetzte Smith erscheint, ist nicht zu leugnen und wird auch aus der folgenden Darstellung ersichtlich werden. Skarzinsky dagegen sucht den Satz zu erweisen, dass Adam Smith wohl factisch in der Geschichte einen ungeheuren Einfluss geübt habe, dass der positive wissenschaftliche Werth seiner Leistung aber weit überschätzt worden sei. Dieser Angriff auf die Stellung Smith's als „Schöpfer der Volkswirthschaftslehre" wird in der Weise eingeleitet, dass Skarzynski den Versuch macht, das Maass von Originalität, Urtheilskraft und logischer Schärfe, welches Smith als Philosoph an den Tag legt, als einen Fingerzeig für das allein mögliche oder wenigstens allein wahrscheinliche Maass seiner Capacität als Nationalökonom zu benutzen. Es liegt im Interesse dieses Beweises, die philosophische Bedeutung Smith's möglichst gering erscheinen zu lassen, seine Unselbständigkeit und Abhängigkeit von den vorausgehenden Denkern, namentlich von Hume, aufs Schärfste hervorzuheben. Ein eigener Abschnitt ist der Parallele zwischen

den Moralwerken der beiden Denker gewidmet. Wenn und soweit es sich bei diesem Beweise darum handelt, zu zeigen, dass Adam Smith in vielen und keineswegs unwesentlichen Stücken ganz auf Hume's Schultern steht, sogar unmittelbare Entlehnungen vorgenommen hat, und somit allerdings nicht als ein im höchsten Sinne des Wortes originaler Denker gelten kann, so kann man sagen, derselbe sei mit Scharfsinn und tüchtigem Studium beider Werke geführt, und als durchaus gelungen zu betrachten. Jedem, der sich mit Hume und Smith näher beschäftigt, wird dieser Abschnitt die fruchtbarsten Winke über das gegenseitige Verhältniss beider Denker geben können. Wenn nun aber Skarzynski die Sache so darstellt, als ob Smith schlechterdings nichts weiter gethan habe, als Hume auszuschreiben, zu verwässern und zu verdrehen, so halte ich das für eine ungerechtfertigte Uebertreibung, die mich nicht zu überzeugen vermocht hat. Die Werthschätzung der denkerischen Kraft Ad. Smith's gegenüber Hume ist eine Sache für sich; sieht man aber auf den Inhalt seiner Doctrin, so wird, wie ich hoffen darf, die folgende Darstellung zeigen, dass Smith in der That die Hume'sche Theorie weitergebildet und fortgeführt hat.

⁴⁷) Diese Kritik steht Theory etc. P. VII, Sect. II u. III. Ich citire die Seiten nach der 6. Londoner Ausgabe von 1790.

⁴⁸) S. oben Anmerk. 17 u. 18.

⁴⁹) P. I, Sect. I, ch. 3, S. 29.

⁵⁰) P. II, Sect. I; Introd. Vergl. l. c. ch. 5, S. 181 u. P. VII, Sect. III, ch. 3, S. 356.

⁵¹) P. II, Sect. H, ch. 3 u. 4 passim.

⁵²) Der Ausdruck und die ihm zu Grunde liegende Anschauung ist schon Hume keineswegs fremd; aber er hat davon keinen weitern Gebrauch gemacht. (S. Inquiry, sect. V, P. H (IV, 293).

⁵³) Gizycki, Hume, S. 20.

⁵⁴) Theory, P. II, Sect. II, ch. 3, S. 216 ff.; 221 ff.

⁵⁵) P. III, Ch. 4, S. 395 ff.

⁵⁶) P. VII, Ch. 3, S. 356.

⁵⁷) P. V, Ch. 2, S. 18 ff.

⁵⁸) l. c. S. 43 ff.

⁵⁹) P. III, Ch. 1.

⁶⁰) P. IV, Ch. 2 extr.

⁶¹) P. III, Ch. 2 passim, bes. S. 292.

⁶²) l. c. S. 295.

⁶³) l. c. S. 321—322. Hier findet sich im Texte Smith's eine merkwürdige Stelle, welche zeigt, dass dieser, trotzdem er alle Metaphysik aus seiner Ethik grundsätzlich ausgeschlossen hat, doch im innersten Grunde religiös empfand, wovon sich bei dem durchaus skeptischen Hume keine Spur entdecken lässt. Diese Stelle anticipirt das kantische Postulat Gottes und der Unsterblichkeit. Smith sowenig als Kant verstattet zwar diesen Ideen Raum bei der Begründung des Sittlichen: dies ist realisirbar rein aus den Bedingungen der menschlichen Organisation

und des gegebenen Daseins heraus, auch ohne den Gedanken an ein zukünftiges Leben; aber das Gefühl voller Ruhe und Sicherheit in schwierigen Conflicts-Fällen, und dabei des Glückes auch im Leiden, erhalte der sittliche Mensch erst durch ihn. Diese Meinung scheint mir auf einem Fehlschlusse zu beruhen. Ich sehe ganz ab von der grob eudamonistischen Ansicht, welche bei Smith wie bei Kant wenigstens durchschimmert, die für hinieden etwa mangelndes Glück drüben eine Entschädigung durch um so reichlicheren Genuss haben will, sondern beziehe mich nur auf die Anschauung, welche dem hier verkannten Verdienste jenseits sein Recht sichern will. Es sind hier zwei Fälle moglich. Entweder der ungerecht Beurtheilte, Verkannte, Missverstandene, bleibt sich trotz alles gegen ihn erhobenen Geschreies seines Werthes bewusst und vernimmt die billigende Stimme des idealen und unparteiischen Zuschauers in ihm mit ungetrübter Klarheit, oder er wird wirklich an sich selbst irre und fängt an zu zweifeln, ob er richtig gehandelt habe. In keinem von beiden Fällen kann ihm die Hoffnung auf ein Jenseits nützen: denn im ersten braucht er es nicht, weil er im eigenen Rechtsbewusstsein das schon besitzt, was ihm jenes zu leisten vermochte, und im zweiten müsste es seine Zweifel nur vermehren; denn wenn er seiner selbst nicht mehr gewiss ist, so vermag er auch des Urtheils, welches drüben über ihn gefällt wird, nicht sicher zu sein. — Uebrigens knüpft auch Smith an seinen Hinweis auf die Unsterblichkeitsidee die Bemerkung, dass die Behandlung, welche dieselbe von vielen ihrer eifrigsten Vorkämpfer erfahren habe, oft in allzu directem Widerspruche zu allen unsern sittlichen Empfindungen gestanden habe.

⁶⁴) l. c. ch. 3, p. 336—337; vergl. P. IV, ch. 2, p. 481. Diese Stelle führt auch Oncken an, um den Unterschied und Fortschritt Smith's gegen Hume zu erweisen (p. 74). Er macht dort auch auf die Aehnlichkeit aufmerksam, die zwischen den „active und passive feelings" bei Smith und Kant's formalen und materialen Principien des Handelns bestehe.

⁶⁵) Bei Hume, Treat. up. hum. nature: B. III, P. HI, Sect. 6 und Inquiry conc. the principles of morals, Sect. IX, P. H. — Bei Smith hauptsächlich Part. HI der Theory of moral sentiments.

⁶⁶) Gizycki, die Eth. Hume's p. 140.

⁶⁷) E. Pfleiderer, Hume p. 258—259. — Die Bemerkung ist dort gegen Locke gerichtet, lässt sich aber, da, wie oben gezeigt worden ist, in diesem Punkte Smith diesen nur fortgeführt hat, auch auf ihn anwenden.

⁶⁸) Auch Tagart, welcher Smith nicht sehr günstig beurtheilt, gibt zu, dass das Buch, „full as it is of inconsistencies, of ill considered and incorrect expressions, illustrates the value of one of the elements in forming the rule of life: namely the common sentiment of mankind." Es vertrage aber keine nähere Prüfung „since the sympathies of men with each other and their no less real and imprudent antipathies are dependent on their educations, habits, interests, connections, tastes,

society, party and professed religion." Hat es aber irgendwo in der
Welt praktische Sittlichkeit gegeben, die von diesen Elementen nicht
beherrscht und getragen worden wäre? Und es ist nach der vorstehenden Darstellung keineswegs richtig, dass „by making present or popular
sentiments the test of right or wrong, it affords no provision for the
elevation and improvement of the popular standard of right." Ausdrücklich hat Smith die letzte Entscheidung über sittlichen Werth und die
wichtigsten Antriebe zu sittlichem Thun in die idealisirende Thätigkeit
des Subjects verlegt, wenn auch zugegeben werden kann, dass seine
Erklärung gerade in diesem wichtigsten Punkte unvollständig ist, und
sozusagen über sich hinaus verweist.

Anmerkungen zum VIII. Capitel.

[1]) S. Max Heinze, Die Sittenlehre des Descartes, die einzige und sehr dankenswerthe Bearbeitung der zerstreuten ethischen Aeusserungen Descartes. Das im Texte ausgesprochene Urtheil fällte übrigens schon Leibniz. (S. Foucher de Careil: Nouvelles lettres et opuscules inedits, p. 3.)

[2]) Les Passions de l'âme: P. I, Art. 1.

[3]) Heinze l. c. S. 14. Zu dem, was er gegen die Behauptung des Descartes, diese Definition zum erstenmal gegeben zu haben vorbringt, liesse sich noch die fast wörtlich übereinstimmende scholastische Definition hinzufügen: „Virtus est bona in habitum solidata voluntas." (Abälard, Theol. Christ. II, p. 669 u. 675).

[4]) Hauptsächlich in den Briefen an die Prinzessin Elisabeth von der Pfalz, über Seneca's „De vita beata." Vergl. Heinze, l. c. S. 20 u. 21.

[5]) Die hauptsächlichsten Stellen in den Responsiones ad Objectiones, im Anhang zu den Meditationes; 3. Ausg. Amstelod. P. 160—162; dann in Briefen, z. B. P. I, ep. 116 und einem anderen, angeführt bei Damiron, Philos. du 17. s. I, S. 258.

[6]) Man vergl. die obenstehende Darstellung der betr. Doctrinen der Scholastik. Was Descartes meint, berührt sich im Gedanken auf's Engste mit dem Unterschied zwischen potentia Dei absoluta und p. D. ordinata, wenn er sich auch, soviel ich sehe, nirgends dieser Ausdrücke bedient.

[7]) S. Kuno Fischer, Gesch. der neueren Philos. 2. Aufl., I. Bd., S. 356.

[8]) Ueber Malebranche s. Kuno Fischer, Gesch. der neueren Philos. I, 2; Damiron. Philos. au 17. siècle, T. H; Windelband, Gesch. d. neueren Philos. Bd. I; und besonders die treffliche Monographie von Léon Ollé-Laprune „La philos. de Malebranche", 1872, 2 Bde.

[9]) Ueber den Einfluss des Cartesianismus auf die gesammte französische Kirche des 17. Jahrhunderts s. d. Angaben bei Cousin: „Blaise Pascal"; Préface de la première édition (Oeuvres, IV. Ser. I, S. 79 ff.)

¹⁰) Nourisson: Le cardinal de Berulle.

¹¹) In der Würdigung dieser Einflüsse und des darauf ruhenden Charakters der Philosophie M. stimmen alle Darstellungen überein.

¹²) Traité de la nature et de la grâce (1680).

¹³) S. das vollständige Verzeichniss der Stellen bei Laprune I, 321.

¹⁴) Dieser Naturalismus war es aber gerade, was Malebranche an Spinoza so abstiess, dass er sich über diesen seinen eigenen Gesinnungen so nahestehenden Denker in Worten bitterer Abneigung und Geringschätzung ergeht. (S. Méditations chrét. IX; Entretiens s. la métaphysique b. Damiron, H, 536). Wodurch Malebranche sich von Spinoza unterscheidet, ist lediglich die Annahme einer Schöpfung; denn die substanzielle Einheit alles Existirenden mit der Gottheit hat er ausdrücklich proklamirt. Wie nahe er aber selbst daran ist, auch diesen Unterschied aufzuheben, zeigt sich darin, dass er in seinem Streben alles zu rationalisiren, auch die Schöpfung als eine nothwendige That Gottes bezeichnet, wogegen schon von seinen Zeitgenossen der Einwand erhoben wurde, dass dann die Welt ewig sein müsse. Diese Abneigung gegen den Spinozismus, bei Principien, die logisch mitten in denselben hineinführen, ist allerdings der ganzen Richtung Malebranche's gemein, und zeigt deutlicher als alles Andere die theologische Gebundenheit derselben. Vergl. Damiron, II, 540 u. 614; O. Laprune, II, 204. Wie bedenklich übrigens Malebranche's System der Verflüchtigung der Dinge in Gott war, zeigt sich besonders an den unauflöslichen Schwierigkeiten, welche ihm der Freiheitsbegriff bereitet. Auch für den Spinozismus liegt hier ein gefährliches Problem; aber man braucht nur Spinoza's Definition der Sittlichkeit anzusehen, um zu erkennen, wie sehr Spinoza in der Auffassung des Thatsächlichen sich vor etwaigen Consequenzen seiner Metaphysik zu hüten und das Problem in den Hintergrund zu schieben gewusst hat. Malebranche dagegen raubt seiner Ethik allen Halt, indem er die Selbstthätigkeit, welche die Betrachtung des sittlichen Lebens ihn dem metaphysisch ohnmächtigen Menschen zuzuschreiben zwingt, soviel als möglich abschwächt.

¹⁵) Die hierauf bezüglichen Stellen bei Laprune I, 287.

¹⁶) Eine ausführliche Erörterung dieses Punktes bei Laprune, I, 208 ff., dann 309 ff. Eine der sonstigen Anschauung Malebranche's entgegenstehende Stelle am Beginn der Entretiens s. 1. métaphysique bei Damiron, II, 535, welcher geneigt scheint, sie als einen misslungenen Ausgleichsversuch zu betrachten.

¹⁷) Medit. chrét. IV, 8 und Traité de l'amour de Dieu, init.

¹⁸) Traité de morale; Iᵉ Partie; ch. 1, §. 6, 13; Médit. chrét. IV, 7 u. 8; Entret. metaph. VIII, 13.

¹⁹) Recherche de la vérité; Préface; dann l. IV, ch. 1, §. 4; l. III, part. H, ch. 6; Médit. chret. XIV, 5.

²⁰) Recherche de la vérité; L. V, ch. 1; Conversations chrét. IV und V. Die Erklärungen M.'s bewegen sich hier im Kreise. Einerseits führt er ganz bestimmt die Verkehrung des ursprünglichen Verhältnisses

auf den Sündenfall zurück; anderseits bleibt die Frage offen, wie denn
dieser möglich gewesen sei, wenn das ursprüngliche Verhältniss richtig
angelegt war.

[21]) Daher denn auch das völlige Ineinanderspielen des Logischen
und des Ethischen, wie es gerade das philosophische Haupt- und Erstlings-
werk Malebranche's, die Recherche de la vérité, in frappanter Weise
zeigt. Diese Identificirung des Ethischen mit dem richtigen Erkennen
gilt übrigens nur, wenn man von der Theologie Malebranche's absieht.
Denn wo er diese in den Vordergrund stellt, wie im Traité de la nature
et de la grâce, da bezeichnet er nicht nur das Erkennen selbst als
Gnade (grâce du créateur), sondern auch in den meisten Fällen als
unzureichend, der Macht der Begierden die Spitze zu bieten, da es uns
nicht mit sich fortreisse, wie die Lust, sondern nur den Weg weise.
Es genügt deshalb nur da, wo bereits vollkommene Selbstbeherrschung
vorhanden ist; für den Unvollkommenen bedarf es dagegen einer neuen,
wirksamen Gnade, der specifischen Gnade Christi, um die Hemmungen
der Sinnlichkeit zu überwinden — eine Gnade, welche, wenn es erlaubt
ist diesen Ausdruck zu gebrauchen, von vorneherein mehr den Charakter
des Affects trägt und darum auch unwiderstehlich mit sich fortreisst.
Diese Wendung ist freilich im Sinne des Dogmas ebenso correct, als
philosophisch bedenklich. Vergl. unten Anmerk. 34.

[22]) Die Stellen bei Laprune, I, 452.

[23]) Traité de morale; P. I, ch. 5—7; Recherche, l. VI, part. I,
ch. 2 u. 5.

[24]) Es ist vor Allem die Rech. de la vér., welche hier anzuführen
ist, obwohl es auch den übrigen Schriften Malebranche's keineswegs an
hieher gehörigen Erörterungen fehlt. Dass sich M. von dieser Seite den
La Bruyère und Larochefoucauld verwandt zeigt, hat Damiron mehrfach hervorgehoben.

[25]) Die wichtigsten Stellen bei Ollé-Laprune, II, 491.

[26]) Traité de morale, I, ch. 3; II, ch. 6—8.

[27]) Laprune, I, 503.

[28]) Interessante Belege für die Abneigung Malebranche's gegen
Aristoteles bei Laprune, I, 83.

[29]) Z. B. Méd. chret., XI. Ein classischer Beleg für diese Naivetät
bei Damiron 540—541 aus d. Entret. s. la métaphysique.

[30]) Vergl. Laprune, I, 431 und Damiron, II, 373 u. 594. Es sind
besonders die mehr populären und erbaulichen Schriften, die Conversations chrétiennes, die Méditations und die Entretiens sur la métaphysique, in denen diese Tendenz hervortritt. Auf die grosse Aehnlichkeit, welche in dieser Beziehung zwischen Malebranche und Leibniz
besteht, hat bereits Damiron II, 483 hingewiesen.

[31]) Es wurde oben schon betont, dass dies einer der bedenklichsten
Punkte in Malebranche's Philosophie sei. In der That finden sich hier
die grössten Widersprüche neben einander, an denen alle Auflösungs-

versuche scheitern müssen. S. die Stellen bei Laprune I, 287. Vergl.
Damiron, II, S. 449 u. 479.

[32]) Conversat. chrét. IV u. V. Médit. chret. VII. Traité de la nat.
I, 1; ch. 34 u. 35. Vergl. die interessanten Parallelen zu dieser Anschauung bei Laprune I, 403.

[33]) Entret. métaphys. IX, pass. Convers. chret. HI, IV, V.

[34]) Man vergl. Anmerk. 18; die sehr klare Darstellung bei O. Laprune, I, 426 ff. Unter den Stellen besonders wichtig: Entret. métaph.
XII u. XIV pass.

[35]) Die Stellen bei Laprune, I, 392. Vergl. Damiron, H, 513, 537.

[36]) Das Hauptwerk dieser Polemik ist die „Réfutation d'un nouveau
système de métaphysique" von dem P. Du Tertre; 1715. Vergl. die Darstellung bei Ollé-Laprune, II, S. 85 ff. und Damiron, II, 478 fg., 576 ff.
und Cousin, Fragments de philos. moderne, IIme partie, S. 304 ff.

[37]) Die wichtigsten dieser Controversschriften sind: Arnauld: „Traité
des vraies et des fausses idées"; und besonders dessen „Reflexions philosophiques et theologiques sur le nouveau système de la nature et de la
grâce" (1685—86). (Ueber seine Stellung zum Cartesianismus s. Damiron
H, 452; über sein Verhältniss zur Gnadenlehre: O. Laprune II, 63 und
Damiron II, 568.) Fénélon: „Réfutation du système du P. Malebranche"
und „Traité de l'existence de Dieu", beide auf Veranlassung und zum
Theil unter Mitwirkung Bossuet's entstanden. (Vergl. Damiron II, 553
und besonders l. VII, chap. 4, welches überreiche Anklänge F. an Cartesius,
Malebranche und selbst Spinoza aufweist. Aehnlich auch O. Laprune II,
72.) Bossuet: Traité de la connaissance de Dieu et de soi-même. Auch
er vom Cartesianismus ausgehend, verbindet damit die strengste Orthodoxie. „Un Père de l'Eglise cartésien" nennt ihn Damiron (II, 671), dessen
ausführliche Darstellung (l. VII, chap. 3) zu vergleichen. — Boursier,
Theologe aus der Schule Arnauld's: „Action de Dieu sur les créatures"
(1713); ebenfalls in vielen Partien Malebranche sehr nahe stehend. (Vergl.
O. Laprune II, 187 und Damiron H, 615 ff.) Dasselbe in noch höherem
Grade gilt auch von den P. P. Lami (Benedictiner): „De la connaissance
de soi-même" und „Traité des premiers éléments de la science"; (Damiron
l. c. l. VII, ch. 1; O. Laprune II, 179) und André (Jesuit), aber gleichwohl getreuer Anhänger Malebranche's und deswegen vom Orden verfolgt. (S. Cousin, Fragments de philos. moderne; II. partie und O. Laprune, II, S. 193 ff.)

[38]) Vergl. über diese Verhältnisse die höchst instructive Vorrede
V. Cousin's zur ersten Ausgabe der Pensées von Pascal (Oeuvres, IV. Ser.,
T. I.)

[39]) Dreydorff: Pascal's Gedanken über die Religion, S. 49.

[40]) Vergl. Tholuck: Die Vorgesch. des Rationalismus, S. 15.

[41]) S. die Angaben bei Nourisson: Le cardinal Berulle, S. 251.

[42]) Vergl. Heppe: Geschichte der quietistischen Mystik in d. kathol.
Kirche, und Matter: Le mysticisme en France au temps de Fénélon.

[43]) Dass diese Parallele nicht aus der Luft gegriffen ist, sondern

den Nächstbetheiligten selbst etwas derartiges vorschwebte, zeigt die Aeusserung Bossuet's, eine Religion wie die von Fénélon geträumte, wäre keine Religion mehr, sondern nur eine Art theologischer Platonismus. (S. Heppe a. a. O. S. 400, Anmerk.)

⁴⁴) Explication des Maximes des Saints sur la vie intérieure (1697). Das Wesentliche daraus bei Heppe a. a. O. S. 387 ff.

⁴⁵) Die Hauptschrift Bossuet's ist die „Instruction sur les états d'oraison". Den übrigen Schriftenwechsel s. b. Heppe, S. 409, Anmerk. Man muss übrigens, um Bossuet's ganze persönliche Meinung kennen zu lernen, auch noch seinen Traité de l'amour de Dieu, und die Lettres spirituelles in Betracht ziehen. Vergl. Matter, 1. c. S. 261 ff.

⁴⁶) Für die allgemeine Charakteristik s. L. Feuerbach: Pierre Bayle etc. und Kuno Fischer: Fr. Bacon und seine Nachfolger, II. Buch, Cap. 17.

⁴⁷) Fischer, a. a. O. S. 333.

⁴⁸) Pensées diverses, §. 156.

⁴⁹) l. c. §§. 143 u. 159.

⁵⁰) l. c. §. 134 u. 135.

⁵¹) l. c. §. 133—136; §§. 139—140 u. 142 mit drei sehr interessanten Beispielsbeweisen. Vergl. damit §. 167 u. 176. — Eine sehr eigentümliche und merkwürdige Anwendung dieser Gedanken findet sich Continuation des pens. div. §. 124. Er wirft dort die ganz an Mandeville erinnernde Frage auf, ob ein ganz aus ächten Christen bestehender Staat in der Mitte von Völkern, die entweder dem Heidentum oder dem gewöhnlichen Halbchristentum ergeben sind, zu existiren vermöge, und verneint dieselbe durchaus.

⁵²) Die hauptsächlichsten Artikel des Dictionnaire, welche diesem Nachweise dienen, sind: Hermias, Stilpon, Xenocrate, Remarque F.; Lucrèce, Rem. E.; Spinoza, Rem. O.; hiezu einige §§. der Pensées diverses, namentlich 174, 178 u. 180; dann 182, wo Bayle zeigt, dass ja auch der Atheismus seine Martyrer gehabt habe (Vanini) und man daraus den sicheren Schluss ziehen könne, dass auch die Abwesenheit allen religiösen Glaubens weder das Streben noch Ruhen noch die höchste sittliche Kraft der Selbstverläugnung ausschliesse. — Siehe ferner Contin. des pens. div. §. 144 u. 145.

⁵³) Dass dies bei den heidnischen Religionen der Fall sei, bildet einen wichtigen Bestandtheil der Argumentation Bayle's und dient dazu, um die Ansicht zu widerlegen, welche selbst den Aberglauben noch für besser hält als den vollständigen Atheismus. Siehe Continuat. des pensées diverses §. 53, 54, 82, 83.

⁵⁴) Was die von der Idee einer Vorsehung und einer richtenden Gottheit unabhängige Geltung des Sittlichen betrifft, spricht sich Bayle mit einer Entschiedenheit aus, die nichts zu wünschen übrig lässt und gegen den theologischen Utilitarismus, wie er im 18. Jahrhundert in England zur Geltung kommt, im Voraus die stärksten Einwände liefert. Man s. z. B. Contin. des pens. div. §. 155.

⁵⁵) S. vor Allem die „Institutio brevis et accurata totius philo-

sophiae" zum Gebrauch bei Vorlesungen und für seine Hörer verfasst.
(IV. Bd. der Gesammtausgabe, La Haye 1737 fol., S. 259—262.)

⁵⁶) Cont. d. pens. div. §. 152; Réponse aux questions d'un pro-
vincial, II. partie; chap. 89. Dort wird zunächst der Beweis aus einer
Reihe von Autoritäten der gleichzeitigen katholischen und protestantischen
Theologie und des Naturrechts geführt und daran eine metaphysische
Erörterung gereiht; hier werden die Cartesianer und der englische
Theologe King bekämpft, gegen dessen Buch (On the origin of the evil)
auch Leibniz polemisirt hat. Bayle's Haltung in dieser Frage hat ihm
warme Lobsprüche von Leibniz eingetragen (s. Theodicée §. 183 u. 185);
allerdings mit nachfolgendem Verweise wegen übertriebenen Skepticismus.

⁵⁷) Commentaire philosophique sur ces paroles de Jesus Christ:
„Contrains — les d'entrer; Luc. XIV, 23. Ich citire nach der Ausgabe
Rotterdam 1713.

⁵⁸) Man vergl. die fast identischen Ausdrücke der Institutio und
des Commentaire philos. S. 140—145, pass.

⁵⁹) Inst. philos., P. II. De actionibus humanis.

⁶⁰) l. c. S. den vorausgehenden Abschnitt.

⁶¹) Pensées div. §§. 167, 178 u. 179; Contin. §. 155.

⁶²) Pens. div. §. 136.

⁶³) So hat bereits Gassendi in seinem Buche „De anima" einen
ausführlichen Abschnitt über das Triebleben der Seele (De appetitu; de
affectibus seu passionibus generatim; de voluptate et molestia; de amore
et odio, de cupiditate·et fuga; de spe a metu). Hobbes behandelt denselben Gegenstand in ganz ähnlicher Weise, nur kürzer, in der Schrift:
„De homine", cap. 11—13 (de appetitu et fuga; de affectibus sive per-
turbationibus animi). Um dieselbe Zeit erscheint Descartes' Abhandlung
„Les passions de l'âme" (1650), womit zu vergleichen das 4. Buch von
Malebranche's „Recherche de la vérité", und 1677, mit der ersten Veröffentlichung von Spinoza's Ethik, das Meisterstück dieser ganzen Richtung. Schon Bacon hat übrigens die Wichtigkeit der Affecte für die
Behandlung der Ethik erkannt (s. De augm. lib. VII. cap. 3, p. 164 der
Mayer'schen Ausgabe) und seine Verwunderung darüber ausgesprochen,
dass Aristoteles, der Verfasser so vieler Bücher über Ethik, die Affecte
„ut membrum ethicae principale" in ihnen nicht behandelt habe. Vergl.
K. Fischer, Bacon etc., S. 389 der 2. Aufl.

⁶⁴) Als treffende Illustration des Satzes, dass Bayle's Argumente
vielfach nur Gelegenheitsgründe sind, des Zusammenhangs mit einer
geschlossenen Ansicht entbehrend, mögen hier noch einige §§. der Cont.
des pens. div. Beachtung finden, in welchen Bayle ausdrücklich den Satz
bekämpft: „qu'un instinct de la nature ne peut être faux, étant universel."
Ich lasse die theologischen Argumente Bayle's bei Seite. Ausserdem
werden (§. 24) diesem Satze die folgenden entgegengestellt: 1) dass alle
sittliche Unordnung des menschlichen Lebens aus der Natur als einer
verderbten Quelle entspringe; 2) dass schlechte Erziehung und schlechtes
Beispiel nur die Laster heranwachsen lassen, deren Keim in der Natur

liegt; 3) dass alles sittlich Gute beim Menschen nur die Frucht der Mühe sei, die man sich mit Ausrottung der schlimmen Naturanlagen und ihrer Ersetzung durch bessere gebe, eine Frucht der Cultur, der Belehrung, der Ueberlegung, der Philosophie, der Religion — und dass deshalb die Sittlichkeit sich so schwer befestigt, das Unsittliche aber mit solcher Leichtigkeit heranwächst, dass 4) das, was man bei einem Kinde gutes Naturell nenne, nichts weiter sei als eine gewisse Leichtigkeit, sich für das Gute bilden zu lassen. Dies kann, hält man sich an Bayle's Theorie, nur heissen, dass keineswegs die Natürlichkeit, sondern nur die Vernünftigkeit über den sittlichen Werth entscheide. Und für diesen Vernunftentscheid wird man sich auf die lex naturalis berufen können.

Allein, was Bayle an der angeführten Stelle später folgen lässt, das droht beinahe diese ganze Annahme umzustürzen und ihn einer ganz nominalistischen Auffassung des Sittlichen entgegenzuführen. Denn er spricht von dem Angeborensein gewisser Ideen und meint, wer sich damit helfen wolle, der müsse sich vor Allem mit Locke auseinandersetzen und zeigen, wie es denn komme, dass Alles, was bei den einen Völkern als recht und sittlich gelte, bei andern als böse und verwerflich betrachtet werde. Wie geht dies mit der lex naturalis zusammen?

[64]) Pens. div. §. 161, 172 u. 176; Contin. etc. §. 149. Auch hier fehlt am Schlusse die begütigende Klausel zu Gunsten des hl. Geistes nicht, von der man manchmal wirklich nicht recht weiss, ob sie erbaulich oder ironisch gemeint ist. Denn wie selten dieser bei Christen vorkomme, hat Bayle gerade hier hundertfältig gezeigt.

Anmerkungen zum IX. Capitel.

¹) Man vergl. die Bemerkung, welche, halb an Erlebtes anknüpfend, halb wie vorahnend, der vorsichtige, skeptisch zurückhaltende Hume über jene „Liebe zur Simplicität" macht, welche die Quelle so vieler falscher Schlüsse in der Philosophie gewesen sei. Diese Bemerkung ist umso interessanter, als sie gerade in der Abhandlung sich findet, wo er die Annahme der Selbstliebe als des einzigen Princips unserer Handlungen bekämpft. (Inquiry conc. the princ. of morals, App. II; T. IV, p. 382). Aehnlich auch Ad. Smith: Theory of moral sent. P. VII, Sect. H, ch. 2 und 4.

²) Darauf hat namentlich Laurent aufmerksam gemacht (Et. s. l'humanité X. Bd., 522 ff.) und, gestützt auf viele Stellen aus den Atheisten, gezeigt, dass eben die schroffste Opposition gegen das Bestehende das Hauptmotiv ihres Atheismus war. Ueberall bricht die Ueberzeugung durch, dass der Atheismus der einzige Glaube sei, welcher die Sittlichlichkeit nicht ruinire. Ebenso verhält es sich auch mit dem Materialismus, welcher von der immer radicaler werdenden Stimmung vorzüglich als Waffe gegen die Religion ergriffen wird. (Lange, Gesch. des Mat., 3. Aufl., I., S. 311 und S. 416, Anmerkg. 54.) Dies gilt besonders von Diderot und D'Alembert, welche den sensualistischen Empirismus mit klarem Bewusstsein über seinen Gegensatz gegen die herrschende Weltanschauung aufnahmen und ihn durch die Encyclopädie von 1750 an über alle Gebiete der menschlichen Thätigkeit ausbreiteten.

³) Auf diesen Widerspruch in der Geistesrichtung der französischen Aufklärung hatte zuerst Bartholmès (Histoire critique des doctrines réligieuses de la philosophie moderne) aufmerksam gemacht, den Feuerlein, Die philos. Sittenlehre, II, S. 124, zustimmend erwähnt; gleichwohl wird bei dem gebräuchlichen Gesammturtheil über die Zeit häufig nicht genug darauf geachtet. Feine Bemerkungen darüber bei dem der Zeit wenig geneigten, aber unparteiischen Damiron, I, S. V; dann 397 u. 442; weitere Nachweisungen bei Laurent, T. X, S. 543 u. flgde; bes. S. 557—558. „Ce qui caractérise cette vertu, c'est un entier désintéressement, quoique en

apparence elle soit fondée sur l'interêt." Dasselbe anerkennt auch Rosenkranz, Diderot's Leben, I, S. 155.

⁴) Man vergl. dazu, was ein so gewiegter Kenner der Franzosen, wie Karl Hillebrand, an vielen Stellen seiner Schrift „Frankreich und die Franzosen", wie auch „Aus und über England" über diesen französischen Charakterzug bemerkt. — Auch Rosenkranz (Diderot, I, S. 155) verweist auf den für uns unübersetzbaren Begriff der „honnêteté", welcher das eigentliche sittliche Kriterium in Frankreich bildet.

⁵) Die beiden vorzugsweise in Betracht kommenden Schriften sind das Buch „De l'esprit" aus dem J. 1758, und die durch verschiedene Kritiken veranlasste Umarbeitung desselben, unter dem Titel „De l'homme", die erst nach Helvetius' Tode bekannt geworden ist, aber im Wesentlichen die gleichen Anschauungen enthält. Ich citire nach der Gesammtausgabe der Werke von Saint-Lambert: Oeuvres d'Helvetius, Paris 1792. 4 voll. Der „Essai sur la vie et les ouvrages d'Helvetius, servant de préface à cette édition" findet sich auch im 5. Bde. der Oeuvres philosophiques de St. Lambert. Paris 1800. Eine monographische Bearbeitung hat Helvetius, soviel mir bekannt, bis jetzt nirgends gefunden; die relativ ausführlichsten Darstellungen bei J. H. Fichte, Erdmann, Gesch. der neueren Philos. II, u. V. Cousin, Hist. de la philos. morale, T. I.

⁶) Allerdings erst in der zweiten Phase seiner Philosophie, wo er den ursprünglichen Charakter der altruistischen Gefühle stärker betonte; man s. ob. S. 236 und die unten Anmerk. 27 anzuführenden, Helvetius zum Voraus polemisch treffenden Stellen. Die Entrüstung, mit welcher Hume in der Anmerk. 1 citirten Abhandlung, S. 378, sich über das selbstische Princip ausspricht, trifft nur die frivole Ausbeutung desselben à la Mandeville, um die Sittlichkeit überhaupt zu negiren.

⁷) Dies theilt Diderot mit in seiner Geschichte Epikur's, die er für die Encyclopädie verfasste. S. Rosenkranz, D.'s Leben und Werke, I, S. 227 u. 243. Auch La Mettrie schrieb ein „Système d'Epicure"; (Oeuvres philos. Amst. 1774, T. II.)

⁸) Zusammenstellungen der wichtigsten seiner Sätze bei Feuerlein, II, S. 112 und Vorländer, S. 584.

⁹) Entretiens d'un philosophe; vergl. Laurent, T. X, S. 558.

¹⁰) Man vergl. über Lamettrie's Moraltheorie F. A. Lange, Gesch. d. Mater. I, S. 350 ff., welcher das Verdienst hat, im Gegensatz zu der herben Verurtheilung Hettner's (Gesch. d. franz. Litt., 3. Aufl., S. 388), nicht bloss das Abstossende, sondern auch das Werthvolle hervorgehoben zu haben. Der Discours sur le bonheur steht im 2. Bde. der Oeuvres Philos. in 3 Bdn. Amsterd. 1774. Die Auszüge, welche Quépat, Essai s. Lamettrie, mitgetheilt hat, lassen gerade die wichtigsten Gedanken vermissen.

¹¹) Dies haben auch solche Denker anerkannt, welche, wie Hutcheson und Ad. Smith, den Egoismus für unzulänglich zur Begründung des Sittlichen gehalten haben. S. Hutcheson, System of moral philos., B. I, ch. 3 u. 4; Smith, Theory of moral sentiments, P. VII, sect. 2, S. 279 u.

sect. 3, S. 327. — Dass übrigens die Lehre vom interêt personel im damaligen Paris wohl als allgemeine Thatsache existirte, hält auch Rosenkranz (Leben Diderots, II, 73) für wahrscheinlich und wird durch die
Nachweisungen des folgenden Abschnittes bestätigt.

¹²) Wie z. B. Gizycki an der oben schon (unter Hume) citirten
Stelle der Schrift über die Ethik Hume's, S. 57. Dass dieser Versuch
auch nach Hume's Zugeständnissen an das altruistische System noch berechtigt war, macht auch Leslie Stephen (H, p. 105, §. 113) geltend.
„Meanwhile it was easier for most thinkers of his (Hume's) school to
accept the explanation which he rejected, and to assume, that altruism
was merely selflove disguised. This indeed may be regarded as an
early form of the explanation, which we may probably regard as the
soundest — namely that the altruistic feelings are developed out of
self-regarding feelings, though they have come to be something radi-
cally different". Dies ist im Gegensatz zu Hettner's Auffassung (Gesch.
d. franz. Litt., 3. Aufl., S. 394) entschieden festzuhalten.

¹³) De l'homme; Sect. H, ch. 16, Oeuvres, t. III, p. 191—192; 196 ff.
De l'esprit; Disc. II, ch. 13. (I, 234 ff.)

¹⁴) Man vergleiche mit den Anmerkung 13 citirten Abschnitten bei
Helvetius, welche neben der allgemeinen Theorie noch eine sorgfältig
durchgeführte Erläuterung durch Beispiele aus dem Leben verschiedener
Völker geben, insbesondere die Abschnitte, wo Hume den Ursprung der
einzelnen Rechtsbestimmungen untersucht: (Treatise; B. HI, P. II,
Sect. 3—12; Inquiry etc. B. III, P. H, Sect. IV und insbesondere den
Essai „A Dialogue" in Vol. IV, pag. 409.)

¹⁵) Man sehe z. B. De l'esprit, Disc. H, ch. 8, ch. 10, ch. 14.

¹⁶) De l'esprit, Disc. H, ch. 2 u. namentlich ch. 6. Die einseitige
und verkehrte Moral gewisser particulärer Gesellschaftskreise wird dort
scharf verurtheilt und ihnen gegenüber auf das allgemeine Wohl als einzig richtiges Kriterium verwiesen. Vergl. noch l. c. ch. 11 und Disc.
III, ch. 16.

¹⁷) Ja er geht einmal so weit zu behaupten (De l'homme. Sect. IV,
ch. 23; T. IV, p. 43, Anmerk. 1): „Tout, jusqu'à l'amour de soi, est en
nous une acquisition. On apprend à s'aimer, à être humain au inhu-
main" etc. Dieser Satz, richtig verstanden, und in seine psychologischen
Consequenzen verfolgt, würde H. wie Butler und Hume zur Anerkennung
ursprünglicher, aller Selbstliebe vorausgehender Grundtriebe geführt
haben. S. unten Anmerk. 27 und die Angaben des Textes.

¹⁸) Der Hauptnachweis dieses Satzes steht in der Schrift: „De
l'esprit; Disc. III, ch. 9 u. flgde; T. H, p. 27 ff. — Man sehe namentlich die beachtenswerthe Zergliederung einer Anzahl von Affecten, welche
von der physischen Sensibilität am weitesten abzuliegen scheinen, Ehrgeiz, Habsucht, Stolz und Freundschaft. — Der vielumstrittene und
ebenso wie die gegentheilige (Schopenhauer'sche) Ansicht ohne Frage
einseitige Fundamentalsatz der Pädagogik des Helvetius von der ursprünglichen Gleichheit aller Anlagen, wurde übrigens schon von

Diderot lebhaft bekämpft. Vergl. den unten Anmerk. 54 citirten Aufsatz von Janet.

²⁰) Die Polemik richtet sich hauptsächlich gegen Shaftesbury, welcher öfter genannt wird und nicht gerade mit besonders schmeichelhaften Bezeichnungen. Neben Shaftesbury ist es hauptsächlich Rousseau, den er bekämpft, und welchem er den Widerspruch vorwirft, einerseits immer wieder die angeborene und natürliche Güte des Menschen behauptet und anderseits doch wieder hervorgehoben zu haben, dass der Mensch Schmerz erfahren haben müsse, um Gefühl für die Menschheit zu bekommen, und dass man an andern immer nur die Schmerzen beklage, von welchen man sich selbst nicht befreit glaubt. S. De l'homme, Sect. V, ch. 3 u. 4 u. Sect. II, ch. 7 u. 8.

²¹) De l'homme, Sect. II, ch. 7; T. III, p. 133 Anmerk.

²²) De l'esprit, Disc. II, ch. 15; T. I, p. 263 u. 270.

²³) Vergl. zu dieser ganzen Darstellung De l'esprit, Disc. III, ch. 16; dann l. c. p. 129 u. 130, und namentlich auch De l'homme, Sect. IV, ch. 12 u. 14. Helvetius gebraucht zwar einmal (De l'homme. Sect. V, ch. V; T. IV, p. 81) den Ausdruck: „La vertu consiste dans le sacrifice de ce qu'on appelle son interêt à l'interêt public"; allein der ganze Zusammenhang lässt erkennen, dass dieser Ausdruck nur in einem scheinbaren Widerspruche zu den an den oben citirten Stellen entwickelten Anschauungen steht; und unter dem „Opfer" eben nichts anderes gemeint sein kann, als das Vorwiegen des grösseren Interesses. — Vergl. dazu namentlich l. c. Sect. IV, ch. 10; T. III, p. 326, Anmerk.

²⁴) l. c. ch. 17—25; womit zu vergleichen De l'homme, Sect. VIII, ch. 2; T. IV, p. 285 ff.

²⁵) De l'esprit; Disc. III, ch. 25; T. II, p. 153—154.

²⁶) De l'homme; Sect. IV, ch. 3; T. III, p. 295. Eine weitere Auseinandersetzung mit Rousseau findet sich in derselben Schrift, Sect. V, ch, 5, wo Helvetius dem Verfasser des Emile das Schwankende seiner Anschauungen über die Nothwendigkeit und Wirksamkeit der Erziehung vorhält.

²⁷) S. Hume, Inquiry etc. App. II: On self-love. (T. IV, S. 384); Smith, Theory etc. P. VII, Sect. III, ch. 1.

²⁸) Syst. of Moral. philos. B. I, ch. 3, §. II, S. 40—42.

²⁹) l. c. §. IV.

³⁰) S. die von Vorländer S. 636 u. 637 angeführten Stellen. Im Ganzen freilich wird man wohl zugestehen müssen, dass auch Montesquieu genug von der allgemeinen Geistesrichtung seiner Zeit beeinflusst war, um dem bewussten Hervorbringen eher zuviel als zuwenig zuzuschreiben.

³¹) S. Vorländer, S. 632, 633 u. 636—637.

³²) De l'homme, Sect. VII, ch. 2; T. IV, p. 202. Vergl. l. c. Sect. I, ch. 13; T. III, p. 79 u. 83. Dies entspricht völlig dem von Hume aufgestellten Dilemma.

³³) S. dazu l. c. namentlich ch. 3 u. 4, welche den verhältnissmässig geringen Einfluss religiöser Vorstellungen auf das praktische

Verhalten der Menschen an einigen gut gewählten Beispielen anschaulich machen.

[34]) De l'homme, Sect. I, ch. 13, 14, 15. Auch hier beachtenswerthe Anklänge an Hume. Vergl. Dialogue conc. natural religion; T. II, S. 541.

[35]) S. Contin. des pensées diverses, §§. 50—54, 126—129.

[36]) L. C. §. 122—123.

[37]) S. Anmerk. 50 z. VIII. Capitel.

[38]) S. Damiron, I, S. 374 u. 426; vergl. Rosenkranz, Diderot's Leben, I, S. 182 u. 185 und Hettner Gesch. der französischen Literatur. 3. Aufl. S. 393.

[39]) Die Ansichten Voltaire's besonders in „Le Philosophe ignorant", ch. 31—38; dem Gedicht „La Loi naturelle"; dann von dem Dictionnaire philosophique die Artikel: Du juste et de l'injuste; Loi naturelle; Conscience: sämmtlich wiederabgedruckt bei Bersot, La philos. de Voltaire. Das Wesentliche daraus findet man wiedergegeben bei Vorländer, S. 599 ff.; Damiron, I, S. 426 ff.

[40]) Man sehe insbesondere im Dict. philos. Art. „Amour propre"; dann Discours en vers sur l'homme (V. Disc.) bei Bersot, S. 274, und die bei Vorländer, S. 597, mitgetheilten Stellen. An anderen, auf welche Feuerlein, II, S. 147, aufmerksam macht (Dict. philos. Art. Bien, Souverain Bien, Puissance), verhält sich Voltaire skeptischer gegen diese Anschauung.

[41]) Le philosophe ignorant; Cap. 24.

[42]) Die beste Darstellung seiner ethischen Theorie bei Feuerlein, d. philos. Sittenlehre, II, 134 ff.

[43]) Vergl. darüber die Angaben bei Damiron, Philos. au 18. siècle, I, 387 u. 430.

[44]) Am wichtigsten für seine Theorie ist die Profession de foi du vicaire Savoyard. sowie andere Theile des Emile; dann der Discours sur l'origine de l'inégalité.

[45]) In dieser Weise urtheilt schon Helvetius über Rousseau: De l'homme, Sect. I, ch. 8 (T. III, 48 u. 49).

[46]) S. den Anfang des Emile und den Discours sur l'inégalité.

[47]) S. die Stelle bei Feuerlein a. a. O. 143.

[48]) Damiron, I, 380 u. 387.

[49]) Der Essai steht in den Abhandlungen der Berliner Akademie von 1770 und in den Oeuvres T. IX, S. 87 ff. Schon der Eingang erinnert vollständig an Hobbes; andere Stellen, besonders S. 90 u. 96, fast wörtlich mit Helvetius übereinstimmend.

[50]) Oeuvres, VIII, 276.

[51]) Instruction pour la direction de l'academie des nobles; Oeuvres, T. IX, S. 80. Vergl. auch das „Examen critique du système de la nature, l. c. S. 155, welches übrigens in Bezug auf die ethische Frage nur einige unwesentliche Bemerkungen enthält.

[52]) S. Vorländer, S. 627.

[53]) S. den Abschnitt „Morale de l'homme" der Eléments.

[54]) Reflexions sur le livre de l'esprit p. M. Helvetius und die von Naigeon aus der Kritik über das Buch „De l'homme" mitgetheilten Auszüge. Das Wichtigste daraus bei Rosenkranz, I, 182 ff.; Damiron, I, S. 431 u. 514. In der neuen Gesammtausgabe der Werke Diderot's v. Assezat (1875) ist diese „Réfutation de l'ouvrage de Helvetius, intitulé l'Homme" aus dem Jahre 1773 oder 1774 zum ersten Male gedruckt. Vergl. Paul Janet, La philos. de Diderot, in der Ztschr. 19. Century, Nr. 50.

[55]) Rosenkranz, II, S. 112, 228—229, 367; Laurent, T. X, S. 555 bis 556. Das warme sittliche Gefühl Diderot's erkennt er so sehr an, dass er ausruft: „Dieu nous donne des materialistes comme D.!". Vergl. auch Hettner, Gesch. der franz. Litt., 3. Aufl., S. 328 ff.

[56]) Am stärksten tritt das hervor in dem Dialog „Suite de l'entretien entre d'Alembert et Diderot 1769, (Oeuvres posthumes, IV, S. 224; vergl. Rosenkranz, II, 222) und dem Dialog „Le neveu de Rameau", welcher zugleich den cynischen Materialismus in einer Weise bekämpft, die auf dem Standpunkt des Materialismus consequenter Weise überhaupt unmöglich ist. (Rosenkranz, II, S. 106 ff.) Man vergl. übrigens die verhältnissmässig eingehende Darstellung dieser Wandlungen Diderot's gerade in Bezug auf die Ethik bei Windelband, Gesch. der neueren Philos. I, S. 405 ff.

[57]) Lange, Gesch. des Materialismus, I, 311.

[58]) Man sehe Syst. de la nat. P. I, ch. 9, 10, 12, 14 u. 16; dann P. II, ch. 9, 12 u. 13.

[59]) Vergl. die sehr unbefangene Würdigung der schriftstellerischen Art Holbach's bei Damiron, I, 95.

[60]) l. c. P. I, ch. 9, S. 135, womit die ausführliche Darlegung der gleichen Gedanken in P. II, ch. 9, S. 267—268 zusammenzuhalten; dann über den Begriff der Reue P. I, ch. 12, S. 237; endlich l. c. ch. 15, S. 325 u. 327, die schönen Stellen über den unvertilgbaren Werth eines sittlichen Bewusstseins auch im Unglück, welche klingen, als ob sie von Adam Smith geschrieben wären.

[61]) Dies muss auch Lange, Gesch. d. Mat., I, S. 378 u. 379 anerkennen, obwohl er geneigt ist, Holbach im Ganzen sehr günstig zu beurtheilen. Auf die grosse Aehnlichkeit gewisser Auseinandersetzungen mit Helvetius und Lamettrie macht auch er aufmerksam (378 u. 380).

[62]) M. s. z. B. das „Système social" oder „Morale universelle". Aus beiden Stellen bei Laurent, T. X, S. 556—558. Diderot wünschte die letztere als Katechismus in den Händen seiner Kinder; und selbst Damiron von seinem so entgegengesetzten Standpunkt hat warme Worte über ihre sittliche Anschauung. (T. I, S. 196.)

[63]) Hauptsächl. P. I, ch. 16 u. P. II, ch. 8—12.

Anmerkungen zum X. Capitel.

[1]) Es kann nicht meine Aufgabe sein, die gewaltig anschwellende Spinoza-Litteratur hier anzuführen. Die Resultate der neueren Untersuchungen über die Genesis des Systems findet man trefflich verwerthet bei Windelband, Gesch. der neueren Philos. I, 192 ff.

[2]) Windelband, a. a. O. S. 197 u. 199; Kuno Fischer, Gesch. der Philos. I, 2.

[3]) Man vergl. die Darstellungen seiner Gesammtlehre bei Erdmann, Kuno Fischer und Windelband. Am ausführlichsten und tiefgehendsten Camerer: Die Lehre Spinoza's. Von französischen Arbeiten: Damiron, Hist. de la philos. au 17 siècle, T. II; Nourisson, Spinoza et le naturalisme contemporain; Janet, Hist. de la philosophie morale, T. II.

[4]) Dies hat besonders schön entwickelt Damiron, l. c. S. 347 ff., vergl. K. Fischer, l. c. S. 83 ff.

[5]) Eth. I, Prop. 16 u. 17; dann 29 u. 33.

[6]) Besonders nachdrücklich der Anhang zu Eth. I; und die Vorrede zu Eth. IV.

[7]) Eth. III, Vorrede; IV, Prop. 57, Schol.; Tract. polit. Cap. II, §. 3—5, §. 8. Vergl. Camerer, S. 286 u. 287.

[8]) Eth. I, 17, Schol.; dann 29—34.

[9]) Es ist dies einer der schwierigsten Punkte des spinozistischen Systems, welchem unter allen Darstellungen allein Camerer grössere Aufmerksamkeit geschenkt hat. Ich bezweifle mit ihm, ob Spinoza eine widerspruchslose Durchbildung dieses Gedankens gelungen sei. Das Consequente wäre für Spinoza lediglich die rein subjectivistische Deutung aller Werthunterschiede, und es finden sich in der Praefat. z. Eth. IV Stellen, welche in der That nichts anderes auszusagen scheinen. Aber die Begriffe gut und bose, vollkommen und unvollkommen stehen bei Spinoza doch nicht gleich. Jene drücken lediglich eine Beziehung auf ein wahrnehmendes Subject, diese zugleich objectiv ein Mehr oder Weniger an Realität aus (Eth. IV, Praef.). Und da nun eben die End-

lichkeit nach Spinoza's eigener Definition (Eth. I, Prop. VIII, Schol. I, und ibid. Def. II) nichts anderes ist, als das mangelhafte Vorhandensein der Natur oder des Wesens eines Dinges, so ergibt sich, dass dieser Unterschied von vollkommen und unvollkommen innerhalb der natura naturata allerdings eine objective reale Bedeutung hat. Die Paradoxie wird nur dadurch veranlasst, dass Spinoza der Unvollkommenheit, als blossem Nichtvorhandensein einer Eigenschaft, überhaupt keine Realität zuschreiben will. Man s. insbesondere die Aeusserungen Spinoza's in den Briefen Nr. 32 u. 34 an Blyenbergh. Vergl. Sigwart, Kurzer Tractat und Erläut. zu Thl. I, Cap. 10.

[10]) Eth. I, Prop. 21—23, 28—29. Vergl. Camerer, S. 20, 28—36; und K. Fischer, Gesch. d. Phil. I, 2, S. 303 ff. (2. Aufl.).

[11]) Camerer, S. 45. Vergl. die von K. Fischer, l. c. S. 178 aus d. Tractat über die Verbesserung des Verstandes mitgetheilte Stelle.

[12]) Camerer, S. 48 ff.

[13]) Eth. IV, Def. 8; Prop. 20, Dem.

[14]) Eth. IV, Prop. 66, Schol.; Tract. polit. Cap. H, §. 11. Eth. I, Prop. 17.

[15]) Eth. IH, Def. 2; Prop. 3, Schol. Eth. IV, Prop. 2, 4, 23.

[16]) Es stehen sich also Eth. HI, Prop. 6 u. 7 und Prop. 3 gegenüber, um die Doppelexistenz jedes Wesens zu bezeichnen. Man vergl. aber bezüglich der Activität und Passivität des Geistes besonders noch die Lehrsätze und Definition am Beginn von Eth. HI.

[17]) Eth. IH, Prop. 1; Eth. IV, App. 1 und 2. Vergl. Camerer, S. 150—153.

[18]) Eth. IV, Prop. 4, 14 u. 15.

[19]) Eth. HI, Prop. 6 u. 7.

[20]) Eth. III, Prop. 1 u. 3; vergl. Kuno Fischer, S. 487.

[21]) Eth. III, Def. 2 u. 3.

[22]) Eth. IV, Prop. 50; Dem. u. Schol., Prop. 52; Dem., Prop. 58 u. 59; vergl. Camerer, S. 199—200.

[23]) Eth. III, Prop. 58 u. 59.

[24]) Eth. II, Prop. 38 u. 44; Coroll. 2.

[25]) Eth. IV, Prop. 26, 27, 28; vergl. Camerer, S. 214.

[26]) Eth. V, Prop. 42.

[27]) S. Camerer, S. 245 ff.

[28]) Vergl. die Zusammenstellung der betreffenden Sätze Spinoza's bei Camerer, S. 231 ff.

[29]) Eth. III; Def. der Affecte, 48; Erkl.

[30]) Eth. IV, Prop. 58 u. 59; dann 66. Vergl. Camerer, S. 254.

[31]) Eth. V, Prop. 35 u. 36. Der Beweis für die metaphorische Bedeutung dieser Sätze ibid. Prop. 17.

[32]) Eth. IV, Prop. 35—37; 73 Schol.; ibid. Anhang; Prop. 4.

[33]) Vergl. mit den oben citirten Erörterungen des Hobbes den Tractatus theologico-politicus Spinoza's.

[34]) Tract. theol. pol. Cap. 7, S. 111 (Kirchmann). Vergl. Renouvier,

„Les origines de l'exegèse moderne" in der Zeitschr. „La critique philosophique", T. V, 1 u. 2; und Rich. Mayr, Die philos. Geschichtsauffassung
der Neuzeit, I, 177.

[35]) Tract. etc., Cap. 13, 14 u. 15.

[36]) l. c. am Schluss von Cap. 14.

[37]) l. c. Cap. 12, S. 182 u. 183.

[38]) Nicht anders als in diesem Sinne ist die offenbar ironische
Bemerkung am Schlusse von Cap. 15 zu verstehen, welche noch deutlicher wird, wenn man sie mit Cap. 4 vergleicht, wo Spinoza das „natürliche göttliche Gesetz" im Sinne seiner Ethik darlegt, sowie mit den
durchaus übereinstimmenden Ausführungen von Eth. V, Prop. 41.

[39]) Dies deutet an mehr als einer Stelle auch der entschieden
christlich denkende Damiron an, dessen vortreffliche Darstellung und fein
abwägende Kritik Spinoza's ebenso viel inneren Widerwillen als hohe
Bewunderung verrathen und die höchste Achtung vor der Unparteilichkeit dieses Schriftstellers einflössen müssen. (A. a. O. S. 342, 346, 347.)
Gegenüber einer so seichten und polternden Verketzerung, wie sie z. B.
der Dorpater Theologe v. Oettingen an Spinoza geübt hat (Dorpater
Ztschr. f. Theologie, VII. Bd.), kann eine solche Haltung nur angenehm
berühren.

Anmerkungen zum XI. Capitel.

---

[1]) Eine Monographie über Leibniz's ethische Theorie fehlt; dieselbe findet indessen ziemlich eingehende Darstellung in den Arbeiten von Kuno Fischer (Gesch. der neueren Philos., II. Bd.) und E. Zeller (Gesch. der Philos. in Deutschland), womit Feuerbach und Erdmann zu vergleichen. Verdienstlich ist Nourisson's Buch „La philosophie de Leibniz", namentlich durch Rücksicht auf die vielseitigsten historischen Zusammenhänge. — Die angeführten Seitenzahlen beziehen sich, wo nichts anderes bemerkt ist, auf Erdmann's Ausgabe der philos. Schriften.

[2]) Pufendorf's grosses Werk: „Jus naturae et gentium" erschien 1672; die Schrift „De officio hominis et civis juxta legem naturalem" ist ein Auszug aus demselben. Leibniz spricht ohne sonderliche Achtung von ihm, und hat eine Anzahl seiner Sätze in einer eingehenden Recension (Dutens, IV, 2, S. 275) zu widerlegen gesucht. Dieselbe gibt über Leibniz's eigene Anschauung wichtige Winke. Indessen beurtheilt Leibniz sowohl Pufendorf, als seinen Gewährsmann Cumberland zu scharf, wenn er sie als Vertreter der Ansicht bekämpft, dass alles Recht oder Unrecht nur durch Gebot und Verbot zu Stande komme. Dies drückt jedenfalls nur einen Theil ihrer Meinung aus, wie aus der obenstehenden Darstellung Cumberland's ersichtlich ist. Auch Pufendorf erklärt seine Definition „Lex definitur decretum, quo superior sibi subjectum obligat, ut ad istius praescriptum actiones suas componat" (I, 6, §. 4) dahin, er gebrauche den Ausdruck „Beschluss" deshalb, weil der Wille des Gebietenden dem Untergebenen auf eine solche Weise kundgethan werde, dass derselbe die Nothwendigkeit ihm zu entsprechen einsehe; es bedürfe aber dazu nicht eines äusseren Hergangs, sondern es genüge die rein innerliche Vermittlung durch die mit dem Menschen geborene Einsicht, welche denselben über die natürlichen Folgen seiner Handlungen aufklärt (S. II, 3, §. 13). In dieselbe Richtung weist auch der Begriff der „impositio", durch welche Pufendorf an einer andern Stelle die Entstehung des Sittlichen erklärt; d. h. das Sittliche legt sich

denkenden Wesen als eine Regel auf. Weder Cumberland noch Pufendorf meinten, dass die Begründung des Sittlichen auf einen (obersten) Gesetzgeber und seine Entstehung aus der vernünftigen Menschennatur einander ausschlössen, sondern suchten gerade zwischen beiden Anschauungen zu vermitteln, indem sie das Gebot als ein indirectes, durch die menschliche Vernunft und den natürlichen Zusammenhang der Dinge sich ankündigendes auffassten. (II, 3, §. 4; vergl. oben Cap. IV, §. 2.)

³) Die eingehendste Erörterung steht im 2. Theil der Theodicee (§. 168—240) — ein historisch-kritischer Ueberblick der Controversen und diese selbst im ausführlichsten Für und Wider. Man vergl. damit Nouveaux Essais, Liv. I, ch. 2 und L. II, ch. 28, die Remarques s. le livre de l'origine du mal (King), sowie die Reflexions sur le livre de Hobbes, endlich die Observationes de principio juris, Opp. ed. Dutens, T. IV, 2, S. 273. Auf letzteren beruht vorzugsweise die Arbeit von Zimmermann: „Das Rechtsprincip bei Leibniz", welche eine scharfsinnige und im Wesentlichen zustimmende Erörterung der L. Anschauungen enthält.

⁴) Zeitgenössische Vertreter dieser theologischen Richtung waren Seckendorff und Alberti. Wie lange sie nachwirkte, sieht man aus den Anführungen aus Walch und J. G. Darjes' „Sittenlehre" bei Feuerbach, Bayle, S. 274 u. 275, Anmerk. Auch Chr. Aug. Crusius, ein einflussreicher Gegner der Wolff'schen Doctrin, vertritt in seiner „Anweisung vernünftig zu leben" (1744), noch die Ansicht, dass das Sittliche auf dem Willen der Gottheit ruhe. Feuerbach ist bemüht, diese Anschauung als die specifisch theologische hinzustellen und meint, man dürfe sich nicht täuschen lassen durch das, was die Orthodoxen von dem innerlichen oder natürlichen Licht und Gesetz geredet hätten. „Der Begriff der positiven Gesetzgebung war der oberste Begriff; der Wille, richtiger die Willkür das Princip der Theologie." Dies mag in gewissem Sinne richtig sein, obwohl es nicht ohne Einschränkung gilt. Jedenfalls war diese Ansicht zur Zeit Leibniz's nicht mehr die herrschende. Schon Bayle führt eine grosse Anzahl von Gegnern an (s. Cap. VIII, Anm. 56). Leibniz selbst sagt, dass sie von fast allen reformirten Theologen verworfen werde (Feuerb. l. c. S. 274; vergl. Observ. de principio juris; Dutens, IV, S. 273, §. 12). Eine Ausnahme scheinen nur die Supralapsarier gemacht zu haben; vergl. Theod. §§. 176 u. 178 mit 182. Wie sehr übrigens die officielle englische Theologie des 18. Jahrhunderts auf diese Anschauung hinausdrängte, ist oben betont worden.

⁵) Théod. §. 173.

⁶) Man vergl. die schiefe, aber doch der Stütze in gewissen Sätzen Leibniz's keineswegs entbehrende Auffassung von Guhrauer bei Zimmermann a. a. O. S. 11 u. 18.

⁷) Théod. P. H, §. 184 u. 189. Dieser Gedanke ist ganz in der gleichen Form auch von Cudworth ausgesprochen worden. „Toute réalité doit être fondée dans quelque chose d'existant," sagt Leibniz. Ein, richtig verstanden, unbestreitbarer und doch verhängnissvoller Satz!

Wie viele Luftsprünge der Speculation sind von der Sucht veranlasst worden, hinter allem Existirenden noch die eigentliche Wirklichkeit zu suchen! Jedenfalls beweist er hier nicht, was er beweisen soll. Denn dies ist freilich zuzugeben, dass es, wenn keine Realität existirt, auch keine ewigen Wahrheiten geben kann; will man daher das Absolute als den inneren Grund alles Seins bezeichnen, so müssen natürlich auch jene Wahrheiten auf dasselbe zurückgeführt werden. Aber die Frage, wie solche Wahrheiten möglich werden, ob durch schöpferische Intelligenz, oder durch einen Willensakt, oder überhaupt durch eine Persönlichkeit, ist entschieden als transcendent zu bezeichnen und daher auch kein Rückschluss aus dem Vorhandensein solcher Wahrheiten zulässig.

[8]) Causa Dei asserta, §. 95 ff. Nouveaux Essais, I, 2, §. 9.

[9]) S. die vollkommen zutreffenden Bemerkungen Pichler's (Leibn. Theologie I, S. 204).

[10]) Das Verzeichniss der Stellen s. bei Zeller, S. 160 u. 163.

[11]) Dies thut Leibniz selbst, s. d. Abrégé d. Theodicée S. 628[a]; und Nouv. Ess. II, 21, §. 49 u. 50. „Être déterminé par la raison au meilleur, c'est être le plus libre. Si la liberté consiste à secouer le joug de la passion, les fous et les insensés seront les seuls libres." Das war gerade der Sinn, welchen Malebranche in gutem Ernste mit dem Begriffe „frei" verbunden hatte — ein Beweis, wie zweischneidig diese Ausdrücke alle sind. Wie mit obiger Anschauung Leibniz's übrigens die Sätze in „Causa Dei", §. 21 u. 22, vereinbar sein sollen, ist schwer einzusehen. Allein bei näherer Betrachtung ergibt sich, dass der Gegensatz zwischen dem moralisch und dem metaphysisch Nothwendigen gar kein wirklicher ist. Er sagt (a. a. O. §. 21): Necessitas (est) m e t a p h y s i c a, cujus oppositum est impossibile, seu implicat contradictionem; m o r a l i s, cujus oppositum est inconveniens. Wir haben hier im Grunde nur eine gradweise Abstufung, welche von subjectiven Erwägungen ausgeht. An und für sich (d. h. vom Standpunkt des Objects aus gesehen) ist alle Nothwendigkeit eine metaphysische, und ihr Gegentheil, die Voraussetzungen gegeben, undenkbar. Gleichwohl bezeichnen wir Vieles, was metaphysisch nothwendig ist, als „inconveniens"; und was wir als inconvenient bezeichnen, ist gleichwohl metaphysisch nothwendig. Beides steht sich wie objectives und subjectives Urtheil gegenüber; aber die relative Berechtigung ändert sich je nach den Dingen, auf welche sich die Urtheile beziehen. Man nehme einen Sturm und ein Verbrechen. Als Thatsachen sind beide metaphysisch nothwendig, d. h. durch gegebene Ursachen so bestimmt, dass ihr Gegentheil, d. h. ihr Nichteintreten, undenkbar wäre. Wir können sie trotzdem beide als inconvenient bezeichnen, nur jenen mehr in einem übertragenen, dieses mehr im eigentlichen Sinne. Und warum? Einfach deshalb, weil in dem einen Falle zwar nicht unser Werthurtheil, wohl aber unsere Gegenwirkung ausgeschlossen ist; während es im andern Falle möglich gewesen wäre, allerdings nicht die That selbst, wohl aber die sie im letzten Grunde bedingende moralische Beschaffenheit des Thäters zu verändern.

[12]) Man s. hiefür die Stellen Opp. Phil. (Erdmann), S. 148, 254, 542, 559, 654. Der trefflichen Erörterung dieses Punktes durch Zeller ist nichts hinzuzufügen.

[13]) Hobbes und Spinoza haben in diesem Punkte viel richtiger gesehen als Leibniz, ebenso Bayle, dessen kritischer Scharfblick zu bedeutend war, um ihn über den schreienden Widerspruch hinwegschlüpfen zu lassen, welcher zwischen der Welterfahrung und dem Postulate einer den menschlichen Idealen verwandten Sittlichkeit des Absoluten besteht. An manchen Stellen erkennt dies auch Leibniz selbst an; z. B. Causa Dei etc., §. 34 u. ff., Theod., P. I, §. 45, mit dem famosen Citat aus Luthers Schrift gegen Erasmus. Auch Calvin hat ähnliche Gedanken mit der grossten Naivetät ausgesprochen, welche eben nur möglich war in einer Periode unbedingten Glaubens, dagegen bei beginnender Reflexion sich selbst aufheben muss, wie Bayle's Beispiel deutlich beweist. Leibniz's eigene Argumentation ist auch gar nicht dazu da, um aus der Welt die sittlichen Prädicate des Gottesbegriffes zu gewinnen, sondern, diesen Begriff vorausgesetzt, zu zeigen, dass sich die bestehende Welt ohne allzu grossen Widerspruch mit demselben vereinigen lasse. Ja nicht einmal dieser Beweis [erscheint in irgend durchgeführter Gestalt. Die Theodicee argumentirt rein a priori. Weil Gott existirt, muss er gerecht und gütig sein, und weil ein Ereigniss eingetreten ist, ist es folglich gerecht und gut. Dabei müssen wir uns beruhigen. „Dieu l'a fait; donc il l'a bien fait." Darauf fährt Leibniz nun fort: „Ce n'est donc pas, que nous n'ayons aucune notion de la justice en générale, qui puisse convenir aussi à celle de Dieu; et ce n'est pas non plus que la justice de Dieu ait d'autres règles que la justice connue des hommes; mais c'est que le cas, dont il s'agit, est tout différent de ceux, qui sont ordinaires parmi les hommes. Le droit universel est le même pour Dieu et pour les hommes; mais le fait est tout différent dans le cas dont il s'agit". (Discours de la conformité de la foi etc., §. 35.) Das heisst die Dinge doch wahrlich durch einen sophistischen Machtspruch auf den Kopf stellen! Wenn Leibniz selbst erklärt, es gebe kein Mittel, um die Uebereinstimmung der Norm des göttlichen Handelns mit der des menschlichen aus der Erfahrung und Beobachtung nachzuweisen, so ist soviel gewiss, dass die Behauptung, diese Eigenschaft komme der Gottheit gleichwohl in einer dem Menschen ähnlichen, vielmehr unendlich gesteigerten Weise zu, für die Begründung der Ethik ganz wirkungslos bleiben muss. Es ist blosse Illusion, wenn wir unsere Ideale ausser uns zu finden glauben; wir können sie dann thatsächlich nur aus den Tiefen der eigenen Brust heraufholen. Und Feuerbach hat unbedingt Recht, wenn er in seiner Darstellung der Leibnizischen Philosophie (W. W. V, 294) sagt, dass Gott nur das unbeschränkte, menschliche Wesen, das Vorbild und Ideal der Menschen sei und das Geheimniss der Theologie die Anthropologie. Zwar Leibniz's Meinung war das sicher nicht; aber die Täuschung, worauf dieselbe beruht, plaudert Feuerbach gewiss *richtig aus.* Was aber speciell die ethische Seite der Frage anlangt, so

lässt sich wohl mit Recht fragen, welche Theorie dem Menschen grössere Zumuthungen stelle: diejenige, welche ihm gestattet, die Welt anzusehen, wie sie ist, als Werk der Nothwendigkeit, oder einer übersittlichen Macht, in deren Gesammtkreis das Sittliche ein Specialfall des Geschehens innerhalb der specifisch menschlichen Organisation ist, und den Menschen im Uebrigen auf die volle Autonomie seines vernünftigen Ich verweist; oder diejenige, welche ihn mit Einschläferungsmitteln über den wahren Stand der Dinge täuscht, scheinbar wohl an der kosmischen Realität der ethischen Ideale einen festeren Halt verleiht, thatsächlich aber, vermoge des unaufloslichen Widerspruches zwischen dem Idealen und Realen, unsere Ideale der steten Gefahr der Zertrümmerung aussetzt.

[14]) Diese Frage wird an einer grossen Zahl von Stellen behandelt; s. Nouv. Essais, L. II, ch. 21, und namentlich die Theodicee, I. P., §. 30 ff.; II. P., §. 227 ff.; III. P., §. 300 ff.; dann die Briefe an Bayle und Coste; die Reflex. s. le livre de Hobbes; Remarques s. le livre de King, §. 12 u. 13.

[15]) Nouv. Ess. I, 2, u. II, 28.

[16]) Der rege litterarische Verkehr Leibniz's mit England ist bekannt; der Briefwechsel mit Clarke ist das wichtigste Denkmal desselben. Derselbe behandelt jedoch ganz überwiegend metaphysische und nicht ethische Probleme. Die Theodicee ist noch bei Leibniz's Lebzeiten edirt und in's Englische übersetzt worden (s. d. Brief v. Leibniz an Des Maiseaux bei Dutens, Opp. T. V, S. 38), bietet aber, abgesehen von den Erörterungen über Freiheit und Nothwendigkeit, für die Psychologie des Sittlichen verhältnissmässig wenig Ausbeute. Die wichtigste unter den einschlägigen Schriften Leibniz's, die Nouveaux Essais, wurden erst 1765 gedruckt. Anderseits hat Leibniz zwar Shaftesbury's Characteristics gekannt und recensirt (s. Dutens, T. V, S. 39 ff.), aber Leibniz stand am Ende seines Lebens und seines Denkens, als er jenen englischen Gesinnungsgenossen kennen lernte, und mit Ausdrücken der innigsten Freude die Uebereinstimmung ihrer Anschauungen constatirte. Dagegen ist wohl zweifellos, dass Leibniz mit den auch für Shaftesbury grundlegenden Untersuchungen Cumberland's bekannt gewesen ist, obwohl ich keine Erwähnung dieses Denkers bei Leibniz nachzuweisen wüsste. Denn Cumberland's Argumente werden, wie bereits erwähnt, von Pufendorf in reichlichem Maasse angeführt und benutzt.

[17]) Nouv. Ess. H; vergl. „V. d. Glückseligkeit"; O. Ph. S. 671.

[19]) Nouv. Ess. II, 21, §. 58.

[19]) l. c. §. 41; vergl. Def. Ethicae; O. Ph. 670.

[20]) O. Ph. 670 u. 672; vergl. Nouv. Ess. II, 21, §. 72.

[21]) Lettre à Bayle, O. Ph. 191. De libertate, O. Ph. 669.

[22]) Nouv. Ess. II, 21, §. 31 u. §. 62.

[23]) Nouv. Ess., II, 21, §. 50.

[24]) l. c. §. 67.

[25]) Remarques s. le livre de King, §. 24.

[26]) l. c. §. 13.

[27]) Reflex. s. l. livre de Hobbes, §. 5; Nouv. Ess. H, 21, §. 36.

[28]) l. c. §. 30, S. 258[a]; dann §. 47. Rem. s. l. l. de King, §. 24.

[29]) Ueber diesen Punkt besonders ausführlich die letztgenannte Schrift: §. 23, S. 648[b]; §. 16, S. 642[b]; §. 13, am Schlusse.

[30]) Nouv. Ess., II, 21, §. 50.

[31]) Man vergleiche die treffliche und umfassende Darstellung der Theologie des Leibniz von Pichler.

[32]) Epist. ad Hanschium, §. V; Erdm., 446[b]; vergl. Causa Dei etc. §. 94—96; Theod. Pref., S. 478[a]; und die bei Pichler, I, 362 angefügte Stelle.

[33]) S. Pichler, Die Theologie des Leibniz, I, 344 u. 338.

[34]) Nouv. Ess., IV, 18; am Schlusse; vergl. Causa Dei, §. 111.

[35]) Nouv. Ess. l. c. S. 404, 406, 410.

[36]) S. die Stellen aus d. Systema Theologicum bei Pichler, I, 369; und die Ausführungen bei Zeller, S. 180. Vergl. besonders die schöne Stelle d. Theodicee, HI, §. 283.

[37]) Causa Dei, §. 114 ff. Vergl. Theod. P. I, §. 105 und die Anführung bei Pichler, I, 370.

[38]) Nouv. Ess. H, 55, S. 264[b]. Vergl. die Definition: Omnis justus est felix, S. 670.

[39]) Nouv. Ess., I, 12; II, 70. Auf einer Art Wahrscheinlichkeitsrechnung ruht freilich auch das letztere Argument: ein sittliches Verhalten kann möglicher Weise grossen Gewinn, ein entgegengesetztes unendlichen Schaden bringen. Vergl. noch die Kritik Pufendorf's bei Dutens, IV, 2, S. 275, welche das Bedürfniss jenseitiger Sanction sehr stark betont.

[40]) Dies spricht Leibniz am deutlichsten aus in der Recension über Shaftesbury; Dutens, T. V, p. 44; womit zu vergleichen die von Pichler (Theolog. d. Leibniz, I, 404) angef. Stelle über die heidnische Philosophie, welche den Werth der Hoffnung betont und abermals die oft geäusserte Vorliebe Leibniz's für Plato erkennen lässt.

[41]) Eine solche Wendung liess sich schon aus der Definition „Felicitas est laetitia durabilis“ entwickeln. Vergl. die Kritik des Buches von King. Dort wird der Gedanke ausgesprochen, den wir auch bei Aristoteles schon gefunden haben, dass die Identität von Sittlichkeit und Glückseligkeit nur insoweit gelte, als letztere überhaupt von menschlichen Kräften abhänge; dies sei richtig, wenn man bloss mechanische Ursachen und Wirkungen zulasse; falsch unter einem höheren teleologischen Gesichtspunkt. Wenn eine allmächtige Vernunft die Welt regiert, so liegt das Glück des Menschen wirklich ganz in seiner eigenen Hand: „Dieu fait, que pour être heureux, il suffit d'être vertueux. Ainsi si l'âme suit la raison, et les ordres que Dieu lui a donnés, la voilà sûre de son bonheur, quoiqu'on ne le puisse point trouver assez dans cette vie“. Vergl. ibid. S. 652[b] extr.: „La plus grande félicité ici-bas consiste dans l'espérance du bonheur futur, et on peut dire, qu'il n'arrive rien aux méchants qui ne serve à l'amendement ou au châtiment, *et qu'il n'arrive* rien aux bons, qui ne serve à leur plus grand bien.“

Dieser Gedanke ist vollständig in die Wolff'sche Philosophie herübergenommen worden.

[42]) S. bes. die Briefe an den Abbé Nicaise, (mitgetheilt bei Cousin, Fragmens philosophiques, III. ed. T. II, 304 u. 315, und Erdmann, S. 789 u. 791) aus den Jahren 1697 u. 1698 und die Ep. ad Hanschium (Erdm. S. 445) aus dem J. 1707.

[43]) Im verschiedensten Zusammenhang kommt Leibniz auf diesen Punkt zurück. Vergl. zu den sub 42 angeführten Stellen noch Dutens V, 41, 548 etc.

[44]) Diese Definition findet sich zuerst in der Vorrede des „Codex juris gentium diplomaticus", Dutens, IV, 295. „Amare sive diligere est felicitate alterius delectari, vel, quod eodem redit, felicitatem alienam adsciscere in suam." Schon hier folgt der Hinweis auf die Verwendbarkeit dieses Gedankens in der Theologie.

[45]) Leibniz führt diesen Beweis gegen sich selbst: Nouv. Ess. II, 20, §. 4 u. 5. Von den beiden Arten der Liebe, welche er dort in weiterer Ausführung seiner obigen Definition unterscheidet, „amour de conquiscence und amour de bienveillance" will keine recht auf Gott passen; denn die erstere „nous fait avoir en vue notre plaisir, et le second celui d'autrui, mais comme faisant ou plutôt constituant le nôtre." Auch an einer andern Stelle (Erdm. S. 789—790) finden sich solche Ausdrücke, die wohl treffend das Wesen der reinen Liebe im Verhältniss zu Menschen bezeichnen, aber Gott gegenüber, selbst bei Annahme der theistischen Hypothese, keinen rechten Sinn geben. Denn dass das sittliche Verhalten des Menschen eine Steigerung oder Trübung der göttlichen Seligkeit herbeiführe, ist doch wohl ein allzu naiver Anthropomorphismus, um einem Leibniz so ohne Weiteres zugeschoben zu werden. Es ist dies auch keineswegs seine Meinung; und die ganze Verwirrung rührt lediglich davon her, dass Leibniz seine ursprüngliche Definition auch auf die Gottesliebe ausgedehnt wissen wollte, welche, streng genommen, eine eigene Definition erfordert hätte. In welchem Sinne diese von Leibniz zu fassen gewesen wäre, ersieht man aus einer späteren Stelle der Nouv. Ess. l. IV, 18, S. 405 und aus Ep. ad Hansch. §. VI. wo Leibniz deutlich, obschon nicht ohne eine gewisse Künstlichkeit, seine Definition der reinen Gottesliebe in ihrem wahren Sinne entwickelt. „Amor verus est ille mentis affectus, quo ferimur ad delectandum alterius felicitate . . . . Porro, quum divina felicitas sit omnium perfectionum confluxus, et delectatio sit sensus perfectionis, hinc consequens est, veram esse felicitatem creatae mentis in sensu divinae felicitatis. Itaque qui verum, rectum, bonum, justum quaerunt, magis quia delectat, quam quia prodest, quamquam re vera maxime prosit, ii ad amorem Dei maxime sunt praeparati." Die uninteressirte Gottesliebe kann also nur als die reine Freude an dem Ideal des Vollkommenen bezeichnet werden, welche unmittelbar das Streben enthält, dasselbe im eigenen Wesen zur Erscheinung zu bringen.

⁴⁶) Der Werth und die philosophische Tiefe derselben wird gerade durch den Vergleich mit der äusserlich-mechanischen Abgrenzung, welche die curiale Entscheidung versucht hatte, recht offenbar; und auch Féné-lon gewinnt nicht eben im Gegensatz zu Leibniz, wenn auch die Reinheit und Hoheit seiner Gesinnung unantastbar bleiben.

⁴⁷) Dies spricht Leibniz in kraftvollen Worten an allen Stellen aus: Opp. Phil., S. 247ᵃ, 790ᵃ.

ing Source UK Ltd.
Keynes UK
2003070219
UK00012B/975/P